PSYCH 3RD EDITION

Spencer A. Rathus

心理学译丛

心理学

第3版

[美] 斯宾塞 · A. 拉瑟斯 / 著
宋振韶 周倩 / 译 宋振韶 / 审校

中国人民大学出版社
· 北京 ·

图2-4　神经系统结构图

神经系统包括两大主要组成部分：中枢神经系统和外周神经系统。中枢神经系统由大脑和脊髓构成。外周神经系统包括躯体神经系统和自主神经系统。自主神经系统又包括交感神经分支和副交感神经分支。

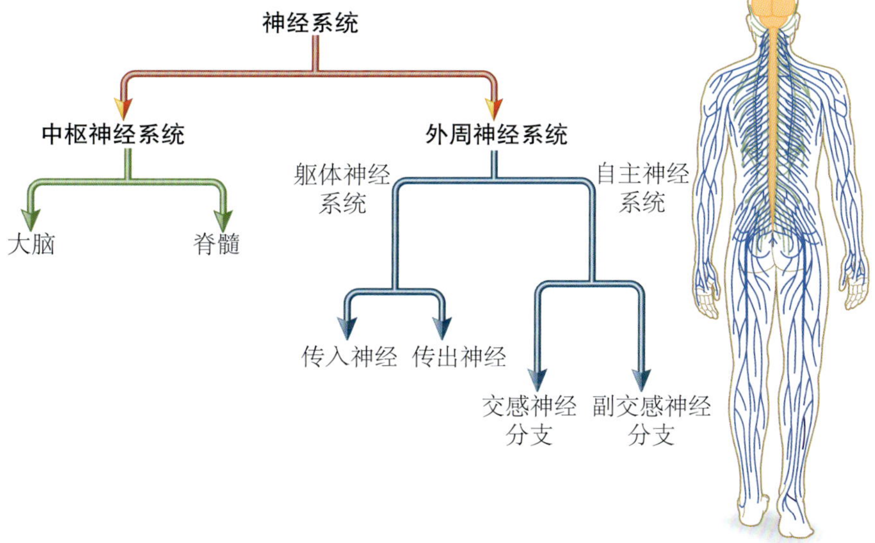

图2-8　脑成像技术

图 A 展示的是 CAT 扫描，图 B 展示的是 PET 扫描，图 C 展示的是 MRI。

A. 计算机化轴向断层造影（CAT 扫描）是将一条窄带 X 射线束通过大脑，并测量射线从不同角度反射的结构，使计算机生成一个三维图像。

B. 正电子发射断层扫描（PET 扫描）是注射放射性的示踪物到血流中，根据葡萄糖的代谢量来评估大脑各部分的活动性。

C. 磁共振成像（MRI）是将一个人置于磁场内，利用无线电波使大脑释放信号，可以揭示血流的变化，进而显示大脑的活动性。

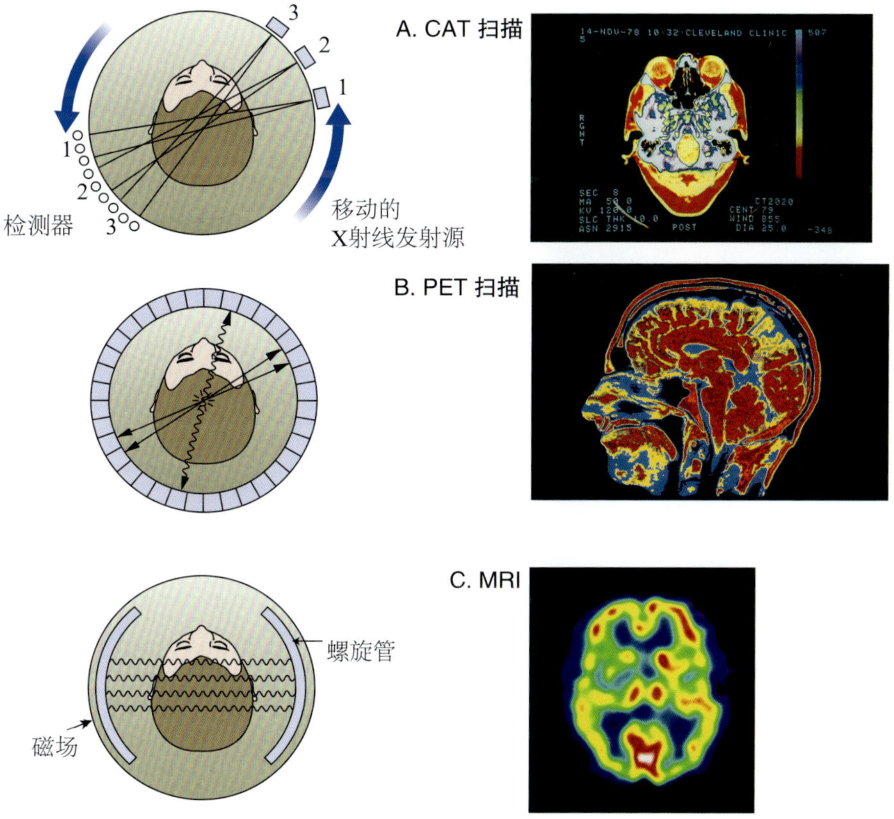

图2-11　大脑皮层地形图

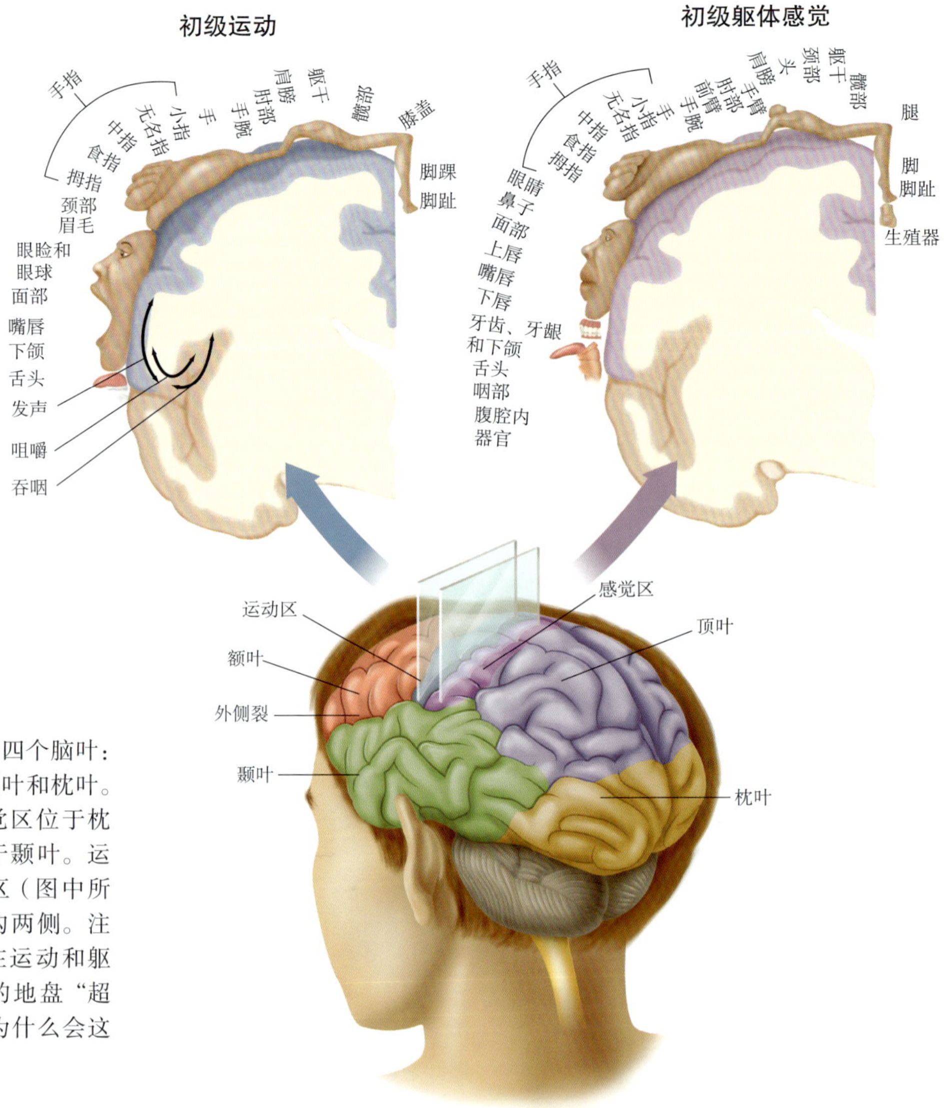

大脑皮层有四个脑叶：额叶、顶叶、颞叶和枕叶。大脑皮层的视觉区位于枕叶。听觉区位于颞叶。运动和躯体感觉区（图中所示）位于中央沟两侧。注意：面部和手在运动和躯体感觉区所占的地盘“超大”。想一想，为什么会这样呢?

图2-12　大脑皮层的布洛卡区与威尔尼克区

大脑参与言语最多的区域是布洛卡区与威尔尼克区。任何一个区域的损伤都会造成失语症，即理解或产生语言的能力受到损害。

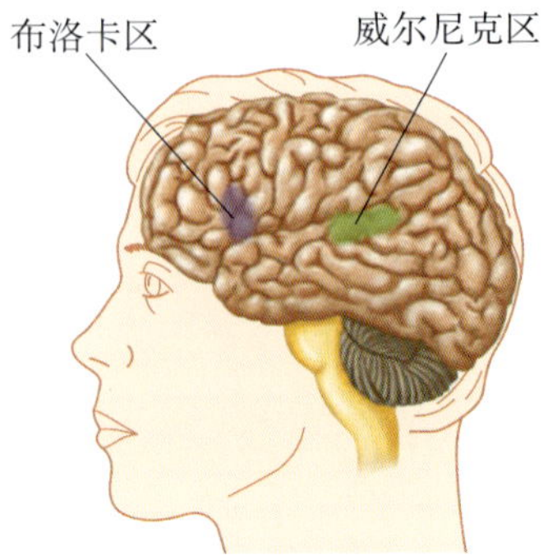

图2-13 **割裂脑实验**

左图中，我们看到左视野的视觉信息投射到了右半球的枕叶皮层，右视野的视觉信息投射到了左半球的枕叶皮层。如右图中的割裂脑实验所示，切断胼胝体的被试左手捏着钥匙，在他的左视野中看到“钥匙”这个单词，单词“钥匙”投射到了右半球。然而，言语功能通常位于左半球。右视野看到了单词“戒指”，投射到了左半球。因此，询问此人手里捏的是什么，割裂脑被试会报告“戒指”，而不是“钥匙”。

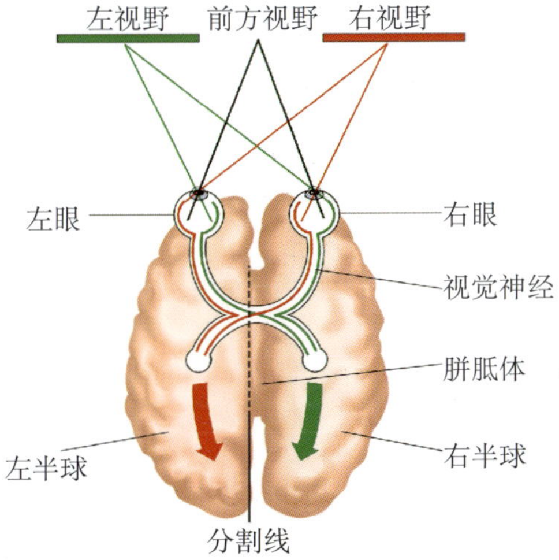

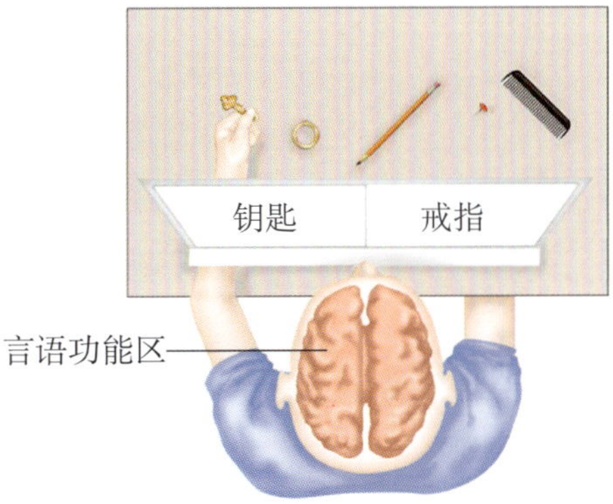

图3-1 **可见光谱图**

将一束白光（如太阳光）通过一个棱镜，光束会被分解为不同的颜色。可见光只在电磁波谱上占很窄一部分。电磁波谱还包括无线电波、微波、X 射线、宇宙射线和其他射线。不同形式的电磁能有不同的波长，从几万亿分之一米到数千英里不等。可见光的波长在 400～700 纳米之间。

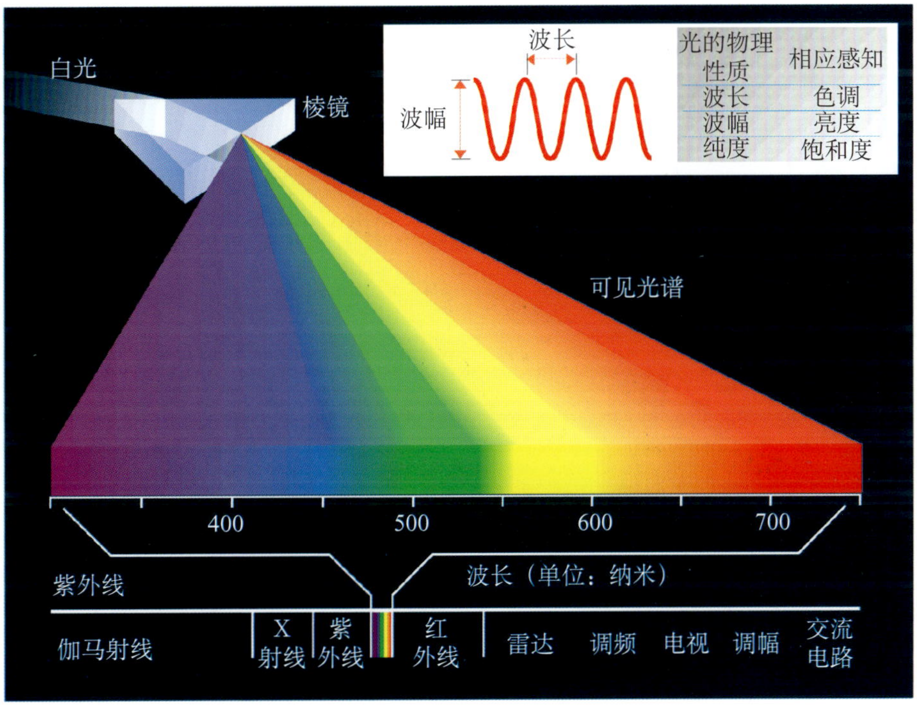

图3-4　**色轮**

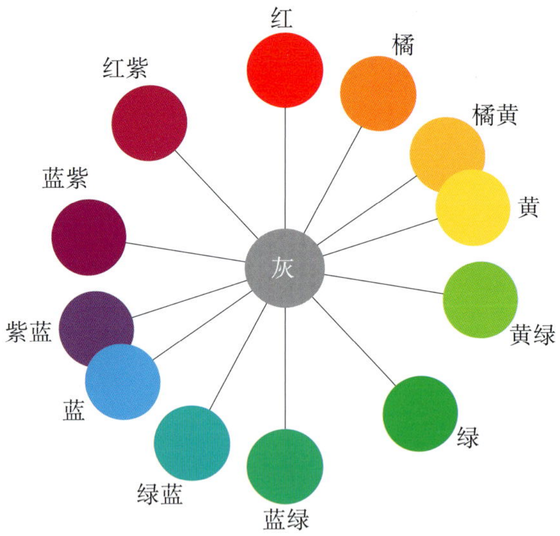

图3-5

光的混合是一个相加的过程，颜料的混合是相减的过程。

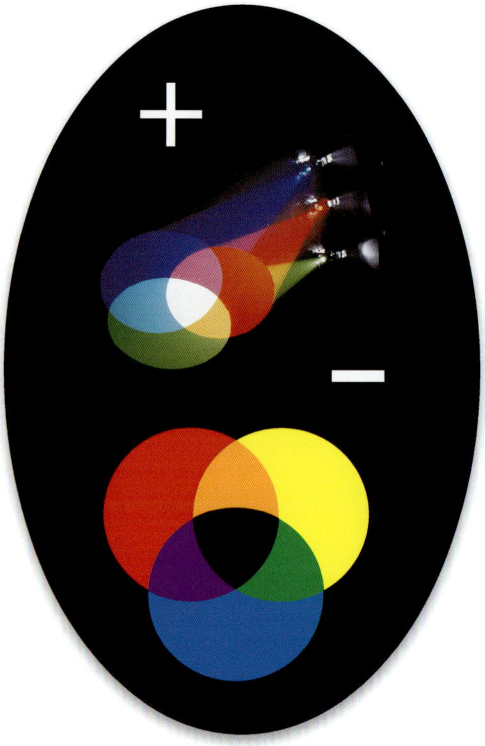

图3-6

将一张白纸放在书后，盯住旗帜中央的黑点至少 30 秒。然后将书移开，白纸上呈现的后像看起来会很熟悉。

图3-7　**诊断色盲的卡片**

你能看到诊断色盲的卡片中的数字吗？有红绿色盲的人无法看到卡片中的数字“6”，而有蓝黄色盲的人则无法看到卡片中的数字“12”。（请注意：这两张复制图片不能用于真正的色盲测验。）

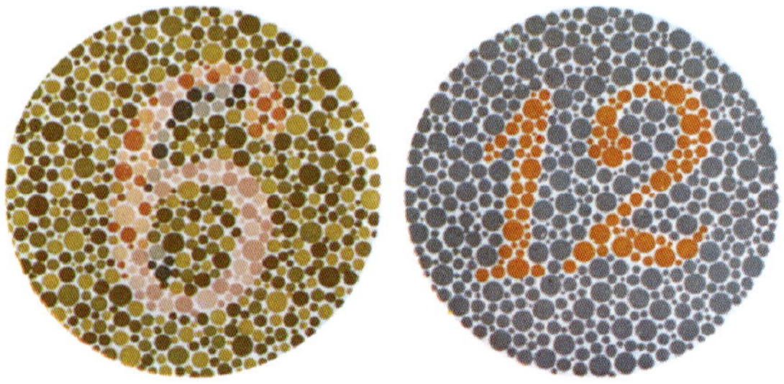

图3-9 **鲁宾花瓶**

图3-11 **重叠和阴影作为深度线索**

重叠作为深度线索

图中四个圆形大小相同。哪些圆形看起来更近？是完整的还是缺失了一块的圆形呢？

阴影作为深度线索

阴影使右边的圆看起来是三维立体的。

图3-12 **亮度恒常性**

两个蓝色方块中的橙色方块亮度一样，但是深蓝色方块中的橙色方块看起来更亮。为什么呢？

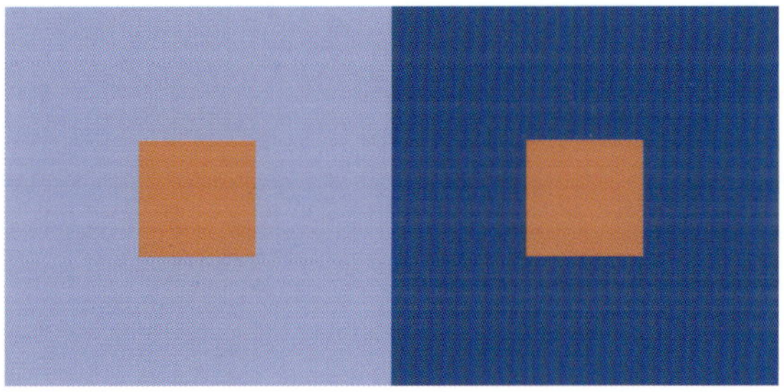

图3-13 **赫林－赫尔姆霍茨错觉和缪勒－莱尔错觉**

在赫林－赫尔姆霍茨错觉中，水平的线段是笔直的还是弯曲的？在缪勒－莱尔错觉中，垂直的线段长度相等吗？

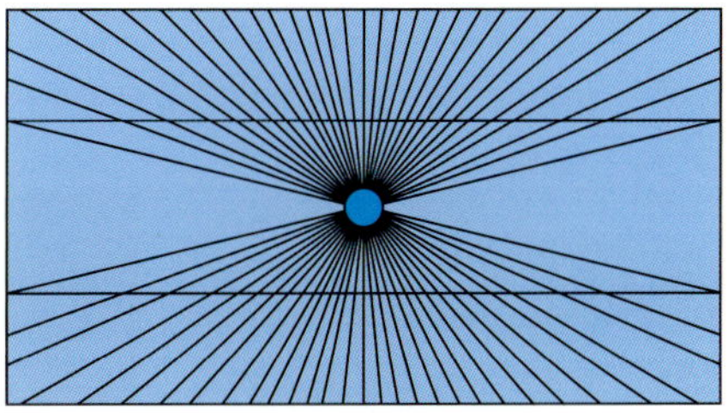

A. 赫林–赫尔姆霍茨错觉

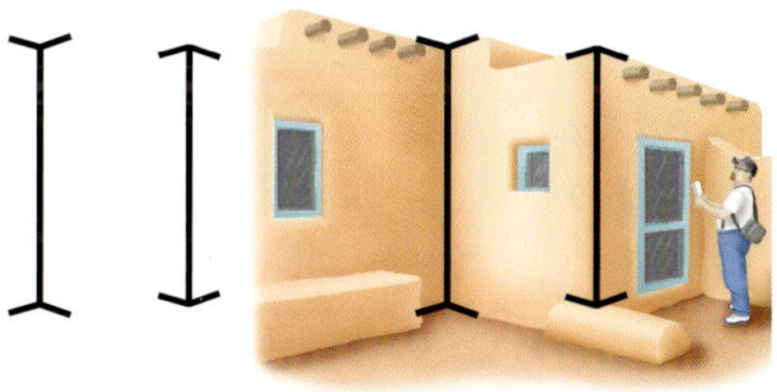

B. 缪勒–莱尔错觉

图4-3 睡眠周期

下图显示了普通睡眠者的快速眼动和非快速眼动睡眠之间的转换。8 小时夜间睡眠过程中，大约有 5 个快速眼动睡眠阶段。睡眠在夜间初期较深，随着黎明将至，快速眼动睡眠时间延长。

图9-2 2个月大婴儿对视觉刺激的偏好

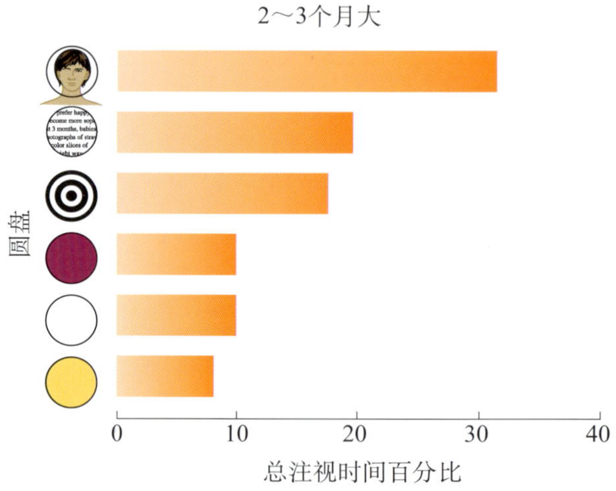

图12-2 正常青少年和被诊断为精神分裂症的青少年灰质平均丧失率

高分辨率的 MRI 扫描显示了 13 至 18 岁正常青少年与相同年龄段被诊断患有精神分裂症的青少年大脑灰质的丧失率。大脑变化的成像显示精神分裂症患者灰质存在深度的渐近性丧失（右图）。正常青少年也存在灰质的丧失（左图），但是速度要缓慢得多。

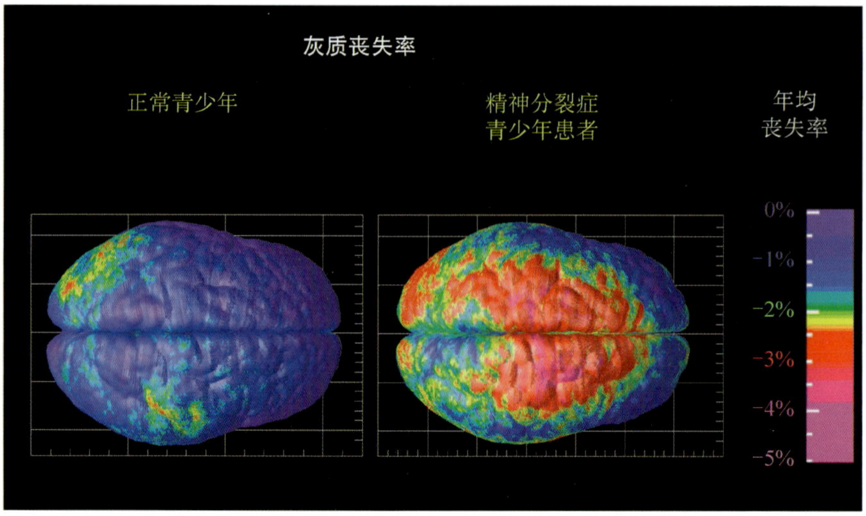

Thompson et al., 2001.

C O N T E N T S 目录

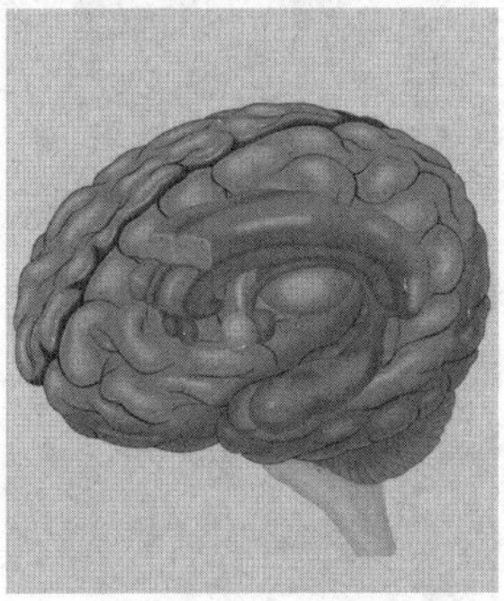

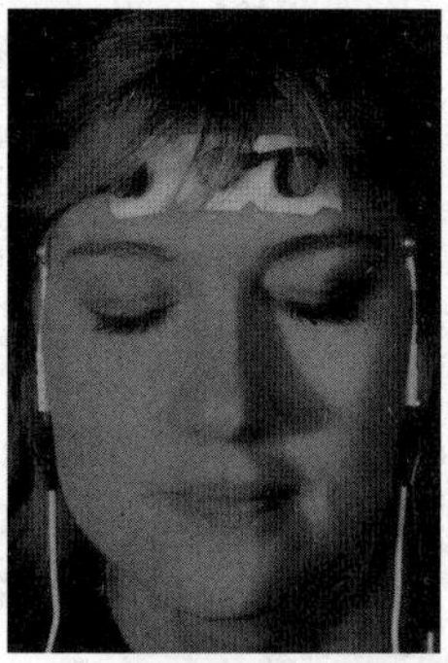

第4章 意 识 /75

第5章 学 习 /97

第6章 记 忆 /121

第7章 思维、语言和智力 /145

第8章 动机与情绪 /174

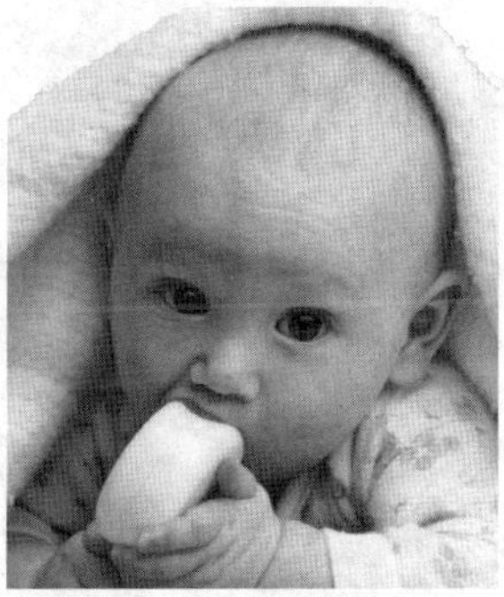

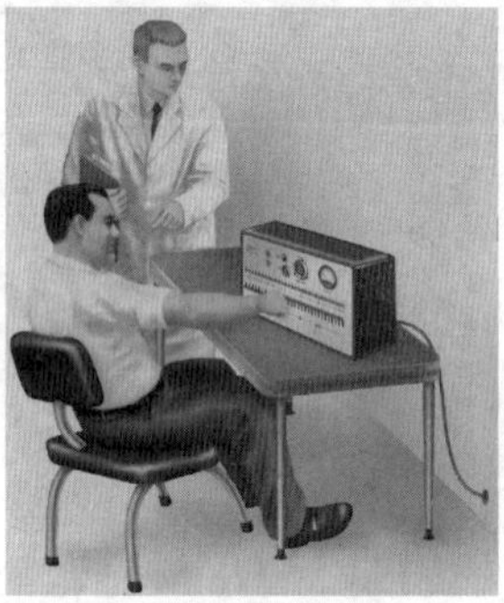

第1章 什么是心理学

内容概要

一、心理学的定义

二、心理学的不同领域

三、心理学的起源以及对心理学有重大贡献的人物

四、当代心理学家关于行为与心理过程的理论观点

五、心理学家如何研究行为与心理过程，特别是批判性思维、研究方法和伦理规范

在超市里，我最偏爱的地方是收款台。在通道处被拥挤的人群推来搡去，终于看到队伍前面的人就要开始结账了，我告诉自己很快就解脱了，我还会得到一份超市宣传小报的“奖励”。新闻标题很吸引眼球，每周都会有“十大猫王（Elvis）目击”和“十大外星人接触”的新闻，有减肥“绝对有效”的10种新方法以及战胜抑郁和压力的10种新方法，有10种识破你伴侣不忠的新方法，当然还有占星家和通灵师的10大新预测。

外星人经常绑架我们地球人。尽管他们拥有星际穿越的技术，但这些外星人显然必须要刺探我们是如何工作的。尽管我们的苹果手机升级了最新的应用软件和音乐，下载了最新的铃声，但是宣传小报上的配图告诉我们，外星人数十载都还在用同一型号的飞碟，他们这种老土的风格看起来给老家传输不了什么信息。

虽然我们从这些外星人绑架的故事里可以品味出些许幽默，但是心理学家和一些科学家却对这些故事引发的关于人类的本质，以及哗众取宠与科学之间的区别饶有兴致。我们对那些声称被外星人绑架了的人了解多少？当我们试图鉴别真伪，决定是否要相信“绑架受害人”时，应遵循什么标准或准则呢？

心理学家分析了外星人绑架报道，得出结论：这些绑架从未发生过。然而，声称被外星人绑架过的人不一定都有精神问题，甚至他们不见得是撒谎（Clancy et al., 2002）。这些人大多是在接受治疗，通常是在催眠状态下“回忆”起他们的“经历”。这些被外星人绑架的故事在社会上广为流传，因此，“绑架受害人”的“记忆”有巧合之处也在所难免（Meyersburg et al., 2009; Swami et al., 2009）。

“被绑架者”通常都声称自己在睡梦中被外星人唤醒，然后一动不能动。我们知道，人在睡眠状态下，身体的许多随意肌（运动所涉及的肌肉）都处于“瘫痪”状态，这就是为什么我们不会在睡梦中大打出手，或攻击我们的枕边人（Clancy, 2008; Forrest, 2008）。当我们从睡眠性麻痹状态醒来时比较容易发生幻觉，即看见和听到不存在的东西，“被绑架者”所报告的经历比较符合这一模式。

心理学家还发现人们都很容易接受暗示（Bernstein & Loftus, 2009; Clark & Loftus, 1996）。记忆并非完美的定格画面。当出庭证人被问到诱导性问题时，也就是说，这些问题会鼓励他们以特定方式回忆事件，对方律师通常会提出抗议：“法官大人，这是在诱导证人。”有时候，对这些自称

真？假？

你怎么看待下列陈述？它们是坊间传闻、常识还是无稽之谈？圈出字母“T”代表真，“F”代表假，并在阅读本章的过程中找出准确答案。

T **F** 2 000多年前，亚里士多德就写过一本书，内容与你正在读的这本类似。

T **F** 古希腊哲学家苏格拉底提出的一种研究方法被心理学沿用至今。

T **F** 在获得心理学博士学位的人中，男性占大多数。

T **F** 尽管美国心理学会（APA）第一位女主席修完了所有博士学位课程，但她还是拒绝了授予她的博士学位。

T **F** 即便是调查数百万的选民，你仍然无法精确预测总统大选的结果。

T **F** 在许多实验中，被试和研究者都不知道谁接受了真正的实验处理、谁没有接受。

“绑架受害人”进行访谈的人会问一些诱导性问题，从而寻找与外星人有关的经历。

总而言之，“记忆有可能是由睡眠相关的幻觉片段、梦魇以及媒体的关注共同构建起来的，然后再经催眠的暗示，以及类似经历者组成的支持小组的确认，一切似乎显得言之凿凿”（Clark & Loftus, 1996, p.294）。正如那些对超市小报的故事信以为真的人一样，“被绑架者”有可能只是想暂时逃离他们平淡无奇的生活（Clancy et al., 2002）。

心理学家就这样“解释”了为什么会有那么多人报告被外星人绑架并被用来做试验。不过，有科学证据支持这些人曾被外星人劫持吗？总之，当我们把超市小报上的故事拿来进行科学分析时，通常会发现这些故事破绽百出，经不起推敲。

本书不是要带你进入外太空的旅行，而是要带你进入内心世界，让你亲自领略一下你如何批判性地思考身边的环境、他人的故事与见解、人类的行为与心理过程。在我们综述外星人绑架报告的过程中，我们涉及了人类的记忆、睡眠、幻觉、催眠等意识状态，对刺激事件的猎奇，目击者受到的社会影响，以及社会支持和媒体宣传的力量等，所有这些，以及许多尚未提及的现象，均在心理科学研究的范畴。我们将认识心理学家是些什么人，他们都做些什么，他们已经取得了哪些成果，以及他们如何鉴别真伪，这一点可能是最重要的。让我们以“什么是心理学”这个问题开始吧！

一、心理学是一门科学

心理学（psychology）是研究行为与心理过程的科学。心理学家感兴趣的研究课题有神经系统、感知觉、学习与记忆、智力、语言、思维、成长与发展、人格、压力与健康、心理障碍、心理治疗的方法、性行为以及人们在社会情境（团体和组织）中的行为表现。

凡属科学，皆有特定的目标。与其他科学一样，心理学的目标是描述、解释、预测和控制研究对象，即心理学试图描述、解释、预测和控制行为与心理过程。请注意，控制行为与心理过程这一目标，并不是说心理学家想方设法像操纵木偶一样去让人们听从摆布，而是试图去理解影响行为的因素，并把这些知识应用到公益上，例如，帮助个体应对焦虑和抑郁等问题。

一旦有可能，心理学家就会把一些描述性术语和概念（如焦虑和抑郁）纳入**理论**（theories）之中。理论是对事件之间联系的解释，比如，觉察到威胁能够唤起焦虑情绪。理论可以引导我们得出结论并做出预测。许多心理学理论都包括行为（如进食或攻击）、心理过程（如态度和心理表象）和生理过程等方面的陈述。例如，人们对药物（如酒精、大麻）的许多反应都可以从外部行为进行测量，我们认为这些行为可以反映我们对药物的（心理）期待，以及药物自身的生理影响。

一个理想的心理学理论可以让我们预测行为。例如，饥饿的理论应该能够让我们预测人们什么时候进食，什么时候不进食。如果一个理论不能充分解释或预测我们的观察，我们应考虑修正或替换它。

本章接下来的内容将展现心理科学的大致轮廓，你将了解到心理学家广泛的研究兴趣和丰富的分支学科。我们将一起回顾心理学的历史沿革，讨论当代心理学家看待行为的主要观点。最后，我们将考察心理学家用以研究行为与心理过程的方法。

心理学：

研究行为与心理过程的科学。

理论：

关于事件之间关系的一套假设性陈述。

二、心理学家都做些什么

虽然心理学家都对行为很感兴趣，但是从其他方面来看，他们之间差异相当大。心理学家们主要从事研究、实践和教学。有些研究者主要从事基础研究，或者称为理论研究。**理论研究**（pure research）的开展，主要是因为研究者对研究主题本身感兴趣。理论研究不能立即应用于解决个人或社会问题，因此，它的特征就是为研究而研究。然而，尽管理论研究受到好奇心和求知动机的触发，当今的理论研究仍可经常用于提升未来的生活方式。举例来说，20 世纪初对鸽子、老鼠和猴子学习与动机的理论研究已经在学校教育系统中发挥了作用。比如，研究发现学习通常需要时间和重复，且得益于"过度注射"（也就是说，即使达到学习目标后还要重复）。对神经系统工作机制的理论研究丰富了我们对一些疾病的认识，如癫痫、帕金森病和阿尔茨海默病。另一些研究者从事**应用研究**（applied research），针对个人或社会问题寻求解决方案。

许多心理学家并不做研究，而是将心理学应用于实践，比如用心理学知识帮助个体改变行为，从而让他们更有效地实现自己的目标。还有些心理学家主要从事教学。他们在课堂上、研讨会和工作坊中分享心理学知识。也有心理学家同时从事这三项工作：研究、实践和教学。

心理学的领域

心理学家各有专长。尽管有些心理学家涉足多个领域，但绝大多数心理学家在各自领域内开展工作。

*临床心理学家*帮助有心理障碍的人们适应生活。临床心理学家通过面谈和心理测验来评估诸如焦虑、抑郁之类的问题，从而帮助来访者解决问题并改变他们自我挫败式的行为。举例来说，临床心理学家可能帮助来访者学会面对"威胁"，如公开演讲。临床心理学家通过让来访者逐步暴露在演讲的情境中，使之学会镇定地面对实际或虚拟的听众（参见第 13 章中的虚拟疗法）。临床心理学家是心理学家队伍中人数最多的子群体（见图 1-1）。与临床心理学家类似，*咨询心理学家*也采用面谈和心理测验的方法界定来访者的问题，他们来访者的问题通常都属于适应性问题而非严重的心理障碍。比如，来访者可能在学业、职业选择或在大学期间交友方面遇到了困扰。

*学校心理学家*受雇于学校系统，帮助学校发现并帮助那些学习受到问题困扰的学生。他们帮助学校做决定，将学生安置在特殊班级。*教育心理学家*类似于学校心理学家，也试图促进学习，但是他们通常聚焦在为学校提供课程计划和教学方法，而不是聚焦在学生个体。教育心理学家研究心理因素（如动机、智力）、社会文化因素（如贫困、文化适应）以及教师等因素如何影响学习之类的问题。

*发展心理学家*研究人生历程中的生理、认知、社会以及情绪的种种变化。他们试图将影响发展的遗传与环境因素区别开来。

*人格心理学家*识别和测量人的特质，并确定其对人的思维过程、情感和行为的影响。他们尤其关注焦虑、攻击和性别角色之类的问题。*社会心理学家*关心个体在社会情境中的思维、情感和行为的本质和原因。但是，人格心理学家倾向于从个体内部寻找行为解释，社会心理学则偏重于社会影响。

理论研究：
不关注立即应用的研究。

应用研究：
努力为特定问题寻求解决途径的研究。

*环境心理学家*研究人与环境（包括自然环境与人工环境）相互影响的方式。例如，我们知道极端的气温和巨大的噪声会干扰学校的学生学习。环境心理学家还研究如何鼓励人们回收垃圾和保护原始生态环境免遭破坏。

图1-1 心理学领域博士学位分布图（平均年龄=32岁）

人口统计学因素	
女性	78.1%
男性	21.7%
亚裔美国人 / 太平洋岛民	4.8%
非裔美国人	5.6%
拉丁裔美国人	6.3%
印第安人	<1.0%
欧裔美国人	76.4%
学位类型	
哲学博士学位	52.9%
心理学博士学位	47.1%
工作背景	
学术界	20.2%
医院	19.6%
其他人本服务机构	16.0%
独立执业机构	13.7%
商业机构 / 政府	13.5%
学校 / 教育机构	7.8%
管理式保健医疗机构	7.3%
其他	1.9%
分支	
临床心理学	62.0%
咨询心理学	11.1%
学校心理学	9.5%
临床儿童心理学	6.4%
其他	10.7%

资料来源：Adapted from the American Psychological Association (2009). *Doctoral Psychology Workforce Fast Facts.* Health Service Provider Subfields. Center for Workforce Studies. http://research.apa.org/fastfacts-09.pdf. © Copyright 2009 APA Center for Workforce Studies. Washington, DC.

各领域的心理学家都可能用到心理实验。然而，被称为实验心理学家的人在一些基本心理过程上有所专长，比如神经系统、感知觉、学习与记忆、思维、动机和情绪。举例来说，实验心理学家研究人们在解决数学问题或听音乐时大脑的哪些区域参与活动。他们使用人或动物（鸽子、老鼠等）做被试来研究学习。

工业心理学家的研究兴趣在于人与工作之间的关系。组织行为心理学家研究组织（如企业）中人的行为。人因心理学家让科技操作系统更具用户友好性，如汽车仪表盘和计算机键盘。消费心理学家通过研究消费者的购买行为，来预测和影响他们的行为。他们为卖场经理提供建议，包括如何设计超市的通道来刺激购买欲，如何陈设橱窗展示品来吸引顾客，以及如何刊登更具说服

> **内省：**
> 个体深入审察自身的认知过程，借此分析自己的思维和感受。

力的报纸和电视广告。

健康心理学家探究压力对健康问题的影响，如头疼、心血管疾病和肿瘤。健康心理学家也指导来访者培养更健康的行为模式，比如运动和戒烟。

司法心理学家将心理学应用于刑事司法系统，他们解决的是法律事件，如被告在犯罪时是否神志清醒。司法心理学家也可能处理患有精神疾病罪犯的案子，在选择陪审团之类的事情上作为顾问，并分析罪犯的行为与心理过程。他们也会针对如何评估目击证人的证词和审讯方法等开展研究。

运动心理学家帮助运动员把注意力集中到表现而不是观众上，运用认知策略来提高成绩，比如正面想象（想象自己正确地完成动作），以避免在压力下动作变形。

三、心理学的起源：历史沿革

亚里士多德

亚里士多德对心理学有哪些贡献呢？

1. 他认为科学能够理性地处理只能通过感官获得的信息。
2. 他列举了五种感觉：视觉、听觉、嗅觉、味觉和触觉。
3. 他探索了因与果的本质。
4. 他指出人与其他生物的区别在于人具有理性思考的能力。
5. 他概括出联想主义定律，该定律 2 000 多年来一直是学习理论的基石。
6. 他宣称人具有趋乐避苦的动机，从古希腊直到今天，这一观点仍历久弥新。

真 2 000 多年前，亚里士多德写过一本关于心理学的书——《论灵魂》，其内容与你手中的这本书相似。与本书一样，《论灵魂》的开始也是回顾了关于行为与心理的本质的思想和观点的演进脉络。

你听说过“认识你自己”这句话吗？这是古希腊哲学家苏格拉底（Socrates）在 2 000 多年前留给世人的一句箴言。心理学在很大程度上就是帮助人们认识自己，自古至今，不外如是。学习心理学的历史，可以让我们了解其理论和流派之争、在科学中的位置、研究方法的演变及其在社会和政治生活中扮演的角色。

另一位古希腊哲学家亚里士多德（Aristotle，前 384—前 322）也对心理学贡献卓著。亚里士多德认为人类的行为如星辰隐耀、海潮涨落一样都是有规律可循的。于是，他分主题逐一深入阐述其主旨：人格、感知觉、思维、智力、需要和动机、情绪与情感以及记忆。

对心理学功不可没的还有其他古希腊哲学家。大约在公元前 400 年，德谟克利特（Democritus）提出我们可以从身体和心灵的角度来理解行为（当代心理学家的说法是生物和心理过程的交互作用）。他指出，我们的行为受外部刺激的影响。德谟克利特最早提出是否存在自由意志或选择的问题。换句话说：他人的影响从哪里消亡？我们“真正的自己”从哪里诞生？

苏格拉底认为我们应仰仗理性思维和**内省**（introspection，仔细审察个体自身的思维和情绪）来认识自我。他还指出人是社会性动物，彼此影响。

心理学原本可以追溯至比古希腊更久远的思想家，通过文艺复兴时期的思想巨匠也可以追踪心理学的发展脉络，然而，限于篇幅和时间，我们必须把重点放在19世纪后半叶，即心理学作为实验科学的发展阶段。有些历史学家认为，心理学成为实验科学的时间在1860年，因为此时古斯塔夫·西奥多·费希纳（Gustav Theodor Fechner，1801—1887）出版了他里程碑式的著作《心理物理学纲要》（*Elements of Psychophysics*）。这本书阐释了物理事件（比如光和声）与感觉、知觉之间的关系，并演示了如何科学测量这些事件的效应。大多数历史学家认为现代心理学作为实验科学首次“登台亮相”是在1879年，以威廉·冯特（Wilhehm Wundt）在德国莱比锡创建第一个心理学实验室为标志。

真 苏格拉底提出了一种至今仍然在心理学中使用的研究方法——内省法。内省法的基础是苏格拉底“认识你自己”的忠告，这句话一直以来被心理学界奉为箴言。

（一）构造主义

德国心理学家威廉·冯特（1832—1920）小时候看上去似乎要发展成问题儿童，他上小学时常常心不在焉，学习成绩一塌糊涂，以至于还留了一级。后来他因为想更好地谋生而进入医学院学习。但他并不喜欢与病人打交道，于是转而致力于哲学和心理学的研究。

冯特将心灵视为自然事件，就像光、热和血液流动，可以采用科学的方法加以研究，这与亚里士多德的观点类似。冯特采用内省的方法，试图发现构成经验的基本元素。

冯特与其弟子创立了构造主义心理学派。**构造主义**（structuralism）尝试将意识经验分解成客观感觉（如视觉、味觉）、主观感受（如情绪反应、意志）以及意象（如记忆、梦）。构造主义者认为，心灵的活动正是通过整合客观和主观的经验元素得以实现的。

构造主义：

心理学流派之一，认为心灵由三种基本要素构成（感觉、感受和意象），并组合形成了经验。

机能主义：

心理学流派之一，强调心灵而非经验的作用或功能。

（二）机能主义

19世纪末，威廉·詹姆斯（William James，1842—1910）成为美国心理学发展历程中的一个重量级人物。他的关注点是意识经验与行为之间的关系。比如，他认为“意识流”是流动的、连续的。内省法使他更坚信经验不能分解成客观感觉和主观感受，这与构造主义学派秉持的观点不同。

詹姆斯开创了机能主义学派。**机能主义**（functionalism）学派关注行为以及心灵和意识。机能主义者研究经验如何帮助我们有效地适应环境，例如，习惯如何帮助我们应对日常情境（用勺子吃饭时，我们不会刻意制订一个计划以把食物送入口中）。机能主义学派也借助实验，用直接观察的方法作为内省的佐证。构造主义者会问：“构成思维和经验的素材是什么？”而机能主义者会问：“行为与心理过程如何帮助人们应对生活的挑战？”

我希望，通过像对待一门自然科学那样对待心理学，使其成为自然科学之一员。

——威廉·詹姆斯

行为主义：

心理学流派之一，认为心理学是对可观察行为、刺激和反应之间关系的研究。

强化：

能够增加反应频率的一种刺激。

格式塔心理学：

心理学流派之一，强调将知觉组织成整体，整合相互独立的刺激成为有意义的模式的倾向。

詹姆斯还受到了查尔斯·达尔文（Charles Darwin，1809—1882）进化论的影响。19世纪初期，英国生物学家达尔文提出生物“适者生存”的观点。机能主义者接受了达尔文的理论，并提出适应环境的行为模式是后天习得和保留下来的。不适应环境的行为模式会被摒弃，只有最“适应”的行为得以保留。适应的行为会得到不断的重复，变成习惯。詹姆斯写道：“习惯是社会巨大的飞轮。”习惯使文明之引擎永不停息。

（三）行为主义

假想一下，你把一只饥饿的小白鼠放入迷宫，它沿着弯弯曲曲的通道爬到了“T”字路口，它既可以左拐，也可以右转。如果小白鼠总是在右转后得到食物的奖赏，它就学会了在“T”字路口向右转，最起码在它饥饿的时候是如此。然而，小白鼠在学习向右转时是如何思考的呢？

试图去揣度一只小白鼠的“心灵”似乎显得很荒唐，至少对于美国行为主义创始人约翰·布罗德斯·华生（John Broadus Watson，1878—1958）来说是如此。1903年，华生在芝加哥大学攻读博士期间，曾被问到这样一个问题：思考一下老鼠“心灵”的构成。机能主义是当时芝加哥大学的主流观点，机能主义者既重视意识流，也关注可观察的行为。不过，华生（1913）认为，心理学要成为一门与物理或化学平起平坐的自然科学，就必须把研究对象限定在可观察、可测量的事件上，即行为本身，于是，*行为主义*就诞生了。

行为主义（behaviorism）是一个专注于研究可观察的行为的心理学流派。可观察包括通过仪器测量的诸如心率、血压和脑电波等行为事件。这些行为事件是*公开的*，并且不同观察者对于它们的存在和特征可以达成共识。正是由于行为主义者关注行为，所以他们将心理学定义为关于行为，而不是*行为与心理过程*的科学研究。

伯尔赫斯·弗雷德里克·斯金纳（B. F. Skinner，1904—1990）对行为主义的贡献也功不可没。他认为有机体学会某种特定的行为方式是受到**强化**（reinforced）的结果，即其行为带来了积极的结果。他在实验室中通过巧妙地运用强化物，比如食物，训练动物执行各种行为。他训练老鼠原地打转、爬梯子、在地板上推玩具。由于斯金纳能够利用强化的手段让动物们学会非同寻常的行为组合，所以许多心理学家原则上都接受了这样的观点：人类复杂的行为可以通过数以千计的经由强化形成的情境学习来理解（见图1-2）。

图1-2 强化的力量

从图中我们可以看到，小鸟通过强化学会了将特定形状的物体安放在对应的位置上。行为主义者通过先强化动物趋近目标的行为（或目标行为）来教会它们完成复杂的行为。随着时间推移，只有动物更接近目标时的行为才会得到强化。

（四）格式塔心理学

在20世纪20年代，另一个心理学派——**格式塔心理学**（Gestalt psychology）——在德国异军突起。到20世纪30年代，该学派的三位奠基人——马克斯·韦特海默（Max Wertheimer，1880—1943）、库尔特·考夫卡（Kurt Koffka，1886—1941）、沃尔夫冈·苛勒（Wolfgang Köhler，1887—1967）——为躲避纳粹的威胁离开了欧洲。他们在美国继续研究工作，为美国心理学发展注入了新的动力。

格式塔心理学家关注知觉及其如何影响思维

和问题解决。德文中的 Gestalt 意为“模式”或“有组织的整体”。与行为主义学派相比，格式塔心理学家认为我们无法仅从可观察的行为上理解人类的本质；与构造主义学派相比，格式塔心理学家认为我们无法用基本元素来解释人类的知觉、情绪以及思维过程。知觉大于其部分之和：格式塔心理学家把我们的知觉看作整体，从而赋予部分意义，如图 1-3 所示。

图1-3　背景的重要性

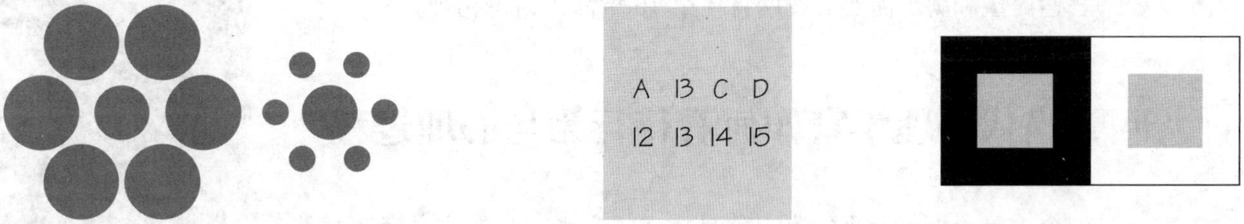

A. 两种结构中间的圆点大小是否一样？你可以拿出尺子测量一下。

B. 每行中的第二个符号到底是字母 B 还是数字 13？

C. 两幅图中哪个灰色方块更加明亮？

格式塔心理学家指出我们倾向于依据信息出现的背景，把信息相互独立的组成部分知觉为有机的整体。在图 1-3 的 A 中，中心的圆点大小一样，但却会因它们的背景而显得大小不同。在 B 中，两行符号中的第二个是相同的，但是，在上面一行中我们会把它看成 B，在下面一行中会把它看成 13。符号并没有变化，但它的背景改变了。在 C 中，内部的正方形亮度相同，但由于参照背景不同而显得有差异。

格式塔心理学家们相信学习可以成为积极、有目的的活动，而不仅仅像华生和斯金纳实验中表现的那样被动反应和机械化。他们发现，许多学习是通过顿悟，而非机械的重复来完成的，尤其是在问题解决过程中。

以沃尔夫冈·苛勒对黑猩猩的研究为例，如图 1-4 所示。起初，黑猩猩无法够到悬挂在天花板上的香蕉。然后，他突然把箱子堆起来，爬上去够香蕉。黑猩猩似乎经历了一个对问题情境的心理要素突然重组的过程，即它有了“灵光一闪”。苛勒的发现表明，人们不断对问题情境的要素进行操作，直到以某种方式重组这些要素，从而达到目标。这样的操作会伴随着心理上的“尝试－错误”过程而花费一定的时间，不过一旦找出解决方案，问题便迎刃而解。

图1-4　黑猩猩的顿悟

起初，黑猩猩够不到挂在天花板上的香蕉。过了一段时间，黑猩猩显然有了“灵感”，他把箱子一个个堆起来，够到了香蕉。

（五）精神分析

精神分析（psychoanalysis）由西格蒙德·弗洛伊德（Sigmund Freud，1856—1939）所开创，它既是一种人格理论，也是一种治疗方法。作为一种人格理论，精神分析认为我们的生活很大程度上被源自童年冲突的无意识观念和冲动所控制；作为一种治疗方法，精神分析的目的就是帮助患者洞察内心深处的各种冲突，找到社会接纳的途径来表达渴望和满足需要。我们将在第 10 章深入讨论精神分析。

四、当代心理学家如何看待行为与心理过程

如今，已经没有心理学家自称是构造主义者或机能主义者，虽然当前知觉和问题解决的研究方法源自格式塔心理学派，但也很少有心理学家会声称自己是格式塔心理学家。不过，确实有格式塔心理治疗师，他们帮助来访者整合他们人格中相互冲突的部分（让他们变得"完整"）。纯粹的行为主义心理学家和精神分析学家的数量在递减（Robins et al., 1999）。许多秉承行为主义传统的当代心理学家都称自己为社会认知理论学派。

心理学的思想发展历经多次转变，至今形成了研究方法各异的多种心理学派别。今天，心理学领域存在如下几种有广泛影响力的派别：生物学派、认知学派、人本 - 存在主义学派、心理动力学派、学习学派和社会文化学派。每一学派强调不同的研究主题，并采用不同的研究途径。

（一）生物学派

生物学派（biological perspective）心理学家寻找大脑、激素、遗传与进化和行为与心理过程之间的关系。他们认为思维、幻想和梦境，以及不同物种天生或本能的行为模式的产生，都是拜神经系统尤其是大脑所赐。

生物取向的心理学家也研究在心理障碍、犯罪行为和思维等行为与心理过程中，遗传究竟扮演什么样的角色。一般而言，遗传为行为与心理提供了丰富的可能性，环境因素与遗传因素的相互作用决定着特定的行为与心理过程。

生物取向的心理学家还聚焦于行为与心理过程的进化。查尔斯·达尔文认为在长期的生存竞争中，唯有适者生存和繁衍。例如，游得更快的鱼或天生对特定疾病具有免疫力的人存活的可能性更大，从而将他们的基因传递给下一代。因此物种会朝着适应的方向进化。进化论心理学家认为，诸如攻击行为和择偶等大多数人类的社会行为均有遗传基础。人们或许会受社会规则、文化因素甚至个人选择的影响，但进化论心理学家相信先天的遗传倾向如同耳边低语，引导人们朝特定的方向发展。

精神分析：

心理学流派之一，认为无意识的动机和冲突是人类行为的决定因素。

生物学派：

寻求诸如大脑功能、内分泌系统及遗传等生物进程与结构和行为与心理过程之间关系的研究取向。

认知：

与心理过程有关的各种心理现象，如感知觉、记忆、智力、语言、思维和问题解决等。

（二）认知学派

认知（cognitive）学派心理学家通过在心理过程领域中"探险"来理解人类的

本质。他们探究我们如何知觉这个世界，如何在心理上表征这个世界；我们如何学习、回忆过去、计划未来、解决问题、形成判断、做出决策以及使用语言。简言之，认知心理学家研究那些我们称之为*心灵*的事物。

认知学派可以追溯到苏格拉底关于“认识你自己”的忠告以及他提出的内省法。我们也能从构造主义、机能主义和格式塔心理学中发现认知心理学的萌芽，这三种心理学都以自己独有的方式研究认知心理学家感兴趣的问题。

社会认知理论：

心理学流派之一，继承了行为主义传统，在解释和预测行为时融入了认知因素，过去被称为社会学习理论。

社会文化学派：

心理学流派之一，注重研究种族、性别、文化和社会经济地位在行为与心理过程中扮演的角色。

（三）人本 – 存在主义学派

人本 – 存在主义学派实质上也倾向于认知，不过更强调主观（个人）经验的作用。我们分别来看这一学派的组成：*人本主义*和*存在主义*。

*人本主义*强调人类自我完善的潜能以及意识、自我知觉和决策的重要地位。人本主义者认为，自我意识、经验和选择使得我们在人生的旅途中不断“创造自我”。意识，即存在感，被视为统一我们人格的动力。*存在主义*认为，人有选择的自由，并对选择何种道德操行负有责任。卡尔·罗杰斯（Carl Rogers, 1951）和亚伯拉罕·马斯洛（Abraham Maslow, 1970）为人本 – 存在主义学派做了奠基性工作，如今该学派拥有众多追随者（Elkins, 2009）。

（四）心理动力学派

20 世纪四五十年代，心理动力理论主导了心理学领域，并对科学心理学和艺术产生了深刻影响。绝大多数心理治疗师是心理动力学派。很多著名的艺术家和作家向心理动力治疗师咨询释放无意识思想的途径。如今，弗洛伊德的影响仍在延续，尽管其在心理治疗领域不再占据重要位置。当代那些受弗洛伊德理论影响的心理学家倾向于称自己为*新精神分析学派*，代表人物有卡伦·霍尼（Karen Horney，1885—1952）和埃里克·埃里克森（Erik Erikson，1902—1994），他们对无意识的关注开始减少，转而更加重视有意识的选择和自我引导。

（五）关于学习的不同学派

当代许多心理学家都研究经验对行为的影响。对他们来说，学习乃是描述、解释、预测和控制行为的关键因素。然而，*学习*一词对奉行不同学说的心理学家来说，含义也有所不同。比如，有些学生发现了学习中意识和顿悟的作用，而另一些学生却没有。这种区别至今仍存在于行为学派和社会认知学派的追随者之间。

支持行为主义的早期心理学家——如华生，认为人们之所以做某事取决于他们的学习经历、情境以及奖赏，并非有意识的选择。与华生一样，当代行为主义心理学家强调环境的影响和经由重复和强化而形成的学习习惯。相反，**社会认知理论家**（social-cognitive theorists）认为人们可以修正和创造自己的环境。他们赋予*认知*以重要角色，认为人们可以通过观察他人的学习而进行有意识的学习。自 20 世纪 60 年代以来，社会认知学派在人格发展、心理障碍和心理治疗领域的影响逐渐提高。

（六） 社会文化学派

心理学界主要关注个体，尤其是个人的尊严。然而，许多心理学家认为如果不了解人们的差异，我们就无法理解他们的行为与心理过程（Alarcón et al., 2009）。

社会文化学派（sociocultural perspective）强调人与人之间存在诸多区别。该学派研究种族、肯尼思·克拉克和玛米·菲普斯·克拉克的研究怎样影响了最高法院的决策？

性别、文化和社会经济地位对行为与心理过程的影响（Sanchez et al., 2009; Vodosek, 2009）。比如，多数美国女性认为是健康、自主或直率的行为，却会被拉丁或亚裔群体解读为厚颜无耻。

种族

种族是人与人之间差异的一种体现。同一种族群体中的成员有共同的文化传承、人种特征、语言以及历史。美国不同种族群体的变迁显示了社会、政治、经济因素对人类行为和发展的影响（Phinney & Ong, 2007）。

20 世纪 40 年代，非裔美籍心理学家肯尼思·班克罗夫特·克拉克（Kenneth Bancroft Clark，1914—2005）和玛米·菲普斯·克拉克（Mamie Phipps Clark，1917—1983）做的一项研究表明，校园里对非裔美国儿童的隔离产生了负面影响。其中一项研究是这样的：研究者向非裔美国儿童出示白色和棕色的布偶娃娃，并说“把漂亮的娃娃递给我”或者“把难看的娃娃递给我”，绝大多数儿童的选择表明他们对白色布偶娃娃的喜爱胜过了对棕色布偶娃娃的喜爱。两人研究的结论是：儿童接受了社会对欧裔美国人的偏爱。在 1954 年，联邦最高法院引述了这个研究，废除了“平等隔离”的学校规定，避免了学校教育中对不同种族群体的不公平待遇。

拉丁和亚裔美籍心理学家也有类似的建树。拉丁裔美国心理学家豪尔赫·桑切斯（Jorge Sanchez）是最早指出智力测验具有文化偏见（比如对墨西哥裔美国儿童不利）的心理学家之一。拉丁裔美国心理学家莉莲·科玛斯－迪亚兹（Lillian Comas-Diaz, 2008）主编了一本多元文化心理健康杂志。亚裔美国心理学家理查德·M. 孙（Richard M. Suinn, 2001）在亚洲人和亚裔美国人群中进行了心理健康与同一性发展的研究。

性别

性别（gender）是指文化意义上的男性和女性特质，而不仅仅是解剖学意义上的性特征。性别包括文化期待和社会角色的复杂网络，并影响着人们的自我概念、期望、梦想以及行为。正如一些少数族群成员会遭受偏见一样，女性也是如此。

虽然美国女性接受大学教育仅始于 1833 年，那时奥伯林学院向女性敞开了大门，但实际上，现在美国大学在校生中女性占大部分。如今，心理学本科学位获得者中女性占一大部分（见第 5 页图 1-1），博士学位获得者中女性则占 78%（American Psychological Association, 2009）。

性别：
文化意义上的男性和女性特质。

女性对心理学做出了不可或缺的贡献。玛丽·惠顿·卡尔金斯（Mary Whiton Calkins，1863—1930）在记忆研究领域引入了配对联想法（见第 7 章），发现了首因效应和近因效应，并致力于研究重复频率在记忆的生动性中的作用。卡尔金斯曾以一名“旁听生”的身份在哈佛大学学习心理学，因为那时哈佛大学还未开始招收女生。卡尔金斯修满博士课程以后，哈佛大学并未授予她学位，就因为她是女性。不过，哈佛大学准许友好学校拉德克利夫学院授予卡尔金斯博士学位。然而，卡尔金斯拒绝了这个学位，以此来抗议哈佛大学对女性的不平等待遇。尽管没有博士学位，卡尔金斯经过不懈努力，依然坐上了美国心理学会的头把交椅。

曾几何时，男性在心理学科中占主导地位，玛丽·惠顿·卡尔金斯则与这种以男性为中心的偏见做斗争，鼓励心理学界关注“新女性”的价值（D. Rogers, 2009）。她在韦尔斯利学院首先开展关于记忆的研究，并于 1891 年在那里创建了心理学实验室。她引入配对联想法，发现了首因效应和近因效应，并致力于研究重复频率在记忆的生动性中的作用。

近年来，玛丽·索尔特·安斯沃斯（Mary Salter Ainsworth，1913—1999）用跨文化研究的方法，颠覆了以往我们对亲子依恋的理解。伊丽莎白·洛夫特斯（Elizabeth Loftus）（如 Laney & Loftus, 2009）的研究揭示了记忆并非过去的忠实记录，而经常是混杂了一些旧东西（实际发生的事）、一些新东西（即受到新近事件的影响）、一些别处“借来的”东西（如受到我们偏见的扭曲）以及一些“蓝色的”东西（受到色彩或情绪的污染）。

假 在心理学博士学位获得者中，女性占大多数，而非男性。

真 玛丽·惠顿·卡尔金斯，美国心理学会第一任女性主席，曾拒绝拉德克利夫学院授予的博士学位。

不同种族群体和女性成员的贡献增进了我们对种族和性别影响行为与心理过程的理解。这些结果也增进了我们对欧洲各民族间差异的理解。比如，南欧（如意大利、希腊和葡萄牙）的单身人士比西欧、北欧（如英国、法国、德国和斯堪的那维亚半岛）的单身人士更愿意与父母住在一起，直到结婚（Giuliano, 2007）。研究者认为，南欧的家庭联结更为紧密。

五、心理学如何研究行为与心理过程

酒精会引起攻击行为吗？观看暴力电视节目会使儿童变得有暴力倾向吗？为何有些人对食物不太在意，而另一些人却整日零食不断，须臾不能离开食物？为什么一些不快乐的人企图自杀，另一些人却不会呢？不同种族背景的人们在一起共事会怎样影响对偏见的感受？

有很多人都曾对诸如此类的问题表达过意见，有些意见甚至还比较激烈。但是，正如本章前面关于对人们声称被外星人绑架的讨论一样，科学家看重证据。心理学家与其他科学家一样，采用严谨的方法观察和测量行为及其影响因素。

倚重证据乃是批判性思维的关键。批判性思维既是我们人生的法宝，亦是获得科学知识的必由之路。

批判性思维：

采用对证据进行怀疑和检验的方式，来评价他人观点及评论的方法。

科学研究方法：

一种运用经验和验证设想的方式来扩展或修正知识的系统方法。

（一）批判性思维

心理学家受科学的原则指引，批判性思维就是科学的标志。**批判性思维**（critical thinking）有多种含义。首先，它意味着不轻信，不会因为是出版物上所写或权威人士、名人所说就信以为真。其次，批判性思维还意味着对他人的问题、陈述和观点进行细致的分析和探究。

批判性思维的原则

1. *持怀疑态度。*保持开放的头脑。政治家和广告商都在试图说服你。你自己的有些态度和信念是否肤浅或毫无根据？在未看到真凭实据之前，不接受任何所谓的事实。
2. *坚持证据。*一种观点无论是"古已有之"，还是出现在出版物或互联网上，抑或是某某医生或律师所说，都不足以令人相信。拿证据来！
3. *检查术语的定义。*一个术语界定的方式不同，会导致同一陈述的含义截然相反。比如："早期教育提高了儿童的智商。"这句话是否正确，关键要看如何界定"智商"。（后文将会提到，智力与智商并不是一回事。）
4. *分析论点的前提或假设。*比如有这样一句话："人们不能用动物研究的结果来解释人类的行为与心理。"这句话的前提是"人并非动物"。显然，我们是动物。
5. *从证据中得出结论须谨慎。*一直以来，研究都表明绝大多数接受了心理治疗的来访者有所改善。因此，我们通常假定心理治疗有效。然而，大约40年前，心理学家汉斯·艾森克（Hans Eysenck）指出，绝大多数遭受心理困扰的人没有接受心理治疗也有所改善。那么问题就来了：是否接受心理治疗的人都比没有接受治疗的人更有可能有所改善？目前的研究开始仔细比较心理治疗技术带来的益处与其他技术乃至压根儿没有进行任何处理所带来的益处。对道听途说尤其要保持怀疑！当你听到"我认识一个人……"时，问问自己关于此人的传闻是否靠得住。
6. *考虑证据是否存在其他解释。*酒精会导致攻击行为吗？本章稍后会介绍一些酒精与攻击之间存在明确关联或相关的证据。譬如，许多暴力犯罪行为都与饮酒有关。但是，有证据表明饮酒导致了攻击吗？有没有可能是诸如性别、年龄或冒险性等因素共同导致了饮酒和攻击行为呢？
7. *切勿过度简化。*大多数人类行为涉及基因和环境之间的复杂交互作用。再考虑一下这个问题：心理治疗是否帮助了有心理问题的人？对这个问题笼统地回答"是"或"否"都显得过度简化了。换成"哪些人采用哪个流派的心理治疗，对哪一类问题最有效？"这样的问法会更有意义。
8. *切勿过度概括化。*回头再看这一陈述：人们不能用动物研究结果来解释人类的行为与心理。这是不是一个"全或无"的问题呢？我们可否通过动物研究对人有些许认识呢？人的哪些方面是只有以人为研究对象才可以了解的？
9. *将批判性思维运用到生活的各个方面。*

（二）科学研究方法

科学研究方法（scientific method）是指有条理地运用经验并检验构想，扩展和修正我们知识的方法。心理学家不必像我们按照菜谱做菜那样从事科学研究，但研究也应遵循特定的原则。

心理学家通常以形成研究问题为开端。我们的日常经验、心理学理论，甚至民间智慧均对形成问题有所助益。下面举几个从日常经验中来的研究问题。日托中心的日常经验会激发我们研究日托是否影响儿童社交能力的发展或与母亲之间的依恋纽带。观察学习的社会认知原理会促使我们研究电视暴力的影响。研究问题也可能来自常识。比如，心理学家会从“同病相怜”“异性相吸”“眼见为实”这些日常谚语中发现研究问题：同病真的相怜吗？异性果然相吸吗？

研究问题是研究假设的另一种说法（见图 1-5）。**研究假设**（hypothesis），即通过研究来检验的关于行为与心理的陈述。关于日托的研究假设之一是：接受日托的学龄前儿童通过与同伴的互动会比在家中被照料的儿童获得更多的社交技能。

接下来，心理学家要通过控制变量的方法（如实验法）来检验假设。比如，我们可以选择一组参加日托的学龄前儿童和一组未参加日托的学龄前儿童，在控制情境下（如儿童研究中心）逐个介绍他们认识一个陌生儿童。我们可以观察每一组儿童如何与新结识的儿童交往。

心理学家基于观察和研究结果来得出结论。如果观察结果未能证实研究假设，则研究假设所依据的理论会被修正。研究结果常常使心理学理论精细化，因此，研究手段也会不断更新。在日托的研究中，我们很可能会发现接受日托的儿童比在家中被照料的儿童表现出更出色的社交技能（Belsky et al., 2001）。

图1-5 科学研究方法

科学研究方法是一种组织和扩展科学知识的系统方法。

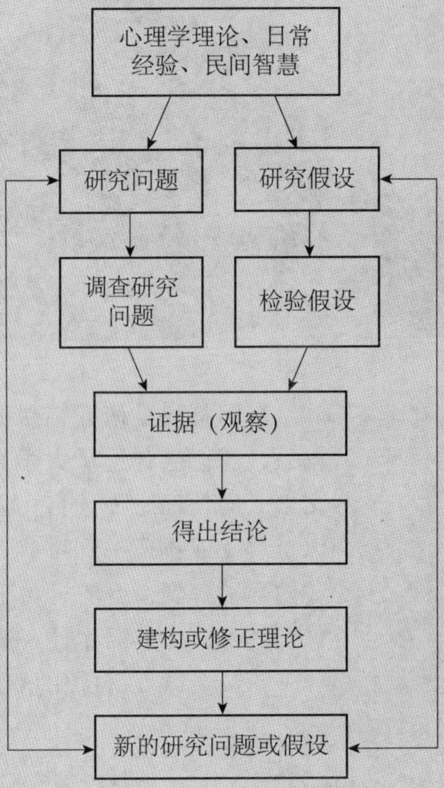

当心理学家从研究证据中得出结论时，要遵循批判性思维的原则。比如，心理学家尽量避免将**相关**（correlations，或关联）与因果混为一谈。虽然攻击性强的儿童观看暴力电视节目的时间明显较多，但是，由此得出电视暴力导致攻击行为的结论却是站不住脚的。**选择因子**（selection factor）或许发挥了作用：接受研究的儿童自己选择了他们想收看的内容。或许因为攻击性强的儿童比其他儿童更喜欢收看暴力节目。

研究假设：

在心理学里，假设是指通过研究来检验的关于行为与心理的明确陈述。

相关：

变量之间的关联或关系，比如，我们可能会发现身高和体重或学习习惯和学校成绩之间存在着相关。

选择因子：

这是一种误差的来源。在科学研究中，当被试可以自己选择某种特定的实验处理时，研究结果就会出现偏差。

（三）样本和总体

让我们对过去的一段历史进行一个不可能的假设：共和党候选人艾尔弗·兰登（Alf Landon）在 1936 年的大选中击败了在任总统富兰克林·德拉诺·罗斯福（Franklin D. Roosevelt），或兰登至少在广受欢迎的杂志《文摘》（*Literary Digest*）上的民意测验中胜出。而在实际的选举中，罗斯福以压倒性优势击败了兰登。总之，《文摘》杂志的确做过一些类似于预测兰登获胜的事情。怎么会发生如此不靠谱的事情呢？

真 即便是调查数百万的选民，你仍然无法精确预测总统大选的结果。

原来《文摘》杂志对选民进行的是电话调查。今天，电话抽样仍然是被广泛应用的民意调查技术。但是，《文

摘》的民意调查是在大萧条时期进行的，有固定电话的人比没有固定电话的人富裕得多。高收入阶层的人们比较倾向于共和党。那么，这些抽样中绝大多数人会投票给兰登就不足为奇了。问题在于：如果电话抽样遗漏了一些人群，比如大学生（他们大多数只有手机），那抽样还有效吗？

《文摘》民意调查的失败源于错误的抽样方法。**样本**（sample）的抽取必须可以精确地代表它要反映的**总体**（population）。唯有具备代表性的样本才允许我们将发现从研究样本推广（扩展）至总体。举例来说，假如研究总体是美国选民，那么南加州人或欧裔美国中产阶级成员等子群体就不能有效代表美国选民这个总体。

（四）心理学研究结果推广的问题

在解释科学研究结果的准确性方面，我们需要考虑多重因素。其一，研究样本的特性。本章稍后，我们会讨论从大学男生总体中抽取一些社交饮酒者作为被试进行研究，即他们倾向于在社交聚会时饮酒，而独自一人时不饮酒。大学男生除了代表他们自己之外，能代表谁？研究结果可以扩展（或推广）到哪些人群？有一点是肯定的，研究结果不适用于大学女生。比如，在第 4 章我们会了解到，酒精对女性的影响比对男性的影响更迅速。

其二，大学男生比一般的成年男性年轻，而且智力测验得分更高。社交饮酒者可能与那些难以自控的酗酒者存在生理和心理上的差异。

总之，我们必须考虑针对男性的研究发现是否适用于女性，针对欧裔美国人的研究结果是否适用于少数族裔群体。

样本：
一个总体之部分。

总体：
研究者感兴趣的研究对象的全部集合，从中可以抽取样本。

随机样本：
一个随机抽取的样本，能保证总体中的每一位成员都有相等的被选择参与的机会。

分层样本：
一个分层样本能保证可以按照比例来代表总体中的各个子群体。

志愿者偏差：
研究存在的一种偏差或误差的来源，揭示了答应参与研究的人与不参与的人之间整体上存在差异的现象。

随机取样和分层取样

使得样本具有代表性的方法之一是随机取样。在一个**随机样本**（random sample）中，总体中的每位成员参与研究的机会均等。研究者也可以使用**分层样本**（stratified sample）来保证样本的代表性，即样本按比例地代表了总体中已知的子群体。例如，非裔美国人占美国人口的 13%，分层抽取的样本也应包含 13% 的非裔美国人。实际来看，一个大的随机选取的样本会展现总体精确的构成层级。一个 1 500 人的随机样本能够相当清楚地代表美国人，而一个 20 000 人的欧裔美国人或男性样本则不能。

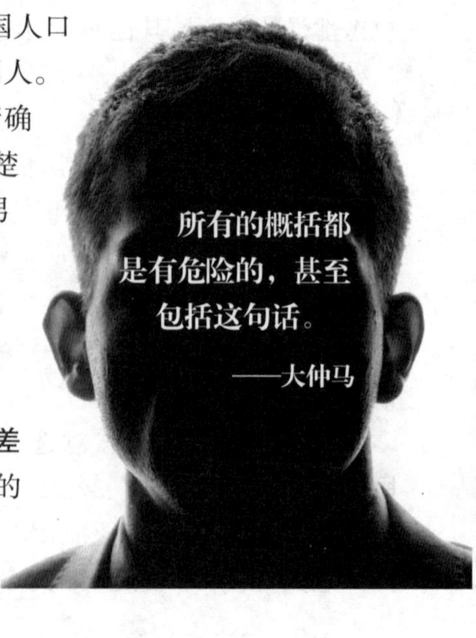

杂志举行大规模的性行为调查一般会让读者填写并寄回问卷。尽管数以千计的读者完成并寄回了问卷，但是，这些调查对象能够代表美国人吗？可能不行。这些以及类似的研究会受到**志愿者偏差**（volunteer bias）的影响。那些答应或自愿参与研究的人与不参与的人之间存在整体上的差异。在性行为的研究案例中，志愿者可能代表了总体中的子群体（或者是附带调查问卷的那一期杂志的读者），他们愿意表露隐私并且也可能在性行为方面更开放（Rathus et al., 2011）。志愿者也可能比其他人对研究更有兴趣，也有闲暇时间。这些志愿者与总体会有多大的差异呢？这些差异会在多大程度上使研究结果产生偏差呢？

个案研究：

通过访谈、问卷和心理测验获得详尽的记录。

调查法：

让很多人回答一些问题，以此来了解他们的态度或行为的一种科学研究方法。

（五）观察法

有许多人自诩为行为与心理过程方面的专家。比如说，你或其他人曾有多少次想急于分享一些关于人性的真知灼见？

我们在一生当中所见甚多，个人的观察有时转瞬即逝，并且支离破碎。我们根据兴趣筛选对事物的经验。我们经常会因为事物不符合我们想当然的假定而忽略它们，哪怕是显而易见的事物。然而，科学家设计出了具有较强控制措施的观察事物的方法。下面我们重点讨论心理学家和其他行为科学家广泛采用的三种观察方法：个案研究、调查法和自然观察法。

个案研究

个案研究（case studies）针对个体或小群体进行信息收集。许多个案研究都属于临床性质，即详细描述一个人的心理问题和心理学家如何解决这些问题。个案研究有时用于深入探究罕见的案例，如克里斯·赛兹莫尔（Chris Sizemore）被诊断为多重人格（专业术语为解离性认同障碍）。精神病医生在克里斯身上发现了三种截然不同的人格。她的故事后来被改编成了电影《三面夏娃》（*The Three Faces of Eve*）。一种人格称为“白夏娃”，是一个胆小、善良，内在包含着另外两种人格的女性；另一种人格称为“黑夏娃”，淫荡并时常跳出来控制她的行为；第三种人格名字叫“简”，是一个适应良好、把黑夏娃和白夏娃整合在一起的女性。

个案研究有多种误差来源。人们的记忆并不连贯，并且与事实存在一定的误差（Bernstein & Loftus, 2009）。人们还会为了迎合访谈员而歪曲他们的经历，或者他们想以特定的方式回忆事情。访谈员也会对被试抱有特定的预期，并微妙地鼓励被试按照符合预期的方式填补记忆的裂痕。比如，精神分析学家就因诱导求助者从心理动力学视角来审视他们自己的生活而受到批评（Hergenhahn, 2009）。难怪许多人提供了符合心理动力学理论的“证据”，如“父母对我严格的排便训练导致了我的洁癖”。然而，持任何理论观点的访谈员都难以避免地会引导人们说些他们想要听到的内容。

在传记电影《金赛性学教授》（*Kinsey*）中，连姆·尼森（Liam Neeson）所饰演的阿尔弗雷德·金赛是一名科学家。在那个连谈论性都被视为有伤风化的时代，他做了关于人类性行为的调查研究。

调查法

基于科学选择的样本，计算机和民意测验专家预测选举结果并公布国民意见。同样，心理学家用**调查法**（surveys）来研究自然情境无法观察或不能进行实验研究的行为与心理过程。心理学家所采用的调查法包含问卷、访谈以及检索公开记录等方式。调查法的优势之一是：通过发放问卷和计算机数据分析，心理学家可以同时对数千人进行研究（Schwartz, 2007）。

有一项非常著名的调查叫金赛报告（Kinsey reports）。

自然观察法：
观察处于自然环境中的有机体的科学方法。

相关法：
一种通过测量来发现两变量之间关系的方法。

相关系数：
表示两个变量之间关系的强弱或方向（正向或负向）的数值，介于 -1.00 和 +1.00 之间。

20 世纪中期，美国还处于相对性压抑的时代，该报告的出炉给世人呈现了许多令人吃惊的发现。阿尔弗雷德·金赛（Alfred Kinsey）和他的同事经过大量的访谈，出版了两本性行为的研究报告：《人类男性性行为》（1948）和《人类女性性行为》（1953）。在他的男性调查样本中，手淫行为实际上相当普遍，在绝大多数人还认为手淫对健康有害的时代，这一结果无疑让世人感到震惊。在这一时期，人们还广泛持有这一观点：几乎所有的单身女性都是处女。然而，金赛发现 25 岁仍然单身的女性中，大约三分之一有过性行为。

与个案研究一样，调查法也有误差来源（Schwartz, 2007）。人们在回忆他们过去的行为时会不太准确，或者有意撒谎。有一些人会按照社会赞许的方向来回答问题，以此来讨好访谈员。比如，金赛的研究中访谈员均为男性。对于女性受访者来说，面对女性访谈员可能会更开放一些。如果受访者和访谈员来自不同的种族背景，类似的问题也会产生。也有一些人会歪曲他们的态度和夸大他们的问题，以此来引起关注或故意干扰调查结果。

另外，还要考虑到一些由受访者关于自身行为的错误报告导致的调查误差。比如，如果按照人们声称的刷牙频率和使用的牙膏数量来算的话，美国的牙膏销量应该是实际销量的 3 倍（Koerber et al., 2006）。人们还会多报告自己遵医嘱的次数（Wilson et al., 2009）和少报告吸烟的次数（Swan et al., 2007）。你认为这是为什么呢？

自然观察法

每个人都在不自觉地使用**自然观察法**（naturalistic observation），即在自然生活环境——日常生活之中观察他人。心理学家和其他科学家也是如此。自然观察法的优点是：心理学家和其他科学家可以在发生情境中或“现场”观察行为。观察者采用不引起注意的方式，以避免观察干扰行为。例如，珍·古道尔（Jane Goodall）在黑猩猩的自然环境中观察到了它们的社交行为、性行为、工具使用及生活中的其他真实情况（Peterson, 2006; Pusey et al., 2008）。她的观察告诉我们：（1）过去我们认为只有人类使用工具的认识是错误的；（2）黑猩猩与人类都把亲吻嘴唇作为一种问候的方式。

珍·古道尔的自然观察法发现，像人类一样，黑猩猩也会使用工具，并把亲吻嘴唇作为一种问候的方式。

（六）相关

智力越高在学校里的表现会越优秀吗？成就动机越强在公司就会爬上越高的位置吗？压力与健康之间的关系是什么？

诸如此类的问题通常由**相关法**（correlational method）给出答案。相关紧随观察之后。通过相关法，心理学家可以探究某一种观察到的行为或测量到的特质是否与另一种行为或特质存在关联或相关。以智力和学业成就变量为例，这些变量均被赋予一定的数值，如智力测验得分和学业平均分。然后，将这些数值用数学的方式关联起来，并用一个**相关系数**（correlation coefficient, r）来表示。相关系数是一个介于 -1.00 和 +1.00 之间的数值。

研究显示，智力测验分数与学业成就之间呈正相关，学业成就以平均绩点（grade point average，GPA）来表示。也就是说，智力测验得分越高，学业成绩越优异。智力测验得分与学业成就的相关系数约在 +0.3 与 +0.6 之间（见图 1-6）。不过，除了智力测验得分，还有其他因素影响着学业成败，如成就动机、自律性、压力管理能力以及自信心等（Duckworth & Seligman, 2005; Jennings et al., 2009; Thomas, 2008）。

负相关的例子也俯拾皆是，即一个变量递增，另一个变量递减。例如，压力与健康之间存在负相关。当影响我们的压力增大时，我们的免疫系统功能就随之降低。在高压力水平之下，大多数人的身体健康状况会每况愈下。

图1-6　正相关和负相关

当变量间呈正相关时，如智力和学业成就之间的关系，一个变量增加，另一个随之增加。总体而言，人们在智力测验上得分越高，他们的学业成就也会越高，如左图所示（每个点代表个体智力测验得分和平均绩点）。而压力和健康之间存在负相关，随着我们体验到的压力增加，我们的免疫系统功能会下降（如右图所示）。

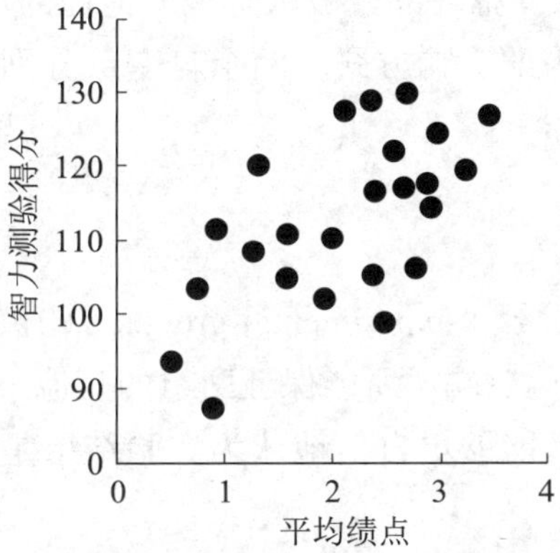

智力和学业成就之间呈正相关

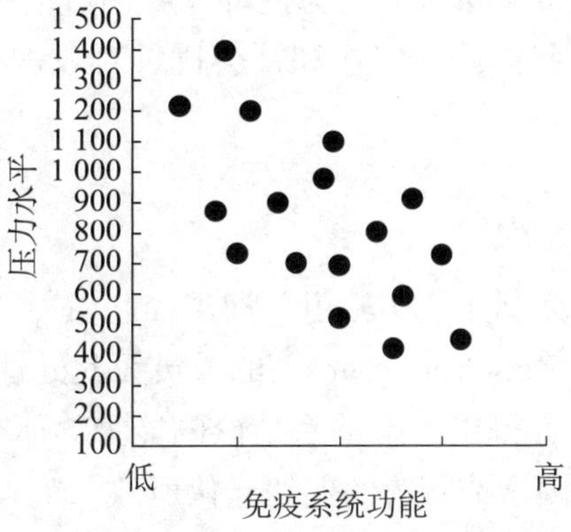

压力和免疫系统功能之间呈负相关

下列各种行为模式——上教堂与犯罪、语言能力与音乐能力、受教育水平与青春期怀孕发生率、年级与不法行为等——存在哪种相关（正相关或负相关）？为什么？

相关可能意味着存在因果关系，但证明不了因果关系。例如，虽然高智力儿童可以从教育中获益良多的假设看起来合情合理，但研究也显示了教育有助于提高智力测验得分（Nisbett, 2009）。上过富有启发性的早教课程的学龄前儿童，比没有这种经验的儿童在以后的智力测验中获得的分数高。智力和学业成绩之间的关系可能没有我们预想的那么简单。压力与健康之间又如何呢？是压力损害了健康，还是健康较差的人可能会遭遇更大的压力？

（七）实验法

实验法是回答因果关系的首选方法。在**实验**（experiment）中，一组被试会接受某种处理，可能是一定剂量的酒精，或者房间温度的改变，或者注射一种药物，然后工作人员会对被试进行细致的观察，确定该处理是否改变了被试的行为。比如，酒精是否改变了考试的能力？房间温度和环境噪声水平会带来什么差异？

> **实验：**
> 通过操纵自变量并观测其对因变量的影响，从而确认因果关系的科学方法。

通过实验，心理学家可以对被试的经验进行控制，并得出因果关系的结论（Roediger & McCabe, 2007）。心理学家可能会提出这样一个理论：酒精因降低了对后果的恐惧或壮大了活动水平而导致攻击（Sayette et al., 2009）。该心理学家接下来提出假设：被试摄入一定剂量的酒精会导致攻击行为的增加。让我们以“酒精影响攻击行为”这样一个例子，加深我们对实验法的理解。

自变量和因变量

在确定酒精是否会引发攻击的实验中，被试饮用了一定量的酒，并测量了酒精的影响。本实验中，酒精是**自变量**（independent variables）。实验者通过操纵自变量以确定其影响。酒精这一自变量可以在不同水平（或剂量）上加以实施，从“无”或“一丁点”到“过量”，直到“引发酒精中毒”或“酩酊大醉”。

实验中测量的结果被称为**因变量**（dependent variables）。因变量的存在依赖于自变量。在确定酒精是否影响攻击行为的实验中，攻击行为就是一个因变量。另外还有一些常用的因变量，如性唤起水平、视动统合，以及认知任务成绩（如数学成绩）。

在一个研究气温和攻击行为之间关系的实验中，气温是自变量，攻击行为是因变量。我们既可以把气温设定在冰点以下，也可以设定到酷热难当，从而来研究其对攻击行为的影响。我们也可以引入第二个自变量，如社会挑衅；我们可以有意冒犯一部分被试来观察他们的攻击行为水平。这一方法可以让我们研究气温和社会挑衅对攻击行为的影响方式、两个自变量分别的影响以及叠加的影响。

实验组和控制组

理想的实验会利用“实验组”和“控制组”。**实验组**（experimental groups）的被试接受特定的处理，而**控制组**（control groups）的成员无此处理，然后竭尽所能保证两组的其他条件一致。这一方法提高了研究者得出因果关系结论的能力。研究者能够更自信地认为实验结果是由特定的处理引起，而非偶然因素或行为的偶然起伏所致。

例如，在研究酒精对攻击行为影响的实验中，实验组的成员摄入一定量酒精，控制组的成员则无此处理（Eriksson, 2008）。然后，研究者分别测量两组被试表现出多少攻击行为。

自变量：

在科学研究中通过操纵来观测其效应的一种条件。

因变量：

对自变量表现出来的效应的一种测量。

实验组：

在实验中接受实验处理的群体。

控制组：

在实验中，除未接受实验处理之外其他条件都（与实验组）保持一致的群体。

安慰剂：

外表看起来像真的、实际是假的实验处理。

单盲和双盲

关于酒精影响攻击行为的经典研究发现（Boyatzis, 1974），提供啤酒和含酒精饮料的聚会上的男性比只提供软饮料聚会上的男性举止更具攻击性。但是实验组的被试知道他们饮酒了，控制组的被试知道他们未饮酒，因此，酒精导致的攻击行为或许反映了被试对酒精效应的预期。当人们认为自己饮酒了，其行为举止会倾向于表现出饮酒后的典型反应方式（Eriksson, 2008）。例如，男性在社交场合往往焦虑感降低，攻击性提高，并且性唤起水平也更高。这些行为模式在多大程度上反映了酒精对身体的直接影响，又在多大程度上反映了人们关于酒精效应的信念呢？

在医学上，当医师认为一个坚持要求医学治疗的病人实际上并无治疗必要时，有时会给病人一些**安慰剂**（placebos，一种虚假的治疗，常用看起来很逼真的糖丸来代替药）。如果病人报告说安慰剂的确有效，这是因为病人预期服用的药丸有用，而不是因为药丸的生物化学反应。安慰剂并不限于糖丸。有趣的是，奎宁水与伏特加酒的味道几乎一样，难以区分。因此，在关于酒精作用的实验中，奎宁水可用作安慰剂。如果被试认为他们喝的是酒，我们就会得出这样的结论：被试的行为变化源于他们关于酒精效应的信念，而不是酒精本身。

设计精巧的实验会通过创设被试意识不到实验处理的情境，或称**单盲**（blind），来控制被试的预期效应。安慰剂即是一种让被试无法察觉他们已接受了实验处理的方式。然而，研究者也会有预期，他们可能会“支持”某种处理，这被称为实验者偏差。比如，烟草公司管理层可能希望告诉世人吸烟无害。在这种情况下，测量实验结果的人如果对哪些被试接受了实验处理也不知情，会更有利于得出客观的结论。被试和实验者均不知道谁接受了实验处理的研究，称为**双盲研究**（double-blind studies）。

单盲：
实验术语之一，指个体不知道已接受了实验处理。

双盲研究：
被试与观察者都不知谁接受了实验处理的研究。

在很多实验中，被试和研究者都不知道谁接受了真正的实验处理。美国食品药品监督管理局（FDA）在批准新药销售之前，会要求进行双盲研究。在双盲研究中，药物和安慰剂在外观和口味上相同。实验者将药物或安慰剂随机分配给被试。被试和观察者都不知道谁服用的是药物，谁服用的是安慰剂。测试最终完成之后，一个中立的专门小组（与研究结果无利害关系的一组人）会判断药物的效果与安慰剂的效果是否有所区别。

在一个酒精是否具有攻击效应的经典双盲研究中，艾伦·兰格（Alan Lang）及其同事（1975）预先进行了一个实验，确定伏特加和奎宁水混合调成的鸡尾酒的口味与纯的奎宁水无法区别。他们招募了大学男生里的社交饮酒者作为被试。一些男生喝伏特加和奎宁水调的鸡尾酒，另一些男生只喝奎宁水。在喝了鸡尾酒的被试中，有一半被误导相信他们只喝了奎宁水（见图1-7）；在只喝了奎宁水的被试中，有一半被误导相信他们喝的奎宁水中含有伏特加。因此，有一半的被试对他们的实验处理不知情。测量男生攻击性反应的实验者对于哪些被试喝了鸡尾酒也一无所知。

真 在很多实验中，被试和研究者都不知道谁接受了真正的实验处理。

该研究团队发现，认为自己喝了伏特加的男生对挑衅的反应比认为自己只喝了奎宁水的男生“更有攻击性”（即前者选择更高水平的电击，并按压操作杆发送电击）。实际饮用了什么无足轻重，

图1-7　兰格研究中的实验条件

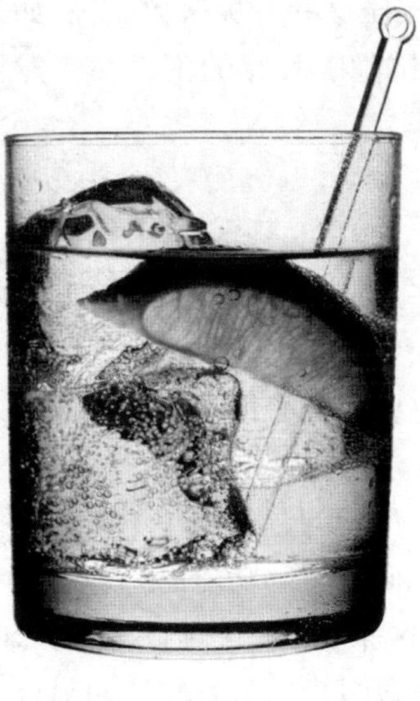

伏特加与奎宁水混合后，从口味上分辨不出伏特加的味道。因此，在兰格的酒精效应研究中才可能隐瞒被试，使他们不知道自己是否喝酒了。单盲研究可以让心理学家控制被试的预期效应。

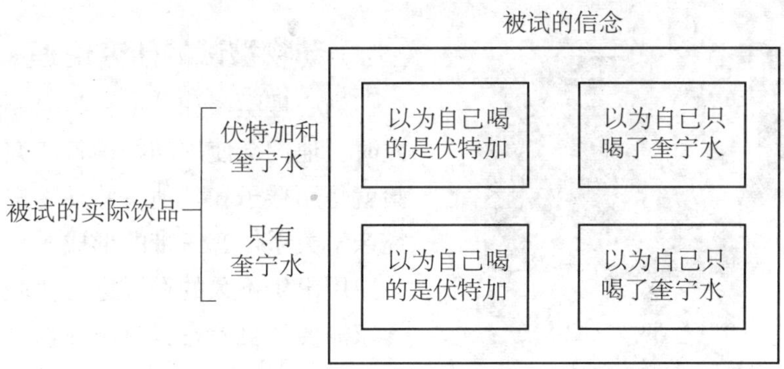

知情同意书：

在了解研究目的和实验处理的性质后，被试同意参加研究所签的协议。

事后解说：

对被试参与研究之后解释整个实验程序的目的和方法。

也就是说，男生对他们“饮用了什么”的信念比他们“实际饮用了什么”更能影响他们的攻击行为。兰格的研究结果与博亚兹（Boyatzis）的结果大相径庭，也许是因为博亚兹的研究没有控制预期效应或关于酒精的信念。

（八）人类被试的研究伦理

如果兰格的团队是在今天而不是 20 世纪 70 年代开展他们的实验，他们可能会被大学伦理审查委员会拒绝准许进行此项研究。为什么呢？因为兰格的研究团队给被试饮用酒精并且对整个团队隐瞒了研究的目的和方法。他们的方法符合伦理吗？

为了促进个体的尊严、人类的福祉和科学的诚信，心理学家坚持着一些伦理规范。这些规范还旨在确保心理学家不采取有害的研究方法或实验处理。在几乎所有的社会机构中，包括大学、医院和研究基金会，伦理审查委员会都根据伦理规范帮助研究者评估他们申请的课题及方法存在的潜在伤害。一旦委员会发现课题申请书中可能存在对被试来说不可接受的伤害，他们会拒绝批准此项申请。委员会也会对研究潜在的益处和潜在的伤害进行权衡。

如今，个人在参加研究之前必须签署**知情同意书**（informed consent）（Knaus et al., 2012）。对研究有整体的了解并且可以选择终止参加研究，这显然能给被试一种控制感，并降低紧张情绪（Fisher, 2009）。对于兰格的研究，如果被试签署知情同意书是否可行呢？你怎么想？

心理学家之所以对研究被试或来访者的记录保密，是因为尊重他们的隐私权，而且，在研究者或治疗师保密的情况下，人们更有可能表达真实的想法和感受（Fisher, 2009）。不过当利益冲突出现时，如一个来访者对某人的人身安全构成威胁，心理学家就有义务预先通知受害者（Knaus et al., 2012）。

如果被试事先知道了研究者的意图，或者被试知道了接受的实验处理（如一种新药或一个糖丸），这些研究就不能进行了。根据美国心理学会《心理学工作者的伦理原则与行为规范》（Knaus et al., 2012），隐瞒只有在下列条件下可以使用：研究者相信益处大于潜在的伤害，研究者相信被试如果了解到研究的益处会乐意参加实验，以及对被试有**事后解说**（debriefed），即给被试解释清楚研究目的和方法。

回到兰格关于酒精与攻击的研究，研究者一是对被试饮用的饮料隐瞒了真相；二是误导被试相信自己在电击其他被试，而实际上按压的开关并未连接在控制台上（攻击行为以按压这些开关来界定）。如果没有隐瞒，这项研究就无法进行，但对被试隐瞒真相的伦理性依然存在争议。

（九）动物被试的研究伦理

当心理学家和其他科学家要进行一些无法在人类被试身上开展的研究时，他们会使用动物进行研究。例如，关于早期与母亲分离的影响实验就是用猴子和其他一些动物进行的。这些研究有助于心理学家深入探究亲子关系依恋纽带的形成。

用出生不久的猴子进行实验就会引发伦理问题，心理学家和其他科学家需要认真考虑具有潜在伤害的研究。研究大脑功能的心理学家和生物学家会通过损毁实验室动物的部分脑区来认识这些脑区如何影响行为。比如，对大脑某个区域的损伤会让老鼠过度摄取食物，对另外某个区域的损伤会让老鼠食欲不振。心理学家将这些实验中的发现推广到人类，希望找到解决像进食障碍之类问题的途径（Mehta & Gosling, 2008）。使用动物进行研究的支持者认为，医学和心理学的发展离不开这些动物的贡献（Ringach & Jentsch, 2009）。比如说，如果不用动物进行研究，我们对实验药物如何影响肿瘤生长和大脑就无从知晓。

美国心理学会的伦理指南规定，当研究者认为研究的益处可以使伤害得到合理解释，且没有其他的替代物时，才可以伤害动物（American Psychological Association, 2002; Fisher, 2009）。

既然已经对心理科学有了大致的了解，那么我们将在第 2 章探讨心理学与生物学之间的联系。心理学家假定我们的行为与心理过程与生物事件相互关联。在第 2 章中我们将详细讨论这一假设的证据。

用数字说话

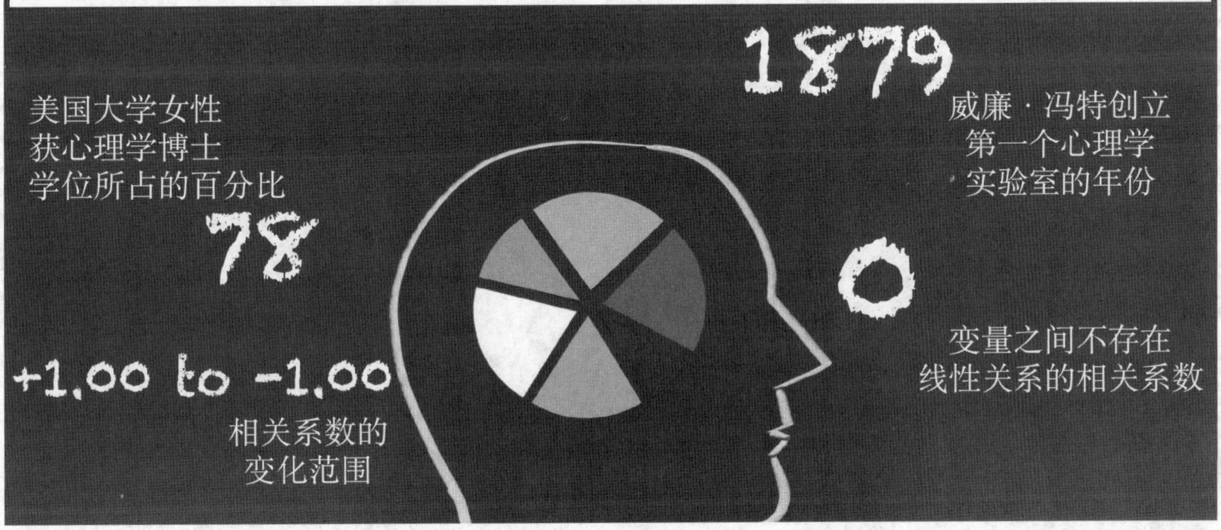

第 2 章 生物学与心理学

内容概要

一、神经系统及其组成部分：神经元、神经冲动和神经递质

二、大脑的结构及其功能

三、内分泌系统及内分泌腺的作用

四、进化心理学以及遗传、行为和心理过程之间的联系

“盖奇已经不是以前那个盖奇了。”对出事之前的他比较了解的人们如是说。

心理学史上有许多重要人物，其中有些人却是无心插柳。这其中有一个很有前途的铁路工人当时在为美国这个年轻的国度修建连接东西海岸的铁路，他叫菲尼斯·盖奇（Phineas Gage）。盖奇的朋友和工友都非常欣赏他。然而，1848 年的某一天，一切都改变了。盖奇在填塞泡泥，把炸药填实时，意外地引爆了炸药。直径 1 英寸①粗的填塞泡泥用的钢钎自下而上飞起，从他的脸颊刺入，贯穿大脑至头顶。

如果钢钎的轨迹略偏一点，盖奇可能就没命了。尽管盖奇应声仰面倒地，但他奇迹般活了下来。他的工友见他不久便站立起来并开口讲话，都惊呆了。当地的医生还在对盖奇头上的窟窿惊叹不已的时候，盖奇就问他何时可以重返工地。两个月后，盖奇的外伤愈合，然而，受伤对心理造成的影响却是显而易见的。他以前的雇主曾经认为盖奇在受伤之前，是“最有效率和能干的工地组长”（Harlow, 1868），但现在却拒绝重新雇用他了，因为他的变化太大了：

> 这么说吧，他的智能与动物性之间的平衡似乎被打破了。他变得……粗鲁无礼，有时满口污言秽语（这不是他以往的风格）。他表现得对他人缺少关心，并且当约束和劝告有违他愿望的时候，他缺乏耐心……很顽固，犹豫不决又变幻莫测，对将来的手术制订了许多计划，可很快又有了新的想法……不过，一切都还在盖奇的大脑里没有丢失。事实上，他的很多才能依然出色，似乎是原封不动地保存着。

一批批的研究者，包括心理学家、临床医生、生物学家、神经科学家，都想搞清楚大脑损伤是如何导致了盖奇的人格变化。也许是钢钎的插入分开了额叶中连接语言和运动的部分，而受损的区域连接着人格和情绪反应（Damasio 2000; Wagar & Thagard, 2004）。本章中，我们会了解大脑

「盖奇已经不是以前那个盖奇了。」

真？假？

你怎么看待下列陈述？它们是坊间传闻、常识还是无稽之谈？圈出字母“T”代表真，“F”代表假，并在阅读本章的过程中找出准确答案。

- T　F　一个细胞拉长可以从头一直延展到脚。
- T　F　信息在大脑中是以电流的方式传递的。
- T　F　一个大脑细胞每秒可发送数百条信息，还能够在间隙中得到休息。
- T　F　恐惧可以使人消化不良。
- T　F　人类的大脑比任何其他动物的大脑都要大。
- T　F　如果一个外科医生用电流刺激你大脑的特定区域，你会感觉肯定有人敲击了你的腿。
- T　F　船长由于不喜欢达尔文的鼻子，所以差点把他排除在那次让他提出进化论的航程之外。

① 1 英寸约合 2.54 厘米。——译者注

神经元：

神经细胞，在神经系统中传递和接收信息。

神经胶质细胞：

为神经元提供营养、保护、生长的方向，并将废物运出神经系统的细胞。

树突：

状如树根，连接在神经元胞体上，接收别的神经元传来的冲动或信息。

轴突：

神经元的细长部分，将神经冲动沿球状结构（轴突末梢结）传递到别的神经元。

额叶及其他更多区域的功能，我们将按照从小到大的顺序展开学习的旅程——小到用显微镜才能看到的大脑细胞是如何保持和传递信息的，大到肉眼可见的组织结构是如何为记忆、语言、感觉、思维、计划和自主运动等大脑功能提供物质基础的。

一、神经系统：密布的网络

神经系统由与思维过程、心跳、视动统合等活动有关的神经构成，包括大脑、脊髓以及其他部分，使得我们可以接收外界信息并做出反应。

神经系统由细胞组成，绝大多数是*神经元*。我们就从神经元开始学习神经系统。

（一）神经元：进入奇妙的大森林

在我们的大脑中有一片由神经细胞——神经元——组成的奇妙的大森林。**神经元**（neurons）可以形象地比作树，有树梢、树干和树根。当我们穿越这片森林时，会看到许多神经细胞彼此毗连，像一片灌木丛。也有一些神经元首尾相接，上面神经元的“树根”与下面神经元的“树梢”缠绕在一起。神经元从多种来源接收“信息”，有些接收光线传来的信息，有些接收皮肤感受到的压力，然后，神经元能够把这些信息用一种复杂的生物学形式的“舞蹈”传递下去。我们一生下来就拥有超过 1 000 亿个神经元，它们绝大多数位于大脑。

神经系统的构成中还包括**神经胶质细胞**（glial cells）。神经胶质细胞将死掉的神经元和废物运出神经系统，为神经元提供营养和保护，形成一种绝缘的脂状物质——*髓鞘*，并且在信息的传输过程中扮演一定的角色。神经元在神经系统中占据中心位置。神经元传递的信息可以解释许多现象，从我们对蚊子叮咬后痒的知觉，到滑雪者的视觉和肌肉的协调；从创作一支协奏曲，到解开一道代数方程式。

不同功能和位置的神经元形态各异，大脑中的神经元长度仅有一英寸的几分之一，而腿部的神经元长达数英尺①。绝大多数神经元的结构相同：细胞体、树突和轴突（见图 2-1）。细胞体内有*细胞核*。细胞核利用氧和营养物质产生能量，执行细胞的任务。**树突**（dendrites）从细胞体上向不同方向延伸，少到数条，多达数百条，状如树根，从成千上万毗邻的神经元接收信息。

每个神经元都有一个**轴突**（axon），像树干一样从细胞体上延伸出来。虽然轴突很细，但那些将信息从脚趾传至脊髓的神经元长达好几英尺。与树干一样，轴突会朝不同方向生出侧枝。轴突末端状如小灯泡的结构叫作*轴突末梢结*。神经元只朝一个方向传递信息：从树突或细胞体沿轴突至轴突末梢。然后，信息由末梢结传递到其他神经元、肌肉或腺体。

随着儿童的逐渐成熟，神经元的轴突变长，树突和末梢迅速增生，形成了可以传递复杂信息，并且相互交织的、庞大的网络。神经胶质细胞的数量随着神经系统的发展也在递增，形成致密的外观。

---

① 1 英尺约合 0.3 米。——译者注

图2-1 神经元的解剖结构图

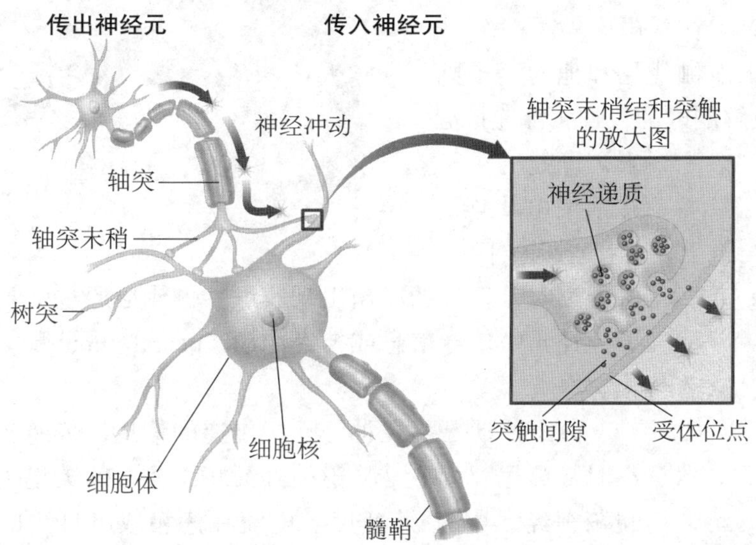

“信息”从神经元进入树突，沿着树干状的轴突传递，然后从轴突末梢结传递到肌肉、腺体以及其他神经元。轴突末梢结内有化学物质囊泡，称为神经递质。神经递质释放进入突触间隙，此处许多神经递质与接受神经元的树突上的受体位点结合。

髓鞘

许多神经元的轴突都由白色油脂状的**髓鞘**（myelin）紧紧包裹着，在显微镜下看起来有点像一节一节的香肠（图 2-1）。这层油脂保护着轴突，使之与神经系统四周体液中带电原子或离子绝缘。髓鞘使轴突传导的电流泄漏降到最低限度，因而信息传递的效率更高。

髓鞘化是成熟过程的一部分，促使儿童在出生后的头一年内获得爬行和走路的能力。只有覆盖过程（髓鞘化）达到一定水平，婴儿才可以在生理上“准备好”进行视动统合及其他活动。患有多重硬化症的人，他们的髓鞘变成了硬纤维组织，导致神经冲动失去节奏，肌肉控制陷入混乱。

髓鞘：
包裹并使轴突绝缘的脂状物质，能促进神经冲动的传递。

传入神经元：
将来自感受器的信息传至脊髓和大脑的神经元，也叫感觉神经元。

传出神经元：
将来自大脑或脊髓的信息传至肌肉和腺体的神经元，也叫运动神经元。

传入和传出神经元

如果有人踩到你的脚趾，接近皮肤表面的感觉神经元或感受器会把这种感觉登记下来，然后通过感觉神经元或**传入神经元**（afferent neurons），将其传至脊髓和大脑。传入神经元大约有 2 到 3 英尺长。在大脑中，随后的信息可能会由仅有几千分之一英寸长的连接神经元传递。通过这一过程，你体验到疼痛，或许还会对那个踩你脚趾的人抱有一些恶意的想法，虽然那个人已经在道歉并请求谅解。

不过，在你得出任何合乎逻辑的结论之前，运动神经元或**传出神经元**（efferent neurons）早已向你的脚部发出信息，于是你撤回脚，动作夸张地跳起来。另外一些传出神经元刺激腺体，于是心跳开始加快，冒汗，手臂上的汗毛倒竖起来！作为一个有气度的人，你会说：“嗨，没事儿！”不过考虑到有这么多神经元都参与进来，这的确可以算个事儿，不是吗？

由于传入神经元和传出神经元的英文发音听起来几乎一样，所以很容易混淆，不过两者的确“一样”（SAME），即前者是感觉神经元（*S*ensory *A*fferent），后者是运动神经元（*M*otor *E*fferent）。

真　一个细胞拉长可以从头一直延展到脚。

（二）神经冲动：带电的肉体[①]

18 世纪时，意大利生理学家路易吉·伽伐尼（Luigi Galvani，1737—1798）在暴雨中做了一个电击实验。邻居们都躲在屋内，而伽伐尼和他的妻子则在屋外的走廊上将避雷针与一只解剖好的青蛙头部连接起来，青蛙的腿和井水用电线连接。当上空闪电划过时，青蛙的肌肉出现收缩。伽伐尼通过实验证明了神经元中传导信息或**神经冲动**（neural impulses）的电化学本质。

> **真** 信息在大脑中是以电流的方式传递的。然而，神经元之间的沟通方式差异很大。

> **真** 一个大脑细胞每秒可发送数百条信息，并且得空还可以休息一下。这种“休息”叫作“不应期”。

神经冲动是指在神经元中传递的信息，传递速度每小时 2 英里[②]（在无髓鞘神经元中）到 225 英里（在有髓鞘神经元中）。此速度与电流在烤箱或电灯中的速度比起来简直是小巫见大巫，后者接近光速，每秒钟超过 186 000 英里。不过体内距离很短，信息从脚趾传递到大脑大约需要 1/50 秒。

神经冲动：
神经细胞（或神经元）的电化学放电。

极化：
通过生成神经元细胞膜与外部体液之间的内部负电荷，神经元做好放电的准备。

静息电位：
神经元细胞膜在未对别的神经元做出反应时的电位。

去极化：
神经元细胞膜的静息电位从 −70 毫伏到 0 毫伏方向变化的过程。

动作电位：
为神经冲动沿神经元轴突传导提供基础的电脉冲。

电化学之旅

神经冲动的传导是一种电化学现象，神经元内发生的化学变化引发了电荷变化并沿着神经元进行传递。神经元和体液中包含有多种离子——带正电或负电的原子。在静息状态下，即神经元未被相邻的神经元激发时，神经元内有大量带负电的氯离子（Cl^-），与外部相比，形成负电荷。这种电荷的差异（或**极化**，polarizes），使神经元与细胞膜外部的体液之间形成内部负电荷，神经元准备放电。神经元膜壁上未受其他神经元的激发时的电位称为**静息电位**（resting potential），与细胞膜外的体液相比大约有 −70 毫伏。

当处于静息状态的神经元表面某一区域接受到来自其他神经元足够的激发后，该区域细胞膜的渗透性发生变化，允许带正电的钠离子进入，该区域的电位与外部相比变成正值，被称为**去极化**（depolarized；见图 2-2A）。细胞膜的渗透性随后再次发生变化，阻止钠离子继续进入（见图 2-2B）。

神经冲动之所以能沿着神经元轴突传导，其实有赖于电脉冲的功劳，电脉冲被称为**动作电位**（action potential）。神经元轴突内受激发部位产生 110 毫伏的动作电位，当该动作电位与 −70 毫伏的静息电位叠加后，膜电位可以由负变成正，达到 +30～+40 毫伏（见图 2-3）。这一内部变化使神经元相邻部分对钠离子的渗透性增强，与此同时，另外一些带正电的离子（钾）从先前受到激发的部位涌出，从而使该区域恢复到静息电位。就这样，神经冲动便沿着轴突不断传递下去。由于神经冲动在进程中是不断重新产生的，所以其强度并未发生改变。

---

① 出自沃尔特·惠特曼的《草叶集》。

② 1 英里约合 1.6 千米。——译者注

图2-2 神经冲动沿着轴突传导时发生的电荷变化

轴突内外的电荷是通过轴突内外膜上所装置的微小玻璃管来测量的。如图 A，当轴突在静息状态下时，它的电荷量为 -70 毫伏。但当钠离子进入并产生去极化时，如图 B 所示，该部位的电荷量增至 +30～+40 毫伏。这一变化使细胞膜相邻部分对钠离子的渗透性增强，于是，神经冲动便沿着轴突不断传递下去。

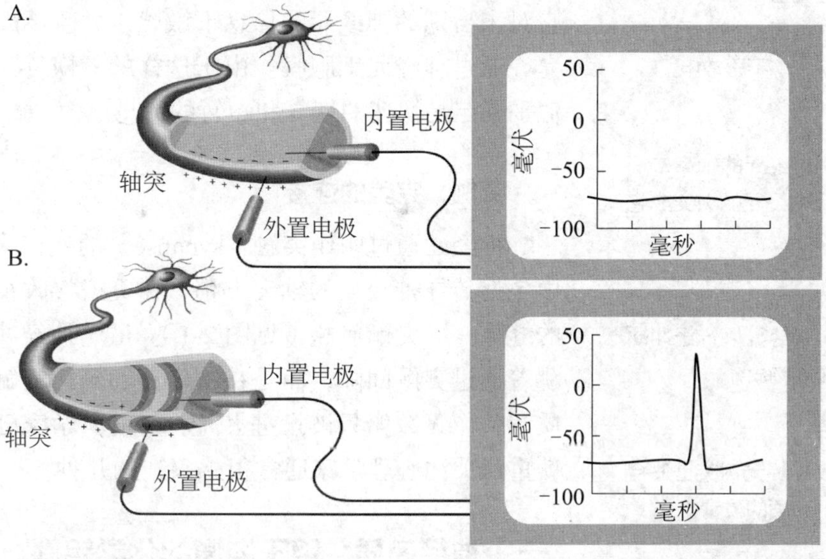

图2-3 神经冲动在轴突内部传导时发生的电荷变化

神经元轴突上的静息电位大约为 -70 毫伏。在受激发部位的神经元轴突内部，可以产生大约 110 毫伏的动作电位，当这个数字与 -70 毫伏的静息电位相加后，膜电位由负变正，大约为 +30～+40 毫伏。这一变化使神经元相邻部分对钠离子的渗透性增强。于是，神经冲动沿着轴突不断传递下去。

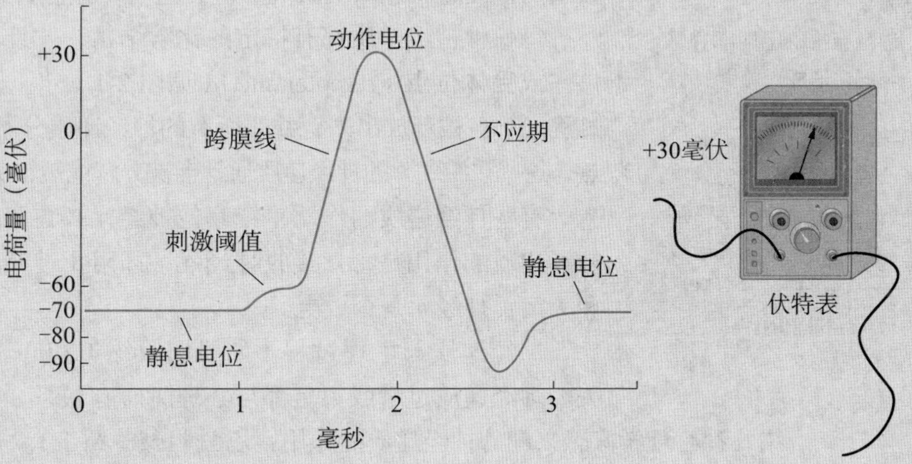

放电：信息如何在神经元之间旅行

神经冲动沿神经元传导的过程即所谓的*放电*。一支来复枪开火后，子弹沿枪膛射出的速度超过每秒 1 000 英尺。神经元放电和来复枪开火类似，只是轴突取代了枪膛，释放*神经递质*取代了发射子弹。

有些神经元放电很快，不到 1/1 000 秒。当它们放电时，神经元将信息传至别的神经元、肌肉或腺体。然而，只有传入的信息累加到一定强度时神经元才会放电，这一临界点被定义为*阈限*。微弱的信息或许会引起暂时的电荷移动，但是如果神经元受到的刺激未达到其阈限，这一电荷就会消失。

神经元每次放电都传递相同强度的冲动，这就是所谓的**全或无原则**（all-or-none principle），即神经元要么放电，要么不放电。神经元受到大量别的神经元的刺激时，放电频率增高，刺激强度加大，放电频率也增加，但是，每次放电的强度仍然

全或无原则：

神经元的动作电位无论何时受到激发，都会发出相同强度的神经冲动。

不应期：

神经元放电后的一个阶段，对来自其他神经元的信息不敏感，并不再放电。

突触：

一个神经元的轴突末梢与另一个神经元的树突或胞体之间的连接。

神经递质：

参与神经元间神经冲动传递的化学物质。

受体位点：

接收神经元树突上适合接受神经递质的位置。

乙酰胆碱（ACh）：

控制肌肉收缩的神经递质。

海马体：

边缘系统的组成部分之一，与记忆形成有关。

多巴胺：

一种神经递质，影响人的快乐感知能力、自主运动、学习与记忆。与帕金森病有关，似乎在精神分裂症中也有一定的作用。

不变。

放电后的几千分之一秒内，神经元处于**不应期**（refractory period），也就是说，它对来自别的神经元的信息不敏感，并且不放电。这一阶段是恢复时间，钠离子不允许通过神经元细胞膜。由于这样的“恢复”期每一秒可能会出现数百个，所以这似乎确定是快速的恢复和短暂的休息。

突触：完美的连接

神经元通过叫作**突触**（synapse）的连接将信息传至另一个神经元。突触的构成中包括传导神经元的轴突末梢、树突或接收神经元的胞体，以及两者之间充满体液的缝隙——*突触间隙*（见图 2-1）。虽然神经冲动的实质是电，但它不能像火花一样跳着通过突触间隙，而是在神经冲动到达突触时，轴突末梢向突触间隙释放化学物质，就像无数船只被投进大海。目前科学家已经确认了几十种化学物质，下面我们就重点关注心理学家通常很感兴趣的几种。

（三）神经递质：用于沟通的化学钥匙

神经递质（neurotransmitters）储存于轴突末梢的*突触囊泡*中，它是用于沟通的化学钥匙（见图 2-1）。当神经冲动（动作电位）抵达轴突末梢时，囊泡释放出不同数量的神经递质进入突触间隙。在这里，这些神经递质对接收神经元产生影响。

每一种神经递质都有特定的化学结构，并且在接收细胞上有各自适合停靠的港口，或**受体位点**（receptor site）（见图 2-1）。“一把钥匙开一把锁”常用来描述这一过程。一旦被释放出来，并非所有的神经递质分子都能找到其他神经元上面的受体位点，这些“游离”的神经递质通常会被分解或被轴突末梢吸收（这一过程称为*再摄取*）。

有些神经递质的作用是令其他神经元*兴奋*，即引发其他神经元放电。还有一些神经递质的作用是*抑制*接收神经元，即阻止神经元放电。兴奋性和抑制性刺激的总和决定了神经元是否放电。

神经递质与生理过程（如肌肉收缩）和心理过程（如思维和情绪）都密切相关。神经递质过量或不足都与心理障碍有联系，如抑郁症和精神分裂。我们重点介绍几种心理学家感兴趣的神经递质的作用：乙酰胆碱（ACh）、多巴胺、去甲肾上腺素、5- 羟色胺、γ - 氨基丁酸（GABA）和内啡肽。

乙酰胆碱（acetylcholine，简称 ACh）是一种控制肌肉收缩的神经递质。乙酰胆碱在神经和肌肉之间牵涉随意运动的突触中属于兴奋性的，但在心脏和其他位置却是抑制性的。箭毒的作用就是乙酰胆碱功能的典型表现。箭毒是南美土著从植物中提取出的毒药，用于打猎。如果箭尖上沾有箭毒，刺入皮肤后，毒药就会进入身体，从而阻止乙酰胆碱与神经元上的受体位点结合。由于乙酰胆碱帮助肌肉运动，所以箭毒可以造成麻痹。受害者呼吸肌无法收缩，因此会窒息而死。肉毒杆菌中毒是一种源于食物中毒的疾病，这种疾病阻止乙酰胆碱的释放，与箭毒效果相同。

乙酰胆碱在大脑的**海马体**（hippocampus）中通常含量较高，该区域与记忆的形成有关（Louie & Wilson, 2001）。当大脑中乙酰胆碱的含量下降，如罹患了阿尔茨海默病时，记忆的形成就会受到损害（Packard, 2009）。在一个实验中，研究者降低了小白鼠海马体的乙酰胆碱含量，结果小白鼠怎么也学不会走迷宫，显而易见，它们记不住应该在哪里转弯（Egawa et al., 2002）。

多巴胺（dopamine）在大脑中的作用与感知快乐、自主运动、学习和记忆有关。尼古丁、酒精以及其他药物之所以让人产生愉悦感就是因为它们提升了多巴胺水平。缺乏多巴胺与帕金森病有关联，人会逐渐失去对肌肉的控制（Fuentes et al., 2009），肌肉会出现震颤和抖动、动作不协调等症状。

拳王穆罕默德·阿里（Muhammad Ali）和演员迈克尔·J. 福克斯（Michael J. Fox）是帕金森病患者中比较出名的两位。

去甲肾上腺素：

一种神经递质，与肾上腺素的功能相似，对抑郁症有一定影响。

5- 羟色胺：

与情绪唤起和睡眠有关的神经递质，含量不足可引起进食障碍、酗酒、抑郁、攻击和失眠。

γ- 氨基丁酸（GABA）：

一种抑制性神经递质，对平复焦虑作用明显。

内啡肽：

一种生成于大脑和血液中的抑制性神经递质，功能和效果与麻醉吗啡相似。

心理障碍中的精神分裂症的典型表现是头脑混乱和幻觉，这与多巴胺有一定的关系。精神分裂症患者大脑的某个与情绪反应有关的区域可能有更多的多巴胺受体位点，正是由于这个原因，他们会“过度利用”大脑中的多巴胺（Neve, 2009; Roth et al., 2009）。过度利用的结果可能就是产生幻觉、思维与情绪混乱。吩噻嗪是治疗精神分裂症的一类药物，它通过阻断一些多巴胺的受体来抑制其作用（Neve, 2009）。由于其作用机制，吩噻嗪会导致类似帕金森病的副作用，这时通常采取减少剂量、服用其他药物以及换药的方式来解决。

去甲肾上腺素（norepinephrine）大部分由脑干中的神经元产生，具有神经递质和激素的双重作用。去甲肾上腺素是一种兴奋性神经递质，可以加速心跳，增强生理唤起、学习与记忆、进食等身体机能。去甲肾上腺素过多或不足与心境障碍关系密切。乙酰胆碱和去甲肾上腺素的匮乏特别损害记忆形成（Qi & Gold, 2009）。

兴奋剂可卡因和安非他命（“快快”）能提高去甲肾上腺素（以及多巴胺）的分泌量，加快神经元放电速度并引起持续的唤起。安非他命既能够促进这些神经递质的释放，又能阻止它们的再摄取。可卡因也可阻止再摄取。

5- 羟色胺（serotonin）与情绪唤起和睡眠有关。进食障碍、酗酒、抑郁、攻击和失眠都与 5- 羟色胺不足有关系（Polina et al., 2009; Risch et al., 2009）。迷幻药（LSD）可以降低 5- 羟色胺的作用，还会增强对多巴胺的利用，因此常常会导致幻觉。

心理学家对 **γ- 氨基丁酸**（gamma-aminobutyric acid, 简称 GABA）也有浓厚的兴趣，原因之一是 γ- 氨基丁酸是一种抑制性神经递质，可以帮助平复焦虑反应（Cunningham et al., 2009）。镇静剂和酒精就是通过与 γ- 氨基丁酸受体结合并放大其功效来达到稳定焦虑作用的。有一类抗焦虑药物还可以增强 γ- 氨基丁酸受体位点的敏感性。另有研究发现了 γ- 氨基丁酸不足与抑郁之间的关联（Karolewicz et al., 2009）。

内啡肽（endorphins）属于抑制性神经递质。内啡肽一词的英文 endorphin 是 endogenous morphine 的缩写。Endogenous 意为“由内而生”。内啡肽会在大脑和血流中自然产生，其功能和效用与麻醉吗啡类似，它们锁定向大脑传递疼痛信息的化学物质的受体位点，一旦内啡肽“钥匙”处于“上锁”状态，引起疼痛的化学物质就被锁在了外面。内啡肽还能增强我们的胜任感，促进

神经：
来自许多神经元的一束轴突。

中枢神经系统：
大脑和脊髓的合称。

外周神经系统：
神经系统的一部分，包括躯体神经系统和自主神经系统。

躯体神经系统：
外周神经系统的子系统，连接中枢神经系统和感受器、骨骼肌与躯体表面。

自主神经系统（ANS）：
外周神经系统的子系统，调节腺体以及心率、呼吸、消化和瞳孔扩张等活动。

交感神经分支：
自主神经系统的分支之一，在恐惧、焦虑等情绪反应中最为活跃，消耗体内储存的能量。

我们免疫系统的功能。许多长跑者报告感受到了“跑步者的亢奋”，这与内啡肽密切相关（Shah et al., 2009）。

现在，我们回顾一下学到了什么：在一片奇妙的神经元森林，数十亿的轴突末梢每时每刻都在释放出神经递质的宇宙舰队进入突触间隙。所有这些神经递质通过结合之后，决定哪些信息传递，哪些信息不传递。从而，你体验到你的感觉、思维和对身体的控制等心理事件，而这些心理事件来自数十亿的电化学事件。

我们可以把神经元比作神经系统里微小的结构单元，千百万这样的神经元聚集在一起形成更大的、肉眼可见的结构，成为神经系统的组成部分。接下来我们将讨论神经系统的组成。

（四）神经系统的组成

神经系统包括大脑、脊髓和将其连接到感觉器官、肌肉和腺体上的**神经**（nerves）。如书前图 2-4 所示，大脑和脊髓组成**中枢神经系统**（central nervous system），如果把神经系统比作计算机，中枢神经系统相当于中央处理器（CPU）。

将信息传入大脑和脊髓的感觉（传入）神经元和将信息从大脑和脊髓传至肌肉和腺体的运动（传出）神经元组成了外周神经系统。套用前面的计算机比喻，**外周神经系统**（peripheral nervous system）由神经系统的外周设备构成——键盘、鼠标、DVD 光驱等。没有这些外周设备，我们将无法向中央处理器传输信息。另外一些外周设备，如显示器和打印机，可以让我们追踪中央处理器里发生了什么，并看到事情的结果。

外周神经系统：身体的外周设备

外周神经系统由感觉和运动神经元构成，在中枢神经系统之间来回传递信息。没有外周神经系统，大脑就成了孤零零的 CPU，没有键盘、鼠标、光驱和其他输入信息的途径，也没有显示器、打印机、调制解调器或其他显示或传输信息的途径。我们将与世隔绝：既不能感知这个世界，又不能对世界有所作为。外周神经系统主要由躯体神经系统和自主神经系统组成。

躯体神经系统（somatic nervous system）包括感觉（传入）神经元和运动（传出）神经元，将视觉、声响、气味、温度、体位等信息传递到中枢神经系统。信息从大脑和脊髓传至躯体神经系统，来控制有目的的身体运动，如举手、眨眼或者奔跑，还包括一些细微的、几乎难以觉察的运动，用于保持身体平衡和姿势。

自主神经系统（autonomic nervous system, 简称 ANS）也包括感觉神经元和运动神经元，主要调控腺体和内脏器官的肌肉。因此，自主神经系统控制心跳、呼吸、消化和眼睛瞳孔的扩张等活动。当我们睡着时，这些活动可以自动发生，不过其中有些可以通过有意训练达到随意控制，比如，你可以按照某一节奏来控制呼吸。生物反馈和瑜伽等方法也可以帮助人们对心跳、血压实现随意控制。

自主神经系统有两个分支：交感神经和副交感神经。两者的作用总体上相反。许多器官和腺体同时受自主神经系统的这两个分支支配（见图 2-5）。如果器官和腺体同时受到来自这两者的刺激，效果会在某种程度上相互抵消一部分。一般而言，与消耗身体能量的过程相关时，**交感神经分支**（sympathetic division）最为活跃，比如天敌出现时表现出“战或逃”的反应，或者发现你的

图2-5　自主神经系统（ANS）的分支

一般来说，副交感神经分支的作用是补充身体能量的储备。交感神经分支在消耗能量的时候最为活跃。自主神经系统的两大分支在对身体器官的影响上常常是拮抗的。

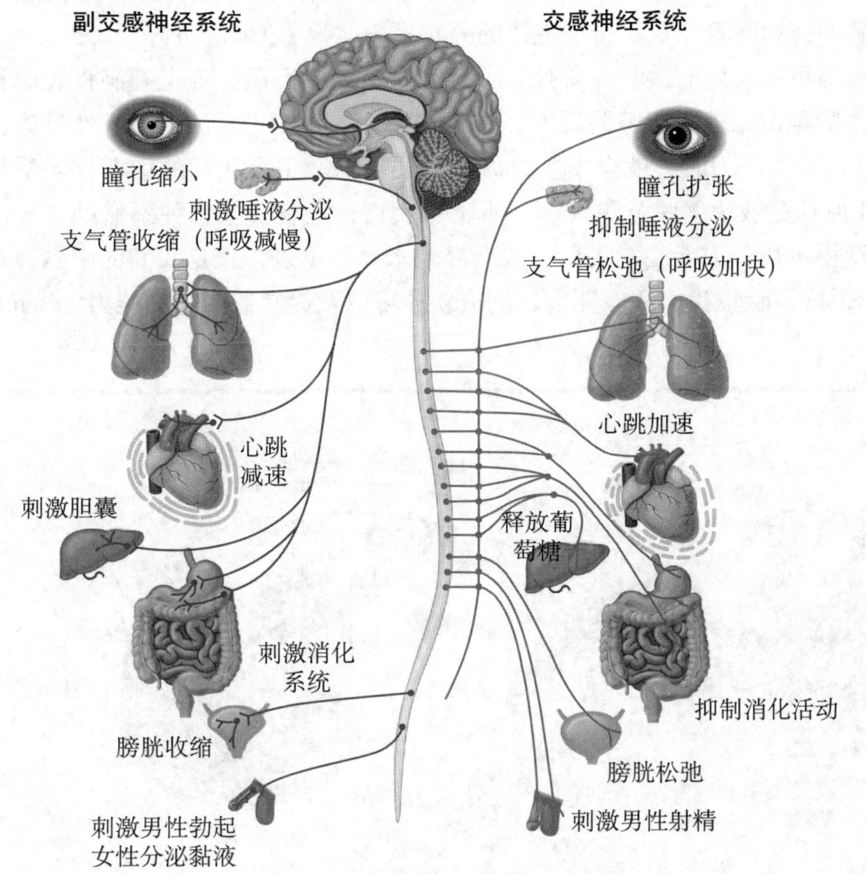

房租要涨的时候。当身体在补充能量时，**副交感神经分支**（parasympathetic division）最为活跃，如进食。当我们感到害怕时，自主神经系统的交感神经分支会加快心率；当我们放松时，副交感神经分支减缓心率。副交感神经分支刺激消化，而交感神经分支抑制消化。心理学家对自主神经系统特别感兴趣的地方在于，它的活动与多种情绪有关联，如焦虑和爱。

> **真**　恐惧的确可以使人消化不良。

副交感神经分支：
自主神经系统的分支之一，在恢复身体能量储存的过程中（比如消化）最为活跃。

脊髓：
脊椎内的神经柱，负责传递从感受器到大脑、从大脑到全身肌肉和腺体的信息。

脊髓反射：
对刺激的简单、非习得的反应，可能仅需两个神经元的参与即可完成。

中枢神经系统：身体的中央处理器

中枢神经系统包括脊髓和大脑。**脊髓**（spinal cord）是一条名副其实的“信息高速公路”，由一束拇指粗的神经纤维组成，负责传递从感受器至大脑以及从大脑至全身肌肉和腺体的信息。脊髓也执行一些“地方政府”的职能，即通过脊髓反射对一些外部刺激源做出反应。**脊髓反射**（spinal reflex）是一种对刺激的本能反应，可

灰质：

脊髓中呈灰色的神经元以及参与脊髓反射的神经元片段。

白质：

脊髓中与大脑之间来回传递信息的轴突束。

能仅需两个神经元（一个感觉神经元和一个运动神经元）即可完成（见图 2-6）。在一些反射中，还包括了连接感觉神经元和运动神经元的中间神经元。

脊髓和大脑包含灰质和白质。**灰质**（gray matter）由无髓鞘神经元组成，其中一部分参与脊髓反射，另一部分将轴突延伸至大脑。**白质**（white matter）由较长的、有髓鞘包裹（因此呈白色）的轴突组成，执行在大脑之间上传下达信息的功能。从脊髓的横切面看，灰质与细胞体的分布呈蝴蝶状（见图 2-6）。

脊髓还与下列反射有关：一阵风扑面而来，我们会眨眼；嘴里塞满食物时我们会吞咽；医师敲击膝盖引起膝跳反射，这是神经系统功能正常的信号。性反应也包括多种反射。当膀胱和直肠受到压力时，就会发生排尿和排便反射。正是我们的中枢神经系统让我们与众不同。有些物种视觉更敏锐，嗅觉更发达，听觉更真切；还有一些物种不借助人工设备（如飞机、潜艇）就可以跑得更快，或者凌空飞翔，或者潜入水底。不过，正是我们的中枢神经系统使我们可以运用符号和语言，赋予我们适应环境、创造新环境以及为它们命名的能力（Bandura, 1999）。

图2-6　反射弧

反射是天生的、固定的行为模式，显然是在人类进化过程中形成的，它有助于个体在没有理解和有目的地控制环境之前来适应环境。我们看到的是脊髓的横切面，不同的线条标出了感觉神经元和运动神经元，它们共同参与了膝跳反射。在一些反射中，中间神经元连接了感觉和运动神经元。

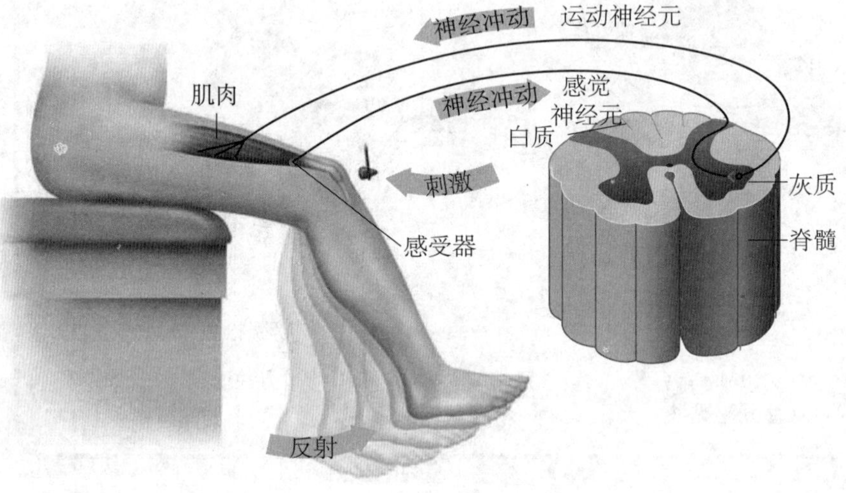

二、大脑：比天空更辽阔

我小时候听说人类的神经系统比任何其他动物的都复杂，人类的大脑也比任何其他动物的都大。其实，后半句并不正确。人类的大脑约 3 磅[①] 重，而大象和鲸鱼的大脑重量是我们的 4 倍。然而，我们大脑所占身体的比重要高于大象或鲸鱼的。我们的大脑约占体重的 1/60，大象的大脑约占体重的 1/1 000，而鲸鱼的大脑仅仅是体重的 1/10 000。

长久以来，哲学家和科学家们都想了解大脑的功能。如今，科学家普遍认心智（mind）乃是大脑的功能（American Psychological Association, 2008; Block, 2009）。有些科学家通过研究试图定位当我们听音乐或回忆某个人的面孔时大脑特定区域究竟发生了什么变化。有些时候，如在菲尼斯 · 盖奇的个案中，关于大脑的知识真是“得来全不费工夫”。通过轻重程度不同的大脑损伤，我

① 1 磅约合 0.45 千克。——译者注

们可以了解到大脑的损伤能损害意识、知觉、记忆、计划和决策能力。在一些案例中，失去大部分大脑可仅仅导致小部分的功能损失，但是特定区域哪怕失去一小部分，却能引起语言障碍、记忆丧失或者死亡。大约两个世纪以前，人们已经知道，如果大脑左半球损伤，身体右侧会失去感觉或运动功能；大脑右半球损伤，身体左侧会失去感觉或运动功能。因此人们假定：大脑的控制机制是自上而下，左右交叉的。

假 “人类的大脑比任何其他动物的大脑都要大”这一说法是错误的。但我们大脑占身体的比重确实比大象或鲸鱼大脑的相应比重要大。

意外事故为研究大脑提供了预料之外、无法控制的机遇。不过，科学家仍然通过实验、脑电记录以及大脑扫描的方法对大脑进行了更为深入的了解。

大脑比天空更辽阔 / 因为 / 将两者并排比一比 / 前者能轻松地容下后者——还有你。

——艾米莉·狄金森

（一）大脑的实验

疾病和意外事故（如菲尼斯·盖奇的个案）的结果表明，大脑损伤会导致行为与心理的变化。科学家通过有目的地损伤实验室动物大脑的某个区域来观察结果，例如，损伤老鼠下丘脑的某个区域会导致其贪食，损伤老鼠下丘脑的另一区域则会导致其绝食。大脑某些部分似乎有着一些特定行为的“开－关”键，至少在低等动物身上是这样的。

因为大脑没有疼痛的感受器，所以外科医生怀尔德·潘菲尔德（Wilder Penfield, 1969）能够用电极刺激人类大脑的某些区域，结果，他的病人报告说知觉到某些记忆。对大脑的电刺激还发现，大脑的不同区域与特定的感觉（如光或声）或运动（诸如手臂或腿的动作）存在密切联系。

脑电图描记

潘菲尔德用电流刺激大脑的某些区域，并询问人们体验到了什么。也有研究者采用**脑电图描记**（electroencephalograph, 简称 EEG）来记录大脑自然状态下的电活动。EEG（见图 2-7）探测通过电极之间的极其微小的电活动（称为*脑电波*）。放松的感觉、睡眠的不同阶段、神经障碍（如癫痫）都呈现出特定的脑电波。

脑电图描记（EEG）： 通过测量置于头皮上的电极之间电流的方式来检测脑电波的一种方法。

脑成像技术

当菲尼斯·盖奇遭遇到罕见的事故时，要检查大脑唯有在颅骨上钻洞或进行开颅，这两种方法均不利于当事人的健康。不过，研究者在 20 世纪末研制出了成像技术，它们能利用放射源和计算机的强大功能生成大脑各区域的图像。

第一种是**计算机化轴向断层造影**（computerized axial tomography，简称 CAT 或 CT 扫描），如书前图 2-8A 所示，X 射线通过大脑后，可从不同角度反射击结构，并生成一个三维图像。CAT 扫描可以显示由于血栓、肿瘤以及其他健康问题造成的大脑畸形。

第二种是**正电子发射断层扫描**（positron emission tomograph，简称 PET 扫描），如书前图 2-8B 所示，它可追踪大脑不同区域葡萄糖的消耗（或代谢），进而通过计算机生成这些大脑区域的活动图像。大脑越活跃的区域，葡萄糖代谢越多。为了追踪葡萄糖的代谢，要将一种放射性化合物（*示踪物*）与葡萄糖混合后注入血液。当

计算机化轴向断层造影（CAT 或 CT 扫描）： 脑成像方法之一，将一条窄带 X 射线束通过大脑，并测量射线从不同角度反射的结构，使计算机生成一个三维图像。

正电子发射断层扫描（PET 扫描）： 脑成像方法之一，注射放射性的示踪物到血流中，根据葡萄糖的代谢量来评估大脑各部分的活动性。

磁共振成像（MRI）：

脑成像方法之一，将一个人置于磁场内，利用无线电波使大脑释放信号，可以揭示血流的变化，进而可以显示大脑的活动性。

功能性磁共振成像（fMRI）：

磁共振成像的一种形式，研究者可以在大脑“正在工作”的状态下通过反复扫描观察大脑。

延髓：

后脑的一个椭圆形区域，参与调节心跳、血压、运动和呼吸。

脑桥：

后脑的结构之一，参与调节呼吸、注意、睡眠及觉醒。

小脑：

后脑的一个组成部分，参与肌肉协调和平衡。

葡萄糖抵达大脑后，可以通过测量示踪物释放出的正电子数量（带正电的离子）来显示大脑的活动模式。

图2-7 脑电图描记（EEG）

EEG 用于探测贴在头皮上的电极之间通过的脑电波，可用于揭示与放松和睡眠阶段相关联的电活动。

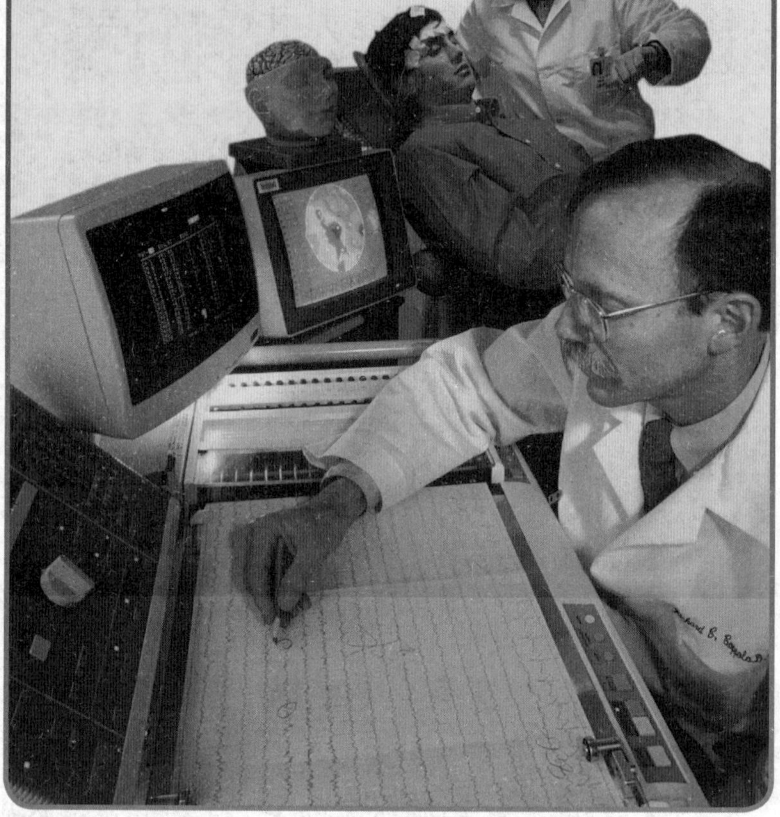

第三种是**磁共振成像**（magnetic resonance imaging, 简称 MRI），如书前图 2-8C。在 MRI 中，人躺在一个强大的磁场之中，暴露在无线电波里，引起大脑局部释放信号，然后从多角度来测量这些信号。MRI 依赖于血流的细微变化（大脑越活跃的区域血流越多，从而提供更多的氧）。**功能性磁共振成像**（functional MRI, 简称 fMRI）可以提供更快的图像，研究者可以在大脑“正在工作”的状态下通过反复扫描来观察，被试可以同时进行一些心理过程和自主运动。fMRI 可用于显示当我们在听音乐、说话或下棋时，大脑哪部分处于活跃状态（Krueger et al., 2008; Newman et al., 2009; Stocco & Anderson, 2008）。

有些研究者认为大脑的前额皮层是“执行中心”，使信息处于工作记忆中以及解决问题的决策都在此完成。前额皮层是额叶中最靠近大脑前端的部分（见书前图 2-11）。PET 扫描和 MRI 的研究支持了这一观点：前额皮层处理了与制订计划和解决问题有关的大部分信息（Gilbert et al., 2008; Wang et al., 2008）。

（二）人脑内部的旅行

让我们从后脑开始人脑之旅，在这里脊髓和脑相接（见图 2-9）。此处我们可以发现三个主要结构：延髓、脑桥和小脑。许多通路经过**延髓**（medulla），连接脊髓与脑的高级部位。延髓调节基本的功能，如心率、血压和呼吸（实际上，盖奇在事故中逃过一劫就是因为延髓未受到伤害）。延髓在睡眠、打喷嚏和咳嗽过程中也发挥着一定的作用。**脑桥**（pons）在后脑中是一个隆起部分，位于延髓前端。Pons 在拉丁文中的意思是“桥”。脑桥的得名是因为大量的神经束经由此处。脑桥传递关于身体运动的信息，与注意、睡眠和警觉、呼吸等功能都有关系。

小脑（cerebellum）位于脑桥之后，有两个半球，主要作用是保持平衡和控制运动（肌肉）行

图2-9 人脑的构成

这一自上而下的大脑纵向剖面图，显示了一些最为重要的结构。请注意，下丘脑与脑垂体非常邻近，这使下丘脑可以轻而易举地影响脑垂体。大脑上的“溪谷”叫沟回。

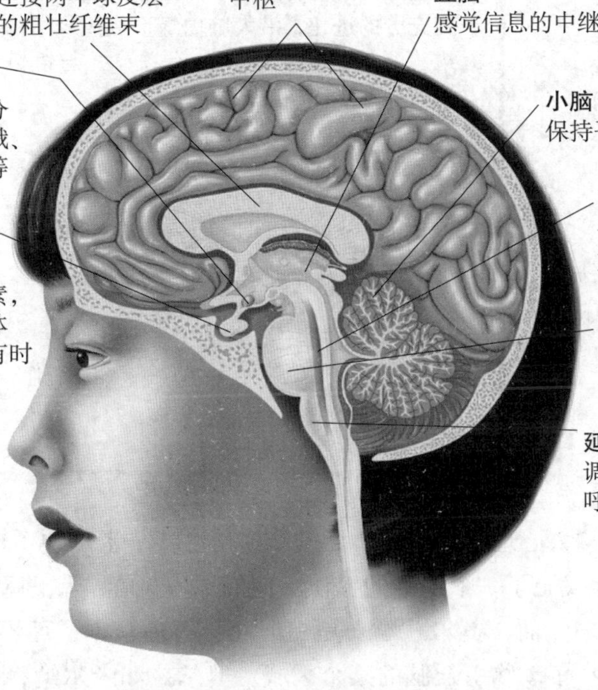

人脑真是个神奇的器官，它从你一醒来就开始运转，直至你到办公室都不会停下来。

——罗伯特·弗罗斯特

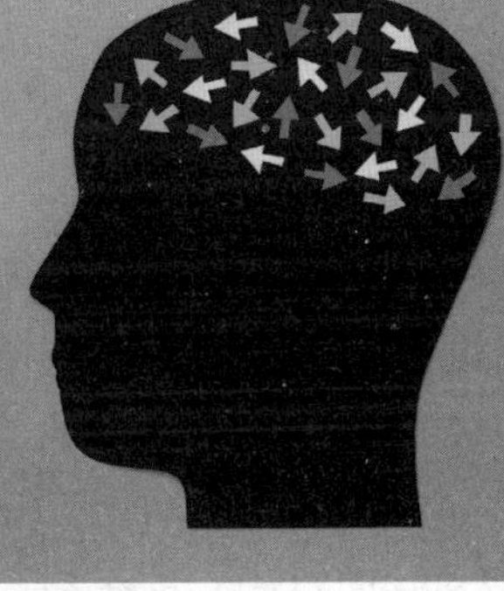

为。你可能会从你的前脑发出一个起床和走向冰箱的指令，而小脑才是组织信息使我们能够执行这些动作的关键。小脑使我们一只脚置于另一只脚前，到达目的地而不至于绊倒在地。小脑受到损伤会损害运动协调能力，并导致走路跌跌撞撞，肌紧张丧失。

继续在后脑的旅途，我们还能发现**网状结构**（reticular formation）的下端，网状结构始于此处，向上延伸穿过中脑到达前脑的下端。网状结构在注意、睡眠、唤醒等功能方面至关重要。网状结构受损，会导致昏迷。对网状系统进行刺激会使其向大脑皮层（即我们脑中体积大、褶皱状的物质）发送信息，使我们对感觉信息更加警觉。在一项经典研究中，杰赛普·莫瑞兹和贺拉斯·马古恩（Guiseppe Moruzzi & Horace Magoun, 1949）发现对一只熟睡着的猫的网状结构进行电刺激会使其立即醒来。但是，如果把网状结构从脑的高级部位切除，动物会陷入昏迷，无法苏醒过来。中枢神经镇静剂类的物质，比如酒精，其作用原理就在于从某种程度上降低网状结构的活动。

网状结构：
人脑组成部分之一，与注意、睡眠和觉醒有关。

丘脑：
位于脑中心附近的区域，向大脑皮层传递感觉信息，与睡眠和注意功能有关。

脑最前端的关键区域（前脑）包括丘脑、下丘脑、边缘系统和大脑（见图2-10）。**丘脑**（thalamus）的位置在脑中心附近，由两个相连的蛋状结构组成，其角色是感觉刺激的中继站。感觉系统的神经纤维从丘脑下端进入，从上端出来，将信息传至大脑皮

下丘脑：

位于丘脑下方的细胞核束，参与体温、动机和情绪的调节。

边缘系统：

由沿大脑内缘的一组结构组成，与记忆、动机和情绪有关。

杏仁核：

边缘系统的一部分，有促进典型的攻击反应的功能。

图2-10 边缘系统

边缘系统由杏仁核、海马体以及部分下丘脑等结构组成，只有在哺乳类动物中才得到充分的进化，沿大脑内缘形成边缘结构。边缘系统与记忆和情绪有关，并与饥饿、性、攻击等驱力关联密切。

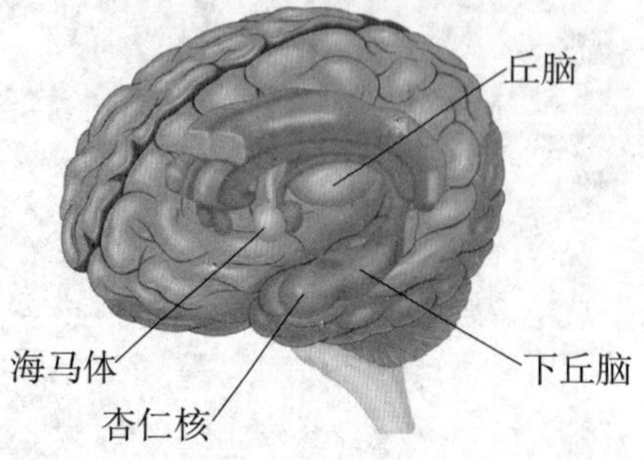

层。比如，下丘脑将眼睛的感觉信息传递到大脑皮层的视觉区域。丘脑还和其他脑结构（包括网状结构）一起调节睡眠和注意。

下丘脑（hypothalamus）位于丘脑之下，脑垂体的上方，重仅 4 克，然而其在调节体温、体液浓度、营养存储、动机和情绪方面至关重要。实验者在下丘脑局部植入电极，通过观察电刺激的效应，了解到下丘脑的许多功能。他们发现下丘脑与饥饿、渴、性行为、照顾后代、攻击均有关联。刺激低等动物下丘脑的不同部位，能够引发搏斗、交配或者筑巢之类的行为。

加拿大心理学家詹姆斯·奥尔兹与皮特·米尔纳（James Olds & Peter Milner, 1954）曾在 20 世纪 50 年代犯了一个绝妙的错误。他们原本想在老鼠的网状结构植入电极，研究刺激该区域对学习的影响。然而，奥尔兹本来是一个社会心理学家，而不是生物心理学家，他没找对目标，而是把电极插在了动物下丘脑的某个区域。奥尔兹和米尔纳将此区域命名为“快乐中枢”，因为该区域受到刺激后，动物将不断重复正在从事的任何活动。“快乐中枢”这一术语用得不多，因为它似乎有点赋予老鼠人类情绪的嫌疑。然而，“快乐中枢”确有道理，因为老鼠会每小时数千次地按压踏板来刺激这一区域，直到它们精疲力竭（Olds, 1969）。

下丘脑对于人和低等动物一样重要。不幸的是（或者万幸的是），我们的“快乐中枢”并不像老鼠那样有清晰的界定。因此，我们对来自下丘脑的信息的反应不是那么地不假思索，而是更多地受到脑的高级功能，即认知因素（如思维、选择和价值体系）的影响。

边缘系统（limbic system）位于大脑内缘，且只有在哺乳动物中才得到充分的进化（见图 2-10），它包括几个组成部分：杏仁核、海马体和部分下丘脑。边缘系统与记忆和情绪有关，也与饥饿、性、攻击等驱力关联密切。假若海马体受损，人能够提取过往的记忆，但无法永久储存新信息，结果，他们会日复一日地重读同一份报纸却记不起之前读过，或者他们会无休止地向数小时前遇到的人进行自我介绍（Squire, 2004）。

杏仁核（amygdala）在边缘系统底部附近，看上去像两粒小杏仁。利用损伤和电刺激等方式进行的研究表明，在猴子、猫和其他动物中，杏仁核与攻击行为有关。20 世纪早期，海因里希·克鲁尔（Heinrich Klüver）和保罗·布西（Paul Bucy, 1939）损伤了恒河猴的一部分杏仁核。恒河猴生性好斗，对闯入者又抓又咬，但是自从杏仁核被破坏之后，恒河猴变得温顺了许多，对人不再有攻击性，甚至允许人们去戳它、掐它。不损伤而是电刺激那部分杏仁核，则引发了动物的“暴怒反应”，比如，猫会发出“嘶嘶”声，拱起背，准备攻击。杏仁核还与“恐惧反应”有关（Ahs et al., 2009; Feinstein et al., 2010）。如果电刺激猫的杏仁核的另外一个区域，它面对同一笼子里的老鼠时会害怕得瑟瑟发抖。

杏仁核还和警觉关联，并参与到情绪、学习和记忆过程中，其作用类似聚光灯，将注意力集中在新奇、重要的事物上，以便获得更多的了解。

只有人类的**大脑**（cerebrum）[①] 在整个脑中占很大的比重。大脑负责思维和言语功能。大脑的表面（**大脑皮层**，cerebral cortex）呈褶皱状，卷曲盘绕，布满了“山脊”与“溪谷”。这种卷曲盘绕的结构很大程度上增大了大脑的表面积，其表面显然与认知能力息息相关。皮层上的“溪谷”称为沟回。一条重要的沟回几乎把大脑分成两半，形成两个半球，看上去与核桃有几分相似。两个半球通过**胼胝体**（corpus callosum，拉丁语意为“强韧的物体”）相连，由一束大约 2 亿条的神经纤维组成（见图 2-9）。

（三）大脑皮层

我们通常将大脑皮层当作脑。Cortex（*皮层*）是一个拉丁语词，意为“树皮”，如同一棵树的“树皮”一样。树皮包裹树木，大脑皮层包裹大脑。尽管大脑皮层极其重要，并创造了一个文明的世界，但其厚度仅有 1/8 英寸。

大脑皮层几乎与身体的所有活动都有关，包括绝大多数的感觉和反应。它还是将人从基因和本能的统治之下解放出来的功臣。大脑皮层是思维和语言的中心，它使人们能够对外部世界进行深度思考和决策。

大脑皮层有两个半球：左半球和右半球。每个半球都可以分为四个脑叶，如书前图 2-11 所示。中央沟之前为*额叶*，之后为*顶叶*。*颞叶*则位于侧裂之下，与额叶和顶叶相对。*枕叶*位于颞叶之后，顶叶的后下方。

当光线射入眼睛时，枕叶的神经元放电，于是，我们“看见”了（即图像投射在大脑中）。对枕叶直接进行人工刺激也可产生视觉。如果用电刺激枕区皮层的神经元，我们会“看到”闪光，即使在漆黑的环境中或蒙上眼睛也是如此。皮层听觉区位于颞叶。声音引起耳内结构的振动，信息从此处转至皮层听觉区。当我们听到一个声响时，表明该区域的神经元在放电。

顶叶中后邻中央沟的区域称为**躯体感觉皮层**（somatosensory cortex），它接收来自全身皮肤感觉的信息。这些感觉包括温觉、冷觉、触觉、痛觉和运动觉。感觉皮层哪些区域的神经元放电，取决于我们是摇动手指还是抬腿。

人们很早就发现大脑一侧受伤的病人头部以下的身体对侧会出现感觉或运动缺失，这一现象使人们认识到，感觉和运动神经在大脑及其他地方是交叉连接的。大脑左半球控制、作用于右侧身体，并接收来自右侧身体的信息；大脑右半球控制、作用于左侧身体，并接收来自左侧身体的信息。**运动皮层**（motor cortex）位于额叶，中央沟之前，与躯体感觉皮层正对。运动皮层神经元放电会引起我们身体局部运动。100 多年前，德国科学家电刺激狗的运动皮层，观察到了肌肉收缩（Fritsch & Hitzig, 1870/1960）。从那以后，神经科学家采用插入电探针来看哪些肌肉收缩的方法，在人和低等动物身上标定出了运动皮层的范围。如何塞·德尔加多（José Delgado, 1969）曾通过此法使一个病人握拳，即使他竭力阻止手掌合拢。病人

> **真** 没错，如果用电探针刺激躯体感觉皮层的某个区域，你会觉得有人在触摸你的手臂或腿。

大脑：
前脑体积最大的部分，由两半球组成。

大脑皮层：
大脑表面褶皱状区域（灰质）。

胼胝体：
连接两半球皮层的粗壮纤维束。

躯体感觉皮层：
接受感觉刺激的大脑皮层区域，位于顶叶，紧邻中央沟之后。

运动皮层：
位于额叶的大脑皮层，正对中央沟之后的感觉皮层。运动皮层的神经冲动连接全身的肌肉反应。

---

① 这里的“大脑”专指 cerebrum，属于 brain（脑）的一部分。本书一般情况下提到的“大脑”均等同于“脑”，即 brain。——译者注

失语症：

理解或产生语言的能力受到损害。

威尔尼克失语症：

以理解口语困难为特征的语言障碍。

布洛卡失语症：

以言语缓慢、吃力为特征的语言障碍。

说："大夫，我想你的电流比我的意志更强大。"（Delgado, 1969, p. 114）

思维、语言与大脑皮层

大脑皮层中不怎么参与感觉或运动活动的区域称为联合区。联合区使人类的学习、思维、记忆和语言在广度和深度上的拓展成为可能。大脑额前区（即位于额叶，接近前额）的联合区是大脑的执行中心，在这里我们解决问题、制订计划和决策。

像问题解决这样的执行功能也需要记忆的参与，类似于计算机运行需要内存。联合区还为工作记忆提供核心支持（Rawley & Constantinidis, 2008）。该区域与大脑各种感觉区均有关联，并能够利用一切所需要或所期待的感觉信息，这样额前区就可以提取视觉、听觉和其他记忆信息并加以操作；这类似于计算机从储存的文件中提取信息，在工作记忆中对其进行操作。

枕叶视觉区的某些特定神经元会针对垂直线条的视觉呈现放电，另外一些神经元则针对水平线条的视觉呈现放电。尽管一组细胞只对视野中的某一方面进行反应，但联合区会综合这些信息，这样，我们就能够看到盒子、汽车、行车图，而不是一系列让人眼花缭乱的垂直线和水平线。

语言功能

从某种角度来说，大脑左右半球彼此复制对方的功能；然而，它们又有所区别。几乎所有右利手的人和三分之二左利手的人的语言功能都在左半球（Pinker, 2007）。不过，直到 13 岁之前，大脑依然是"可塑的"或可变的。因此，由于医疗问题失去大脑左半球的儿童，其言语功能会转移到右半球（Mbwana et al., 2008; Mercado, 2008）。

语言功能所在半球（通常在左半球）的大脑皮层上有两个关键的语言区：布洛卡区与威尔尼克区（见书前图 2-12）。任何一个区受到损害都会引发**失语症**（aphasia），即理解或产生语言的能力受到破坏。

威尔尼克区位于颞叶，听觉皮层附近，主要对听觉信息（声响）做出反应。当你阅读这一页时，视觉信息登记在枕叶的视觉皮层，当信息传递到威尔尼克区时重新编码成听觉信息。布洛卡区位于额叶，临近控制舌头、喉咙以及说话时用到的面部其他区域的运动皮层区。布洛卡区处理信息，并将其转至运动皮层。运动皮层将信号发送出去，引起喉咙、嘴巴的肌肉收缩。如果你在"默读"（轻声说出正在阅读的内容），那是因为威尔尼克区通过神经纤维把信息传递到了布洛卡区。

威尔尼克区受到损害的人会表现出**威尔尼克失语症**（Wernicke's aphasia），他们领会言语以及用恰当的词语表达自己思想的能力受损。但他们通常能自如地表达且句法得当，这一点颇具讽刺意味。威尔尼克区对于理解词语及其意义之间的关系非常重要。当布洛卡区受到损害时，人们通常能够很好地理解语言，但是说话语速缓慢而吃力，语句简单。这种表现被称作**布洛卡失语症**（Broca's aphasia）。

有些布洛卡失语症患者能讲一些有意义的短语，但省略了小而重要的语法词汇，如 is、and 以及 the。这样的患者会费劲地说"遛狗"，该短语有多重含义，比如"我想去遛狗"或"去遛一下狗"。

大脑视觉皮层和威尔尼克区之间的区域称为*角回*。当我们在阅读书面文字时，角回负责将视觉信息"翻译"成听觉信息（声响），并将其发送到威尔尼克区。脑成像研究发现，角回出现问题会严重损害阅读能力，因为读者很难将词语翻译成声音（Milne et al., 2002）。

（四）左脑，右脑？

你也许听说过有些人是“左脑型”，而有些人是“右脑型”。这一概念意味着大脑两半球在智能类型、情绪功能和反应上差异巨大。根据这一观点，左脑型的人偏重于逻辑和理智，右脑型的人则富于直觉、创新和情感。那些大脑发展“平衡”的幸运儿被认为左脑型和右脑型的优势兼而有之——逻辑思考能力与丰富的情感完美结合。

与许多流行的观念一样，“左脑－右脑”的说法夸大了实际的区别。研究的确发现右利手的个体大脑左半球参与逻辑分析、问题解决、语言和数学运算等智力活动多一些（Corballis, 2009）。一般来说，另外半球（通常是右半球）在“视觉－空间”功能（善于拼装智力玩具）、面孔识别、区分色彩、审美与情绪反应、理解隐喻以及创造性数学推理等方面表现比较突出。尽管有诸多差异，但大脑两半球并非独立工作，也就是说，没有人是完完全全的左脑型或右脑型（American Psychological Association, 2008）。大脑左右半球的功能有一定程度的重叠，在我们把注意力集中在一件事情上时，两者倾向于同时做出反应。

无论我们谈及语言功能还是“左脑－右脑”，其实我们都是在讨论人类大脑皮层两半球间的循环往复的信息沟通。

（五）利手

左利手曾一度被认为是一种缺陷，左利手的学生被强迫学会用右手写字。我们经常因偏向于用哪只手书写而被贴上右利手还是左利手的标签，然而，有的人书写和传橄榄球却用不同的手。

左利手似乎增大了产生语言问题（如读写困难、口吃）以及健康问题（如偏头痛、过敏症）的概率（Fasmer et al., 2008; Goez & Zelnik, 2008; Lengen et al., 2008）。然而，左利手也有好处。左利手的人比右利手的人更有可能位列顶尖的艺术家、音乐家和数学家的队伍中（Preti & Vallante, 2007）。

利手之形成有基因的成分。英国王室中，伊丽莎白二世、查尔斯王子和威廉王子都是左利手，他们都遗传自伊丽莎白女王的母亲。然而，近期一项针对超过 2.7 万个荷兰和澳大利亚双胞胎家庭的调查显示，左利手和右利手的形成只有 24% 的可能来自遗传（Medland et al., 2008）。

（六）割裂脑实验

几例有严重**癫痫**（epilepsy）的患者接受了割裂脑手术，大部分的胼胝体被切断（见图 2-9）。手术的目的是将疾病发作限制在一个半球的大脑皮层，避免神经风暴在两半球之间回荡。割裂脑手术看起来的确对癫痫病人有利。

接受割裂脑手术的人被认为有了两个大脑，不过在绝大多数场合下他们的行为相当正常。然而，停止相互交谈的两个半球在某些方面颇引人好奇。

脑外科先驱约瑟夫·博根（Joseph Bogen, 1996, 2000）报告说，每个半球会有“自己的心灵”。一位割裂脑病人说，她的两个大脑半球经常就应该穿什么意见相左。她的意思是，一只手要脱去短上衣，另一只手却迅速去扣上扣子。

在另一项开创性的割裂脑研究中，迈克尔·加扎尼加（Michael Gazzaniga）（American Psychological Association, 2008）发现，裂脑人闭上眼睛，其中一只手抓住钥匙时，可以用语言描述所抓的物体是钥匙，但换另一只手却不行。如果裂脑人在挡板后，左手摸到钥匙，钥匙的触觉印象投射到没有多少（或没有）语言能力的右半球（见书前图 2-13），这时，他将描述不出所摸到的物体。如果他右手握着钥

癫痫：

暂时性脑功能混乱，包括突发性神经放电。

腺体：

分泌一种或多种化学物质（如激素、唾液或乳汁）的器官。

内分泌系统：

分泌激素并将其直接释放入血流中的无导管腺体组成的身体系统。

激素：

内分泌腺分泌的调节各种身体机能的物质。

脑垂体：

分泌生长激素、催乳激素、抗利尿激素及其他激素的腺体。

匙，他会毫不费力描述出来，因为感觉信息投射到有语言功能的左半球皮层。进一步加大实验的难度，如果单词“戒指”投射到左半球，此时询问握着钥匙的这个人手里抓的是什么，他会说“戒指”，而不是“钥匙”。

这一身体感觉与语言报告不一致的情况只会发生在裂脑人身上。尽管如此，接受割裂脑手术的大多数人能过上正常的生活。对于我们健康人来讲，大脑的两半球绝大部分时间（比如弹钢琴或解数学题时）都是协作运转的。

三、内分泌系统

人的身体包含两类**腺体**（glands）：有导管的和无导管的。导管是将物质输送到指定位置的通道。唾液、汗液、眼泪以及母乳都经由导管到达目的地。还有几个无导管的腺体分泌的物质对行为与心理过程有影响。无导管的腺体组成了**内分泌系统**（endocrine system；见图 2-14），它们直接将**激素**（hormones）释放到血液中。这些激素与特定的受体位点结合，对生长、新陈代谢以及某些行为模式起到调节作用，也就是说，它们只在特定位置的受体上发挥作用。

大多数激素的作用是帮助身体保持稳定的状态——体液水平、血糖水平等。身体机制会测量当前水平，如果偏离理想水平，就向腺体发出释放激素的信号。维持稳定状态要求将身体信息反馈给腺体，这类系统称为负反馈环。一旦腺体分泌了足够的激素，就会得到停止的信号。

图2-14 内分泌腺

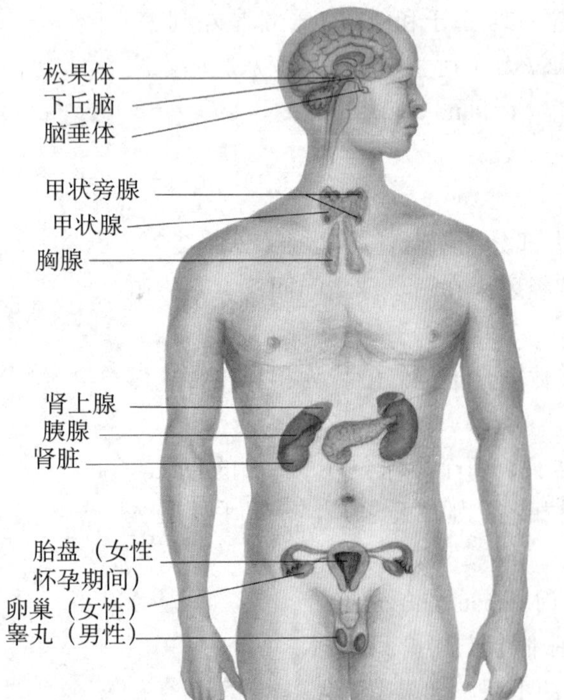

（一）脑垂体和下丘脑

脑垂体和下丘脑在工作中紧密合作。**脑垂体**（pituitary gland）位于下丘脑之下。尽管脑垂体仅有一粒豌豆那么大，但它对身体功能的作用却居于首要位置，一直被认为是“主腺体”。

脑垂体前叶和后叶分泌多种激素。*生长激素*调节肌肉、骨骼和腺体的生长。生长模式迟缓的儿童一旦获得生长激素就会赶上同龄人。*催乳素*调节低等哺乳动物（如老鼠）的母性行为，刺激女性分泌乳汁。作为一种保持水分的措施，当体液水平低的时候，*后叶加压素*（也称*抗利尿激素*）抑制尿液产生。在一些哺乳动物中，后叶加压素与一些典型的父性行为有关。*催产素*刺激孕妇分娩，在有些哺乳动物中，还与母性行为（搂抱和关心幼崽）相关联（Champagne et al., 2009）。产科医生通过给孕妇注射催产素能够催产。在护理过程中，刺激乳头上的神经末梢，可以向大脑发送分泌催产素的信号，催产素引起乳房分泌乳汁。

尽管脑垂体是“主腺体”，但它还有一个“指挥官”：下丘脑。如今，我们了解到下丘脑调节脑垂体的大部分活动。下丘脑分泌几种释放激素，或称“因子”，刺激脑垂体分泌相关激素。例如，生长激素释放因子（hGRF）使脑垂体分泌生长激素。下丘脑与脑垂体之间的血管为这些因子提供了便捷的通道。

（二）松果体

松果体分泌褪黑素，有助于调节醒睡周期，并会影响青春期的开始。褪黑素可能与衰老有关。此外，褪黑素似乎还是一种温和的镇静剂，有些人将其当作安眠药服用（Ismail & Mowafi, 2009）。褪黑素还能帮助人们调节时差（Arendt, 2009）。

（三）甲状腺

甲状腺可以被看作身体的加速器，它分泌甲状腺素，影响身体的新陈代谢（身体利用氧和产生能量的速率）。有些人会因为甲状腺机能减退而超重，造成这种情况的原因是甲状腺素过少。儿童若缺乏甲状腺素会导致呆小症，其特征是发育迟缓、智力迟滞。成人若分泌甲状腺素过少会感到疲惫、无精打采，并且体重会增加。甲状腺素分泌过多，会导致甲状腺机能亢进，其特征是亢奋、失眠和体重减轻。

（四）肾上腺

肾上腺位于肾脏上方，分为外层（皮质）和内核（髓质）。肾上腺皮质由脑垂体分泌的促肾上腺皮质激素（ACTH）调节。肾上腺皮质分泌的激素有皮质类固醇。这些激素能提升抗压能力，促进肌肉发育；在紧急情况下（比如看到一辆车猛然向你的车驶来），这些激素可使肝脏释放储存的糖分，以便提供更多的能量。肾上腺素和去甲肾上腺素由肾上腺髓质分泌。肾上腺素仅在肾上腺中才能产生，然而去甲肾上腺素在身体其他地方也可产生（去甲肾上腺素在大脑中的作用是充当神经递质）。自主神经系统的交感神经分支使肾上腺髓质释放肾上腺素和去甲肾上腺素的混合物，帮助唤醒身体应对压力和威胁。心理学家对肾上腺素感兴趣的原因是它对情绪和生理的影响，它可以增强绝大多数情绪，尤其对恐惧和焦虑体验具有最重要的作用。

（五）睾丸与卵巢

睾丸和卵巢也分泌类固醇，分别是睾酮和雌激素（肾上腺也分泌少量的睾酮）。受孕六周以后，如果不是男性激素——睾酮的分泌，胎儿都将发育出女性的外生殖器。睾酮在青春期促进肌肉和骨骼的生长，并使身体发展出第一和第二性征。第一性征与生殖直接关联，包括阴茎变大、睾丸制造精液。第二性征与生殖没有直接的关联，比如长胡子和嗓音变得低沉，这些将男性和女性区分开来。

卵巢分泌雌激素和黄体酮，以及少量的睾酮（肾上腺也分泌少量的雌激素）。雌激素促进女性生殖能力和第二性征的发育，比如胸部和臀部脂肪组织的堆积。黄体酮刺激女性生殖器官的发育，使子宫准备好维持妊娠。雌激素和

* 类固醇、行为及心理过程

类固醇向肝脏发出信号，肝脏便释放糖分到血流中，从而增加肌肉的能量，提高抗压能力，增加体能的供给。睾酮在男性和女性中都与性驱力有关（女性的肾上腺会分泌一些睾酮）。合成类固醇（人工合成的男性性激素睾酮）有时与生长激素并用以提高运动成绩。这些类固醇不仅可以提高运动成绩，并且还与自信和攻击有关。合成类固醇在运动中通常是被禁止的，但依然有很多运动员对其趋之若鹜，如专业摔跤运动员克里斯·贝诺特（Chris Benoit）。遗憾的是，贝诺特因杀害妻儿后自杀一事而更为出名。贝诺特曾多次出现过激行为，人们认为，他为了增加肌肉力量和竞争力而服用合成类固醇，导致他可能患有“类固醇狂怒”症。

睾酮对心理和生理都有影响，我们将在第 9 章进一步探讨。

四、进化与遗传

查尔斯·达尔文险些与“比格尔”号船失之交臂。达尔文报名作为一名志愿者在“比格尔”号的探险之旅中服务，但船长罗伯特·菲茨－罗伊（Robert Fitz-Roy）对达尔文鼻子的形状颇为反感，菲茨－罗伊认为可以通过一个人面部特征的轮廓判断其性格特征，而达尔文的鼻子不符合……要求。不过，菲茨－罗伊还是网开一面，在 19 世纪 30 年代，达尔文踏上了他通往加拉帕戈斯群岛的航程，在这次至关重要的航行中，达尔文提出了他的进化理论。

> **真** 英国科学家达尔文的确差点因为他鼻子的形状被阻止踏上其历史性的航程。

1871 年，达尔文出版了《人类的起源》（*The Descent of Man*）一书，为人类与其他物种一样是进化的产物提供了证据。他认为类人猿（如黑猩猩、大猩猩等）和人类有共同的祖先（见图 2-15）。化石残留物的证据表明，这一共同祖先大约生活在 1 300 万年前（Moyà-Solà et al., 2004）。许多人对于和猿类有共同祖先这一观念感到颇为不悦，因此对达尔文的观点大肆诋毁。还有一些人认为达尔文的理论有悖于《圣经·创世记》的观点，《圣经》上说人类是上帝依照自己的形象在一天之内创造出来的。

达尔文进化论的核心概念是*物竞天择*。在加拉帕戈斯群岛，达尔文破解了一个巨大的“幸存者”游戏，动物和植物都在为食物、水、地盘乃至光线彼此竞争，达尔文对此十分着迷。但是，

图2-15　人类与其近亲动物的骨骼对比

人类在基因上与猴子和其他动物相连，这一概念与 19 世纪时人们对自身的认知大相径庭，这让达尔文在最初开始宣传他的进化论时颇为为难。他于 1871 年发表了《人类的起源》一书，指出人类与其他物种一样，都是进化的产物。他认为类人猿（如黑猩猩、大猩猩等）与人类有共同的祖先。我们并不是尼安德特人（穴居人）的后代，而是与之共存达数千年之久。尼安德特人大约灭绝于 35 000 年以前。

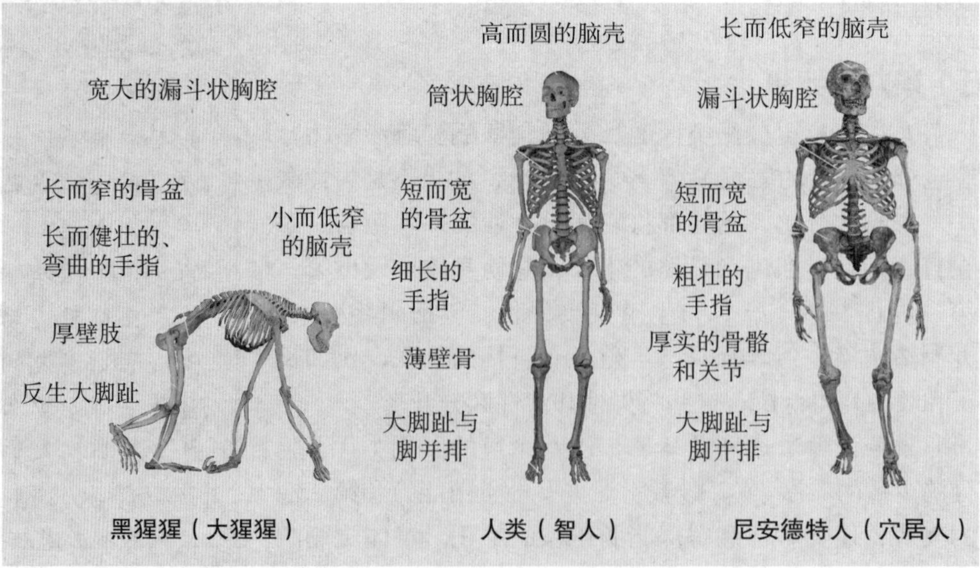

这个游戏是真实的，游戏的奖赏与名声和财富无关，而是力图达到性成熟并将自己的基因传递给后代。

进化论认为，有些动物成功地适应了这些挑战，它们的数量增加；另外一些动物在挑战面前落败，消失在了久远的时间雾霭之中。有证据表明，99.99% 曾经存在过的物种现今已经灭绝（Gould, 2002）。哪些物种兴旺，哪些物种消亡，取决于**自然选择**（natural selection），即能够更好地适应环境的物种存活和繁衍的机会更大。

我们人类第一次出现在地球上时，与今天相比生存下来所需要的努力方式大不相同。那时我们要么与食肉动物（如豹子）战斗，要么逃跑；我们在干涸的土地上长途跋涉寻找食物。我们由于智能的进化，最终占据了地球的统治地位。人类的数量日益增多。我们得以继续将那些经过自然选择的特质通过遗传物质一代代传递下去，这些遗传物质的化学编码直到今天才被破解。

究竟代代相传的是什么呢？答案就是生物的或生理的结构与过程。我们的生物机制充当了行为、情绪和认知（思维、意象和计划）的物质基础。在一些生物中，生物因素从某种程度上会引起其特定的行为倾向，如鸡对鹰的影子有一种本能的恐惧。然而，许多其他物种的行为比较灵活，尤其是像人这样的高等动物，既受遗传的影响，又受经验和选择的影响。

根据进化论的观点，物种与个体之间均为相同的资源进行竞争。个体与个体之间的变异，以及基因的突然改变（称为**基因突变**，mutations）均能带来个体之间的差异，这些差异又会影响适应变化的能力。个体的特质越具有适应性，其生存（即被“自然选择”）的概率越大。生存下来可以使其达到性成熟，繁衍后代，并将它们的特征或特质传递给后代。偶然变异如果有助于存活，则以后的每一代都会将其保留；阻碍生存的偶然变异可能会从基因库中消失。

自然选择：

进化论的核心概念之一，认为在同一物种的成员中，适应性的遗传变异有利于具有该变异的个体生存和繁衍。

基因突变：

一些可遗传特征的突然变异，区别于经过数代缓慢的选择所导致的变异。

进化心理学：

心理学分支之一，研究适应与自然选择和行为与心理过程之间的关系。

本能：

由某一特定刺激引发的固定的行为模式，并且在同一物种的各成员之间表现几乎一样，即使各成员间相互隔离饲养。

（一）进化心理学：做什么是天生的

适应与自然选择之类的概念同样也适用于心理特质，并且是**进化心理学**（evolutionary psychology）中的核心概念。进化心理学研究适应与自然选择和行为与心理过程之间的关系（Buss, 2009a）。经过亿万年的进化，具有更强有力的鱼鳍和翅膀、更锐利的爪牙以及更善于伪装的有机体获得了生存优势。人类的进化产生了多种躯体性状以及各种社会活动，如语言、艺术、人际关系以及战争。

进化心理学有这样一个观念：不仅躯体性状会遗传，包括社会行为在内的许多行为模式都参与进化的过程并传递给后代。那些有助于有机体生存和繁衍的行为模式也会传递到下一代，这类行为包括攻击、择偶策略，甚至利他主义（即个体牺牲自我帮助家族持续繁衍）（Buss, 2009b; Lukaszewski & Roney, 2009）。这类行为模式被称为本能，因其在特定物种内进化，也称物种特异性。

本能（instinct）是指特定情境引发的固定的行为模式。本能行为在某物种的成员身上表现几乎如出一辙，并且倾向于固定不变，即便是毫无用处（如有些品种的狗没完没了地叫），或会招致惩罚。当个体与同类隔离饲养，使其无法通过经验学会某种行为时，该行为仍然会出现。

下面举几个属于本能行为的例子。如果你在鹅巢前几英寸的地方放置一个蛋，鹅会用嘴将蛋勾回到巢里。然而，如果把蛋放得再远一点（在“不是我的蛋”区域），鹅就不会把蛋取回。如果你将一只白冠麻雀与其他麻雀隔离饲养，它成熟后依然具有该物种特异的叫声。雄性刺鱼天生就攻击腹部为红色的鱼类（或者涂了红色的木块），因为红腹是雄性刺鱼的特征。许多心理学家认为

遗传：

通过基因的途径将特征从亲代传递到后代。

遗传学：

关注遗传的生物学分支学科。

基因：

遗传的基本单位，在染色体的特定位置被发现。

染色体：

细胞核内携带基因、显微镜下呈棒状的物体；基因将遗传特征代代相传。人类通常有 46 条染色体。

DNA：

脱氧核糖核酸首字母的缩写，构成染色体基本材料的物质，呈双螺旋结构，包含有遗传密码。

人类的语言是“本能”，并试图寻找人类还有哪些本能行为。然而，本能行为在某种程度上也可以通过学习来改变，而且绝大多数心理学家认为，正是因为学习才使丰富而又复杂的人类行为变成可能。

（二）遗传、遗传学以及行为遗传学

遗传（heredity）决定着个体建立在生物结构与过程基础之上的天性。遗传，即经过代代进化的特征以生物性途径传播的过程。鱼类的自然特征使其采取相应的遗传方式。黑猩猩和大猩猩能够理解不少口语单词，并且可以用非语言符号系统（如美国手势语）表达一些概念。猿不能说话，显然囿于其大脑语言中枢的限制。

研究遗传的生物学分支称为**遗传学**（genetics）。遗传学既研究物种特异性行为模式（本能），又研究同一物种成员之间的个体差异。行为遗传学则关注基因对行为的贡献。

行为遗传学在心理科学和生物学之间架起了沟通的桥梁，它比较关心引起行为模式的生物特征如何进行遗传传递。心理学家若想了解个体在行为与心理过程方面存在差异的先天原因，就是在以行为遗传学的思维方式进行思考。例如，有些儿童比别的孩子学习语言快。行为遗传学可以给出一些解释，即是由遗传决定的。不过，还有可能是因为这些儿童早期处于丰富的语言环境之中。

遗传因素几乎可以解释人类的行为、人格、心理过程等所有方面（Plomin & Asbury, 2005; Plomin & Haworth, 2009），例如，社会性、胆怯、社会支配、攻击、领导力、刺激寻求、作为父母或治疗师的效能、幸福感，甚至对艺术和手工的兴趣等（Blum et al., 2009; Ebstein et al., 2010; Leonardo & Hen, 2006）。

显然，遗传与心理障碍也有关系，比如焦虑、抑郁、精神分裂、双相障碍、酗酒以及人格障碍（Dworzynski et al., 2009; Farmer et al.，2007; Hill et al., 2007; Metzger et al., 2007）。以上这些障碍将在第 12 章详细讨论，在此我们先了解肯德勒（Kendler）及其同事（2000）进行的一项关于 794 对女性双生子的研究，结果发现心理健康的 6 个方面（身体健康的感觉、社会关系、焦虑与抑郁、物质滥用、社会支持的利用、自尊）均与遗传因素相关。

然而，肯德勒的研究小组还发现家庭环境对社会关系、物质滥用、社会支持具有较强的影响。尽管环境因素影响心理健康，但人们认识到，遗传所发挥的作用越来越重要。要想揭开这些谜团，有赖于我们对基因和染色体的认识程度。

（三）基因与染色体

基因（genes）是遗传最为基础的结构单元。基因控制着具体特征的发展。有些特征，比如血型，由一对基因控制（分别来自父母）。另外一些特征由基因组决定。复杂心理特征的遗传物质，如智力，就是基因组决定的。据估计，我们体内细胞含有 2 万至 2.5 万个基因（International Human Genome Sequencing Consortium, 2004）。

基因是**染色体**（chromosomes）的片段，即染色体是由一连串基因构成的。人体内每一个细胞都包含 46 条染色体，排列成 23 对。染色体是结构复杂的 **DNA**（脱氧核糖核酸的缩写，deoxyribonucleic acid）大分子，包含几种化学成分。DNA 紧密缠绕的结构在 20 世纪 50 年代首次由詹姆斯・沃森（James Watson）和弗朗西斯・克里克（Francis Crick）展示给世人。DNA 的形状像双螺旋，如同扭曲的分子梯子（见图 2-16）。梯子的“横档”由缩写为 A、T、C 和 G 的化学物

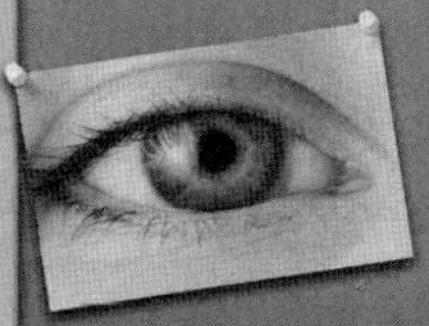

> 行为与心理过程揭示了天性和教养之间的交互作用。
>
> 有可能成为莎士比亚的人如果在贫困环境中长大，并且从未接受阅读或书写的教育，也不会创作出《哈姆雷特》。

图2-16 细胞、染色体与DNA

A. 细胞核内包含染色体。

B. 染色体由DNA组成。

C. DNA 片段由基因构成。遗传密码，即化学元素 A、G、T 和 C 的排列顺序，决定着物种及所有能够遗传的特征，小到眼睛的颜色，大到心理特征和能力（包括社会性和音乐天赋）的先天倾向。

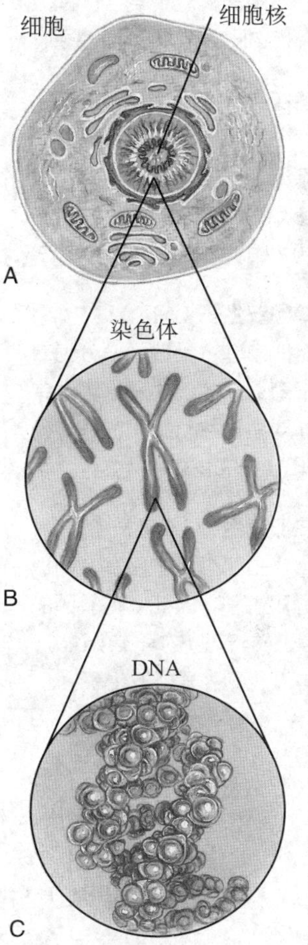

质组成。A 总是与 T 结合构成一个横档，C 总是与 G 结合构成一个横档。因此，我们可以用梯子横档一侧上的核苷酸来描述遗传密码，如 CTGAGTCAC，以此类推。一条基因包含成千上万的碱基对。如果我们把基因想象成一个单词，那么这个单词包含几十万个字母，完全无法念出来。

全球有一个由科学家组成的工作小组（指人类基因组计划）已经发现 DNA 的排列包含 30 亿个序列，分布在我们的染色体上（Plomin & Schalkwyk, 2007）。这些序列（化学物质 A、T、C 与 G 的顺序）使得我们长出手臂而不是翅膀，长出皮肤而不是鳞片。心理学家对基因影响复杂心理特征（如智力、攻击性、幸福感、精神分裂之类的心理障碍）的程度还有所争议。有些特征由一对基因决定，如眼睛的颜色；另外一些特征，尤其是复杂的心理特征，比如社会性和攻击性，被认为是**多基因**（polygenic）决定的，即由基因的组合来决定。

遗传密码规定了我们的**基因型**（genotype），即全部的遗传潜能，基因型决定于 DNA 上的化学物质的排序。然而，我们在镜中看到的自己还受到家庭中的早期经验、损伤、充足的营养、教育经历以及无数的环境因素所影响。因此，我们看到的外表（如当天的发型）是我们的表现型。我们的**表现型**（phenotype）是遗传密码受到经验和环境状况的影响而表达自己的方式。基因型使你能够掌握语言。表现型则揭示这样一个现象：如果在美国长大，你可能说英语；如果在墨西哥长大，你可能说西班牙语（如果你是墨西哥裔美国人，则两种语言都会说）。

基因型决定了心理学家所指的**天性**（nature）。表现型则说明天性（遗传）和**教养**（nurture，环境影响）之间在行为与心理产生过程中存在交互作用。心理学家尤其对天性和教养在智力和心理障碍中发挥的作用感兴趣。基因型决定了生理特征，

多基因：

指有些特征受基因组合的影响。

基因型：

建立在核苷酸（术语为 A、C、G 和 T）序列基础上的基因架构。

表现型：

以基因型和环境影响为基础，个体实际上的发展与外貌。

天性：

有机体天生的内在特点。

教养：

从孕育开始，所有影响有机体的环境因素的综合。

性染色体：

即第 23 对染色体，其遗传物质决定着个体的性别。

唐氏综合征：

第 21 对染色体多出一条染色体导致的一种情况，特点是存在智力缺陷、脸阔、眼斜。

单卵双生子（MZ）：

由单个受精卵一分为二发育而成的双生子，因此单卵双生子共有相同的遗传密码，也称为同卵双生子。

二卵双生子（DZ）：

由两个受精卵发育而成的双生子，因此共有基因的程度与普通的兄弟姐妹一样，也称为异卵双生子。

为特定的行为搭建了平台。然而，人绝不是由遗传单独决定的。营养、学习机会、文化影响、锻炼以及（不幸的话）意外和疾病等环境因素也决定表现型和遗传上可能的行为是否呈现。行为与心理过程揭示了天性和教养之间的交互作用。有可能成为莎士比亚的人如果在贫困环境中长大，并且从未接受阅读或书写的教育，也不会创作出《哈姆雷特》。

一般来说，我们从父亲的精细胞中获得 23 条染色体，从母亲的卵细胞（卵子）中获得 23 条染色体。当精细胞与卵子结合，染色体便组成 23 对。第 23 对是**性染色体**（sex chromosomes），决定着我们是男性还是女性。我们都会从母亲那里获得一个 X 性染色体（因其状如 X 而得名）。如果我们从父亲那里也获得一条 X 性染色体，我们会发育成一名女性；如果从父亲那里获得一条 Y 性染色体（因其状如 Y 而得名），我们会发育成一名男性。

如果人们没有正常数量的 46 条染色体（23 对），就会导致生理和行为的异常情况。比如，绝大多数患有**唐氏综合征**（Down syndrome）的人在第 21 对染色体上多出一条额外的染色体。唐氏综合征的表现是：内侧眼角皮肤下垂，圆脸，舌头外伸，鼻子阔而扁。他们认知受损，通常因有生理问题而导致到中年时死亡。

（四）亲缘研究

亲缘研究是指心理学家通过比较在血缘上有关或无关的人身上的某些特征与行为模式，以此来帮助确定遗传因素的作用。人们血缘关系越接近，他们共同的基因越多。同卵双生子的基因 100% 相同。双亲与子女有 50% 的共同基因，兄弟姐妹之间也是如此。有血缘关系的姨妈或叔伯与侄子、外甥之间有 25% 的重叠基因。第一代堂（表）兄妹之间则只有 12.5% 的共享基因。如果基因与某一特征或行为模式有关，关系越近的人表现出来相似的特征或行为的可能性越大。心理学家和行为遗传学家对双生子和领养个体的亲缘研究尤为感兴趣（Plomin & Haworth, 2009）。

双生子研究

受精卵细胞携带着来自双亲的遗传信息。一个受精卵有时会分裂成两个独立的细胞，这样受精卵就发育成两个有相同基因构成的人，而不是单一个体。这种情况属于同卵双生子，或叫**单卵双生子**（monozygotic twins, 简称 MZ）。如果在同一个月内，女性排出两个卵细胞并且都受精了，这两个受精卵细胞会发育成异卵双生子，或叫**二卵双生子**（dizygotic twins, 简称 DZ）。异卵双生子与一般的兄弟姐妹一样，有 50% 的共享基因。同卵双生子对研究天性（遗传）和教养（环境）之间的影响很重要，因为同卵双生子之间的差异即是教养之结果（同卵双生子在遗传上没有差别，也就是说，由于他们的基因构成相同，天性上没有不同）。

双生子研究通过比较同卵双生子、异卵双生子和其他人之间的某些特征和行为模式的表现，有助于确定遗传因素在这些特征和行为模式中发挥的作用。如果同卵双生子在某一特征或行为模式上表现出比异卵双生子更大的相似性，则表明该特征或行为模式具有遗传基础。

双生子研究能揭示遗传因素影响生理特征的程度。同卵双生子比异卵双生子在外貌、身高上相像的可能性更大，甚至胆固醇水平也更相似（Souren et al., 2007）。同卵双生子还比异卵双生子在智力和人格特征方面（如社会性、焦虑、友善、从众乃至幸福感）的相似程度更大（Lykken, 2007; McCrae et al., 2000; Veselka et al., 2009）。同卵双生子比异卵双生子更有可能共有一些心理障碍，如自闭、抑郁、精神分裂，甚至容易酗酒（Dworzynski et al., 2009; Plomin, 2000; Veenstra-Vanderweele

& Cook, 2003)。研究还表明，在血压、脑电波模式，甚至言语模式、手势和举止方面，同卵双生子比异卵双生子更相像（Ambrosius et al., 2008; Lykken, 2007; Wessel et al., 2007）。

当然，双生子研究并非完美无瑕。同卵双生子比异卵双生子更相像，部分原因是前者受到更加相似的对待。同卵双生子经常穿着一样，而且有时父母区分两者也会比较困难。解决这一难题的方法之一是找到在不同家庭抚养的同卵双生子，这样一来，分开抚养的同卵双生子之间的任何相似之处就不能用共有的家庭环境来解释，而很大程度上是遗传的结果。在“明尼苏达分养双生子研究”项目中（Lykken, 2007），研究者测量了 56 对从婴儿期就在不同家庭分开抚养的成年同卵双生子的生理和心理特征。

总的来说，分开抚养的同卵双生子与在一起抚养的同卵双生子在智力、人格、气质、职业与闲暇时间的兴趣，以及社会态度很多方面的测量都比较相似。这些特征因此看起来是有遗传基础的。

领养研究

当亲属之间共有相似的环境和基因时，亲缘研究的结果就会产生混淆。领养研究通过比较幼年就与父母分开并在不同环境中成长的儿童（其中也包括早年分开的同卵双生子），能克服这方面的缺陷。心理学家希望找到儿童与其养父母和生父母之间的共同点。当养父母抚养的儿童在某一个特征上与其生父母抚养下表现得更相像时，这一有力证据就表明该特征的发展具有遗传基础。

在后面的章节中我们会看到，为了区分天性与教养对人格特征、智力和各种心理障碍产生的影响，心理学家对领养研究尤为青睐。这些特征与障碍显然表明了复杂的基因组合以及环境影响的交互作用。

用数字说话

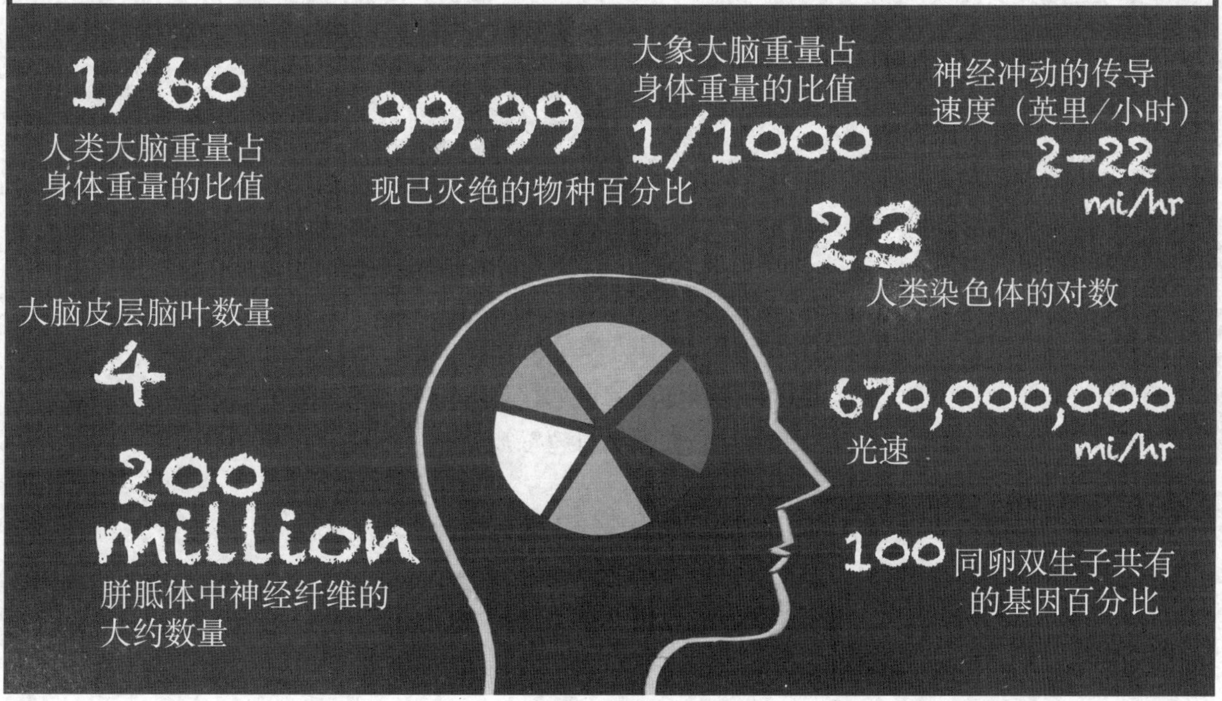

第 3 章 感觉与知觉

内容概要

一、感觉与知觉的定义与区别
二、眼睛的不同部位、光的性质和色觉理论
三、视知觉的组织
四、耳朵的不同部位及听觉
五、化学感官的定义
六、肤觉的性质及疼痛理论
七、动觉和前庭平衡觉
八、为何心理学家对超感知觉心存怀疑

2004年的一场海啸袭击了南亚海岸，并导致近25万人丧生。人类对于海啸猝不及防，而动物却并非毫无戒备。

海啸前，泰国西海岸搭载游客的大象激动地吼叫了数小时，就在这段时间，地震导致海底断裂而引发的巨浪正冲向海岸。就在海浪猛烈袭击该区域的一个小时前，大象开始哀号。在海浪袭击之前，它们成群结队地转移到地势高的地区。斯里兰卡雅拉国家公园的大象、老虎、豹、鹿、野熊、水牛、猴子及爬行动物安然无恙地渡过了海啸。

大象在地面开始震动之前就觉察到了海啸。

人们注意到动物似乎可以在地面震动之前觉察到地震、飓风、火山爆发及海啸。很明显，一些动物对声音超级敏感，而其他一些动物对温度、触摸、震动超级敏感，这些帮助它们提前预警。

大象对地面的震动相当敏感，因此它们的腿和鼻子可能知觉到了导致海啸的地震。一些鸟、狗、老虎及大象可以感觉到对于人类而言频率过低的声波。狗的超级嗅觉可能发现空气中细微的化学变化，从而有助于它预感到灾难即将来临。

不同的动物有不同的感觉器官，很多动物可以感觉到人类感觉不到的东西。那么人类如何感知周围的世界呢？

感觉：

感受器感受到刺激并将感受到的信息传递到中枢神经系统。

知觉：

感觉信息通过组织，形成对外部世界的内在表征的过程。

一、感觉与知觉

感觉（sensation）是指感受器感受到刺激，并将感受到的信息传递到中枢神经系统（脊髓或大脑）。感受器分布在感觉器官，例如眼睛和耳朵、皮肤及身体的其他部位。对刺激的感觉是一个自动的过程。它来自各种能量源，像光和声音，或引起嗅觉和味觉的化学物。

知觉（perception）并非机械的过程，而是一个主动的过程，在这一过程中感觉信息经过组织和解释，形成对世界的内在表征（Hafemeister et al., 2010; Rouder & Morey, 2009）。知觉或许始于感

真？假？

你怎么看下列陈述？它们是坊间传闻、常识还是无稽之谈？圈出字母“T”代表真，“F”代表假，并在阅读本章的过程中找出准确答案。

T　F　人类只有五种感官。
T　F　如果我们可以看见波长稍微长些的光，就可以看到恒温动物在黑暗中发光。
T　F　人们有时会听到自己想听到的声音。
T　F　将蓝光和黄光混合，我们会获得绿光。
T　F　很多人会感觉到被截去的肢体“里”的疼痛。
T　F　有些人会读心术。

绝对阈限：
产生感觉所需要的最小能量强度。

觉，但是知觉在理解感觉刺激时也反映我们的经验和期待。一个站在离你 15 英尺远的人和一个你身旁 12 英寸的玩具娃娃，可能会在你的眼底投射出同样尺寸的图像，但是你将这一图像解释为 1 英尺高的玩具娃娃还是 15 英尺以外的成年人就是一个知觉问题，它取决于自身对于玩具娃娃、人及距离的个人经验。

人生的伟大艺术在于感觉，它让我们感受自己的存在，即便是痛苦。

——拜伦勋爵

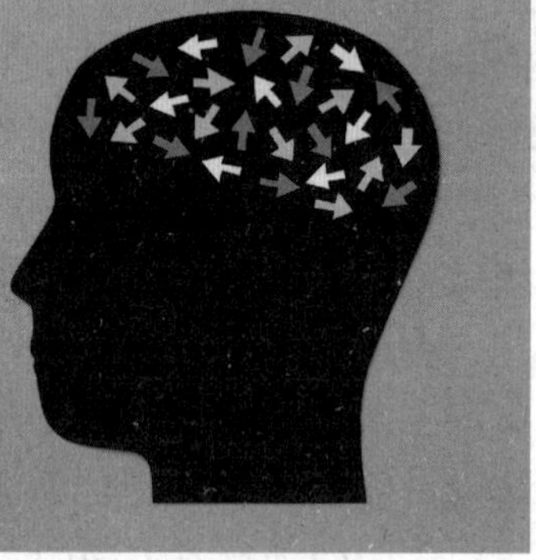

在本章你会了解到，我们对这个世界的变化景象、声音及其他感觉输入来源的知觉，主要取决于所谓的五官：视觉、听觉、嗅觉、味觉和触觉。然而，触觉仅是数种“肤觉”中的一种，肤觉还包括压觉、温觉、冷觉和痛觉。另外，还存在一些使人在不需要留心每一步路的情况下，对自身身体姿势保持警觉的感觉。当我们探索以上每一种感觉时，我们将会发现不同的人可能会将相似的感觉加工为不同的知觉——或同一个人会将相似的感觉加工为不同的情境。

在我们开始感觉之旅前，让我们先了解一些可以应用于所有感觉的概念：绝对阈限、阈下刺激、差别阈限、信号检测理论、特征觉察器及感觉适应。这样，我们将理解以下现象：为什么我们可以在他人毫无知觉的情况下，逐渐使灯光变暗并接近黑暗？为什么我们可能对令人欣喜的晚餐香味变得无动于衷？

（一）绝对阈限

19 世纪德国心理学家古斯塔夫·费希纳（Gustav Fechner）使用**绝对阈限**（absolute threshold）一词来指个体可以区分存在刺激与根本不存在刺激的最小刺激量。例如，光的绝对阈限为激活视觉系统所需要的最小亮度（物理能量）。

心理物理学家发现绝对阈限的方法如下：将个体暴露于不断增强的刺激之下，个体发现最小刺激的概率为 50% 时的刺激强度为绝对阈限。然而，绝对阈限并非那么绝对。一些人比其他人更加敏感，甚至同一个人在不同时间对同一

假 “人类只有五种感官”这一说法是不对的。实际上，人类拥有不止五种感官。

*** 感觉的绝对阈限**

以下是对人类视觉、听觉、味觉、嗅觉和触觉的绝对阈限的测量：

- 视觉：一个晴朗的黑夜里，距离为 30 英里的一支燃烧的蜡烛。
- 听觉：在一个安静的房间里，距离为 20 英尺的钟表嘀嗒声。
- 味觉：一茶匙糖溶解于 2 加仑[①] 水中。
- 嗅觉：一滴香水扩散在一个小房间内（5 亿分之一等份）。
- 触觉：苍蝇的一只翅膀从距离为 0.4 英寸的地方落到脸颊上产生的压力。

① 1 加仑约合 3.8 升。——译者注

刺激的反应也存在略微差别（Rouder & Morey, 2009）。然而，在理想条件下，我们发现刺激的能力是相当敏感的。

如果人类感觉的绝对阈限因人而异，那么我们的生活会是多么的不同！如果你的耳朵对更低**音调**（pitch）的声音敏感，你可能会听到空气中分子的碰撞。如果你可以看得见波长稍微长一点的光，你会看到红外线光波，人和动物会在黑暗中发光。你会看到一个全新的世界，因为热量会产生红外线。

音调：
声音的高或低，由声波的频率决定。

阈下刺激：
因为低于人的绝对阈限而无法察觉到的感觉刺激。

差别阈限：
能够区分两种刺激源所需要的最小强度差异。

韦伯常数：
为觉察到强度的差异，物理刺激源必须增加或减少的强度值。

最小可觉差（jnd）：
为知觉到强度上的差异，刺激源必须增加或减少的最小刺激量。

（二）阈下刺激

你注意到了吗？虽然电视广告中的一些词句或性感画面在荧幕上一闪而过，但已在我们还没有意识到的情况下对我们产生了影响。行为主义者约翰·华生是这方面的先驱，他将具有强大吸引力的刺激物与产品相连，比如汽车广告的形式通常是美女加香车。不过绝大多数广告的关联是开诚布公的。

阈下刺激（subliminal stimulation）是指低于人的绝对阈限而无法察觉到的刺激，对它的知觉被称为*阈下知觉*。视觉刺激可以一闪而过，使我们无法加工信息。听觉刺激也可以以极低的声音播放，使我们无法听到或回放。

约翰·卡瑞曼斯（Johan Karremans）和他的同事（2006）做了一个实验，他们找来一些被试观看电脑屏幕，屏幕上快速重复闪现“立顿冰茶”字样，每次出现时间约为 1/50 秒，这个速度保证人们无法察觉闪现的信息。对于对照组，他们以同样方式播放不带任何品牌字样的信息。最后，实验组的被试在口渴时，倾向于选择立顿冰茶。

（三）差别阈限

两个光源之间需要多大的强度差异，你才能发现一个光源比另一个光源更明亮？区分两种刺激所需要的最小强度是它们的**差别阈限**（difference threshold）。正如绝对阈限一样，心理学家一致将差异大小被发现的概率为 50% 的刺激强度，作为差别阈限的标准。

心理学家恩斯特·韦伯（Ernst Weber）通过实验室研究发现，觉察光刺激强度差异的阈限大约为自身强度的 2%（实际上接近 1/60）。1/60 这个分数被称作光的**韦伯常数**（Weber's constant）。与之相关的一个概念是**最小可觉差**（just noticeable difference, 简称 jnd），即个体可以发现的最小刺激差异。例如，至少在 50% 的情况下，大多数人可以分辨光比原来变亮还是变暗了 1/60。当我们对比中等亮度或中等暗度的光时，韦伯常数是有效的。但是当我们对比相当亮或相当暗的光时，韦伯常数变得不再准确。

抬举重物的最小可觉差的韦伯常数是 1/53（取整为 1/50 或 2%）。这也就意味着如果你足够强壮，能举起重量为 100 磅的杠铃，直到增加大约 2 磅，你才能注意到它比之前重了。然而，如果你是一个携带重量为 1 磅的哑铃跑步的人，如果有人偷偷将你的哑铃加重甚至仅 1 磅，你毫无疑问会意识到，因为重量的增加值为 100%。

那么声音呢？人们对声音的音高（频率）变化最敏感。音高的韦伯常数是 1/333，这意味着平均而言，当音调的音高升高或降低 1% 的 1/3 时，人们都可以分辨出来（即便音高上的一个小小的错误，都会使歌手的声音听起来刺耳或沉闷）。当朋友对你的歌声品头论足时，请记住这个常识。

真 如果我们可以看见波长稍微长一些的光，就可以看到恒温动物（包括人）在黑暗中发光。

信号检测论：

认为感觉刺激的知觉涉及物理、生物及心理因素相互作用的观点。

特征检测器：

感觉皮层对特定感觉信息（如物体线条或边缘）做出反应的神经元。

感觉适应：

机体对强度小的刺激变得更加敏感，而对强度恒常或持续的刺激变得不再那么敏感的过程。

敏感化：

我们变得对强度小的刺激更加敏感的一类感觉适应，也被称为积极适应。

味觉就要迟钝很多。一般来说，咸度降低 20% 以内，人们品尝不出差异。因此，减少 15% 咸度的“低盐”薯条吃起来也不那么糟糕。

（四）信号检测论

基于以上的探讨，似乎人们只是被特定量的刺激激发。事实并非如此。个体还受到心理因素的影响。**信号检测论**（signal-detection theory）考虑了这些因素。

根据信号检测论，物理刺激和感觉反应之间的关系并非完全机械的（Gigerenzer, 2010）。个体发现刺激（如雷达屏幕上的光点）的能力不仅取决于光点的强度，还与个体的训练（学习）、动机（知觉光点的渴望）及疲劳和警觉等心理状态有关（Rouder & Morey, 2009）。

信号的强度是决定个体是否可以发现感觉刺激（信号）或信号间差异的因素之一。还有一个因素：信号可以从背景噪声中辨别出来的程度。在一个安静的房间里倾听朋友的谈话比在一个大家又欢唱又碰杯的房间更容易。个体生物感觉系统的敏锐性是另外一个因素。那么感官能力得到充分发展了吗？感官能力会随年龄衰退吗？

我们倾向于检测到正在寻找的刺激。你阅读此书时，周围环境可能充满嘈杂的信号。如果你将自己的注意力集中到这一页上，其他的信号就会成为背景。在信号检测过程中，人们会将注意力集中在重要的信号上，这属于影响信号检测的心理因素。

（五）大脑中的特征检测器

想象你站在一条繁忙的街道边，一辆公交车正驶过来。当你感官（在这里指你的眼睛）中的神经元受到越来越近的公交车的刺激时，你的眼睛会将这一信息传递给大脑中的感觉皮层。诺贝尔奖获得者大卫·休伯尔和托斯坦·维厄瑟尔（David Hubel & Torsten Wiesel, 1979）发现，大脑视觉皮层的各种神经元均会在特定的视觉输入时放电。大脑中的很多细胞检测（即对应地放电）各个角度的线条——垂直的、水平的及介于两者之间的。其他一些细胞对某种颜色做出反应。鉴于细胞对某一景象不同方面的特点做出反应，这些大脑细胞被命名为**特征检测器**（feature detectors）。在公交车的例子中，视觉特征检测器对公交车的边缘、深度、轮廓、材质、影子、速度及各类运动（上、下、前、后）做出相应的反应。其他感觉也存在特征检测器。例如听觉检测器，它们对音高、响度及公交车声音的其他方面做出反应。

（六）感觉适应

我们的感觉系统可以极好地适应环境的变化。**感觉适应**（sensory adaptation）是指我们对强度低的刺激变得更加敏感，而对强度保持不变的刺激（如窗外的背景噪声）变得不再敏感的过程（Lawless & Heymann, 2010）。

真 人们有时会听到自己想听到的声音，因为他们把注意力投入在这上面。

思考一下视觉如何适应强度更低的光。当我们刚走进漆黑的电影院时，除了电影屏幕上的图像，我们几乎什么也看不到。但是当我们找自己的座位时，我们变得对自己周围的人脸和影院的特点越来越敏感。对刺激变得更加敏感的过程被称为**敏感化**（sensitization），或积极适应。

但是，对于恒常的刺激，我们会变得更加不敏感。例如，当我们久居在城市，我们对交通噪声就变得不再敏感，偶尔的内燃机逆火或警报声才能引起我们的注意。对刺激变得不再敏感的过程被称为**脱敏**（desensitization），或消极适应。

我们对刺激的感受性为大脑提供了我们用以理解并影响外部世界的信息。因此，心理学家研究我们通过视觉、听觉、化学感官及本章提到的其他感官来感知这些信息的方法，也就不足为奇了。

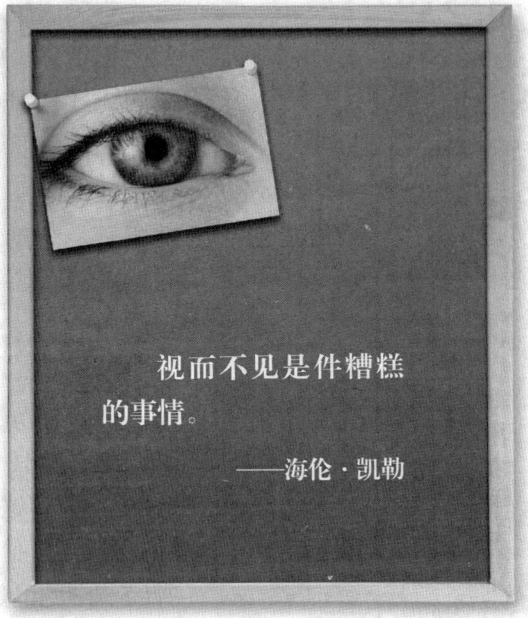

二、视觉

眼睛是我们的“世界之窗”。因为视觉是我们主要的感觉，所以失明被很多人看作最严重的感觉丧失。为了理解视觉，让我们首先“看”一下光。

（一）光

光是一种迷人的物质。它发热、发亮、耀眼。几乎在所有的文化中，光都是美德和知识的象征。我们提到天才时说“brilliance”（才华横溢），对于不知情的人我们说他们“in the dark”（蒙在鼓里）。

可见光（visible light）是一种激活视觉的可见光线。然而，可见光仅仅是围绕我们的电磁能光谱中的很小一部分（见书前图 3-1）。所有形式的电磁能都是以波的形式运动的，不同种类的电磁能都有特定的波长：

- 宇宙射线：这种来自外太空的射线波长仅为几万亿分之一英寸。
- 无线电波：一些无线信号绵延数英里。
- 可见光：玫瑰是红色的，而紫罗兰是蓝色的。这是为什么呢？因为不同的颜色有不同的波长，而紫罗兰色波长最短，仅为 400 纳米；红色波长最长，为 700 纳米。

英国科学家艾萨克·牛顿（Isaac Newton）爵士发现，可以使用一个名为棱镜（见书前图 3-1）的三角形玻璃体将太阳光分解为不同的颜色。通过使用罗伊·G. 比弗（Roy G. Biv：红 [red]，橙 [orange]，黄 [yellow]，绿 [green]，蓝 [blue]，靛 [indigo]，紫 [violet]）这一记忆术，你就可以按照波长从最长到最短的顺序记住光谱的颜色。可见光的波长决定了光的颜色，或**色调**（hue）。红色的波长大于橙色的波长，在光谱上以此类推。

（二）眼睛

请看图 3-2 中眼睛的主要构造。与照相机一样，光线从狭窄的开口进入，投射到一个敏感的表面。光线首先通过透明的**角膜**（cornea），角膜覆盖在眼睛表层的前端（“眼白”或巩膜，由坚硬的保护组织构成）。通过角膜的光量是由名为**虹膜**（iris）的肌肉扩展尺寸决定的，虹膜是眼睛有颜色的部分。虹膜的开孔是**瞳孔**（pupil）。瞳孔的大小随光量的多少自动进行调节。因此，在光线比较暗时，你没必

脱敏：
我们变得对恒常的刺激不那么敏感的一类感觉适应，也被称为消极适应。

可见光：
电磁能光谱中刺激眼睛产生视觉的部分。

色调：
光的颜色，由其波长决定。

角膜：
构成眼球外层表面的透明组织。

虹膜：
一层肌肉薄膜，它的扩张调节进入眼睛的光量。

瞳孔：
虹膜中心黑色的开孔，光线通过瞳孔进入眼睛。

晶状体：

虹膜后面一种透明的物体，晶状体将图像聚焦于视网膜上。

视网膜：

眼睛内层表面的区域，包括视柱细胞和视锥细胞。

感光器：

对光做出反应的细胞。

双极细胞：

传导从视柱细胞和视锥细胞到神经节细胞的神经冲动的神经元。

神经节细胞：

其轴突构成视神经的神经元。

视神经：

将视觉信息从眼睛传递到大脑的神经。

要有意睁大眼睛以便看得更清楚。光线越强烈，瞳孔就变得越小。瞳孔的大小对情绪也很敏感，比如我们害怕时，总是"惊恐地瞪大眼睛"。

光线通过虹膜后，到达**晶状体**（lens）。晶状体通过变化自身的厚度来适应或调节图像。晶状体厚度的变化使物体的清晰图像可以投射在视网膜上。这种变化依据物体离观察者的距离来聚焦光线。如果你在一定距离内伸出一根手指，并缓缓地将其移至你的鼻子，你会感觉到眼部的紧张，因为晶状体的厚度不断调节以保持视网膜上图像的清晰。当人们斜视，将物体在焦点对准时，他们正在调节晶状体的厚度。

视网膜（retina）由名为**感光器**（photoreceptors）的细胞构成，感光器对光敏感（感光的）。感光器有两类：*视柱细胞和视锥细胞*。视网膜（见图 3-2）包括几层细胞：视柱细胞和视锥细胞、**双极细胞**（bipolar cells）及**神经节细胞**（ganglion cells）。所有这些细胞都是神经元。视柱细胞和视锥细胞发生化学变化对光做出反应，并产生神经冲动，传递到双极细胞，之后激活神经节细胞。视网膜上近百万神经节细胞的轴突聚集在一起形成**视神经**（optic nerve）。视神经将感觉信息传入大脑，并传递到枕叶的视觉皮层。

似乎这些还不够，眼睛还存在其他的神经元来加强这一过程。无长突细胞和水平细胞在视柱细胞和视锥细胞附近进行一个层面上的单侧连接，在神经节细胞附近进行另一层面的连接。如此一来，单个双极细胞可以从很多视柱细胞和视锥细胞接收信息，同理，单个神经节细胞可以从多个双极细胞获取信息。事实上，视柱细胞和视锥细胞的数量是神经节细胞数量的 100 倍以上。

图3-2　人类的眼睛

对于眼睛和照相机，光线都是从狭窄的开口进入并投射到一个敏感的表面。对于眼睛而言，这层感光的表面被称为视网膜，而视网膜上变化的图像信息被传递到大脑。视网膜上有视柱细胞和视锥细胞图像感受器。视柱细胞和视锥细胞将感觉输入，从双极神经元传递到神经节细胞。神经节细胞的轴突形成视神经，视神经将视觉信息通过大脑传递到枕叶的视觉皮层。

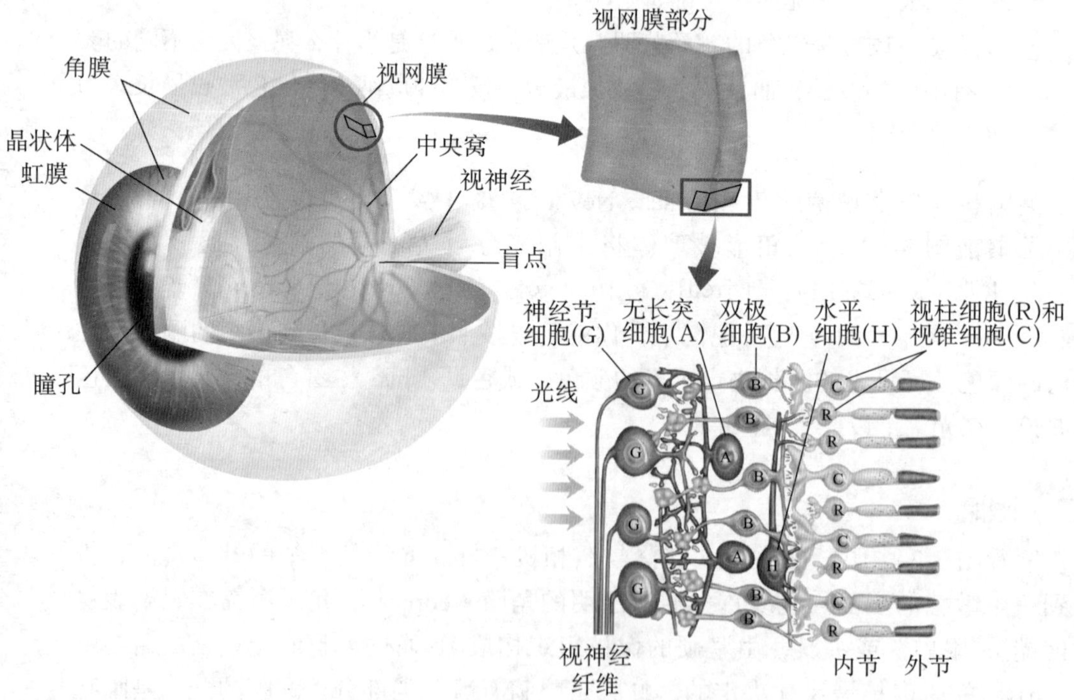

视柱细胞和视锥细胞

视柱细胞（rods）和**视锥细胞**（cones）是视网膜上的感光器（见图 3-2）。大约有 1.25 亿个视柱细胞及 640 万个视锥细胞分布在视网膜上。视锥细胞分布最密集的一个地方是视网膜中心名为**中央窝**（fovea）的一个小点（见图 3-2）。该点的视敏度（敏锐性和分辨率）最高。中央窝几乎都是由视锥细胞构成的。视柱细胞在中央窝的外面最密集，在视网膜的边缘逐渐变得稀疏。

视柱细胞使我们可以看见黑色和白色。视锥细胞提供色觉。视柱细胞比视锥细胞对弱光更加敏感。因此，当傍晚时分光线变得黯淡时，在物体的轮廓从视野中消失以前，颜色首先褪去。

与中央窝视敏度相反的是**盲点**（blind spot），盲点对视觉刺激不敏感。盲点是视网膜神经节细胞的轴突聚集形成视神经的部位（见图 3-2）。图 3-3 有助于你“看见”自己的盲点。

视敏度（visual acuity，视觉的敏锐性）与眼睛的形状相关。不得不非常接近物体才能看清物体细节的人是近视。看远处物体非常清晰，但是聚焦近处物体却存在困难的人是远视。当眼球被拉长，以至于远处物体的图像聚焦于视网膜的前端时，这就造成了近视。当眼球过短，近处物体的图像聚焦于视网膜的后端时，就造成了远视。眼镜或隐形眼镜帮助近视的人将远处的物体聚焦在他们的视网膜上。激光手术可以通过改变眼睛的形状矫正视力。远视的人通常在中年期之前，视力不需要眼镜也会很好，但到了这个年龄阶段阅读也许就需要眼镜了。

从中年开始（30 岁后期至 40 岁中期），眼睛晶状体的脆性增加，导致人们在适应或聚焦物体时更加困难。这种状况被称为**老花眼**（presbyopia），该词来源于希腊语中的“老人”和“眼睛”。老花眼导致个体在知觉近处的视觉刺激时变得困难。年轻时视力正常的人，通常在中年时需要佩戴矫正眼镜。

视柱细胞：
柱形的感受器，仅对光的强度敏感。

视锥细胞：
锥形的感受器，能够传递色觉。

中央窝：
视网膜中心的一块区域，视锥细胞密集，因此视敏度最好。

盲点：
视网膜的一块区域，该区域神经节细胞的轴突聚集形成视神经。

视敏度：
视觉的敏锐性。

老花眼：
眼睛晶状体脆性增加所导致的视觉问题。

图3-3　盲点

尝试一下“消失表演”的魔术。闭上你的左眼，拿书靠近你的脸，用你的右眼注视这个男孩。慢慢地把书移开，直到那个派消失。那个派之所以消失，是因为它投射到视网膜的盲点上，也就是神经节细胞轴突聚集形成视神经的那个点。注意，当派消失时，你的大脑会“填补”缺失的棋盘图案，这就是你通常意识不到自己存在盲点的原因之一。

暗适应：

通过增强视柱细胞和视锥细胞的敏感性来适应昏暗光线条件的过程。

互补色：

在光谱上，混合时产生白光或近乎白光的颜色称为互补色。

光适应

当我们走入一条黑暗的街道时，我们可能一开始不能看清人、树木及汽车。但是随着时间的推移，我们可以更好地识别人和物体的特征。这一适应暗光的过程就被称为**暗适应**（dark adaptation）。

黑暗中看清楚物体所需的光量是处于黑暗中的时间的函数。视锥细胞和视柱细胞适应的速度不同。帮助知觉颜色的视锥细胞大约在 10 分钟内达到其最大适应性。帮助知觉黑白的视柱细胞对暗淡的光线更敏感，大约需要 45 分钟的适应时间。

对明亮光照条件的适应发生得更迅速。譬如，当你从影院走出来步入午后的阳光之中，一开始你的眼睛可能会被周围的强光刺痛。但是在街道上待 1 分钟左右，耀眼的光亮就消退了，物体重新展现出轮廓。

（三）色觉

对大多数人而言，世界是一个色彩绚丽的地方。颜色是我们日常生活情感和美感的重要组成部分。我们将在这里探索颜色的一些特征，并考察我们如何将不同波长的光线转化为颜色知觉。颜色的知觉维度包括色调、明暗及饱和度。

光的波长决定了它的颜色，或色调。颜色的明暗是指它的亮度或暗度。饱和度是指在我们看来颜色有多浓烈。消防车的红色比淡粉色更加饱和。

在不同文化背景下，颜色还有其心理含义。譬如，在美国，新娘一袭白衣代表纯洁。在传统的印度，客人可能会对此感到震惊，因为白色是葬礼的颜色。而在美国，人们穿黑衣表示哀悼。

暖色和冷色

如果将光谱弯曲成一个圈，我们能得到一个色轮，如书前图 3-4 所示。在心理学上，色轮的绿色－蓝色一边被认为在温度上是冷的。那些在黄色－橙色－红色一边的颜色被认为是暖色。

互补色

在色轮上相对的颜色被称为**互补色**（complementary）。红色－绿色及蓝色－黄色是主要的互补色。如果我们将互补色混合在一起，它们会融合为灰色。

“但是，等等！”你会说，“蓝色和黄色不可能是互补色，因为将蓝色和黄色颜料混合，我们得到的是绿色，而非灰色。”确实如此，但是我们一直谈论的是光的混合，而非颜料。光是所有颜色的来源。颜料选择性地反映并吸收不同波长的光。光的混合是一个相加的过程。颜料的混合是相减的。书前图 3-5 展示了光的混合和不同颜色颜料的混合。

颜料通过从光谱特定部分吸收光，并反射其他部分获取颜色。例如，我们所见的大多数植物的颜色为绿色，因为叶绿素中的色素吸收了大多数的红色、蓝色及紫色波长的光，剩下的绿色就被反射出来。红色的颜料吸收光谱上大多数的光，却反映出红色。白色的颜料反射所有的颜色。黑色的颜料几乎不反射光。

假 将蓝光和黄光混合，我们会得到灰光，而不是绿光。将蓝色和黄色颜料混合才会得到绿色。

后像

试试这个实验：观看书前图 3-6 中那面奇怪的美国

国旗至少半分钟。在做这个的时候，要尽量别眨眼。然后注视一张白色或浅灰色的纸。旗帜怎么了？如果你的色觉正常工作，而且你注视颜色错误旗帜的时间足够长，你应该看见一个由熟悉的红色、白色及蓝色构成的旗帜。你知觉到的白纸上的旗帜是原色的**后像**（afterimage）（如果你第一次注视绿色、黑色及黄色旗帜的时间不够长，就再尝试一次）。在后像中，当原色被移开后，持续的颜色知觉之后会知觉到其互补色。黑色和白色亦是如此。注视其中的原色会产生其互补色。我们将看到，后像现象是色觉的理论之一。

（四）色觉理论

视力正常的成年人可以区分可见光谱上的数千种颜色。不同的颜色有不同的波长。尽管我们可以连续地从短到长改变光的物理波长，但颜色的很多变化是非连续的。我们对颜色的知觉可以突然从蓝色变为绿色，尽管其波长的变化可能小于两种蓝色的波长差异。

我们对颜色的知觉取决于物体的物理特性，以及当不同波长的光刺激视网膜的视锥细胞时，眼睛传递到大脑的不同信息。有两种主要的色觉理论：三色说和对立过程理论（Gegenfurtner & Kiper, 2003）。

三色说（trichromatic theory）是基于英国科学家托马斯·杨（Thomas Young）于19世纪早期的实验。如书前图3-5，托马斯·杨将红光、绿光及蓝紫光投射到一个屏幕上使它们部分重合。他发现可以通过变化三种光的强度，得到可见光谱上的任何颜色。当三种光重合时，它们会产生白光，或看起来没有颜色。

德国生理学家赫尔曼·冯·赫尔姆霍茨（Hermann von Helmholtz）研究了杨的色觉理论。他认为眼睛的视网膜一定有三种不同的颜色感受器或视锥细胞。一些视锥细胞对红光敏感，一些对绿光敏感，一些对蓝光敏感。当各种颜色感受器被同时激活时，你会看到其他颜色。譬如，当红光和绿光的感受器同时放电时，我们会知觉到黄光。

1870年，另一位德国生理学家埃瓦尔德·赫林（Ewald Hering）提出了色觉的**对立过程理论**（opponent-process theory）：存在三种颜色感受器，但是它们并不是像赫尔姆霍茨说的那样仅对红光、绿光和蓝光敏感。相反，赫林认为后像（如书前图3-6所示的美国国旗）之所以可能出现，是因为存在三种颜色感受器：红－绿、蓝－黄及知觉亮度差异的感受器。赫林认为，红－绿视锥细胞不能同时传递红光和绿光的信息。因此，注视绿、黑及黄色旗帜30秒会扰乱神经活动的平衡。红、白和蓝色可能代表了眼睛重建平衡的努力。

研究表明，这两种色觉理论都部分正确。例如，有研究表明，一些视锥细胞对蓝光敏感，一些对绿光敏感，一些对红光敏感（Pang et al., 2010）。然而，视锥细胞似乎与双极细胞和神经节细胞相连，这样视锥细胞产生的信息就以对立过程的方式传递至大脑（Yin et al., 2009）。

神经的一种反弹效应明显有助于解释后像的产生。如一种对绿光敏感的神经节由绿光激活半分钟左右，在光被挡住后，可能短暂地转变为抑制作用。尽管没有出现红光，反弹效应也会让我们知觉到红色（Hornstein et al., 2004）。

（五）色盲

如果你可以识别可见光谱的颜色，且视力正常，就可以被称为**三色视者**（trichromat）。这就意味着你对红－绿、蓝－黄及明亮－黑暗敏感。完全色盲的个体

后像：

由已经被移开的刺激产生的、延迟的视觉印象。

三色说：

该理论认为，色觉可能源于三类视锥细胞，一些视锥细胞对红光做出反应，一些视锥细胞对绿光做出反应，而另一些对蓝光做出反应。

对立过程理论：

该理论认为，色觉可能源于三类视锥细胞，一些视锥细胞对红光或绿光做出反应，一些视锥细胞对蓝光或黄光做出反应，而另一些对光的强度做出反应。

三色视者：

视力正常的个体。

单色视者：
仅对黑白敏感的色盲个体。

二色视者：
仅对黑－白及红－绿或蓝－黄敏感的个体，因此属于部分色盲。

闭合律：
将不连续的图形知觉为完整或整体的倾向。

知觉组织：
将零碎的知觉元素整合为有意义整体的倾向。

被称为**单色视者**（monochromats），只对明亮和黑暗敏感。全色盲很少见。全色盲者看到的世界，就像三色视者在黑白电影中看到的世界一样。

部分色盲是与性别相关的特征，主要影响男性。部分色盲个体被称为**二色视者**（dichromats）。他们仅能区分两种颜色——红和绿或蓝和黄——以及以上颜色混合获得的颜色（Loop et al., 2003）。书前图 3-7 展示了诊断色盲的测验。

二色视者可能会一只脚穿红色袜子，另一只脚穿绿色袜子，但是不会混淆红色和蓝色袜子。单色视者可能会穿两只任何颜色搭配的袜子，只要两只袜子的颜色在强度（即亮度）上没有差异。

三、视知觉

在图 3-8 中，你看到了什么——是无意义的墨水斑点还是马背上的骑手？如果你知觉到马和骑手，这就不仅仅是绘画所提供的视觉信息了。每一块墨迹本身毫无意义，而且图案也很含糊。尽管缺乏清晰性，你仍然可以知觉到一匹马和骑手。

视知觉是指我们组织或理解进入我们眼睛的光所产生的感觉的过程。视知觉与我们的知识、期待及动机有关。感觉被认为是一个机械的过程（例如，光线刺激我们视网膜的视锥细胞和视杆细胞），而知觉是一个我们积极解释周围世界的过程。

通过所掌握的常识，还有将零碎信息整合成熟悉图案的愿望，我们将零碎的视觉信息整合成了有意义的整体。在马和骑士的例子中，你将不连贯的零碎信息整合为有意义的整体也反映了**闭合律**（closure）——尽管感觉输入中存在裂缝，却将其知觉为完整或整体图像的倾向。

（一）知觉组织

20 世纪早期，格式塔心理学家注意到我们在将零碎的感觉刺激整合为有意义的整体的方式上存在某种一致性。他们试着识别控制这些过程的规则。这些规则被统称为**知觉组织**（perceptual organization）法则。

图形－背景知觉

如果你从窗口看出去，你可能会看见人、建筑物、汽车及街道，或许还会看到草、树、鸟和云彩。这些物体倾向于被知觉为背景中的图形。例如，在街道背景下找一辆车比在废车场的一大堆车中寻找要容易得多。

当图形－背景关系模棱两可，或可以做多种解释时，我们的知觉一般摇摆不定（Bull et al., 2003）。

图3-8　闭合律

是无意义的墨水斑点还是马与骑手？这个图揭示了格式塔闭合律。

书前图3-9展示的是鲁宾花瓶（Rubin Vase），是心理学家最喜欢的图形－背景关系的例子之一。图A的图形－背景关系模棱两可，没有提示表明哪部分一定是图形。鉴于此，我们的知觉可能在看见花瓶与看见两个侧面像之间摇摆。图B就不存在这个问题。因为蓝色的花瓶看起来被带到彩色背景的前面，我们更可能将其知觉为花瓶而非侧面像。在图C中，我们知觉到侧面像的可能性大于花瓶，因为侧面像是完整的而花瓶在背景的衬托下是破碎的。当然，如果愿意，我们仍然可以在C图中知觉到花瓶，因为经验告诉我们它在那里。

其他格式塔组织法则

格式塔心理学家认为我们的知觉还受到相近律、相似律、连续律及共同命运律的引导。

让我们来尝试一个小实验。先不要往下读，请描述图3-10中的图A。你会说它是由6条线段还是三组成对的平行线组成的？如果你说是三组线，你是受了**相近律**（proximity）或者说线段接近的影响。实际上，并不存在其他将这些线段知觉为成对或分组的原因：所有的线段都是平行的而且长度相等。

现在请描述图3-10中的图B。你是将其知觉为一个6×6的方格，还是3列叉和3列圈？根据**相似律**（similarity），我们将相似的物体知觉为集合。鉴于此，你更可能以列而非行或方格来描述B。

图C是什么？图C是一个圆圈和由它伸展出的两条线段还是穿过圆圈的一条（断开的）线段？如果你将其视为一条（断开的）线段，你可能是根据**连续律**（continuity）来组织知觉，即我们将一系列点或断开的线知觉为一个整体。

根据**共同命运律**（common fate），看起来共同运动的元素属于一个集合。一群朝同一方向奔跑的人看起来是有意集合在一起的。图3-10中的图D提供了另外一个闭合律的例子。人们倾向于将这些圆弧知觉为一个圆圈（或有间隙的圆圈）而非一系列圆弧。

自上而下和自下而上的加工

想象你正试着拼一幅1 000块的拼图。现在，你在被人拿走了完整拼图图块的情况下试着完成拼图。

如果你有包装盒上的图案，那么拼图的任务被称为**自上而下的加工**（top-down processing）——用更大的图案来指导某一小块拼图的放置。相应地，当我们与另一

相近律：
将相互靠近的物体组合在一起的知觉倾向。

相似律：
将外形相似的物体视为一组的知觉倾向。

连续律：
将一系列点或线视为整体的知觉倾向。

共同命运律：
将共同运动的元素视为一个集合的知觉倾向。

自上而下的加工：
使用模式的背景信息或知识，来组织模式各部分。

图3-10　一些知觉组织的格式塔法则

这些图说明了格式塔的相近律、相似律、连续律和闭合律。

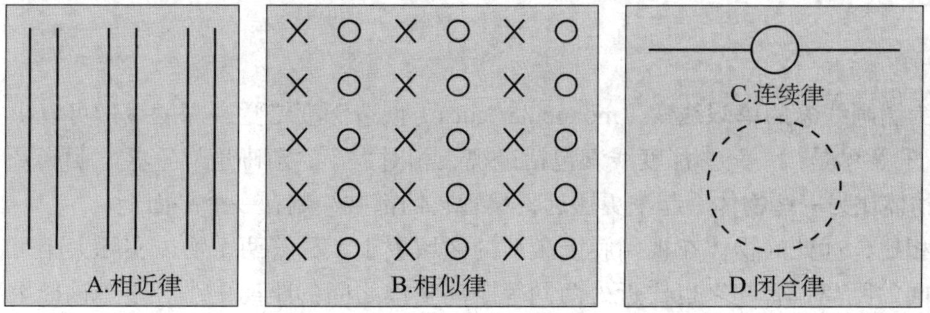

自下而上的加工：
对模式各部分的组织，以辨别或形成自身构建模式的图像。

错觉：
导致错误知觉的感觉。

闪光运动：
一种视错觉，在这种错觉中，一系列静止的图像迅速依次呈现而产生运动知觉。

单眼线索：
仅使用一只眼就能知觉到深度的刺激。

透视：
基于平行线在远处聚合（汇聚到一起）这一事实的单眼深度线索。

个人共同寻找志趣相投的品质时，我们会与他建立更持久的关系；或者当我们脑中有一个清晰的退休日期和财务计划时，我们的投资会更明智。在拼图中，**自下而上的加工**（bottom-up processing）是指我们从零零碎碎的信息开始，试图将它们拼成一个整体。这就像我们茫然置身于社会或职业情境，在自下而上的加工过程中，我们对何去何从毫无概念，只能尽力做好当前的事情。

（二）运动知觉

想象你坐在一辆开始驶离车站的火车上，而另一条轨道上的火车静止。如果你乘坐的火车在加速时没有颠簸，看起来似乎旁边的那辆火车在运动。抑或是你可能也不确定，到底是你所乘坐的火车正在往前开或是那辆火车正在向后开。

运动知觉是基于与其他物体相比位置的变化。对于早期的科学家来说，眼睛是仅有的视觉观察工具，在他们看来，太阳围着地球旋转是合乎逻辑的。你只有站在外太空某一个理论观测点，才能想象地球围绕太阳运转，这些通过肉眼是无法直接观察到的。

但是，你如何才可以确定哪一辆火车在运动？一种方法是寻找你确信是静止的物体，例如站台的柱子、房子、标志或树木。如果相对于这些物体，你的位置没有发生变化，那么你所在的火车就没有运动。你可能还会试图通过身体感觉火车的运动，经验使你能够很好地做出判断。

我们一直在讨论对真实运动的知觉。心理学家还研究了几类似动现象，或运动的**错觉**（illusions）。其中的一种错觉是闪光运动。

闪光运动

所谓的动画实际上并不是由运动的图像构成的。确切地讲，只是每秒呈现了 16 至 22 幅画面或帧给观众。每一帧与前一帧略微不同。快速连续呈现多幅画面会产生运动错觉。这里介绍的这种运动错觉名为**闪光运动**（stroboscopic motion）。

电影以每秒至少 16 帧的速度放映，其中的“运动”看起来才顺畅而自然。当每秒呈现的帧数少于 16 左右时，画面的运动看起来就会跳跃且不自然。这就是影片中的慢动作需要通过每秒拍摄 100 帧或以上的画面才能实现的原因。当以每秒 22 帧的速度对其进行播放时，虽然动作似乎慢下来了，但是依然自然而顺畅。

（三）深度知觉

单眼和双眼线索帮助我们知觉物体的深度——它们与我们的距离。

单眼线索

艺术家使用名为图画线索的**单眼线索**（monocular cues）创造深度错觉。深度线索可以由一只眼睛知觉到（mono 的意思是“一”）。深度线索包括透视、相对大小、清晰度、重叠、阴影及纹理梯度，它们使一些物体比另一些物体看起来更遥远，尽管它们都被绘制在一个平面上。

与近处的物体相比，远处的物体在视网膜上激活的区域更小，尽管两个物体实际大小可能相同。远处两物体之间的距离，看起来也比近处两同等距离物体之间的距离更小。鉴于该原因，一种名为**透视**（perspective）的现象产生了。也就是，当两条平行线逐渐远离我们而去时，我们倾向于将它们知觉为不断相互靠近或辐合。然而，正如我们在后面讨论大小恒常性时将看到的那样，经验告诉我们，远处看起来很小的物体，当靠近时会更大。这样，物体的相对大小也成为它们距离的线索。

艺术家一般使用相对大小——远处物体比近处同等大小的物体看起来更小这一事实——在自己的作品中表示深度。

物体的清晰度也暗示其距离。经验告诉我们，我们对于近处的物体会知觉到更多细节。鉴于此，艺术家可以通过非常详尽地描述某物体来暗示其距离观众很近。

我们还知道，近处物体会阻碍我们观看远处物体。重叠就是把一个物体放置在另一个物体的前面。经验告诉我们，部分被遮挡的物体比遮挡它的物体距离更远（见书前图 3-11）。

另外，可以提供深度信息的线索还有阴影，阴影作为线索是基于不透光的物体挡住光线并产生阴影的事实。阴影和高亮可以为我们提供物体的三维形状及其与光源关系的信息。例如，在书前图 3-11 的右半部分，左边的圆圈被知觉为一个两维的圆圈，但右边的圆圈因其表面的高亮和下面的阴影而被知觉为一个三维的球体。在“球体”中，我们知觉到高亮的核心区域距离我们最近，而表面弯曲成为边缘。

还有一种单眼线索是**纹理梯度**（texture gradient，梯度是指逐渐的变化）。近处物体的纹理看起来更粗糙。

运动线索是另外一种单眼线索。如果你曾经在乡村开过车，你可能注意到，山峦和星星等远处物体随你一起移动。位于中间的物体看起来是静止的，但是近处的路标、石头和树木看起来以相当快的速度向后移动。以物体看起来向前或向后移动表示距离的倾向被称为**运动视差**（motion parallax）。我们将看起来与我们一起移动的物体知觉为距离较远的物体。

前面我们提到，近处的物体导致眼睛的晶状体调节或更加弯曲，以便其集中于焦点上。眼部肌肉的紧张感也提供了单眼深度线索，特别是我们距离物体大约 4 英尺以内时。

尽管这位女士的手看起来比头还大，但我们很清楚这只是错觉，不过是因为她的手比头离我们视线更近而已。

纹理梯度：

基于近处物体的表面纹理看起来更粗糙（更多细节）这一事实的单眼深度线索。

运动视差：

基于近处物体移动速度较快的深度知觉的单眼线索。

双眼线索：

与双眼同时知觉有关的暗示深度的刺激。

视网膜像差：

基于物体靠近或远离时在视网膜上所形成的图像差异的双眼深度线索。

聚合：

基于眼睛试图聚焦正在临近物体时的内在运动的双眼深度线索。

大小恒常性：

随着物体距离的变化，其在视网膜上的图像发生变化，但仍将该物体知觉为相同大小的倾向。

颜色恒常性：

尽管光线条件改变了一个物体的外观，却仍将该物体知觉为同一颜色的倾向。

亮度恒常性：

尽管光线条件改变了一个物体的亮度，却仍将该物体知觉为同一亮度的倾向。

双眼线索

双眼线索（binocular cues），即涉及两只眼睛的线索，同样也可以帮助我们知觉深度。视网膜像差和聚合是两种双眼线索。

试试这个实验。伸出你的右手食指一臂远。现在，使你的左手食指处于比右手食指更靠近身体 1 英尺的地方，但是两根手指位于一条直线上。当这样做的时候，如果你保持眼睛放松，你将先看到一根手指，然后看到另一根手指。每根手指的图像会被投射到每只眼睛的视网膜上，而且因为两只眼睛看手指的角度不同，视网膜上的每个图像都各不相同。投射出的图像差异被称为**视网膜像差**（retinal disparity），并能作为一种深度知觉的双眼线索。请注意，手指靠得越近，在视网膜上投射出的“两根手指”距离越大。物体靠得越近，产生的视网膜像差越大。

如果我们试图获得更近的那根手指的单一图像，我们的眼睛必须向内斜视，或聚合在手指上面，这使我们变成了“斗鸡眼”。**聚合**（convergence）会导致眼睛肌肉的紧张感，从而提供另外一种双眼深度线索（聚合发生之后，尝试先用一只眼睛注视手指，然后换另一只眼睛注视手指。你将会轻而易举地看到每只眼睛中的图像是多么不同）。当物体在近处时，视网膜像差和聚合这两种双眼线索是最突出的。

（四）知觉恒常性

如果因为门半开着，你就认为门是梯形而非矩形，那就太不可思议了。幸运的是，知觉恒常性帮助我们即使在物体表面形状或尺寸不同时，依然能够识别物体。

大小恒常性

知觉恒常性有很多种，其中包括**大小恒常性**（size constancy）。一只 20 英尺外的狗与你手上爬的 1 英寸长的昆虫在你视网膜上投射的图像大小相同。但是，你并不会将狗知觉为与昆虫一样小。通过视觉经验，你已经习得了大小恒常性——尽管物体由于距离原因在你视网膜上的图像发生了变化，但你依然将物体知觉为同样大小的倾向。经验教会了我们透视——同一物体在远处观看比在近处观看时要小。

颜色恒常性

颜色恒常性（color constancy）意为光照条件可能会改变物体的外观，但我们仍将其感知为其自身颜色的倾向。当黄昏来临时，你黄色的汽车渐渐变成灰色。但是，当你最终在停车场找到自己的汽车时，你依然视其为黄色。你期待找到一辆黄色的汽车，并仍然认为它比两边（暮色中的）红色及绿色的汽车“更黄”。

亮度恒常性

亮度恒常性（brightness constancy）与颜色恒常性相似。如书前图 3-12，两个蓝色方块中的橙色方块亮度一样，但是深蓝色方块中的橙色方块看起来更亮。为什么呢？经验会再次告诉我们答案。如果在夜间，我们会预想到橙色会变淡为灰色。而深色方块中的橙色以同样强度刺激眼睛的事实说明，它肯定比淡蓝色方块中的橙色方块要亮。

形状恒常性

形状恒常性（shape constancy）是指，尽管我们从不同角度观察物体，而且它们在视网膜上所形成的图像形状千差万别，但我们依然将其知觉为保持原来的形状。你会将咖啡杯或玻璃杯知觉为圆形，尽管只有从上面看的时候，它们才呈圆形。当从某一个角度看时，它们呈椭圆形。从边缘看时，咖啡杯或玻璃杯在视网膜上的成像如同一条直线的效果。那么，为什么你仍然认为咖啡杯或玻璃杯的边缘是圆形的呢？原因可能有两个：第一，经验告诉你，从上面观察时，杯子是圆形的；第二，你可能给杯子贴上了圆形的标签。

让我们回到那扇半开时"形状发生变化的"门。只有当正视时，门才是矩形的。当我们移动到一边或打开门，门的右边缘或左边缘离我们更近并且看起来更大，视网膜上的图像变成了梯形。然而，我们仍然认为门是矩形的。在上一张图片上，我们看到一位女士的"大手"，但经验告诉我们，之所以她的手看起来比身体大很多，是因为它离我们视线更近。

（五）视错觉

知觉组织的原则使我们的眼睛可以"捉弄"我们。换句话说，知觉恒常性通过视错觉欺骗眼睛。

赫林－赫尔姆霍茨（Hering-Helmholtz）错觉和缪勒－莱尔（Müller-Lyer）错觉（见书前图 3-13）以其设计者的名字命名。在赫林－赫尔姆霍茨错觉（A 部分）中，两条水平线是笔直且平行的。然而，放射状的直线导致水平线在中心附近向外弯曲。缪勒－莱尔错觉（B 部分）中的两条线段长度相等，但是左边带反向箭头的线段看起来更长。

让我们尝试解释这些错觉。由于我们的经验及终生使用的知觉线索，我们倾向于将赫林－赫尔姆霍茨图知觉为三维的。因为我们将零碎的感觉信息知觉为背景中的图形，我们将中心区域知觉为一系列放射状直线前面的一个圆，所有的这些线位于蓝色背景之前。接着，基于我们的透视经验，我们将放射状的直线知觉为平行线。我们将两条水平线知觉为相交于"无限远"处，而且我们知道，如果两条水平线上的所有点距离圆心等距的话，它们一定在中心看起来是弯曲的。

经验可能促使我们将缪勒－莱尔错觉中的垂直线知觉为建筑物的角落（见书前图 3-13 中的 B 部分）。我们基于对建筑物角落的经验来解释线段的长度。

四、听觉

经典科幻片《异形》的广告语说："在太空，没人听得到你的尖叫。"这是真的。太空几乎是一个完美的真空。听觉需要能够传递声音的介质，例如空气或水。

声音，或听觉刺激，像波一样在空气中传播。如果你可以看见它们，它们看起来就像你将一块鹅卵石丢入池塘泛起的涟漪一样。尽管你看不见声音，但你可以听到鹅卵石飞溅入水的声音。飞溅声是由气压的改变导致的。空气就像手风琴的运动一样被交替压缩和扩张。如果你在水下倾听，因为水的压力的改变，你也会听到飞溅声。在以上两种情况里，压力的改变产生的振动，以波的形式进入耳朵。这些振动——声波——也可以由响铃、你的声带、吉他弦或摔到桌子上的书产生。一次压缩和一次扩张构成一个声波。一秒内可以有很多次声波。人类的耳朵对频率在每秒 20 到 20 000 次间的声波敏感。

形状恒常性：

尽管物体旋转时，其在视网膜上的图像形状发生了变化，但仍然将物体知觉为同一形状的倾向。

✱ 校园里的音乐播放器：湮没之声？

绝大多数大学生有自己的 iPod（Danhauer, 2009）。因为这些设备的输出音量能达到 130 分贝甚至更高，所以可能威胁到人们的听力。为避免这种听力损害的发生，弗莱戈和考克斯（Fligor & Cox, 2004）推荐了“60-60 原则”，即听音乐时，音量不要超过最大音量的 60%，每天听的时间不要超过 60 分钟。还有一些其他的损害，比如“置身世外”，是说人们戴着耳机时会忽略周围环境。纽约四个月内有两起行人交通死亡事故都是由收听音乐播放器引起的（Kuntzman, 2009）。

杰弗里·丹豪伊尔（Jeffrey Danhauer, 2009）对美国的大学生进行调查研究后发现，他们使用音乐播放器的原因所占比例大致如下：听音乐（95%）、避免自己的音乐打扰别人（77%）、放松（75%）、打发时间（74%）、将自己与旁人隔绝（55%），或是帮助自己集中精力在一件事上，比如作业（46%）。

（一）音调和响度

音调和响度是声音的两个心理维度。声音的音调由其频率，或以**赫兹**（hertz, 简称 Hz）为单位表示的每秒周期的数量决定。每秒 1 个周期是 1 赫兹。每秒周期的数量（赫兹）越大，声音的音调就越高。

> 空桶响声大。
>
> ——威廉·莎士比亚

女性的音调通常高于男性，因为女性的声带通常更短，所以振动的频率更高。同样，小提琴的琴弦比中提琴和低音提琴的更短。大脑中的音调感受器帮助我们识别音调的差异。

声音的响度大致与声波的高度或振幅相符。图 3-14 呈现了频率和振幅变化的声波的记录。频率和振幅是相互独立的。也就是说，频率高或低的声音在响度上既可以高也可以低。声音的响度用**分贝**（decibels, 简称 dB）表示。0 分贝相当于听觉的阈限——一般个体可以听到的最低的声音。这有多响呢？0 分贝大约相当于在一间安静的房间里，距离 20 英尺远的钟表的嘀嗒声。

图3-14 各种频率和振幅的声波

哪个声音的音调最高？哪一个声音的响度最大？

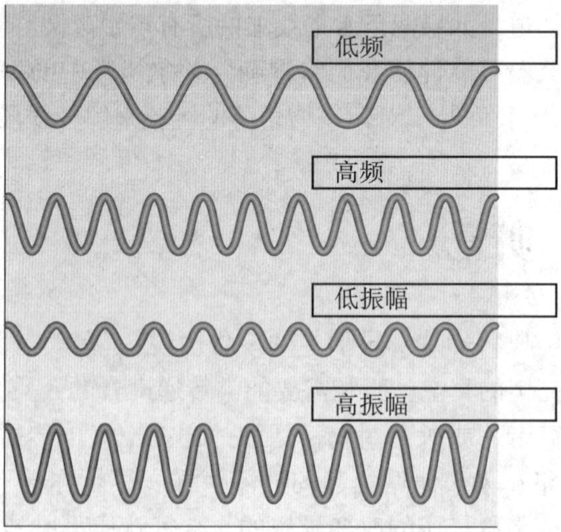

图 3-15 呈现了常见声音的分贝量。25 分贝相当于 5 英尺外低语的响度。30 分贝大致为图书管理员希望学校图书馆所保持的响度上限。如果长期暴露于 85 至 90 分贝的声音中，你的听觉可能会受损。

> **赫兹（Hz）：**
> 表示声波频率的单位。1 赫兹等于每秒 1 个周期。
>
> **分贝（dB）：**
> 表示声音响度的单位。

（二）耳朵

耳朵的形状和结构适宜捕捉声波，与声波的振动保持一致，并将声波传递至大脑。如此一来，你不仅可以听到声音，还可以理解它的意思。耳朵由三部分构成：外耳、中耳和内耳（见图 3-16）。

外耳的形状像漏斗，有助于将声波传递到鼓膜。鼓膜是一层薄膜，它随声波的振动而振动，从而将其传递到中耳和内耳。中耳包括鼓膜和三块听小骨，中耳也是通过振动传递声音的。三块听小骨根据其形状以拉丁语命名（malleus、incus 和 stapes [发音为 STAYpeas]，分别翻译为“锤骨”“砧骨”和“镫骨”）。中耳的功能为放大器，增加进入耳朵的气压。

图3-15　一些常见声音的分贝评级

0 分贝是听觉的阈限。如果长期暴露于 85 至 90 分贝的声音中，你可能会失聪。

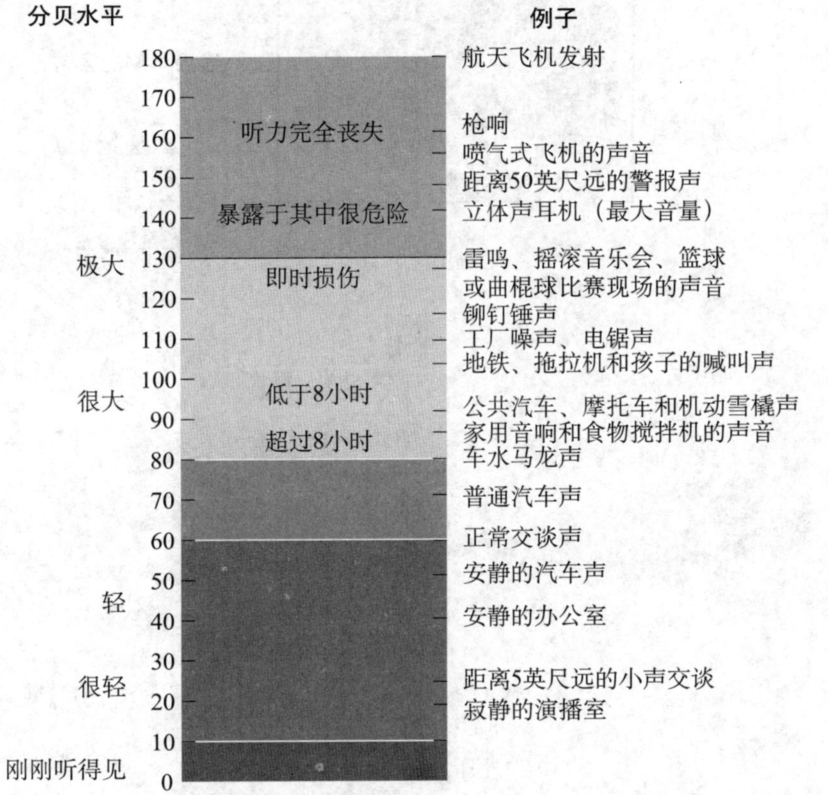

镫骨还附属于另外一层振动薄膜，即前庭窗。前庭窗与平衡内耳（见图 3-16）压力的圆窗协力工作。当前庭窗向内推时，圆窗向外推；而当前庭窗向外振动时，圆窗向内推。

前庭窗将振动传递至内耳，这是一条被称为**耳蜗**（cochlea）的狭窄通道。形状像蜗牛外壳的耳蜗包括两层纵向的薄膜，这两层纵向的薄膜将耳蜗分为三个充满液体的室。一层盘绕在耳蜗内的薄膜是**基底膜**（basilar membrane）。内耳室中液体的振动会挤压基底膜。

柯蒂氏器（organ of Corti），有时被称为听觉的“指挥所”，它附着在基底膜上。每只耳朵有大约 16 000 个感受器细胞，因其投影看起来像来自柯蒂氏器上的头发，所以被称为毛细胞。毛细胞通过“跳舞”对基底膜的振动做出反应（Hwang et al., 2010）。它们的运动会产生神经冲动，这些神经冲动通过**听神经**（auditory nerve）被传递至大脑。之后，听觉输入投射到大脑皮层的颞叶。

耳蜗：

内耳，包含基底膜和柯蒂氏器的狭窄通道。

基底膜：

盘绕在耳蜗里面的一层薄膜。

柯蒂氏器：

位于耳蜗内基底膜上的听觉接收器。

听神经：

将神经冲动从柯蒂氏器传递至大脑的轴突束。

（三）声音定位

平衡一套立体声音响与定位声音存在相似之处。我们会将右耳听起来更大的声音知觉为来自右边。而且，来自右边的声音首先到达右耳。响度及声音到达耳朵的顺序都提供了方向线索。

但是，定位来自你前方或后方或上方的声音可能并不那么简单。这类声音到两耳的距离相等且响度相同。那怎么办呢？很简单——我们稍微偏一下头，判断哪边耳朵听到的声音变大了。如果你向右偏一下头，而左耳的声音变大了，那么声音可能来自前方。

图3-16 人类的耳朵

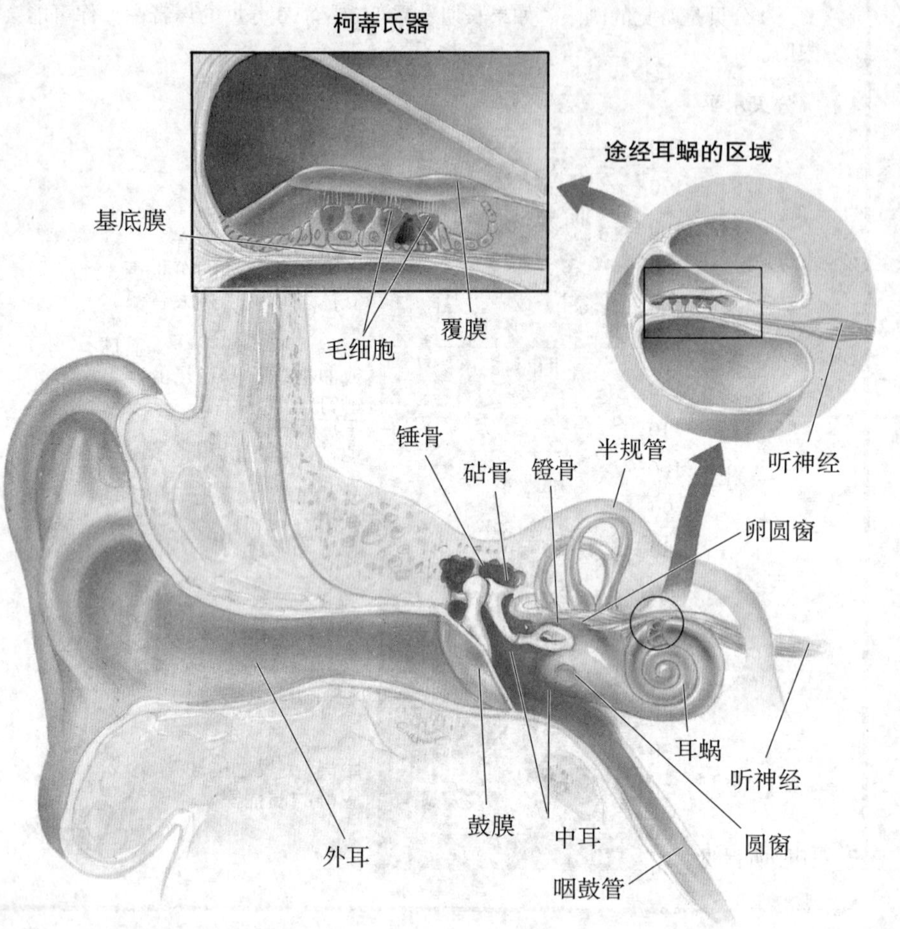

（四）响度和音调知觉

我们之所以可以听到声音，是因为它们引起了耳朵中的一些部位振动，并将信息传递至大脑。声音的响度和音调似乎与柯蒂氏器上的感受器神经元放电的数量及频率有关。心理学家一般认为，放电的感受器神经元数量越多，感知到的声音越大。

对颜色知觉过程的解释有两种：三色说和对立过程理论。与之类似，对频率在每秒 20 至 20 000 次间变化的声波知觉有这样三个过程：位置理论、频率理论和排射原则。

赫尔曼·冯·赫尔姆霍茨帮助发展了音调识别的位置理论及色觉的三色说。**位置理论**（place theory）认为，人们根据基底膜上响应声音振动的基底膜位置来感知声音的音调。格奥尔格·冯·贝克西（Georg von Békésy, 1957）的一项摘取诺贝尔奖的研究发现，位于基底膜不同位置的感受器对不同频率的音调做出响应。感受器神经元像钢琴键一样沿着基底膜排成一行。声音的音调越高，做出反应的神经元的位置就越靠近前庭窗（Erixon et al., 2009）。然而，位置理论似乎仅仅适用于 4 000 赫兹以上的音调。那么，低音调的声音怎么解释？频率理论在此有了用武之地。

频率理论（frequency theory）认为，为知觉低音调，我们需要使用神经冲动匹配声波的频率。也就是说，为了对低音调——比如每秒 20 至 1 000 个周期的音调——做出反应，基底膜上的毛细胞以与声波一样的频率振动。然而，神经元不能更频繁地振动。因此，频率理论很好地解释了每秒 20 至 1 000 个周期的音调知觉。实际上，频率理论仅能解释对每秒 20 至几百个周期的音调知觉。

排射原则用来解释每秒几百至 4 000 个周期的音调辨别（Ebeling, 2008; Machery & Carlyon, 2010）。为识别这一区间频率的声波，神经元成群结队地轮流放电，就像交替的两列士兵，一列开火，另一列跪地上子弹。交替放电，即排射，是用来传递中间范围音调感觉信息的。

位置理论：

该理论认为声音的音调取决于响应声音振动的基底膜上的位置。

频率理论：

该理论认为响应声音所产生的神经冲动的频率反映了声音的音调。

（五）耳聋

10 名美国人中有 1 个以上的人存在听觉损伤，而 100 名美国人中有 1 个人什么都听不到（Erixon et al., 2009）。耳聋主要分为两大类：传导性耳聋和感音神经性耳聋。传导性耳聋是因中耳结构受损所致，受损部位可能是鼓膜，也可能是将声波从外耳传递（并放大）至内耳的听小骨（Daud et al., 2010; Erixon et al., 2009）。这是一种老年人常见的听觉损伤。助听器可以放大声音，并经常用以帮助传导性耳聋患者。

感音神经性耳聋通常是由内耳结构的损伤所致，最常见的是毛细胞丧失。感音神经性耳聋也可能由疾病或暴露于超大音量中导致的听觉神经损伤引起。患有感音神经性耳聋的人一般对一些音调比他人更加敏感。在所谓的猎人后遗症中，听觉损失仅限于由开枪产生的声波频率。过长时间暴露于 85 分贝以上的声音中会导致听觉丧失。参加声音可能达到 140 分贝的摇滚音乐会的人与开钻机或其他噪声很大车辆的工人耳朵受损害的风险不相上下。长时间暴露于很大的声音中，然后有耳鸣的感觉，这可能意味着内耳的毛细胞受损了。

耳蜗植入器，或“人造耳”，包含感觉声音的传声器以及穿过受损的毛细胞传递声音以刺激听神经的电子装置。这种移植已经帮助了很多感音神经性耳聋患者（Tait et al., 2010），但是它们并不能取代听神经的功能。

味道：

基于气味、口感、温度与味觉的食物或其他物质的复杂品质。

嗅神经：

将从嗅觉感受器接收到的信息传递至大脑的神经。

味觉细胞：

对味觉敏感的感受器细胞。

味蕾：

味觉的感觉器官，由味觉细胞组成，主要分布在舌头上。

五、化学感觉：嗅觉和味觉

嗅觉和味觉构成化学感觉。在视觉和听觉中，物理能量刺激我们的感觉接收器。在嗅觉和味觉中，我们检测物质的分子。

（一）嗅觉

嗅觉在人类的行为中扮演重要的角色。例如，嗅觉有助于我们领略食物的**味道**（flavor）。如果你没有嗅觉，对你而言，洋葱和苹果尝起来可能是一样的。与狗的嗅觉相比，人类的嗅觉相形见绌，但是我们可以嗅到 1 升空气中万分之一毫克香草的味道。

嗅觉可以检测到气味。气味是空气中某种物质的分子样本。气味可以激活位于每侧鼻孔中嗅膜上的感受器神经元。感受器神经元甚至可以检测到气态物质的几个分子。感受器神经元通过**嗅神经**（olfactory nerve）将气味信息传递至大脑。

（二）味觉

如嗅觉一样，味觉涉及物质的分子。味觉由**味觉细胞**（taste cells），即位于**味蕾**（taste buds）上的感受器神经元感知。我们大约有 10 000 个味蕾，其中大多数分布在舌头的边缘和后方。一些味蕾对甜味的反应更敏锐，而另一些对几种味道做出反应。其他一些味觉感受器位于口腔的上腭、两侧及后面与喉咙。口腔中的味蕾具有进化适应性，因为它们可以在坏的食物被吞咽之前发出警告（Brand, 2000）。

苹果和洋葱口感相似，但是它们的味道却有天壤之别。

研究者一直认为至少存在四种主要的口味：甜、酸、咸、苦。一些研究者认为存在一种更为基本的味觉，比如日语中的 umami（发音为 ooh-mommy），意为“肉香的”或“美味的”（Rolls, 2009; Yamamoto et al., 2009）。不管基本味觉的数量有多少，食物的味道远比味觉复杂。味道取决于气味、口感、温度以及味觉。苹果和洋葱口感相似，但是它们的味道却有天壤之别。

正如一些人的视力好于他人，一些人的味觉也好于他人——但是，他们的优势仅限于一种或几种基本味觉。对甜味不敏感的个体可能需要比对甜味敏感的个体加 2 倍的糖来使食物变甜。那些宣称喜欢苦味食物的人实际上可能根本品尝不到苦味。对各种味觉的敏感性存在遗传成分（Bartoshuk, 2000; Snyder & Bartoshuk, 2009）。

六、肤觉

肤觉包括触觉、压觉、暖觉、冷觉及痛觉。我们身上存在独立的压觉、温度觉和痛觉的感觉接收器，但是一些神经末梢可能接收一种以上的感觉输入。下面让我们重点看触觉、压觉、温度觉及痛觉。

（一）触觉和压觉

当皮肤表面被触摸时，位于皮肤的感觉接收器就开始放电。皮肤上可能存在几类触觉接收器，一些对持续的压力做出反应，有些对间歇的压力做出反应，比如轻轻敲打皮肤。主动触觉意为手在物体表面持续移动，因此可以不断从物体接收到感觉输入信息。如果你想“感觉”一下某种面料或某位朋友头发的质感，就得用手在上面来回摸一摸，否则感觉会很快消失。如果你的手仅是触到了面料或头发，然后就握住不动，触摸的感觉也会消失。主动触觉接收到的信息包括压力、温度、质地，以及来自移动手时牵动肌肉的反馈。

身体的有些部位对触摸和压力更为敏感。这些部位“覆盖”着多于应有份额的躯体感觉皮层，因此对触摸极为敏感，包括手、面部以及身体的其他区域。我们的指尖、嘴唇、鼻子和面颊比肩、大腿、小腿更敏感。为何会有敏感性的差异呢？首先，指尖和面部的神经末梢比其他部位更为密集；其次，有更多的感觉皮层投入知觉指尖和面部的感觉（见书前图 2-11）。

（二）温度觉

温度感受器是紧贴皮肤之下的神经元。当皮肤温度上升时，热感受器放电；皮肤温度下降时，冷感受器放电。

温度感觉是相对的。若我们的体温正常，我们会觉得他人的皮肤温暖。假如我们发烧了，我们会觉得他人的皮肤似乎有点凉。我们也会适应不同的温度。当我们进到一个游泳池时，因水温低于我们的体温，我们会感到水有点冷，然而，没多久 25℃的水温会让我们感到挺暖和的，这时我们会嘲笑新来的那个迟迟不敢下水的人。

（三）痛觉

对绝大多数人来说，疼痛是司空见惯的事。头痛、背痛、牙痛，这仅仅是疼痛的常见类型。根据盖洛普对全美国范围内 2 000 多名成年人的调查（Arthritis Foundation，2000），89% 的人每月至少体验一种疼痛。在 65 岁及以上的人群中，一半多（55%）的人说自己每天都体验到疼痛。年龄在 65 岁及以上的人最有可能（88%）将这种疼痛归因于变老，并认为他们对类似关节炎之类的身体障碍无能为力。相反，年龄在 18 至 34 岁之间的人更倾向于把疼痛归因于压力或紧张（73%）、过度工作（64%），或者不健康的生活方式（51%）。当我们认为对疼痛无能为力的时候，也不太可能去尝试做点什么。43% 的美国人认为疼痛限制了他们的活动，50% 的人认为疼痛让他们心情低落。

皮肤中的痛觉感受器神经元受到刺激时会产生疼痛。进化心理学家认为这种令人不快的疼痛具有适应性，人们对此会采取一些措施。然而，对于一些经受着慢性疼痛（受伤或疾病治愈后引起的持续疼痛）的人来说，疼痛会蚕食其精力并对日常生活造成干扰（Fenton, 2010; Gatchel & Kishino, 2010）。

我们整个身体都能够感觉疼痛，但是只有神经末梢密集的区域对疼痛的感觉最为敏锐，比如面部和指尖。身体内部也有痛觉，比如肚子痛、背痛。虽然头痛似乎是来自头里面，但大脑里其实没有痛觉的神经末梢。

痛觉通常起自接触点，比如撞到膝盖，但疼痛会在神经系统中反复回荡。传至大脑的疼痛信息由前列腺素、缓激肽和 P（P 代表“pain”，疼痛）等化学元素的释放所引起。前列腺素促进痛觉信息向大脑的传递，并加速受伤部位的血液循环，引发红肿，即发炎。发炎的部位会吸引抗感染的血细胞，阻止入侵细菌从伤口进入体内。阿司匹林和布洛芬之类的止痛药帮助抑制前列腺素的分泌来减轻疼痛。

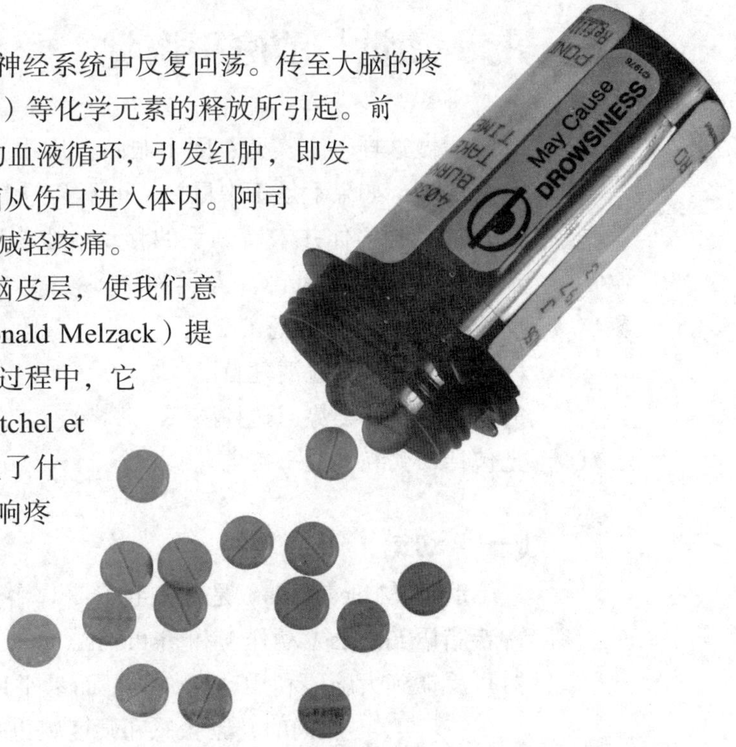

痛觉信息通过脊髓中转，传至丘脑，再投射到大脑皮层，使我们意识到受伤的部位及其严重程度。罗纳德·梅尔扎克（Ronald Melzack）提出了“神经矩阵”这一概念，在我们对痛觉做出反应的过程中，它既包括化学反应，也涉及生理和心理的其他方面（Gatchel et al., 2012）。例如，视觉和其他感觉信息告诉我们发生了什么，并影响我们对情境的解释。我们的情绪反应会影响疼痛的程度，对压力的反应也同样如此。如果疼痛源自我们害怕的物体，也许是刀或针，我们会感到更疼。如果我们发现没有办法改变情境，痛觉会增加。如果我们有自信并有应对压力的成功经验，痛觉会减轻。

幻肢痛

幻肢痛是痛觉研究领域里引人关注的课题之一。大约 2/3 在战斗中失去四肢的士兵报告说感到了来自失去的（或“虚幻的”）肢体中的痛觉（Nampiaparampil, 2008）。尽管痛觉发生在不存在的肢体中，但感受却是真切的。这种痛觉有时包含了肢体断裂处的神经激活，但是局部的麻

真？假？

很多人的确会感觉到被截去的肢体“里”的疼痛（即所谓的幻肢痛）。但肢体已被截去，“里面”是不可能有痛的。

醉并非总能消除痛觉。研究者发现，许多体验过幻肢痛的人还经历过运动和躯体感觉皮层的重组（Melzack & Katz, 2006）。

闸门理论

只是揉搓撞疼的膝盖就有助于减轻痛觉。为什么呢？罗纳德·梅尔扎克和帕特里克·沃尔（Patrick Wall）提出的痛觉闸门理论对此提供了一种解释：神经系统一次只能处理有限的刺激量。揉搓膝盖传递给大脑的感觉信息与注意神经元形成了“竞争”，许多神经因此不能传递痛觉信息到大脑。这就好像在脊髓中关了一道“门”，或者可以比喻成同时有大量的电话打向总机，于是很多电话都打不进去了。

针灸

几千年前，中国人就开始研究把针刺进身体的哪个部位能终止疼痛，这就是针灸的起源。传统的针灸医生认为针灸能够平衡体内的能量流，然而，研究发现，针灸刺激联结下丘脑的神经，也可能会引起内啡肽和皮质醇的释放（Spelts & Gaynor, 2010）。内啡肽属于神经递质，化学结构和效果与麻醉剂吗啡相似。皮质醇是一种压力激素。

七、动觉与前庭平衡觉

请做这样一个实验：闭上眼睛，用手指摸一下自己的鼻子。如果不是正中目标，也不会差多远。为什么会这样呢？你并未看到手的移动，也未听到胳膊在空气中滑过的风声。人类和许多动物都具备这样的感觉，可以不必借助视觉就清楚自己的动作和身体姿势，这种感觉包括动觉和前庭平衡觉。

（一）动觉

动觉（kinesthesis）是通知我们身体各部分位置和动作的感觉。Kinesthesis（动觉）一词来自古希腊语 kinesis（动作）和 aisthesis（知觉）。在动觉中，感觉信息从关节、筋腱和肌肉里的感觉器官反馈到大脑。利用动觉你能轻而易举地用手指触摸到自己的鼻子。当我们调动手臂上的某块肌肉时，紧张感和硬度感也是源自动觉。

想象你在没有动觉的情况下外出散步。你不得不注意两条腿前行的每一次迈步，确保你把腿抬得足够高，可以迈过路上的石头。如果你在没有动觉的情况下尝试手指摸鼻子的简单实验，你将没有感觉反馈，直到你感觉到手指碰触到鼻子（或脸颊、眼睛、前额）的压力，而且这个过程中你可能会多次摸不着。

动觉：

告知我们身体各部分位置和动作的感觉。

前庭平衡觉：

平衡感，告知我们与重力相对的身体姿势。

（二）前庭平衡觉

前庭平衡觉（vestibular sense）给你的大脑提供你的身体是否直立的信息。位于半规管及耳朵其他地方的感觉器官监控你与重力有关的身体运动和姿势。这种感觉使你了解自己是否在坠落，并提供你的身体是否在变速的信息，譬如当你在一架加速的飞机或汽车上时。

八、超感官知觉（ESP）：是否存在没有感觉的知觉？

想象一下，如果可以*预知*，即你能够提前感知未来的事件，你将会积累大笔的财富。也许，你会看看下周的股市报告并知晓该买或卖什么股票，或者你可以信心百倍地为谁将赢得超级碗或世界大赛押注。抑或是想想如果你可以*意念致动*，即可以操纵心理或移动物体，你将获得巨大的权力。预知和意念致动是与超感官知觉相关的两个概念。*心灵感应*及*天眼术*是另外两种超感官知觉领域的概念。心灵感应是指直接将思维或想法从一个人传递给另外一个人，而天眼术则是指知觉到没有刺激感官的物体。天眼术的一个例子是"看见"下一张要发的牌是什么，尽管这张牌还在余下的牌里而且甚至连发牌者都还没看见。

超感官知觉（ESP）——也称*超心灵学*或*超心理现象*——指通过感觉器官以外的其他途径来知觉事物或事件。超心灵学（或超心理现象）是指与心理学并行，但并不是心理学的一部分。心理学的交流通过口语或身体语言来实现。而超心灵交流是指通过不同寻常的过程，而非正常感官，来实现交流。

很多心理学家认为超感官知觉并非科学探究的合适领域。心理学家雷伊·海曼（Ray Hyman, 2011）曾说："这简直是荒诞至极！"科学研究自然现象，但超感官知觉带有超自然，甚至玄乎的意味。超感官知觉就像是在夜店里，蒙着双眼能够说出某位观众钱包里所装的东西一样。然而，另外一些心理学家却认为研究超感官知觉并没有什么不对。他们不认为超感官知觉是一种炒作，他们的问题是：是否可以在实验室里证明超感官知觉的存在。

关于超感官知觉最出名的研究者是杜克大学的约瑟夫·班克斯·莱茵（Joseph Banks Rhine），他于 20 世纪 20 年代开始研究超感官知觉，研究时间达几十年之久（Viulli, 2008）。在天眼术的一个典型实验中，莱茵使用了一副 25 张的齐纳牌，这副牌包含五套简单的符号。鸽子随机啄一张牌，人们"正确地"猜中的概率为 20%。莱茵发现一些人猜中的概率经常显著高于 20%。他推断一些人可能拥有一定程度的超感官知觉。

一种更为通用的研究*心灵感应*（大脑之间的直接交流）的方法是*甘兹菲尔德程序*（Howard et al., 2009）。在这种方法中，一个人扮演"发送者"，而另外一个人扮演"接收者"。发送者观看随机选择的视觉刺激，如照片或录像，而在另一个房间眼睛被蒙上、耳朵被堵住的接收者试图去听发送者。仅靠猜，个体猜中哪种刺激被"传递"的正确率为 25%（4 次中有 1 次猜中）。然而，对采用甘兹菲尔德程序的 28 项实验的分析发现，接收者正确识别视觉刺激的比例为 38%（Honorton, 1985），一个不可能归因于猜中的比例。

> **假** 没有充分的科学证据表明一些人会读心术。

达里尔·贝姆（Daryl Bem, 2011）在一篇文章里报告了几项实验中超过 1 000 名被试的结果。在其中一项实验中，研究者向 100 名康奈尔大学的学生展示一些色情或非色情的图片，然后再次以随机的顺序向他们展示这些图片，但这次会让他们提前预测下一张图片是否带有色情内容。既然色情与非色情图片数量各占一半，那么猜测的对错率也应是一半一半。被试预测色情图片的正

> **超感官知觉（ESP）：**
> 通过其他方式而非已知感觉器官来知觉事物或事件。

确率是 53.1%，然而预测非色情图片的正确率却是 50%。将 53.1% 的正确率归功于猜中的可能性只有不到 1/20。当然，没有人每次总是对的。

然而，总体而言，依然存在怀疑的理由。首先是文件柜问题（Howard et al., 2009）。当预言没有实现时，超市小报的购买者倾向于忘记“通灵者”的预言（即他们将其“存档”）。与之类似，超感官知觉的研究者更可能将证明失败的研究结果“存档”。因此，我们期待非同寻常的发现（例如，有被试在几天的实验任务中保持很高的成功率）出现在研究文献中。换句话说，如果你无限期地掷一枚硬币，最终你将会连续 10 次掷出正面向上的结果。虽然不可能的机会很大，但是如果你仅仅报告自己最终的成功而不报告自己数周的失败，你可能会给别人留下你拥有独特的掷币能力的印象。

其次，在一名研究者那里“展示出”超感官知觉的人会在另一名研究者那里遭遇失败，抑或是他们拒绝参加其他的研究（Howard et al., 2009）。而且，在所有的研究中，没有出现一名可以多次并在不同研究者那里可靠地展示超感官知觉的被试。总之，大多数心理学家并没有给予超感官知觉研究多少可信度。他们更喜欢研究涉及感觉的知觉。毕竟，没有感觉的生活会是无法想象的。

用数字说话

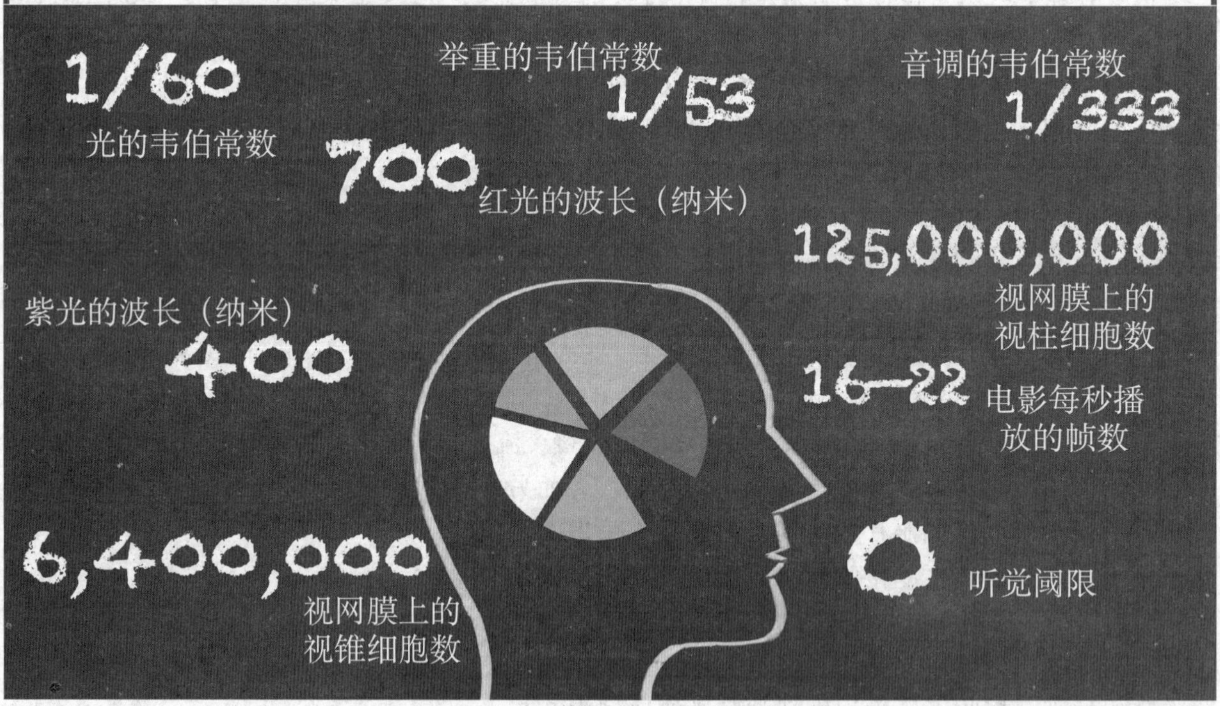

第4章 意识

内容概要

一、意识的概念

二、睡眠的本质及不同的睡眠障碍

三、催眠、冥想和生物反馈在改变意识状态上的本质及用途

四、物质滥用和依赖的概念，精神类药物的种类以及它们的诱惑与危险

“当你自言自语时，谁在说，谁又在听呢？”

研究意识的哲学家和科学家经常会问这类问题。尽管研究大脑和心理过程的心理学家似乎最有条件探究意识，但是多年以来，意识这一主题被排斥在心理学研究领域之外。比如，威廉·詹姆斯在 1904 年写过一篇标题十分引人深思的文章：《意识真的存在吗？》。詹姆斯认为意识不适合作为心理学家的研究领域，因为科学方法无法直接观察或测量他人的意识。

有“现代行为主义之父”称号的约翰·华生同意这个观点。华生坚持认为只有可观察、可测量的行为才是心理学的研究对象：“心理学家抛弃一切与意识有关的内容之时代已经到来。”（1913, p.163）华生于 1914 年就任美国心理学会主席以后，他的观点在众多心理学家中进一步得以巩固。

然而，近几十年来发生的认知革命有目共睹，如今，许多心理学家相信不去研究意识就无法领略人类经验的丰富内涵（Sternberg, 2009）。来自心理学家、生物学家、神经科学家、物理学家乃至计算机科学家们对意识的研究蜂拥而至。然而，我们还是不能直接观察他人的意识，因此，我们借助于自我报告了解意识，就像观察事件一样来了解大脑中的神经活动。

一、什么是意识？

意识之类的心理概念只有与可观察的行为挂钩的时候才能获得科学的地位。意识这一概念有多重含义，心理学家会在不同的语境下使用它。

（一）意识与察觉

意识：

意识有多种含义，它包括对外部世界的感官察觉，还有对想法、感受、个人一致性和清醒状态的直接内部察觉。

意识（consciousness）的一个含义是一定环境中的感官察觉。视觉使我们看到或意识到雪上闪耀的阳光。听觉让我们可以聆听或意识到一场音乐会。然而，有时

> **「当你自言自语时，谁在说，谁又在听呢？」**

真？假？

你怎么看下列陈述？它们是坊间传闻、常识还是无稽之谈？圈出字母“T”代表真，“F”代表假，并在阅读本章的过程中找出准确答案。

- **T F** 我们在梦里会把那些禁忌的幻想付诸行动。
- **T F** 许多人失眠是因为他们晚上过于努力想睡着。
- **T F** 叫醒梦游者很危险。
- **T F** 在你不愿意的情况下也能被催眠。
- **T F** 你可以让老鼠学会提高或降低心率。
- **T F** 海洛因曾一度被用于治疗吗啡成瘾。
- **T F** 许多健康专家通过给多动的儿童兴奋剂使他们安静下来。
- **T F** 可口可乐公司曾在其主打饮料中添加了一种效力强大（但现在是违法）的兴奋剂。
- **T F** 因吸烟引起的死亡人数远远超过了死于车祸、酗酒及其他物质滥用、自杀、他杀和艾滋病人数的总和。

我们察觉不到感官刺激。当我们不注意的时候，我们就察觉不到或意识不到感官刺激。整个世界充满了嘈杂的信号，但是你只是意识到或把注意力集中在这一页文字上面（我希望如此）。

因此，意识的另一层含义就是**选择性注意**（selective attention）。选择性注意是指一个人将意识聚焦在某一特定的刺激上，这也是自我控制的关键。驾车行驶在道路上，你必须更多地关注路况而不是饥肠辘辘的肚子或者一个手机来电。

适应环境就需要我们知道哪些刺激必须多加注意，哪些刺激忽视了不会带来危险。选择性注意使我们的感觉更加敏锐（Kerlin et al., 2010; McLachlan & Wilson, 2010）。这也就是为什么我们可以在一个鸡尾酒会上分辨出某个人说话的声音，这一现象有一个十分贴切的术语——*鸡尾酒会效应*。选择性注意在广告和市场策略中也有应用。

* 请注意，好吗？

尽管我们可以决定什么时候将注意集中到什么地方，但仍然有许多刺激能够吸引我们的注意，它们包括：

- 突然的变化，比如闷热的房间里吹进一阵凉风，或者我们在一次考试中获得了特别高的分数。
- 新异的刺激，比如教室里跑进来一条狗。
- 高强度的刺激，比如明亮的色彩或剧烈的疼痛。
- 重复的刺激，如同一条商业广告在一次橄榄球比赛中播放了十多次。

你知道那些销售鞋子、汽车、啤酒的广告商如何利用这些事实“潜入”我们的意识和钱夹吗？想一想那些吸引你眼球的电视广告，什么样的刺激让这些广告成为你注意的中心？

意识还有另外一层含义，即**直接内部觉察**（direct inner awareness）。闭上你的眼睛，想象黑色桌面上打翻了一罐鲜艳的红色油漆，看着它流过又黑又亮的桌面，然后溅落在地板上。尽管这个意象会很生动，但实际上你并未“看到”它。眼睛和其他感官均未参与这个过程，你通过直接内部觉察意识到了这个意象。

我们可以意识到（或直接内部觉察）自己的思维、意象、情绪和记忆。然而，我们可能无法科学地测量直接内部觉察。不过，许多心理学家认为，只要你拥有它，就可以了解它。自我觉察与数十亿神经元每秒钟千百次的放电有关。尽管如此，我们探测的是心理过程而不是神经元发生的变化（Roth, 2000）。

意识的呈现方式多种多样。无论是教“心理学导论”的老师还是每周五早八点上这门课的学生都可以看到它。后排可能坐着两个热衷于派对的兄弟会小子，他们现在正在打盹儿，为庆祝即将到来的周末养精蓄锐，他俩并不清醒；再往前几排，有一个调情高手正在发出信号，看是否可以与过道对侧的某个美女成功约会，他是清醒的，但并不是对我，也不是对旁边三个正在通过传纸条来抑制嬉笑的女孩；还有一个学生正开着录音机赶另一门课程的作业，他随后会注意到我。前排的同学们正在抿着咖啡，同时疯狂地做笔记，时不时点头表示同意，至少他们对我是有意识的。

——迈克尔·S. 加扎尼加（Michael S. Gazzaniga, 2008, p. 277）

选择性注意：
将意识集中在特定的刺激上。

直接内部觉察：
对个人自身的思维、感受和记忆的了解。

前意识：

在心理动力学理论中，用于描述不在意识之中，但是可以通过集中注意将其带入意识层面的内容。

无意识：

在心理动力学理论中，用于描述不在意识层面，并且也意识不到的想法和感受。

压抑：

在心理动力学理论中，那些引起焦虑的想法、冲动或意象被排斥出意识的过程。

抑制：

故意地或有意识地将特定的想法、冲动或意象置于意识之外的过程。

非意识：

那些我们无法意识到的生理过程，比如头发生长。我们能够“认识到”头发在生长，但无法直接体验到这一生理过程。

（二）意识、前意识、无意识和非意识

精神分析的奠基人西格蒙德·弗洛伊德将思维和情感区分为意识、前意识和无意识。

前意识（preconscious）的材料不在当前的意识范围，但可以很便捷地获得。如果你回答下列问题，就会召唤来“前意识”的信息：你早餐吃了什么？你的电话号码是多少？将注意指向这些前意识信息单元，可以使其进入意识之中。

有些心理事件却处于**无意识**（unconscious）中，或者说在绝大多数情况下觉察不到。弗洛伊德认为，我们将那些无法接纳的痛苦记忆、性与攻击冲动*自动地*（无意识地）排斥出觉察的范围，也就是说，我们*压抑*了它们。**压抑**（repression）使我们免于焦虑感、负罪感或羞耻感。

与此相关，却并非弗洛伊德提出的概念还有两个：*抑制*和*非意识*。人们也可以选择停止考虑那些不能接受的想法或分散注意的事情。当我们有意识地将不想要的心理事件排斥出察觉范围时，我们在使用**抑制**（suppression）这一心理防御机制。由于需要为考试而学习，我们会抑制参加聚会的想法。我们在聚会的时候也会尽量抑制有关考试的念头。

有些生理过程属于**非意识**（nonconscious），比如神经元放电。它们无法通过感官或直接内部觉察被体验到。头发生长以及血液输送氧气都是非意识的。我们可以看到头发长长了，但我们没有感受器来感觉生长。我们感到需要呼吸，但体验不到氧气和二氧化碳的交换。

（三）意识与个人同一性

随着发展，我们可以将自己与他人区分开来。我们发展出一种作为一个独立个体的感觉。印象、思维和感受的总和构成了我们的意识，即自我对其存在的持续觉察。这一自我形成意向并指引行为。意识在这里的含义*就是*自我。

（四）意识与清醒状态

意识还指与睡眠相对的一种状态，即清醒状态。从这个角度来说，睡眠、冥想、催眠性“恍惚”、利用药物改变意识来扭曲知觉都属于*改变意识状态*。

在本章后续的部分，我们会探讨改变意识状态的不同形式，包括睡眠和梦、催眠、冥想和生物反馈。最后将介绍一些精神活性药物。

意识有一个意义，即自我对其存在的持续觉察。

二、睡眠与梦

睡眠是个十分引人入胜的话题，毕竟我们成年后大约 1/3 的时间都用于睡眠。睡眠专家建议成年人每晚睡 8 小时，但是，美国国家睡眠基金会（National Sleep Foundation, 2009）调查发现，美国成年人每晚的睡眠时间一般为 6.8 小时。在工作日，大约 1/3 的成年人每晚睡眠时间为 6 小时或更少。1/3 的成年人承认睡眠不足妨害了白天做事，将近 1/5 的成年人承认过去一年里有时在车上就睡着了。

的确，我们生命的 1/3 在睡眠中度过。如图 4-1 所示，有些动物远比我们睡得多，而有些动物睡得很少。为什么？这可能与进化有关。容易受天敌攻击的动物一般睡得较少，这也是为了适应关乎生死的现实。

（一）生物与昼夜节律

人类和其他动物一样受一定的节律影响，这些节律与行星的自转和公转都有关系。许多鸟类（以及那些有经济实力的人！）秋天迁徙到南方，春天迁徙到北方。有些动物冬天冬眠，然后在花蕾再次绽放的时候出现。

睡眠和觉醒阶段的交替反映了内部的昼夜节律。**昼夜节律**（circadian rhythm）

昼夜节律： 与地球 24 小时自转相联系的周期。

图4-1　哺乳动物睡眠时间

不同的哺乳动物需要的睡眠量不同，原因还不清楚，不过进化显然起着重要的作用：越容易被天敌攻击的动物睡得越少。

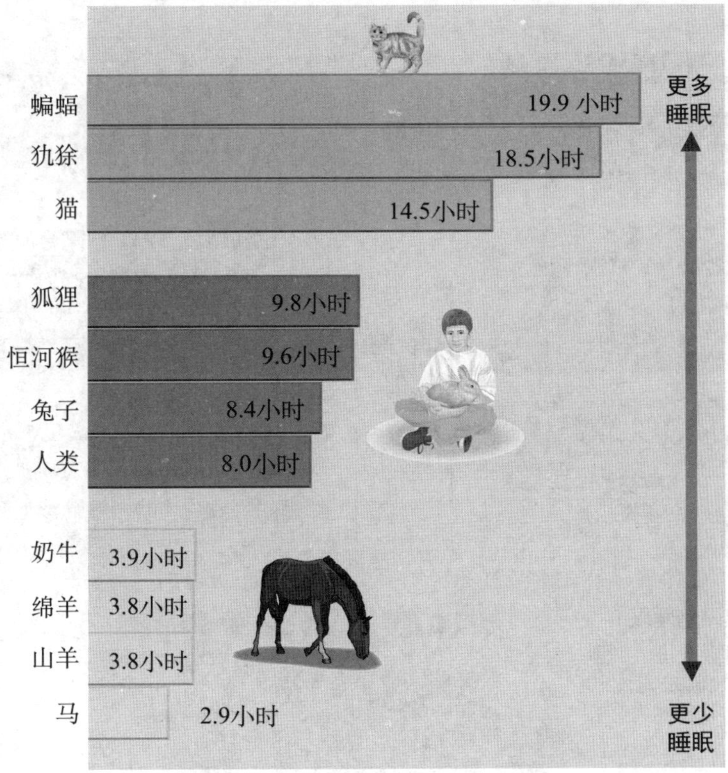

是与地球 24 小时自转有关联的周期。一个睡眠和觉醒周期通常是 24 小时。然而，如果人们失去了白天或黑夜的信号线索，一个周期会延长到大约 25 小时，人们会睡去其中大约 10 个小时（National Sleep Foundation, 2009）。为什么会这样呢？原因我们还不太清楚。在夜间睡眠时，我们通常会经历一系列周期为 90 分钟的睡眠阶段。到了早晨，阳光通过激活眼睛视网膜中的蛋白来调节生物钟。视网膜蛋白再将信号传递至下丘脑中的一个微型结构——视交叉上核（SCN）。然后，视交叉上核又刺激松果体来减少褪黑素的分泌，褪黑素是一种促进睡眠的激素。

有些人属于“云雀型”，早晨的时候头脑最活跃，有些人则下午效率最高。还有些人属于“夜猫子”，当绝大多数邻居们酣睡时，他们的头脑才达到最佳状态。

我们为什么要睡觉，为什么会做梦？接下来我们将一起探讨睡眠和梦的本质以及睡眠障碍。

（二）睡眠的各个阶段

在入睡时，我们从意识状态坠入无意识状态。当我们处于意识状态时，大脑释放特定频率（每秒钟波的数目）和振幅（波高，一种强度的指标）的脑电波。脑电波显示出神经元的活动性。脑电波的强度或能量可以用伏特（一种电的单位）来表示。睡眠时的脑电波与清醒时的脑电波不同。脑电图描记（EEG，见第 36 页的图 2-7）使研究者能够测量脑电波。图 4-2 的脑电图显示了人在清醒、放松状态以及不同睡眠阶段的脑电波模式。与其他波一样，脑电波也有周期。图 4-2 显示的是脑电波在 15 秒内的变化。

图4-2　睡眠的阶段

图中显示了不同睡眠阶段脑电图的典型模式。在快速眼动（REM）睡眠阶段，脑电图的模式与清醒状态类似，因此，快速眼动睡眠常常被称为异象睡眠。随着睡眠从阶段 1 进入阶段 4，脑电波频率开始降低，而振幅增加。梦与正常的梦魇在快速眼动睡眠期间最为生动。大多数令人困扰的夜惊经常发生在睡得比较沉的阶段 4。

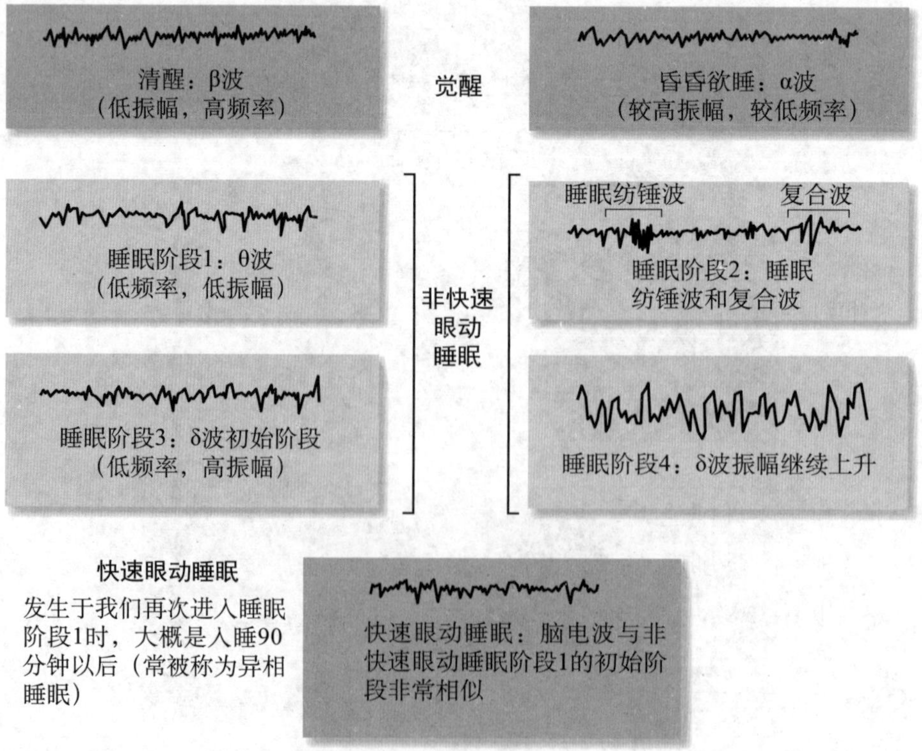

高频脑电波经常出现在觉醒状态。随着睡得越来越熟，脑电波的频率降低，振幅（强度）增加。当我们合上眼，开始放松，在睡着之前，大脑释放的是 **α 波**（alpha waves）——低振幅脑电波，每秒大约 8 到 13 个周期。

图 4-2 显示了睡眠的五个阶段。前四个阶段是**非快速眼动**（nonrapid eye movement, 简称 NREM）**睡眠**。第五阶段属于**快速眼动**（rapid eye movement, 简称 REM）**睡眠**，与前四个阶段不同，这个阶段眼睛在眼睑下快速来回移动。

随着进入睡眠阶段 1，我们的脑电波频率慢下来，α 波逐渐变成 **θ 波**（theta waves）。θ 波的频率大约为每秒 6 到 8 个周期，通常伴随着眼球缓慢的滚动。从 α 波过渡到 θ 波的过程中会出现*入睡前状态*，其间会体验到简短却生动的梦一般的画面。阶段 1 是睡眠阶段中睡得最轻的，若在此阶段醒来，我们会觉得根本没有睡觉。

阶段 1 睡眠持续 30 至 40 分钟之后，我们会快速进入阶段 2、3、4（见书前图 4-3）。在阶段 2，脑电波的振幅适中，频率每秒约 4 至 7 个周期，但是被*睡眠纺锤波*不时打断。睡眠纺锤波的频率是每秒 12 至 16 个周期，表示有快速的大脑活动突然发生。

在阶段 3 和 4 的深度睡眠期间，我们的大脑产生较慢的 **δ 波**（delta waves），振幅相对达到较大值。在阶段 3，δ 波的频率在每秒 1 至 3 个周期。阶段 4 是最深的睡眠阶段，很难从此阶段中被叫醒。在阶段 4，δ 波的频率下降到每秒 0.5 至 2 个周期，振幅达到最大值。

阶段 4 的深度睡眠持续大约半个小时后，在我们进入快速眼动睡眠之前，开始相对较快地往回经历不同的睡眠阶段（见书前图 4-3）。在快速眼动睡眠期间，我们释放出相对较快、低振幅的脑电波，其与阶段 1 的浅睡眠有些类似。快速眼动睡眠也叫*异象睡眠*，因为其脑电图模式显示的唤起水平与觉醒状态相似（见图 4-2）。不过，一个人处于快速眼动睡眠时不容易被叫醒。当人们从快速眼动睡眠期间醒来时，他们报告说大约有 80% 的时间是在做梦。（我们在非快速眼动睡眠期间也会做梦，不过只有大约 20% 的时间。）

每个夜晚我们都会经历睡眠阶段的五个周期（见书前图 4-3）。五个周期包含了五个时段的快速眼动睡眠。我们第一次进入阶段 4 睡眠用去的时间最长。随着夜晚将要结束，睡眠变浅，快速眼动睡眠的时间加长，我们也无法再进入深度睡眠。接近黎明时分，最后一个时段的快速眼动睡眠会持续半个小时左右。

（三）睡眠的功能

人为什么会有睡眠呢？研究者也不能给出完满的解释，不过睡眠的确有下列功能：它使身体重新恢复活力，帮助缓解压力，促进学习能力，并且有助于婴儿的大脑发育。

我们可以思考一下睡眠有助于劳累的身体焕发活力这一假设。我们大多数人有熬过夜后第二天感到“毁了”或“不在状态”的经历。第二天晚上我们会早点上床“补觉”。一晚上不睡你会有什么感觉？数晚不睡呢？比较一下睡眠被严重剥夺的人和喝得酩酊大醉的人。失眠的人其注意力和工作能力会受到严重损害，但他们可能意识不到自己的局限。

许多学生都曾为考试临时抱佛脚而“熬通宵”，并且第二天的表现还相当不错。然而，如果这样的熬夜持续一晚以上，学习、记忆等心理功能就会受损（Dubiela et al., 2010; Ward et al., 2009）。睡眠剥夺会使驾车变得十分危险（M. L. Jackson, 2009）。据估计，每年有 10 万起车祸、1 500 人死亡与睡眠剥夺有关

α 波：
在感到放松时出现的低振幅、高频率的脑电波。

非快速眼动（NREM）睡眠：
指从阶段 1 至阶段 4 的睡眠。

快速眼动（REM）睡眠：
睡眠阶段之一，特点是眼球转动较快，与做梦有关。

θ 波：
大脑在入睡前状态释放的频率较慢的脑电波。

δ 波：
通常是在阶段 4 睡眠期间释放的强度较大、频率较低的脑电波。

每年有 10 万起车祸、1 500 人死亡与睡眠剥夺有关。

（S. Clark, 2009）。为减轻工作日内的睡眠剥夺，许多人在休息日时会睡懒觉或白天打盹（National Sleep Foundation, 2009）。

你为何需要那么多睡眠？

我们需要的睡眠量部分是由基因决定的（Cirelli, 2009）。当人们处于压力状态下，如换工作、心情一时抑郁时还需要更多的睡眠（Mayers et al., 2009; Rosekind et al., 2010）。实际上，睡眠有助于缓解压力。

新生婴儿每天会睡 16 个小时，青少年可以睡 12 个小时甚至更多。普遍认为老年人需要的睡眠比年轻人少，不过，老年人的睡眠常被身体不适或需要上卫生间打断。为了补充夜里的睡眠不足，老年人白天会“打瞌睡”。

睡眠、学习和记忆

快速眼动睡眠和深度睡眠均与学习和记忆的增强有关（Dubiela et al., 2010; Ward et al., 2009）。实际上，胎儿有睡眠和觉醒周期，而快速眼动睡眠有助于促进其出生之前的大脑发育（Fifer & Moon, 2003; Uhlhaas et al., 2010）。在一些研究中，人类被试、动物被试被剥夺了快速眼动睡眠。在快速眼动睡眠被剥夺的状态下，动物和人的学习速度变慢，遗忘速度变快。快速眼动睡眠被剥夺的人和动物会显示出快速眼动反弹的倾向，意即在随后的睡眠阶段中快速眼动睡眠会花去更多的时间。这属于“补偿”现象。

（四）梦

与记忆和幻想类似，梦是不存在外部刺激时看似真实的意象。读大学时，每到临考前的晚上我都会“噩梦”连连，我梦到已经参加过考试了，一切都结束了。（当我醒来后，发现考试仍然迫在眉睫，可以想象我是多么失望！）

快速眼动睡眠期间的梦最为生动，而在非快速眼动睡眠期间的意象更加模糊且转瞬即逝。如果你睡了 8 小时，经历了 5 个睡眠周期，那你可能会做 5 个梦。梦会像电影那样压缩时间，跳过数小时或数天到达未来，然而实际的行为也会“实时”发生。15 分钟的事件填充 15 分钟的睡梦。而且，梦剧场相当灵活，你的梦可以是黑白的，也可是全彩的。

有些梦令人感到恐惧。常见的噩梦之一是你在往下掉落，另一种噩梦是你竭力想要摆脱威胁，然而却挪不动脚，或两腿不听使唤。噩梦与美梦一样都是快速眼动睡眠的产物。

有许多理论解释我们为何做梦。有些是心理学取向的，还有一些更偏向于生物学。

假 没有证据支持我们在梦里把那些禁忌的幻想付诸行动。

梦是“白日之余烬”

你或许会回忆起一些荒诞的冒险之梦，但大多数梦与白天的记忆有关（Morewedge & Norton, 2009）。如果疾病与死亡、性与攻击、道德两难之类的事情在我们大脑里盘旋不去，我们就可能会梦到这些事情。出现在我们梦中的人物以朋友、邻居居多，较少有间谍、怪兽和王子。这些出现在我们梦中的人物用富有诗意的说法就是“白日之余烬”。

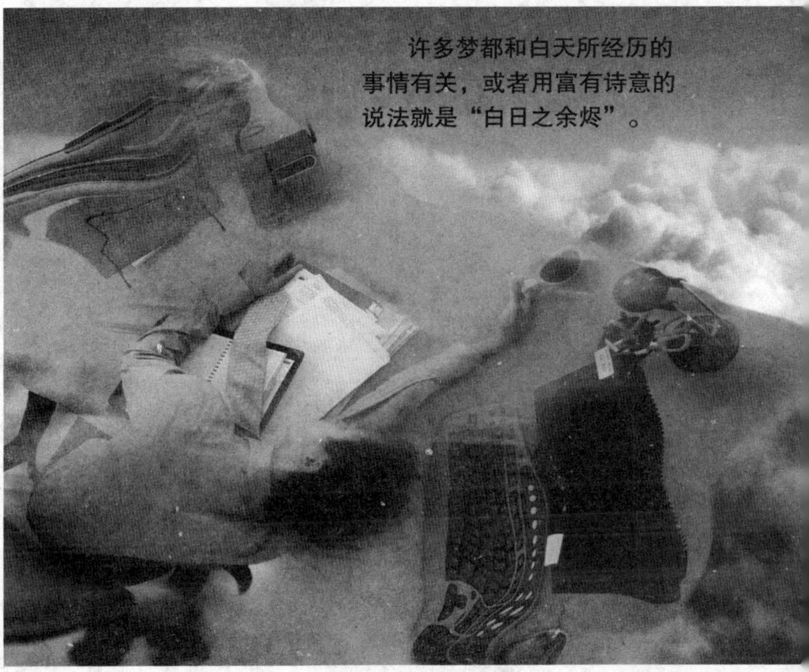
许多梦都和白天所经历的事情有关，或者用富有诗意的说法就是“白日之余烬”。

然而，创伤性事件能够引发噩梦，2001 年恐怖分子袭击世贸中心和五角大楼之后的报道证明了这一点（Roberts et al., 2009；Singareddy & Balon，2002）。频繁做噩梦的人比别人更有可能出现焦虑、抑郁和其他心理问题（Roberts et al., 2009）

梦是无意识渴望的表达

迪士尼电影《灰姑娘》中有一首歌唱道：“梦是心的愿望。”弗洛伊德提出了“梦是无意识愿望和冲动的反映”的学说，他认为梦表达了人们白天压抑的冲动，尽管研究者没有找到任何证据可以证实这一观点。不仅如此，弗洛伊德还认为梦的内容是无意识幻想对象（如生殖器）的符号表征。在其创立的精神分析方法中，弗洛伊德会解释当事人的梦。

梦的激活整合模型

也有从生物学角度对梦的“意义”的解释。根据**激活整合模型**（activation-synthesis model），乙酰胆碱（一种神经递质）和脑桥（见书前图 2-11）激发的反应导致了做梦（Hobson，2003, 2009; Stuart & Conduit, 2009）。其中之一是网状结构被激活，唤醒我们但不至于觉醒。在觉醒状态下，这些细胞的放电与运动有关，尤其是走路、跑步及其他身体动作。但是，在快速眼动睡眠期间，神经递质会抑制活动性，因此我们通常不会剧烈摆动（Stuart & Conduit, 2009）。这样我们及同床的人就免于过度损耗。然而，眼部肌肉受到刺激，表现出与做梦有关联的快速眼动。网状结构刺激了部分与记忆有关的大脑皮层，大脑皮层整合或拼凑这些刺激源，产生了做梦这一结果。通过对大脑额叶的 PET 扫描，研究者发现这一理解经验的大脑器官在睡眠过程中却相对不活跃（Wade, 1998）。因此，梦境更可能在情感上引人入胜，而非在情节上富有逻辑性。

由于近期事件最有可能在我们大脑里回荡，所以我们也最有可能梦到这些内容。在大脑与外部世界失去联系的情况下，睡眠期间学习经验和记忆得到回放和巩固（Siegel, 2009）。如果你能做到的话，学习和考试之间有一整晚的睡眠将会十分有益。

（五）睡眠障碍

尽管噩梦令人感到不快，但这还称不上是睡眠障碍。睡眠障碍是指会严重妨害我们正常功能的睡眠问题。有些睡眠障碍对我们来说实在太熟悉了，比如失眠，至少一半的美国成年人经历过失眠。其他的像窒息（呼吸暂停），只有不到 10% 的人受其影响（National Sleep Foundation, 2009）。本节中我们将讨论失眠及几种不太常见的睡眠障碍：猝睡症、呼吸暂停、夜惊、尿床和梦游。

激活整合模型：

这一观点认为，网状结构激活了认知活动，并由大脑皮层将认知活动整合成一定的模式，于是就形成了梦。

猝睡症：

一种“睡眠发作”，发生时个体突然且不可抗拒地进入睡眠状态。

睡眠呼吸暂停：

睡眠期间短暂的呼吸暂停或终止。

夜惊：

可怕的梦一样的经历，发生在非快速眼动阶段的深度睡眠期间；与之相反，噩梦发生在快速眼动睡眠期间。

失眠

美国国家睡眠基金会（2009）的调查结果显示，每年有一半以上的美国成年人和大约 2/3 的老年人受到失眠的影响。努力尝试睡觉的行为会导致自主活动性提高、肌肉紧张，反而会加重睡眠问题。你无法强迫或用意志使自己睡觉，你只能在自己疲惫的时候用放松来为睡眠搭建一个舞台。

猝睡症

有**猝睡症**（narcolepsy）的人会突然睡着。在美国，有 10 万人罹患猝睡症，似乎以家庭为单位发作。“睡眠发作”大约持续 15 分钟，之后患者会感到精神振作。尽管如此，睡眠发作还是相当危险和令人苦恼的，它们可能会在开车或用尖锐工具作业时发生。睡眠发作会伴随着肌肉群乃至整个身体的颓然瘫倒，这种状况被称为睡眠麻痹。处于睡眠麻痹中的人在从意识向睡眠过渡时无法移动，并会出现幻觉（就像有个人或者物体放置在胸口）。

猝睡症被认为是快速眼动睡眠功能失调。兴奋剂和抗抑郁药物已经帮助许多人克服了这一问题（Mamelak, 2009）。

疲惫是最好的枕头。

——本杰明·富兰克林

睡眠呼吸暂停

睡眠呼吸暂停（sleep apnea）是一种危险的睡眠障碍，发生时气管被阻塞。患有呼吸暂停的人呼吸间歇性地停止，一晚上会发生数百次。气管阻塞会使睡眠者坐起来喘气，然后才能再次入睡。患有呼吸暂停的人经常但不总是被二氧化碳的累积刺激醒来。呼吸暂停与肥胖和慢性打鼾有关。呼吸暂停会导致高血压、心脏病发作和卒中（Sekizuka et al., 2010）。

引发呼吸暂停的原因包括生理上的畸形阻碍了呼吸通道，如上腭肥大以及大脑呼吸中枢的问题。呼吸暂停可以通过减肥、手术，以及呼吸道持续正压（由一个面罩提供睡眠期间呼吸道张开的气压）等方法得到治疗和改善。

深度睡眠障碍：夜惊、尿床、梦游

夜惊、尿床和梦游都发生在深度（阶段 3 或 4）睡眠期间，在儿童身上较为常见，这也许反映了神经系统尚未发育成熟（Kotagal, 2009; Nir & Tononi, 2010）。**夜惊**（sleep terrors）与发生在快速眼动睡眠阶段的噩梦相似，但程度更严重。夜惊通常发生在夜晚前两个睡眠周期中，而噩梦更有可能发生在拂晓时分。夜惊发生时，睡眠者会体验到心率和呼吸频率突然变得急促，有可能突然坐起来，语无伦次地说话，并伴有肢体猛烈摆动。他并非完全清醒，而是继续睡觉，可能会回忆起模糊的意象，就像有人压住他的胸口（噩梦的记忆会更清晰一些）。一片弱安定剂常常可以通过减少阶段 4 睡眠的时间来减少夜惊。

尿床大概也与神经系统未发育成熟有关。在大多数的个案中，尿床问题会在青少年期之前消失，通常是 8 岁之前。使儿童习惯于在要排尿的时候苏醒始终是一种有益的方法（E. C. Jackson, 2009）。药物丙咪嗪在大多数情况下也有效。有时候，所需要做的就是安慰孩子，“这谁也不怪”，绝大多数孩子会在成长过程中自动解决这一问题。

真　许多人失眠是因为他们晚上过于努力想要睡着。

可能有一半的孩子会在睡眠过程中时不时说话。成人偶尔也会说梦话。调查显示，约有 7% 到 15% 的儿童睡梦中会行走——术语称为梦游（Cotton & Richdale, 2010; Li et al., 2009）。一个对 15 至 100 岁的近 5 000 个随机样本的调查显示，仅有 2% 的成人梦游（Ohayon et al., 1999）。梦游者会每夜四处游走，令其父母担心他们的安全。梦游者通常记不起在哪里漫步了，尽管他们下床活动的时候能够对一些问题做出反应。温和镇静剂和神经系统的发育成熟都有助于解决这一问题。

假 与传言相反，没有证据支持梦游者被叫醒后会变得有暴力倾向，尽管他们会感到迷惑和不快。

三、改变意识：催眠、冥想和生物反馈

你可能见过这样的情景：一个同学读了一本关于催眠的书，就试图将其朋友置于“恍惚”之中。或许你在夜店演出中见过观众被催眠。如果你确实见过，那个被催眠的人很可能会表现得好像回到了童年，或者想象有一条蛇朝他袭来，或者被直挺挺地平放在两把椅子之间。在本节中我们会探讨三种*意识状态改变*：催眠、冥想和生物反馈。我们会将讨论聚焦于日常生活中不太常见的刺激。

（一）催眠

这些改变的意识状态中，我们耳熟能详的是**催眠**（hypnosis）。人被催眠后易受暗示，其行为似乎处于恍惚之中。现代催眠起源于 18 世纪弗朗茨·麦斯麦（Franz Mesmer）的构想。麦斯麦断言宇宙万物之间以磁力的形式相互联系——听起来似乎并不是十分离谱。然而，他还声称人能够被他人的“动物磁性”吸引，这就有点扯了。麦斯麦使用奇怪的道具用“咒语”将人们迷住，竟然对一些小病有一定的治愈率。如今科学家将其成功归因于安慰剂效应，而非动物磁性。

今天，催眠不仅仅是夜店里的表演，还被用作牙科手术、分娩和医疗程序中的“麻醉剂”（Vanhaudenhuyse et al., 2009）。有些心理学家运用催眠帮助当事人减轻焦虑，克服恐惧，或者减少对慢性疼痛的觉察（Dufresne et al., 2009）。一项关于 241 名手术病人的研究显示了催眠是如何帮助人们应对疼痛和焦虑的。医生为病人进行了局部麻醉（Lang et al., 2000），病人可以按照自己的意愿使用止痛药物。被催眠的病人需要增加的止痛药物比较少，通过测量心率和血压发现他们体验到的焦虑情绪也比较低。被催眠的病人注意力集中在令人愉快的意象而不是手术上面。

催眠帮助人们在应对压力时放松身心，并增强了免疫系统的功能（Jensen et al., 2009; Kiecolt-Glaser et al., 2001）。催眠对于其他行为的治疗也有促进作用，比如控制体重和戒烟（Tønnesen, 2009）。有些警察局甚至运用催眠帮助目击者回忆。

对于被称为*催眠性恍惚*的意识状态，传统的诱导方式是让人们将注意力集中在小功率的灯、墙壁上的某一点、催眠师手里的物体或者催眠师的声音上。催眠师通常会暗示当事人的四肢开始变暖，抬不起来，感到放松，或者告诉当事人开始犯困，或者要睡着了。然而，催眠不是睡眠，催眠性恍惚和睡眠阶段的脑电图记录显示出两者的差异。（被试理解“睡眠”一词暗示着催眠性恍惚状态。）研究者还研究了催眠引起的大脑变化。例如，雷恩维尔（Rainville）及其同事（2002）利用 PET 扫描被催眠的人，发现心理专注和心理放松相互关联，这反映为大脑皮层（专注）以及与唤起和注意（放松）

催眠：
人处于高度易受暗示并且行为似乎处于恍惚之中的意识改变状态。

角色理论：

解释催眠现象的理论之一，该理论认为被催眠者有一种表演的能力，（能根据催眠师的暗示）表现出“似乎”他被催眠了。

反应定势理论：

该理论认为，反应期望在产生催眠师所暗示的经验过程中扮演着重要角色。

有关的部分大脑的血流变化。

容易被催眠的人被认为是有高*催眠易感性*。“易感”的部分原因是他们了解在“恍惚状态”下该怎样表现。一般而言，易受暗示的人容易陷入想象，并且愿意与催眠师合作（Dienes et al., 2009），这样一来，他们会很注意催眠师的引导。

解析催眠

用动物磁力来解释催眠还没过多久，其他人就对催眠有了不同的看法。根据弗洛伊德的观点，被催眠的成人允许自己回归到幼稚的反应模式，即重视幻想和冲动，而非事实和逻辑。现代关于催眠的观点有了很大不同。

西奥多·萨宾（Theodore Sarbin）用**角色理论**（role theory）的视角解释催眠（Lynn et al., 2008; Sarbin & Coe, 1972）。他指出被归因于催眠性恍惚的行为变化可以成功地由想象自己被催眠的人模仿出来，想象自己被催眠的人的行为表现“很像”被催眠了。比如，人们可以直挺挺地躺在两把椅子上，无论被催眠与否。并且，人们只有熟悉催眠的“角色”（构成恍惚状态的行为）才能够被催眠。萨宾的意思不是说被试假装催眠的角色，而是说人们“允许”自己在催眠师的指引下扮演这一角色。

催眠的**反应定势理论**（response set theory）和角色理论有相通之处。该理论认为，在催眠师暗示被试产生催眠体验的过程中，期望发挥了重要作用（Lynn et al., 2008）。被试对催眠师的每个暗示都做出积极反应，这就搭建了一个平台（创建了一种*反应定势*），使被试接受催眠师下一步暗示的可能性更大。

角色理论和反应定势理论似乎都得到了研究支持：“易感的”人想要被催眠，是良好的角色扮演者，他们拥有生动的想象力，并且知道别人对他们的期望（Cavallaro et al., 2010; Lynn et al., 2008）。一旦被试听从暗示，催眠师便迈出了“成功的第一步”，被试更有可能接受他的后续暗示。被催眠者表现出的行为可以被那些了解别人期望的人模仿出来，这一事实意味着我们无须借助“催眠性恍惚”（一种特别的、神秘的意识改变状态）这一概念来解释催眠事件。

假 尽管催眠易感性确实存在，但人们在不情愿的情况下被催眠的可能性极小（Barber, 2000）。

现在我们来探讨另外两种意识改变状态，这与集中注意的不同方式有关：冥想和生物反馈。

（二）冥想

词典把*冥想*定义为思维活动或思维过程。不过，这一概念通常意味着在精神层面对宇宙或个人在世界中的位置进行深度思考。然而，随着心理学家频繁使用这一术语，冥想的含义成了集中个人的意识去改变与世界的关系。然而这个用法却延伸出一个有点矛盾的含义，即*冥想*还指人们暂停思维、远离尘嚣。

心理学家和其他职业助人者提到的冥想通常指的是仪式、练习，甚至被动观察，均为一些改变人与环境平常关系的活动，而非我们在词典里找到的含义。这些方法都强调暂时把问题解决、计划、忧虑和当天的事务搁置一旁。这些方法改变意识（平时的注意焦点），通过引导放松的感觉帮助人们应对压力。

有一种常见的冥想方式叫作**超觉冥想**（transcendental meditation, 简称 TM），于 1959 年由玛哈里希·玛赫西·优济（Maharishi Mahesh Yogi）引入美国。据说练习 TM 的人通过把注意集中在咒语上，就可以获得意识状态的改变。TM 的有些目标无法用科学的方法评估，比如扩张意识来环绕精神体验；也有些目标是可测量的，比如降低焦虑和血压。例如，赫伯特·本森（Herbert Benson, 1975）发现 TM 降低了心率和呼吸频率，还产生了他所称的*放松反应*（A. Taylor et al., 2010）。高血压（心血管疾病的危险因素）患者的血压降低了。冥想者产生了频率更高的 α 波（使人产生放松感觉的脑电波）。他们夜间分泌的褪黑素浓度也有所上升，这能帮助他们入睡（Rubia, 2009）。脑成像研究发现，冥想还激活了与注意和控制自主神经系统有关的神经结构，使他们产生放松的感觉（Rubia, 2009）。

心理学家乔·卡巴－金（Jon Kabat-Zinn）在马萨诸塞大学医学中心成立了减压中心，并提出了将**内观冥想**（mindfulness meditation, 简称 MM）的方法应用于认知和行为治疗过程。与 TM 相反，MM 不主张设定精神目标，而只是让当事人掌握一种类似咒语一样的技术，运用这些技术集中意念到当下的时刻，而不是反复思考问题（Heidenreich & Michalak, 2003; Salmon et al., 2004）。MM 承诺可以帮助当事人应对诸如抑郁的问题以及降低焦虑（Ramel et al., 2004）。

（三）生物反馈

心理学家尼尔·E. 米勒（Neal E. Miller, 1909—2002）在实验室中训练老鼠提高或降低它们的心率。怎么做到的呢？他的程序简单且巧妙。詹姆斯·奥尔兹和皮特·米尔纳（1954）发现老鼠的下丘脑有一个“快乐中枢”，仅用小股电流刺激该中枢就有强烈的强化作用：老鼠学会了用自己能做到的动作来获得“奖赏”，如按压杠杆。

尼尔·米勒（1969）在老鼠的快乐中枢中植入电极。对于其中一些老鼠，在它们的心率增加时给它们电流刺激；对于另外一些老鼠，则在它们心率降低时给予电流刺激。经过 90 分钟的训练，有 20% 的老鼠学会了按照奖励的方向来改变心率。

米勒的研究即是**生物反馈训练**（biofeedback training, 简称 BFT）的一个例子。生物反馈是一个提供或“反馈”身体功能信息的系统。米勒用电流刺激大脑给老鼠提供它们何时做出定向身体反应的信息，在该研究中，定向身体反应包括提高或降低心率。

与之类似，人也能学会自主地改变某些身体功能，如心率，这在过去被认为是超出意识控制范围的事情。无须在人的大脑里植入电极，而是以“嘀”的一声或另外一些信号通知他们何时表现出定向反应。

BFT 有多种用途，包括帮助人们克服压力、紧张和焦虑。例如，人们可以通过脑电波反馈学会释放 α 波，从而感到更加放松。无论何时，只要释放 α 波，“嘀”声都会快速闪过。心理学家会要求被试“让嘀声再频繁一点”。**肌电图仪**（electromyograph, 简称 EMG）监测肌肉的紧张度。肌电图仪可用于帮助人们更清晰地意识到前额、手指及其他部位的肌肉紧张度，并学会降低紧张度（Pluess et al., 2009）。还有些仪器可以帮助人

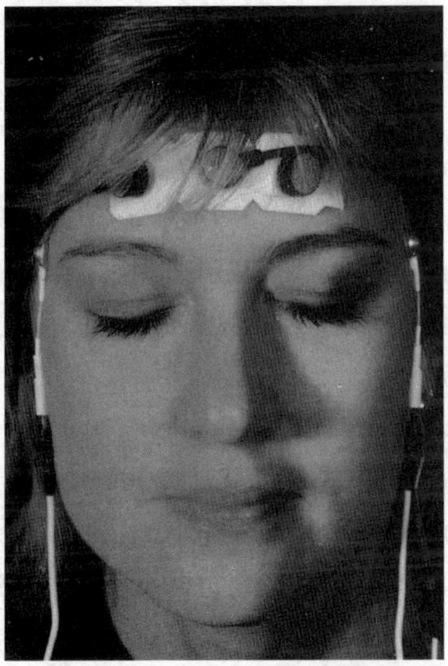

生物反馈是一个将躯体功能的信息提供或反馈给有机体的系统。通过生物反馈训练，人们学会主动控制通常情况下是自动的一系列躯体功能，比如心率和血压。

超觉冥想（TM）：
由玛哈里希·玛赫西·优济引入美国的冥想的简化形式，是用于应对压力的一种方法。

内观冥想（MM）：
一种冥想形式，为当事人提供可以使用的技术以便集中注意在当下时刻而不是反复思考问题。

生物反馈训练（BFT）：
对有机体的某一生理机能提供系统的反馈信息，从而使有机体获得对该机能的控制。

肌电图仪（EMG）：
测量肌张力的仪器。

精神活性药物：
具有刺激或扭曲认知等精神方面作用的药物。

镇静剂：
降低神经系统活动性的药物。

兴奋剂：
增加神经系统活动性的药物。

物质滥用：
即便是该物质引发或加重了面对生活挑战过程中的问题，还仍然持续使用此物质的行为。

物质依赖：
失去对使用某物质的控制。从生物学上看，依赖的典型表现是产生耐受性、戒断症状，或兼而有之。

耐受性：
对一种药物的适应，结果是持续提高药物的剂量以达到相同的效果。

戒断症状：
由于突然降低了成瘾性药物的使用水平而产生的特征性的症状群。

们学会降低心率、血压以及减少出汗（Greenhalgh et al., 2010）。运动心理学家经常运用生物反馈训练运动员如何放松对当下任务不太关键的肌肉群，以便让运动员能够控制焦虑和紧张。

真 通过生物反馈训练，你确实可以让老鼠学会提高或降低心率。

四、用药物改变意识

整个世界就是一个**精神活性药物**（psychoactive substances）的超市。美国充斥着产生幻觉、改善心境的各种药物，“有些药让你喜，有些药让你悲，还有些药让你找不着北”。这些药有的是合法的，有的是违禁的；有的药物用于保健，有的药物用于医疗；有些药如果正确使用是安全的，反之则会有危险；有的人使用药物是因为他们的朋友也这样做，或者是因为他们的父母不让他们这么做；有的人使用药物是为了寻求快感，有的人是为了寻求内在的真实，或者为了逃避。

年轻人经常会卷入使用那些损害在校学习能力的药物，且容易做出一些不计后果的行为（Pani et al., 2010）。中学和大学里最常见的药物是酒精（Johnston et al., 2009）。超过 1/6 的大学生吸食大麻（Johnston et al., 2010）。许多美国人夜里为了睡好而服用**镇静剂**（depressants），早晨则服用**兴奋剂**（stimulants）来提神。可卡因曾经是富有阶层享用的玩意儿，然而，价格的回落使这种药物走进了中学生的储物柜。

（一）物质滥用与依赖

物质使用与滥用如何区分？美国精神病学会（American Psychiatric Association, 2000）将**物质滥用**（substance abuse）定义为：反复使用一种物质，而不顾其引发或者加重社会、职业、心理或生理的问题这一事实。如果你因为喝醉或因喝酒“睡过头”误了上学或上班，那你就在滥用酒精。重要的不是你喝酒的量，而是你使用物质的方式打乱了你的生活。比如，酗酒就是物质滥用，因为它会导致健康问题（如心力衰竭），或人际问题（如强奸）（McCauley et al., 2010; Zagrosek et al., 2010）。

物质依赖（Substance dependence）比物质滥用更为严重，并有行为和生物方面的表现（American Psychiatric Association, 2000）。在行为上，表现为失去对所使用物质的控制。有物质依赖问题的人会围绕着如何得到和使用某种物质来组织他们的生活。生物或生理上依赖的典型表现是产生耐受性、戒断症状，或者兼而有之。**耐受性**（tolerance）是指身体习惯了一种物质，以至于经常使用之后，要达到相同的效果需要更大的剂量。如果物质使用水平突然下降，就会出现**戒断症状**（abstinence syndrome）。酒精的戒断反应包括焦虑、发抖、心神不宁、心动过速以及高血压。

一旦没有了药物，有心理依赖的人会显露出焦虑的信号，如颤抖、心动过速、出汗，这些与戒断症状类似。当人们心理上对某种药物产生依赖时，由于这些信号，人们认为自己生理上也依赖这种药物，或者对这种药物成瘾了。然而，有些药物的戒断症状很明显地表现在生理上。长期酗酒者突然降低饮酒量，就会体验到戒断症状，症状之一是*震颤性谵妄*（delirium tremens，简称 DTs）。有震颤性谵妄的人汗如泉涌、心神不宁、不知所措，并有恐怖幻觉（经常是爬行类动物）。

引发物质滥用与物质依赖的因素

物质滥用和物质依赖通常始于青少年阶段的试探性尝试（Marlatt, 2010; Schulte et al., 2009）。人们初次尝试药物出于各种原因，有的是因为好奇，有的是因同伴压力而从众，有的是效仿父母，有的因为叛逆，有的是为了逃避无聊或压力，还有的是为了寻求刺激或娱乐（T.T. Clark, 2010; Lindgren et al., 2010; Yang et al., 2009）。

社会认知理论家认为人们经常是出于别人推荐或观察他人而尝试酒精和镇静剂，比如安定（俗称安眠药）。同伴、药物对心情的积极影响及其降低焦虑、恐惧和压力的功效都会强化该药物的使用（Griffin et al., 2004）。许多人以自我给药的形式来使用药物，目的是克服焦虑、抑郁，甚至低自尊。使用药物的父母会增加子女对药物的了解。他们也给子女们示范了什么时候可以使用药物，例如，用喝酒来应对压力，或者减轻聚会等各类应酬的焦虑（Power et al., 2005）。

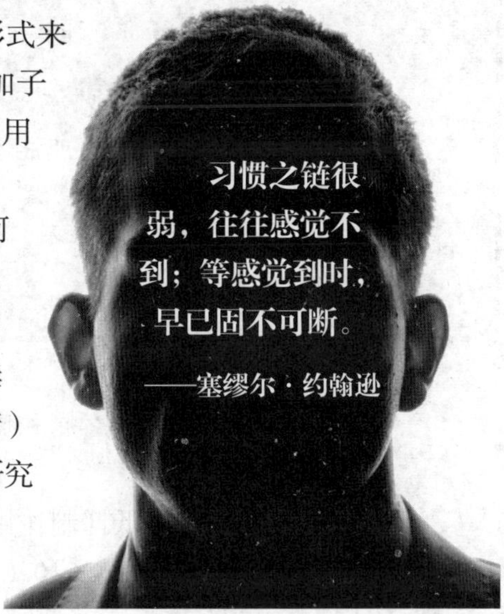

有些人对某些物质产生生理依赖显然具有遗传倾向性，如酒精、阿片、可卡因和尼古丁（Agrawal et al., 2010; Dick et al., 2009; Farrer et al., 2009; Kuo et al., 2010）。酗酒者的亲生子女被非酗酒者的父母领养，发展出与酒精有关的问题的可能性比非酗酒者的亲生子女更大。这种酒精中毒的遗传倾向可能包括对酒精有较高的敏感性（也就是说，更能享受酒精）和较高的耐受性（Radcliffe et al., 2009）。通过对父母酗酒的大学生进行研究发现，这些学生饮酒后比其他学生饮酒后表现出更好的肌肉控制能力和视动统合性，他们还更不容易酒精中毒（Pihl et al., 1990）。

既然我们对物质滥用和物质依赖已经有所了解，接下来将展开对各种精神活性药物的讨论。有些属于镇静剂，有些是兴奋剂，还有些则是迷幻剂。

（二）镇静剂

镇静剂的作用通常是降低中枢神经系统的活动性，每种镇静剂也有自己具体的效用。本节将着重讨论酒精、阿片制剂和巴比妥酸盐。

酒精

没有哪种药物能像酒精一样在大众眼里有如此多的含义。酒精可以让晚餐的气氛轻松，可以促进睡眠，也可以作为鸡尾酒会上的社交润滑剂。我们在庆祝宗教节日时用到酒精，庆功时用到酒精，表达快乐的祝愿时也用到酒精。年轻人举行成人礼时用酒精。大多数中学生和大学生至少偶尔也碰过酒精（Johnston et al., 2010）。酒精甚至能杀死伤口表面的细菌。

人们把酒精当成瑞士军刀来使用，的确如此，酒精就像是你可以不用处方就能买到的万能灵药。当你想要摆脱焦虑、抑郁或孤独的困扰时，在公众场合饮酒不会受到指责，也不用感到羞愧。一个男人吃安定片会让人看不起，而举起酒瓶一饮而尽就显得有“男人味”。

不过军刀也有一个锋利的刀刃。没有一种药物像酒精一样被如此滥用。美国人里有 1 000 万至 2 000 万的酗酒者，与此相比，有 75 万至 100 万人经常吸食海洛因，有大约 80 万人经常吸食可卡

✱ 你有饮酒问题吗？

怎样判断自己是否有饮酒问题呢？回答以下四个问题有助于你做出判断（National Institute on Alcohol Abuse and Alcoholism, 2005）：

是 否 你是否曾觉得应该减少饮酒量？
是 否 你是否曾因有人批评你饮酒而感到厌烦？
是 否 你是否曾因饮酒感到内疚或很糟糕？
是 否 你是否曾为了安抚神经或摆脱宿醉，早起第一件事就是饮酒（作为“醒眼酒”）？

仅仅一个“是”就说明你可能有饮酒问题，两个以上的“是”说明你很可能有饮酒问题。不管怎样，都建议你去找医生或其他医疗服务人员讨论一下自己的饮酒问题。

因（Johnston et al., 2010）。过量饮酒一直与工作效率降低、失业以及社会地位下滑存在关联性。然而，有一半的美国人经常饮酒。

酒精滥用在校园里的情况如何呢？平均每天有 4 名左右大学生因酒精致死（Hingson et al., 2002）。豪饮——男性连续饮用 5 瓶及以上，女性 4 瓶及以上——与攻击行为、学业不良、性关系混乱和意外事故有关联（McCauley et al., 2010; Randolph et al., 2009; Swartout & White, 2010）。尽管如此，近半数的男性大学生和 1/3 的女性大学生每月至少豪饮两次（Johnston et al., 2010）。媒体对过量吸食海洛因和可卡因的死亡案例比较关注，但是，每年有更多大学生的死因与饮酒有关，包括意外事故和饮酒过量（Hingson et al., 2002; Hustad et al., 2010）。

酒精的影响取决于饮用量及饮用持续时间。少量饮用会有兴奋作用，因为酒精能够使血管扩张，能够给身体输送更多的糖分。大量饮酒则有镇静作用，这就是酒精被列入镇静剂的原因。酒精使人放松，减缓轻度的疼痛和痛苦。酒精也可导致喝醉从而损害认知功能，使语言表达不清，并妨碍协调能力。

酒精会降低抑制作用。饮酒者可能会做一些清醒时不会做的事情，比如性交时不采取保护措施（Collins et al., 2010; S.B. Johnson et al., 2010; Lam et al., 2009）。酩酊大醉之际，人们对其行为后

女性和酒精

女性体内的乙醛脱氢酶（帮助酒精在胃中进行代谢）水平比男性低，因此比男性更容易“上头”。亚洲人的乙醛脱氢酶水平比欧洲人低，所以他们喝酒容易出现“上脸”。

果的预见能力下降，也不太容易坚守其道德信念。酒精诱发的欣快和狂喜感会扫除疑虑。酒精在我们的文化中扮演着放纵者的角色。饮酒者会将责任推给酒精（“都是酒精惹的祸，不是我”），即便是他们自己选择了饮酒。

男性比女性更容易成为酗酒者。为什么呢？从文化角度解释：通常加诸女性身上的社会限制更紧。从生物学角度解释：酒精对女性的作用更猛烈，阻止了女性过量饮酒。如果在你的印象中女性饮酒比男性“上头”更快，你很有可能是对的。因为女性体内的乙醛脱氢酶（帮助酒精在胃中进行代谢）含量较少，所以女性更容易被酒精所影响（M. A. Miller et al., 2009; Oertelt-Prigione & Regitz-Zagrosek, 2009）。酒精到达女性血液循环和大脑时几乎未经分解。

乙醛脱氢酶水平也与一些种族的饮酒水平有关。亚洲人和亚裔美国人比欧洲人和欧裔美国人的乙醛脱氢酶水平更低，因此前者容易出现“上脸”，包括脸色发红、心率加快、头晕和头痛（Kawano, 2010）。对酒精的这种敏感性可能抑制亚裔美国人和女性饮酒。

无论一个人如何以及为何开始饮酒，经常饮酒都会导致生理依赖。人们为了避免戒断症状就会继续饮酒。甚至许多酗酒者在已经“金盆洗手”了之后，仍然会重蹈覆辙。或许他们仍然想利用酒精作为应对压力的一种方式或为失败寻找借口。

阿片制剂

阿片制剂（opiates）是一类**麻醉品**（narcotics），因取自罂粟（opium poppy）而得名。古苏美尔人给罂粟起的名字含义是“快乐植物”。**类阿片**（opioids）与阿片制剂的化学结构相似，不过是在实验室合成的。阿片制剂包括吗啡、海洛因、可待因、哌替啶及同类药物。阿片制剂主要应用于止痛。

海洛因可以产生“一阵”强烈的欣快感。吸食者声称这种感觉非常舒服，以至于可以彻底忘却食、色的念头。大剂量吸食可引起困倦和昏迷，改变时间感知，损害判断力。经常使用阿片制剂会使大脑停止产生化学结构与其相似的神经递质——有止痛作用的内啡肽。

这样一来，人们就会从生理上依赖阿片制剂，一旦缺乏就感到极度痛苦。戒断症状初期有点类似流感症状，然后会发展成震颤、痉挛、寒战与出汗交替进行、心跳加快、血压升高、失眠、呕吐以及腹泻。这些知识应该已经普及到了中学生中，绝大多数人反对吸食海洛因（Johnston et al., 2010）。

海洛因曾被用来治疗吗啡成瘾。现在我们有了人工合成的类阿片美沙酮，用于治疗海洛因的生理依赖。美沙酮比海洛因的作用稍慢一些，且并不会使人受到极度兴奋的冲击，但它的确可以阻止戒断症状。

巴比妥酸盐

巴比妥酸盐（barbiturates）与戊巴比妥钠和西可巴比妥一样属于镇静剂，它们有多种医学用途，包括减轻焦虑、紧张和疼痛，治疗癫痫、高血压和失眠。定期使用巴比妥酸盐，会很快导致生理和心理上的依赖，因此医师在开这种药时都很谨慎。

巴比妥酸盐在街头吸毒者中比较流行，因为它使人放松并产生温和的欣快感。大剂量的服用会导致困倦、运动功能障碍、言语不清、易激惹、判断力下降。对巴比妥酸盐有高度生理依赖的人如果突然戒断可能会产生抽搐直至死亡。由于其成瘾性较大，所以与酒精和其他镇静剂混用会十分危险。

阿片制剂：

从罂粟中提炼出来的一类麻醉品，可以引起欣快感，并抑制神经系统。

麻醉品：

用于缓解疼痛、诱发睡眠的药物，该词通常所指的是阿片制剂。

类阿片：

不是从罂粟中提取的，但可以作用于阿片受体上的化学制剂。

巴比妥酸盐：

用于缓解焦虑或诱发睡眠的镇静剂，容易上瘾。

安非他命：

提取自 α- 甲基 -β- 苯基乙胺，由碳、氢和氮元素组成的无色液体。

（三）兴奋剂

兴奋剂能增加神经系统的活动性，其中有些效果是积极的，例如，安非他命能刺激认知活动并明显有助于人们控制冲动（Wilner et al., 2009）。有些兴奋剂因其有助于产生欣快感和提升自信，在街头吸毒者中很受欢迎。不过兴奋剂也有危险性，本节我们主要讨论安非他命、可卡因和尼古丁。

安非他命及相关兴奋剂

安非他命（amphetamines）的首次应用在第二次世界大战时期，它帮助士兵在夜间保持警觉。货车司机在夜间行车时也使用安非他命。学生通宵恶补功课时也使用安非他命。节食者也因其能降低饥饿感而使用安非他命。

真　海洛因在被提取后确实很快被应用于治疗吗啡成瘾。但现在还未发现海洛因成瘾程度如何。

为寻求强烈的欣快感，人们大剂量地使用安非他命，从而造成滥用。有些人服用安非他命的片剂，或采用效果极其强烈的静脉注射梅太德林，他们可因此连续数日保持清醒和兴奋。但是这种兴奋必须停止，因为有时持续太长时间的兴奋会突然“崩溃”——或者陷入深度睡眠，或者情绪抑郁。有些人因崩溃而自杀。

真　许多健康专家确实通过给多动的儿童兴奋剂使他们安静下来。

与此同时，医师们常给多动症儿童开兴奋剂来帮助他们控制行为。诸如利他灵和阿得拉类的兴奋剂被广泛应用于治疗儿童的注意缺陷多动障碍（ADHD）。它们有增强注意力、降低攻击性和破坏性行为、促进学业的功效（May & Kratochvil, 2010; Wanchoo et al., 2010）。为什么兴奋剂利他灵能够使儿童安静下来呢？过度活跃可能与大脑皮层发育不成熟有关，而这些药物能刺激大脑皮层对那些发展水平低下的大脑部分行使控制功能。然而，这种兴奋剂增加了儿童（或持续使用它的成人）发生睡眠障碍或厌食的风险（Meijer et al., 2009）。

安非他命的耐受性形成比较快，尤其是人们治疗抑郁时不经专业建议自我给药，就会形成依赖。安非他命是否会引起生理成瘾一直是个有争议的话题。但大家公认的是，大剂量的服用会引起心神不宁、失眠、食欲不振、幻觉、妄想（如幻想他人窃听或蓄意伤害自己）和易激惹。

可卡因

可卡因提取自古柯的叶子，软饮料可口可乐也因这种植物而得名。记得那则“为生活添彩”的商业广告吗？由于古柯含有咖啡因和糖分，所以可口可乐确实可以提神。可口可乐的确因使用兴奋剂可卡因而“为生活添彩”，这在当时是合法的，但现在是违法的。直到 1906 年可口可乐公司才停止在配方中添加可卡因之后，该饮料才变得“货真价实”。

真　可口可乐公司曾在配方中添加可卡因，这在当时并不违法，而且当时也没有人意识到可卡因的危害。

可卡因是一种兴奋剂，能够产生欣快感，减轻饥饿感，缓解疼痛，提升自信心。如图 4-4 所示，可卡因与传导神经元上的受体位点结合，平时这些受体位点都执行再摄取神经递质分子（去甲肾上腺素、多巴胺和 5- 羟色

图4-4　可卡因怎样制造欣快感以及人们的心情为何“一落千丈”

A. 在神经系统正常工作状态下，传导神经元末梢结内的囊泡携带的神经递质释放进入突触间隙。这些神经递质大部分由接收神经元的受体位点摄取。

B. 再摄取过程中，传导神经元一般会重新吸收多余的神经递质分子。

C. 可卡因分子与传导神经元的受体位点结合，这些受体位点通常执行的是再摄取神经递质分子的任务。这样一来，去甲肾上腺素、多巴胺和 5- 羟色胺分子在突触间隙中停留的时间更久，增强了它们改变情绪的效果，并产生“一阵”欣快感。当此人停用可卡因后，接收神经元吸收神经递质的能力降低，从而导致他情绪“一落千丈”。

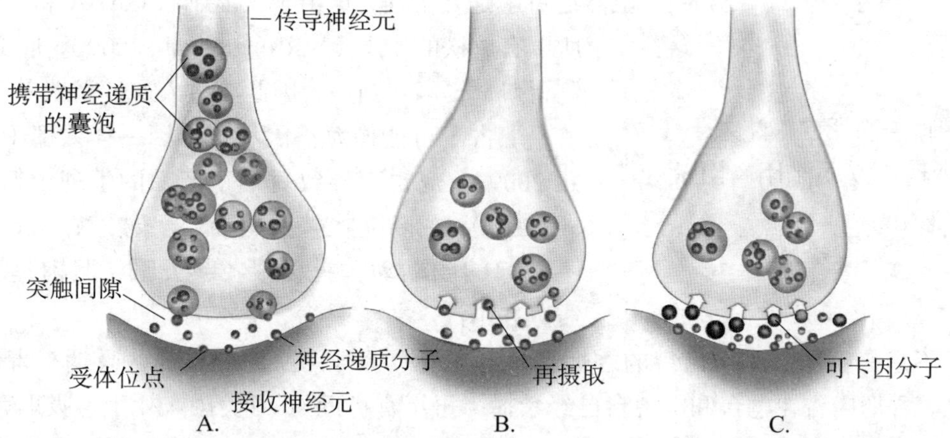

胺）的任务。这样一来，这些神经递质的分子就会在轴突间隙中停留更长的时间，它们对情绪的改变效果就更长久，产生“一阵”强烈的情绪体验。然而，当可卡因的水平下降后，接收神经元对神经递质的吸收能力降低，从而导致服用者情绪“一落千丈”。

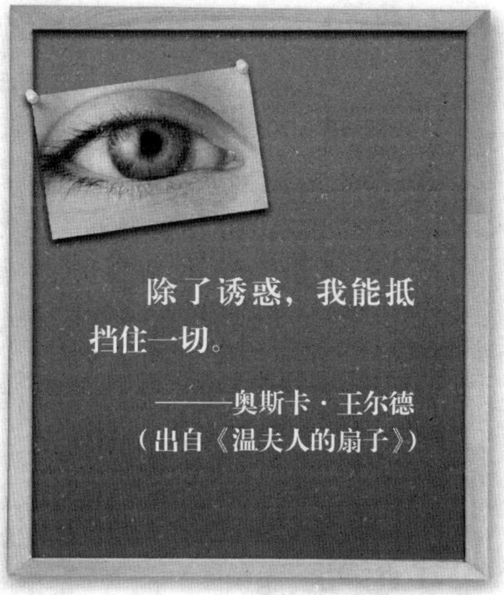

从古柯的叶子中提炼出的功能类似“茶”的可卡因有两种形态：用鼻孔吸食的粉末、用于注射的液体。多次吸食可卡因会导致鼻腔血管收缩、皮肤变干，有时会导致鼻腔软骨外露和鼻中隔穿孔。这些问题就得求助于整容手术了。效力强大的可卡因的衍生物如“快克”和“火箭筒”价格比较便宜，原因是未经提纯。

可卡因所导致生理上的危险包括血压突然升高，压缩冠状动脉，降低心脏的氧供给，加快心率，凡此种种都可导致呼吸和心血管衰竭，一些年轻运动员猝死案例中就有以上这些表现（Lange & Hillis, 2010）。过量服用可卡因能导致心神不宁与失眠、震颤、头疼、恶心、抽搐、幻觉和妄想。使用“快克”与卒中之间始终存在比较大的关联。15 至 19 岁的青少年中，仅有大约 4% 的人经常使用可卡因，大多数人认为其对身体有害（Johnston et al., 2010）。可卡因会引起生理和心理的依赖。

可卡因（俗称白雪）自 19 世纪初期一直被用于局部麻醉。在 1884 年，弗洛伊德注意到了这一物质，并将其用于对抗自己的抑郁，还为此发表了一篇文章《颂歌》。当发现可卡因易成瘾并导致幻觉和妄想后，弗洛伊德最初的激情开始降温。

尼古丁

> 由于要做他人的榜样，而不是要节制我自己，我的原则一直是：睡着时，绝不抽烟；醒着时，绝不戒烟。
>
> ——马克·吐温

烟草烟雾内含有兴奋剂尼古丁。尼古丁刺激肾上腺素的分泌以及神经递质的释放，包括多巴胺、乙酰胆碱、GABA 和内啡肽（Haustein & Groneberg, 2009）。肾上腺素可使自主性活动突然增强，心率加快，释放大量的糖分进入血液。乙酰胆碱在记忆形成过程中至关重要，并且尼古丁似乎有增强记忆和注意力、提高简单重复性任务的成绩以及改善情绪的作用（Froeliger et al., 2009; Greenwood et al., 2009）。虽然尼古丁是兴奋剂，但由于其能刺激 GABA 和内啡肽分泌，所以有放松的作用（A. Cohen et al., 2009）。尼古丁可以抑制胃口，提高代谢率，因此有些人通过吸烟来控制体重。

> **真** 每年与吸烟有关的死亡人数大于死于交通事故、酒精和物质滥用、自杀、他杀、艾滋病的人数总和。

尼古丁可能像海洛因和可卡因一样致瘾（Franklin et al, 2009）。尼古丁导致对烟草产品的生理依赖（Small et al, 2010），戒断症状包括焦躁、困倦、精力不济、头疼、不规律的肠蠕动、头昏眼花、失眠、肌肉痉挛、心悸、震颤和出汗。

这已经不是秘密了。美国出售的香烟烟盒上印有“警告：卫生部长确认吸烟有害你的健康”这样的信息。香烟广告在电台和电视台已经禁播。每年有将近 40 万美国人死于与吸烟有关的疾病（American Lung Association, 2010）。这一数字甚至比一年当中每天有两架巨型飞机空中相撞并且所有乘客丧生的数字之和还要大。

> **碳氢化合物：** 由碳元素和氢元素构成的化合物。

吸烟所产生的一氧化碳损害血液携带氧的能力，引起呼吸短浅。香烟和雪茄中的**碳氢化合物**（hydrocarbons，“焦油”）致癌（American Lung Association, 2010）。吸烟还使动脉硬化（Campbell et al., 2010），并且与心脏病、慢性肺病、呼吸疾病所

吸烟的危害已众所周知。美国一名卫生部长曾表示，吸烟是个非常重要的可避免的致死因素。每年因吸烟致死的人数甚至比一年当中每天有两架巨型飞机空中相撞且所有乘客丧生的数字之和还要大。如果坐飞机不安全的话，政府会让所有飞机停飞吗？大家还会继续预订航班吗？

致死亡，以及其他健康问题相关。女性吸烟会导致骨密度降低，增加背部和髋部骨折风险（American Lung Association, 2010）。孕妇吸烟会增加流产、早产、死胎和孩子学习困难的风险（American Lung Association, 2010）。

二手烟（secondhand smoke，吸入他人烟制品的烟）也与呼吸疾病、哮喘和其他健康问题有关。童年长期暴露在二手烟的环境中（也称"被动吸烟"）是肺癌的危险因素之一（American Cancer Society, 2010）。由于二手烟的影响，许多航班、饭店和公共场所都禁止吸烟。

吸烟的发生率与性别和教育水平有关（见表 4-1）。受过良好教育的人吸烟的可能性低，如果吸烟的话，他们戒烟的可能性更大。

表4-1 美国掠影：性别、教育水平和吸烟

因素	人群	吸烟人口比例（%）
性别	女性	18.3
	男性	23.1
教育水平	低于 12 年	27.5
	大学本科及以上学历	10.6

以上数据是基于 18 岁以上成年人的报告。

资料来源：Dube, S. R. Asman, K., Malarcher, A., & Carabollo, R. (2009). "Cigarette smoking among adults and trends in smoking cessation — United States." *Morbidity and Mortality Weekly Report, 58*(44), pp. 1227-1232.

（四）致幻剂

致幻剂（hallucinogenics）因其产生幻觉而得名。所谓幻觉，是指无外在刺激的状况下产生的感知觉。致幻剂也有其他作用，如令人放松、获得欣快感，以及在某些情况下产生惊恐。在这一部分，我们主要讨论大麻、迷幻药及其他致幻剂。

大麻

大麻（marijuana）取自大麻作物（Cannabis sativa），世界许多地方都有野生大麻。大麻有助于人们放松，并且能振奋心情。大麻有时还会令人产生轻微的幻觉，这就是为什么我们将其列入致幻剂的讨论之列。大麻中的主要致幻物质是 δ-9-四氢大麻酚（或称 THC）。大麻作物的枝条和叶子中均含有 THC，但是在松香中的浓度最高。麻药（hashish），俗称"肉末"（hash），就是从松香中提取出来的，且比大麻的威力更大。

有些大麻吸食者声称大麻有助于他们社交。轻度到深度大麻中毒者声称知觉变得敏锐，自我洞察力提升，思维创造性提高，共情能力增强。时间似乎变慢了。一首歌听起来长达 1 个小时而不是仅有几分钟长。对本体感觉的意识增强，如对心跳的声音比较敏感。大麻吸食者也报告说深度中毒能提高性感觉。幻视也会出现，并且深度中毒会引起迷失感。如果吸食者心情感到欣快，迷失感可能被解释为"天人合一"，然而也有些吸食者发现这种迷失感令人恐惧，害怕无法找到自我（Bonn-Miller et al., 2007）。

大麻会带来一些健康风险。例如，它损害驾车和操作机器过程中所需的"知觉–运动统合"功能，损害短期记忆，降低学习能力（Egerton et al., 2006）。中毒较深还会引起恶心和呕吐。经常吸食者会体验到耐受性提高，并产生戒断症状（Budney et al., 2007）。脑成像研究表明，青春期开始吸食大麻的男性比其他男性的大脑更小，灰质更少（Ashtari et al., 2009）。无论男女，很早开始吸食大麻的话，他们的身高和体重都会比其他人略逊一筹。这些差别反映出了大麻对脑垂体和性激素分泌的影响。

二手烟：

烟制品产生的和他人呼出的烟，也称"被动吸烟"。

致幻剂：

能够使人产生幻觉的物质。

大麻：

大麻作物干燥后的植物性物质。

迷幻药（LSD）：

即麦角酸酰二乙胺，一种致幻剂。

闪回：

服用LSD后产生的持续数天、数周的扭曲的知觉或幻觉，与服用LSD的体验类似。

酶斯卡灵：

提取自一种仙人掌的致幻剂。

苯环己哌啶（PCP）：

一种致幻剂，名字是其化学结构的首字母缩略词。

迷幻药和其他致幻剂

LSD（**迷幻药**）是麦角酸酰二乙胺的缩写，属于合成致幻剂。服用此“酸”的人声称“意识扩展”且眼前呈现出一派崭新的世界。人们在使用LSD的时候会感到思维灵光乍现，随着药效消退，这些灵感却无法应用，甚至回想不起来。LSD能令人产生栩栩如生、色彩斑斓的幻觉。

有些LSD的吸食者会产生**闪回**（flashbacks）——扭曲的知觉或幻觉，在服用LSD后数天、数周乃至更久的时间里还有类似服用LSD的体验。美国精神病学会（2000）为这种闪回体验所定义的专业术语为*致幻剂引起的持久性知觉障碍*（HPPD）。对闪回的心理学解释是：经常使用LSD的人也更容易异想天开。对患有HPPD的38名被试的研究发现，大量地服用LSD之后，眼睛闭上后大脑会失去对特定的内部视觉经验来源的抑制（Catts & Catts, 2009）。

另外一些致幻剂包括**酶斯卡灵**（mescaline，提取自一种仙人掌）和**苯环己哌啶**（phencyclidine, 简称PCP）。PCP原本用作麻醉剂和动物镇静剂，俗称“天使粉”“臭氧”“怪人”和“火箭燃料”。另外一些俗名如“杀手关节”和“水晶超级大麻”指的是PCP与大麻的混合物。

经常使用致幻剂会导致耐受性和心理依赖，是否会造成生理依赖尚未查明。大剂量服用会损害协调性、模糊判断力、改变心情以及引发可怕的幻觉和妄想。表4-2总结了各种精神活性药物的作用。

表4-2 精神活性药物及其药效

药物名称	类型	服用方式	预期效果	耐受性	戒断症状	副作用
酒精	镇静剂	口服	放松、欣快感、抑制降低	有	有	协调能力受损、判断力下降、宿醉
阿片制剂	镇静剂	注射、吸食、口服	放松、欣快感、减轻焦虑和疼痛	有	有	协调能力和心理功能受损、困倦、昏睡
巴比妥酸盐	镇静剂	口服、注射	放松、困倦、欣快感、抑制降低	有	有	协调能力和心理功能受损、困倦、昏睡
安非他命	兴奋剂	口服、注射	警觉、欣快感	有	?	心神不宁、食欲不振、精神病性症状
可卡因	兴奋剂	口服、吸食、注射	欣快感、自信	有	有	心神不宁、食欲不振、抽搐、中风、精神病性症状
尼古丁	兴奋剂	吸烟（吸食、咀嚼或嗅）	放松、刺激、控制体重	有	有	癌症、心脏病、肺脏和呼吸道疾病
大麻	致幻剂	吸食、口服	放松、知觉扭曲、体验增强	?	?	协调和学习能力受损、呼吸疾病、惊恐
LSD、酶斯卡灵、PCP	致幻剂	口服	知觉扭曲、生动的幻觉	有	无	协调能力受损、精神病性症状、惊恐

第5章 学 习

内容概要

一、学习的概念
二、经典条件作用的原理及方法
三、操作性条件作用的原理及方法
四、学习中的认知因素

我正在向女儿奥琳（Allyn）演示如何教我们的新狗狗菲比（Phoebe）捡球。我给菲比买了一个柔软的黄色圆球，她咬的时候球会嘎嘎作响。她很喜欢玩这个球，于是我以为她也会喜欢追着它玩（大错特错！）。我拿着球在菲比鼻子底下晃，她嗅了嗅，吠叫起来，兴奋地摇着尾巴。

女儿就在旁边观看，我把球扔出了 20 英尺开外，球在草丛里弹跳，我对菲比说："快去捡球！"

菲比只是盯着球看，一动不动。

女儿在一旁嘲笑我。我跑过去把球捡起来，再次拿到菲比鼻子前晃荡。她兴奋地吠叫，尾巴摇得像是凉风中的芦苇草。

"快去捡球！"我又把球扔了出去。

菲比还是不动，还拽着我的裤腿大声吠叫。"真是奇怪，"我边咕哝边跑去捡球。当我把球拿回菲比身边时，艾琳说道："你还没看懂怎么回事吗？"

"怎么回事？"

"是菲比在教你捡球啊！"

一、学习、经验和变化

你可以说，菲比是通过我做出"正确的事"（即捡球）时表现出兴奋而教我这么做。她在教，而我在学。学习是心理学中的一个重要领域。

在心理学中，"学习"的定义远大于听老师讲课、掌握一个滑板跳跃动作或掌握苹果平板电脑的使用方法。行为主义者的观点认为，**学习**（learning）是由练习和经验引起的相对持久的行为上的变化。行为主义的观点弱化了认知和选择的作用，该观点认为，心理学家学会追

学习：

（1）根据行为主义者的观点，学习是指由经验引起的相对稳定的行为改变。（2）根据认知理论家的观点，学习是指由经验引起的相对稳定的个体表征环境方式的改变。

真？假？

你怎么看待下列陈述？它们是坊间传闻、常识还是无稽之谈？圈出字母"T"代表真，"F"代表假，并在阅读本章的过程中找出准确答案。

- T F 吃一次令人恶心的食物，能够导致数年的味觉厌恶。
- T F 心理学家通过这样一种方式帮助一个小男孩战胜了对兔子的恐惧，即在他吃甜饼的时候，将一只兔子越来越近地拿到他身边。
- T F 第二次世界大战期间，一个心理学家提议制造一种导弹，这种导弹利用鸽子来操纵导弹攻击目标。
- T F 当老虎机的玩家不知道何时会赢的时候，他们的投币速度最快。
- T F 你可以训练老鼠爬坡、过桥、爬梯子、驾驶玩具车，以及完成其他任务——只要遵循恰当的顺序。
- T F 你可以通过不犯错误来学习。
- T F 尽管所有的媒体吵吵嚷嚷，但媒体中的暴力和现实生活中的攻击并没有科学的关联。

着球跑是因为他们因此得到了奖赏和强化。

认知心理学家将学习定义为一个由经验引起的个体表征环境的方式相对稳定改变的过程。这些变化影响但不决定有机体的行为。这样看来，我明白我去追球会赢得菲比的注意，但我本可以选择不去追球。根据这一观点，学习也许可以通过行为变化表示出来，但它本身是一种心理过程。认知心理学家认为，人们会就是否去模仿他们所观察到的攻击行为或者其他行为进行选择，并多半倾向于模仿那些和他们价值观一致的行为。

有时候，学习经验是直接的，比如，我们因某件事做得好而得到表扬的时候。但是，我们也能学习他人的经验——通过观察别人的行为，以及听说别人的故事。此外，我们也会从书本和音像媒体中学习经验。在本章中，我们会讨论很多类型的学习，包括条件作用过程和认知起主要作用的学习。

二、经典条件作用

经典条件作用涉及我们通过哪些途径去学习把事物联结起来。它是非自主的、自动化的学习。设想一下：和“F 等成绩”比起来，我们显然更加希望得到“A 等成绩”；和绿灯比起来，我们也更倾向于在红灯面前停下来。为什么呢？我们并非对字母或交通灯有某种本能的态度。我们学会这些信号，是因为它们和其他事物是联系在一起的。“A”代表着老师及亲人的赞许。我们也从过马路和开车中汲取经验：红灯“停”，绿灯“行”。

经典条件作用（classical conditioning）是一种联想学习的简单形式，它使有机体能够预期事件或将各事件联系起来。提到伊万·巴甫洛夫（Ivan Pavlov）这个名字，我们最有可能回忆起的就是他关于狗的研究。伊万·巴甫洛夫（1927）是在非常偶然的情况下对学习心理学做出伟大贡献的。巴甫洛夫的本意是试图弄清狗嘴里引发唾液分泌的神经感受器。但是，由于狗总是在非期望的时候分泌唾液，比如研究助手笨拙地碰响金属食物盒时狗就会分泌唾液，所以他的努力总是被破坏。

就如同你咬一口蛋糕时会分泌唾液一样，当将肉末放到狗的舌头上时，狗也会分泌唾液。在研究中，巴甫洛夫用肉末喂狗进行实验，因为他知道狗吃肉末时分泌唾液是一种**反射**（reflex）。反射是不学就会的，由特定的**刺激**（stimuli）引发。巴甫洛夫发现，通过联结，反射是可以后天习得的，或称条件化。他的狗开始对击打食物盒的声音分泌唾液，是因为之前这个刺激重复地和食物出现形成配对。当助手走进来的时候，狗也会分泌唾液，这是为什么呢？因为之前助手会带来食物。

巴甫洛夫一开始将狗这种额外分泌唾液的行为看作研究的阻碍。但是后来他逐渐意识到这个“问题”也许值得研究。他发现能够训练（或称条件化）狗对任何刺激产生分泌唾液的反应。

在其最初的实验中，巴甫洛夫训练狗对铃声产生分泌唾液这个反应。他将这个训练形成的分泌唾液的反应称为条件反射。当重复地将一个中性刺激（比如击打食物盒的声音）和一个引发目标反应的刺激（在本例中是食物）配对呈现时，反射就被条件化了。今天，条件反射通常被称为条件反应。

巴甫洛夫通过将肉末放在狗的舌头上、狗会分泌唾液来展示条件反应。他重复了这个过程若干次，只有一个不同，即每次他在放肉末之前半秒钟左右都会让铃声响起。在肉末和铃声的若干次配对呈现后，巴甫洛夫让铃声响起，但随后不放食

经典条件作用：

一种简单的学习方式，重复地将一个中性刺激和另一个刺激配对，使得这个中性刺激能够引起某种反应，而这种反应通常由另一个刺激所引起。

反射：

对刺激做出的非习得的简单反应。

刺激：

引起某种反应的环境条件。

无条件刺激（UCS）：
在条件作用之前，能够引起有机体反应的刺激。

无条件反应（UCR）：
一个由无条件刺激引起的非习得的反应。

定向反射：
有机体朝向刺激的先天反应。

条件刺激（CS）：
一个原本中性的，通过不断地和能够引起反应的刺激配对，而能够引起条件反应的刺激。

条件反应（CR）：
在经典条件作用中，一个由条件刺激引起的习得的反应。

物，狗仍然会分泌唾液。它学会了对铃声产生分泌唾液的反应。

（一）经典条件作用的释义

行为主义者按照大家都看得见的学习条件来解释经典条件作用的结果。经典条件作用是一种简单的学习方式，通过这种学习，某种刺激可以引发某种反应，而在通常状况下，这种反应是由另一种刺激引起的。这是为什么呢？因为刺激被重复配对。巴甫洛夫认为，之所以铃声一响起狗就分泌唾液，是因为铃声往往与肉末关联在一起。行为主义者并不认为狗“知道”食物要来了。那么怎样了解狗“知道”什么呢？我们只能展示出目标行为出现所需要的条件。

认知心理学家认为，经典条件作用是对事件之间关系的学习，这种关系使有机体能够对周围的环境形成心理表征，并进行预测（Pickens & Holland, 2004）。巴甫洛夫认为，之所以铃声一响起狗就分泌唾液，是因为铃声在它心理上与肉之间建立了联结。认知主义更关注有机体掌握的信息。有机体被看作信息的寻求者，这些信息有助于认识和验证事件之间关联的原则。

图5-1　经典条件作用示意图

在条件作用之前，食物能够引起狗的唾液分泌。铃声是一个中性刺激，要么不会引起任何反应，要么只引起声音定向反应。在条件作用中，在狗尝到肉末味道之前，总是会听到铃声。经过若干次重复之后，铃声就成为CS，唾液分泌成了CR。

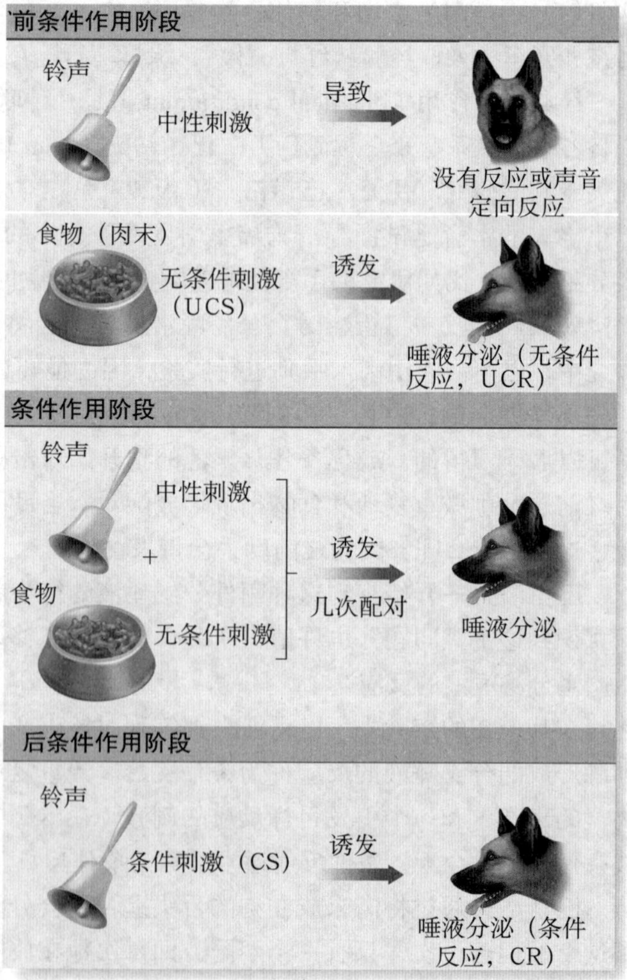

（二）经典条件作用中的刺激和反应

在巴甫洛夫的实验中，肉末是**无条件刺激**（unconditioned stimulus, 简称UCS），由肉末刺激引起的反应是非习得的反应，或称**无条件反应**（unconditioned response, 简称UCR）。铃声最初是无意义的，或称中性刺激，它可能导致狗去寻找声音的方位——**定向反射**（orienting reflex）。但是铃声并没有和食物发生联系。后来，铃声通过不断和食物联系在一起，成为唾液反应的习得刺激，或称**条件刺激**（conditioned stimulus, 简称CS）。由铃声引起的唾液分泌反应成为习得反应，或称**条件反应**（conditioned response, 简称CR）。因此，分泌唾液这一反应可以是有条件的，也可以是无条件的，这取决于用来引起反应的方式（见图5-1）。

有一个小实验很多成年人都做过。对着婴儿笑并说“咕咕咕”（别问我为什么），然后刺激婴儿的脚，有时婴儿会笑，有时会缩回脚，重复几次之后，仅仅对婴儿说“咕咕咕”，便足以引起婴儿笑或者缩回脚。

（三）味觉厌恶

我的童年时代是在纽约布朗克斯区度过的，那时我和我的朋友会在星期六早上去看电影。有一天，我的一个朋友让我吃下两大杯爆米花。吃第一杯的时候没什么问题，然后我一点点慢慢地强迫自己吃下了第二杯。我觉得饱了并且恶心。黄油和盐的气味停留在我的嘴和鼻子里，而且我感觉头都要炸了。很明显，对我来说，那天没有任何人能再让我吃下即使一小把爆米花了。但很奇怪的是，在此后一年的时间里，我依然无法面对黄油爆米花。

真 吃一次令人恶心的食物，的确可能导致数年的味觉厌恶。

几年后，我得知心理学家们把我对爆米花的反应称为*味觉厌恶*。现在，几十年过去了，黄油爆米花的气味如果过于浓烈，仍然能让我反胃。一顿让人恶心的食物居然可以引起数年的味觉厌恶。

味觉厌恶是经典条件作用中很有趣的一个例子。它们反映了有机体的一种适应性，因为它们让有机体避免有害的食物。味觉厌恶在很多方面区别于其他的经典条件作用。第一，只需要一种联结。一次过量食用黄油爆米花就让我在长达一生的时间内感到厌恶。第二，大多数条件反应都要求无条件刺激和条件刺激及时联系在一起，但是在味觉厌恶中，无条件刺激（比如恶心）可以发生在条件刺激（比如食物的气味）的若干小时之后。

味觉厌恶的进化

关于味觉厌恶的研究挑战了这样一种观点——有机体学会去联结任何一种及时联系起来的刺激。事实上，不是所有的刺激都产生相同的作用。进化论观点认为，动物（以及人类）的机体从生物学上做好了准备，并发展出味觉厌恶来适应环境（Bouton, 2010; Öhman & Mineka, 2001）。我们当中那些习得了味觉厌恶的人吃有害食物的可能性减小了，他们有更大的可能性存活下来，并且这种习性会保存在基因当中传递给后代。

在一个经典条件作用的研究中，加西亚和科林（Garcia & Koelling, 1966）对两组小白鼠进行了条件化。每组小白鼠都暴露在三种相同的条件刺激中：甜水、光线及嘀嗒声。之后，对其中一组小白鼠呈

味觉厌恶的形成？

味觉厌恶可以通过将无条件刺激与条件刺激配对来实现。进化心理学家指出，味觉厌恶的快速习得有助于人类或动物的生存与繁衍。

消退：

在实验过程中，由于刺激之后的事件不再发生，刺激失去了其引起习得反应的能力。

现一种反胃刺激（通过有毒物质和射线产生），对另一组小白鼠实施电击。

在这样的条件作用之后，接受反胃刺激的小白鼠对甜水表现出一种厌恶，但是对光和嘀嗒声都没有表现出同样的反应。虽然三种刺激是同时呈现的，但小白鼠只习得了味觉厌恶。在经过条件作用之后，被电击的小白鼠会回避光和嘀嗒声，却并没有对甜水表现出味觉厌恶。对两组小白鼠来说，学习都是适应性的。在有关事物的先天图式中，有毒物质更可能来源于有毒的食物，而不是光线和声音，所以，对于接受反胃刺激的小白鼠来说，获得味觉厌恶是合理的。相反，尖锐的疼痛更有可能来源于自然事物，包括光线（例如火光、电光）以及尖锐的声音（比如树枝断裂声、物体坠落声）。因此，对于被电击的动物来说，相对于甜水，发展出对光线及嘀嗒声的厌恶是更加适宜的。

在经典条件作用中，有机体学会联系各种刺激，比如铃声和食物。现在，让我们从各种刺激之间的联系被打破开始，讨论经典条件作用中的各种因素。

（四）消退和自然恢复

消退和自然恢复是条件作用的一部分，能够帮助我们通过不断更新我们的预期或者对环境变化的心理表征来适应环境。例如，一个孩子学会把汽车进入车库的声音（条件刺激）和他父母回来（无条件刺激）联结在一起。因此，当他听见汽车的声音时，这个孩子会高兴地叫起来（条件反应）。

消退出现在时间改变以及事件之间的关系改变之后。当搬到一个新房子后，这个孩子的父母可能乘坐公共汽车，附近车道的轿车声音可能是邻居回家的信号，而不是父母回家的信号。当一个条件刺激（比如汽车的声音）不再伴随一个无条件刺激（父亲或母亲回家）时，这个条件刺激就失去了其引发条件反应的能力，机体会适应性地去改变。

在经典条件作用中，**消退**（extinction）是指由于条件刺激不再和无条件刺激相联系，从而失去了其引发条件反应能力的过程。也就是说，车道中的轿车声音响起时，那个孩子不会再高兴。按照认知的观点，消退改变了动物对环境的心理表征，因为条件刺激不再让其做出相同的预期。

图5-2 学习及消退曲线

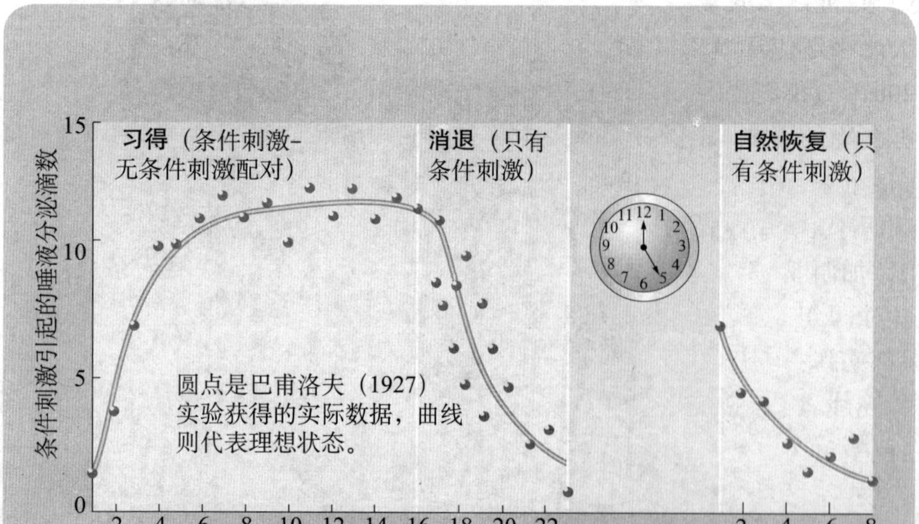

在有关条件反应消退的实验中，巴甫洛夫发现，重复呈现条件刺激（在该实验中是铃声）而不呈现无条件刺激（在该实验中是肉末），会导致条件反应（听到铃声就分泌唾液）的消退。当听到铃声时，狗不再分泌唾液。有趣的是，图 5-2 表明，在最初的条件作用之后，狗的应答性唾液分泌量会短暂上升，然后保持稳定。在 2 至 3 次同时呈现铃声和肉末之后，狗开始对铃声产生条件反应。不断地呈现配对刺激会导致不断增加的唾液分泌行为（通过唾液滴的数量来测定）。在 7 至 8 次呈现以后，唾液分泌量逐渐稳定在 11 至 12 滴。

在另一系列的实验中，只呈现铃声而不呈现肉末，狗听到铃声就分泌唾液的行为会停止。经过大约 10 次的消退试验后，狗不再分泌唾液。也就是，当铃声响起时狗不再表现出条件反应。

我们想知道巴甫洛夫的狗分泌唾液的行为消退后，过了 1 至 2 天，当铃声重新响起时会发生什么。你敢打一个赌吗？狗会不会分泌唾液呢？

自然恢复：

随着时间的流逝，已经消退的反应又重新出现。

泛化：

在条件作用中，一个刺激能够引起某种条件反应，那么和这种刺激相似的刺激也能够引起这种反应的倾向。

如果你打赌说狗会再一次表现出条件反应（在这个例子中，即对铃声产生反应），那么你就对了。随着时间的推移，有机体倾向于表现出已经消退的条件反应的**自然恢复**（spontaneous recovery）。所以，从这个意义上来讲，消退（extinct）这个词有一点小小的误导。当某一种动物要灭绝（extinct）的时候，这个物种中所有能够繁衍后代的个体都死了，整个物种都灭绝了。但是我们所说的这种实验室的消退并不是永远的根除。相反，它似乎是被抑制了，在“合适”的条件下，这个反应对未来仍然有效。

进化心理学家指出，自然恢复和消退一样是适应性的。在野外，一个水潭在一年中可能仅仅几个月会有水。进化比较垂青能够将水潭和渴驱力不时联结起来的动物，这样，一旦水潭有水的时候，这些动物会重返水潭。随着时间的流逝和季节的变换，事物总是沿着循环的道路前进并回到它们的原点。自然恢复使有机体适应了循环往复的环境。

（五）泛化及分化

没有两个事物是完全相同的。交通指示灯悬挂的高度总是有细微的不同，红绿灯的光影也有细微差别。两只狗的叫声是不同的，一只狗两次发出的叫声也有细微的差别。灌木丛中食肉动物发出的沙沙声是有差别的，但是进化会让野兔和鹿幸存下来，因为它们只要听到了各种沙沙声中的任何一种就会逃跑。适应要求我们对在功能上相同的刺激做出类似的反应（即泛化），而对不同的刺激表现不同（即分化）。

巴甫洛夫指出，对不同的刺激做出好像它们在功能上相同的反应（泛化），这对于动物具有适应性。**泛化**（generalization）是指当某种条件刺激能够引发某种反应时，和这种条件刺激类似的刺激也能引起同样反应的倾向。例如，巴甫洛夫通过这样一种方式来证明泛化——给他的狗呈现一个圆形进行条件化，以让其能分泌唾液。不久以后，狗开始对所呈现的几何图形——甚至方形都能产生分泌唾液的反应。

进化垂青那些能够将水潭和渴驱力不时联结起来的动物，这样，一旦水潭有水，这些动物会重返水潭。

分化：

在条件作用中，有机体区分引起条件反应的刺激及相似刺激的倾向。

高级条件作用：

在经典条件作用中，一个先前属于中性的刺激，在和条件刺激不断地配对呈现后，也会诱发条件刺激引起的反应。

然而，形状和圆形越接近，反应的强度也就越大（通过唾液滴的数量来测定）。

但是，如果呈现圆形后呈现食物，而呈现方形后却不呈现食物，会发生什么状况呢？有机体也必须学会两点：（1）很多刺激看起来相似，但是功能上不同；（2）它们必须对每个刺激做出适宜的反应。比如，在生命最初的两个月，婴儿可以将母亲的声音从其他妇女的声音中分辨出来，他们会在听到母亲的声音时停止哭泣，而在听到陌生人的声音时则不会。

巴甫洛夫通过实验展示了一条对圆形产生条件性分泌唾液反应的狗，经过训练可以对椭圆形不产生条件性分泌唾液反应。经过一段时间以后，狗不再对椭圆形产生分泌唾液反应，而是表现出了**分化**（discrimination）：它仅对圆形刺激分泌唾液。巴甫洛夫发现不断增加分化任务的难度明显让狗感到很痛苦。在训练狗仅对圆形产生分泌唾液反应而不对椭圆形产生反应后，巴甫洛夫向其展示了一个从椭圆形到圆形的连续系列，最终，狗不能从圆形中区分出椭圆形，它很紧张，以至于排尿、排便、狂吠，并猛咬实验室工作人员。

我们如何解释狗的好斗行为呢？在《挫折和攻击》这部至少70年前的经典作品中，一群行为取向的心理学家提出了挫折引发攻击的观点（Dollard et al., 1939）。为什么不能区分圆形与椭圆形令狗感到沮丧呢？因为在这种实验中，正确的分化之后往往意味着奖赏（如食物）。也就是说，如果狗犯错就不能得到食物。但是，认知理论家反对这种观点（Rescorla, 1988）。他们认为，在巴甫洛夫的实验中，狗失去了调整其认知地图以适应环境的能力，这本身带来了挫折感。

日常生活中需要泛化和分化。没有两个旅店是相同的，但我们从一个城市旅行到另一个城市，按预期住进旅店十分重要。值得欣慰的是，华盛顿的绿灯和巴黎的绿灯意义是相同的。夜晚回家需要我们能够把自己的家同别人的家区分开的能力。想象一下，如果我们不能将我们的朋友、爱人或者同事从其他人中区分出来，那将会导致多大的混乱啊！

（六）高级条件作用

假设一个孩子因触摸一个火炉而被烫伤，在有这个经历以后，火炉的形象可能会引起恐惧。因为听到火炉这个单词，头脑中就会产生火炉的形象，所以仅仅听到这个单词就会引起恐惧。

还记得那个小实验吗？在实验中，成人微笑并且说“咕咕咕”，然后抓挠婴儿的脚。在经过一段时间的重复后，仅仅对着婴儿微笑就可以引起其缩脚。事实上，仅仅走进婴儿的房间也可以引起相同的效果！触摸热火炉、抓挠婴儿的脚，这些就是高级条件作用的事例。

在**高级条件作用**（higher-order conditioning）中，一个先前属于中性的刺激（例如，听到火炉这个单词，或者看见曾经挠痒痒的大人走进房间），在和已经成为习得的或条件性的刺激（例如，看见火炉的形象，或者听到“咕咕咕”的声音）总是一同呈现之后，也会逐渐成为习得的或条件性的刺激。巴甫洛夫是这样展示高级条件作用的：一开始让狗对铃声做出条件反应，经过几次配对呈现后，他又重复将闪光和铃声一起呈现。在若干次一同呈现之后，闪光（高级条件刺激）也能够引起铃声（初级条件刺激）曾经能够引起的反应（分泌唾液）。

（七）经典条件作用的应用

经典条件作用的一些重要应用包括恐惧条件作用，以及对恐惧的反条件作用或消退。我们这里所讨论的恐惧消除法属于行为疗法，将在第13章中做详细介绍。

"小阿尔伯特"：情绪反应的经典条件作用

1920 年，约翰 · B. 华生和罗莎莉 · 雷纳（Rosalie Rayner）发表一篇文章阐述了他们的以下观点：情绪反应（比如恐惧）是可以通过经典条件作用的原理习得的。他们的被试，是一个在心理学文献中非常知名的人物——小阿尔伯特（Little Albert）。阿尔伯特才 11 个月大，还谈不上表现什么情绪。不过在实验之前，这个婴儿曾和实验室的小白鼠一起玩得很开心。

华生在小阿尔伯特和小白鼠玩耍的时候，敲击他脑袋后面的金属条来惊吓他。华生运用的方法被一些心理学家所批判，认为其不道德。在 7 次配对之后，即使敲击停止了，阿尔伯特也对小白鼠表现出恐惧。阿尔伯特的恐惧感也泛化到了其他外表和小白鼠相似的事物上，比如兔子以及他母亲大衣上的毛皮领。阿尔伯特对小白鼠的条件性恐惧从来没有消除，因为这种消退需要的条件必须是再重复若干次看到小白鼠的时候（条件刺激）没有痛苦的后果（不存在无条件刺激）。然而，阿尔伯特的母亲在华生和雷纳试图通过反条件作用来消除孩子的恐惧之前就把他带出了实验室。一出实验室，恐惧就使得阿尔伯特远离有皮毛的动物。并且，正如我们将在操作性条件作用那一部分看到的那样，远离有皮毛的动物这一行为会随着恐惧的降低得到强化。

生物性准备与恐惧条件作用

小阿尔伯特很容易就形成了对小白鼠的恐惧。但华生和雷纳是否也可以让他对花或盆栽植物产生恐惧呢？也许不能。阿恩 · 欧曼和苏珊 · 米尼卡（Arne Öhman & Susan Mineka, 2003）指出，人类及其他灵长类动物可能在进化动力驱使下做好了**生物性准备**（biologically prepared），从而迅速发展出对某些会对其造成伤害的动物的恐惧，比如蛇。人们似乎天生会害怕闪电、恐怖的脸、尖锐的物体、黑暗以及高空，这些都是我们的祖先所面临的危险源，如今它们仍然在一定程度上对我们有所威胁（Gerdes et al., 2009; Mineka & Oehlberg, 2008; Starratt & Shackelford, 2010）。

反条件作用

反条件作用（counterconditioning）是指有机体学会对同一个刺激做出与之前的条件反应不相容的反应。比如，放松与恐惧反应是不相容的。反条件作用背后的原理是这样的：如华生所展示的那样，如果痛苦的经验（比如敲击的噪声）造成的恐惧可以通过条件作用形成，那么用快乐的经验来代替痛苦的经验，恐惧就有可能被反条件作用。1924 年，华生的追随者玛丽 · 卡弗 · 琼斯（Mary Cover Jones）试图对一个名叫彼得（Peter）的两岁男孩进行反条件作用，以帮助其减除恐惧。

彼得对兔子有强烈的恐惧感。当彼得正在吃糖果和甜饼的时候，琼斯将一只兔子越来越近地放在彼得身边。一开始，当彼得咀嚼的时候，琼斯将兔子放在屋子里一个远远的角落。彼得看了一眼，但仍然在享受美味。几个月以后，这只兔子被越放越近，直到彼得边吃东西边抚摸这只兔子。根据琼斯的理论，食用美味的快乐与恐惧不相容，于是反条件作用了恐惧。

生物性准备：

因有机体的生物构成而具有的习得特定条件反应的准备。

反条件作用：

一种恐惧减除技术，在这种技术中，愉快刺激与恐惧诱发刺激进行联结，使得恐惧诱发刺激失去其厌恶特性。

满灌：

一种基于经典条件作用原理的恐惧减除行为技术；恐惧诱发刺激（CSs）在没有实际伤害的情况不断呈现，使恐惧反应（CRs）消失。

真 心理学家通过这样一种方式帮助一个小男孩战胜了对兔子的恐惧，即在他吃甜饼的时候，将一只兔子越来越近地拿到他身边。

满灌和系统脱敏

如果玛丽 · 卡弗 · 琼斯一下子把兔子放在彼得腿上，而不是渐渐地将兔子移到他身边，他就在用一种叫作**满灌**

系统脱敏：

一种减除恐惧的行为技术，引起恐惧的一系列刺激有层次地呈现出来，当人觉得放松时，再呈现更强的引起恐惧的刺激。

效果律：

桑代克的观点，他认为快乐的事件强化反应，不快的事件弱化反应。

（flooding）的方法。如同反条件作用一样，满灌以及系统脱敏都是减除恐惧的行为疗法。它们都以经典条件作用的消退原理为基础（Mystkowski & Mineka, 2007）。在满灌中，来访者被暴露在引起恐惧的刺激当中，直到恐惧消除为止。比如，小阿尔伯特可能会被放在一个和小白鼠很近的地方，直到他的恐惧消除为止。在消退的过程中，条件刺激（本例中是小白鼠）会不断地出现，而无条件刺激（敲击金属的声音）却一直没有出现，直到条件反应（恐惧）不再出现为止。

虽然满灌在通常情况下都有用，但是这种方式确实让人不舒服（当你害怕老鼠的时候，让你和老鼠待在一个房间里不是一件轻松的事情）。正因如此，行为治疗师倾向于使用**系统脱敏**（systematic desensitization）。在这种疗法中，来访者循序渐进地暴露在引起恐惧的刺激当中，在这种环境下他仍然保持放松。例如，在小阿尔伯特感觉到很放松的时候，给他看小白鼠的照片，或者先远远地观察小白鼠再逐渐拿到近处。系统脱敏比满灌所花的时间要长，但是不像满灌那样令人感到不愉快。

在任何事件中，人们都可以通过简单的联结来学习。按照进化论的观点，能够通过若干途径——包括条件作用和有意识的反思——学习的有机体，相较只能通过条件作用学习的有机体而言，存活的机会可能会更大。

三、操作性条件作用

通过操作性条件作用，我们学会了联结刺激。这样的结果就是，由某个刺激引起的一个简单的、通常是消极的反应，随后由另一个刺激引起。在小阿尔伯特的事例中，敲击声与小白鼠联结在了一起，结果，小白鼠引发了由敲击声音导致的恐惧。但是，经典条件作用仅仅是这些情况中所发生的学习的一种。当小阿尔伯特产生了对小白鼠的恐惧之后，他的自主行为发生了变化：他试图避开小白鼠。因此，小阿尔伯特进行了另外一种学习——操作性条件作用。

在操作性条件作用中，有机体因其行为的结果而学会去做某事（或者不做某事）。例如，我拒绝吃黄油爆米花，以避免恶心。当我们口渴时会去寻找水果，处于性唤起状态时会寻求性活动，当我们感到太冷或太热时会寻求 20℃ 左右的适宜温度。经典条件作用聚焦于有机体如何对环境形成预期，操作性条件作用关心的则是有机体对环境做了什么。让我们来看看爱德华·L. 桑代克（Edward L. Thorndike）和 B. F. 斯金纳（B. F. Skinner）对操作性条件作用的重要贡献。

（一）爱德华·L. 桑代克与效果律

19 世纪 90 年代，纽约哈勒姆区大街小巷的流浪猫逐渐在神秘消失。原来，有很多是被哥伦比亚大学的博士生爱德华·桑代克带回了宿舍。桑代克用这些猫做关于奖赏与惩罚对学习产生效果的实验。

桑代克将一只猫放在“迷笼”里。如果它拉动里面某一根悬挂的线，门锁将被打开，它就可以跳出来并吃到食物。最初被放进迷笼里时，猫会乱抓乱咬里面的锁或线。通过这种随意行为，大概过个三四分钟，猫会偶然发现拉动那根线的反应。当再次被放进迷笼时，这只猫可能还会花个几分钟才又拉动那根线。但如此重复下去，它拉动那根线所用的时间越来越短，大概有个七八次之后，这只猫可能会立即拉动那根线。

桑代克用**效果律**（law of effect）来解释猫学习拉线的行为。效果律是指，如果在一种特定情境下（如被放在迷笼里）得到奖励（逃出迷笼并吃到食物），用桑代克的语言来讲，一种反应（拉线行为）就会被“加强”。但惩罚会“弱化”（stamped in, 桑代克的术语）反应。后面我们会看到，惩罚对学习产生的效果并不令人信服。

（二）B. F. 斯金纳与强化

说起不寻常的战争故事，很少有能比过斯金纳的。斯金纳在战争时期努力研究的一个项目就是“鸽子计划”。二战期间，斯金纳提出，可以训练鸽子为导弹定位目标。在训练中，如果鸽子啄屏幕上的目标（见图 5-3），它们就会得到食物粒的**强化**（reinforced）。一旦训练成功，鸽子就会被放在导弹上。它们啄屏幕上的相似目标，就会让导弹进入正确的飞行轨道，同时会引发一次“击中”以及一只鸽子的牺牲。但是，制造这种重要导弹的计划——因为某种原因被称为“百利能”（Pelican，一个制造商品牌）而不是“鸽子”（Pigeon）——破产了。由于鸽子装备过于笨重，斯金纳的建议没有被当回事儿。

> **真** 第二次世界大战期间，斯金纳提议用训练有素的鸽子对导弹进行制导来击中目标。

图5-3 鸽子计划

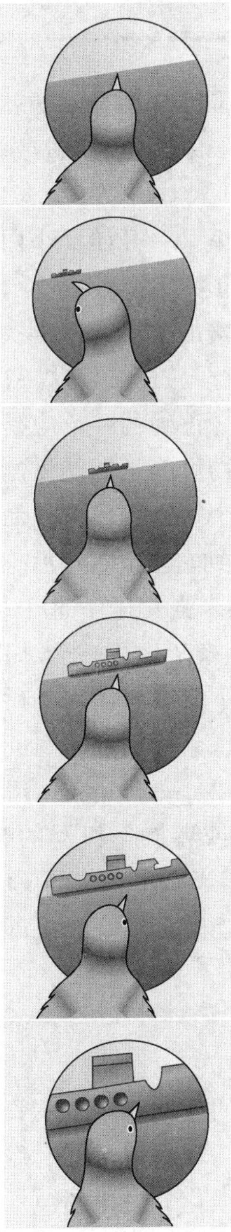

鸽子计划虽然破产了，但是斯金纳的想法却得到了广泛的应用。斯金纳教鸽子及其他动物从事**操作性行为**（operant behavior），也就是对环境进行操作或控制环境的行为。在经典条件作用中，非自主反应比如分泌唾液或者眨眼睛常常是非条件性的。在操作性条件作用中，自主反应（比如啄一个目标物、按压杠杆，或者玩网球所需要的技能）都是习得的，或者说是条件性的。

操作性条件作用（operant conditioning）是这样定义的：这是一种简单的学习形式，在这种学习形式中，有机体因某种行为的效果而学会这种行为。在操作性条件作用中，我们学会去做那些操作性行为（或简称**操作**），以获得我们所渴望的食物、一个拥抱、某次考试中的 A 等成绩、关注或者社会赞许。例如，有些孩子通过得到家长和老师的关注和称赞学会了遵守社会规则。令人哭笑不得的是，另一些孩子因行为不端得到关注而学会了“行为不端”，尤其是在他们的“好”一贯被忽视时，孩子们会学“坏”。一些在学校表现不好的孩子，会去不良的同龄人那里寻求认可（Patterson et al., 2000）。

强化：
在反应之后呈现一个刺激，这个刺激能够增加反应的频率。

操作性行为：
操作或控制环境的行为。

操作性条件作用：
学习的一种简单形式，有机体学会从事某项得到强化的行为。

操作：
同操作性行为。

（三）操作性条件作用的方法

斯金纳（1938）做了许多理论上和技术上的革新。其中一个革新就是他对离散行为的关注——比如按压杠杆，并将此行为作为单位或类型来研究。别的心理学家可能会关注有机体是怎么想或怎么“感觉”的。斯金纳则关注它们可以测量的行为。很多心理学家都认为这类行为是无足轻重的，更别说以此来解释和预测人类行为了。但是，斯金纳学派指出，关注离散行为可以为有利的改变创造可能性。比如，在帮助人们对抗抑郁的过程中，一个心理学家可能会关注他们的“感觉”，而一个斯金纳学派的心理学家会对“感觉抑郁的人”的行为进行分类（以及纠正）。直接纠正抑郁行为也会让来访者自我报告的“抑郁感受”变得色彩亮丽。

图5-4 “斯金纳箱”里的一只小白鼠

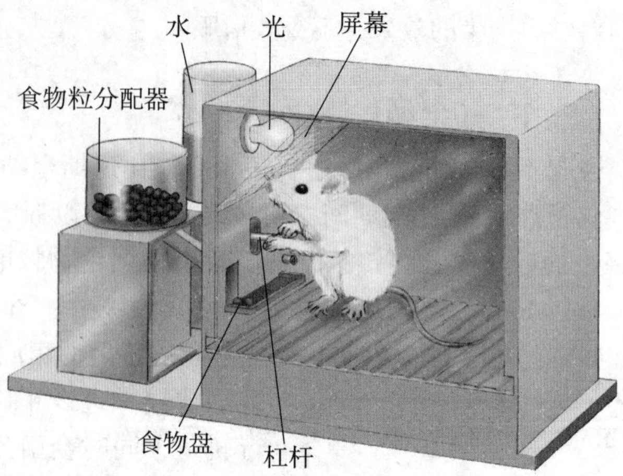

为了研究操作性行为，斯金纳设计了一个动物笼子（或称“操作箱”），这个笼子现在已经被称为斯金纳箱（斯金纳本人不止一次地强调，他的操作箱不叫斯金纳箱，但历史违背了他的意愿）。图 5-4 所显示的就是这样一个箱子。这个箱子对实验室的实验来说是非常理想的，因为实验条件可以被小心引进或去除，而且它们对动物被试的影响也可以被观察到。

图 5-4 中的小白鼠经过食物剥夺后，被放在一端有个杠杆的斯金纳箱里。一开始，小白鼠在箱子里四处嗅嗅并有一些随机的行为。小白鼠第一次碰到杠杆是非常偶然的。但是因为这个行为，一粒食物落进箱子里。食物的出现增加了小白鼠再次按压杠杆的可能性。这粒食物可以说强化了按压杠杆这一行为。

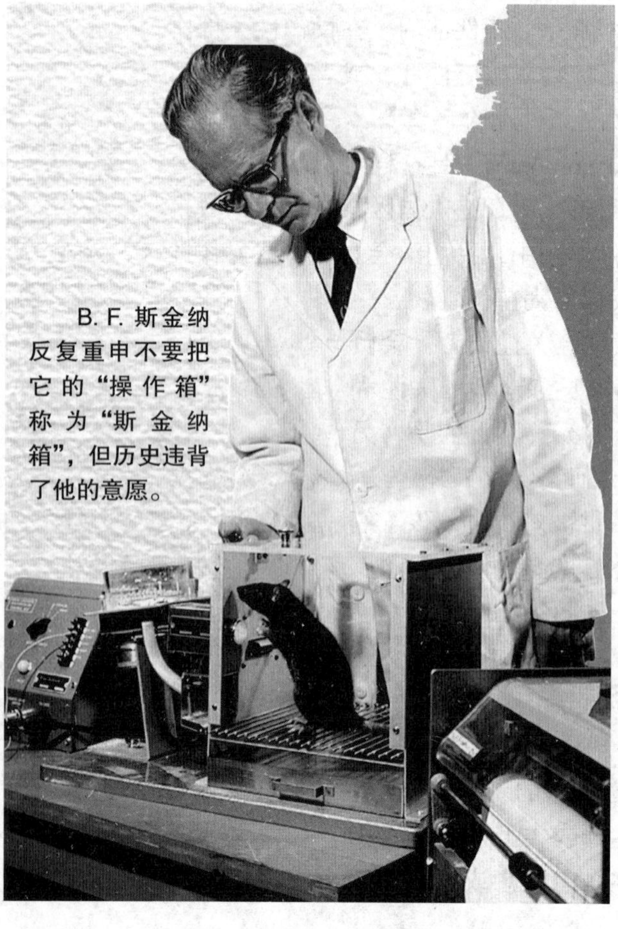

B. F. 斯金纳反复重申不要把它的“操作箱”称为“斯金纳箱”，但历史违背了他的意愿。

在操作性条件作用中，第一次“正确的”反应是为什么或怎样来的并没有多大关系。动物可能是偶然做出这个行为的，或者是身体被引导做出这个行为。你可以命令你的狗“坐下”，然后按压它的臀部直到它坐下。最后你用食物或者拍拍它的脑袋以及一句表扬来强化坐下这个行为。驯兽员利用身体引导或者巧妙诱导来产生第一个“正确”的反应。如果你等待你的狗自己坐下或者打滚，然后抓住机会命令它学会坐下或打滚，你能想象要用多长时间才能完成训练吗？

当然，人类在学习拼写、计算或者操作机器的时候，可以被语言引导出期望的反应。但是当做出正确的反应时，他们必须被告知。人们在学习新技能时，知晓结果即是所需的最重要的强化。

（四）强化物的类型

强化物是指能够增加反应频率的任何刺激，不管是按压斯金纳箱中的杠杆还是准备考试。动物很饿的时候，食物粒就是强化；渴的时候，水就是强化。强化还包括交配的机会，以及之前和进食联结在一起的声音。斯金纳区分

图5-5　正强化物和负强化物

程序	行为	结果	行为变化
运用正强化	行为（学习）	正强化物（教师赞许）在学生学习时呈现	行为频率增加（学生学习更努力）
运用负强化	行为（学习）	负强化物（教师批评）在学生学习时移除	行为频率增加（学生学习更努力）

正强化物：
呈现时会增加某种操作性行为频率的强化物。

负强化物：
移除时会增加某种操作性行为频率的强化物。

初级强化物：
非习得的强化物，其效果建立在有机体生物构成的基础之上，而非学习的结果。

了正强化物和负强化物、初级强化物和次级强化物。

正强化物和负强化物

应用**正强化物**（positive reinforcers）能增加某种行为的发生概率。食物和赞许通常被用作正强化物。当**负强化物**（negative reinforcers）移除的时候，某种行为的发生概率也会增加（见图 5-5）。人们做事常常会提前订计划，因为这样他们就不会担心事情出错。在这个例子中，恐惧就是一个负强化物，恐惧的移除会增加不断事先订计划的概率。

即时强化物和延迟强化物

即时强化物比延迟强化物更有效。因此，行为的短期结果通常比长期结果更具有激励作用。

例如，学生在该学习的时候去聚会，是因为社交的乐趣是即时的，而学习通常要等到期中考试或毕业才有结果（这也是为什么考试越频繁，年轻的学生表现得越好）。之所以很难戒烟，是因为尼古丁的强化是即时的，而吸烟对身体的伤害则相对比较遥远。关注于短期强化也和高风险的性行为紧密关联，比如和陌生人发生性行为，或者不避孕（Castor et al., 2010; Shuper et al., 2010）。人之所以为人的一个原因就是能预见其行为的长期结果并做出选择。但是，即时强化物确实有强大的诱惑力，就像一个想要节食的人盯着甜点垂涎三尺一样。

*** 尼古丁的短期强化**

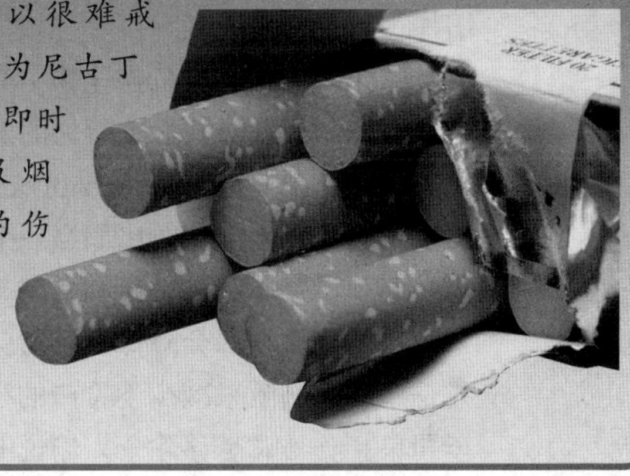

之所以很难戒烟，是因为尼古丁的强化是即时的，而吸烟对身体的伤害则相对比较遥远。

初级强化物和次级强化物

我们也能区别出初级强化物和次级强化物（或条件强化物）。**初级强化物**（primary reinforcers）之所以有效是因为有机体的生物构成。例如，食物、水、温暖（正强化物）和疼痛

次级强化物：

通过和已经形成的强化物联结，从而获得强化价值的刺激。

条件强化物：

次级强化物的另一种说法。

（负强化物）都属于初级强化物。**次级强化物**（secondary reinforcers）通过和已经建立起来的强化物联结，获得了相应的价值。正因如此，它们也被称为**条件强化物**（conditioned reinforcers）。我们会去赚钱，是因为我们知道钱可以换成初级强化物。

（五）操作性条件作用中的消退和自然恢复

凯莎（Keisha）的老师会在把作业本还给她之前给所有的家庭作业都写上“好”字。一天，她的老师没有在她的本子上写任何东西——强化终止了。强化用于增强反应。当强化终止时，会发生什么呢？

在巴甫洛夫的实验中，肉末就是紧随分泌唾液并确认这一行为恰当的事物。在操作性条件作用中，紧跟行为之后的事物才是强化物。习得反应的消退主要源于操作性行为多次未经强化。如果凯莎没有得到让她完成作业的强化，她可能会不再做作业了。也就是说，在操作性条件作用下，强化物维持了操作性行为，或者加强了习惯性行为。幸运的是，对于人类来说，可以通过告诉自己“我做得很好”来强化自己，以达到预期的行为——或者，在凯莎的例子中，她可以告诉自己做得很好，而不去关注她的老师是否认可。

习得反应的自然恢复在经典条件作用和操作性条件作用中都会发生，并且都具有适应性。在一段时间后，强化物可能再次出现，就像春天到来的时候树枝上又会长出新芽。

> 最会为难你的客户是你最有价值的学习资源。
>
> ——比尔·盖茨

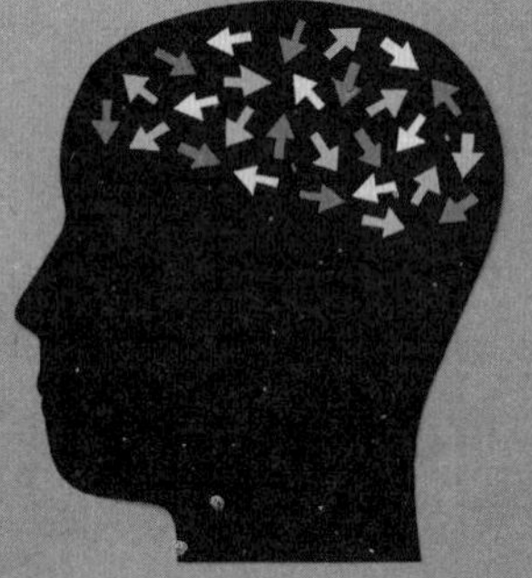

（六）强化物和奖励与惩罚

强化物被定义为增加行为频率的刺激。斯金纳一方面区分了强化物，另一方面还区分了奖励与惩罚。强化物因其效果而得名，而奖励和惩罚则因它们带来的感受而得名。很多强化物——如食物、拥抱、找到一个可以辩论的人——也是令人感觉好或愉快的事物。而那些我们假定感觉不好的事物，比如打手、老师的指责、留校察看或留堂等，对某些人来说可能起到正强化的作用，这可能是因为这些经验恰好与这些人对老师的消极感受以及对某一偏常亚文化群体的归属相一致（Atkins et al., 2002）。

斯金纳之所以偏好强化这个概念，而不是奖励，这是因为强化没有钻进有机体（无论是人还是低等动物）的“脑子里”去猜想什么东西会令其感到愉快或不愉快。通过科学和实证的方法可以获得一个强化物的清单，也就是说，通过观察什么类型的刺激增加了行为发生的频率。

强化物（即使是负强化物）会增加后续行为的发生频率，而惩罚会抑制或者降低后续行为的发生频率（见图 5-6）。惩罚可以迅速抑制非预期行为（Gershoff, 2002），并且可以在“紧急情况”发生时避免发生危险，比如当一个孩子试图横穿马路的时候。

> 教育就是把所学的忘记以后剩下的东西。
>
> ——B. F. 斯金纳

心理学家还对正惩罚和负惩罚做了区分。两种惩罚都不是令人愉快的刺激，都会降低后续行为的发生频率（见图 5-6）。正惩罚是用厌恶刺激来减少不希望的行为，如拍打、责骂或开违章停车罚单。负惩罚是移除令人愉悦的刺激，如把一个学生安排在教室的角落里，剥夺其与同学说话的机会；或把他的手机或平板电脑拿走，不给他上课走神的机会。“隔离”是一种负惩罚，因为它将一个行为不当的孩子置于一个无法体验奖励的环境中。

图5-6 负强化物和惩罚

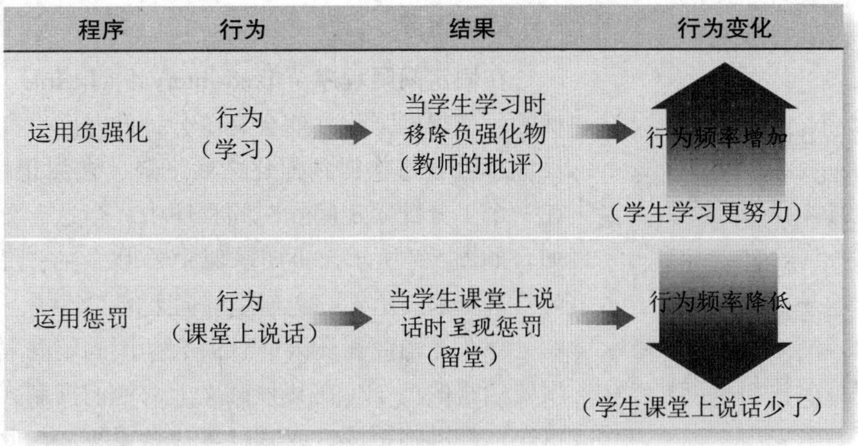

（七）辨别刺激

斯金纳没能让他的鸽子坐上导弹的驾驶员座位，但是训练它们对红绿灯做出反应是没有问题的。想象一下你尝试做以下实验：将一只鸽子放在斯金纳箱里，箱壁上有一个按钮。持续一段时间不让鸽子进食。当鸽子啄到按钮时会落下一个食物粒，一会儿它就学会了啄按钮。现在，把一个小绿灯放在笼子里，使其一整天都断断续续地开和关。当绿灯亮起来的时候，就用食物来强化啄按钮这个行为，但绿灯不亮的时候就没有强化。鸽子不用花费多长时间就会发现这样一个事实——当灯是关着的时候，它们无论怎样在箱子里边叫边拍打翅膀啄按钮，也得不到食物粒。

这个绿灯成了一个辨别刺激。**辨别刺激**（discriminative stimuli），就如同红灯和绿灯一样，指示着行为（在本例中，就是啄按钮）是否会被强化（食物粒落进箱子里）。不再被强化的行为倾向于消退。在我们的实验中，对于鸽子来说，啄按钮这个行为在灯关着的时候就会消失。

稍微反思一下就会发现，辨别刺激会通过很多方式影响我们的行为。电话一响起就去接不是更加有效率吗？当某人对你生气，或对你表示不喜欢的时候，让他帮助你是明智之举吗？

我们看到，鸽子学会啄按钮是因为如果它这么做了就有食物落进箱子。当你想让鸽子继续啄按钮，而你的食物却用完了，这时候怎么办？不要气馁。我们会在接下来的部分看到，即使已经用完大多数食物，你还能够继续让鸽子啄按钮。

（八）强化程序

在操作性条件作用中，一些反应是通过**连续强化**（continuous reinforcement）来保留的。每当你穿上大衣就会觉得暖和一些，每次喝完水就不渴了。但是如果你曾见过人们将钱放进老虎机，你知道这种行为同样也会被**部分强化**（partial reinforcement）所保留。

关于赌博的通常说法是和学习理论相关联的。你让一个人一开始通过赌博得到很大的奖励，然后渐渐地拉开两次奖励（强化）的时间，直到这个奖励变得不是很频繁，这个时候赌博行为仍然会被保留，直到一点奖励也没有了，赌博行为仍会被保留。部分强化程序可以使人们持续赌博行为，像其他行为一样，即使一点强化没有了，还是会保留很长时间（Pulley, 1998）。

较之于被连续强化所保留的反应，部分强化所引起的反应更难消退（Rescorla, 1999）。从认知心理学的观点来看，我们可以这样认为，经历部分强化的个体，并不是每次反应之后都预期能得到奖赏。因此，他们更可能在没有强化的情况下继续坚持。

辨别刺激：

在操作性条件作用中，表明强化可以获得的刺激。

连续强化：

强化程序的一种，每一个正确反应都会被强化。

部分强化：

强化程序的一种，并不是每一个正确反应都会被强化。

固定间隔程序：
在前一次获得强化和随后一次获得强化之间，时间固定。

变化间隔程序：
在前一次获得强化和随后一次获得强化之间，时间不固定。

固定比率程序：
强化程序的一种，在固定次数的正确反应之后获得强化。

变化比率程序：
强化程序的一种，在不固定次数的正确反应之后获得强化。

基本的强化程序有四种：固定间隔、变化间隔、固定比率和变化比率。

间隔程序

在**固定间隔程序**（fixed-interval schedule）中，一个固定的时间量——比如，正确的反应得到强化之前会有 1 分钟的时间。在一个固定间隔时间程序中，有机体的反应率会在每次得到强化之后下降，在强化将要发生的时间临近时又上升。例如，在一个 1 分钟固定间隔时间程序中，当这 1 分钟快结束时，按压杠杆的频率又会增加，如图 5-7 所示，小白鼠似乎习得了在它得到强化之前必须先等上一会儿。累积的结果记录显示了一个典型的向上的起伏线，或称扇形图，这叫固定间隔扇形图。

汽车经销商在夏天或秋天会利用固定间隔强化程序来刺激顾客尽快购买整个年度要销售的汽车。在某种意义上，他们抑制人们在其他时间购买，除非顾客现有的汽车已经濒临报废，或者顾客执意要买。与此相似，如果你朋友只在每天的某个时候给你写邮件的话，你也会只在那个时间查看你的邮件。

在**变化间隔程序**（variable-interval schedule）中，强化更加不可预测。因此，反应率是稳定但较低的。如果老板让你完成一个周报，我们很可能在要交报告之前才手忙脚乱地赶任务，就如同我们在每周测验的前一个晚上临时抱佛脚。但是，如果我们知道老板可能会在任何时间内让我们完成某个工程的进展（变化间隔时间程序），我们可能会一直准备着。但是，我们的努力程度不会像在固定间隔时间程序（例如周报）中那样强。与此类似，我们会为定期的测验熬夜，但不太可能为无法预期的测验而临时准备应考，不过我们至少会比较规律地学习。同样，如果你的朋友给你写邮件并没有什么规律，你可能也会有规律地查收邮件，但渴盼的心情不会太强烈。

图5-7 固定间隔扇形图

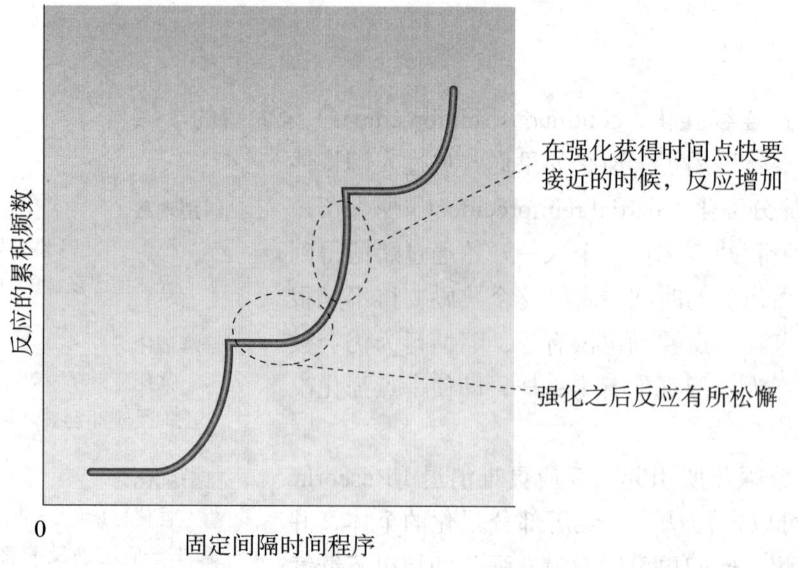

比率程序

在一个**固定比率程序**（fixed-ratio schedule）中，强化是在固定次数的正确反应后出现的。在一个**变化比率程序**（variable-ratio schedule）中，强化是在不固定次数的正确反应后出现的。在一个 10∶1 的比率程序中，在一个随后会得到强化的正确反应之前，平均正确反应次数是 10，但是允许正确反应与强化之间的比率在一定范围内变化，比如在 1∶1 到 20∶1 之间随机变化。

固定比率和变化比率程序都能维持较高的反应率。在固定比率程序中，有机体似乎知道在得到强化之前必须做出若干次反应，它们会尽可能快地“扫清障碍”。参考一下计件工作的例子：如果一个工人每做 5 件衬衣才能得到 10 美元，他就处于固定比率（5∶1）程序的强化之中，并且会一直维持较高的工作效率，尽管在每次强化之后可能会有一个短暂的停顿。在一个变化比率程序中，强化可以出现在任何时候，老虎机利用的正是一种变化比率程序，玩家将硬币投入老虎机，几乎没有停顿就猛拉老虎机的“手臂”。我曾经看见玩家甚至没工夫停下来捡起他们赢的钱，而是继续投硬币，这些硬币或者来自老本儿，或者来自赢的钱。

> **真** 当老虎机玩家不知道何时会赢的时候，他们的投币速度最快。

（九）塑造

如果你教从没跳过舞的人跳街舞，就不要等到他们精准地做出动作才告诉他们做得对。在他们学会某样东西之前，旧有的风格时常会露出马脚。

> **真** 通过塑造，人们确实可以训练老鼠按照我们期待的顺序爬坡、过桥、爬梯子，以及完成其他任务。

我们可以利用**塑造**（shaping）教授复杂的行为。塑造强化朝向行为目标的每一个进步。比如，当一个羞怯的新手鼓起勇气走进舞场时，虽然你的脚都快被他笨拙的脚踩扁了，你还是会微笑着说“跳得好”；如果你教某人去开手动挡汽车，一开始就要慷慨地强化他，哪怕是换挡时没有减速。

但是随着训练的继续，我们会在给出强化之前提出更高的要求。我们强化那些**逐步逼近**（successive approximations）目标的表现。如果你要训练一只小白鼠爬梯子，在它转向梯子的时候就用食物粒给予强化。当临近梯子时再给它一粒。然后，直到小白鼠触碰到梯子再给它一次强化。通过这种方式小白鼠到达梯子顶端的速度，要比你等待这种目标行为随机发生的速度快得多。

你经历过这种情况吗？你开车回到家，却突然意识到你并不能精确地回忆起你是怎样到达的，你的全程似乎“丢失了”。你曾面临巨大的危险吗？你怎么能允许这样的事情发生呢？事实上，你开车回到家并且你对于路线的反应可能已经习惯化了，并不需要关注这些动作了。在你驾驶过程中，你能够去思考吃饭、工作或者周末的安排。但是如果路上有一些非同寻常的事情发生，比如引擎故障或者大暴雨，你就会对驾驶投入足够的注意，使自己能够顺利回家，你的行程仍然会相当安全。

（十）操作性条件作用的应用

操作性条件作用与经典条件作用一样，并非局限在实验室里的操作程序。我们每天都在试图用它来影响别人。父母和同伴会通过奖励和惩罚来指导孩子获得所谓的与性别相宜的行为模式。同伴通过与慷慨的、没有攻击性的同伴玩耍实现社会化过程，并且同伴常常会回避那些小气的、攻击性强的孩子（Warman & Cohen, 2000）。

操作性条件作用在态度形成中也起到了作用。当孩子表现出和父母一样的态度时，父母常常会奖励他们；当孩子表现出和父母冲突的态度时，父母会惩罚或忽视他们。让我们来看看操作性条件作用的具体应用。

> **塑造：** 教授复杂行为的过程，先强化接近目标的行为。
>
> **逐步逼近：** 不断向目标行为接近的行为。

生物反馈训练

生物反馈训练（BFT）是以操作性条件作用原理为基础的。生物反馈训练让人和较低等的动物去学习控制自主反应以获得强化（N. E. Miller, 1969; Vernon et al., 2003）。

当人们体验生物反馈训练时，强化是以信息的形式给予的。例如，通过脑电图仪（EEG，一种测量脑电波的仪器）的反馈，我们能够学会释放 α 波（一种和放松的感觉联系在一起的脑电波）。人们还借助其他工具来学习降低他们的肌张力、心率以及血压。

这位女士正在使用生物反馈练习放松额头肌肉，从而减轻焦虑。

行为矫正

记住，强化物的定义是增加行为频率的刺激——而不是界定为令人愉快的事物。具有讽刺意味的是，当孩子们行为不端的时候，大人总是通过注意他们，或者惩罚他们，来频繁地强化孩子的这些行为；而当孩子表现良好的时候，大人却又忽视他们。类似地，那些在孩子行为不端时提高嗓门的老师，可能会无意地在其同伴的眼中为其赋予英雄的身份，从那以后，让老师们感到吃惊的是，有些孩子会故意捣乱来争取批评。不过老师们可以学会在孩子们表现出适宜的行为时强化他们，并且如果可能的话，利用忽视来消除不端行为。

老师们也经常采用从正强化中“隔离”来抑制行为不端。这种方法就是，当孩子行为不端的时候，将其置于一个单调的、有限制性的环境中待一段规定的时间，通常是 10 分钟。在被隔离时，他们得不到同伴及老师的关注，并且也没有强化物。

程序化学习

斯金纳发明了一种教育方法，叫作*程序化学习*，它是以操作性条件作用为基础的。这一方法假定，任何一种复杂的任务都能够被分解成一些小步骤。这些小步骤能够被单独地塑造，然后按顺序组合起来形成一个正确的行为链。

程序化学习不惩罚错误，而是强化正确反应。每个孩子都可以根据自己的学习步伐得到“100”分。程序化学习也假定，老师（或程序）的任务是以错误不再发生的方式构造学习经验。在程序化学习中，我们即使不犯错误也能够学习。

四、学习中的认知因素

真 在程序化教学中，我们即使完全不犯错误也能够学习。

经典条件作用和操作性条件作用起初被认为是相对简单的学习形式。条件作用很大程度上要求满足行为主义目标，即按照可观察到的事件解释行为，比如实验室条件。在这个理论基础上，一些心理学家提出，大多数人类行为包含了一系列条件作用事例的综合。但是，很多心理学家认为，条件作用太机械化了，以至于不能解释所有习得行为的事例，甚至包括实验室的小白鼠（Weiner, 2006）。他们转而用认知因素来描述并解释学习心理学中的额外发现。

除了联结、强化等概念之外，认知心理学家运用了诸如心理结构、图式、模板以及信息加工等概念。在认知心理学家眼中，人们收集信息、权衡事实、做出决定。让我们来看看那些有关学习中认知因素的经典研究，这些研究和机械联结截然相反。这些认知的因素并不仅限于人类——当然了，尽管人类是唯一能够自我阐述的物种。

（一）潜伏学习：形成认知地图

很多行为主义者认为，有机体仅仅获得那些被强化了的反应。但是，爱德华·托尔曼（E. C. Tolman）却展示了在没有强化时，小白鼠也会学习周围的环境。他认为，小白鼠一定是建立了周围环境的**认知地图**（cognitive maps）。

托尔曼训练了一批小白鼠跑着穿过迷宫以寻找目标食物，另外一批小白鼠则在没有食物及其他奖励的情况下，用若干天来探索这个迷宫。在那些没有奖励的小白鼠探索了十天迷宫之后，食物奖励被放在了迷宫尽头的一个小箱子里面。仅仅经过 1 到 2 次尝试之后，之前没有被奖励的小白鼠就和被奖励的小白鼠以同样的速度到达了放食物的箱子（Tolman & Honzik, 1930）。

托尔曼总结道，即使在没有被食物强化的时候，小白鼠也通过探索迷宫获得了迷宫的知识。他区分了学习和表现这两个概念。小白鼠显然是建立了一个迷宫的认知地图。尽管它们沿着快捷的路线走迷宫不是受外部所诱发，但它们仅仅通过探索就能找到快捷的路线。不过，这种学习可能仍然处于隐藏状态，或叫**潜伏学习**（latent learning），直到食物诱使它们沿着最快的路线行走。

（二）权变理论

行为主义者和认知心理学家以不同的方式解读经典条件作用。行为主义者按照刺激的配对来对其进行解释。认知心理学家以这样的方式来解释经典条件作用：刺激信息帮助有机体建立或改变它们所处环境的心理表征。罗伯特·雷斯考拉（Robert Rescorla）用实验演示了哪种观点更为准确。他的**权变理论**（contingency theory）认为，只有当条件刺激（CS）提供了关于无条件刺激（US）的信息时，学习才会发生。

在用狗进行的经典条件作用实验中，雷斯考拉（1967）发现有些结果如果不参考认知概念就很难得到解释。在他工作的每个阶段都配对了铃声（CS）和电击（US），但是配对的方式不同。在其中一组中，电击是紧接着铃声之后呈现的，即和巴甫洛夫的实验一样，无条件刺激紧随条件刺激之后出现。这组狗学会了在铃声呈现时表现出恐惧反应。

第二组狗会听见同等数量的铃声，并得到同等数量的电击，但电击并不是紧随铃声呈现的。也就是说，铃声和电击不是配对的。现在，按照行为主义者的观点，狗无法学会联结铃声和电击，因为一个刺激并不预示着另一个刺激。但实际上，狗却学会了很多东西：它们听到铃声时学会了无所畏惧。当实验室安静的时候，它们反倒表现出警惕及恐惧——因为电击可能会在任何时候到来——可是当铃声响起时它们却表现得很镇定。

第三组狗也得到同等数量的铃声和电击，但刺激的呈现是随机的。这两个刺激会偶尔配对，但大多数时候都不是。雷斯考拉认为，行为主义者可能会说断断续续的铃声和电击的配对可能已经导致了一些学习的发生，但并不是这样。铃声响起时，狗并没有表现出害怕。雷斯考拉认为这组狗没有学到任何东西，因为铃声并没有让它们预期到电击。雷斯考拉总结道，仅仅当 CS（在本例中是铃声）提供关于 US（在本例中

认知地图：
一个人的环境布局在心理上的表征。

潜伏学习：
隐藏的、不知不觉的学习。

权变理论：
该理论认为，当呈现一个刺激预示着另一个刺激有可能出现时，学习就会发生。

观察学习：

通过观察别人（被称为榜样的人），而不是直接经验的方式来获得知识和技能。

榜样：

行为反应受到其他个体模仿的个体。

是电击）的信息时，学习才会发生。

（三）观察学习

你通过观察现实生活、电影及电视中的人们学到了多少东西？通过电影和电视，你收集了许多模糊观念，比如怎样进行高空跳伞、冲浪或采集指纹，尽管你从未亲自实践。人们是如何通过观察他人来学习的呢？

在**观察学习**（observational learning）的实验中，阿尔伯特·班杜拉（Albert Bandura）及其同事的实验（如 Bandura et al., 1963）显示，我们可以通过观察他人的行为来掌握技能。在观察学习的术语中，行为反应被模仿的人被称为**榜样**（model）。当我们看到榜样的行为被强化时，我们就会受到替代强化。对我们来说，我们更有可能像榜样那样去做同样的行为。小时候，当我们观察父母烹饪或打扫时，观察学习就发生了；当我们观察老师在黑板上解决问题时，或听他们说外语时，观察学习就发生了。观察学习并不是通过强化来机械性地掌握的。我们在没有任何外显反应的时候，通过观察也可以学习，似乎只要去注意这个行为就足够了。我们可能需要一些练习来改进获得的技能，我们也可以让这些技能显现出来或处于潜伏状态。例如，我们并不会表现出攻击行为，除非我们被激怒或认为这个行为得到的更可能是奖励而不是惩罚。

不过，人类（以及猴子和黑猩猩）真的存在一种内部机制使我们可以自动模仿他人的行为吗？答案显然是肯定的。这里我们就用到了镜像神经元，即一个动物在观察其他动物行为时会放电的神经元，它可以刺激模仿行为的发生（Gallese et al., 1996）。新生儿在其照料者向他们伸舌头时会以同样的方式回应，但随着他们逐渐长大，这一自动模仿行为会消失（Meltzoff & Prinz, 2002）。尽管这样，镜像神经元还是能够使我们在别人拿东西时可以预料到他的意图。镜像神经元也许可以解释我们为什么会跟随身边的人一起打哈欠，或笑声为什么会"传染"。

我们能在多大程度上通过观察来习得性别角色？

（四）媒体中的暴力与攻击行为

有关媒体（电影、电视和电子游戏）中的暴力是否加速了现实中的暴力行为的辩论已进行了 50 余年。但研究显示，媒体暴力确实是一个引起情绪唤起、攻击行为和暴力想法的危险因素（Anderson et al., 2008; Dubow et al., 2010; Fanti et al., 2009）。

我们尤其担心一些电子游戏，如《侠盗猎车手》，因为它们需要受众的参与（Anderson et al., 2008）。玩家不只观看，而是参与进来。一些游戏会对杀死警察、妓女或旁观者的行为进行奖赏。

虚拟武器包括枪、刀、火焰喷射器、剑、击棍、汽车、手和脚等。有时玩家扮演英雄的角色，但扮演罪犯角色的情况也很常见。

电视是我们非正式观察学习的重要途径之一。只要打开电视，儿童们就被频繁暴露在谋杀、打斗和性侵犯之中（Huesmann et al., 2003; Potter, 2008）。如果儿童每天看电视 2 至 4 小时，那么在小学结束时，他们将观看到 8 000 次谋杀和 100 000 次其他暴力行为（Eron, 1993）。那么，观看电影的孩子会接触暴力少一些吗？答案是否定的。有研究发现，实际上所有的"成人与儿童都适宜观看的"电影里面也都有暴力场面（Yokota & Thompson, 2000）。其他涉及暴力的媒介还包括电影、音乐、音乐视频、广告、电子游戏、网络和漫画书。

为什么会有这么多暴力呢？答案很简单：暴力有市场。除了好卖之外，暴力还有其他的影响吗？也就是说，媒体中的暴力导致了现实中的暴力吗？如果是这样的话，父母和教育者怎样预防这些虚构的东西涌入现实生活中呢？

我们从电子游戏和其他媒体中的暴力中"学到"了什么？研究表明，我们学到了很多，不仅仅是攻击技巧，还有一种观念，即暴力是事情的正常状态。

班杜拉：对媒体中暴力效应的研究

班杜拉等（Bandura, Ross, & Ross, 1963）做了一个经典的实验，表明攻击性榜样的确会产生影响。一组学前儿童观看了一部电影，电影中的一个成人榜样对一个充气娃娃又打又踢，而控制组的儿童则观看了一部没有暴力行为的电影。随后，实验组及控制组的儿童被留在一个房间里，这个房间里有一个同样的娃娃，观察者躲藏在一个隐秘的地方记录他们的行为。观察过攻击性榜样的儿童明显地对娃娃表现出更多的攻击性（见图 5-8）。很多孩子模仿了那些他们自己从未想过的奇怪的攻击方式。

观察过攻击性榜样的儿童甚至表现出了没有被示范的攻击行为模式。因此，观察攻击性榜样不仅导致了模仿榜样的行为，而且很明显也释放了之前所学到的攻击反应。不管儿童在电影里观看的是成人还是卡通榜样，结果都是相似的。

关于媒体中暴力效应的意见一致吗？

无论如何，绝大多数健康专家团体认为媒体暴力对攻击行为有影响（Bushman & Anderson,

图5-8 模仿攻击性榜样的经典研究

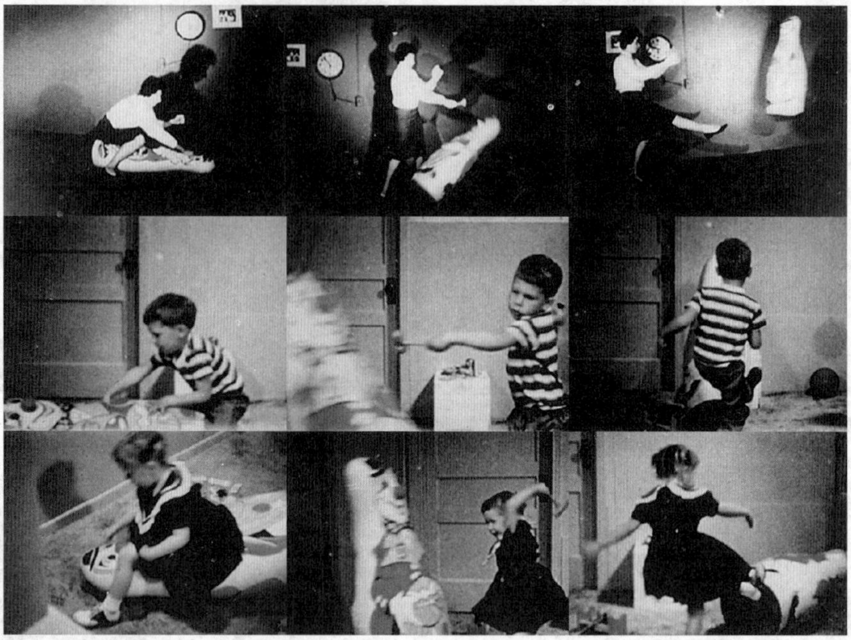

阿尔伯特·班杜拉及其同事用实验展示了孩子们经常模仿他们观察到的攻击行为。第一排图片中，一个成人榜样在击打充气娃娃；下面两排图片中，一个男孩和一个女孩在模仿攻击行为。

2007）。二者之间的关系广泛存在于不同年龄、社会阶层、种族和文化的男孩和女孩之中（Huesmann et al., 2003）。看看这些关于暴力的描写通过哪些方式对人产生了影响（Anderson et al., 2010; Bushman & Anderson, 2007）：

- *观察学习*：儿童通过观察来学习。电视暴力可以作为攻击性“技巧”的榜样，可能被儿童学会。事实上，儿童也更倾向于模仿他人的行为而不是听他们说的话。
- *抑制解除*：惩罚抑制了行为。相反，媒体上的暴力解除了对攻击行为的抑制，尤其是当媒体中的人物用暴力手段“逃脱”或者是为此受到奖赏的时候。
- *提高情绪唤醒水平*：媒体上的暴力及攻击性的电子游戏增加了观看者的情绪唤醒。也就是说，媒体“把人们激发了”。当我们被高度唤醒时，我们可能变得更有攻击性。
- *启动暴力思维和暴力记忆*：媒体暴力引发了攻击性思维及回忆。
- *习惯化*：我们会习惯于重复出现的刺激。重复地暴露在电视暴力当中会降低对现实中暴力的感觉。如果孩子开始把暴力看作是正常的，他们可能会更加容忍暴力，并且对抑制暴力冲动没有相应的重视。

暴力电子游戏也与攻击行为（包括少年犯罪）有关（Dubow et al., 2010）。在实验室环境下，玩暴力电子游戏会增加攻击性思维及行为（Anderson et al., 2010）。但是在玩过暴力电子游戏之后，男性相对于女性更有可能表现出攻击性，也更有可能对世界抱有敌意。在接触暴力电子游戏之后，学习较好的学生比学习较差的同伴表现出较少的攻击性。因此，涉及诸如性别角色、生物性别差异以及调节变量（如学习成绩）的文化刻板化也加入媒体暴力的影响因素之列。

暴露在媒体暴力中和攻击行为间似乎存在相互促进的关系（Anderson et al., 2010）。是的，媒体中的暴力会导致攻击行为，但是具有攻击性的年轻人也更有可能去寻找这类娱乐节目。图 5-9 探索了媒体暴力和攻击行为之间可能的关系。

假 事实上，大量的科学研究发现，媒体中的暴力和现实生活中的攻击有关联。

图5-9 媒体暴力和攻击行为之间的联系是什么？

媒体暴力导致了攻击行为吗？有攻击性的孩子更喜欢收看充满暴力的节目吗？还是有另外一种因素，比如某种人格特质形成了攻击的倾向，从而促进了攻击行为和对暴力媒体的兴趣？

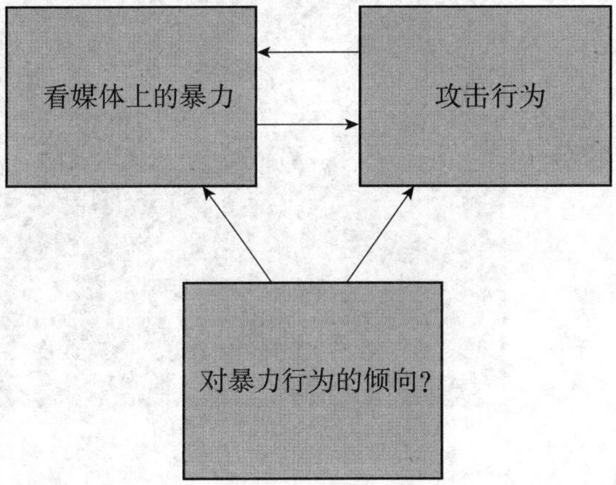

家庭也会影响儿童模仿媒体暴力的概率。研究表明，父母有物质滥用情况、父母对子女实行体罚以及单亲抚养也会增加儿童早期出现攻击行为的概率（Brook et al., 2001; Gupta et al., 2001）。父母的拒绝行为以及体罚进一步增加了儿童出现攻击行为的概率（Eron, 1982）。这些家庭因素表明攻击性儿童的父母可能没有或者很少去帮助孩子们理解媒体上不恰当的社会行为并不适合他们。严苛的家庭生活经历会支持这些电视观众及游戏玩家的观点，即这个世界是一个充满暴力的地方。

如果孩子们相信暴力行为对他们来说是不恰当的，那么即使他们从媒体或者其他渠道中获得了暴力技能，他们也较少可能表现出攻击性。如果我们不能日复一日、年复一年地记住我们所学的东西，那么我们讨论学习是没有用的。在下一章中，我们会将注意力转移到记忆上。在第 8 章中，我们会看到学习是怎样和思维、语言及智力相互交织在一起的。

教育孩子不要模仿媒体暴力

孩子们终究会暴露在媒体暴力之中，如果不在周六早上的动画片里，可能就在晚间剧或新闻里，或者他们会听朋友谈论暴力或目睹其他孩子打架。即使所有这些暴力源头都被堵住，他们还是会从《哈姆雷特》《麦克白》以及《圣经》中读到暴力。想要将儿童与暴力完全隔离是不切实际的。

那么我们应该做些什么呢？家长和教育者可以做很多事情来降低媒体暴力的影响。如果我们告知孩子如下情况，他们在观看暴力节目后就不太会表现出攻击行为：

- 他们在媒体中看到的暴力行为并不代表绝大多数人的行为。
- 他们看到的很明显的攻击行为并不是真的，而是通过镜头技巧、特效和特技表现出来的。
- 大多数人是通过非暴力方式来解决问题的。
- 现实生活中暴力所带来的后果会对受害者有所伤害，通常对攻击者也是如此。

尽管我们有进化动力的历史，尽管对于许多物种来说，成功的攻击行为确实为个体赢得了将自己基因传递给后代的权利，但人类是有思想的动物。如果孩子们认为暴力行为是不妥当的，那么即使他们从媒体或其他渠道学会了攻击技巧，他们也不太可能表现出攻击行为。

用数字说话

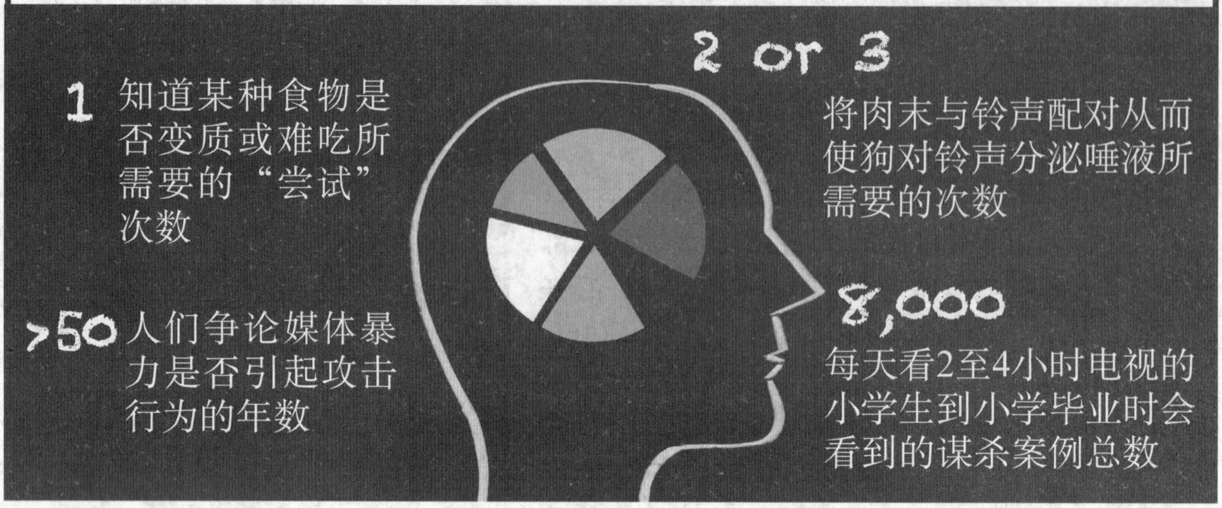
1 知道某种食物是否变质或难吃所需要的“尝试”次数
>50 人们争论媒体暴力是否引起攻击行为的年数
2 or 3 将肉末与铃声配对从而使狗对铃声分泌唾液所需要的次数
8,000 每天看2至4小时电视的小学生到小学毕业时会看到的谋杀案例总数

第6章 记 忆

内容概要

一、记忆的定义及记忆的类型
二、记忆的过程
三、记忆的阶段
四、遗忘的原因
五、记忆的生物机制

杰夫（Jeff）永远不会忘记他突发的“失忆”。他惊恐地看着自己的手机从口袋里掉出来摔到百视达商店的地板上，还没来得及抓住，它已摔得粉碎。作为一个纽约大学的学生，杰夫在他寒假的时候经历了失去电话的痛苦经历。

为什么失去电话会留下这么大的伤痛？为什么记忆如此刻骨铭心？很简单：杰夫没有任何办法能够恢复他的电话号码本了。“我正在商店里，外面大雪纷飞，我突然意识到我没办法和任何人联系了。”他解释说（Metz, 2005）。杰夫现在复制了每个电话号码，放在他的一个小黑本子上——纸质的。还有人把他们的电话号码——或者照片及下载文件——复制在手机制造商或者运营商提供的服务器上。苹果手机提供备用数据库。威瑞森公司的这一方法被称为“备份助理”。大多数人在换手机时都会将旧手机里的“记忆”转入新手机。

记住所有这些电话号码有什么问题呢？答案部分在于它们的长度。心理学家乔治·米勒（George Miller, 1956）研究了人类一次可以记住多少信息，他发现每人一次平均可以消化大约七位数字。大多数人回忆出五个信息组块是没有问题的，比如邮政编码。一些人可以记住九位数，这在大多数情况下是上限了。所以七个信息组块，加减一两个，是一个“神奇”数字。

本章全都是关于我们头脑里的“备份助理”——记忆。若无记忆，也就没有过去。如果没有记忆，那么经验会变得琐碎，学习也无法进行。让我们看看心理学家是怎样研究我们记住东西（不是将其记在手机的电话本上）的方式的。

一、记忆的类型

杰夫记得一件他自己做过的事情，比如在 1 月份一个糟糕的日子，他在波士顿摔坏了他的手机。记住摔了手机这是一个情景记忆——记住生活中的某件事。根据研究记忆的心理学家的观

> 「若无记忆，就没有过去。」

真？假？

你怎么看待下列陈述？它们是坊间传闻、常识还是无稽之谈？圈出字母“T”代表真，“F”代表假，并在阅读本章的过程中找出准确答案。

- T F 尽管一个女人记不起她是谁，但当警察给她电话时，她还是自动拨通了她妈妈的号码。
- T F 我们要记住学习内容，学习必须是有意义的。
- T F 有视力的人就有摄影式记忆。
- T F 我们所有的经验都永久性地保存在大脑中，所以恰当的刺激可以让我们精确地回忆起它们。
- T F 回忆你小学一年级老师的名字，比回忆你刚刚在聚会上认识的一个人的名字要容易。
- T F 你会清楚地记得 2001 年 9 月 11 日的早晨你在哪里、在做什么。
- T F 如果你边听音乐边学习，那么你考试时听着音乐会考得比较好。
- T F 学习西班牙语会让记忆法语变得困难——反之亦然。

点，情景记忆是记忆系统中的一种（Carver & Cluver, 2009; Dickerson & Eichenbaum, 2009）。当我知道了杰夫的经历之后，我不断提醒自己别忘了赶紧记下笔记并尽可能快地完整地写下来（我正在试图运用我的前瞻记忆——记住将来要做的某些事情）。让我们来看看各种记忆系统。

5 个记忆游戏

让我们来挑战一下你的记忆力。这并不是心理学家用来确定人们的记忆功能是否正常所用的实际的记忆测试，而是让你了解你的记忆如何运作，也比较有趣。

指导语：找来四张空白纸，并给它们按 1~4 编上号码。找一个有秒针的手表。然后遵照下列指示进行：

1. 以下是 10 个字母。看这些字母 15 秒钟。在本章后面，我会问你是否能在 1 号纸上默写出它们（不要作弊！现在不要做）。

THUNSTOFAM

2. 以下是 9 个图形，看这些图形 30 秒钟，看完后马上在 2 号纸上按照原来的顺序画出这些图形（稍后我们会谈论你的画）。

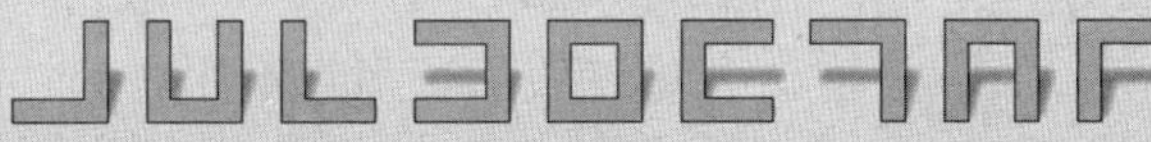

3. 以下是 17 个字母，看这些字母 60 秒钟，然后看看你是否能在 3 号纸上默写下来。

GMC-BSI-BMA-TTC-IAF-BI

4. 以下硬币中哪一个才是印有林肯头像的精确复制图？这次我们不需要在纸上画了。只需要圈出或者标记出你认为和你每天见到的硬币相同的图。

5. 仔细观察以下图形 1 分钟。然后在 4 号纸上抄下每一个图形的名字。当你完成后，继续往后读。过一会儿我会让你画出这些图形。

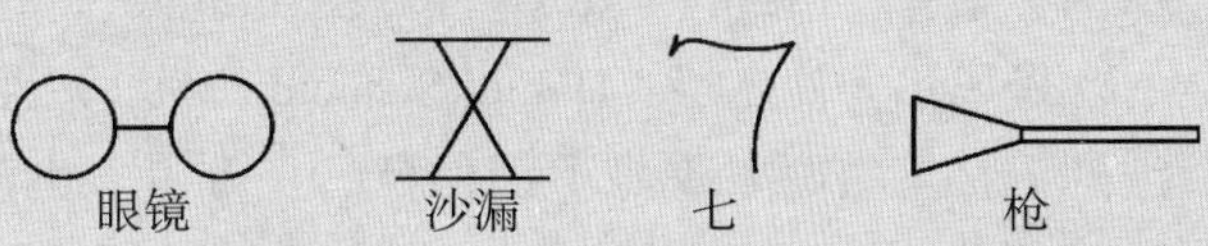

好了，在阅读本章的过程中，你会发现这些记忆挑战的结果。

（一）外显记忆

外显记忆（explicit memory）也称陈述性记忆——对具体信息的记忆。所谓外显是指事物是清晰的，或是被清楚地阐述或解释的。陈述性是指这些记忆阐述或揭示（换言之，宣布）了具体信息。这些信息可能是自传式的或常识。

心理学家艾德尔·托尔文（Endel Tulving, 1985）描述了两种外显记忆：情景记忆和语义记忆。区分这两种记忆的依据是它们所包含的信息类型。

情景记忆（我记得……）

情景记忆（episodic memories）是外显记忆之一，是关于发生在我们身上及我们在场的记忆（Dickerson & Eichenbaum, 2009; Grillon et al., 2010）。情景记忆也被称为自传式记忆。你早饭吃了什么以及教授在课堂上说了什么都涉及情景记忆。当涉及情景记忆时，我们倾向于用"我记得……"这个句式。比如当我们说"我记得 2004 年的那场暴风雪"时，我们所指的就是情景记忆。

语义记忆（我知道……）

一般性知识涉及**语义记忆**（semantic memory）——外显记忆的一种。语义和意义相关联。你"知道"美国有 50 个州，却不用每个州都去过，也不用亲自去数。你"知道"谁创作了《哈姆雷特》，尽管你没有站在莎士比亚身后看他创作。这些都是语义记忆的例子。

外显记忆：

清晰、明白地表达（说明）了具体信息的记忆。

情景记忆：

某人对其经历的事件或其在场时发生事件的记忆。

语义记忆：

和情景记忆相对，是对常识的记忆。

内隐记忆：

暗含的（隐含的）、没有明确表达出来的记忆，可以通过人们做了什么去了解、但不能用语言清楚陈述的记忆。

启动：

记忆中特定联结的激活，通常是重复的结果，且无须有意识地努力提取该记忆。

回溯记忆：

对过去发生的事件、活动及学习经验的记忆，如外显记忆（情景记忆和语义记忆）和内隐记忆所示。

前瞻记忆：

对未来要做的活动的记忆，如记住某一特定的时间该做什么，当发生什么事情时该做什么。

将来你回忆的时候，语义记忆会比情景记忆要多。也就是说，你更有可能“知道”记忆有好几种，而不是回忆起你去过哪里以及你是怎样坐下的。涉及语义记忆时我们更有可能说“我知道……”，例如“我知道关于（或者，‘我听说过关于’）1898 年的那场暴风雪”。换句话说，你可能记得给母亲写过信，但你知道莎士比亚创作了《哈姆雷特》。

（二）内隐记忆

内隐记忆（implicit memory）——也称非陈述性记忆——是关于如何完成一个操作程序或技能的记忆。它是自动执行的，比如骑自行车、查询手机电话簿或发短信（Schacter et al., 1993）。内隐记忆是暗含（或隐含）的、没有清楚阐述或用语言表述出来的记忆。内隐记忆通过人们所做的事情显示出来，而不是被清晰地表述出来。内隐记忆包括程序以及技能（认知的和身体的），有时也被称为程序性记忆或者技能记忆。

即使我们很多年不用它们，内隐记忆依然能够保持。“习惯性地”走进教室——不需要注意某些标志及方向——是内隐记忆的另一个例子。如果有人问你 2 乘以 2 是多少？ 4 这个数字会“跳入”你的脑海，并不需要有意识的计算。在背诵字母表或者乘法表数百次之后，这些记忆就成了自动或内隐的了，我们可以不用注意它们，却能够运用它们。

关于字母表或者乘法表的记忆表明重复能使联结变得自动化，心理学家把这叫作**启动**（priming）。脑成像结果显示，启动可以让人们在较少的神经活动下执行智力任务（Koenig et al., 2008; Spencer et al., 2009）。连续多年的启动可以帮助人们将不完整的单词补充完整（Friedrich et al., 2009; Schacter et al., 2007）。即使在线索有限的情况下，你也能将以下内容补充成完整的单词：

PYGYTXT BUFL

示例答案有“Pygmy”“text”以及“buffalo”，你能想到其他答案吗？

丹尼尔·沙克特（Daniel Schacter, 1992）通过一个在街头流浪的患有失忆症妇女的故事阐述了内隐记忆。警察发现她不记得自己是谁了，也没有身份证。在询问无果后，警察突然有了一个想法，就是让她打电话——“任何电话号码都行”。当被问到她是否知道什么人的电话号码时，她不知道。她不能说出她妈妈的电话号码，也不能将电话号码明确表达出来。她甚至不记得她妈妈的名字，乃至是否有个妈妈。但是，拨她妈妈的电话号码是个习惯，她依靠“自动导航”拨通了电话。我们可以认为是之前数百次的拨号行为“启动”了她完成这项任务。当我们并不刻意去回忆信息时，内隐记忆揭示了经验的作用。

真 尽管一个女人不记得她是谁，但当警察给她电话时，她还是自动拨通了她妈妈的电话。

（三）回溯记忆和前瞻记忆

回溯记忆（retrospective memory）是对以前学过信息的回忆。情景、语义以及内隐记忆都包括对以前学过的事物的记忆。**前瞻记忆**（prospective memory）是指对未来要做的事情的记忆，比如记得付账单或者取现金。

我们当中大多数人曾经在前瞻记忆上失败过，我们本来准备要做某件事情但不记得要做些什么了。在我们全神贯注、分心或者因时间紧迫而感到“压力太大”时，前瞻记忆会失效（Knight & Titov, 2009）。

编码：

将信息改变成可以存放在记忆里的过程，这是信息加工的第一个阶段。

前瞻记忆任务类型有很多种。习惯化任务（比如准时去上学）要比偶然性任务（比如在随意的时间约某人喝咖啡）更容易记住（Henry et al., 2004）。动机也会起作用，当你约的人是你感兴趣的人时，记住喝咖啡时间的可能性会较大。心理学家也区分了基于事件的前瞻记忆任务和基于时间的前瞻记忆任务（Fortin et al., 2002）。基于事件的任务是由事件所引发的，比如记得早餐时吃药，或吃东西以后刷牙。基于时间的任务在某个特定的时间段操作，或者在两次操作之间相隔一定量的时间，比如晚上 7: 30 看一档最喜爱的新闻节目，或每隔 4 个小时吃一次药（Marsh et al., 2005）。

回溯记忆和前瞻记忆与年龄相关（Old & Naveh-Benjamin, 2008）。一般来说，老年人记忆力的下降可能和他们认知过程的速度相关，而不是和信息的“丢失”相关。在前瞻记忆的情况下，老年人对线索和提示的反应时间较长（Old & Naveh-Benjamin, 2008）。也就是说，如果遇到一位朋友，他们会记得应该问点什么，但通常要花更长时间才能想起那个具体的问题。

情绪和态度对前瞻记忆有影响（Villa & Abeles, 2000）。例如，患抑郁症的人很少会督促自己去想他们本打算去做的事情（Rude et al., 1999）。

在学习下一节之前，让我们回到前面所说的 4 号纸上，请画出你记忆中的图形。先把它放一放，我们过一会儿再讨论你的画。

二、记忆过程

心理学家和计算机科学家都谈及信息加工。考虑一下用计算机来写一篇学期论文。一旦系统打开并且运行，你就开始输入信息。你可以通过在键盘上敲出字母或者通过语音识别技术——说话——来输入信息。但是，如果你要对你的计算机进行一次大修理，并且打开它的记忆的话，你在里面找不到文字或声音。这是因为计算机的程序将文字或声音——你所输入的信息——变成了一种可以存储在它的电子记忆中的形式。与此类似，当我们知觉信息时，我们如果想要把它放进我们记忆中，就必须把它变成我们能够记忆的形式。

（一）编码

关于外部世界的信息以物理的、化学的形式刺激我们的感官。信息加工的第一个步骤就是改变信息，从而使其能够存储在我们记忆中，即**编码**（encoding）。当我们给信息编码时，我们将它改变成能够被心理表征的格式。我们通常运用视觉、听觉及语义编码来完成这个步骤。

现在，让我们通过你在本节一开始就看到的挑战你记忆的那列字母来阐述编码的作用。给你一分钟的时间，试着在 1 号纸上写出这些字母。

假 当我们记忆某事物时，学习不一定非得是有意义的。保持性复述也可以实现这一点。

如果你利用了视觉编码来记住这列字母，你会像一幅画一样在大脑中表征它。也就是说，你已经保留——或者试图保留——这列字母的心理图像。

你也可能决定对自己读出这列字母，也就是按照顺序默读：“t”“h”“u”等等。你通过这样来进行听觉编码，

存储：
信息长久的保持，这是信息加工的第二个阶段。

保持性复述：
对信息进行心理复述，让其保存在记忆里。

精细复述：
将新信息和已有信息联系起来的编码种类。

提取：
找到存储信息的位置，使其回到意识层面上，这是记忆的第三个阶段。

或者将这个刺激作为一串声音来表征。你也可能将这列字母当作一个三音节的单词来读，“thun-sto-fam”。这就是听觉编码，但是也包含了字母的“意义”，就这个意义而言，你把这列字母当作一个单词来理解。这种方法包含了语义编码的元素。

*语义编码*按照刺激的意义来表征它们。这 10 个字母本身是没有意义的。但是，它们也能充当一个熟悉名称的首字母缩略词——由每个单词的第一个字母组成的词，如“THe UNited STate OF AMerica”（美利坚合众国），这种观察方式赋予它们以意义。

（二）存储

记忆的第二个阶段是*存储*。**存储**（storage）是指持久地保留信息。如果你接受一项存储字母串的任务——让你记住它——你会试图怎样将其存储呢？其中一个方法是**保持性复述**（maintenance rehearsal）——在心里重复这个字母串，或者不停地说给自己听。

你也可以通过将这个字母串和我们已知事物联系起来的方式来给它编码。这种编码叫作**精细复述**（elaborative rehearsal）。你在“详尽阐述”或扩展你正试图记住的字母的语义。例如，就像上面所提到的，这 10 个字母是“The United States of America”（美利坚合众国）的首字母缩略词。也就是说，你挑出这个短语中每个单词的前两个字母，并将这 10 个字母连在一起，就成了 THUNSTOFAM。如果你能看出来这一点，那么记住这个字母串就非常快，并且这种记忆很可能是永久性的，但是只有足够的保持性复述才能做到这一点。

（三）提取

记忆的第三个阶段是*提取*。存储信息的**提取**（retrieval）是指定位信息并将其返回到意识层面。对于那些很清楚的信息（比如我们的名字和职业），提取无须费力，而且非常快。但是，当我们试图记忆大量信息，或是完全不懂的信息时，提取会非常困难或者失败。从电脑中提取所存储的信息时，利用所需文件的名字是最简单的。同样，从记忆中提取信息需要知道合适的线索。

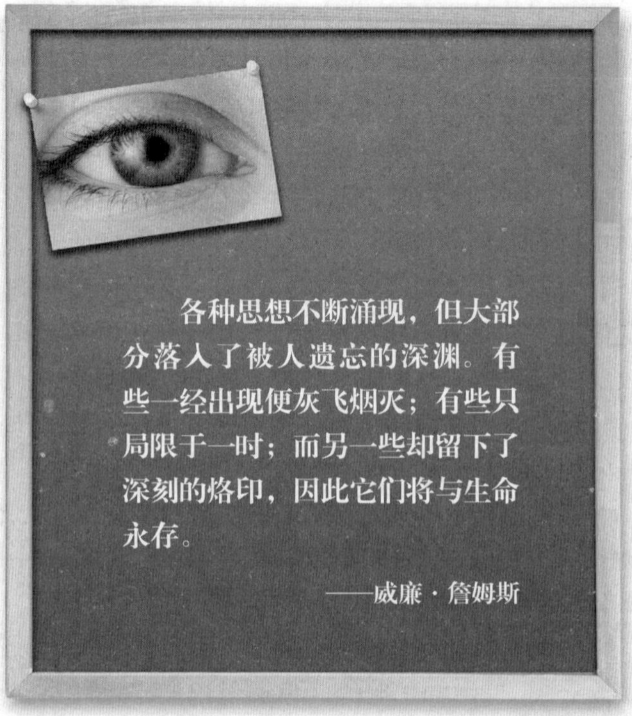

如果你将 THUNSTOFAM 编码成一个三音节单词，你的提取策略就涉及单词的回忆以及解码的线索。也就是说，你要说出“单词”thun-sto-fam，然后通过将其拼写出来解码。你可能会将“thun”错误地写成听起来很像的“thumb”（拇指），“sto”也可能会被写成“stow”（装载）。但是如果利用语义编码，或者认识到这是“The United States of America”的首字母缩略词，回忆时则很少会犯错。

如果你能认识到它是一个首字母缩略词，我想你会迅速并永久性地存储这个字母串。这也需要回忆（回忆国家的名字）和解码规则。也就是说，为了“记忆”这10个字母，你必须想象这个词组（“The United States of America”），并读出最前面的两个字母。这种情况下，你实际上是在重组这10个字母。

记忆：
信息编码、存储及提取的过程。

但是，如果你想不起字母串的话会是怎么回事呢？什么地方出错了？按照记忆的三个过程，可能是：（1）你没有运用有用的形式对字母串进行编码。（2）你没有对已被编码的信息进行存储。（3）你存储了信息，但是忘了回忆信息所需的线索（如“The United States of America”）或者解码的规则。

你可能已经注意到，本章已经进行很长一段时间，但是我还没有界定记忆。我不感到抱歉是因为之前确实没有准备好。现在我们已经探索了一些基本概念，就让我们试着为记忆下个定义：**记忆**（memory）是信息编码、存储以及提取的过程。

三、记忆的阶段

威廉·詹姆斯（1890）被这样一个事实吸引：有些记忆是很容易忘记的。它们可能“从一个耳朵进，从另一个耳朵出”，但是另一些记忆却终生难忘。世界充斥着令人眼花缭乱的光线、声音及其他感觉信息来源，但其中仅有一些被记住了。心理学家理查德·阿特金森和理查德·谢夫林（Richard Atkinson & Richard Shiffrin, 1968）提出了一个模型来展示某些信息是如何迅速丢失的，另一些信息只是留住了要点，还有些信息保留终生。如图6-1所示，他们提出了记忆的三个阶段，它们决定了信息是否被保留（以及保留多长时间）：感觉记忆、短时记忆（STM）和长时记忆（LTM）。

图6-1　记忆的三个阶段：阿特金森 – 谢夫林模型

阿特金森 – 谢夫林模型认为，记忆包含三个阶段：感觉记忆、短时记忆和长时记忆。图A：显示了感觉信息作用于感觉记忆的登记。感觉记忆中的记忆痕迹在消退之前保持得很短。如果这些信息被我们注意到，那么很多都会转变为短时记忆（STM）。图B：通过保持性复述和精细复述，信息可能会被保持在STM中。不然的话，信息就会消退或被替代。图C：一旦信息转变为长时记忆（LTM），信息就无限期地存在着。然而，如果LTM中的信息组织得不好，或者我们缺乏合适的线索来提取它，那么它可能就会丢失。

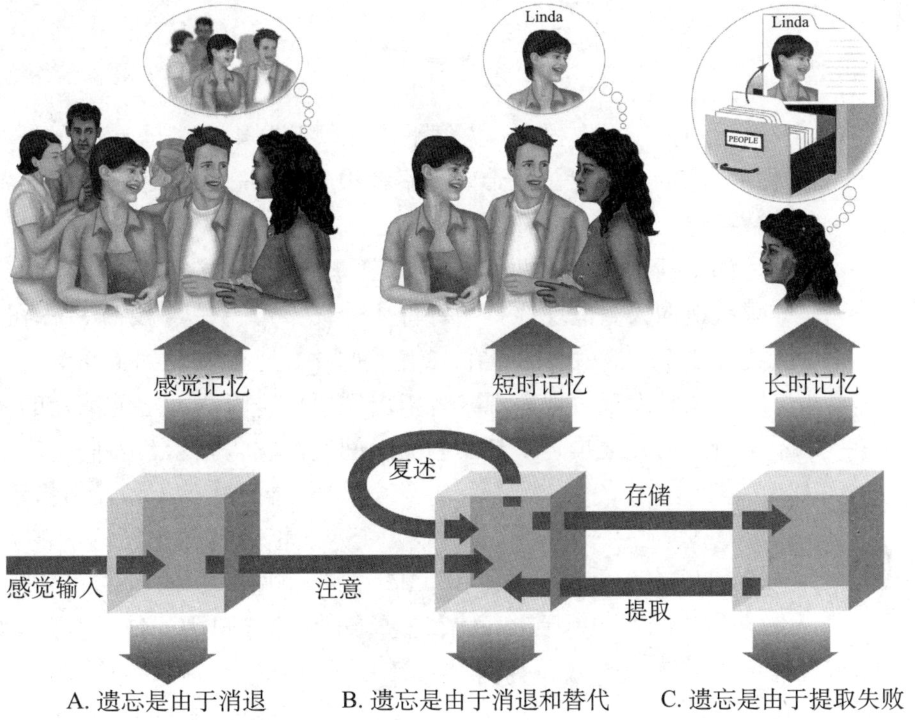

感觉记忆：

是记忆的一种类型或一个阶段，是刺激最先引发的记忆；感觉记忆保留的信息非常短暂，但足以使一系列的知觉在心理上是连续的。

记忆痕迹：

一种假定的神经系统中的变化，这种变化反映了由刺激引起的痕迹。

（一）感觉记忆

当我们观察一个视觉刺激时，我们的印象似乎没有间断。但实际上，它们由一系列被称为眼球跳动的眼注视组成。这些移动从一点跳跃到另一点，每秒大约四次。但是视觉看起来却像是连续的，或者是绵延如河流一样，这是因为我们有**感觉记忆**（sensory memory）。感觉记忆是记忆的一种类型或一个阶段，是刺激最先引发的记忆。虽然感觉记忆保留的信息非常短暂，但足以使一系列的知觉看起来是连续的。

为了解释感觉记忆运行的机制，让我们回到这个字母串——THUNSTOFAM。如果这个字母串在一个屏幕上大约呈现几分之一秒，那么这个刺激随后的视觉印象，或称**记忆痕迹**（memory trace），也会持续仅仅几分之一秒。心理学家认为记忆痕迹保留在视觉的感觉登记器之中。

如果这些字母在屏幕上持续十分之一秒的话，你仅在感觉记忆基础上进行记忆的能力将会受到限制。如果那样的话，你的记忆将会以一个眼注视为基础，图像的痕迹在一秒钟之内就会消失。一个世纪以前，心理学家威廉·麦独孤（William McDougall, 1904）做了一个实验，他给人们展示了包含 1 到 12 个字母的字母串——展示的时间仅仅够一次眼注视的长度。在这些条件控制下，人们一般只能记住 4 到 5 个字母。因此，对被排列在一起的 THUNSTOFAM 的回忆，很可能取决于人们有没有将其编码，而使其能够被更深层次地加工。

乔治·斯伯林（George Sperling, 1960）改进了麦独孤的实验方法，改进后的实验结果表明：人们能看到什么与人们能够报告出什么，两者之间存在差异。麦独孤使用了整体报告程序，要求人们报告他们在这个字母串里看到的每一个字母。斯伯林使用了一个改进了的部分报告程序，要求人们报告三行字母中某一行的内容。在一个典型的程序中，斯伯林在屏幕上显示了 3 行字母，时间是 50 毫秒 (1/20 秒)：

A G R E
V L S B
N K B T

运用整体报告程序，人们平均可以报告 4 个字母（三分之一）。但是紧接着展示字母后，斯伯林用一个箭头画出了他希望观察者报告的那一行，通常，观察者能够成功地报告出那一行中的大多数字母。

如果斯伯林展示两行共 6 个字母，人们通常可以报告出每行里面所有的字母而不会犯错误。如果快速向人们呈现 3 行（每行 4 个）字母——共 12 个——在指定的某行中，4 个字母他们平均会说对 3 个，这就意味着在 12 个字母中，他们知觉到了 9 个。

斯伯林发现，他向观察者指出需要报告哪一行之前消耗的时间影响了人们的记忆。如果在展示字母之后，他推迟不到 1 秒的时间发出报告指示，人们正确报告字母的可能就会减小。如果他推迟整整 1 秒发出指示，箭头就根本无法帮助人们回忆。斯伯林得出结论：视觉刺激的记忆痕迹会在 1 秒内消退（见图 6-1）。在单次眼注视中，人们可以清楚地看到 12 个字母中的绝大多数，如上述实验显示的那样，人们能快速读出指定的某行中的大多数字母。随着不到 1 秒的时间流逝，字母记忆的痕迹消退了。整整 1 秒钟过去之后，这

真 有视力的人的确就有摄影式记忆。但人们通常所以为的“摄影式记忆”其实术语叫“遗觉表象”。

个痕迹彻底消失。

映像：

感觉记忆中短暂保存的视觉刺激的心理表征。

映像记忆：

短暂保持视觉刺激的心理表征的感觉登记器。

遗觉表象：

在数分钟内保存详细的视觉记忆的现象。

回响：

听觉刺激（声音）的心理表征，在感觉记忆中保存短暂的时间。

回响记忆：

短暂保存听觉刺激（声音）的心理表征的感觉登记器。

短时记忆：

记忆的一种形式或一个阶段，可以保存信息多达一分钟，随后刺激的痕迹就会消退。也叫工作记忆。

工作记忆：

短时记忆的另一种说法。

映像记忆

心理学家相信，我们对每个情景都有一个感觉登记器。视觉刺激的心理表征是指**映像**（icons）。那些保存映像的感觉登记器被称为**映像记忆**（iconic memory）。映像记忆是精确的、摄影式的记忆。如果你能看见而且你的神经没有受损，那么你就有“摄影式记忆”，但这些记忆是短暂的。我们通常所以为的“摄影式记忆”，即能长时间保存视觉刺激的心理表征，在学术上称为**遗觉表象**（eidetic imagery）。仅很少的人有遗觉表象。

映像记忆与眼球跳动

正如前面所提到的，眼球跳动每秒约发生 4 次，但是映像记忆对映像的保持最多 1 秒。正因如此，视觉信息流看起来流畅而又连续。我们的阅读过程是顺畅的，而非跳来跳去，这就要归功于映像记忆。类似地，动画片每秒呈现 16 到 22 帧独立的（静态的）画面，映像记忆就会让我们觉得屏幕上的画面天衣无缝（Demeyer et al., 2009）。

回响记忆

声音或者听觉刺激的心理表征叫作**回响**（echoes）。**回响记忆**（echoic memory）是保留回响的感觉登记器。

听觉刺激的记忆痕迹——回响——可以持续好几秒，比视觉刺激（映像）的持续时间要长许多倍。这种差别是听觉编码可以帮助保留视觉信息的原因之一，或者说，为什么读出 THUNSTOFAM 中的字母或者音节能使它更容易被记住。

（二）短时记忆

想象一下，你正在完成一个写作任务，你用文字处理程序在键盘上敲出或者说出单词和词组，组成短语。它们以符号的形式出现在显示器上，暂时驻留在电脑的内存里。文字处理程序允许我们增加单词、删除单词、检查单词拼写是否正确，增加图片，还可以进行段落调整。尽管你可以在电脑的内存里操作信息，但它还没有被保存下来，即这些信息还未被存储。如果电脑或程序崩溃，信息就没有了。电脑的记忆是一个短时事件。如果要维持和这个信息的长时间联结，你必须保存它，这就意味着给它命名——最好用一个你能记住的名字，这样你随后就可以找到并提取这个信息——并且让你的电脑保存它（把它存储起来直到不需要时再删除）。

如果你注意到感觉登记器上的刺激，你就会将其保存到自己的**短时记忆**（short-term memory）或**工作记忆**（working memory）里——大约持续 1 分钟刺激痕迹就会消退。一位研究者这样描述：“工作记忆是一种心理黏合剂，它将思维从开始到结束连接起来。”（Goldman-Rakic, 1995）如果查询台话务员给你一个电话号码，你将它写下来或者立刻拨打这个号码，此刻你就在短时记忆里保存着这个号码。如果在一个聚会上，你得知了某人的姓名，并立即用姓名来称呼这个人，你就将这个姓名保存在了短时记忆里。就短时记忆而言，如果未经重复或复述，那么信息会在 10 至 12 秒之后快速消失。将一个视觉

序列位置效应：

在一个序列当中，更容易准确回忆出第一个和最后一个项目的倾向。

组块：

被知觉为不相关信息的刺激或刺激组。

形象保留在短时记忆中是可能的，但更普遍的是，将视觉刺激编码为声音或听觉刺激，然后声音就会得到复述或重复。

一旦信息在我们的短时记忆里，我们就可以继续工作了。就像文字处理程序里的信息一样，我们可以操作它。但是，如果我们没有做一些举动来保存它的话——比如写下一个刚知道的电话号码，或者将其输入你的手机电话本里——它就会永久性地消失。你必须重复新的信息来"留住"它，但是你可能仅仅需要合适的线索来从长时记忆中提取信息。

让我们回到本章一开始的字母串记忆挑战任务，如果你按照三音节单词 THUNSTO-FAM 来编码的话，你很可能就会运用心理复述（即自言自语）来记忆这个三音节单词，然后根据声音将其拼写出来。几分钟后，如果有人问你这些字母是大写的（THUNSTOFAM）还是小写的（thunstofam），你可能就不确定了。你运用了听觉编码来记住这个字母串，但是大写和小写听起来是相同的。

因为能够被读出来，所以将 THUNSTOFAM 记录在短时记忆里并不困难。但是，如果这个字母串是 TBXLFNTSDK 的话又会怎样呢？这些字母不能被读出来。你必须找出一个复杂的首字母缩略词来给这些字母编码，并且在不到一秒的时间里完成——这几乎是不可能完成的任务。为了帮助记忆，你很可能会选择试图迅速地重复这些字母——在记忆痕迹消退之前，尽可能快地读出每个字母。在这些字母的短时记忆消退之前，你看到它们的同时读出它们，并及时检查，即浏览整个字母串。

让我们假设，你将这些字母编码为声音，然后复述这些声音。当被要求报告这个字母串时，你可能错误地念成 T-V-X-L-F-N-T-S-T-K。这是一个可以理解的错误。因为两个错误的字母 V 和 T 分别和正确的字母 B 和 D 读音相似。

这些演员正在通过排练来记住剧本。演员在记忆剧本时，首先将视觉信息（打印的文本）编码为回响（头脑中相应的读音）。然后，他们通过排练（重复）来记住这些回响，必要的时候回到视觉信息上。最终，其他演员的台词成了触发自己台词记忆的线索。

序列位置效应

如果你被要求记忆字母串 TBXLFNTSDK，对于第一个字母和最后一个字母，T 和 K，你的回忆会比其他字母更加准确。回忆起序列中第一个和最后一个项目的倾向，被称为**序列位置效应**（serial-position effect）。这个效应之所以会发生，是因为我们对序列中第一个和最后一个刺激投入了更多的注意力。它们是其他刺激的边界。也可能是因为相对于其他刺激而言，第一个刺激被复述得更加频繁（被重复了更多次），最后一个刺激被复述的时间最近，因此它们最有可能被保留在短时记忆中。

组块过程

快速地重复 10 个无意义的字母不是一个容易的任务。在 TBXLFNTSDK 中，有 10 个不相关的元素或**组块**（chunks）需要存储在短时记忆中。当我们将 THUNSTOFAM 编码成三个音节的时候，一次仅需要记忆 3 个组块，这个记忆任务很容易消化。

替换：

在记忆理论中，通过增加新的信息使得短时记忆中的原有信息消失。

长时记忆：

记忆的一种形式或一个阶段，能够进行相对永久的保存。

正如本章一开始所提到的，心理学家乔治·米勒（1956）发现，每个人能够轻松地记忆平均 7 个整数，这正是一个电话号码的数字数量。很多企业都会向电话公司支付不菲的价格，以获得包含 2 至 3 个 0 或者有重复数字的号码——例如，592-2000 或者 272-3333，这些电话号码包含的信息组块较少，较容易记忆。顾客记住了企业电话号码就增加了销售量。一个金融服务公司的免费电话号码是 CALL-IRA，这让组块减少到两个，且刚好和公司的实质产生了有意义的关联（语义编码）。

回到早前呈现的第三个记忆挑战练习。你记住这 6 组字母了吗（GMC-BSI-BMA-TTC-IAF-BI）？如果将它们重新分组的话，这个任务是否会简单一点？如果把连接号往前移动一个字母，这 6 组字母是不是就变成了 GM-CBS-IBM-ATT-CIA-FBI？如果我们这样做的话，字母串还是一样的，但我们得到了可以进行语义编码（根据它们的意义）的 6 个信息组块。你也可以记住一个规则来生成这个字母串，比如“大公司和政府机关”。

再看看之前的第二个记忆挑战练习。你需要去记忆 9 个视觉信息组块，你有可能运用“L”和“Square”（正方形）来给第 3 个和第 5 个组块进行听觉编码，但是对于其他 7 个组块而言，并没有明显的编码策略可以运用。现在请看图 6-2，如果你能够认识到，挑战当中的元素能够组成我们所熟悉的一字棋（tic-tac-toe）网格，那么记住这 9 个元素只需要 2 个信息组块就够了，第一个是这个网格的心理意象，第二个是解码规则：每个元素都和网格一个部分的形状相吻合，就像读纸上的单词一样（从左上角到右下角）。从 1 到 9 的数字串将不再是一个问题。因为你很久以前就学过这个序列了，并且重复过很多次。

图6-2　熟悉的网格

对于第二个记忆挑战中的 9 个图形，如果数字被放入其中并按顺序排列的话，它们就是我们熟悉的一字棋。从原先要记住 9 个组块变成了只要记住 2 个组块：一是要知道一字棋，二是要知道解码的规则。

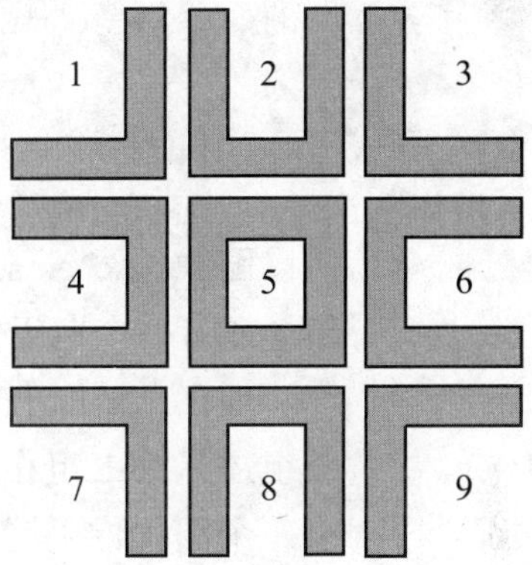

短时记忆中的干扰

劳埃德·彼得森和玛格丽特·彼得森（Lloyd Peterson & Margaret Peterson, 1959）曾以大学生为对象做了一个经典实验，在这个实验中，他们发现阻止复述会导致短时记忆的破坏。他们让学生记住 3 个字母的组合，比如 HGB——通常是 3 个简单的信息组块。然后让学生们从一个任意数字开始，比如 181，每隔 3 个数字地往回数（即 181，178，175，172，等等），在经过特定时间间隔以后，如图 6-3 所示，他们让这些学生停止数数，并报告他们所看到的字母串。几秒之后，字母组合回忆的正确率下降得很快。经过 18 秒的干扰后，数数已经把几乎所有学生记忆里的字母串驱逐殆尽。

心理学家认为短时记忆中新信息的出现**替换**（displaces）了旧信息。记住：在同一时间内，只有很少的信息能够保留在短时记忆中。

（三）长时记忆

长时记忆（long-term memory）是信息加工的第三个阶段（回到图 6-1）。想象你的长时记忆如同一个巨大的信息储存室，包括名字、日期、地点，二年级时乔尼对你做过什么，以及苏珊在你 12 岁

图6-3　短时记忆的干扰效应

在这个实验中，大学生被要求记住一个由3个字母构成的字母串，同时要求他们每次减3倒数。3秒钟以后，保留量减少了一半。15秒钟以后，回忆字母串的能力基本上完全消失了。

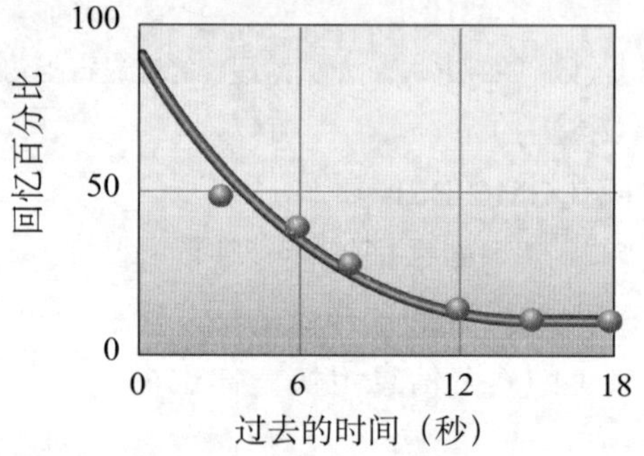

假　没有证据显示，我们所有的经验都永久性地保存在大脑中。

时是怎么说你的。

一些心理学家（弗洛伊德是其中之一）相信，几乎我们所有的知觉和想法都会被永久性储存。但是，我们可能没有办法提取所有的储存。因为没有合适的线索，一些记忆会“丢失”，或者它们在无意识里被**压抑**（repression）了。提及这一观点，我们通常会联想起神经外科医生怀尔德·潘菲尔德（Wilder Penfield, 1969）的研究。当潘菲尔德的病人大脑的某些部分受到电刺激时，他们中的很多人报告说，他们感觉看到了记忆中一些事物的形象。

现在大多数心理学家认为这种观点有些夸张。例如，记忆研究者伊丽莎白·洛夫特斯（Elizabeth Loftus）指出，潘菲尔德的探针刺激出的“记忆”缺乏细节，并且有时不准确（如 Bernstein & Loftus, 2009）。因此，没有证据表明我们的经历全都永久保存在大脑里了。现在让我们来看一下有关长时记忆的其他问题。

长时记忆有多精确呢？

心理学家伊丽莎白·洛夫特斯指出，记忆被我们的偏向和需要歪曲了——通过我们对世界形成概念的方式。我们以**图式**（schemas）的形式来表征世界上很多事物。图式是我们心理表征世界的形式，比如一个信念或者一个期望，这会影响我们对人、物以及情境的知觉。

现在，请取出4号纸，根据相应的指示“从记忆中”画出图像。请看图6-4，你画的图像和第一组还是第二组相近？如果你画的图像和第一组很像的话，我不会感到奇怪——例如，如果你的第一个图很像眼镜而不是哑铃的话。毕竟图旁边的文字说明更像是第一组的图像。这些标签（文字说明）是我们绘画的“图式”（组织关于这些图形知识的方式），这些图式会影响我们的回忆。请你顺便再拿出1便士观察一下，对于挑战你记忆的那个问题，你选对硬币图案了吗？

长时记忆能存储多少信息？

在你个人电脑（大脑）中到底有多少“千兆字节储存空间”呢？和电脑不同，无论出于何种实际目的，人们存储信息的能力是无限的（Voss, 2009; Y. Wang et al., 2009）。当我们保存网页、照片、歌曲以及电影的时候，即使最为巨大的硬盘都能够被填满。那么在你的长时记忆里保存了多少过去的“电影”呢？在你的长时记忆里，有多少景象、故事可以随心所欲地重复？另外，假设你有一个完整的感觉系统，你个人存储仓库里的电影不仅具有颜色和声音，还具有嗅觉、触觉等感觉。你的长时记忆是一个生物化学的“硬盘”，它可以存储的信息数量没有明确限制。

在短时记忆中，新信息会替换旧信息，但是没有证据表明长时记忆——那些“存储”信息——会因为被替换而丢失。长时记忆会持续一生的时间。有时，我们看似会忘记一些事情，或者“弄丢”一个长时记忆，比如小学同学的名字，然而这可能是因为我们没有找到可以提取它们的合适线索。但是，如果你开车经过你的小学（一个线索），你可能会突然回忆起那个忘记了很长时间的老师的名字。

压抑：

根据弗洛伊德的理论，记忆的消失是将引起焦虑的观念从意识中排除。

图式：

表征世界的一种方式，如信念或预期，能够影响对人、物及情境的知觉。

图6-4 记忆重建

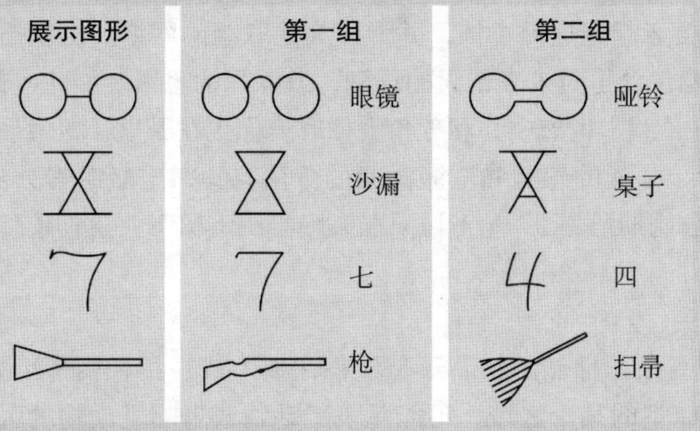

卡迈克尔、霍根和沃尔特（Carmichael, Hogan, & Walter, 1932）在他们的经典实验中发现，给予人们左边一栏的图形，然后再给予另外两栏中的说明，比如实验者说："这个图形看着像眼镜（或哑铃）。"结果发现，人们在重新画出这些图形的时候，会受这些标签的影响。

信息加工的水平

运用精细复述（即信息经过深度加工，并且和我们已经知道的事物联系起来）来记忆事情的人们，相对于运用保持性复述（通过重复信息来记忆事情）的人们而言，*信息加工水平更深*。费格斯·克雷克和罗伯特·洛克哈特（Fergus Craik & Robert Lockhart, 2008）最先提出了*记忆的层次加工模式*，即信息经过深度加工（投入注意、细致编码、深思熟虑，并且和我们已经知道的事物联系起来）后，记忆会更持久。记忆取决于人们加工信息的程度有多深，而不取决于记忆是否从一个阶段转变到另一个阶段。比如你在鸡尾酒会上被很多新名字"轰炸"了，你还是更容易想起你小学一年级老师的名字，而不是刚刚在鸡尾酒会上结识的那个人的名字，因为你以前与那位老师有过无数次互动。

真 回忆你一年级老师的名字，比回忆你刚刚在聚会上认识的一个人的名字要容易。虽然你刚刚结识聚会上的那个人，但你以前与一年级老师有过无数次有意义的互动。

想象一下我们在高中时代解决的所有数学问题。每一个问题都是某一程序的运用，以及某一公式的运用。通过不断在差别细微的背景下运用这些程序及公式，我们精细地复述它们。因此，我们就更有可能记住它们。

生物学取向的研究将深度加工和大脑某个区域的活动联系起来，显而易见，其与大脑皮层的前额区相联系（Barbey & Barsalou, 2009; Luo & Craik, 2009）。老年人表现出记忆丢失的原因之一，就是他们对信息的加工不像年轻人那样深（Craik & Bialystok, 2006; Schneider-Garces et al., 2010）。深度加工需要持续的注意，而老年人，和大脑曾经受过损伤及卒中的人一样，显然不能像以前一样集中注意力（Willmott et al., 2009）。

闪光灯记忆

为什么有些事情，比如 2001 年 9 月 11 日的袭击，能够终生铭刻在记忆里？似乎我们更倾向于记住那些奇特的、重要的以及引起情绪激动的事件，这类事件能够制造"闪光灯记忆"，能够详细地保留经验（Hirst et al., 2009），即使有些细节会被重组，就像其他记忆一样（Kvavilashvili et al., 2009）。当"闪光灯"熄灭时，为何记忆能够铭刻在心里？一个因素是记忆的清晰度。分辨突

真 你的"闪光灯"记忆能将你带回到 2001 年 9 月 11 日，尽管当时的你比现在年轻很多，事情也发生在十多年前，你依然可以清晰地记得当时你在哪里、在做什么。

出的刺激相对来说比较简单。这些事件本身就很引人注目，由这些事件引起的感觉也是特别的。因此，从记忆存储库里挑选出它们也相对容易。重大的事件，比如暗杀总统，或者失去了一个亲人，也会对我们的生活产生重要的影响。我们会老想起这件事情，并形成与之联结的网络。也就是说，我们可以详细地复述它们。我们的复述可能包含了对未来很大的预期，或深深的恐惧。因此，你会经常想起 2001 年 9 月 11 日早上，当恐怖分子袭击世贸中心和五角大楼时，你正在哪里、在做什么。

生物学和心理学是紧密联系在一起的。强烈的感觉和应激激素的分泌有关，应激激素分泌更容易将事件"雕刻"进记忆，恰如威廉·詹姆斯所言，"几乎如同在大脑组织上留下一道伤痕"。

长时记忆内容的组织

长时记忆的存储室通常被组织得井井有条，存储的物品不是堆积在地上或被扔在橱柜里。我们倾向于将关于老鼠和猫的信息聚集在存储室的某个区域，可能是表示动物或者哺乳动物的区域，然后把跟橡树、枫树和桉树有关的信息放在表示树的区域。这种对刺激的分门别类是一种基本的认知功能，它使我们可以对某些具体情况进行预测，并有效地存储信息。

我们倾向于根据*层级结构*来组织信息，如图 6-5 所示。层级结构根据普遍性或者独特性，将信息（或者信息组块）排列成组或者种类。随着等级图式不断发展，我们会发现某个项目更多的内涵，或者包含更多种类的上位概念。比如，所有的哺乳动物都是动物，但是动物中除了哺乳动物，还有很多其他的种类。

如果项目被正确地组织在长时记忆里，你很容易就能回忆起——或者知道——有关它准确的信息。例如，你"记得"鲸鱼是否在水下呼吸吗？如果你不知道鲸鱼是哺乳动物（或者说，如图 6-5 所示，哺乳动物的下位概念），或者你对哺乳动物一无所知，你的正确的答案可能取决于机械学习的非典型事例。也就是说，可能取决于不确定的情景记忆，而不是可靠的语义记忆。例如，你可能回忆起了一些电视纪录片上有关鲸鱼的细节。但是，如果你的确知道鲸鱼是哺乳动物，你也可以知道——或者记住——鲸鱼在水下不呼吸。我们是如何知晓的呢？你从有关哺乳动物的信息中，重组了有关鲸鱼的信息，即鲸鱼是哺乳动物的下位概念。类似地，你也会知道或者记住，因为鲸鱼是哺乳动物，所以它们是恒温的，会抚育后代，并且比鱼类（如金枪鱼和鲨鱼）要聪明许多。你如果错误地将鲸鱼当成鱼类，你可能已经搜寻了你的记忆，并建立了"鲸鱼会在水下呼吸"这个错误答案。

图6-5　长时记忆中的层级结构

在你的记忆中，鲸鱼处于哪个层级单元中？你对鲸鱼的分类会影响你对这些问题的回答：鲸鱼在水下呼吸吗？它是恒温动物吗？它抚育后代吗？声明：此图并不准确代表门、纲、目，旨在展示个体的分类图式是如何组织的。

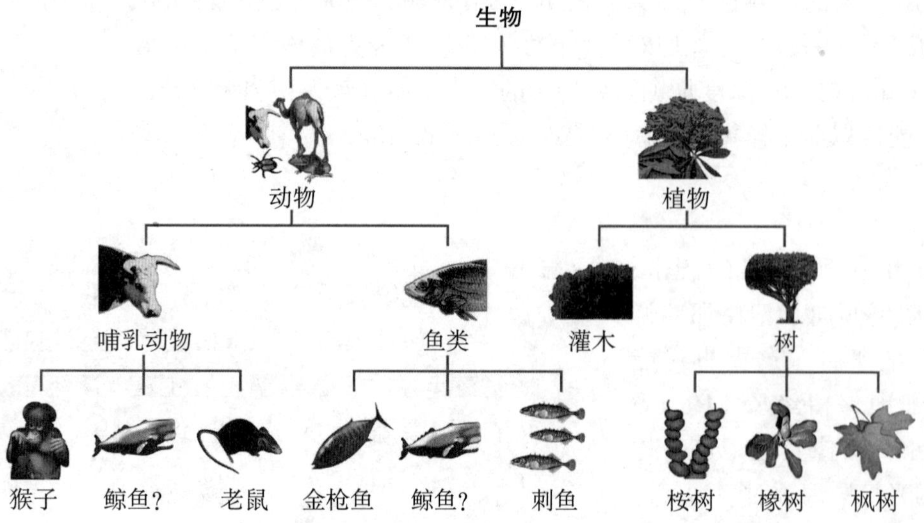

因此，我们的记忆是根据一个非常复杂的归档系统来组织的，这个系统有一定

的内在逻辑。如果你将一个信息错误分类，那可能不是系统本身的错。尽管如此，你依然可能因为找不到提取信息的最佳线索而“丢失”信息。

舌尖（TOT）现象：
虽然感觉到信息存储在记忆里，但是不容易提取出来的现象；也叫“感觉知道答案的经历”。

情境依赖记忆：
在信息的编码、存储或者学习的情境中，信息的提取更容易。

舌尖现象

事情就在舌尖却一时想不起来，这会令人很沮丧。心理学家们将这种经历称为**舌尖**（tip-of-the-tongue, 简称 TOT）**现象**，或者是一种*感觉知道答案的经历*。

研究结果对舌尖现象提供了解释（Brown & McNeill, 1966; Galdo-Alvarez et al., 2009; Schwartz, 2008）。在一个经典的研究中，布朗和麦克尼尔（Brown & McNeill, 1966）为学生们提供了一些生僻单词的定义，比如“舢板”（sampan），一种在中国和日本存在的小船。然后学生们被要求回忆他们学过的这些单词。一些学生常常觉得正确的单词“就在舌尖上”，但是报告了相似意义的单词，比如*平地帆船*、*驳船*或者*游艇*。另外还有一些学生报告了读音相似的单词，比如 Saipan、Siam、sarong 以及 sanching。这是为什么呢？

起初，学生们并不熟悉这些单词，所以精细复述没有发生，学生们没有机会将这些单词和他们知道的其他东西联系起来。布朗和麦克尼尔还认为，我们的存储系统根据单词的读音和意义的线索形成索引——根据听觉和语义编码两种方式。通过扫描和舌尖上那个单词读音及意义相似的单词，我们有时会找到一个有用的线索并提取出我们正在寻找的那个单词。

有时候答案看起来在我们的舌尖上，是因为我们关于该主题的学习是不完全的。我们或许不知道精确的答案是什么，但是我们知道一点儿（事实上，如果我们有好的写作技巧的话，我们仍然可以有力地展现这个不完全的知识，甚至在问答题中可以得到一个好的分数！）。在这种情况下，问题不存在于提取，而是存在于学习和记忆的原始加工，也就是编码和存储。

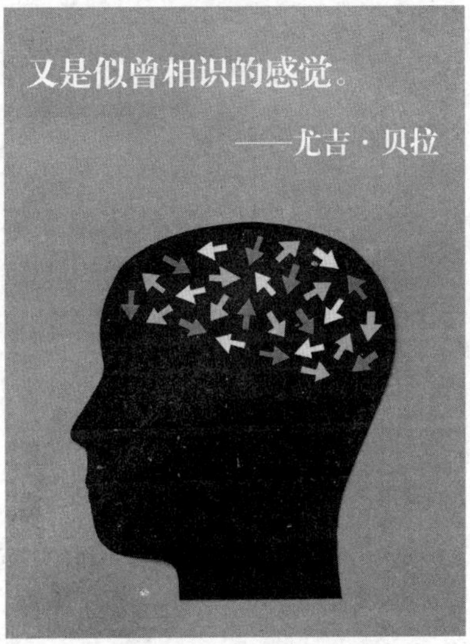

情境依赖记忆

我们获得信息时的情境在提取中也起着作用。我记得我走进童年时生活过的公寓楼大厅时，烹饪的气味突然触发了我的记忆：童年时在楼梯下玩耍，在暖气片旁边绊倒，邻居在晚饭时高声呼唤她孩子。事实证明，气味特别能引发相关记忆（Lee et al., 2009）。

我的经历就是**情境依赖记忆**（context-dependent memory）的一个例子。我的记忆在它们所形成的情境中，似乎就会特别清晰。在将要进行考试的教室里学习可能会有所帮助。处在合适的背景中——例如，在要进行考试的教室里学习或者在相同的条件下——会显著地增强回忆（Isarida & Isarida, 2006）。

根据一个以 20 个来自康奈尔大学的双语学生为对象的研究，记忆的“情境”扩展到了语言（Marian & Neisser, 2000）。这些学生平均年龄为 22 岁，从俄罗斯移民到美国时的平均年龄是 14 岁。研究者请他们回忆在俄罗斯和美国的生活细节。当用俄语与他们交谈时，他们能更好地提取在俄罗斯的生活经历。类似地，当用英语与他们交谈时，他们能更好地想起在美国发生的事情。

真 如果你边听音乐边学习，那么你考试时听着音乐（或戴着耳机）会考得比较好。（当然，你的老师应该不会允许你考试时使用 MP3。）

状态依赖记忆

状态依赖记忆（state-dependent memory）是情境依赖

记忆的扩展。当我们的生理或情绪状态和我们对信息进行编码和存储时状态类似时，我们能更好地提取信息。爱的感觉会引起其他坠入爱河的记忆。生气会让人回忆起令人沮丧的事件。这个领域的研究还扩展到了我们清醒时和酒醉时的状态。

四、遗忘

DAL、RIK、BOF 和 ZEX 有什么共同点？它们都是**无意义音节**（nonsense syllables）。无意义音节是两个辅音中间夹一个元音组成的无意义组合。赫尔曼·艾宾浩斯（Hermann Ebbinghaus, 1885/1913）第一次运用无意义音节来研究记忆和遗忘。因为无意义音节是无意义的，所以记住它们必须依靠简单的听觉编码和保持性复述，而不是精细复述和语义编码，或者其他有意义学习的方式。所以用它们来测量遗忘是非常合适的。

（一）测量遗忘的记忆任务

心理学家运用三种基本的记忆任务来测量遗忘：再认、回忆和重复学习。这三种任务都用到了无意义音节。关于这些记忆任务的研究得出了一些关于记忆本质的结论。

再认

遗忘的一个方面是我们没能再认出过去经历过的事情。测量再认有许多方法。在很多研究中，心理学家让被试读一个无意义音节序列，之后被试又会读第二个无意义音节序列，并指出他们是否能够再认出在第一个序列中出现过的无意义音节。遗忘被界定为不能再认出读过的音节。

另一种再认研究中，哈里·巴里克（Harry Bahrick）及其同事（1975）研究了离开学校时间长短各不相同的高中毕业生。他们将这些高中毕业生同学的照片夹杂在四倍于同学数量的陌生人照片中。刚刚毕业的人正确认出了 90% 的同学。离校 40 年的人正确认出了 75% 的同学。再认的随机水平只有 20%（5 张照片中只有 1 张是真正的同学）。因此甚至是老年人也展现了相当稳固的长时再认能力。

再认是记忆任务中最为简单的一种。这也是为什么选择题比填空题或论述题要容易。相对于没有任何帮助地去回忆，我们更容易再认出正确答案。

状态依赖记忆：

当处于信息的编码、存储或学习时的心理或情绪状态时，该信息的提取较为容易。

无意义音节：

无意义的两个辅音中间有一个元音的无意义组织，用来研究记忆。

配对联想：

在实验中成对地呈现无意义音节，用来测量回忆。

回忆

艾宾浩斯（Ebbinghaus, 1885/1913）在关于回忆的另一个记忆任务的研究中，大声地跟随节拍器读无意义音节，然后看能从记忆中提取多少。一次读完之后，他通常能够回忆 7 个音节——短时记忆典型的限度。

心理学家也常常使用一对无意义音节来测量回忆，这叫**配对联想**（paired associates）。配对联想序列如图 6-6 所示。被试一对又一对地仔细阅读这个序列，然后向他们展示某一对中的第一个音节，让他们回忆这一对中的第二个音节。回忆比再认要难。在再认任务里，人们只要指出一个项目以前是否出现过，或者在一些项目中哪一个项目与刺激配对即可（如选择题）。而在一个回忆任务中，人们必须以另一个音节为线索来提取某个音节。

如果两个音节能够被有意义地联系起来的话，提取会简单一些——语义编

图6-6 配对联想

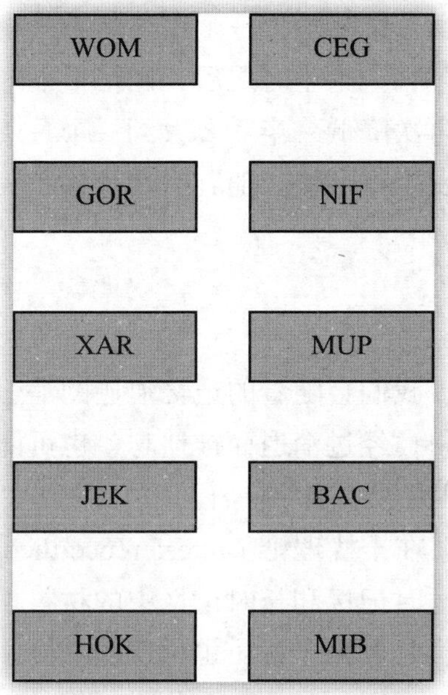

码——尽管这个“意义”被扩展了。如图 6-6 所示的第一对音节，当人们被展示 WOM 这个线索时，女人（WOMan）抽香烟（CEG-arette）的形象可能会使得提取 CEG 更容易。

哈里·巴里克等（Bahrick et al., 2008）做过一个研究，他们想看看人们是否能够记起 1 到 50 年前大学时期的分数。研究者招募了 276 名俄亥俄卫斯理大学的毕业生，他们分别毕业于 1 到 50 年前。他们被要求回忆大学时的分数，然后研究者将他们回忆的分数与实际分数相比对。在所有 3 967 个分数中，毕业生们共正确回忆出了 3 025 个。如图 6-7 所示，随着毕业时间的上升，正确的回忆率下降，基本上是由于遗漏误差。但是，相对于毕业 8 年左右的学生，毕业超过 40 年以上的学生不再出现反应误差——不再提供错误的分数。当初得分较高的学生犯错较少。81% 的错误报告是抬高了分数。研究者认为，当实际的情景记忆提取失败时，我们会用相关的一般记忆来填补空缺（“我算是一个好学生；我得了 B+”），而且绝大部分人会以一种令人满意的方式来歪曲记忆。

节省法：
用初次学习一个序列所需要的重复次数，和一段特定时间量之后再学习所需要的重复次数之间的差，来衡量保留量。

我所知道的是：人们会忘记你说过什么或做过什么，但从不会忘记你给他们带来的感受。

——玛雅·安吉罗

重复学习

重复学习是测量保持的第三种方法。还记得你在小学时必须学习每个州的首府吗？怀俄明州和特拉华州的首府在哪儿？即使我们不能立刻回忆起或者再认出以前学习过的材料，比如，怀俄明州的首府是夏延，特拉华州的首府是多佛，但我们第二次学习时掌握会快很多。

为了研究重复学习的效率，艾宾浩斯（1885/1913）设计了**节省法**（method of savings）。一开始，他测量了学习一列无意义音节或字母所需要重复的次数。然后，他又测量了某个时间量之后，重复学习这个序列所需要的次数。随后，他通过计算重复次数之间的差来确定**节省**（savings）。如果一个序列在被记住之前重复了 20 次，一年之后仍然需要 20 次重复来记住

图6-7 半个世纪以后，人们对大学分数的记忆

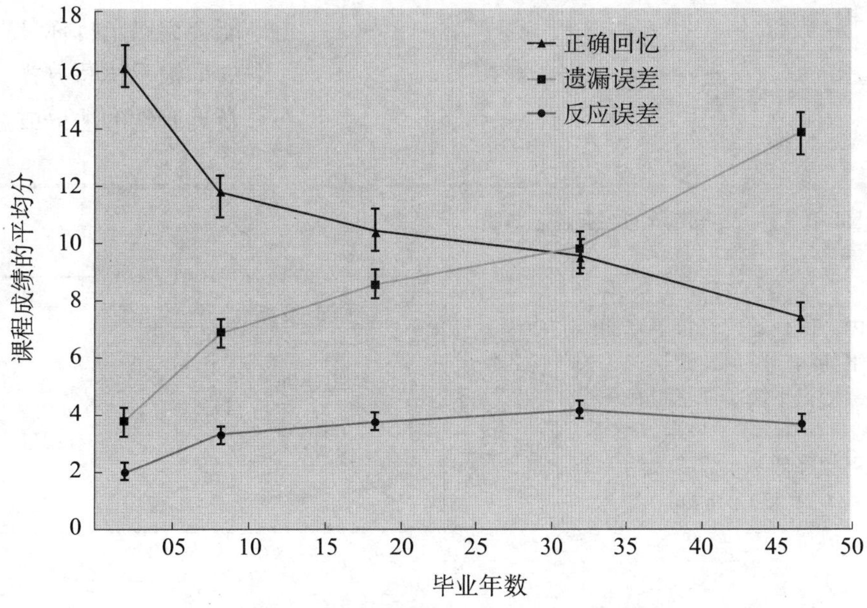

节省：

初次学习一个序列所需要的重复次数，和一段特定时间量之后再学习所需要的重复次数之间的差。

干扰理论：

该理论认为，我们之所以会遗忘已存储的材料，是因为被其他所学干扰了。

倒摄干扰：

新的所学干扰了对以往所学的提取。

前摄干扰：

以往的所学干扰了对最近所学的提取。

它，那么就没有任何节省，重复学习就和初始学习一样费力。如果一年之后，经过10次重复就能学会这个序列，那么学习所需要的重复次数就节省了一半。

图 6-8 所示的是艾宾浩斯关于遗忘的经典曲线。在刚学会一个序列之后，用节省法测量，没有记忆的丢失。但是，在学会一个序列一个小时之后，回忆量下降了一半之多。学习的丢失随后会变得缓慢。回忆量再次降低一半需要大约一个月（31天）的时间。也就是说，刚刚学会材料以后遗忘发生得最快。随着时间推移，我们会以更慢的速度遗忘所学材料。

（二）干扰理论

当我们没有注意、编码以及复述感觉输入时，我们会随着的记忆痕迹的消退而出现遗忘。短时记忆的材料，如感觉记忆中的材料，经过消退而被遗忘，也可能经过替换而被遗忘，就像我们在某次聚会上试图记住几个新名字一样。

为什么学习西班牙语会让记住法语更难？答案在**干扰理论**（interference theory）中可以找到。根据这种理论，我们之所以会遗忘短时记忆和长时记忆中的材料，是因为新的学习材料干扰了它。两种基本的干扰种类是倒摄干扰（也称倒摄抑制）和前摄干扰（也称前摄抑制）。

倒摄干扰

在**倒摄干扰**（retroactive interference）中，新的所学干扰了以往所学的提取。例如，一个医科学生通过机械重复记住了所有腿骨的名称。随后，他又学习了胳膊上骨头的名称，胳膊骨头的名称让他很难提取腿骨的名称，特别是当其名称读音类似或者在四肢的相对位置类似时。

前摄干扰

真 学习罗马语系语言（如西班牙语或意大利语）会使记忆法语变得困难，这是真的，反之亦然。

在**前摄干扰**（proactive interference）中，以往的所学干扰了提取新学习材料的能力。当你试图提取大学时期所学的法语或意大利语单词时，高中时期所学的西班牙语可能会突然干扰你。这三种语言都属于罗曼语系，有着类似的词根及拼写方式。曾经学过的日语单词不会干扰你提取新近所学的法语或意大利语，因为日语的词根和读音明显

图6-8 艾宾浩斯的经典遗忘曲线

学习之后的一个小时内，序列的回忆量下降曲线很陡峭。随后，记忆的丢失会变得平缓。回忆量在一个小时内下降了一半。然而，再次降低一半需要大约一个月（31 天）的时间。

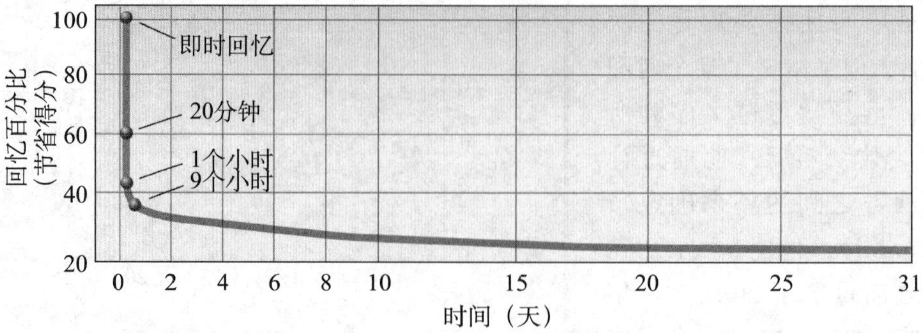

和罗曼语系语言不同。

解离性失忆：
由心理冲突或心灵创伤引起的失忆。

幼儿期失忆：
人们回忆不起 2 岁或 3 岁之前的事件，也叫童年期失忆。

海马体：
边缘系统中的一个结构，它在新记忆的形成中起重要作用。

（三）压抑

根据弗洛伊德的观点，我们会主动遗忘痛苦的经历和不受欢迎的想法，因为它们会让人产生焦虑、内疚和羞愧。弗洛伊德认为，压抑是自动地将痛苦的经历和不受欢迎的欲望从意识层面排除，这么做的动机是避免面对痛苦的回忆和情绪。精神分析学家认为，压抑是某些紊乱，如**解离性失忆**（dissociative amnesia）的本质原因（见第 12 章）。目前心理学界对此存在争论：压抑（主动遗忘）是否存在？如果真的存在，它又是如何运作的？

关于压抑的研究有许多，常见于精神分析杂志中的个案研究（如 Eagle, 2000）。很多研究都是由这样的个案组成：有些退伍军人会主动忘记创伤性的战场经历，并发展出创伤后应激障碍（曾被称为"战场神经官能症"），一旦回忆并谈论这个创伤事件以后就"感觉好多了"。批评者认为，这种压抑和恢复的证据不足，访谈者可以通过暗示来灌输这种"记忆"（Loftus & Davis, 2006; A. K. Thomas & Loftus, 2002; van de Wetering et al., 2002）。关于这个问题仍有争议，接下来会有更多讨论。

人们真的能够恢复被压抑的童年记忆吗？

尽管不可靠的科学证据表明，人们存在所谓的记忆恢复，特别是童年时期被某个亲属、老师或朋友性虐待的记忆。问题是，这些记忆是不是由治疗师诱导的，治疗师培养了这种信念，使这种信念变得如此根深蒂固，以至于似乎和真正的记忆一样。心理学家哈罗德·利夫（Harold Lief）（引自 Brody，2000）指出，"我们不知道恢复的记忆有多少是真实的、多少是虚假的"，他也是最先对这种记忆表示质疑的人之一。

心理学家伊丽莎白·洛夫特斯（Loftus & Davis, 2006）做了很多研究，表明通过诱导来灌输虚假记忆是多么容易做到。在一个研究中，研究者能够轻而易举地让一半的被试相信，他们童年时代曾在商场走失或因剧痛而接受过住院治疗。

（四）幼儿期失忆

当弗洛伊德询问人们有关其早期的经历时，他发现，人们不能回忆起大约 3 岁以前的经历，到 5 岁时的记忆仍比较模糊。这种现象被称为**幼儿期失忆**（infantile amnesia）。

幼儿期失忆的发生并不是由于这些经历发生在遥远的过去。中年人及老年人能够生动地回忆起 6 岁到 10 岁的记忆，尽管这些事件已经过去了几十年。但是，当 18 岁的人试图回忆 6 岁以前的事件时，所显示的记忆量却大为下降，尽管这些事情过去了不到 18 年（Wetzler & Sweeney, 1986）。

弗洛伊德认为，年纪小的孩子对父母有幼儿期攻击性冲动以及固执的强烈性欲。他将幼儿期失忆归结为对这种冲动的压抑。但是，幼儿期丢失的记忆，并不能够完全归结为"原始的"冲动。事实上，幼儿期失忆可能反映出生理因素和认知因素之间的交互影响。例如，边缘系统的一个结构（**海马体**，hippocampus）中涉及记忆存储的部位直到 2 岁时才成熟（Shrager et al., 2008; Wais et al., 2006）。大脑回路的髓磷脂在生命早期也不完善，这导致个体不能有效地进行信息加工和形成记忆。

以下是从认知角度对幼儿期失忆的解释：

- 幼儿对记忆过去不是太感兴趣。

- 幼儿和大孩子相反，并不注重将经历与自己生命中有意义的故事编织到一起。因此，有关特别经历的信息会丢失。研究表明，当父母追忆孩子的过去时，孩子关于幼儿时期的记忆会被加强。
- 幼儿没有有效地利用语言来对事物进行符号化或分类。因此，他们对感觉输入进行编码的能力——运用听觉和语义编码来促使记忆形成——被限制了。然而研究发现，如果幼儿不时地被暴露在他们玩耍的物体或事件的照片中，那么发生在幼儿期失忆期间的事件也能够被回忆起来。

在任何情况下，如果不是有人在成长过程中不断提醒我们的话，我们都不可能回忆起童年早期的经历。很多童年早期的记忆看起来清晰，实际上是被重整了，或者是包含了很多不准确的信息。它们也可能是对发生在我们所认为的时间之后事件的记忆。然而没有证据表明这些早期记忆是系统化地被抑制的。

（五）顺行性失忆和逆行性失忆

成人也会经历失忆，不过通常是出于生物原因，比如顺行性失忆和逆行性失忆（Kikuchi et al., 2010）。在所谓的**顺行性失忆**（anterograde amnesia）中，遭到创伤之后一段时间内的记忆丧失了，比如头部受到击打、电击或手术之后的一段记忆丧失了。在某些情况下，创伤似乎干扰了记忆的各个过程，注意、对感觉输入进行编码以及复述的能力都被损坏了。很多研究者都将某种大脑损伤——如海马体的损伤——和失忆联系起来（Epp et al., 2008; Travis et al., 2010）。

在**逆行性失忆**（retrograde amnesia）中，创伤的来源让人们不能回忆起事故发生前的事件（Wheeler & McMillan, 2001）。在一个著名的逆行性失忆的案例中，一个人的头部在摩托车事故中受了伤（Baddeley, 1982），当他恢复意识的时候，他失去了自己 11 岁以后的所有记忆。事实上，他似乎相信自己仍然是 11 岁。在接下来的几个月，他逐渐恢复了对过去的一些了解。他一年一年地恢复着记忆，一直到骑摩托车的时候。

但是他怎么也记不起恰好发生在事故前的事件。显然是事故阻止了迅速展现在他面前的信息转移到长时记忆中去。根据记忆的阶段，我们的知觉和想法如果要转移到长时记忆中去，就需要巩固，或者一段时间内记忆不被打扰（Nader et al., 2000）。

五、记忆的生物机制

心理学家假设，心理过程、如信息的编码、存储、提取——记忆——是伴随着大脑的变化而发生的（Kandel, 2006）。20 世纪早期，很多心理学家在记忆研究中都运用了**印迹**（engram）这个概念。印迹被视为一种大脑中和经验相一致的电回路——和经验相对应的神经过程。然而，很多生物心理学家比如卡尔·拉什利（Karl Lashley, 1950）花了很多时间去寻找这种回路或贮藏这种回路的大脑结构，却没有什么结果。如今，很多关于记忆生物机制的研究都集中在刺激物、神经元、神经递质、激素以及大脑结构的作用上。

顺行性失忆：
因受到身体创伤而不能回忆起发生在创伤以后的事件。

逆行性失忆：
因受到身体创伤而不能回忆起发生在创伤以前的事件。

印迹：
一种假定的大脑中与经验相一致的电回路。

（一）神经活动与记忆

什么神经事件是和记忆联系在一起的？饲养在具有丰富刺激环境中的老鼠提供了一些答案。和生长在刺激较为贫乏环境下的动物相比，这些动物的大脑皮层上生长出了更多的树突和突触（Kolb et al., 2009）。此外，视觉刺激增加了它们视觉皮层上突触的数量（Inaba et al., 2009）。因此，经验的存储确实涉及脑细胞之间信息交流途径的参与。

通过其他感觉得到的信息也会相应地导致表征这些信息的大脑皮层的改变。例如，声音也会导致听觉皮层的变化。通过各种感官感觉到的经验似乎被存储在大脑皮层的许多部位。感官信息的回忆显然涉及大脑皮层相应位置的神经活动。

对海螺（如海兔和海蛞蝓）的研究加深了对记忆生物机制的理解。和人类数十亿计的神经元相比，海兔仅有 2 万个神经元。因此，研究者能够研究经验是怎样在特定神经元的突触上反映出来的。当海兔受到电击时，它会反射性地收回触手，如同人从一个热火炉或者尖刺上反射性地收回一只手一样。在其中一个实验中，研究者在电击之前会呈现一股喷射的水。在几次重复之后，当喷射水时，海兔会条件性地收回它的触手。当海兔形成条件反射后，它们在特定的突触上会释放更多的 5- 羟色胺。因此，这些突触上的信息传导会在实验（学习）的过程中变得更加有效（Mechner, 2009; Squire & Kandel, 2008）。这种效率提高被称为**长时程增强**（long-term potentiation, 简称 LTP）。如图 6-9 所示，通过使新产生的分叉附着在传导信息的轴突上，树突也可以参与 LTP。老鼠服用增强 LTP 的物质后，学走迷宫时犯错就会少一些；也就是说，它们选择错误路径的可能性更小了（Adams et al., 2009; Uzakov et al., 2005）。

5- 羟色胺以及很多自然产生的化学物质，包括肾上腺素、去甲肾上腺素、乙酰胆碱、谷氨酸盐、抗利尿激素，甚至雌激素、睾酮都在记忆中显示了各种作用。

（二）大脑结构与记忆

记忆并不是存在于大脑中某个单独的结构里的，它依靠大脑很多部位复杂的神经相互作用（Nyberg et

长时程增强（LTP）：
短暂迅速的刺激之后，突触传递的效率增强的现象。

✱ 永远 27 岁

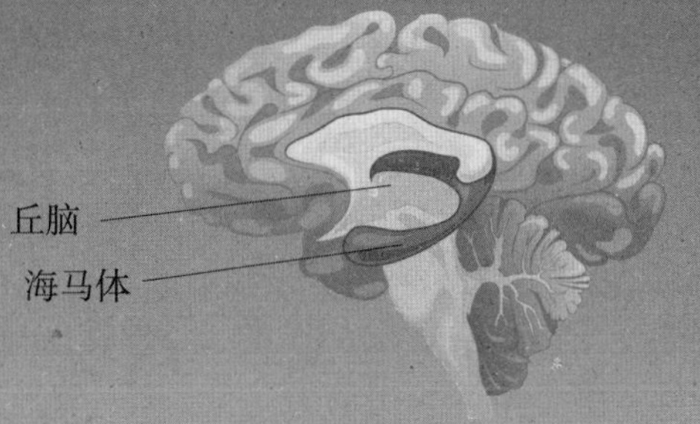

海马体在新记忆的形成中必不可少。看看这个关于“H. M.”的经典例子。为帮助治疗癫痫，有时会摘除患者大脑的某些部分。在 H. M. 的例子中，海马体的某个部分被摘除（Milner, 1966）。手术之后，H. M. 的大脑功能看似很正常。但是，过了一段时间，他在记忆新信息方面有了障碍。例如，手术两年之后，H. M. 还以为自己是 27 岁——他做手术时的年龄。他们搬家之后，他找不到新家了，记不住新的地址。他为叔叔的去世而悲伤，但又问为什么叔叔不来拜访他们。每次别人告知他叔叔已经去世的时候，他总会表现得像第一次听到这个消息时一样悲伤。H. M. 的手术导致他不能将短时记忆中的信息转移到长时记忆中去。

图6-9　长时程增强（LTP）的途径之一

LTP 可以通过神经传递活动如突触上的 5- 羟色胺和谷氨酸盐传递而发生。结构上，LTP 可以像图 A 和图 B 中那样发生，当树突长出新的分支和轴突联结时，它们所接受到的刺激量就增强了。

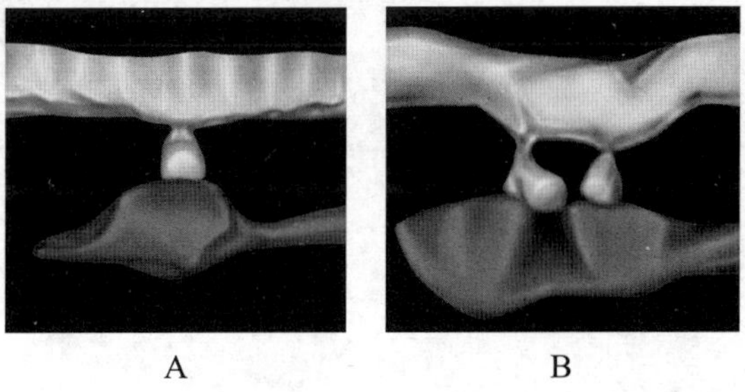

✱ 目击证人的证词可信吗？

儿童认知发展的研究者让·皮亚杰（Jean Piaget）清楚地记得他差点在婴儿车上被绑架的经历，地点是在香榭丽舍大道上。他记得当时兴奋拥挤的人群、救他的那个护士脸上的擦伤、警察手里白色的警棍以及歹徒的逃离。尽管这些记忆很形象，但他的记忆是错误的。许多年后，那个救人的护士承认那个故事是她编造的。皮亚杰成了心理学家所称为**误导信息效应**（misinformation effect）的牺牲品。护士提供的虚假信息被植入了他自己的记忆。

目击者的证词在多大程度上是可信的？记忆是可以重组的，而不是摄像化的。询问时的用词也会影响记忆的内容。因此，律师有时会被警告不能用词“诱导”目击证人。

目击证人的证词可信吗？我们有理由相信目击证人的陈述比皮亚杰的更真实吗？

其中一个问题是，实验者（或律师询问目击证人时）所选择的字眼，被证明会影响记忆的重组（Cutler & Kovera, 2010）。例如，在前面提到过的实验中，原告律师可能会问目击证人：“当被告的汽车‘猛烈撞击’原告汽车时，车速是多少？”这种情况下，相对于另一种问法（如“事故发生时，被告的车速是多少？”），被告的车速一定会被报告得更快一些（Loftus & Palmer, 1974）。那么被告律师可以指控原告律师用的“猛烈撞击”这个词误导了目击证人吗？陪审团成员听到“猛烈撞击”这个词时是什么反应？他们会被误导认为被告驾车很鲁莽吗？

儿童比成人更倾向于成为易受暗示的目击者。学前儿童比大一点的儿童更易受暗示（Ceci et al., 2007; Cutler & Kovera, 2010; Krähenbühl et al., 2009）。但是如果询问方式恰当，即使是小孩子也可以给出准确有用的证词（Ceci et al., 2007; Krähenbühl et al., 2009）。

目击证人对罪犯的指认也会存在问题。首先，目击者更关注罪犯的穿着，而不是其他更有意义的特征，如面部特征、身高和体重。在一个实验中，犯罪录像的观看者们错将一个人指认成了罪犯，只因他穿着和录像上凶手一样的T恤，戴着一样的眼镜。真正的凶手却较少被指认出来（Sanders, 1984）。

目击者的证词还存在以下问题（Cutler & Kovera, 2010）：

- 当犯罪嫌疑人与目击者种族不同时，指认准确度会下降。
- 声称非常确信自己证词的目击证人看起来更可信，但几乎没有证据支持目击证人所声称的确实是准确的。

因此，目击者的证词存在很多问题。不过，尽管伊丽莎白·洛夫特斯（如Wright & Loftus, 2008）做过许多关于目击者证词的研究，但她也认同目击者证词在法庭上是一个很有价值的工具。毕竟，目击者所做出的指认大部分时候是正确的。洛夫特斯问道：不然还能用什么来替代目击者证词呢？如果我们不允许目击者做证，有多少罪犯会漏于法网之外？

误导信息效应：

通过提供不准确的信息，如“诱导性问题”，来塑造虚假记忆。

✱ 不同记忆之间的关系

记忆的内容可以是过去的事件（回溯记忆），也可以是将来的事件（前瞻记忆）。对于过去的记忆可以是清晰的（外显记忆）或隐含的（内隐记忆）。外显记忆又包括对个人经历的记忆（也叫情景或自传式记忆）和对常识的记忆（语义记忆）。

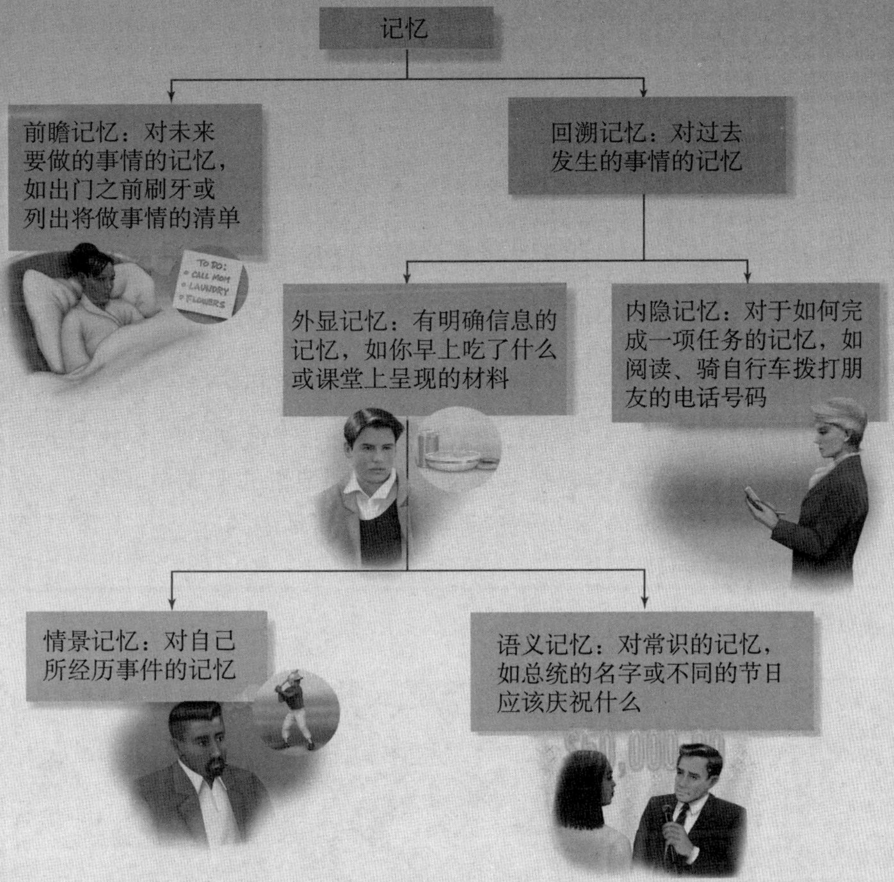

al., 2000）。但是，大脑中的某些部位在记忆过程中起到了更为明确的作用。海马体在存储新信息时起到了必不可少的作用，尽管没有它我们仍然可以提取旧信息（Squire, 2009）。但是，海马体并不是一个信息储存箱，其作用在于将感觉信息传递到大脑皮层的某些部位。

存储箱在哪里呢？大脑将记忆的一部分存储在感觉皮层中适当的区域。视觉图像被存储在视觉皮层，声音被存储在听觉皮层，以此类推。当我们回忆某件事情时，边缘系统的任务在于整合这些信息。但是，额叶显然是存储信息的区域，如事件发生的时间和地点（Chafee & Goldman-Rakic, 2000; C. R. E. Wilson et al., 2008）。

什么决定了我们要回忆一些事情呢？推动我们回忆过去或促使我们记住未来要做某些事情的动力是什么？前额皮层（见图 6-10）是记忆的决策中心（Christ el al., 2009; Wheeler & Treisman, 2002）。它似乎赋予了人们意识——心理表征以及注意过去、现在和未来经历的能力，它让人们能够在一段时间之后，在心理上重新游历过去。它让人们能够集中精力于未来打算做的事情上，比如，在上学的路上寄一封信，或者在睡觉前刷牙。

海马体也涉及事件发生的时间和地点（Eichenbaum & Fortin, 2003）。海马体直到我们 2 岁时

图6-10 大脑前额皮层

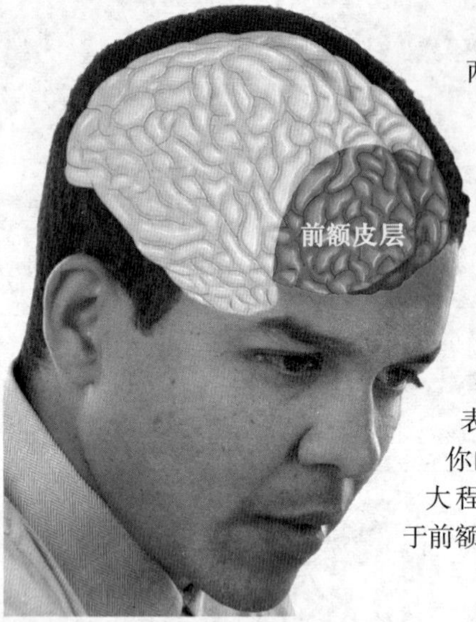

前额皮层有两部分。其中一部分分布在左右半球眉毛外边缘稍上一点。前额皮层在视觉和空间问题解决的过程中表现非常活跃。你的自我感觉很大程度上也存在于前额皮层中。

才会成熟。这种不成熟可能和幼儿期失忆有关。海马体受损的成年人可能会形成新的程序性记忆，但它们不能形成新的情景（“地点和时间”）记忆（Fields, 2005）。不过尽管他们不能回忆实践部分，却能够发展新的技能（Squire & Kandel, 2008）。

丘脑涉及言语记忆的形成。一名叫N. A. 的美国空军候补军官在一次击剑事故中，丘脑的一部分受到了损伤。之后，N.A. 再也不能形成言语记忆了，但是他能够形成视觉记忆（Squire, 2004）（一个测量视觉记忆的方法是向人们展示图片，等过一段时间之后，让其指出刚才展示给他们的图片）。

因此，信息的编码、存储和提取涉及了生物活动。随着我们的学习，新的突触生长起来，已有的突触发生变化。大脑某些部分也参与到记忆的形成中。在下一章中，我们会看到人们是怎样操纵他们所存储的信息，以适应环境或创造新环境的。

用数字说话

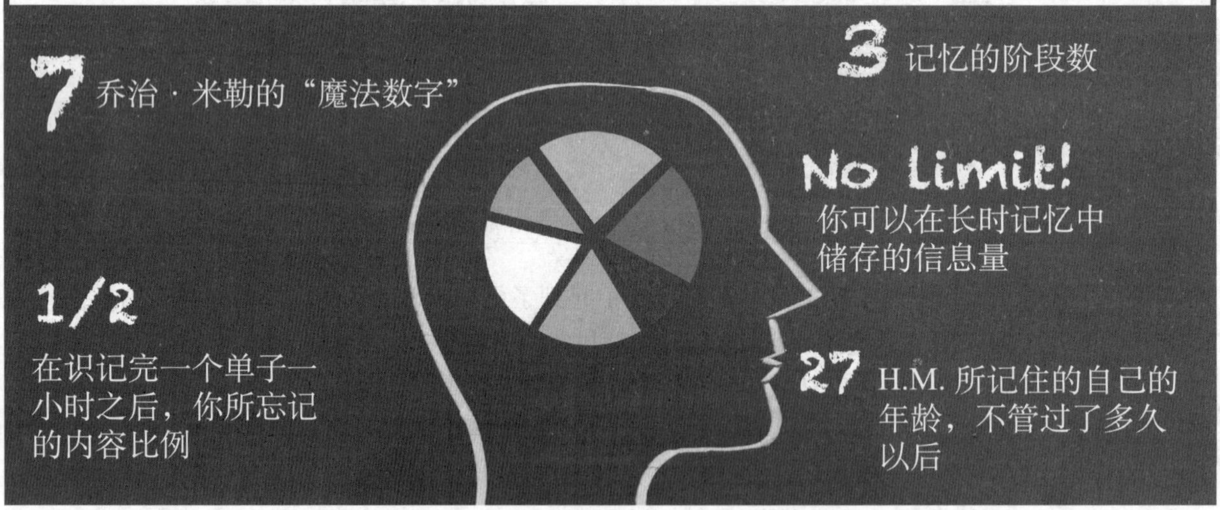

第7章 思维、语言和智力

内容概要

一、思维以及与思维相关的概念
二、语言的发展
三、智力的概念及其测量方法
四、围绕智力测验的争议

认知：

涉及信息理解、加工和交流的心理活动。

思维：

对信息予以注意，对其进行心理表征、分析推理，并做出决策。

什么样的生命形式能够具有如此强的适应性以至于能在近 50℃的沙漠中或者在 -40℃的北极气候中生存？什么样的生命可以跑步、行走、攀爬、游泳、连续在水下生存好几个月，或到月球上飞一个来回呢？好吧，不再卖关子了，我们就是这种生物。尽管我们赤裸的躯体无法适应这些极端的气温，我们的体力也没有强大到让我们在水下生活，或者到月球上去，但我们的认知过程（思维、语言和智力）让我们能够超越身体限制来适应这些环境。

人类的认知过程是我们得以生存与繁衍的重要机制。其他物种可能比我们强壮、比我们跑得快、比我们嗅觉灵敏，甚至比我们的寿命长，但只有人类可以创作出文学、音乐、数学和科学。我们的认知过程使这些成果得以实现。在本章中，我们将学习**认知**（cognition）的三个相关领域：思维、语言和智力。

一、思维

古希腊哲学家亚里士多德指出，人之所以有别于低等生物，是因为人具有理性思维的能力。什么是思维？**思维**（thinking）意味着注意信息，对其进行心理表征，对其进行分析推理，并产生关于它的判断和决策。思维是指有意识地、有计划地尝试去理解和改变世界。相比之下，有些心理过程比如做梦以及白日梦并不代表思维，它们可能是没有计划的，或多或少地自动进行。

下面我们从概念开始学习，因为概念提供了思维的建筑基石。

「**在心理学中，智力可能是最具争议的话题了。**」

真？假？

你怎么看待下列陈述？它们是坊间传闻、常识还是无稽之谈？圈出字母“T”代表真，“F”代表假，并在阅读本章的过程中找出准确答案。

- T F 只有人类会运用顿悟解决问题。
- T F 啼哭是语言的早期形式。
- T F 小孩子说“Daday goed away”（爸爸走开）和“Mommy sitted Down”（妈妈坐下）是因为他们懂得语法规则。
- T F “生存智慧”是智力的标志。
- T F 创造力强的人智力高。
- T F 高智力的人创造力强。
- T F 两个孩子在智力测验同样的题目上都回答正确，但是一个孩子的智商可能高于平均水平，另一个孩子的智商可能低于平均水平。
- T F 智力测验除了测量智力以外，还测量了很多东西。

（一）概念

概念：

一种心理分类，用来将拥有共同特质的物体、关系、事件、抽象事物、观点或者特点分到一类。

原型：

能够很好地代表一个物体或事件类别的典型事例。

概念（concepts）是用来将那些具有共同属性的物体、关系、事件、抽象事物或特点聚集在一起的一种心理分类。概念对于认知来说至关重要。概念可以表征物体、事件和活动——以及对从来没有被测量过的或者不能被测量的事物的想象，如《指环王》里的"中土世界"，或《绿野仙踪》里的"奥兹国"。

对客观事物的认识有赖于对这些事物的体验以及个人的文化背景（Sloman et al., 2002）。正方形、圆形以及三角形在自然界并非那么普遍，有些人（比如纳米比亚北部的辛巴人）就没有这些概念（Davidoff et al., 2008; Roberson et al., 2002）。但是这些形状是几何的基础概念，正如几何当中的很多问题一样，很多思维都和新概念归类以及处理概念之间的关系有关。

我们倾向于按照层级结构来组织概念（见图 7-1）。例如，报纸的概念包括了你所在学校的校报和《洛杉矶时报》。报纸、大学教科书以及产品目录可以合并成一个更高级的分类，比如印刷物或者存储信息的印刷品。如果加入随身听、硬盘或者 DVD 的话，你可以创造一个更高级的类别——存储信息的物品。现在考虑一下这个需要分类思维的问题：报纸和 DVD 有什么相似的地方？这个问题的答案需要提供包含这两种物品的分类。在这个例子中，我们可以说这两种物品都可以存储信息，尽管所运用的技术不同，但它们功能相同。

原型（prototypes）是非常好的样例。它们和种类的关键性特征最为匹配（Machery, 2009）。哪

图7-1 概念组织的层级

人们可能有一个概念，即"存储信息的物品"。这个概念可能包括 iPod、DVD 以及印刷品。在印刷品的概念里，人们可能会囊括进报纸、大学教科书（这当然是存储信息最好的物品！）、小说和产品目录。而在报纸的概念里，又包括校报以及各种商业报纸。

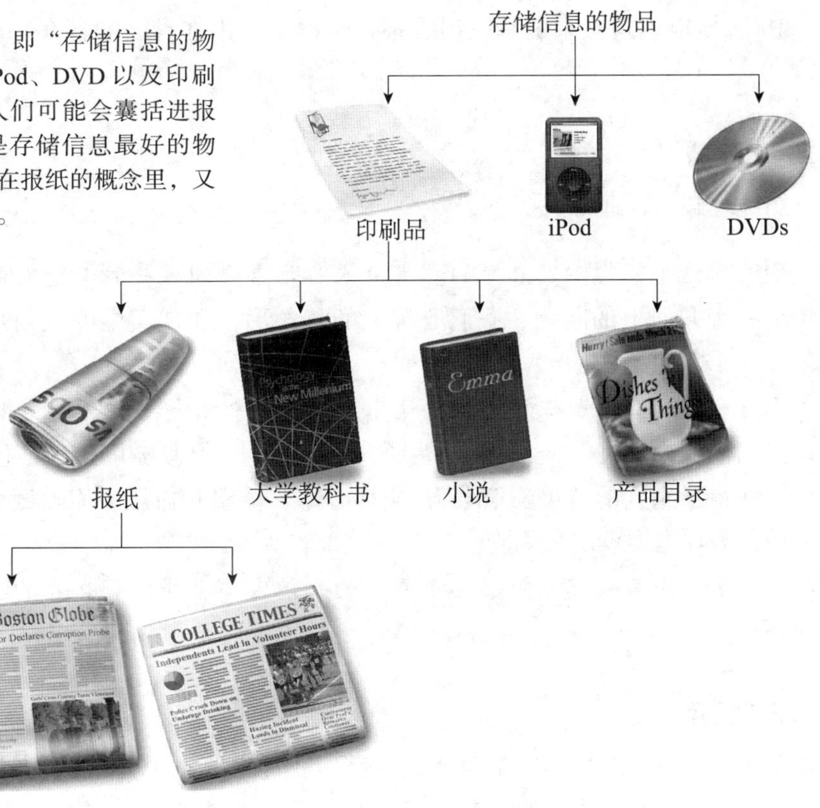

样例：
具体的例子。

算法：
解决问题的系统程序，当它被正确应用时是稳定不变的。

个动物对你来说更像是鸟：一只知更鸟还是一只鸵鸟？为什么？哪个更符合鱼的原型：一只海马还是一条金枪鱼？为什么？

一些简单的原型，比如狗和红色，可以通过事例或**样例**（exemplars）来教授。研究表明，对于大多数人来说，在学习什么是水果和蔬菜的时候，从它们样例的经验中学习会比从定义中学习更加有效（Freund, 2009; Voorspoels et al., 2008）。我们指着一条狗，告诉一个孩子“狗”或“这是一条狗”，实物狗是狗这个概念的正例。反例——不是狗的事物——是指我们将不是狗的事物指给孩子说“这不是狗”。一个概念的反例可能是另一个概念的正例。所以，在教孩子时，我们更可能会说“这不是狗——这是猫”，而不是简单地说“这不是狗”。

一开始，孩子可能会将马以及其他的四足动物也包含进狗这个概念里，直到狗和马的区别被指出来。在语言发展中，这种一个类别中事例的过度包含（如马和狗的例子）被称为过度延伸。在给予孩子正例、反例以及解释之后，已有的原型就更加完善了。一些抽象概念比如学士或平方根需要解释相关的基本概念才可以建立起来。

（二）问题解决

问题解决是思维的重要任务。这里有个问题让你来解决。在这个序列中，接下来的两个字母会是什么？

OTTFFSSE ___？

你是怎样努力找到答案的？你搜索了你的个人记忆银行，问自己 O 代表什么、T 代表什么，并以此类推吗？你试图考虑这些字母代表什么短语了吗？会不会是某个星座的一群恒星的首字母？（如果你没能通过搜索引擎找出答案，也没有得出你自己的答案，那么我会在几页之后讨论这个问题。）

（三）理解问题

成功地理解问题通常需要三个要素：

- 我们关于这个问题心理表征的各部分或各元素之间以一种有意义的方式联结。如果我们试图解决一个几何上的问题，我们心理上的三角形，和现实中的三角形一样，应该有三个角，内角和为 180 度。
- 关于这个问题心理表征的元素与外部世界的元素相一致。当我们评定急救室里的一个病人时，在提出治疗方案之前，我们希望获得一个关于什么地方可能出了毛病的诊断。通过这种方式，我们获得了病人的“重要信号”，包括心率、体温和血压，以使我们关于这个病人的心理图像和他的身体内在状况相吻合。
- 我们拥有一个可以赖以解决这个问题的知识宝库。我们有必要的经验或课程训练来解决这个问题。

算法的运用

算法（algorithm）是解决某类问题的特定程序。算法总是能解决问题——如果运用得当的话。数学公式（比如毕格拉斯定理）就是算法的例子。只要运用正确的公式，它就会带来正确的结果。

为了找出正确的公式来解决问题，我们可能需要扫描大脑，以找出表征这个问题中一个或更多元素的所有公式。毕格拉斯定理和直角三角形有关，因此，需要考虑运用这个定理解决直角三角形问题，而不是其他定理。

如果你初次会见某个人，又想给对方留下一个好印象，你会考虑这个会面的性质（例如，工作面试或是“相亲”），然后会考虑穿什么以及怎样表现。如果是工作面试，算法可能是穿得整洁，准备充分，少用些古龙水或香水。如果是约会，你可能摒弃套装，用足古龙水或香水。在两种情况中，都需要用到微笑和目光交流——这就是普遍的公式。

颠倒顺序词中的字母顺序被打乱了。Korc 是 rock（岩石）或者 cork（塑料瓶塞）的颠倒顺序词。颠倒顺序词任务即试着指出字母顺序的混乱，或将字母组成单词。一些颠倒顺序词任务要求我们运用每一个字母，而另一些颠倒顺序词任务则只要求我们运用其中一些字母。DWARG 这五个字母能组成多少个单词？如果你采用**系统随机搜索**（systematic random search）算法的话，你会列举所有可能的字母组合，将每个字母和其他四个字母排序。你可能会用词典或者一个拼写检查程序来确认每个结果是不是一个单词。这种方法会花费一定的时间，但是很有效。

系统随机搜索：
解决问题的一种算法，在这种算法中，每一种有可能的解决方法都会根据一套特定规则来检验。

启发：
帮助我们简化和解决问题的经验法则。

手段－目的分析：
一种启发技巧，我们试图通过评价当前情境和目标的差异来解决问题。

启发技巧的运用

有时人们会运用捷径“跳到结论”，并且常常是准确无误的，这种捷径叫作**启发**（heuristics），或启发技巧，是帮助我们简化及解决问题的经验法则。启发往往以过去用过的策略为基础（Mair et al., 2009）。

和算法相比，启发不能确保正确的解决方案。但是，当其运行时却更加快捷。用启发技巧来解决颠倒顺序词中的问题时，需要寻找熟悉的字母组合，然后核查剩余的字母是否能和这个组合组成一个单词。例如，在 DWARG 中，我们找到了熟悉的组合：dr 和 gr。然后我们可能会很快地找到 draw（绘画）、drag（拖拉）以及 grad（毕业生）。这种方法的缺点是我们可能会漏掉一些单词。

启发技巧的一种类型是**手段－目的分析**（means-end analysis）。在运用启发技巧的过程中，我们评估当前情境和目标之间的差异，然后竭尽全力去减少这种差异。让我们假定，你开车在外面迷路了。一个基于“分析你需要做什么来到达你想去的地方”的启发技巧可能是问路。这种方法不需要“方向感”。而算法可能结构更为复杂，需要一些科学知识。例如，如果你知道目的地在你现在位置的西边，你可能会朝着太阳下山的方向开。

类比法的运用

类比基于不同的事物所存在的部分相似之处。类比启发是将以前解决某个问题的方法运用到一个新问题上。当我们参考以前的方法来解决新问题时，就运用了类比启发（Mair et al., 2009; Wang & Chiew, 2010）。

让我们看看你是否能够利用类比启发作为解决以后很多问题的有利条件。请看下面的数字串，然后找出它们的顺序规律。

8, 5, 4, 9, 1, 7, 6, 3, 2, 0

这个题目相当抽象，需要一定的数学思维。实际上，你习惯性地运用了类比启发。比如，新

心理定势：

对新问题采取过去成功处理类似问题时使用的解决方式的倾向。

顿悟：

在格式塔心理学中，突然觉察到“知觉领域”的元素之间的关系，从而获得解决问题的方案。

学期来了一个新老师，你可能会琢磨这个新老师让你想起了谁。然后，你会回忆起让你和类似的老师能够和睦相处的事，并试图将它们用在这位新老师身上。我们倾向于寻找在过去类似的情形中帮助过我们的事物。当我们考虑 OTTFFSSENT 时，我们将其看作数字 1～10 的英文首字母。当我们考虑以下数字串时——8，5，4，9，1，7，6，3，2 和 0——我们可以再一次想起它们的英文首字母。它们恰巧是按照字母表顺序排列的（eight，five，four，以此类推）。

影响问题解决的因素

解决问题的方式对解决问题的效率至关重要，当然其他因素也会影响效率。内在的因素包括三个：你的经验水平，你是否陷入心理定势的陷阱，你是否对这个问题有所顿悟。

专门知识 为了体会专门知识在问题解决中的作用，请尝试将以下的颠倒顺序词恢复原状，原题由诺维克和科特（Novick & Coté, 1992）所提出。用每一行中的所有字母分别组成一个英语单词：

DNSUO
RCWDO
IASYD

你用了多长时间来破译其中的奥秘呢（“sound”“crowd”“daisy”）？当一个人的母语是英语时——是一个“行家里手”——破译这些颠倒顺序词的效率会比那些双语人士（在家里说另一种语言的人）高吗？原因是什么呢？

专家解决问题会比新手更快、更有效。一般而言，擅长解决某一问题的专家会有以下特质（Bassok & Novick, 2012; Mair et al., 2009; Nokes & VanLehn, 2008）：

- 他们对这个特定的领域了如指掌。
- 他们对问题包含的元素记忆清晰。
- 他们建立了有利于问题解决的*心理意象*或表征。
- 他们将这个问题和类似的问题联系起来。
- 他们更能做到目标定向，在问题解决过程中有更高效的方法。

这些因素是相互关联的。例如，艺术史学家获得了一个使他们能够理解错综复杂的绘画作品的资料库。因此，他们关于绘画作品细节的记忆也迅速增长。

诺维克和科特（1992）发现，对专家来说，颠倒顺序词问题的答案似乎在两秒钟以内就“蹦出来了”。专家显然是用了比新手更加有效的方法。专家似乎用了*平行加工*，即他们同时处理这个问题中的两个或两个以上的元素。例如，在 DNSUO 这个字母串中，他们在考虑元音字母（UO 或 OU）的同时，也考虑哪个辅音字母（D、N 或者 S）会在元音前面，很快就得到了 sou 和 sound 等结果。而新手可能会采用*序列加工*——在一个时间段内只加工一个元素。

心理定势 用曾经在类似问题上有帮助的方法来应对新问题的倾向叫作**心理定势**（mental set）。心理定势常常使我们的工作更加容易，但是当新问题和旧问题之间的相似性只是错觉时，又会误导我们。

顿悟 为了解**顿悟**（insight）在问题解决中的作用，请思考由麦特卡尔夫（Metcalfe, 1986）提出的下列问题：

一个陌生人找到博物馆管理员，给了他一枚古代的青铜铸币，这枚铸币外表逼真，并印有公元前544年的字样。博物馆管理员曾从这个可疑小贩那里收购过一些东西，交易很愉快。但是，这次他却毫不犹豫地叫来警察将这个人逮捕了。为什么？

酝酿：

问题解决中一个假设的过程。有时，当我们从令人沮丧的问题中避开一小会儿时，解决问题的方法“突然”就出现了。

功能固着：

根据某个物体的名字或熟悉的功能来看待一个物体的倾向。

我现在还不能告诉你答案。但是我保证当你知道了解决问题的方法时，你会大吃一惊。你会想“当然！”。似乎这个问题中的信息块突然重组，答案一下子变得那么显而易见。

假 正如梅尔对俾斯麦的研究所示，好像人类并不是唯一能够用顿悟来解决问题的物种。

俾斯麦（Bismarck）是心理学家诺曼·梅尔（N. R. F. Maier）的一只老鼠，它证明了它们这一物种的顿悟能力（Maier & Schneirla, 1935）。心理学家训练俾斯麦爬梯子到放有食物的桌面上。一次，梅尔用一张网阻止老鼠到达目的地。但是，如图7-2所示，老鼠可以看到另一个梯子也可以用。一开始，俾斯麦用鼻子嗅，用爪子抓，试图在这张网上找到一条路。然后这个老鼠又花了一些时间洗洗脸，这个举动可能代表了老鼠很沮丧。突然，它跳起来，转过身，顺着原来的梯子爬下来，绕到新的梯子旁，爬上了这个新的梯子，并赢得了它的甜点。俾斯麦是突然察觉了问题元素之间的关系，以至于通过顿悟的方式解决了问题吗？它似乎拥有格式塔心理学家曾经指出的“啊哈体验”。

酝酿 孵化器能够温暖鸡蛋以孵出小鸡。问题解决中的**酝酿**（incubation）是指将问题搁置一段时间，这个时候有一些加工过程可能仍在继续进行。过一段时间之后，如同灵光乍现一般我们会顿悟到答案。将问题搁置一段时间可能会帮助我们远离无益却挥之不去的心理定势（Kohn & Smith, 2009; Sio & Ormerod, 2009）。

功能固着 **功能固着**（functional fixedness）可能会阻碍问题的解决。例如，问问你自己，钳子是什么。它是用来夹东西、镇纸的，还是武器？

钳子可以用来做以上任何一件事，但是，你自然而然地认为钳子是夹东西的工具，这显然受到你使用钳子的经验所限制，你可能只用过它夹东西。功能固着是按照某物的名字或熟悉的功能来考虑它。这可能和心理定势类似，因为它也可能对运用熟悉的物体来解决新问题造成一定的困难。

图7-2 俾斯麦运用认知地图来索取甜点

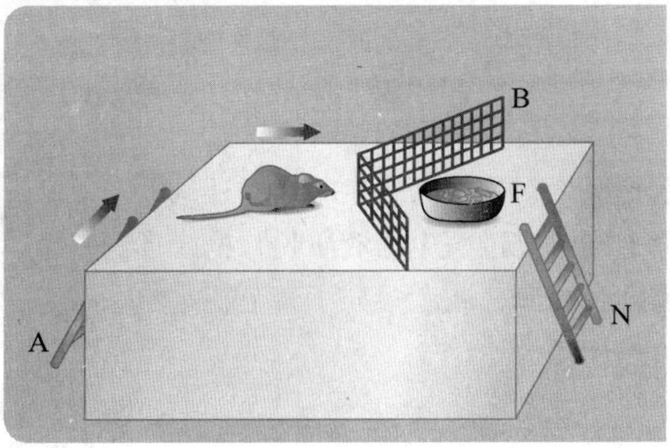

俾斯麦学习通过爬梯子A来获得食物。但是现在目标F被金属网障碍B挡住了。俾斯麦抓了一会儿脸，然后，一个明显的顿悟显现了：它爬下梯子A，爬上梯子N到达了目标F前。

代表性启发：

一种决策启发，指人们根据样本表面上对总体的代表性来做出关于样本的判断。

（四）判断和决策

你可能认为人们非常理智，在判断和决策时会理性地权衡利弊。或者你可能认为人们会坚持找出并检验所有相关的信息。实际上，人们的大多数决策都是在有限的信息基础上进行的，他们走了捷径。他们在判断和决策中会利用启发技巧（经验法则），就像在问题解决中一样（Gigerenzer et al., 2008）。例如，人们可能会让一个金融顾问来为他们选择股票，而不是自己去研究公司财务状况。或者，他们会通过朋友介绍去选择医生而不是看医生的资质。在本节中，我们会讨论判断和决策中的各种因素。

决策中的启发法

首先想象一下，你抛 6 次硬币，H 表示正面，T 表示反面，请在以下三种可能的结果中，圈出最有可能的结果。

H H H H H H
H H H T T T
T H H T H T

你是不是选择了 THHTHT 为这个事件最有可能的结果呢？大多数人会同意。为什么呢？原因有两个。人们认识到，第一行中六个正面的结果是不可能的（这个结果的概率是 $1/2 \times 1/2 \times 1/2 \times 1/2 \times 1/2 \times 1/2$，即 1/64）。三个正面三个反面比六个正面（或者六个反面）的可能性要大。第二，人们认识到正面和反面的出现应该是随机的。THHTHT 看起来像是随机的，但 HHHTTT 却不像。

人们倾向于选择 THHTHT 是因为**代表性启发**（representativeness heuristic）。根据这种决策启发，人们对那些似乎能代表事件总体的事件（样本）进行判断（Nilsson et al., 2008）。在本例中，事件的样本是抛 6 次硬币，"总体"是无数次随机抛硬币。但是你知道吗，每一个序列都有同等可能性（或者同等不可能性）。如果问题是：六个正面与三个正面和三个反面这两种情况哪一种更有可能出现？正确答案是三个正面和三个反面。

如果问题是：正面和反面连续出现和随机出现的可能性哪个大？答案是随机出现的可能性大。但这三个序列都是特定的序列。获得特定序列 THHTHT 的概率是多大？第一次抛硬币的结果是背面的概率是 1/2，第二次抛的结果是正面的概率是 1/2，以此类推。因此，得到 THHTHT 这个特定结果的概率，和得到任

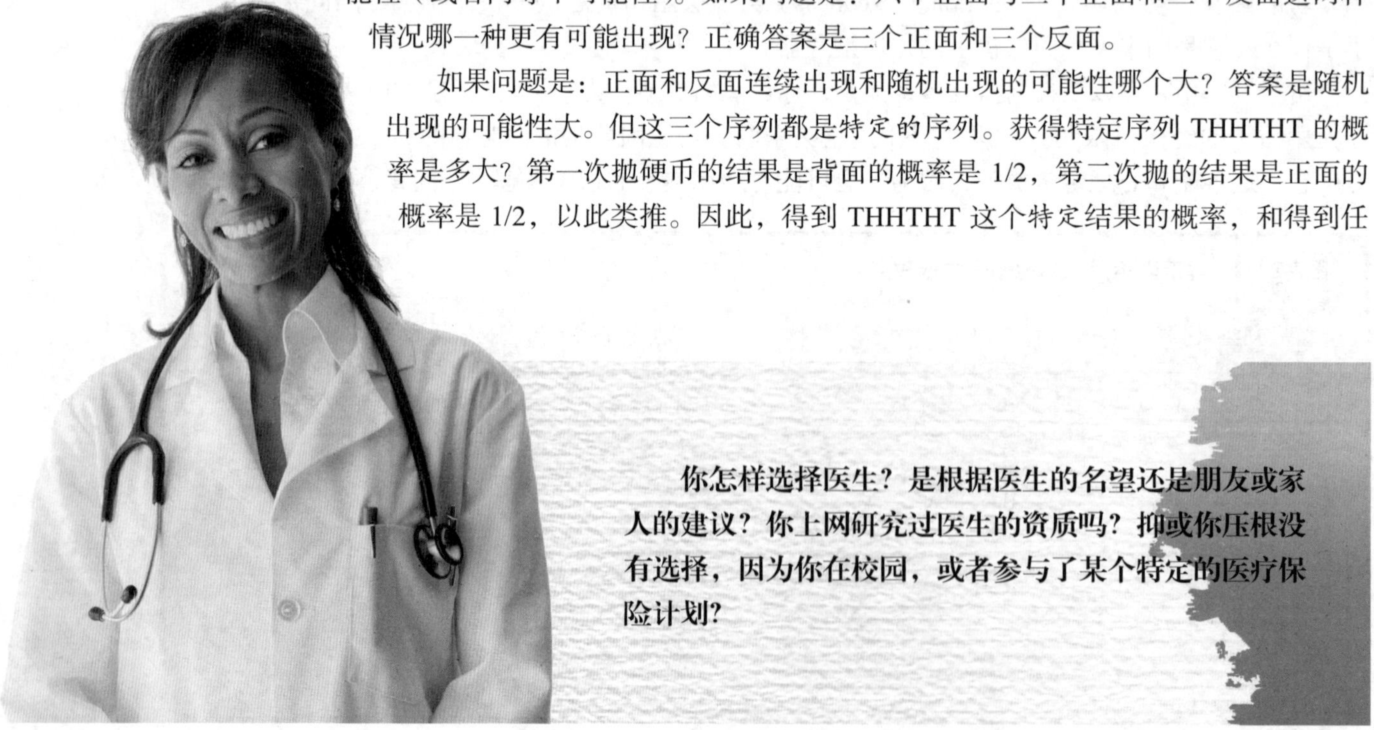

你怎样选择医生？是根据医生的名望还是朋友或家人的建议？你上网研究过医生的资质吗？抑或你压根没有选择，因为你在校园，或者参与了某个特定的医疗保险计划？

何结果的概率是相同的：1/2 × 1/2 × 1/2 × 1/2 × 1/2 × 1/2=1/64（试试用这个题目考考你的朋友）。

另外一个用来决策的启发技巧是**可得性启发**（availability heuristic）。根据这种启发，我们对频率或概率的估计，是基于在相关事件中找到代表事例的难易程度。让我来问问：你们学校美术专业的人数和社会学专业的人数哪个更多一些？除非你对注册入学的数据非常熟悉，否则你的答案可能是基于你认识的美术和社会学专业同学的人数。

锚定和调整启发（anchoring and adjustment heuristic）认为，我们的判断当中有很多的惰性，在观念形成和评估的时候，我们有一个初始的看法或者假定，这就是一个参照的锚定点。当我们获得更多的信息时，我们会做出调整，有时这种调整是不情愿的。也就是说，如果你从小到大都相信某个宗教或者某个政党是“正确”的，这种信念就充当了一个认知锚。但是当这个宗教或政党中的矛盾显而易见时，我们会调整对其的看法，但是这种改变可能是非常不情愿的。

可得性启发：

一种决策启发，指我们关于事件频率或概率的估计是以找到事例的容易程度为基础的。

锚定和调整启发：

一种决策启发，假定和最初的估计成为认知锚；当我们收到额外的信息时，我们会做出调整，但是仍然保持在这个锚的附近。

框架效应：

信息的措辞及背景对决策的影响。

让我们用一个数学题来进一步说明。将下列乘法题分别写在两张纸上：

A．8×7×6×5×4×3×2×1

B．1×2×3×4×5×6×7×8

将问题 A 给你的一些朋友，给他们 5 秒钟时间来估算。将问题 B 给另外一些朋友，也给他们 5 秒钟时间来估算答案。

两个乘法题的答案是一样的，因为在乘法中数字顺序变化不会改变结果。然而，当特沃斯基和卡尼曼（Tversky & Kahneman, 1982, 2003）将这两个问题给一些高中生后，拿到问题 A 的学生对结果的平均估计值显著高于拿到问题 B 学生的平均估计值。先看到 8 的学生给出的平均估计值是 2 250。先看到 1 的学生给出的平均估计值是 512。也就是说，当 8 承担了锚的作用时，估计值会大一些。顺便提一下，这个乘法题的正确答案是什么呢？你能够用锚定与调整启发来解释为什么两组学生的平均估计值差得这么远吗？

框架效应

框架效应（framing effect）是指，措辞的方式或信息呈现的背景会影响决策（Li & Chapman, 2009; Tetlock & McGraw, 2005）。政治团体与广告商都很明白框架效应，因此其宣传用语可谓字斟句酌。例如，堕胎合法化的支持者的说法是“赞成选择权”，而反对者的说法则是“赞成生命权”。每个团体都将自己放在了一个正面的框架里（“赞成”一些事物），并且提及了一种大众接受的价值观念（自由或者生命）。

过度自信

无论我们的决策正确与否，我们中的大多数人倾向于对决策表示出过度自信。我们倾向于以事后诸葛亮的方式来看待我们的环境。当我们被证明是错误时，我们常常会找到一种方式来显示我们“自始至终都知道”。如果我们事后才能够把握一些有用的信息，我们也会过度自信，认为我们如果事先了解信息也会知道真实的结果。例如，假如我们知道了一个核心球员肌腱拉伤了，我们会对橄榄球比赛结果做出不同的预测。如果我们事先知道在选举日时会有大风，我们会预期投票者的数量会比较少，并且也会预期不同的结果。尽管判断失误了，但我们还是会过度自信，原因有以下几点：

- 我们倾向于忽视我们的假设可能是多么不足信。
- 我们倾向于注意那些证明了我们判断的事例，证明不了的我们就会忽视。
- 我们的工作记忆空间有限，会倾向于遗忘那些和我们的判断相矛盾的信息。
- 我们会努力促成我们相信的事物，所以它们有时成了自我实现的预言。

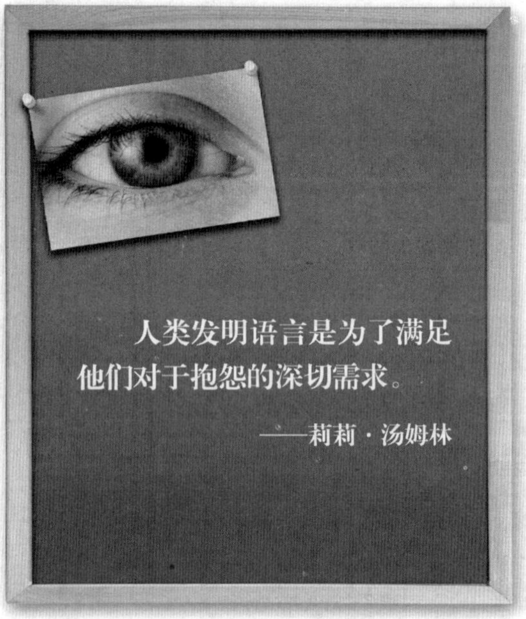

二、语言

爱尔兰剧作家奥斯卡·王尔德（Oscar Wilde）曾写道："是语言使我们高（低等动物）一等，思想是语言的产物，而非反之。"他的话引起了我们的深思。人类是唯一会使用语言的物种吗？我们稍后会试着解决这个问题。那么下一个问题就是：先有语言还是先有思想？你能不用语言去思考吗？（可以尝试一下。）我们也稍后回答这个问题。现在，让我们想想：类人猿会使用语言吗？鸟类（或更具体一点，非洲灰鹦鹉）有语言吗？

（一）非人类的沟通

近年来，通过对各种动物的沟通进行研究，只有人类拥有语言的断言受到了质疑。非洲灰鹦鹉，和其他很多种类的鹦鹉一样，可以模仿人类的言语，但是人们怀疑它们是否聪明到能够理解模仿的一些言语。很长一段时间内，人们都怀疑在海豚和鲸鱼的很多种类当中都存在自然产生的语言，但我们缺少有力的证据来证明这一点。猴子用有特色的叫声来警告附近有食肉动物的威胁，但是这些声音都不包含符号。

语言是有规则的符号系统，规则用于控制这些符号。符号（比如词汇）代表或者表征其他事物、事件或者想法。人们教黑猩猩和大猩猩用手势进行交流，但是，至于它们运用语言的方式是否确实和人类一样，这个问题就复杂了。

从基因上看，黑猩猩和我们是最近的亲戚，它们和人类拥有大约98.42%同样的遗传密码（Zimmer, 2002–2003）。关于黑猩猩和大猩猩的磁共振成像研究表明，它们中的绝大多数和人类一样，大脑左半球布洛卡区的大脑皮层部分有增大的现象（Cantalupo & Hopkins, 2001; Keller et al., 2009）。人和黑猩猩的部分区别在于某些能力上，比如对嘴巴和喉咙的精细控制能力，这些能力在猿类身上没有找到（Sherwood et al., 2008）。黑猩猩和人类基因的差异性也许解释了为什么黑猩猩不能像人类那样说话，但基因相似性显然也赋予了黑猩猩及其他猿类一些使用语言的能力（Sherwood et al., 2008）。

猿类真的能够运用语言吗？

尽管猿类不会说话，但还是可以教它们美国手势语以及其他的符号体系。例如，一只名叫华秀（Washoe）的黑猩猩，是一个努力教其他猿类运用语言的先锋，华秀在32岁时已经会运用181个符号了（King, 2008）。路易斯（Loulis）是华秀抚养大的一只小黑猩猩，它仅通过观察华秀和其他被训练会运用手势语的猩猩们，就获得了运用手势语的能力。其他的猩猩则使用可塑性的符号或者通过敲击电脑键盘进行交流。

苏·萨维基－蓝保（Sue Savage-Rumbaugh）及其同事（Segerdahl et al., 2006; Washburn et al., 2007）认为，倭黑猩猩能够明白语言中语义的微妙差别。她声称一只叫坎兹（Kanzi）的黑猩猩通过观察另外一只黑猩猩的训练过程学会了语言，并且拥有了语法的能力，其语法能力相当于2岁半的小孩。坎兹还能听懂人类的一些语言。当被命令让狗咬蛇的时候，坎兹将一条玩具蛇放到了一只玩具狗的嘴边。

对猿类能够产生语言这一观点的批评者，比如赫伯特·特勒斯（Terrace & Metcalfe, 2005）和史蒂芬·平克（Steven Pinker, 1994a, 2011），提出了如下观点：

- 猿类可以将符号排列为某个特定的次序以获得奖赏，但是处于低层进化阶梯的动物，比如鸽子，也能够按照某种特定的顺序来啄按钮以获得奖赏。
- 猿类学习新符号花费的时间比孩子学新单词的时间要长。
- 猿类排列符号的顺序是不稳定的，这表明，总体来说它们没有理解语法规则。
- 人们观察猿类手势的时候，容易受到观察者偏向的影响——他们可能是看到了期望看到的东西。

语言：
通过语法规则来排列符号的顺序，以此进行信息传播。

语义性：
意义；语言的性质，单词是用来表示物体、事件或想法的符号。

无限创造性：
将单词组合成新句子的能力。

置换性：
语言的特性，让人能够沟通别的时间和地点物体和事件的信息。

科学家们还会继续争论黑猩猩和大猩猩是如何理解和产生语言的，但可以确定的是，它们能够学会运用符号来进行沟通（Segerdahl et al., 2006）。

（二）语言是什么？

正如关于猿类和语言的讨论所表明的那样，如何界定语言的确不是一件小事。如果我们简单地将语言定义为一个沟通系统，那么很多动物都会使用语言，包括鸟和蜜蜂。通过特定的啁啾和尖叫，鸟儿可能会传达它们占据了一棵树或一株灌木的消息。通过摆尾舞，蜜蜂能告诉其他蜜蜂食物源或天敌的方位。所有这些都是本能的沟通模式，但并不是我们所指的语言。

在语言中，声音和手势是指示物体和动作的符号。猿类已经学会了用符号进行沟通。但是“使用符号进行沟通”足以界定语言吗？很多语言专家认为还需要一个要素。他们将**语言**（language）定义为，通过根据语法排列的符号来进行的思想和情感的沟通。蜜蜂本能的摆尾舞和尖叫中没有符号，也没有语法。只有人可以通过严格的规则使用语言。猿类能否掌握语法规则还在争论中。

语言使得人际和代际知识传播成为可能。它创造了记录经验的载体。它让我们学会设身处地，学会超越直接经验。语言也丰富了思维。

真正的语言由于其语义性、无限创造性及置换性而和低等动物的沟通系统区别开来（Hoff, 2005）：

- **语义性**（semanticity）：语言的声音（或手势）是有意义的。单词是代表动作、物体、关系概念（如上面、里面、更加等）的符号。鸟和蜜蜂的沟通系统中没有单词或符号，因此缺少语义。
- **无限创造性**（infinite creativity）：创造而非模仿句子的能力。
- **置换性**（displacement）：沟通关于在另外的时间或地点的事件或物体信息的能力。语言使得人际和代际知识传播成为可能，增进了人类的适应性。

（三）语言和认知

语言和思维的关系是复杂的，并不总是一目了然。例如，你能不用语言进行思维吗？不用单

语言相对性假说：

该假说认为，语言构造了我们看待世界的方式。

词和句子，你能够解决问题吗？

让·皮亚杰（Inhelder & Piaget, 1958）认为，语言反映了世界的知识，但很多知识即使不运用语言也能够被获取。即使我们没有学过*圆形*或*红色*这两个单词，我们依然能够理解圆形和红色的概念。

（四）语言和文化

不同的语言用不同的词语表示同一个概念，并且这些概念并不是必然重叠的。我们的语言里所表述的概念（例如*正方形*和*三角形*）可能在另一种文化的语言中并不存在——反之亦然。说英语的人有可能和说其他语言的人有同样的思维吗？在大多数情况下，答案是肯定的，但是在某些情况下也未必如此。无论怎样，这个问题都将我们带进了语言相对性假说。

语言相对性假说

语言相对性假说（linguistic-relativity hypothesis）由本杰明·沃尔夫（Benjamin Whorf, 1956）提出。沃尔夫认为，语言构造了我们感知世界的方式，即我们理解世界的范畴与关系起源于我们的语言。因此，说各种不同语言的人们用不同的方式来对世界形成概念。

因此，与因纽特人（Inuit, 即爱斯基摩人）相比，说英语的人对雪的思维能力太有限了。我们只有几个关于雪的词，而因纽特人却有很多词表示不同状态的雪：如硬雪、正在下落的雪、正在融化的雪、被冰覆盖的雪等。我们想到雪，可选择的词很少，而且需要形容词来描述它。因纽特人却能轻而易举得找到一个单词来形容复杂的天气状况。他们是否因此更容易思考雪的不同状态呢？类似地，菲律宾的哈鲁喏人（Hanunoo）用 92 个单词来形容水稻，用哪个词取决于水稻的状态，如脱壳的、未脱壳的或以何种方式烹饪的。另外，关于骆驼，我们只有这么一个词（camel），而阿拉伯人却有超过 250 个。

英语中有好几百个描述颜色的单词。英语为母语的人和汉语为母语的人对颜色的感知和叫法有 95% 的重合率（Moore et al., 2002）。然而，绍纳语（Shona）中仅有三个单词表示颜色，而巴萨语（Bassa）中仅有两个单词表示颜色，即亮和暗。不过，一个关于非工业化社会 100 种语言的研究发现，白、黑、红、绿、黄和蓝这几种颜色在这些语言中有重叠现象（Regier, 2005; Tohidian, 2009）。此外，仅用有限的单词来区分颜色的人，与能够运用多个单词来辨别颜色的人对颜色种类的感知似乎是相同的。例如，新几内亚岛的达尼人仅有两个表示颜色的单词：一个代表红色和黄色，一个代表绿色和蓝色。然而，配对和记忆任务的成绩却表明，达尼人能够区分光谱中的不同颜色。

大多数认知科学家不再接受语言相对性假说（Pinker, 2007, 2011）。其一，成人不仅运用单词，也同样运用形象及抽象逻辑命题作为思维的单元。不仅如此，婴儿在学会说话之前，也表现出了相当的智慧。其二，词汇量只表明了某种语言的运用者一直以来觉得重要的词汇，而并不表明他们认知的局限性。例如，如果一个 19 世纪的人神奇地穿越到今天，并坐在飞机里，尽管他们的语言里缺少形容飞机的词，但是他们也不会认为自己正在一只鸟或者一只大昆虫里面飞行。

（五）语言发展：大爆发的两年

世界上的语言都遵循特定的步骤发展，都开始于啼哭、咕咕声、咿呀声的前语言发声。这些声音并不是符号，即它们并不表征物体或者事件。因此，它们是前语言，并不是语言。

单词语：
用来表达复杂意义的单个词语。

前语言发声

父母们都知道新生儿都有天生的、高效的言语表达形式：除了啼哭，还是啼哭。但是啼哭并不代表语言，它是一种前语言事件。从第二个月开始，孩子们开始发出*咕咕声*，这是前语言表达的另一种形式，表示快乐的感觉。从第五个月或第六个月开始，孩子们开始发出*咿呀声*。在很多语言中，孩子们都会发出咿呀声，包括低沉的德语当中的“ch”音，某种非洲语言中的“咔嗒”声，以及卷舌“r”音。婴儿的咿呀声通常混合了元音和辅音，如“ba”“ga”，以及有时非常难得的“dada”。尽管全家人对“dada”的出现非常高兴，但一开始它的出现纯粹是巧合（对不住了，爹地们）。

假　啼哭不代表语言，只是一种前语言事件。

咿呀声和哭声及咕咕声一样，是天生的、前语言的。聋哑孩子以及母语发音很不相同的孩子，似乎都能够发出同样的咿呀声（Hoff, 2005）。但是，在几个月的时间内，孩子会挑选出那些在家里使用的发音。在九或十个月时，他们有规律地重复这些发音，外来的发音会被抛弃。实际上，早期获得母语音素（即有意义的声音单位）的经历，会使长大后对外语音素的发音甚至辨别产生困难（Iverson et al., 2003）。

孩子们在大约十一至十三个月时发出第一个单词的声音，不过只要是八到十八个月之间也属正常（McCardle et al., 2009; Tamis-LeMonda et al., 2006）。但是很多父母都错过了，通常是因为发音不清楚。词汇量的扩大一开始很慢，在孩子们学会说第一个单词之后，可能会花上三到四个月才能拥有 10 个单词的词汇量。到十八个月时，孩子们的词汇量能有几十个。

语法的发展

世界各地孩子的第一个语言发声都是单词，这个单词可以表示复杂的意义。孩子的这些初次发声叫作**单词语**（holophrases）。例如，孩子用*妈妈*这个单词可以表示“妈妈走了”“到这儿来，妈妈”或“你是我的妈妈”。类似地，*猫*可以表示“这里有只猫”“那只吃饱喝足的动物看起来像我的猫”或“我希望你现在把猫给我！”。大多数孩子用动作和语调来增强表达力，向父母表示他们的意图，即让父母做某件事情。如果父母照做，他们会表现出高兴；如果父母没做，他们就会号叫。

在将近两岁的时候，孩子开始说有两个单词的句子。这些句子叫作*电报式语言*，因为它们和电报类似。电报删掉了那些“非必要的”单词。“家，周二”可能是指“我希望周二回家”。在所有语言的发展过程中，两个单词的表达似乎都是同时出现的（Saffran, 2009; Slobin, 1983）。两个单词的表达简洁，但是其语法是正确的。为了让父母坐在椅子上，孩子会说“坐椅子”，而不会说“椅子坐”。为了表示鞋子是自己的，孩子会说“我的鞋”而不是“鞋我的”。“妈妈走”代表妈妈已经离开了，“走妈妈”代表希望妈妈离开。

两个词的表达有很多不同种类。例如，一些包含名词或代词和动词（如“爸爸坐”），另一些包含动词和宾语（如“打球”）。两个单词表达的各种形式出现的顺序在所有语言中显然也相同——如英语、卢奥语（一种非洲语言）、德语、俄语以及土耳其语（Slobin, 1983）。这种顺序的不变性，可能隐含了我们将要学习的语言发展理论。

真　小孩子说“Daddy goed away”（爸爸走开）和“Mommy sitted down”（妈妈坐下）是因为他们懂得语法规则。

过度规则化：

将常规语言变化（如动词过去式或名词复数）规则应用到不规则动词和不规则名词上去。

过度规则化

过度规则化（overregularization）在理解语言发展中遗传和环境的作用方面很重要（E. V. Clark & Nikitina, 2009）。在英语中，我们在规则动词后面加上 d 或 ed 代表过去式，在规则名词后面加上 s 或 z 代表名词复数。因此，walk 成为 walked，look 成为 looked，cat 成为 cats，doggy 成为 doggies。也存在不规则动词和不规则名词。例如，see 变成 saw，sit 变成 sat，go 变成 went，sheep 仍然是 sheep（复数），child 变成 children。

一开始，孩子们通过模仿年长的人来学习不规则动词和不规则名词。2 岁的孩子倾向于正确地组成这些单词——这仅仅是开始！然后，他们才开始注意形成过去式和复数的语法规则。因此，他们往往会犯一些可爱的错误（Pinker, 2011）。例如，一个 3 至 5 岁的孩子可能会说“I seed it”而不是“I saw it”（我看见它），可能会说“Mommy sitted down”而不是“Mommy sat down”（妈妈坐下）。他们可能会谈论他们在农场“seed”（看到）的“gooses”（鹅）和“sheeps”（羊），会谈论他们在操场上遇到的所有“childs”（孩子）。这种将不规则事物规则化的倾向叫作过度规则化。

父母对过度规则化有必要忧虑吗？没有任何必要。过度规则化反映了语法的知识，而并不代表语言发展产生了错误。过一两年之后，mouses 将会被无趣地转化为 mice（“老鼠”的复数），妈妈也再不会 *sitted* down（坐下）了。父母可以在孩子过度规则化时尽可能享受这些开心时刻。

既然所有正常的人都可以说话，而无论被怎样精心照料的宠物或植物都不能，那么语言一定涉及遗传因素；但是，成长在日本的孩子说日语，而把这个孩子放到加州抚养他就会说英语，这说明环境因素也很重要。

——史蒂芬·平克，《语言本能》

其他方面的发展

孩子的词汇量在 6 岁时扩展到大约 10 000 个。到 7 至 9 岁时，大多数孩子认识到，单词不仅仅可以有一个意思，他们可以通过谜语和笑话来娱乐，这些都需要对语言的熟练化运用。

在小学和中学期间，语言变得日益复杂，儿童的词汇量迅速增长。实际上，词汇量可以终生提高，尤其在个人的专长和感兴趣的领域内。

（六）语言发展中的遗传和环境因素

数十亿的孩子们从父母那里学会语言，并将其教给下一代，从上一代到下一代几乎没有什么改变。语言发展和其他方面的发展一样，明显折射出遗传和环境的交互作用。

学习理论和语言发展

学习理论家将语言发展看成遵循学习规律的发展（Hoff, 2005）。他们常常会提及模仿和强化这些概念。从社会认知的观点来看，父母是孩子的榜样。孩子至少部分地通过观察和模仿来学习语言。很多单词，尤其是名词和动词（包括不规则动词）很显然都是靠模仿习得的。

起初，儿童精确地重复他们所观察到的不规则动词形式。这种重复可以用示范来解释，但是示范不能解释学习涉及的所有事件。前面提到，随后孩子们就开始过度规则化那些不规则的动词，这是由于对语法规则知识的掌握。模仿理论也不能解释儿童是如何说出那些他们没有观察过的短语和句子的。例如，父母不大可能去说一些诸如“Bye-bye sock”（袜子再见）以及“All gone Daddy”（完全不见了爸爸）之类的短语让孩子来模仿，但这些短语孩子们会说。

学习理论不能解释语言发展顺序的一致性，也不能解释儿童语言获得的速涨期。甚至两个单词的发生模式在各种文化中都是恒定的。虽然每个儿童的发生时间不同，但是提问的类型、被动句和主动句等都是以相同的顺序出现的。

语言发展的先天论

* “妈妈语”——“yummy-yummy”（好好吃）和“Kitty Cats”（小猫咪）

大人常用来促进儿童语言发展的一个尝试就是模仿儿童说话，或使用“妈妈语”，它更专业的叫法是“婴儿导向式语言”（IDS）（Meltzoff & Brooks, 2009; Singh et al., 2009）。“妈妈语”这个词比较有局限性，因为爷爷奶奶、爸爸、兄弟姐妹以及不相关的人都会用到婴儿导向式语言（Braarud & Stormark, 2008）。而且，女性（男性通常不这样）经常像对孩子一样地对她们的宠物说话（Prato-Previde et al., 2006）。婴儿导向式语言在很多不同语言中都有运用，如阿拉伯语、英语、科曼奇语、意大利语、法语、德语、科萨语（一种非洲语言）、日语、汉语，甚至是泰国手语（Lee et al., 2010; Nonaka, 2004）。

婴儿导向式语言有如下特点（Matsuda et al., 2011; Meltzoff & Brooks, 2009）：

- 语速较慢，声调较高，意思表达间有停顿。
- 句子简洁，主要使用名词、动词，只用一些修饰词。
- 关键词放在句后，或以更大的声音说出来。
- 常在名词后加小词缀 y。Dad（爸爸）变成 Daddy。Horse（马）变成 horsey。
- 大人会重复句子，有时稍做变化，如“给我看看你的鼻子”和“你的鼻子在哪呢？”。
- 会有重叠使用。Yummy（好吃）变成 yummy-yummy。Daddy（爸爸）变成 Da-da。
- 很多婴儿导向式语言主要用于给事物命名（Meltzoff & Brooks, 2009）。词汇是具体的，代表儿童的环境。比如，毛绒玩具狮子可能被叫作“kitties”（小猫咪）。
- 事物可能会被过度描述，因为使用了复合称谓。Rabbits（兔子）可能变成“bunny rabbits”（小兔子），而 cats（猫）可能变成“kitty cats”（小猫咪）。人们使用婴儿导向式语言时会尽量确保他们至少使用了一种孩子能听懂的称谓。
- 父母会以孩子的语气说话，如“宝宝累了吗？”或“噢，我们好累啊！”。父母似乎是通过提供一些孩子可以使用的句式来帮助孩子表达自己。

那么，婴儿导向式语言是否鼓励了交流，促进了语言的发展呢？研究表明是肯定的。仅有两天大的新生儿都更喜欢听婴儿导向式语言，而非成人语言（N. A. Smith & Trainor, 2008）。简短易懂的句式和高声调更有可能获得孩子的回应，也比复杂句式和低声调更能促进词汇的发展（Matsuda et al., 2011）。重复孩子发出的声音能够鼓励言语表达。

心理语言学理论：

语言学习包含环境因素和天生获取语言的倾向的交互作用。

语言获得装置（LAD）：

在心理语言学理论中，神经的“预先布线”促进了儿童的语法学习。

智力：

一种涉及推理、计划、问题解决、抽象思维、理解复杂思想、快速学习和从经验中学习的心理能力。

g：

斯皮尔曼用来表示一般智力的符号，他认为 g 是很多特定能力的潜在因素。

s：

斯皮尔曼用来表示特殊因素的符号，或称 s 因素，他认为其解释了个体能力。

语言发展的先天论认为先天的因素——遗传因素——让儿童以某种方式注意倾听并学会语言。按照这种观点，孩子的先天神经网络发育是语言学习的基础（A. Clark & Misyak, 2009; Pinker, 2011）。

按照**心理语言学理论**（psycholinguistic theory），语言获得涉及环境影响——如暴露在父母语言的环境和强化中——以及习得语言的天生倾向的交互作用。诺姆·乔姆斯基（Noam Chomsky）（见 Cherniak, 2009）将这种天生的倾向称作**语言获得装置**（language acquisition device, 简称 LAD）。LAD 存在的证据来源于人类语言能力的普遍性，以及语言发展的特定顺序（Cherniak, 2009; A. Clark & Misyak, 2009）。

LAD 为语法学习提供了神经系统。各种语言从表面上看非常不同，但 LAD 对全世界的儿童都起作用，因为所有语言都拥有乔姆斯基称为“普遍语法”的东西——这是一种将思维转化为语句的潜在规则（Pinker, 2011）。

在下一节中，我们会看到语言发展的一些方面——尤其是词汇量的发展——和智力是密不可分的。很多研究者都指出，语言学习有一个或多个*敏感期*，大概开始于 18 至 24 个月，一直持续到青春期（Bates, 2001）。在敏感期内，神经发育（如大脑结构的分化）所提供的可塑性促进了语言学习。

三、智力

智力的概念与思维紧密相关。思维关系到信息的理解与控制，而**智力**（intelligence）则被认为是理解世界和应对挑战的潜在能力（Cornoldi, 2006; Sternberg et al., 2005）。也就是说，智力使思维成为可能。尽管这些概念有重叠，心理学家较为关心我们是如何思维的，但是外行人和心理学家也经常关注我们的智力如何。虽然智力和思维一样，不能被直接观察或触碰，但是心理学家将其与成就（如学业成绩和职业地位）联系起来考察（Nisbett, 2009）。

（一）智力理论

尽管心理学家就智力进行了成千上万的研究，但他们在到底什么是智力的问题上也没有达成共识。因此，心理学家发展出智力理论来帮助他们理解并界定智力。

因素理论

很多研究者认为智力由一个或多个*因素*组成。因素理论认为，智力是由很多心理能力组成的，从一种到数百种。

1904 年，英国心理学家查尔斯·斯皮尔曼（Charles Spearman）认为，我们所认为的聪明的举动都有一个共同的潜在因素，他将其称为 **g**，即“一般智力”，或称广泛性推理或问题解决能力。斯皮尔曼指出擅长某领域（如词汇）的人也很可能擅长其他领域（如数学），这个现象支持了他的观点。但他也指出，即使是能力最强的人在某些领域也只是相对出众——如音乐、经商或诗歌等。因此，他提出了特殊因素，或称 **s**，来解释特殊的能力。

当代心理学家继续使用 g 这个概念，他们相信某种特定测验，如 SATs（美国学术能力评估测验），在一定程度上能测量出 g 因素（Lubinski & Benbow, 2006）。

美国心理学家路易斯·瑟斯顿（Louis Thurstone, 1938）通过分析特殊能力测验得出了斯皮尔曼将智力过分简单化这一结论。瑟斯顿的研究资料提出了八个特殊因素，他将其称为**基本心理能力**（primary mental abilities；见表 7-1）。瑟斯顿的基本心理能力包含了今天运用最为广泛的智力测验中所测量的一些项目。现在的问题是：他所说的基本心理能力是独立的，还是另一种评定 g 因素的方法呢？

表7-1 瑟斯顿的基本心理能力

能力	定义
视觉和空间能力	视觉化形式和空间关系
知觉速度	快速把握知觉细节，知觉刺激之间的异同
数字能力	计算数字
语言理解	知道词语的意义
记忆	回忆信息（例如词语和句子）
语言流畅性	快速用词语思维（如寻找韵脚和做填字游戏）
演绎推理	从一般规则中得出具体事例
归纳推理	从具体事例中推断出一般规则

多元智力理论

瑟斯顿总结了智力的各种因素或成分。霍华德·加德纳（Howard Gardner, 1983/1993, 2009）的*多元智力理论*则认为，智力有很多种，而不仅仅是一种。加德纳将其理论中的每一类智力都称为“一种智力”，因为彼此间有很大差别。这些“智力”中的两种比较相似：语言智力及逻辑－数学智力。不过，加德纳也提及了身体运动智力（舞蹈家和运动员所表现出来的智力）、音乐智力、空间智力，以及两种个人智力：自省智力和人际智力。加德纳（2001）最近又增加了两种智力：“自然智力”和“存在智力”。自然智力是指观察自然事物的能力，如动物和植物，以及星星等，能够深刻洞察自然事物及其行为规则。存在智力是指处理生命中更大的哲学问题的能力。根据加德纳的观点，一个人即使语言智力和人际智力一般，他也可能会作曲或者发展出数学理论。

> 真 生存智慧是智力的标志——至少在亚里士多德和斯滕伯格看来是这样。

加德纳理论的批评者认同人们在生活的某些方面会比另一些方面显得更加聪明。他们也赞同很多人都有某种特定的天赋，比如身体运动方面，尽管他们整体智力一般。但是，这些批评者质疑的是，这些天赋是否能够被看作“智力”（Neisser et al., 1996）。相对于音乐才能和体育能力而言，语言能力、推理能力以及解决数学问题的能力似乎和人们大多数时候所说的智力联系更加紧密。

智力的三元理论

心理学家罗伯特·斯滕伯格（Robert Sternberg, 2000, 2006）提出了一个三重或称*三元智力理论*，这个理论和古希腊哲学家亚里士多德提出的观点类似（Tigner & Tigner, 2000）。三种智力类型分别是*分析智力*、*创造智力*以及*实践智力*（见图 7-3）。

分析智力和亚里士多德所说的“理论智力”类似，可以被定义为学业能力。它使我们可以解决问题，获得新知识。这是被标准化智力测验所测量的智力。问题解决能力包括信息编码，将信息片段和其他的信息片段合并和比较，并产生解决方法。我们看一下斯滕伯格的推理问题：

> **基本心理能力：**
> 根据瑟斯顿的观点，这是组成智力的基本能力，包含语言流畅性及数字能力。

图7-3　斯滕伯格的智力理论

根据罗伯特·斯滕伯格的观点，存在三种类型的智力：分析智力（学业能力）、创造智力和实践智力（“生存智慧”）。心理学家们讨论智力和创造性的关系，但在斯滕伯格的模型中，创造力是智力功能的一种类型。

分析智力（学业能力）	创造智力（创造和顿悟）	实践智力（“生存智慧”）
解决问题、比较与对比、评价以及批判的能力	发明、发现、提出假设或创建学说的能力	适应个体环境的要求，将知识运用到实践环境的能力

华盛顿（Washington）对应 1 的话，林肯（Lincoln）对应的是（ ）

（a）5，（b）10，（c）15，（d）50？

为了解决这个推理问题，我们首先必须通过鉴定并将它们和别的信息进行比较正确地编码元素——华盛顿、1 和林肯。我们首先将华盛顿和林肯编码成总统的名字，然后试着将华盛顿和 1 以一种有意义的方式联结（也有其他的可能性，例如，两个都是纪念馆或城市的名字）。如果我们将其编码为总统的名字，我们就会想到两种可能性。华盛顿是美国第 1 任总统，且他的名字被印在 1 美元的钞票上。然后，我们会想到两种可能的解决方法，并试验一下。第一种，林肯是第 5 任、第 10 任、第 15 任，或者第 50 任总统吗？第二种，林肯的头像在哪种钞票上能被找到？（你需要查询历史书吗？看口袋里的钞票了吗？）答案是（a）5，因为林肯头像印在 5 美元的钞票上（他是美国第 16 任总统，而不是第 15 任）。

创造智力和亚里士多德所说的“生产智力”类似，被界定为应对新境况的能力，以及找出问题的多种解决方法的能力。迅速将新情境和熟悉情境之间进行关联是创造性的一种表现（即察觉异同）。认为创造性和分析智力或学业能力相互独立的心理学家指出，创造性和学业成绩之间仅存在中度相关（Simonton, 2009）。但是，对于斯滕伯格来说，创造性是智力的一种形式。

亚里士多德和斯滕伯格都提及了实践智力（“生存智慧”）。实践智力让人们能够应对其他人，包括特别难缠的人，并满足环境的要求。例如，调整自己的行为以达到雇主的要求，从而保住饭碗，这是聪明之举。但是如果雇主总是提出过分的要求，那么另谋高就也不失为明智的选择。生存智慧让人们在真实的世界里生存，特别是和别人打交道，但是不能预测学业上的成功（Heng, 2000）。

情绪智力

心理学家丹尼尔·戈尔曼（Daniel Goleman, 1995）使情绪智力大为流行，在此基础上，心理学家彼得·沙洛维（Peter Salovey）和约翰·梅耶（John Mayer）进一步发展了情绪智力理论。该理论认为，与学业技能一样，社会技能和情绪技能也是智力的一种形式（Mayer et al., 2008; Salovey et al., 2008）。情绪智力和加德纳的“智力”当中的两种类似——自省智力和人际智力（包括洞察别人的情绪），也包括自我洞察和自我控制——识别和调节自己情绪的能力（Salovey et al., 2008）。情绪智力如果得不到发展，那么应对压力、抑郁及攻击行为的能力就会降低（Brackett et al., 2011）。

真假（视情况而定）有智慧的人就是有创造力的人吗？或者有创造力的人就是有智慧的人吗？答案部分取决于如何界定智力与创造性。哪位心理学家认为创造力是智力的一种？

但是，情绪智力是智力的一种形式吗？心理学家乌尔里克·奈瑟尔（Ulric Neisser, 1997b）曾说过：“戈尔曼所描述的技能……在决定生活品质方面无疑是非常重要的，但是当我们将其称为智力的形式时，什么也获得不了。”

因此，关于智力——是什么，有多少种——有很多种观点。我们对智力的本质没有定论，但是我愿意分享心理学家琳达·戈特弗雷德森（Linda Gottfredson）的定义：“智力是一种涉及推理、计划、问题解决、抽象思维、理解复杂思想、快速学习和从经验中学习的心理能力。它不仅仅是对书本的学习、狭隘的专业技能或应试技巧，而是反映了理解环境（如投合人心、使事情有意义或找出解决问题的办法）的更广义、更深层次的能力。”（见 Nisbett, 2009, p.4）

（二）创造力与智力

想一想艺术家、音乐家、诗人、创新研究方法的科学家，以及其他有创造力的个体。同智力一样，创造力也很难定义。其中一个问题就是：创造力是否区别于智力？还是如同斯滕伯格提出的那样，创造力是智力的一种？例如，除非我们认为创造力和智力截然不同，否则我们不会问：“有创造性的人聪明吗？”如果你将创造力看作智力的一种，那么这两个概念——智力和创造力——就部分重叠了。但是，如果你认为智力更多地和学业能力联系在一起，那么，“聪明的人创造性高，或创造性高的人聪明”这样一个命题就不总是正确的。研究表明，智力测验的分数和标准化创造性测验的分数仅中度相关（Simonton, 2009）。

斯滕伯格在其三元智力理论中，将**创造力**（creativity）定义为去做新奇并有用的事情的能力（Sternberg et al., 2012）。有创造性的人可以解决没有现成方法的问题，他们有些共同的特质（Sternberg et al., 2012）：他们敢于冒险、拒绝限制、懂得欣赏艺术和音乐、使用普通材料制作新异事物，他们挑战社会准则、特立独行且不人云亦云。

创造性地解决问题的方法用的是发散思维，而不是聚合思维。在**聚合思维**（convergent thinking）中，思维被局限在既定的元素中；问题解决者限制了自身的思维，不易找到最好的解决方法（如在选择题中，聚合思维帮你找到正确答案）。在**发散思维**（divergent thinking）中，问题解决者自由地组合问题的元素，不受任何既定的约束（在回答论述题的过程中，你可能使用了发散思维）。解决问题包含这两种思维。首先，发散思维产生了多种可能解决问题的方法。然后，聚合思维帮助选择可行的解决方案。

智力测验的问题通常需要分析性思维和聚合思维来聚焦到正确答案上。创造性测验确定人们的思维灵活程度（Simonton, 2009）。这是格策尔斯和杰克逊（Getzels & Jackson, 1962）用来测量联想能力（创造力的一个因素）的测验项目：“尽可能为

创造力：
产生新奇且有用的方式来解决问题的能力。

聚合思维：
一种将思维限制在解决问题最佳方法上的思维过程。

发散思维：
一种试图产生多种问题解决方法的思维过程。

心理年龄（MA）：
在斯坦福－比奈量表中，人们所得到的月份分数的累积。

智商（IQ）：
（1）起初，是指将儿童在智力测验中的分数（心理年龄）除以其实际年龄所得到的比率。（2）一般来说，是指智力测验的分数。

以下单词罗列出你想到的词义：（a）鸭子；（b）麻袋；（c）球场；（d）市场。”相比那些只写出一个词义的人，为每个单词写出了多个词义的人被称为更有创造潜力的人。

既然我们已经开始谈论智力测验，让我们看看心理学家是如何从事智力测量的。我们也会看到心理学家试图证实他们智力测验的有效性——即试图证明他们确实测量了智力。

（三）智力的测量

尽管心理学家在智力的本质这个问题上没有达成一致意见，但外行人和教育者很关心人们的智力有“多少”，因为这个问题会影响教育和职业选择。在本节中，我们会讨论两种应用最为广泛的智力测验。

斯坦福－比奈智力量表

心理学中的很多概念都源于常识。常识认为孩子的学业成就取决于他们的智力，这促使阿尔弗雷德·比奈（Alfred Binet）和西奥多·西蒙（Theodore Simon）创造了智力的测量方法。

20 世纪初期，法国公立学校系统希望找到一种测验以识别那些不能在常规学校教育中获益的儿童。如果这些孩子被识别出来，他们就会受到特别的关注。1905 年，测验的第一个版本比奈－西蒙量表产生了。从那时开始，它就不断经历大规模的修订和完善，最近的一个版本是斯坦福－比奈智力量表（SBIS）。

比奈假定，智力随着年龄的增长而增长，所以年长的儿童会比年幼的儿童答对更多题目。因此，比奈在量表中设计了一系列按年龄评分的问题，如表 7-2 所示，题目按照难度顺序排列。

比奈－西蒙量表产生了一个叫作**心理年龄**（mental age, 简称 MA）的分数。MA 能表明儿童所表现出来的智力水平。例如，一个孩子心理年龄为 6 岁，即其所表现出来的智力水平达到了 6 岁的平均水平。在测验过程中，每答对一个问题，儿童就会获得“月份”的分数。将其所获得的年和月的得分相加，就得到了 MA 值。

斯坦福大学的路易斯·推孟（Louis Terman）根据美国儿童的特点调整了比奈－西蒙量表。第一个版本的斯坦福－比奈量表于 1916 年出版。SBIS 和原始版本相比包含了更多项目，用于 2～16 岁的孩子。SBIS 得出的是**智商**（intelligence quotient, 简称 IQ），而不是 MA。因此，美国的老师对他们学生的 IQ 感兴趣。SBIS 今天仍适用于 2 岁以上的儿童和成人。

IQ 能反映儿童心理年龄和其实际年龄或称实龄（CA）的关系，这种比例的运用反映了这样一个事实，即同样的 MA 分数对于不同年龄的儿童来说，表示不同的含义。也就是说，一个心理年龄为 8 岁的测验结果，对于一个 6 岁的孩子来说是高于平均分数，但是对于一个 10 岁的孩子来说却低于平均分数。1912 年，德国心理学家威廉·施特恩（Wilhelm Stern）提出，IQ 这个概念可以解决这个问题。施特恩通过下面这个公式来计算 IQ：

$$IQ = \frac{\text{心理年龄（MA）}}{\text{实际年龄（CA）}} \times 100$$

根据这个公式，一个 MA 值为 6 的孩子，如果他的实际年龄是 6 岁，那么 IQ 就是 100。年纪小的儿童解决问题如果和年纪较大的儿童一样好的话，他的智商就超过 100。例如，如果一个 8 岁的孩子在 SBIS 中的表现和 10 岁的孩子一样好的话，他的智商就是 125。如果一个孩子答对问题的

表7-2 和斯坦福－比奈智力量表中题目类似的题目

水平（年龄）	题目
2	1. 孩子通过辨认一个娃娃的各个部分如嘴、耳朵以及头发来展示基本词汇知识。
	2. 孩子通过制造一个和模型匹配的四块积木构成的塔来展示视觉能力和数学及空间能力。
4	1. 通过在如下问题中填词，孩子展示了语言流畅性及分类思维能力：“爸爸是男人，妈妈是？”“汉堡包是热的，冰激淋是？”
	2. 儿童正确回答如下问题可以显示出理解力：“人们为什么有汽车？”“人们为什么有机器？”
9	1. 孩子指出如下问题中的言语错误：“在一个坟墓里，考古学家挖出了一个颅骨，他们认为这是乔治·华盛顿 5 岁时的颅骨。荒唐的地方在哪里？”
	2. 在如下问题中，孩子展示了语言流畅性：“你能告诉我和 snore 押韵的数字是什么吗？”“你能告诉我和 glue 押韵的颜色是什么吗？”
成人	1. 成人通过正确解释“疾病和痛苦”“房子和家”“诚实和威望”等词语之间的差别，来展示其关于词义的知识以及概念思维能力。
	2. 成人通过正确回答如下问题来展示其空间能力：“如果一辆车向右转弯就会头冲北，那么这辆车在转弯前头冲什么方向？”

数量没有同龄孩子数量多的话，那么他的智商就低于 100。

> **真** 两个孩子在智力测验同样的题目上都回答正确，但一个孩子的智商可能高于平均水平，而另一个孩子的智商可能低于平均水平。

如今，IQ 值是通过将自己的分数和同年龄段其他人的分数相比较而得到的。如果比同年龄段平均答对的题目数量多，则智商高于 100；如果比同年龄段平均答对的题目数量少，则智商低于 100。因此，如果两个孩子在智力测验中答对题目的数量是相同的，其中一个孩子可能智商会高一些，这是因为两个孩子的年龄不同，年纪小的那个会更聪明。

韦氏智力量表

区别于 SBIS, 大卫·韦克斯勒（David Wechsler）编制了适用于儿童和成人的一系列量表。韦氏量表将测验问题分成了很多单独的分测验（见图 7-4）。每个分测验都测量了不同的智力任务。所以，测验可以表明人们在一种类型任务（如词汇定义任务）中的表现相较于另一种类型任务（如拼图任务）中的表现如何。通过这种方式，韦氏量表在测量总体智力功能的同时，也突出了儿童相对的优势和不足。

韦克斯勒将其量表分为*言语任务*和*操作任务*。一般而言，言语分测验需要操作者的言语概念知识，而操作分测验需要操作者熟悉空间关系概念。韦氏量表要计算言语智商和操作智商。非理工科大学生的言语智商常常高于操作智商。受教育程度较低的人操作智商常常高于言语智商。

韦克斯勒提出了*离差智商*的概念。离差智商分数是以某人的答案和同年龄组人的答案相比较

图7-4 和韦氏成人智力量表中题目类似的题目

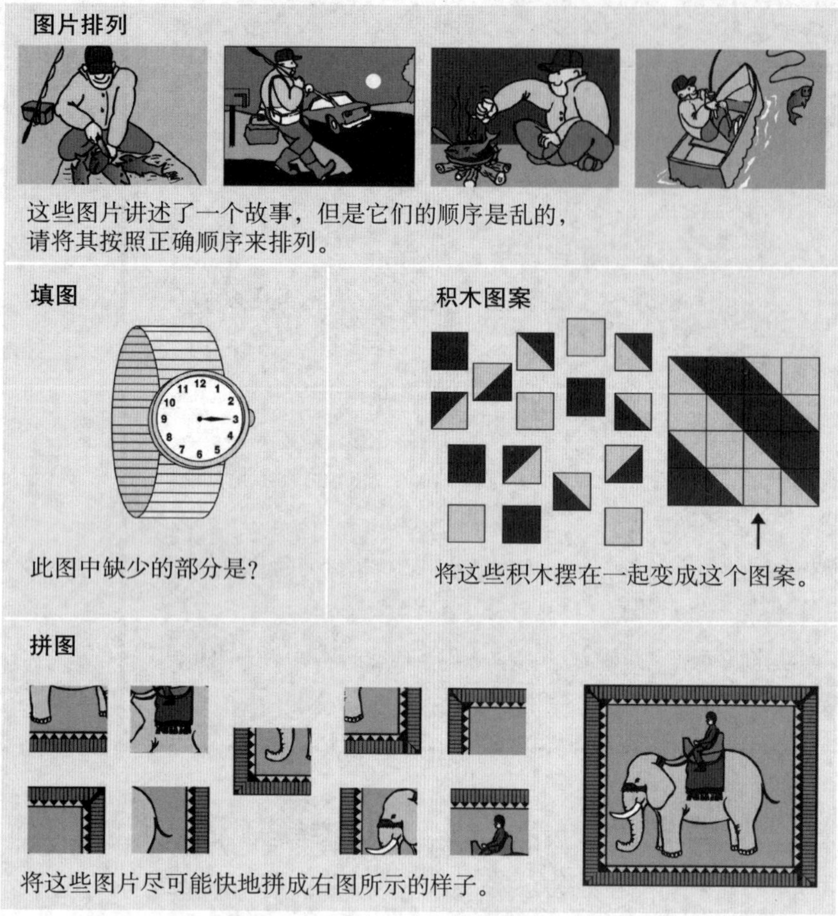

为基础的，而不是用心理年龄除以实际年龄的比率智商。每个年龄组的平均水平被定义为智商100。韦克斯勒对IQ得分进行划分，中间50%的人被定义为“大多数平均范围”，即90～110分的人。如图7-5所示，IQ分数紧紧聚合在平均分数周围。仅有4%的人智商在130以上或70以下。

团体测验

SBIS和韦氏量表一次都只能测验一个人。主试和被试人数1∶1是最优化的模式，因为这样主试可以近距离地观察被试。主试对削弱成绩的因素都很敏感，如语言困难、患有疾病、房间嘈杂或光线昏暗等。但是当测验规模很大而有经验的主试人数较少时，比如对公立学校学生、部队士兵等进行大规模测验时，就需要适合大规模的团体测验了。

适合儿童的团体测验在第一次世界大战期间首先被开发出来。刚开始这些测验非常受欢迎，因为它们能起到很大作用，能够帮助学校管理者安置学生。但是，随着时间的推移，团体测验受到的诟病越来越多，因为很多管理者仅用这一种方法来评价学生的能力，而不去寻找其他信息源。

智力测验最多只能提供一种有关儿童个体的信息源。数字本身，特别是IQ分数，并不足以判断孩子的特殊能力及天赋。

智力测验的信度和效度

多年以来，SBIS和韦氏量表被证明是可信且有效的。一种信度是多次测验结果的一致性，即再测信度。效度高的测验，是指测量得分与想要预测的变量呈现中度到高度的相关性，如学业成绩，尽管学业成绩中也包含了动机和对学校环境的适应等其他因素（Kaplan & Saccuzzo, 2008; Roid & Tippin, 2009）。

（四）智力功能的差异

美国人的平均智商非常接近100。然而，美国社会中某些阶层、某些种族的人平均智商会比100高一些，而另一些人则比100低一些。有人提出过这样的问题：男性和女性谁的平均智商高一些？或者：社会看重的智力或认知技能是否存在性别差异？因此，智力功能的测验容易导致社会

图7-5　IQ分数的近似分布

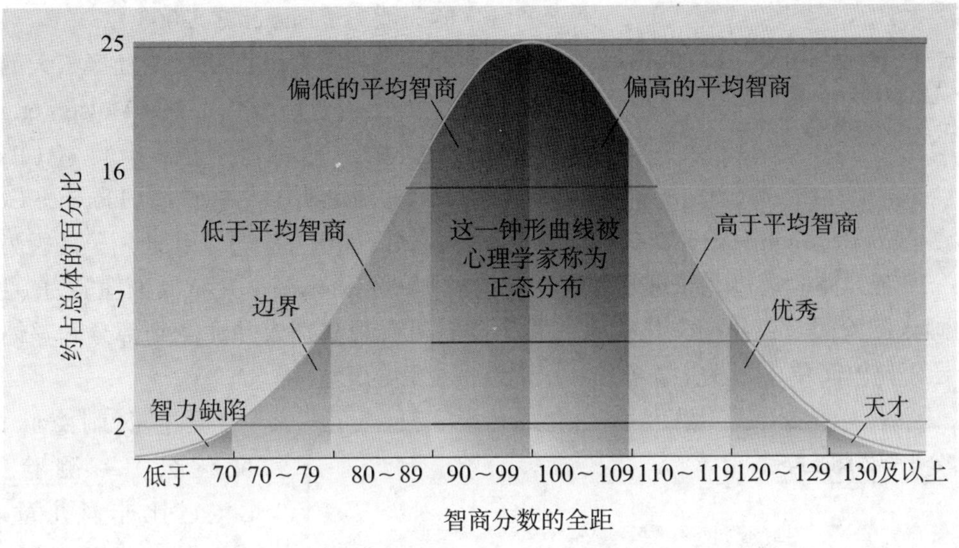

分歧，这和建立在偏见、“传统”与科学基础上的阶级体制和社会制度别无二致。本节我们会讨论认知技能中的社会经济和种族差异以及性别差异。

社会经济和种族差异

大量研究都表明，不同的社会经济群体或种族群体的智力不同——或者更确切地说，是智力测验分数不同。较低阶层儿童的智商比中上阶层儿童的智商低 10～15 分。非裔美国儿童比同龄的欧裔美国儿童智商低 15 分左右（Helms, 2006; Neisser et al., 1996）。拉丁裔美国人和本土美国人儿童的智商也低于同龄欧裔儿童的智商常模（Neisser et al., 1996; Sternberg, 2007）。

由于很多非裔、拉丁裔和西班牙裔美国人在较低的社会经济阶层中分布不成比例，有关智商的社会阶层和种族因素在许多研究中被混为一谈（Helms, 2006; Nisbett, 2009）。当我们将观察聚焦在某个特定的种族时，我们仍然会发现社会阶层的效应。也就是说，中产阶层的欧裔美国人的分数超过了较为贫困的欧裔美国人的分数。中产阶层的非裔、西班牙裔、拉丁裔和本土美国人的得分都比相应种族中处于贫困阶层的成员要高。《华盛顿邮报》专栏作家尤金·罗宾逊（Eugene Robinson, 2011）曾写道：“非裔美国人中，受过教育的中产阶层与未接受教育的穷人之间已产生一道裂缝。”换句话说，把所有的非裔美国人归为一谈也许是个错误。

亚裔和白种人之间的智力得分也有所不同。例如，亚裔学生在学业能力倾向测验的数学部分通常比欧裔得分高。中国和日本的学生在数学测验和科学测验上的得分也高于欧裔美国人（Nisbett, 2009）。此外，在美国，亚洲的印度、朝鲜、日本、菲律宾及中国后裔比欧裔、非裔和拉丁裔美国人更有可能高中毕业并完成大学学业（Sternberg, 2007; Xie & Goyette, 2003; Yeh & Chang, 2004），他们在有竞争力的大学中所占的比例更高（Knapp et al., 2011; Liu, 2009）。例如，亚裔美国人占加州总人口的 12%，但他们却占加州最高水平公立大学——加州大学伯克利分校——学生总人数的 41%。

大多数心理学家认为，种族间的智力差异反映的是针对教育的文化态度，而不是天生的种族差别（Nisbett, 2009）。也就是说，亚裔儿童在学校中学习更加积极主动。研究表明，中国和日本

真 一些心理学家和社会评论者都认为，智力测验除了测量智力外，还测量了很多东西，如在美国占主导地位的中产阶层的文化相似性及成就动机等。

的学生以及他们的母亲都更倾向于将学业成功归因为努力（Bae et al., 2008）。欧裔美国人更可能将孩子的学业成功归因于“天生的”能力（Bae et al., 2008）。

由于在非裔、拉丁裔和西班牙裔社区长大的孩子在智力测验中可能处于不利的文化条件（Dotson et al., 2009），所以很多心理学家，包括雷蒙德·卡特尔（Raymond B. Cattell, 1949）和弗洛伦斯·古迪纳夫（Florence Goodenough, 1926; 现修订为 Goodenough-Harris Drawing Test），都曾试图编制一个“文化通用”的智力测验。卡特尔的文化公平智力测验通过儿童理解和运用几何规则的能力来测量儿童的推理能力（见图 7-6）。古迪纳夫的画人测验假设：任何文化背景的儿童都有机会观察别人并注意到部分和整体之间的关系。她的指导语比较简单——让儿童画出一个男性或女性的形象。

图7-6 卡特尔的文化公平智力测验样题

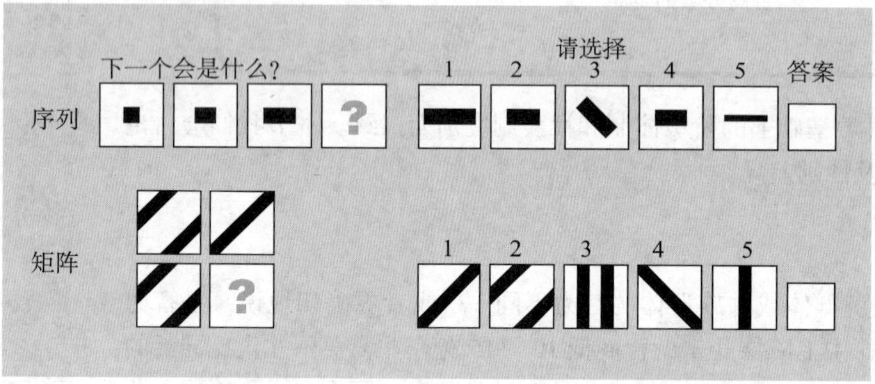

具有讽刺意味的是，在“文化公平”测验中，欧裔儿童远比非裔儿童表现要好（Rushton et al., 2003），这可能是由于前者比处境不利的儿童在平时玩积木的机会更多（和卡特尔的测验有相关性），对动物、人以及其他事物进行涂鸦的机会也更多（和古迪纳夫的测验有相关性）。文化公平测验和其他智力测验一样，也不能预测学业成绩。

性别差异

人们曾普遍认为男性比女性更聪明，因为他们关于世界事务的知识更加广泛，他们在理工科方面的技能更好。但是这些差异并没有反映出认知能力的差异，而是反映出女性被排除在世界事务、理工科之外的现实。此外，智力测验并没有显示出认知能力的总体性别差异（Halpern & LaMay, 2000）。

研究综述表明，女孩在言语能力方面优于男孩，比如词汇量、造句、同义词、拼写、外语学习以及发音等（Andreano & Cahill, 2009; Lohman & Lakin, 2009）。女孩掌握语言似乎比男孩快。在美国，有阅读问题的男生比女生要多，从低于同年级阅读水平到严重的阅读障碍都是如此（Brun et al., 2009）。

在工作记忆中，男性在视觉图像操作方面做得更好一些。男性整体上在视觉 - 空间能力方面较为擅长，这种能力一般用于数学、科学和看地图（Andreano & Cahill, 2009; Yazzie, 2010）。

半个多世纪以来，人们都认为男性在数学方面一般比女性要好，研究结果也倾向于支持这一观点（Collaer & Hill, 2006; Halpern et al., 2007）。但是，珍妮·海德（Janet Hyde）及其同事（2008）做了一项针对 700 000 名来自十一年级第二学期学生的研究，发现他们在标准测验中的数学成绩上没有性别差异。尽管从整体上来讲，美国的数学测验平均分没有性别差异，但男生还是明显比女生更多地分布在两个极端，比如在 SAT 中，得分在 300 以下和 700 以上的人数中，男生比女生所占比例更大（Else-Quest et al., 2010）。尽管如此，大多数美国人对男孩和女孩都有不同的期望，这些期望可能还是会劝阻一些数学很好的女孩进入所谓的 STEM（科学、技术、工程和数学）领域（Hyde & Mertz, 2009）。

图7-7 女性涌入曾经几乎被男性垄断的专业

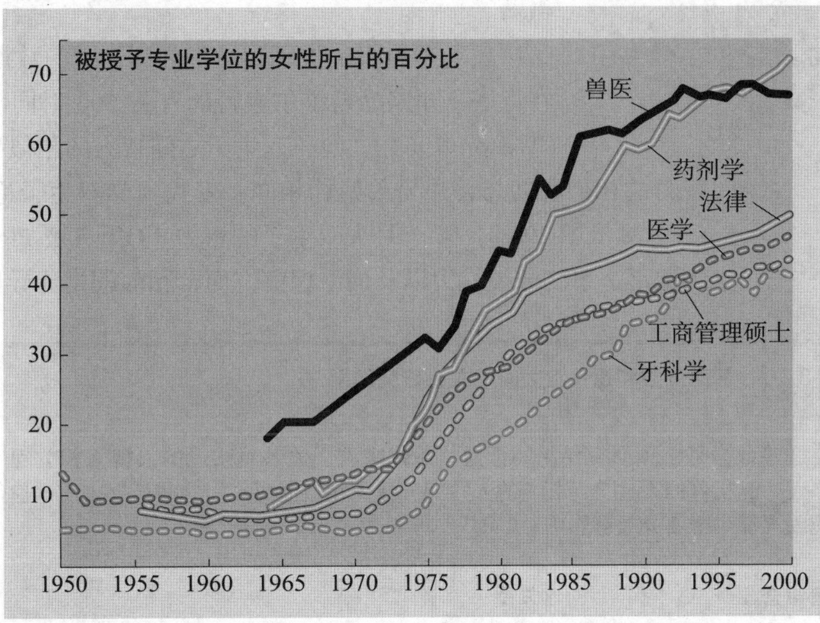

但是，需要指出的是，性别差异是组间差异，这些技能在组内的个体之间的差异要大于男性和女性之间的差异（Halpern, 2003）。也就是说，两个女人言语技能的差异可能要大于一个普通女人和男人之间的差异。数百万女性在数学和空间能力方面远远超过男性的“平均”水平。男性中也存在言语能力卓越的“莎士比亚”们。此外，在大多数情况下，认知能力的性别差异很小（Else-Quest & Grabe, 2012）。言语、数学及视觉 – 空间能力的差异似乎在日益缩小，越来越多的女性在曾经男性占据大多数的领域内选修课程。

在学者们围坐并讨论智力功能差异的时候，女性已开始从事曾经几乎被男性垄断的职业（Cox & Alm, 2005）。图 7-7 表明，女性通过越来越多地从事科学、商业、法律以及医学等各方面的职业，颠覆了这些刻板印象。

四、智力的遗传和环境因素

如果不同种族在智力测验中得到的分数不同，那么心理学家们——如同教育者和其他普通大众一样——希望知道原因。我们会看到，这是一个需要实证支持的争论。心理学家对智力发展中先天（遗传影响）和后天（环境影响）的作用进行了大量研究。

（一）遗传对智力的影响

遗传影响的研究采用了亲缘研究、双生子研究以及领养研究。让我们通过这些研究看看遗传是否影响了智力功能。

我们可以查看一起抚养和分开抚养的血缘关系远近不同的人的智商。如果遗传影响了儿童的智商，那么血缘关系近的人，相对于血缘关系远的人或没有血缘关系的人而言，智商会更接近，即使他们是被分开抚养的（Petrill et al., 2010）。

图 7-8 所示的是 100 多项关于人类遗传和智商关系研究结果的汇总（McGue et al., 1993; Plomin & Spinath, 2004; Plomin et al., 2008）。同卵双生子（单卵双生子，或 MZ）的智商比其他人更接近，即

遗传度：

一个人和另一个人特质的差异可以归结为遗传因素，或可以用遗传因素来解释的程度。

使这对双生子是被分开抚养的。异卵双生子（二卵双生子，或 DZ）、普通兄弟姐妹以及父母和子女之间的智商测验得分中等相关。儿童和养父母之间的智商得分相关微弱。

大规模的双生子研究结果和图 7-8 的数据一致（如 Haworth et al., 2009）。一个在肯塔基州路易斯维尔进行的有关 500 对同卵双生子和异卵双生子的经典研究表明（Wilson, 1983），同卵双生子之间智力的相似程度比异卵双生子要高。异卵双生子之间智力的相似程度与普通兄弟姐妹相同。麦克阿瑟双生子追踪研究（MacArthur Longitudinal Twin Study）测量了 200 对 14 个月大双生子的智力（Oliver & Plomin, 2007）。研究发现，同卵双生子在空间记忆、事物分类能力以及词语理解方面，相似程度比异卵双生子要高。

图7-8　智商分数和遗传度之间的关系研究结果

这些数据是多项研究结果的汇总。总体来看，关系越亲近的人智力相关程度越高，而一起抚养的人比分开抚养的人智商分数的相似度更高。这些结果表明，遗传和环境因素都对智商分数有影响。

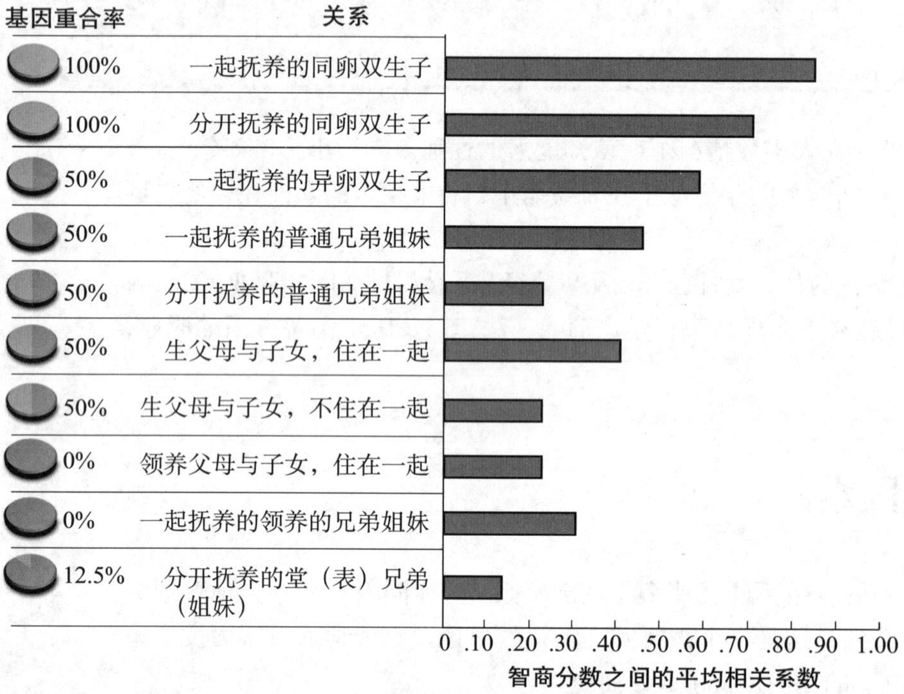

总之，研究大都表明，智力的**遗传度**（heritability）为 40%～60%（Haworth et al., 2009; Neisser et al., 1996）。也就是说，你的智商分数和他人智商分数的差别，有一半可以用遗传来解释。

仍然需要指出的是，被一起抚养的遗传对（一些同卵双生子），和被分开抚养的遗传对（另一些同卵双生子）相比较而言，在智力测验中显示了更高的相似性。这个发现也适用于异卵双生子、兄弟姐妹、父母与其子女，以及没有血缘关系的人。因此，一起抚养和智商的相似性有关联。所以，有关智商的遗传因素的研究也显示了环境在智力发展中的作用。

另外一个探索遗传因素影响的研究是将养子女的智商和养父母及生父母的相比较。当孩子还很小的时候就和生父母分开，那么如果孩子的智商和亲生父母相关高的话，就反映了遗传的作用；如果孩子的智商和养父母相关高的话，就反映了环境的作用。

近来，一些哲学家似乎从道德上接受了“一个人的智力是个固定数值且不能提升”这一糟糕的论断。我们一定要坚决反对这种残忍的悲观主义；我们会努力证明这一论断是毫无根据的。

——阿尔弗雷德·比奈

很多以科罗拉多州（Baker et al., 1983）、得克萨斯州（Horn, 1983) 和明尼苏达州（Scarr & Weinberg, 1983）1～2 岁的孩子为研究对象的研究都发现，子女和生父母智商得分的相关程度要高于子女和养父母智商得分的相关程度。

（二）环境对智力的影响

现在我们来看一看有关环境影响的研究，这些研究也运用了各式各样的策略，包含对家庭环境作用的观察以及对教育课程效果的评估。

家庭环境

家庭环境以及父母对子女的养育风格也会影响智商分数（Bradley, 2006）。父母在情感和语言上对子女反应积极，提供恰当的玩耍材料，陪伴孩子，鼓励孩子自立，并提供各种日常经验，这样的孩子长大后智商得分较高（Bradley, 2006）。家庭的组织性和安全感也与（子女）较高的智商和成就测验得分相关（Bradley et al., 1989; Petrill et al., 2010）。

另外一些研究支持这样的观点，儿童的早期环境与智商分数以及学业成就相关。例如，维多利亚・莫尔费斯（Victoria Molfese）及其同事（1997）发现，家庭环境是 3 至 8 岁儿童智力测验分数最重要的单个预测因素。

智力理论概要表

理论	基本信息	评论
一般因素和特殊因素 （提出者：查尔斯・斯皮尔曼） 	• 斯皮尔曼创造了因素分析法来研究智力。 • 有强有力的证据支持智力中存在一般因素（g）。 • 特殊因素（s）是指具体的能力、技能和天赋。	• 一般因素（g）的概念至今（百年之后的今天）仍在使用。
基本心理能力 （提出者：路易斯・瑟斯顿） 	• 瑟斯顿采用了因素分析法。 • 存在许多“基本”能力。 • 所有的能力和因素都是学业导向的。	• 其他研究者（如吉尔福特 [Guilford]）声称发现了数百种因素。 • 发现的因素越多，重叠越多。
三元智力理论 （提出者：罗伯特・斯滕伯格） 	• 智力是三重的，包括分析智力、创造智力以及实践智力。 • 分析智力与学业能力类似。	• 这一理论与亚里士多德的观点雷同。 • 批评者不认为创造力是智力的一部分。

多元智能理论 （提出者：霍华德·加德纳） 	• 加德纳理论上区分了不同的智力。 • 智力包括学业智力、人际智力、天赋以及哲学智力。 • 该理论认为不同的智力有不同的大脑基础。	• 该理论的提出者在不断扩大“智力”的数量。 • 批评者认为将智力理论化没有什么意义，不如考察智力的不同方面。 • 多数批评者认为音乐和身体运动技能是一种特殊天赋，而不是“智力”。

教育

虽然智力被认为能够使人们从教育中获益，但教育很明显也对智力有促进作用。政府投入资金为学龄前儿童提供了丰富的早期教育环境，以促进儿童智力的发展。例如，启智方案（Head Start）通过将处境不利儿童置于中产阶层儿童习以为常的物质和活动环境中，提高了其智商得分、成就测验分数以及学业能力（Bierman et al., 2008），这些物质和活动包括字母和词汇、数字、图书、绘画练习、挂钩和游戏小钉板、拼图、动物玩具以及娃娃。与此同时，在启智方案结束几年后，如果他们再回到贫乏的智力刺激环境中，很多儿童的智力测验分数和其他成绩可能会下降（Nisbett, 2009）。

晚一些入学也对智力的发展有影响。如果因为入学标准对出生日期有要求，而造成两个年龄差不多大的孩子入学年份差一年的话，那么受学校教育时间长的那个人智力测验分数会高一些（Neisser et al.,1996）。而且，暑假时期的智商测验分数会下滑（Neisser et al.,1996）。

关于智力、家庭环境和教育经验的研究结果表明，如果想要提高孩子的智力功能，我们大有可为。

图7-9　影响智力功能的复杂因素网状结构图

智力功能似乎被遗传因素、健康、人格以及社会文化等因素的交互作用所影响。

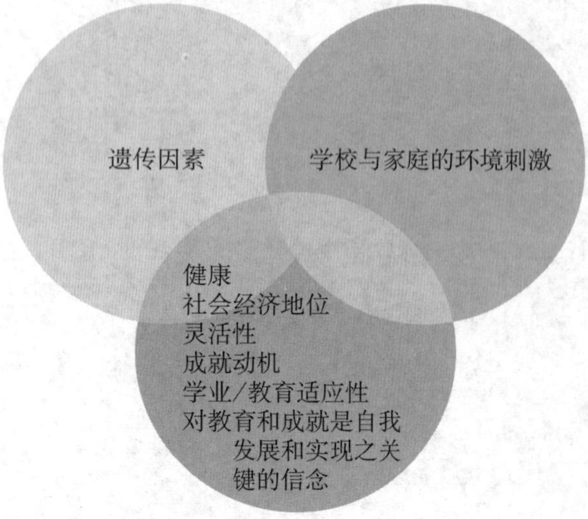

弗林效应

哲学家及研究者约翰·弗林（John Flynn, 2003）发现，西方世界的智力测验分数在1947—2002年间迅猛增长，在美国大约增长了18分。心理学家理查德·尼斯贝特（Richard Nisbett, 2009）认为，我们的遗传密码在半个世纪的时间里不可能有足够的改变来解释这种巨大差异，因此，社会文化因素如教育体系的完善与大众媒体的渗透所带来的影响，一定是导致这种变化的原因之一。

如果环境因素随着时间的流逝能够令所有美国人产生如此巨大的变化，那么也一定能在一些种族之间产生显著的影响，比如，非裔美国人和欧裔美国人之间。在过去的30年间，欧裔和非裔美国人之间的差异从15分减少到9.5分（Nisbett, 2007），这个变化如此巨大，以至于无法从遗传因素获得解释，而是表明了这两个种族的教育鸿沟在缩小。

总而言之，智力功能似乎反映了遗传、生理、个人以及社会文化等多种因素的交互作用，如图7-9

所示。

也许我们并不需要精确地得出一个人的智力多少是由于遗传，多少是由于环境影响。心理学家有尊重个人尊严的传统。更合适的做法是，我们去识别出每个种族中面临失败危险的儿童，并尽我们所能去改善他们的环境。

用数字说话

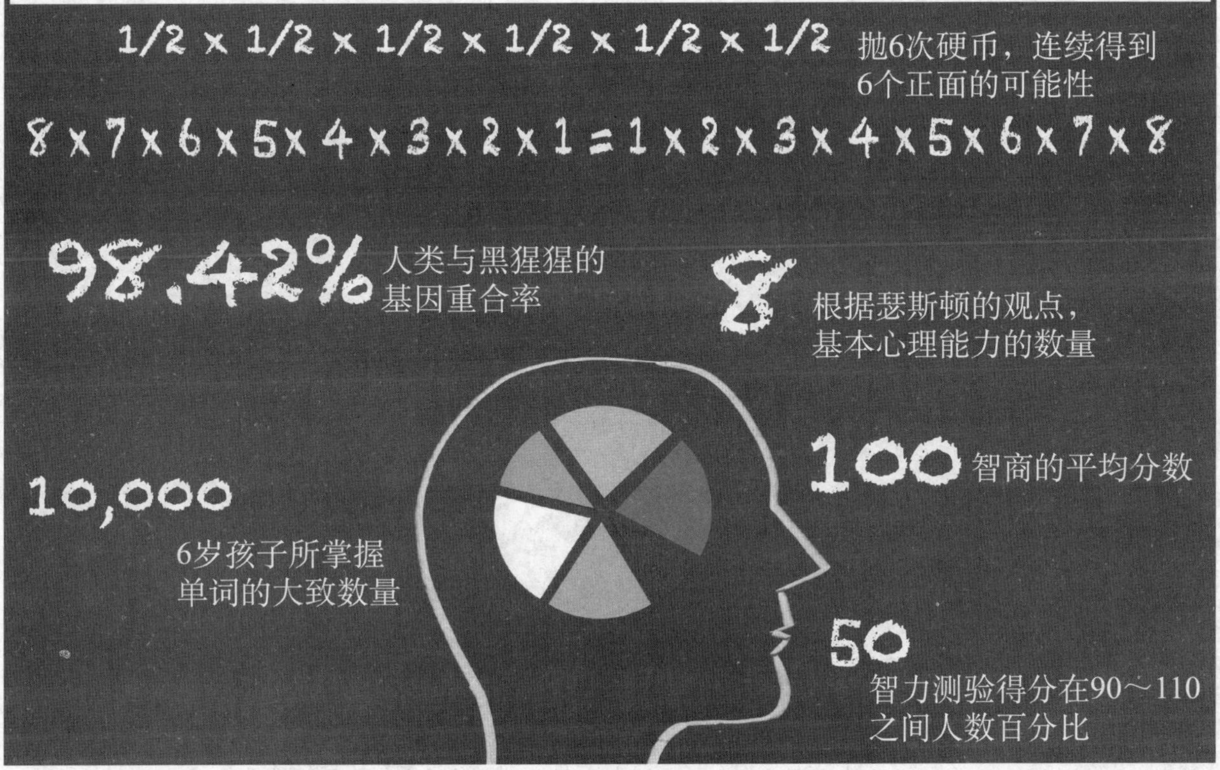

第 8 章　动机与情绪

内容概要

一、动机是什么？需要、驱力和诱因又是什么？
二、动机理论
三、饥饿的生物学和心理学原因
四、性激素与性反应周期对人类性行为的作用
五、成就动机
六、有关情绪的理论

信徒们收到这样一则消息：12 月 21 日是世界末日，洪水将吞没这座城市及地球上的一切。现在他们被召集在玛丽安·基奇（Marian Keech）家里，她是领袖，而这则来自外太空守护者的消息就是她收到的。消息通过“自动书写”的方式接收，也就是说，守护者的消息是通过基奇女士在无意识状态下记录下来的。另外她还传达了一则好消息，说由于信徒们坚贞的信仰，在 21 日午夜、末日来临之时会有飞碟将他们救走。

在 1956 年的经典观察研究中，利昂·费斯廷格（Leon Festinger）及其同事记录了他们如何伪装成信徒出现在基奇女士的家中，见证了这个重要时刻。他们的目的是观察信徒们在预言失败时以及预言失败之后的行为。根据费斯廷格关于动机的认知理论——认知失调理论，信徒们将在两个关键的认识上产生矛盾或冲突：（1）基奇女士是先知；（2）基奇女士错了。

这种冲突将如何解决呢？对信徒们来说，不再相信基奇女士是一种解决办法。不过根据研究者的理论预期，信徒们将继续散布这一预言并寻找新的信徒加入他们，以此来解决冲突，否则他们会非常痛苦和困窘。

让我们回到那个事关重大的夜晚。很多信徒已经辞去工作，在那个被预言的末日到来之前尽情狂欢。现在临近午夜了，他们正在忐忑不安地等待飞碟到来。时间到了，但是飞碟根本没有出现。信徒们焦虑地互换眼色。四周一片静默，偶尔夹杂着几声咳嗽。时间一分一秒地过去，这个时刻显得格外漫长。午夜已经过了，他们的眼神交换越来越多。

凌晨 4 点，看上去痛苦而狂乱的基奇女士抱怨说她感到有人正在怀疑她。4 点 45 分，她好像突然放松下来了——原来是新的消息到了，基奇女士通过自动书写把内容写了出来！消息说信徒们已经通过他们的信仰拯救了世界，宇宙力量决定让这个世界继续以它罪恶的方式多存在一些时间。这是为什么呢？就是因为信徒们的信仰，说明这个世界还有希望！

信徒们不再怀疑，他们紧接着致电通讯社、报纸等媒体将这个预言传播开来。明尼苏达大学的三位心理学家则各自回家了，他们十分疲惫却备受启发，为此写了一本名为《当预言破灭时》（*When Prophecy Fails*）的书，这是一份能够说明他们理论的关键材料。

「预言破灭时，其信徒会做何反应？为什么？」

真？假？

你怎么看待下列陈述？它们是坊间传闻、常识还是无稽之谈？圈出字母“T”代表真，“F”代表假，并在阅读本章的过程中找出准确答案。

- T F 通过度假转移注意力，数小时没有感官输入就能感到放松。
- T F 人是由于胃的收缩（“痛”）才感到饥饿。
- T F 时尚杂志会使女性患进食障碍。
- T F 金钱买不到幸福。
- T F 咬舌头或扭动脚趾有可能瞒过测谎仪。

动机：
机体受到引诱或激励去做某件事的状态。

动力：
机体内部朝目标推进的一种假设状态。

需要：
一种剥夺状态。

驱力：
有机体内与某种需要关联的唤醒状态。

诱因：
能够满足需要的或其本身就令人满意的物体、人或情境。

一、动机心理学

动机（motivation）心理学与行为的原因有关。为什么我们要吃饭？为什么我们中的一些人要奋发向上努力争先？为什么有些人玩摩托飞车不顾性命？为什么有些人好斗？为什么预言破灭让信徒们觉得不舒服？

心理学家用动力、需要、驱力、诱因等概念来回答这些问题。**动力**（motive）是能够激活行为、将我们朝目标方向推进的一种假设状态。我们之所以说这种状态是假设的，是因为动力是看不到的，也无法直接测量，它是根据行为推断出来的。动力可以以需要、驱力和诱因的形式存在，也可以从行为中推断出来。

我们都有生理的和心理的**需要**（needs）。我们必须首先满足生理需要才能生存——比如，对氧气、食物、水、疼痛回避、适宜的温度以及排泄身体废物的需要。有些生理需要，像饥饿和口渴，是生理剥夺的状态。当我们有段时间没有进食或饮水，就会产生对食物和水的需要。同样，身体还需要氧气、维生素等。

心理需要包括对成就、权力、自尊、社会赞许以及归属感的需要。心理需要不一定建立在剥夺状态的基础上。一个有成就需要的人可能已经拥有了辉煌的成功史。因为人类的生物天性是相似的，所以我们拥有相似的生理需要。只是由于受到文化环境的影响，我们的需要会通过不同的形式来表达。我们都需要食物，但是有人选择素食，有人选择肉食。而且由于学习的介入，人与人之间的心理需要会有显著的差异。

需要能够引发**驱力**（drives）。食物耗尽会引发饥饿驱力，水消耗完会引发口渴驱力。生理驱力是与生理需要相对应的。食物和水用完后，我们的身体便需要这些物质。不过我们对饥饿和口渴驱力的体验是心理上的。驱力唤醒我们采取行动，被剥夺的时间越长，驱力便越强。我们 10 小时不吃东西会比 1 小时不吃东西感觉更饿。

对赞许、成就以及归属感的心理需要也能够引发驱力。人们想在商界获得成功的驱力跟饥饿驱力的道理是一样的。心理学家正在进行更多有关驱力起源的研究。我们可以肯定，人们还受到获取诱因的驱动。**诱因**（incentive）是能够满足需要的或者其本身就令人满意的一个物体、一个人或一种情境。金钱、食物、一个性感的人、社会赞许和关注都可以充当诱因。

二、动机理论

尽管心理学家都认为理解人和低等动物行为的原因很重要，但他们尚未对动机达成一致意见。下面我们来看一下关于动机的不同理论观点。

当其他雄鱼出现时，暹罗斗鱼会像面临威胁一样张开鳍，鼓起腮，打着圈互相追逐。如果互不相容，不可避免的冲突就会发生。

（一）进化论观点

进化论观点认为许多动物的神经都“预先铺设”好了，也就是说，它们具备与生俱来的倾向——以特定的方式对特定的情境做出反应（Burghardt, 2009; Confer et al., 2010）。比如，蜘蛛天生会结网，蜜蜂本能地以跳舞的方式向其他蜜蜂传达食物位置的信息。

这些本能行为出现在特定物种身上，被称作*物种特异性*。物种特异性行为也称为**本能**（instincts），它们是与生俱来的，通过基因代代相传。

心理学家想知道人类是否具有本能，如果有，究竟有多少。一个世纪以前，心理学家威廉·詹姆斯（William James, 1890）和威廉·麦独孤（William McDougall, 1908）就认为人类具有能够促进其生存和社会行为的本能。詹姆斯提出了爱、同情和谦虚的社会本能，麦独孤则列举了包括饥饿、性和自我肯定等 12 种"基本的"本能。有的心理学家甚至列出了更长的清单，当然还有人认为人类并没有本能。关于人类是否具有本能及有什么样的本能，这一问题目前还没有定论。

> **人生就是这样，除了期待改变之外没有什么乐趣，改变本身也毫无意义；一旦做出改变，我们的下一个愿望会是再次改变。**
>
> **——塞缪尔·约翰逊**

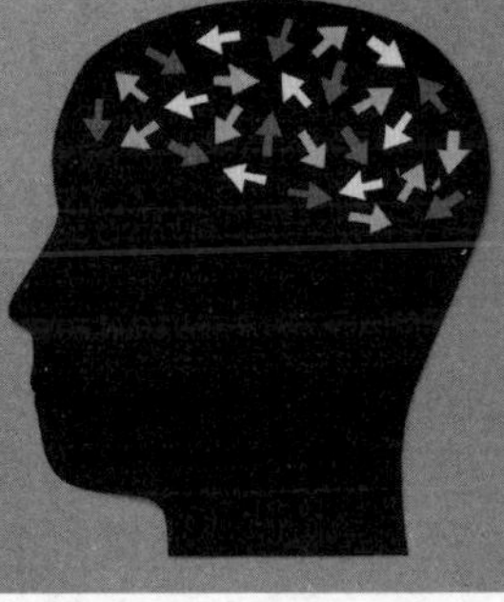

（二）驱力降低理论与体内平衡

弗洛伊德认为，紧张驱使我们的行为向一种平静的状态调整。他的观点与 20 世纪 30 年代心理学家克拉克·赫尔（Clark Hull）所提出的学习的**驱力降低理论**（drive-reduction theory）相似。

赫尔认为*初级驱力*如饥饿、口渴、疼痛等，能够触发唤起（紧张）并激活行为。我们学习用行为缓解压力。我们还通过经验习得驱力——被称为*习得性驱力*。我们会获得对金钱的驱力，因为金钱能让我们得到食物和水，能让我们有家，能够保护我们不受犯罪活动和恶劣天气的危害。我们会获得对社会赞许和依附的驱力，因为他人和他们的善意可以帮助我们，特别是可以帮助婴儿降低初级驱力。所有这些事例都以减轻紧张为目的。但是，有些人获得的对金钱和关系的驱力是过度的，他们在早已满足物质需要后还想要更多的钱，有些人则害怕独处，哪怕一会儿都不行。

初级驱力，比如饥饿，是我们在处于被剥夺状态下被触发的。在饥饿感的驱使下，行为可以帮助我们的身体恢复平衡。这种维持身体稳定状态的趋势叫作**体内平衡**（homeostasis）。体内平衡的工作原理就像恒温器，一旦室内温度低于*设定点*，炉火就被点燃，直到再达到设定的温度。类似地，大部分动物的进食是吃到不再饥饿为止。不过有很多人是以"休闲"的方式吃东西，比如在一份诱人的甜点面前，他们多吃一些不只是为了降低驱力。

（三）刺激寻求

生理需要会引发驱力，如饥饿和口渴。在这种情况下，我们会设法降低那些对我们产生影响的紧张或刺激。然而，在*刺激寻求驱动*的情况下，机体会寻求*增加*刺激。

20 世纪 50 年代，在加拿大蒙特利尔的麦吉尔大学所做的一项研究证实了感官刺激和活动的重要性。一些"幸运的"学生每天什么都不用做就可以领到 20 美元（考虑到通货膨胀，现在可能值 200 美元）的报酬。你愿意去"做"这份什么都不需要做就能每天获得 200 美元的工作吗？先别着急回答。根据这项研究的结果，你可能会完全不喜欢。

实验过程中，这些学生志愿者得待在安静的小房间里，四周都被密封起来（Bexton et al., 1954）。他们的胳膊缠上绷带，除了空调枯燥的、无休止的嗡嗡声之

> **本能：**
> 一种能够激活特定行为模式以达成相应目标的遗传特质。
>
> **驱力降低理论：**
> 一种认为机体调动行为以降低驱力的观点。
>
> **体内平衡：**
> 身体维持稳定状态的趋势。

外，听不到任何其他声音。许多人开始睡了一会，但是处于感觉剥夺的清醒状态几小时之后，大部分人感觉无聊且烦躁。随着时间的推移，很多人越来越觉得不适。尽管有金钱的诱惑，还是有许多学生在第一天就退出了实验。继续参加实验的一些学生在接下来的几天后，发现自己甚至很难把注意力集中到简单的事情上。对于很多学生来说，这个实验并没有让他们感到度假般的放松，恰恰相反，实验只是制造了枯燥、不适和迷乱。

假 一般而言，通过度假转移注意力，数小时没有感官输入并不会感到放松。

自我实现：

马斯洛及其他人本主义心理学家认为，自我实现是一种驱使自我变成能够成为的样子的驱力。

需要层次：

马斯洛的需要层次包括从最基本的需要（即生理需要，如饥饿和口渴）到最精细复杂的需要（即自我实现）。

人类和其他动物都倾向于寻找新异刺激。即使是老鼠，在被剥夺了食物的情况下，它们也会去探索不熟悉的迷宫，而不是直接去寻找食物。刚刚交配完的动物性驱力下降，但在一个新的交配对象面前常常能再次产生对性的兴趣。人们（以及非人类）在吃自助餐时摄入的热量要比在提供有限食物的情况下摄入的热量多（Szentirmai et al., 2010）。孩子们可以为了杀死虚拟人物或怪兽的快感而不知疲倦地玩电子游戏。

刺激动机提供了一种进化上的优势。那些积极的、有强烈动机去探索并利用环境的动物更有可能生存下来。如果你知道离你最近的一棵大树在哪里，你就更有可能躲开美洲豹，从而更有可能把基因传给后代。

但是请注意，生存只关乎于保护自己或种群远离各种各样的危险。在下面的章节中我们会看到，许多心理学家认为人们还有发展独特潜能的动机，即使没有任何外部威胁存在。

（四）人本主义理论

亚伯拉罕·马斯洛（Abraham Maslow, 1908—1970）等人本主义心理学家认为，人的行为不是机械的，也不只是为了降低紧张和生存。马斯洛认为人还受个人成长的欲望所驱动。人本主义者指出，人们忍受痛苦、饥饿及许多其他的压力都是为了寻求个人的完满。

马斯洛认为，我们区别于其他动物的能力便是**自我实现**（self-actualization）的能力，或者说是驱使我们变成自己能够成为的样子的驱力。他认为自我实现与饥饿一样，都是对人类至关重要的需要。自我实现的需要促使人们成为在音乐会上演奏的钢琴家、首席执行官或者畅销书作家——即使他们的生活已经足够富有。

马斯洛（1970）将人的需要归纳为一个层次结构。马斯洛的**需要层次**（hierarchy of needs）包括从生理需要（如饥饿、口渴）到自我实现的需要（见图 8-1）。他认为我们会

图8-1　马斯洛的需要层次

马斯洛认为，一旦基本生存需要得到满足，我们便会向更高级的心理需要迈进。你处在图中的什么位置呢？

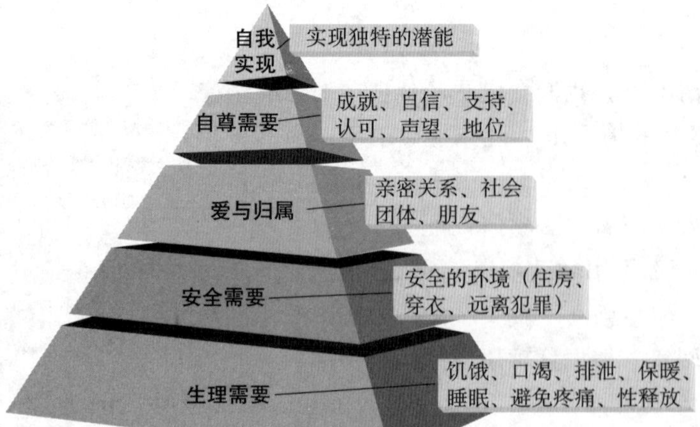

自然而然地沿着这个层次结构向上攀登。

马斯洛理论的批评者说，由于人与人之间的个体差异太大，这个需要层次结构不可能适用于每个人（Cooke, 2008）。有些人的生理需要、安全需要、爱的需要已得到满足，但他们对成就和认可并不感兴趣。而有些艺术家即使不得不放弃舒适的家庭或是疏离家人，也会穷其一生投入艺术。

（五）关于动机的认知理论

认知理论家认为，人们在心理上表征他们的世界。比如，皮亚杰的认知发展理论认为，人类是天生的科学家，竭力理解世界以使自己能够预测和控制事物。因此，人们试图去消除那些不一致——就像本章开篇那个信徒的例子中去除不符合预期的信息一样——从而使他们理解世界的能力保持完整。

举例来说，孩子们试图在自己的性别和他们学到的经验中寻找一致性，这种经验是指他们所在的文化背景所期待的男孩和女孩的行为规范。一旦明白自己是男是女，他们便开始模仿同性别成年人的行为（Ruble et al., 2006）。认知失调理论认为，人们通常都会持有一致性的信念，并以此来合理化自己的行为。这便解释了为什么通常我们更珍惜那些必须努力才能得到的东西。

每种动机理论都有自己的合理之处。驱力降低理论可以解释我们为什么在口渴时喝水，刺激驱动理论可以解释我们为什么会去俱乐部喝酒。这些理论应用于行为的不同方面。随着本章的展开，我们将介绍一些为这些理论提供支持的研究。

三、饥饿

我们的生存需要食物，但对大多数人来讲，食物的意义却不仅仅是为了生存。食物是家人相聚和关爱的一种标志。我们会把亲子关系里的抚育与食物相联系，会把放假回家与食物相联系。我们到亲友家时，他们用食物招待我们，如果我们不接受便是不友好。培根和鸡蛋、咖啡加上奶油与糖，还有肉和土豆泥——所有这些都是分享美国价值观和富足的一部分。

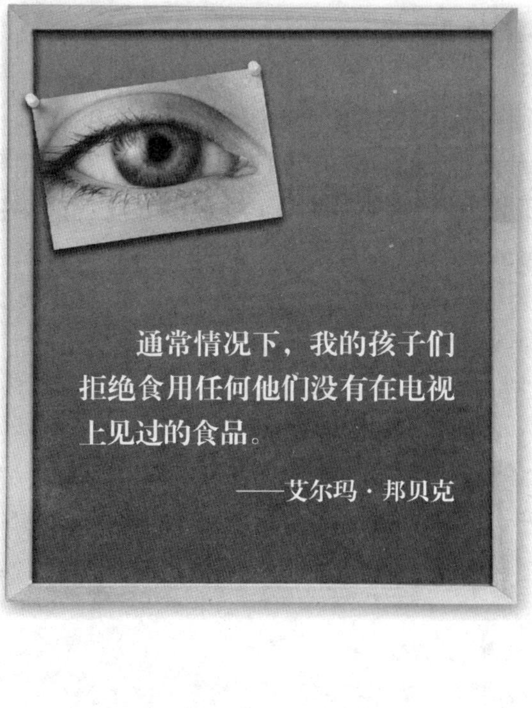

是什么引发了你的饥饿驱力？你只在血糖水平下降时才想吃东西吗？还是美食的秀色和香味刺激了你的食欲？

餍足：
一种满意的、充足的状态。

腹内侧核（VMN）：
下丘脑底侧的一个中央区域，可能具有停止进食的作用。

贪食：
以过量进食为特征。

（一）生物因素对饥饿的影响

我们首先从口腔——在这里我们得到**餍足**（satiety）的信号——开始了解调节饥饿的身体机能。餍足调节我们的饮食。我们还可以通过消化道来接收餍足信号，尽管这些信号到达大脑的时间要长一些。因此，如果我们没有通过咀嚼和吞咽收到餍足信号，我们可能在吃饱以后还会吃很久。

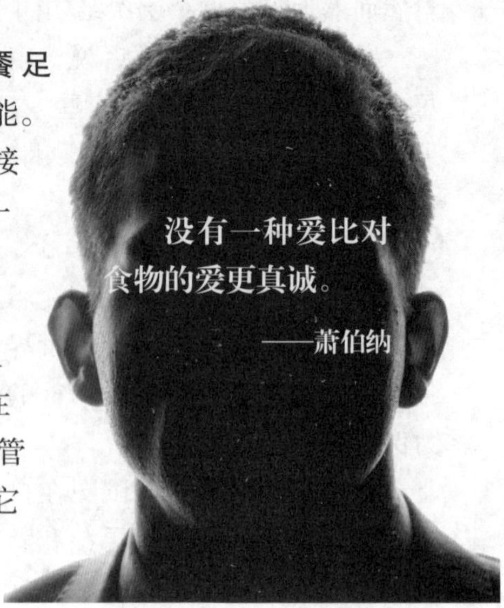

为了证明咀嚼和吞咽能够产生餍足感，研究人员在狗身上做了经典的“假装进食”实验。他们在狗的喉部植入导管，使其吃进的东西都能通过导管排出体外。虽然实际上并没有食物进到胃里，但是过了一会儿，它们就停止进食了（Janowitz & Grossman, 1949）。不过这个研究中的狗比胃里吃进食物的其他动物更快地恢复进食。为了继续寻找调节饥饿的因素，我们紧接着来了解胃。

胃里没有东西时会引起胃的收缩，我们称之为*饥饿剧痛*（hunger pangs）。经典研究证明胃的收缩是饥饿的关键因素。A. L. 沃什本（A. L. Washburn）曾吞下一个气球，气球在胃里膨胀，他的胃收缩挤压气球时，观察者便对胃的收缩进行记录。一旦沃什本感到饥饿，他便做出按键反应。研究人员在他的胃收缩和饥饿感之间找到了对应关系（Cannon & Washburn, 1912）。

图8-2　摄食过量的老鼠

在接受了下丘脑 VMN 损毁手术后，这个啮齿动物像是篮球比赛的胜利者一样开始了饕餮盛宴。就好像对 VMN 的损害调高了机体重量的“设定值”档位，老鼠现已超出正常体重的五倍，不过它现在只吃足够的食物来保持现在的体型，所以你不用担心它会吃到爆炸。而如果是外侧下丘脑受损的话，这只老鼠可能会变成鼠界的卡莉斯塔·弗洛克哈特（Calista Flockhart，美国女演员）。

医学观察和经典研究发现，不管是人类还是非人类，在胃被摘除的情况下都能够继续调节进食以维持自己的正常体重（Tsang, 1938）（食物通过肠道吸收）。研究进而发现了其他调节饥饿的机制，涉及下丘脑、血糖水平以及肝脏感受器。在食物剥夺的条件下，血糖水平下降，这一信息传达到下丘脑，便产生饥饿驱力。

下丘脑是脑中一个豌豆粒大小的结构，参与多方面的驱力活动，包括性、攻击和饥饿。下丘脑有两个部分已被证明对饥饿驱力有重要作用。研究者在手术中损毁了老鼠下丘脑的**腹内侧核**（ventromedial nucleus，简称 VMN），这只老鼠一睁眼就会去寻找食物（Fetissov & Meguid, 2010），它能吃掉大量的鼠粮或其他任何东西。研究人员认为，VMN 在老鼠脑中的作用似乎是一个“停止进食中心”。VMN 受到电刺激时——被“打开”了——老鼠会一直进食，直到电流切断。一旦 VMN 被损毁，老鼠便会**贪食**（hyperphagic）（见图 8-2）。这时即使它的体重已经是正常体重的两倍，它还是会继续进食。而且接下来也会保持这种食量，于是体重便增加了。这就好比停止进食的设定值被提高到了一个更高水平，就像是将房间里的恒温器从18℃调高至20℃。有些人脑基底附近长了肿瘤，它会损坏VMN，从而导致明显的超重（Chance et al., 2007）。

> **真** 胃痛确实与饥饿感有关，但是胃的收缩并不像过去人们所认为的那么重要。

> **外侧下丘脑：**
> 下丘脑旁边的一个区域，可能具有开始进食的作用。
>
> **厌食：**
> 以进食过少为特征。

与此相反，**外侧下丘脑**（lateral hypothalamus）可能起到“开始进食中心”的作用，如果用电刺激外侧下丘脑，老鼠会开始进食（N. E. Miller, 1995）。如果外侧下丘脑受损，老鼠会停止进食——会变得**厌食**（aphagic）。如果你强制性喂养一只厌食的老鼠，过上一段时间，它就会自己开始进食，并保持相对较低的体重。就像是将房间里的恒温器从20℃调低至5℃。

（二）心理因素对饥饿的影响

身体的很多部分是协同工作来调节饥饿驱力的，但这也仅仅只是故事的一部分。人类的饥饿驱力要复杂得多，其中心理因素与生理因素同样重要。有多少次你在看到或闻到食物时就感到饥饿？又有多少次你虽然不饿却还是吃了东西，只是因为你在亲戚家里或是在餐厅、咖啡店闲逛？或者只是因为你觉得焦虑或抑郁？又或是仅仅因为你很无聊？

有一项研究证实了我们早已认定的事实——看电视会增加我们的进食量（Higgs & Woodward, 2009）。其中一个原因就是看电视分散了我们饱腹感的身体信号，也分散了我们对进食量的注意力。同样的原因也导致我们在看电影时对爆米花、糖果和软饮料胃口大开。看电视也干扰了我们对进食量的记忆形成，从而导致我们在之后的进食中也更容易吃过量。

（三）超重：一个严肃而普遍的问题

让我们来看一些关于超重的事实（Flegal et al., 2010）：

- 根据美国国家体质指数（BMI）指导纲要，超过2/3的美国人都超重，每3个人中就有1个人肥胖。
- 不健康的增重问题在美国呈上升趋势；例如，1988—1994年，有60%的美国人超重；到2008年，这一数字上升至68%。
- 40岁以上的美国女性中，超过78%的非裔和超过81%的拉丁裔有超重现象，其中有一半属于肥胖症。
- 肥胖症对各种慢性疾病来说也是一个威胁，其中包括2型糖尿病、高血压、高胆固醇、卒中、心脏病、某些癌症以及关节炎。
- 体重控制对大部分人来说都是个难题，即使是那些“成功”节食的人，减掉的重量也大都会反弹回来（Apovian, 2010; Heber, 2010）。

一项基于联邦政府的数据所做的研究表明，严重肥胖的人（BMI大于或等于40）寿命低于体重正常的人（Finkelstein et al., 2010；见表8-1）。这么多健康问题都与肥胖有关，为什么会有这么多肥胖的人？

表8-1 40岁不吸烟但极度肥胖者，与正常体重的同龄人相比所减少的寿命

	欧裔美国人	非裔美国人
男性	9	8
女性	7	5

资料来源：Finkelstein, E. A., Brown, D. S., Wrage, L. A., Allaire, B. T., & Hoerger, T. J. (2010). Individual and Aggregate Years-of-life-lost Associated with Overweight and Obesity. *Obesity*, *18*(2), 333-339.

神经性厌食：

一种威胁生命的进食障碍，以显著的体重下降和体相认知偏差为特征。

超重的原因

肥胖症与很多生物学及心理学因素有关。超重会在家族中遗传。阿尔伯特·斯塔卡德（Albert Stunkard）及其同事（1990）做的一项关于北欧被收养孩子的研究表明，被收养的孩子与生父母的体重相似性要大于其与养父母的体重相似性。如今，大家关于人类（Bouchard, 2010）及其他动物（包括猴子和老鼠）肥胖的遗传因素已达成共识（Felsted et al., 2010）。

超重的人为拥有苗条身材所付出的努力会被一种适应性机制破坏掉，这种被称为适应性发热作用的机制能够帮助人们在饥荒时期存活下来。一旦人开始节食，这种机制能使身体释放的能量变少（燃烧较少的卡路里）（Apovian, 2010; Heber, 2010）。这并不是说超重的人无法通过节食来减肥，只是这个过程要比预期的更长一些。

体内的脂肪组织代谢（燃烧）食物的速度要比肌肉慢。正是由于这个原因，脂肪－肌肉比高的人代谢食物的速度就要比脂肪－肌肉比正常的人慢（Apovian, 2010; Heber, 2010）。也就是说，两个体重一样的人可能会以不同的速度代谢食物，这取决于他们的肌肉和脂肪的分布情况。而且，男人和女人的脂肪细胞分布标准并不相同。男人平均有 40% 的肌肉和 15% 的脂肪，而女人则平均有 23% 的肌肉和 25% 的脂肪。因此，对于体重相等的一个正常男人和一个正常女人来说，这个脂肪细胞更多的女人需要少吃一些才能保持体重。

我们生活在一个“致胖的环境”中（Apovian, 2010; Heber, 2010）。高糖和高脂肪的食物随处可见。美国儿童每年平均被暴露在 10 000 条美食广告面前，其中超过 9/10 的广告是关于快餐食品、加糖麦片、糖果和软饮料的（Harris et al., 2009; Sixsmith & Furnham, 2010）。我们经常面临的诸如观察学习、压力以及情绪状态这些心理因素也会导致肥胖（Apovian, 2010）。情境也会导致肥胖。像家庭聚会、看电视、争吵或是工作中的压力都会使人过量进食，或导致节食失败。抑郁和焦虑这类负性情绪也会妨碍为减肥做出努力或引发无节制的进食（Ricca et al., 2009）。

（四）进食障碍

我们来看看由美国进食障碍协会（National Eating Disorders Association, 2010）提供的关于进食和进食障碍的一些事实：

- 超过 1/2 的青少年女孩和 1/3 的青少年男孩采取不健康的方式控制体重，如禁食、少餐、吸烟、呕吐和使用泻药。
- 约 2/5 三年级第一学期的女生想要更瘦一些。
- 超过 4/5 的 10 岁女生害怕肥胖。
- 将近 1/2 的 9～11 岁女生“有时”或“经常”节食减肥。
- 90% 以上的大学女生曾在某个时期减过肥。

进食障碍的特征是进食模式持久的、整体性的紊乱。在这一节里，我们将主要介绍神经性厌食，这种进食障碍的患者异常消瘦；我们还会介绍神经性贪食，这种进食障碍的患者可能体重正常，但绝不是以正常的方式维持体重。

神经性厌食

神经性厌食（anorexia nervosa）是一种对生命有威胁的进食障碍，表现为对肥胖的极度恐惧、体重显著下降、体相认知偏差，以及抗拒摄取达到或维持健康体重所需的食量。

神经性厌食多见于青少年期的女性（Ackard et al., 2007）。年轻且具有较高社会经济地位的欧裔美国女孩是患厌食症的典型人群。有钱的女性更有机会去健身中心和健康俱乐部，她们更有可能订阅那些宣传苗条身材的杂志，逛那些为身段窈窕的女人开设的时装店。这让她们常常要面对那些不现实的苗条标准，无法满足于自己的身材（Ackard et al., 2007）。

真 时尚杂志确实会使女性患进食障碍。

神经性贪食：
一种进食障碍，以反复暴食和催吐为特征。

患有神经性厌食的女性在一年之内体重可下降 25%。严重的体重下降会抑制排卵，还会导致呼吸系统和心血管疾病（Andersen & Ryan, 2009; Gardini et al., 2009; Papadopoulos et al., 2009）。这些女性也有更早患骨质疏松的风险，骨质疏松一般发生在成年晚期，因骨密度下降而令老人痛苦不堪（Andersen & Ryan, 2009）。由于以上这些问题，患有神经性厌食的女性死亡率接近 5%。

通常的模式是这样的：女生在进入青春期后意识到自己的体重增加，于是下决心减肥；但即使体重已经减了下来，她们还会保留节食的习惯，很多时候还会进行大量的运动。这个模式会随着她的体重不断降至"理想"值而持续进行。患有厌食症的女性否认自己的健康存在问题，有时她们会进行疯狂的运动来证明自己的健康。这一障碍的主要特征便是体相认知偏差（Hrabosky et al., 2009; Miyake et al., 2010）。

神经性贪食

神经性贪食（bulimia nervosa）是疯狂进食和食物排空的恶性循环。像神经性厌食一样，神经性贪食多见于青少年期的女性（Bravender et al., 2010）。伴随疯狂进食而来的是努力节食（Cifani et al., 2009; White et al., 2009）。排空食物的方式有很多。有些人通过呕吐，还有一些其他方式，如严格规定饮食或禁食、使用泻药、参加高要求的超时运动等。患进食障碍的人是对自己身材的完美主义者，如果达不到理想的体型和体重便不肯罢休（Franco et al., 2009; Watson et al., 2011）。贪食症与厌食症都会引发激素不平衡。在患有神经性贪食的女性中，有将近一半的人经期紊乱（Mendelsohn & Warren, 2010）。进食障碍令患者沮丧，当然也很危险，而且通常与抑郁紧密相连

近十年的模特身材如何？

如果将自己与模特高挑纤细的理想身材相比较，大多数女性可能要失望了。模特的 BMI 是 17，而近 2/3 的美国女性 BMI 都超过 25。

激活效应：

一种增加性行为发生可能性的性激素的唤起效应。

发情期：

很多雌性哺乳动物具有的一种受性激素水平控制的周期性性兴奋。

（Wilson et al., 2010）。

进食障碍的起因

健康专家们就进食障碍的起因进行了大量研究，但他们还是说有很多问题无法解答。

很多父母在孩子——特别是婴儿——的吃饭问题上颇为烦恼。有的心理学家因此解释说，孩子可能以不吃饭来表达对父母的反抗（“你必须吃点东西！”“我不饿！”）。有青少年进食障碍的家庭常常爆发这样的战争。这种家庭的父母通常不满意家庭的这种运行方式，他们自己往往就有进食或节食的问题。他们还在女儿身上“故伎重演”——让女儿意识到自己不够吸引人，让她们知道自己应该减肥，而后女儿才发展出进食障碍（Cooper et al., 2001; Crittenden & Dallos, 2009）。

对于患有进食障碍的少女，童年的虐待经历，尤其是性虐待，是一个特别的风险因素（Leung et al., 2010; Maniglio, 2009）。一项研究表明，将近一半患有神经性贪食的女性童年时曾遭受过性虐待，而未患进食障碍的女性童年遭受性虐待的比率约为 7%（Deep et al., 1999）。

社会文化氛围也影响进食行为。美国人崇尚苗条。你翻一下时尚杂志或画册，就会发现模特比普通女性身高平均高出 9%，体重却平均低出 16%——而且她们还要设法保持丰满的胸围。每年一度的美国小姐大赛，也在年复一年地宣扬苗条风。这一大赛已有 80 年的历史，获胜者的身高仅增加了 2%，但体重却减少了 12 磅。20 世纪 20 年代，美国小姐的体重与身高换算成 BMI 是在 20 到 25 之间，是世界卫生组织（WHO）认可的正常值——WHO 将 BMI 低于 18.5 的人划为营养不良者。但是近年来美国小姐的 BMI 仅徘徊在 17 左右（Ludescher et al., 2009）。受这种崇尚苗条文化的影响，那些符合体重标准的女性也会认为自己超重，而中等体重的女性就认为自己很胖了。

四、性动机和性取向

在一部喜剧片中，妈妈称自己正值青春期的儿子是“长脚的激素”。她发现儿子开始着迷于性，这在我们的文化里对青少年来说很正常。现在大家也普遍认同，青少年对性的迷恋与他们在青春期性激素的激增有很大关系。“长脚的激素”既指行动，也指动机。我们将看到，性激素会把我们往某个方向推动，并提供驱力。

（一）激素与性动机

性激素被视为性驱力的燃料。有些男性因为年龄或健康原因分泌的睾酮量极少，研究表明他们在接受睾酮的替代治疗后，性驱力会增加（Muraleedharan & Jones, 2010）。女性最常见的性问题是性欲缺乏，她们的性驱力也与睾酮的水平有关（Downey, 2009）。虽然男性的睾酮水平是女性的 7 到 10 倍，但是女性的肾上腺也会分泌睾酮。睾酮的注射、贴片或药剂都能够帮助那些激素分泌不足的女性提高性驱力（Brand & van der Schouw, 2010）。

性激素能够促进男性和女性的性器官发育，能够调节月经周期，还具有激活与组织性行为的作用。性激素影响性驱力并提高性反应，这就是**激活效应**（activating effects）。雌性的田鼠、老鼠、猫和狗只有在雌激素充足的**发情期**（estrus）才会接受雄性。发情期的雌老鼠以跳跃、摇耳朵、弓起背部和尾巴转向一侧的姿势回应雄性，以使其能够进入体内。

（二）性反应与性行为

男性比女性对性有更大的兴趣（Fisher et al., 2012; Schmitt et al., 2012）。一项对1 000余名大学本科生的调查显示，与女生相比，男生对滥交以及多个性伴侣更有兴趣（Schmitt et al., 2012）。而女性更希望把性和一段浪漫关系联系在一起（Fisher et al., 2012）。

尽管我们可能在文化上更习惯聚焦于性的差异而不是性的相似之处，但威廉·马斯特斯（William Masters）和弗吉尼亚·约翰逊（Virginia Johnson）早在1966年就已经发现，男性和女性对性刺激的生物学反应是非常相似的。他们用**性反应周期**（sexual response cycle）这一术语来描述男性和女性在性唤起时的身体变化，并将性反应周期划分为四个阶段：*兴奋期、平台期、高潮期和衰退期*。

性反应周期以*血管充血*和*肌强直*为特征。**血管充血**（vasocongestion）是指随着血液流动，生殖器官膨胀，阴茎勃起、阴道口附近区域充血。血管膨胀，睾丸和乳头随之变大。**肌强直**（myotonia）是一种肌肉紧张，会导致面部扭曲、手脚痉挛和高潮痉挛。

阴茎勃起、阴道润滑和高潮都属于反射，这些都是对充分的性刺激自动做出的反应。

兴奋期

兴奋期（excitement phase）的血管充血能够使年轻男性在受到性刺激后的几秒钟内阴茎迅速勃起，阴囊变厚，不再松垂，睾丸变大并向上提起。

女性的性兴奋大约在性刺激后的10至30秒内开始，以阴道润滑为特征。血管充血使阴蒂扩大，阴唇平展张开，阴道内部扩大，乳房涨大，表皮的血管变得更明显。男性和女性的乳头都会挺起，心率和血压也都会上升。

平台期

在**平台期**（plateau phase），性兴奋的水平还能稍微稳定一段时间。由于血管充血的作用，龟头还能略微胀大。睾丸继续提起至能够**射精**（ejaculation）的位置，可以达到未勃起时1.5倍的大小。

对女性来说，血管充血使阴道外部扩大，阴道口收缩以准备包裹阴茎，阴道内部进一步扩张，阴蒂向包皮下方收缩变短。呼吸变得急促，有如气喘，心率可能达到每分钟100至160次，血压持续上升。

高潮期

在男性**性高潮**（orgasm）期间，肌肉收缩使精液射出体外。愉悦感与收缩的强度和射精的数量有关。一般来说，最初的3至4次收缩强度最大，每次收缩时间为0.8秒（每4秒钟收缩5次）。后面的收缩速度变慢。

在女性性高潮期间，阴道壁附近的盆腔肌肉收缩3至15次，与男性一样，第一次收缩时间为0.8秒，随后的收缩逐渐变弱、变慢。

血压和心率都达到峰值，心率最高能达到每分钟180次，呼吸频率可达每分钟40次。

性反应周期：
马斯特斯和约翰逊提出的性反应模式，包括四个阶段：兴奋期、平台期、高潮期和衰退期。

血管充血：
性唤起时因血液流动造成的血管充血，可使生殖器官和乳房变大。

肌强直：
肌肉紧张。

兴奋期：
性反应周期的第一阶段，以肌肉紧张、心跳加速、男性的阴茎勃起、女性的阴道润滑为特征。

平台期：
性反应周期的第二阶段，以血管充血、肌紧张、心率和血压的增加为特征，为性高潮做准备。

射精：
通过阴茎基部的肌肉收缩射出精液。

性高潮：
性兴奋的最高点，伴随自主性的肌肉收缩和性张力的释放，通常会有主观愉悦感。

衰退期：

性反应周期的第四阶段，身体逐渐恢复至性唤起前的状态。

不应期：

在性反应周期中，这是兴奋期后的一段时间，在此期间个体对性刺激没有反应。

组织效应：

一种性激素的引导效应——比如对固定的雄性或雌性交配模式的引导。

性取向：

一个人产生性唤起和发展浪漫关系的倾向。即一个人渴望与同性还是异性发展浪漫关系。

异性恋：

对与自己性别不同的人产生性唤起，对跟他们发展浪漫关系感兴趣。

衰退期

在高潮期之后的**衰退期**（resolution phase），身体恢复至性唤起之前的状态。男性不能再次达到性高潮或射精，进入**不应期**（refractory period）。女性没有不应期，只要她们愿意并能得到持续的性刺激，她们便能快速地再次唤起，达到重复的（多次的）性高潮。

性反应周期描述了女性和男性在受到性刺激时的反应。但是人们想要寻求怎样的性经验？他们能有多少性伴侣？这些性伴侣是什么人？关于美国人的性生活我们了解些什么？

（三）性行为调查

著名的金赛报告（Kinsey et al., 1948, 1953）在 1938 年至 1949 年间采访了美国 5 300 名男性和 5 940 名女性。采访问及包括手淫、口交以及婚前性行为等与性经验有关的问题。大部分男性手淫并在婚前有过性行为的调查结果轰动了全美。报告还显示，女性这方面的性行为显著低于男性。但是金赛的样本不是随机样本，不足以代表有色人种、乡村人口、老人、穷人、天主教徒以及犹太人。因此不能说金赛的结果准确反映了当时普通美国人的性行为。但是金赛所揭示的一些关系是足够准确的，比如教育水平与婚前性行为呈正相关。

如果想要对美国的性状况有一个准确的报告，就应该让每个美国人都有公平参与的机会。这几乎难以实现。如果你想要访谈大学生，而且是根据他们的电话簿进行访谈的话，你就会漏掉一部分只用手机的学生。新近发表了《全国性健康与性行为调查》（NSSHB）的研究者采取了措施来避免上述情况的发生（Reece et al., 2010）。他们共调查了 5 865 名年龄在 14 至 94 岁的青少年和成年人，得出的结论被大多数研究者认为是美国总体状况的精确“剪影”，或至少是对人们愿意报告的内容相当准确的整体描绘。

图 8-3 是其研究结果的概况。第一列是研究人员所调查出的性行为种类，第一行是受访者的年龄段。受访者分别按性别和年龄进行了分类，我们现在来看表中的第一种性行为——自慰——会有什么发现呢？每个年龄段中，男性比女性在过去一年中有更频繁的自慰。这是为什么呢？而且，自慰的发生率一路飙升至近 30 岁才开始下降。这又做何解释呢？

尽管有很多避孕和防止传染病的方法可用，尽管媒体对滥交进行广泛的报道，但美国疾病与预防控制中心（Martinez et al., 2011）的一项调查发现，如今青少年比上世纪 80 年代到本世纪初的青少年更少发生婚前性行为（见图 8-4）。调查显示，在未婚青少年中，43% 的女性和 42% 的男性于 2006 至 2010 年间至少有过一次性行为；而 2002 年时，这一比例为女性 52% 和男性 60%。少女怀孕现象已经稳步下降，因为未婚青少年们更倾向于使用避孕套。

（四）性取向

我们之前提到过，性激素有*激活*效应。但是它也有引导或**组织效应**（organizing effects）。也就是说，它使低等动物倾向于固定的雄性或雌性交配模式。因此，性激素很有可能影响性取向的发展（De Rooij et al., 2009）。

一个人的**性取向**（sexual orientation）是指其产生性唤起和发展浪漫关系的倾向——是对同性还是异性。绝大多数人是**异性恋**（heterosexual）倾向，异性对他们有性的吸引力，他们对与异性

图8-3　过去一年（2011年）美国人的性行为方式比例一览表（*N*=5 865）

性行为类型	年龄段（岁）																			
	14～15		16～17		18～19		20～24		25～29		30～39		40～49		50～59		60～69		70+	
	男性	女性	男性	女性	男性	女性	男性	女性	男性	女性	男性	女性	男性	女性	男性	女性	男性	女性	男性	女性
独自自慰	62%	40%	75%	45%	81%	60%	83%	64%	84%	72%	80%	63%	76%	65%	72%	54%	61%	47%	46%	33%
性伴侣帮助自慰	5%	8%	16%	19%	42%	36%	44%	36%	49%	48%	45%	43%	38%	35%	28%	18%	17%	13%	13%	5%
接受女性口交	12%	1%	31%	5%	54%	4%	63%	9%	77%	3%	78%	5%	62%	2%	49%	1%	38%	1%	19%	2%
接受男性口交	1%	10%	3%	24%	6%	58%	6%	70%	5%	72%	6%	59%	6%	52%	8%	34%	3%	25%	2%	8%
为女性口交	8%	2%	18%	7%	51%	2%	55%	9%	74%	3%	69%	4%	57%	3%	44%	1%	34%	1%	24%	2%
为男性口交	1%	12%	2%	22%	4%	59%	7%	74%	5%	76%	5%	59%	7%	53%	8%	36%	3%	23%	3%	7%
阴道性交	9%	11%	30%	30%	53%	62%	63%	80%	86%	87%	85%	74%	74%	70%	58%	51%	54%	42%	43%	22%
接受肛交	1%	4%	1%	5%	4%	18%	5%	23%	4%	21%	3%	22%	4%	12%	5%	6%	1%	4%	2%	1%
实施肛交	3%		6%		6%		11%		27%		24%		21%		11%		6%		2%	

资料来源：Center for Sexual Health Promotion. (2011). *National Survey of Sexual Health and Behavior (NSSHB)*. Indiana University, Bloomington: School of Health, Physical Education, and Recreation. http://www.nationalsexstudy.indiana.edu/graph.html (Accessed February 22, 2012)

图8-4　至少有过一次性行为的青少年

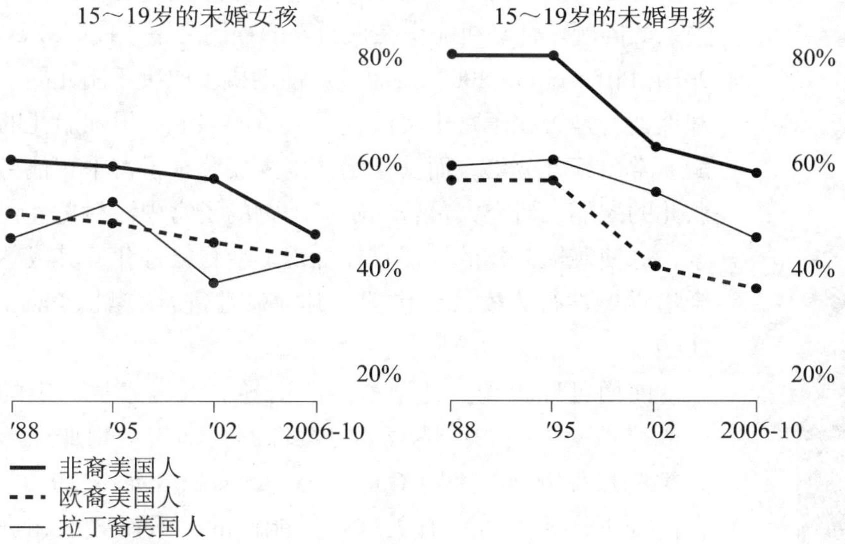

资料来源：Martinez, G., Copen, C. E., & Abma, J. C. (2011). *Teenagers in the United States: Sexual activity, Contraceptive use, and childbearing*, 2006–2010. National Survey of Family Growth. National Center for Health Statistics. *Vital Health Statistics*, *23*(31).

同性恋：

对与自己性别相同的人产生性唤起，对跟他们发展浪漫关系感兴趣。

发展浪漫关系感兴趣。然而还有一些人是**同性恋**（homosexual）倾向，他们被与自己性别相同的人吸引，对与同性发展浪漫关系感兴趣。有同性恋倾向的男性被称为*男同性恋者*，有同性恋倾向的女性被称为*女同性恋者*。*双性恋者*既会被女性吸引也会被男性吸引。

美国约有 7% 的男性和女性认为自己是“非异性恋”，但如同前面所提到的，另外 93% 的人的行为并不与他们给自己贴的标签相符。例如，将近两倍（即 14%）的人说他们曾与同性发生过口交（Herbenick et al., 2010a, 2010b, 2010c; Reece et al., 2010）。从某种程度来说，我们对自己文化中盛行的各种性取向的估算还是停留在推测水平。

性取向起源的相关理论

关于性取向起源的理论有先天的和后天的两种观点——个体的生物构成和环境的影响。有些理论把两种观点结合起来。

社会认知理论家试图寻找强化和观察学习之类因素的作用。从这个角度来看，同性性行为的强化——比如在与同性达到性高潮的情况下异性不在场——会影响人的性取向。类似地，童年时遭遇同性性虐待的人可能会对同性产生性幻想并进而影响到性取向。看见他人享受男 – 男或女 – 女的性行为，也会影响性取向的发展。但是，批评者指出，大部分人早在与异性或同性有性行为之前，就已经了解自己的性取向了（Savin-Williams & Cohen, 2007）。并且，在一个通常会谴责同性恋的社会中，年轻人不认为男 – 男或女 – 女之间的接触对他们有正面作用。

性取向有基因方面的证据（Dawood et al., 2009; Ramagopalan et al., 2010）。大约 52% 的同卵双生子（MZ）在男同性恋倾向上是“一致的”，他们的基因密码完全相同；而异卵双生子（DZ）中只有 22% 的人是“一致的”，他们的基因密码只有 50% 重合；收养兄弟中有 11% 是“一致的”（Dawood et al., 2009）。

在很多动物身上，根本不存在思考并决定选择哪种两性关系的问题。性动机完全在性激素的控制之下（Henley et al., 2010; Piffer et al., 2009）。而且，性动机多取决于胎儿的大脑和性器官是否在子宫中接触到了大量的睾酮。男性胎儿的睾酮通常由睾丸分泌，而女性胎儿则需要分享子宫中其他男性胎儿的睾酮。研究人员曾向啮齿动物的子宫中注射男性性激素，这使雌性动物的性器官在外观上变得雄性化，其成熟后会出现雄性行为模式，包括与其他雌性进行交配（Phoenix, 2009）。

前面已经提到，性激素能够引导非人类遵从固定的雄性或雌性交配模式。性激素也会像影响啮齿动物那样影响人类的胚胎和胎儿吗（Garcia-Falgueras & Swaab, 2010）？目前证据还不充分，有关这一可能性的大量研究正在进行（Dawood et al., 2009）。如果是性激素影响了胎儿的性取向，那么是什么导致了性激素水平的波动呢？子宫内的激素水平会受基因、母亲的压力、酒精和其他因素的影响。我们必须承认，关于性取向的发展还有很多问题仍然只是猜测。

五、成就动机

即使周围都是干扰，也有很多学生能够坚持学习。很多人努力拼搏奋勇争先，是为“得偿所愿”、为了赚大笔的钱、为了发明创造、为了把不可能变为可能。心理学研究表明，这些人都具有*成就动机*。

心理学家大卫·麦克利兰（David McClelland, 1958）通过对幻想进行评估，最先研究了成就动机的测量。其中用到的一种方法是亨利·默里（Henry Murray）开发的主题统觉测验（TAT）。TAT 包含很多有图片和绘画的卡片，它们可以有多种不同的解释。被试要围绕一张或多张 TAT 卡片上的图案主题讲故事：要说出这是一种什么情况、卡片上的人物在想什么和有什么感受、可能会发生什么。

其中一张 TAT 卡片与图 8-5 类似。卡片的含义是模棱两可的——意思不明确。这个女孩是在睡觉吗？还是在思考书上的内容？或者想要跟朋友出门？

我年轻时认为钱是生命中最重要的东西；现在我老了，已经确信这一点。

——奥斯卡·王尔德

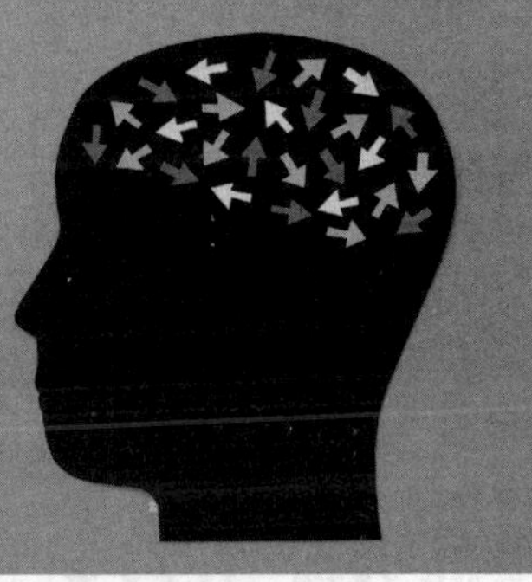

我们来看关于这张卡片的两个故事：

- 故事一：“看这本书让她头疼，因为她的作业还没有完成，但是她现在并不是特别想看。她更想跟朋友们出去，不过得偷偷摸摸地出去。”
- 故事二：“她现在正在想：‘将来有一天，我会成为一个伟大的学者，写类似于这样的书，每个人都以我为骄傲。’她一直在看书。”

第二个故事所呈现的成就动机比第一个故事强。已有经典的研究证明，学习能力相当的两个人，成就动机高的人比成就动机低的人成绩要好。在机会相似的情况下，成就动机高的人比成就动机低的人更有可能获得高薪并得到晋升（Story et al., 2009; E. A. Turner el al., 2009）。

麦克利兰（1965）使用 TAT 对大学生进行分组研究——高成就动机组和低成就动机组。他发现 83% 的高成就动机组的学生找到的工作都具有风险性、决策性和巨大的成功机会这类特征，如商业管理、销售或创业。而大部分（70%）选择非企业性工作的人则都来自低成就动机组。具有高成就动机的人似乎更青睐挑战，并愿意为实现其目标冒一定的风险。

图8-5 一幅与TAT中卡片相似的绘画

外在动机与内在动机

你想把这门课学好吗？如果你想，理由是什么？卡罗尔·德韦克（Carol Dweck, 2009; Dweck & Master, 2008）发现，成就动机可以由成绩目标或是学习目标驱动，或是由这两种目标共同驱动。举例

情绪：

一种与认知、生理及行为成分有关的感觉状态。

自主神经系统（ANS）：

外周神经系统的一部分，能调节腺体及心跳、呼吸、消化和瞳孔扩张等一系列活动。

交感神经系统：

自主神经系统的一支，它在释放体内存储的能量过程中最活跃，比如在敌人面前做出“战或逃”的反应，或是在为一次大考而焦虑的时候。

副交感神经系统：

自主神经系统的一支，它在将能量再次存储到体内的过程中最活跃，比如在放松状态下，或是吃饭的时候。

来说，你主要是为了成绩目标，也就是这门课的得分而学习吗？如果是，一部分原因可能是你看重实际的奖励，比如入读研究生院、找到一份好工作、得到父母或导师的赞许，或者是避免批评。成绩目标通常是通过外部奖励达成的，比如称赞和收入。受成绩目标驱动的孩子家长更可能用奖励（如玩具或钱）来回应高分，而对于低分，则回应以愤怒或剥夺其利益。

或者，你想学好这门课的主要原因是想达到学习目标？意思就是，你的核心动机是提高自己的知识技能——理解并掌握你所学的内容。学习目标往往会带来内部奖励，比如自我满足感。对有学习目标的学生来说，他们的家长往往有很强的成就动机，鼓励自己的孩子独立进行思考和行动。家长和老师可以帮助孩子建立学习目标，对孩子为学习所付出的努力给予关怀和赞许，让他们接触新事物并进行体验，鼓励他们坚持下去（Dweck, 2006, 2009）。这样受激励成长起来的孩子会为自己树立比较高的标准，把自己的成就与自我价值联系起来，将自己的成就归为自己的努力，而不是归为机会或他人的作用。

很多人都想在这门课以及生活的其他方面努力达到成绩目标和学习目标。成绩很重要，因为它能给我们带来切实的利益，但是纯粹的学习也很有价值，它会给我们带来极大的快乐。

六、情绪

情绪能够为生活增添色彩。嫉妒的时候我们是绿色的，生气的时候是红色的，难过的时候是蓝色的。爱和愿望这类积极情绪能够让我们的日子充满欢乐。而像恐惧、抑郁和愤怒这类消极情绪则会令人整日烦心和担忧。有时我们的情绪“潜伏在背后”，有时它们会控制我们一整天。很难给情绪下一个准确的定义（Solomon, 2008）。

情绪可以是对情境的一种反应，比如说恐惧就是对威胁的一种反应。情绪可以激活行为，比如愤怒会使人表现得咄咄逼人。情绪本身还可以成为一个目标。我们会按照能够使我们感受快乐或爱的方式来行动。因此情绪是与动机混在一起的。我们受情绪所驱动，满足我们的需要——或是没有满足我们的需要，都能带来强烈的情绪后果。

情绪（emotions）是与生理、认知及行为成分有关的感觉状态（Solomon, 2008）。强烈的情绪能够激活**自主神经系统**（autonomic nervous system, 简称 ANS）（LeDoux & Phelps, 2008）。激活的程度越高，情绪就越强烈。而且，激活的类型能够影响情绪体验。尽管“情绪”一词似乎与感觉有关，与思维无关，但是认知——特别是在解释事件的意义时——是情绪的重要方面。恐惧通常是对威胁的反应，它包含了对自己处于危险之中的认知，以及**交感神经系统**（sympathetic nervous system）的唤醒（比如心跳加速和呼吸急促、出汗、肌肉紧张）。

情绪还包含行为倾向。恐惧就与躲避或逃避危险的行为倾向有关（见表 8-2）。作为对社会煽动滋事的一种反应，愤怒包含了对煽动者应付出代价的认知，另外还有交感神经系统和**副交感神经系统**（parasympathetic nervous systems）的唤醒，以及攻击的行为倾向（Carver & Harmon-Jones, 2009）。抑郁则常常包含了无助和无望的认知、副交感神经系统的唤醒，以及行为倾向趋于不活跃——有时甚至是自我毁灭。快乐、悲伤、羡慕、厌恶、窘迫、喜爱——所有这些情绪都包含认知、生理和行为的成分。

表8-2 情绪的成分

情绪	生理成分	认知成分	行为成分
恐惧	交感神经系统唤醒	意识到处境危险	躲避倾向
愤怒	交感神经系统和副交感神经系统唤醒	挫败或觉得被虐待	攻击倾向
抑郁	副交感神经系统唤醒	觉得无助、无望、无价值感	不活跃，可能有自我毁灭倾向

（一）情绪表达

所有的文化都有快乐和悲伤，但是，我们如何才能知道别人是快乐还是悲伤？研究表明，很多情绪的表达都是相通的（Ekman, 2003）。微笑无疑是一种表示友好和赞同的通用符号。根据查尔斯·达尔文（1872）的记录，露出牙齿在19世纪时可能是一种表达愤怒的普遍方式。作为进化论的提出者，达尔文认为面部表情识别的普遍性具有生存价值。比如，即使没有语言，面部表情也能够传达出敌人（或朋友）靠近的信号。

大多数研究者认为，某些特定的面部表情对不同文化的人而言都表示相同的情绪（Matsumoto et al., 2008; Sebe et al., 2007）。而且不同文化的人也都能通过特定的面部表情识别情绪。在保罗·艾克曼（Paul Ekman, 1980）的经典研究中，他拍下了人们在愤怒、厌恶、恐惧、快乐、悲伤和惊讶时的表情，然后问被试照片上的人物是什么情绪。参加研究的被试范围从欧洲大学生到弗尔人（the Fore），后者是一个居住在新几内亚高地的部落。

参加研究的所有群体，包括几乎从未接触过西方文化的弗尔人，都能够识别情绪。让弗尔人按照故事中的角色设定做出基本的表情反应时，他们的面部表情也是我们常见的。艾克曼及其同事从一项对10种文化的研究（1987）中也得到了类似的结果。从另一方面来说，面部表情和情绪之间并不是绝对的一一对应关系（Matsumoto et al., 2008）。有时候，面部表情并不伴有相应的情绪（Porter & ten Brinke, 2008）。声音、姿势和手势都能为了解人们的感受和行为提供线索（Campos, 2000）。

幸福的人

- **相信他们有影响变化的能力；**
- **对新事物持开放态度；**
- **更愿意发展新的关系。**

（二）积极心理学

泰德·刘易斯（Ted Lewis）是大萧条时期的品牌领袖，他总习惯用这样一个问题开场："你们每个人都快乐吗？"是啊，人人都不快乐。不过调查显示，发展中国家的大多数人对他们的生活感到满意（Cummins & Nistico, 2002）。有很多人会认为，心理学家只对负性情绪感兴趣，比如焦虑、抑郁和愤怒。其实根本不是这样。**积极心理学**（positive psychology）就是一个研究正性情绪的领域，比如幸福和爱、乐观和希望、喜悦和感官享受等。

积极心理学：
一个关于个人幸福感和满意度，关于喜悦、感官享受和幸福，关于乐观以及对未来希望的心理学领域。

幸福是"天生的"还是人生经历能够决定的呢？哪些因素会妨害幸福？有些心

面部表情反馈假说：

一种认为特定的面部表情能够形成特定的情绪的观点。

理学家，如大卫·莱金肯（Lykken & Csikszentmihalyi, 2001），认为遗传因素对幸福起着重要作用。他们指出，幸福往往存在于家庭之中，在我们大部分人的生命里比较可能会拥有一份相对稳定的幸福（W. Johnson & Krueger, 2006）。正性的事件，比如了解到我们所爱的人也爱我们或工作上得到认可，都可以提高我们当时的幸福水平（Feeney, 2004）。类似地，那些负性生活事件，像是失去心爱的人、经济上受挫或是受伤，都会令我们消沉——这并不难理解；不过我们也可能再恢复到某个幸福水平上，就像曾经从马背跌下来导致瘫痪的演员克里斯托弗·里夫（Christopher Reeve）一样。

假 尽管有"金钱买不到幸福"的说法，但是对美国、俄罗斯、中国和拉美国家的调查显示：人们生活在富裕社会或者收入丰厚时会感觉更幸福。

怎样的人生经历对幸福有影响？尽管有"金钱买不到幸福"的说法，但是人们生活在富裕社会或者收入丰厚时会感觉更幸福（W. Johnson & Krueger, 2006）。也许钱本身并不能使人感到幸福，但拥有它的人至少不用为钱犯愁。抛开钱先不谈，中国大学生在以下情况中会想到幸福：感到满意、内在和谐、个人有成就、身体健康、精神富足、对未来抱有希望、慷慨大方以及自我成长（Lu, 2001）。已婚的人以及有社会支持的人比孤单的人更幸福（Waite et al., 2009; Wienke & Hill, 2009）。幸福的人对新事物持开放态度，也更愿意发展新的关系（Demir & Weitekamp, 2007）。

接下来我们介绍与幸福有关的态度。不论是什么收入水平的人，只要他们跟比自己更有钱的人进行比较，都会感到痛苦（Cheung & Leung, 2008）。幸福常与乐观相伴——这是一种认为事情总会解决的认知偏向（Ho et al., 2010; Wilhelm et al., 2010）。这种"偏向"并非没有根据，因为幸福的人常常相信他们有影响变化的能力，并因此更加努力。他们也会更加鼓励自己走向成功，并且在遇到困难时不轻易责怪自己——这些态度都会促成自尊，它是幸福的另一个因素。

微笑通常是我们发自内心开心的一种反应，但是面部表情反馈假说的研究证明，微笑反过来也可以提高我们的兴致。

（三）面部表情反馈假说

面部对于视觉刺激来说是一个特别的地方。社会性的动物，比如人类，需要具备区分并识别他们所在群体中成员的能力，而人脸是最具识别性的关键部位（Parr et al., 2000）。另外，面部还是社会性交流的关键。面部表情能够反映情绪状态，"解读"这些表情的能力可以使我们与其他人进行恰当的互动。

我们已经知道，各种情绪状态都会引发面部肌肉或大脑中的某些电活动模式（Davis et al., 2009; Porter & ten Brinke, 2008）。但是它的逆过程成立吗？**面部表情反馈假说**（facial-feedback hypothesis）认为，面部表情可以影响我们的情绪状态。也就是说，情绪与面部表情的因果关系正反都成立。关于面部表情反馈假说的心理学研究已经得出了一些有趣的结论。比如让被试微笑，他们便会报告更多

图8-6　我们开心时会微笑，但微笑会使我们感到开心吗？

根据面部表情反馈假说，微笑真的会有这种作用。当让人们咬一支笔强制他们微笑时，他们会认为漫画更幽默（图A）；而如果让人用嘴唇含着笔而导致他们皱眉时，他们对漫画的有趣性打分便急剧下降（图B）。

A

B

的积极感受，并且认为漫画更幽默（Soussignan, 2002）。而如果让被试皱眉，他们则会认为漫画更具有攻击性。让被试对电击的疼痛进行评分，如果他们看到被电击人的面部表情，他们给出的疼痛评分会更高。

面部表情反馈和情绪之间是什么样的关系呢？一种可能的关系便是唤起。面部肌肉的剧烈收缩能够促进情绪反应，比如会增强恐惧唤起。反过来，面部肌肉的收缩也可以产生情绪。如果模仿“杜乡式微笑”[1]，也就是“眼角堆起鱼尾纹，眼皮微合，使上眼皮略微向下靠近眼球”，就会引发令人愉悦的感受（Ekman, 2003; Soussignan, 2002; 见图 8-6）。

你可能听过英国人在描述压力应对时所用的一个表达，即“坚定不移”（Keep a stiff upper lip），它的字面意思是“上唇一动不动”。也许是因为“一动不动的”嘴唇能够压制情绪反应。但是如果在肌肉高度紧张时嘴唇不动，面部表情反馈可能会强化情绪的反应。

（四）情绪理论

> 大卫（David），32 岁，睡眠不好。他天不亮就醒，之后就睡不着了。没有胃口，精神低迷，并且又开始抽烟了。午饭时喝了几杯酒，要是再多喝一点胃就受不了，他暗自庆幸——其实可能恰恰相反，他已经喝得太多了。他又想：“这有什么区别呢？”有时候他性趣索然，有时候甚至怀疑自己是否还有性冲动。尽管他醒了，但是每天早上起床变得越来越难。这一周他已旷工一天并迟到两次了。他的上司已经委婉地建议他“该做点什么了”。大卫知道，下一次的警告就不会这么客气了。自从苏（Sue）离开后，他的状况与日俱下。大卫甚至想过自杀，他在想自己是不是疯了。

大卫正处于抑郁情绪中，而且非常严重。抑郁紧随丧失而出现，比如一段关系的结束。但是大卫的情绪却挥之不去。朋友劝他出去走走并做些事情，但是他消沉到完全没有任何动力。在家人和朋友的努力下，大卫咨询了心理医生，不过讽刺的是，心理医生也是建议他出去走走并做些

---

① 指真正快乐的笑容，眼部和嘴部肌肉都参与其中，之所以用法国神经学家杜乡（Duchenne de Boulogne）的名字来命名，是为了纪念其对电生理学的开创性研究。——译者注

什么——那都是以前他喜欢做的。心理医生帮大卫分析了他的一些问题，即他把自己看作一个无法做出有意义改变的失败者。

情绪的“常识理论”是指，事情（情况）发生后，首先进行认知评估（解释），然后才有感觉状态（唤起和想法的一种联合）。比如说，你新认识一个人，经过评估认为对方不错，然后才会有被吸引的感觉。或者拿大卫来说，他失恋了，先是意识到这段关系结束，认为自己无力做出改变，然后感觉沮丧透顶。

不管是以前的还是现在的理论，关于情绪成分之间如何相互作用的问题，都跟这个“常识理论”不符。下面我们就来介绍一些理论，看看是否能够得出有用的结论。

詹姆斯－兰格理论

一个世纪以前，威廉·詹姆斯指出，我们的情绪是在对事件的行为反应之后产生的，情绪不是行为的原因。大约在相同时期，丹麦心理学家卡尔·G. 兰格（Karl G. Lange）提出了相同的观点。因此这个理论便命名为*詹姆斯－兰格情绪理论*。

根据詹姆斯和兰格的理论，某些外部刺激可自动触发特定的唤起模式和行为，比如战斗或逃跑（见图 8-7 中的 A 部分）。我们会感到愤怒是因为我们在实施攻击为，或者感到害怕是因为逃跑。情绪只是自动的生理和行为反应的一种认知表征（或副产品）。

詹姆斯－兰格理论与面部表情反馈假说一致。也就是说，微笑可以产生快乐的感受，即使这种感受可能不足以强烈到驱走悲伤。这个理论提示我们，可以通过改变行为来改变感受。这种通过改变行为来改变感受的方法，是行为治疗的一个方面。大卫的心理医生催促他走出去并做些事情，就是假设大卫行为上的改变，会对他的感受产生积极作用。

1927 年，沃尔特·坎农（Walter Cannon）对詹姆斯－兰格理论所认为的每种情绪都有明确的生理联系这一观点提出批评。他认为，与情绪 A 和情绪 B 相联系的生理唤起之间的区别并不像该

图8-7 情绪理论

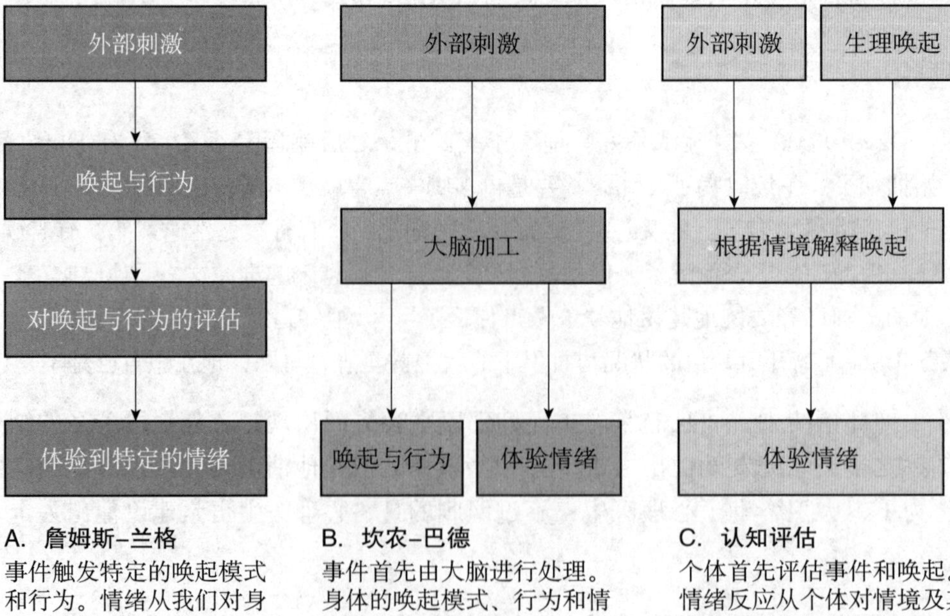

A. 詹姆斯–兰格
事件触发特定的唤起模式和行为。情绪从我们对身体反应的评估中产生。

B. 坎农–巴德
事件首先由大脑进行处理。身体的唤起模式、行为和情绪反应随后同时发生。

C. 认知评估
个体首先评估事件和唤起。情绪反应从个体对情境及其唤起水平的评估中产生。

理论声称的那么明显。需要注意的是，詹姆斯－兰格理论低估了人类认知的重要性；它否认了认知评估、个人价值、行为中的个人选择以及对事件的情绪反应。

坎农－巴德理论

沃尔特·坎农（1927）和菲利普·巴德（Philip Bard, 1934）认为，一个事件可以同时触发身体反应（唤起和行为）和情绪感受。如图 8-7（B 部分）所示，事件被感知到以后（由大脑进行处理），大脑便激活自主活动、肌肉活动（唤起和行为）以及认知活动（情绪体验）。因此，根据坎农－巴德情绪理论，情绪是伴随身体反应发生的，并不像詹姆斯－兰格理论所认为的身体变化产生情绪。

对坎农－巴德理论的批评主要集中在身体反应（唤起和行为）和情绪是否真的同时发生上。比如，在我们感到痛苦或恐惧之前，痛苦和对危险的知觉可能已经被唤起了。又比如，可能我们很多人都有过“死里逃生”的经历，事后回想起可能会受到的伤害时，会激动、发抖。我们需要一种能够允许外部事件、生理变化（如自主唤起和肌肉活动）和认知活动持续进行交互作用的理论。

认知评估理论

现在更多与情绪相关的理论研究都强调认知的因素。例如，斯坦利·沙赫特（Stanley Schachter）认为很多情绪都具有相似的身体唤起模式，但是我们给一种情绪的命名却大多取决于我们对情境的认知评估。认知评估基于很多因素，其中包括我们对事件的知觉以及他人对这些事件的反应（见图 8-7 中的 C 部分）。如果有他人在场，我们就会进行社会性比较，然后做出反应。

沙赫特和辛格（Schachter & Singer, 1962）在一个经典实验中证明，相同的唤起会因情境的不同而被判断为不同的情绪。研究者告诉被试，他们想研究某种维生素对视觉的作用。一半被试被注射了肾上腺素，这是一种能够刺激自主神经系统中的交感神经系统的激素。控制组被试注射的是安慰剂。注射了肾上腺素的被试分别接受三种“认知操纵”中的一种。第一组被试没有被告知“维生素”的任何情绪作用；第二组被试被告知的是精心安排的错误信息，比如可能会有瘙痒、麻木或其他不相关的症状；第三组被试被正确告知他们将会感觉到的一些身体反应。第四组被试是注射了安慰剂的控制组，但并不告诉他们安慰剂的作用。

在完成注射和认知操作后，启动实验仪器，被试每两人一组开始等待，他们并不知道与自己同组的人是研究助手。助手的目的是让被试相信自己的反应是由注射引起的。

与被试同组的助手有的表现得轻松自在，在房间里玩纸飞机、团纸球往垃圾筐里投篮；而另一些助手则表现得非常愤怒，抱怨实验，撕掉问卷并冲出房间。助手们在做这些表演时，研究者通过单向玻璃观察真正的被试。

第一组和第二组被试更容易去模仿助手的行为。与轻松自在的助手同组的被试会表现得开心、满足；而与愤怒的助手在一起的被试则会发牢骚并且有攻击行为；第三组和第四组的被试较少受到助手行为的影响。

沙赫特和辛格的解释是第一组和第二组被试处在一种模棱两可的情境中。他们由于注射了肾上腺素而变得唤起，但是不知道如何命名这种情绪。通过与助手进行社会比较，他们将这种感受归结为开心或愤怒。第三组被试知道注射后会有一些身体唤起，但没有被告知会有情绪反应。他们没有模仿助手去表现得开心或愤怒，是因为没有处在模棱两可的情境中，他们知道自己的身体反应是由于注射引起的。第四组被试没有身体唤起，也没有去模仿助手的行为，即使有些身体反应，那也可能是由于观察助手行为所引起的。

我们都知道开心和愤怒是两种非常不同的情绪。但是沙赫特和辛格指出，这两种情绪在身体反应上的差异非常小，只是因为对情境的理解不同，才会使一个人将这种反应命名为开心，另一个人则命名为愤怒。沙赫特－辛格的观点与詹姆斯－兰格理论很接近，但是后者认为每一种情绪都与特定的、可快速识别的身体感觉相联系。看来真相就在这两者之间。

在科学之中，一定有可能对实验进行重复验证并得到一致或相似的结果，否则，任何理论都不能成立。沙赫特和辛格的研究被重复过了，不过却得到了不同的结果（Ekman, 1993）。比如，有些研究发现被试不太会去模仿助手的行为，他们更容易对这种未被解释的反应产生消极的想法，从而变得不安或愤怒（Zimbardo et al., 1993）。

反应和情绪之间的关联已使很多种类的测谎仪问世，我们将在下一节看到。

测谎仪：测谎仪测的到底是什么？

谎言——善意的或恶意的——是生活的一部分。人们承认在 14% 的邮件中、27% 的面对面交流中，以及 37% 的电话中都撒过谎（Hancock, 2007）。政治领袖为了当选而说谎。大家在网上相亲聊天时，男人最可能对个人资产和约会的目的进行撒谎（Hall et al., 2010）。女人则最可能对自己的体重撒谎（Hall et al., 2010）。很多人对自己的爱人撒谎，一般是关于自己的其他感情关系（Toma et al., 2008）。有人会为了得到工作而对自己的资历说谎，还有些人在否认犯罪时说谎。面部表情经常提供欺骗性的线索，但是有的人可以面无表情地说谎——或者微笑着说谎，就像莎士比亚在《哈姆雷特》中描写的“笑里藏奸”。测谎仪识别谎言的作用即使无可称道，但也至少有相当长的一段历史了：

> 阿拉伯的贝都因人（Bedouins）……到后来，要求证词不一致的目击者舔烙铁，舌头被烧伤的那个人就是在说谎。中国古代也有类似的测谎方法：强迫犯罪嫌疑人咀嚼大米磨成的粉末，然后再吐出来；谁的粉末是干的，谁就是罪犯。（Kleinmuntz & Szucko, 1984, pp. 766-767）

这些方法可能听上去很原始，甚至荒诞，但是却与现代心理学的理论大体一致。担心谎言被识破的焦虑与交感神经系统的唤起有关，它是自主神经系统的一支，其唤起的标志是缺乏唾液，或者表现为口干。恐惧和内疚的情绪也与交感神经系统的唤起有关，因此才会口干。

现代测谎仪在审讯过程中监测显示交感神经系统兴奋的指标：心率、血压、呼吸频率以及皮电反应（出汗）。但问题是，通过测谎仪来评判是非是否有效（Lacono, 2008）。

美国测谎学会称测谎仪的使用可达到 85% 至 95% 的准确率。批评者则发现准确率达不到这个值，而且测谎仪不仅仅对谎言敏感（Lacono, 2008）。肌肉紧张、药物、以前体验过测谎这些因素都会显著降低测谎的准确性。有研究发现，被试在审讯中咬舌（产生疼痛）或是用脚趾抠地板（使肌肉紧张）会使测谎仪判断结果的准确率下降至 50% 左右（Honts & Handler, 2011）。抛开测谎的结果不谈，假设你说的全都是事实，主审官也会认为你在说谎。

似乎并没有与说谎精确对应的身体反应模式（Honts & Handler, 2011）。由于有效性的问题，测谎的结果在很多法庭上都不再作为证据。

评价

我们能从这一切中得出什么结论呢？研究证明，与各种情绪相联系的唤起模式比沙赫特和辛格提出的唤起模式更为具体，但又不像詹姆斯和兰格所认为的那样具体（Larsen el al., 2008）。脑成像研究显示，像快乐和悲伤这些不同的情绪，在大脑中对应不同的结构（Lane et al., 2009; Pollatos et al., 2007; Suslow et al., 2010)。尽管这样，研究者们还未发现有只对应一种情绪的脑细胞。厌恶的情绪显然有最具体的区域，即初级味觉皮层。因此，与“令人反感的”体验相连的情绪都集中在这里。

真 咬舌头或扭动脚趾确实有可能瞒过测谎仪。

关于沙赫特和辛格的研究，津巴多（Zimbardo）及其同事（1993）指出，缺乏对情绪的控制以及缺少对当下的了解，都会影响我们的感受。因此，虽然与沙赫特和辛格设想的不太一样，但也可以说我们对情境的认知评估影响我们的情绪反应。

总而言之，体验的不同成分——认知成分、生理成分和行为成分——促成了情绪反应。我们的身体会在某些情境中被唤起，但是单纯的唤起不一定能够直接产生情绪，人们还对情境进行评估。事实上，我们介绍的这些情绪理论没有一个可以适用于所有人、所有情境。很显然，我们的情绪并不像某些理论所说的那样简单易懂、易操作，或是像某些专家所称，可以用测谎仪去甄别。

用数字说话

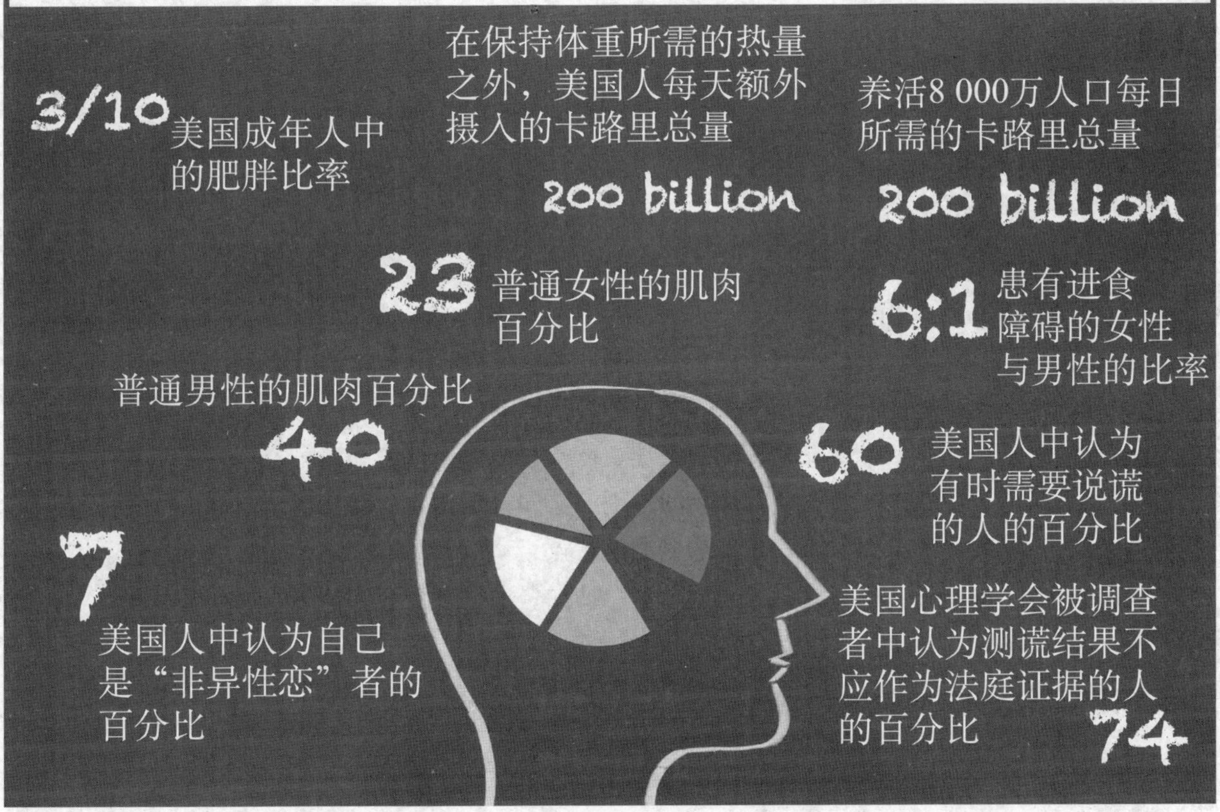

第9章 生命的旅程

内容概要

一、胎儿的发育和性激素的作用
二、儿童的生理、认知、道德、社会和情绪发展
三、青少年的生理、认知、道德、社会和情绪发展
四、成年初显期的特点
五、成人的生理、认知、道德、社会和情绪发展

每个人都有一个故事要讲。这个故事意义非凡而且如此迷人，那是属于你的故事。这个故事是关于你在童年和青少年时光中走过的令人难忘的道路，是关于你渐渐展开的成年生活。无数人在你之前都走过这条路。你与他们虽然有许多共同之处，然而你终究是与众不同的。你会遇到许多事情，正因为你，这些事情之前从未发生过。

发展心理学家对研究生命的旅程感兴趣，这出于几个原因。揭示早期影响和发展顺序有助于心理学家理解成人。心理学家还对遗传因素、早期与父母和兄弟姐妹的互动，以及学校和社区对攻击性和智力等特征有何影响比较感兴趣。

发展心理学家还想要了解发育异常的原因，比如，孕妇应该戒烟戒酒吗？（是的。）哪些因素导致了儿童被虐待？有些发展心理学家比较关注成年发展。比如，当我们的生命旅程走到30多岁、40多岁和50多岁时，应该有什么样的期待呢？发展心理学家的研究成果可以帮助我们决定如何养育子女和如何走过人生。

现在，我们来看看胎儿发育，即受孕和分娩期间发生的变化。这些变化是如此神奇，但发生过程却在“视野之外”。

生与死都无法医治，我们只能去享受中间的过程。

——乔治·桑塔亚纳

一、胎儿发育

身高和体重最大的变化发生于胎儿发育阶段。在9个月内，受孕的胎儿从一个显微镜可见的细胞发育成大约20英寸长的新生儿，体重增加了10亿倍！

「无数人行走在生命的旅途，然而每个人的旅途都不一样。」

真？假？

你怎么看待下列陈述？它们是坊间传闻、常识还是无稽之谈？圈出字母“T”代表真，“F”代表假，并在阅读本章的过程中找出准确答案。

T F 当你只有1/5英寸那么长、几克重时，心脏就开始跳动了。

T F 对于小于6个月的婴儿来说，“眼不见”，“心不想”。

T F 建筑师弗兰克·劳埃德·赖特（Frank Lloyd Wright）在65岁时设计了纽约独树一帜的螺旋形古根海姆博物馆。

T F 阿尔茨海默病属于正常的年老化范畴。

T F 大部分父母在最小的孩子离开家后会经历“空巢综合征”。

合子：

受精的卵子（卵细胞）。

胚芽期：

胎儿发育的第一阶段，在此期间，正在分裂的细胞尚未在子宫壁上着床。

羊膜囊：

位于子宫内的液囊，容纳胚胎或胎儿。

胎盘：

允许母亲和发育中的胎儿之间进行营养和代谢废物交换，但是阻隔母婴之间血流混合的薄膜。

脐带：

母亲与其发育中的胎儿之间的管道，经由这一管道来完成营养和代谢废物的交换。

真 第 4 周的时候，处于发育初期的心脏就开始跳动并供血，此时，胎儿仅有 1/5 英寸长。

在受孕后的数月内，由精子和卵子结合形成的单细胞——**合子**（zygote）——呈几何级数递增，1 个细胞变成 2 个细胞，然后变成 4 个，接下来变成 8 个，以此类推。伴随着受孕（发生在输卵管内），合子在 3 至 4 天去往子宫的行程中不断分裂。数量不断增加的细胞形成一个球状的物体，在子宫内再漫游 3 至 4 天后，开始在子宫壁上着床。着床还需要大约一个星期。从受孕到着床的阶段，称为**胚芽期**（germinal stage）。

胚胎期从着床持续到第 8 周。在这一阶段，身体的主要器官开始成形。头部的发育先于身体的其他部分；器官的发育（心脏、肺等）也先于四肢。大脑和器官系统相对早一点成熟有利于获取营养，促进胚胎的发育。心脏则会时刻不停地跳动近一个世纪，也许更长。

在第二个月里，神经系统开始传递信息。5 到 6 周时，胚胎仅有 1/4 到半英寸长，然而，无特征的性器官已经形成。到第 7 周时，遗传密码（XY 或 XX）开始自我表达，使性器官开始分化。如果性染色体上有 Y，则睾丸开始形成，并分泌雄激素（androgens，男性性激素），使性器官进一步男性化。若缺乏这些激素，无论遗传密码是什么，胚胎都会发育出典型的女性性器官。第二个月末，头部呈现圆形，面部特征可辨，此时的胚胎仅 1 英寸长、0.95 克重。

随着发育继续，胚胎悬浮在母亲子宫内一个具有保护性的**羊膜囊**（amniotic sac）中，周围是透明的薄膜，包含着羊水。羊水的作用类似于天然的安全气囊，使孩子可以运动甚至突然抽动而不至于受伤，还有利于保持稳定的温度。

从现在到分娩，胚胎通过**胎盘**（placenta）与母亲交换营养和代谢废物。胚胎通过**脐带**（umbilical cord）与胎盘相连。胎盘则通过子宫壁上的血管与母体相连。

从第三个月开始直到分娩是胎儿期。第三个月末，主要的器官系统以及手指、脚趾都已经形成。到第四个月中期，母亲通常可以觉察到初次胎动。第六个月末时，胎儿四肢移动比较有力，母亲经常能感到胎儿踢自己。胎儿的眼睛可以一开一合，有时吮吸大拇指，并在觉醒期和睡眠期之间不断转换。

分娩前三个月，胎儿的器官系统继续成熟。心、肺支撑独立生命的能力继续增强。胎儿重量增至 5.5 磅，长度增加一倍。新生男婴平均体重约 7.5 磅，新生女婴平均体重约 7 磅。

二、童年期

童年期始于出生。当我的孩子们正玩得高兴时，我开玩笑说："别闹了，你们只是孩童，童年可是一生中最糟糕的时光。"他们哄堂大笑，因为他们知道童年应该是一生中最美好的时光——充满了游戏、探索和无限的可能性。在本节当中，我们就来看看童年期——这个生理、认知、社会和情绪发展的奇妙旅程。

（一）生理发展

在婴儿期（童年期的前两年），身高和体重继续迅速增长，一般来说，5 个月后，体重比出生时增加一倍，到 1 岁时体重增加两倍（Kuczmarski et al., 2000）。第一年，身高增加大约 10 英寸；第二年，身高继续增长 4 到 6 英寸，体重增加 4 到 7 磅；此后，身高每年大约增长 2 到 3 英寸，持续到青少年生长突增期；体重也保持相当稳定的增长速度，每年大约 4 到 6 磅，持续到青少年生长突增期。童年期其他方面的生理发展包括反射和知觉发展。

反射：
对刺激简单、先天的反应。

觅食反射：
婴儿将头部转向碰触物（如母亲的乳头）的动作。

反射

我们出生后不久，当医生或护士将其手指放到我们手掌中时，尽管我们对应该如何反应一无所知，但是我们很可能会紧紧抓住手指，紧到我们可以将自己从摇篮中悬吊起来。新生儿的抓握是天生的，这是人类发展历程中保留下来的重要的天性之一。抓握是婴儿的一种反射。**反射**（reflexes）是针对特定刺激而做出的简单、先天、固定的反应。反射对生存来说至关重要，并且是自动发生的，即无须思考动作之目的。

新生儿并不知道要生存就必须得进食，多亏了觅食反射和吸吮反射使他们可以进食。只要有东西碰触到他们的脸颊、下巴或嘴角，新生儿就会将头转向刺激物，这一反应术语称为**觅食反射**（rooting）。他们会吸吮嘴唇接触到的物体。新生儿利用*屈肌反射*躲避痛性刺激。在*惊吓反射*（或称*莫罗反射*，Moro reflex）中，当新生儿遇到突然的声响、碰撞、被抱着失去支撑时，他们会缩腿、拱背。新生儿会抓住按压在手上的物体（*抓握反射*，或称*手掌反射*）。当新生儿脚跟受到刺激时，脚趾会张开（*巴宾斯基反射*，Babinski reflex）。儿科医生通过测试这些反射来评估婴儿的神经功能。婴儿还会反射性地呼吸、打喷嚏、咳嗽、眨眼、排便、排尿。

动作发展

儿童的动作发展是指从简单动作（如抬头）到四处跑动的进程。在动作发展中，成熟和经验均起到重要作用（Brown et al., 2009; Spittle et al., 2009）。大脑的成熟是动作发展的关键。动作发展给婴儿带来了一些令人惊喜的变化，部分原因在于这些变化发生得太快——许多都是在第一年内发生的。动作发展按照一定的顺序进行：翻身、坐、匍匐爬行、手膝爬行、走、跑。尽管婴儿表现出这些动作的时间不同，但是，顺序通常不变（见图 9-1）。这种不变的顺序意味着一种遗传密码（成熟）在渐渐展开。

成熟在生理发育（例如身高和体重的增加、青春期效应）、语言发展和动作发展等领域的作用是比较明确的，然而，环境因素也不容忽视。儿童可能有特定的遗传潜能，如身体尺寸和生长速度，但是，若没有营养、相对清洁的空气等诸如此类的环境因素，这些遗传潜能也无法实现。只有遗传密码激发了大脑中特定的结构和过程，儿童才能够理解或产生语言。然而，这仍然离不开环境。儿童可以学会家里和社区里使用的语言，却不会说从未接触过的异国语言。

知觉发展

新生儿每天睡眠 16 个小时，没有太多机会去认识世界。然而，他们出生后不久就能够相当好地知觉这个世界。在一两天内，婴儿就能够用眼睛跟随或“追踪”移动的光线。到 3 个月时，他们能区分绝大多数颜色。新生儿的视力近视（即他们看近处的物体比远处的物体更清楚），但是到

注视时间：

看某个视觉刺激所花费的时间。

图9-1 动作发展

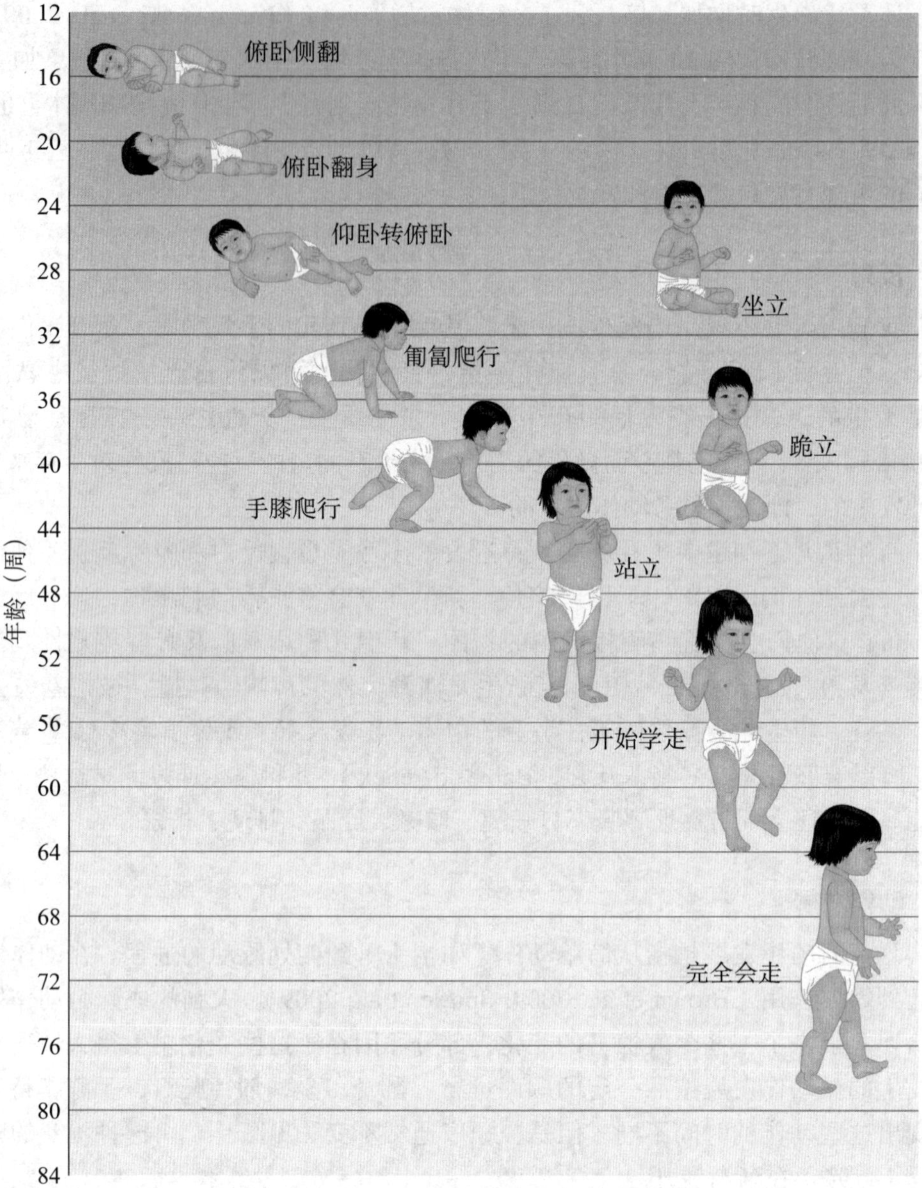

大约 4 个月时，婴儿就可以和成人一样注视远处的物体。

婴儿的视觉偏好可以用他们注视一个刺激的时间来测量，专业术语叫**注视时间**（fixation time）。在罗伯特·范茨（Robert Fantz, 1961）的经典研究中，2 个月大的婴儿偏好的视觉刺激依次为：人脸、新闻纸、靶心、无特征红色圆盘、白色圆盘和黄色圆盘（见书前图 9-2）。

经典研究还表明：当婴儿能够匍匐爬行的时候（大约 6 到 8 个月），他们倾向于对深度线索做出反应。绝大多数婴儿具有很好的判断力，以避免爬到桌面的边缘之外而掉下去（Campos et al., 1978）。

正常的新生儿听力完好。绝大多数新生儿会反射性地将头转向新奇的声响。这一发现与视觉追踪的发现都揭示了婴儿天生具有适应环境的能力。用低音调轻声地说话或唱歌可以安抚婴儿，这就是摇篮曲有助于婴儿入睡的原因。

研究表明，新生儿喜欢母亲的声音超过其他女性的声音，但是他们对父亲的声音并未显示出偏好（DeCasper & Prescott, 1984; Freeman et al., 1993）。当然，婴儿已经有了在母亲子宫中数个月的“经验”。至少在出生前的 2 到 3 个月，胎儿已经可以听见声音。由于他们主要接触的是母亲发出的声音，所以学习可能是新生儿声音偏好的原因之一。新生儿也可以区分不同的味道，他们的偏好与大一点的儿童和成人非常相似（Werner & Bernstein, 2001）。

同化：

根据皮亚杰的说法，同化是将一个新的事件囊括到已有的图式中。

图式：

皮亚杰认为，图式是一个假设的心理结构，有利于对新信息进行分类和组织。

顺应：

皮亚杰认为，顺应是指修正图式以便整合和理解与已有图式不一致的信息。

（二）认知发展

我们将在这一部分探讨儿童如何在心理上表征和思考这个世界，即他们的*认知发展*。因为认知功能发展要历经许多年，所以幼儿关于世界的观念与成人相去甚远。这些观念虽然可爱，但至少对成人来说是不合逻辑的。我们在此讨论认知发展的三种观点。首先是让·皮亚杰（Jean Piaget）的认知发展阶段论，然后是俄国心理学家列夫·谢苗诺维奇·维果茨基（Lev Semenovich Vygotsky）的理论，最后是劳伦斯·柯尔伯格（Lawrence Kohlberg）的道德发展理论。

让·皮亚杰的认知发展理论

让·皮亚杰（Jean Piaget, 1896—1980）获得的是生物学博士学位。1920 年，他在巴黎的比奈研究所（Binet Institute）得到了一份工作，从事与智力测验有关的研究。他的第一个任务是改编英语文字推理的项目以适合法国儿童。在工作过程中，他必须在不同年龄阶段的儿童中对这些项目进行试验，看他们能否给出正确回答。这一任务枯燥乏味，然而儿童的错误回答却引起了皮亚杰极大的兴趣。换成另一个研究者可能会忽略这些回答，但是皮亚杰从这些儿童的“错误”中觉察到了某些模式。错误的回答反映出了一致的（非逻辑的）认知过程。皮亚杰的观察使他提出了认知发展理论。

同化 皮亚杰用同化和顺应的概念来描述人类的思维或智力。**同化**（assimilation）是指通过反射或已有的习惯回应新异刺激。

比如，婴儿经常试图将新的物体放进嘴里来吸吮、感受和探索。用皮亚杰的话说，这是儿童将一个新玩具同化进吸吮图式中。**图式**（schema）是一套用来获得或组织知识的动作模式，或“心理结构”。

顺应 **顺应**（accommodation）是指创造出新的对客体做出反应或观察世界的方式。在顺应过程中，儿童转化已有的图式以包含新的事件。例如，学习生物学的儿童发现不能将鲸鱼同化到“鱼”的图式之中，于是他们通过建构新图式（如生活在海洋中的无足哺乳动物）来顺应鲸鱼这个新事物。顺应新异刺激的能力随着成熟和经验不断提高。让我们通过认知发展阶段来理解这些概念。

客体永存性：

意识到移出视线的物体依然存在，对幼儿来说即表现为继续寻找。

皮亚杰的认知发展阶段论

皮亚杰假设儿童的认知过程按照一定的顺序发展。有些儿童虽然比其他儿童发展超前，但是顺序保持不变。皮亚杰（1963）提出了认知发展的四大阶段：感觉运动阶段、前运算阶段、具体运算阶段和形式运算阶段。

> **真** 对小于 6 个月大的婴儿来说，的确是“眼不见”，“心不想”。

感觉运动阶段 新生婴儿只能将新异刺激同化到已有的反射（或现成的图式）中，如觅食和吸吮反射。但是当婴儿到了 1 个月大时，他就可以通过重复一些感到快乐的行为模式展示出一些目的性行为，如吸吮他的小手。大约在第一个月期间，婴儿显然还没有将不同感官知觉到的刺激联系起来。反射性地转向听觉或嗅觉源还不能被看作目标搜寻。但是，在头几个月，婴儿开始将视觉和抓握协调起来，可以注视手里抓住或碰到的物体。

一个 3 或 4 个月大的婴儿可能会被自己的手或腿深深吸引住。婴儿会专注地盯着自己打开和合上的拳头。婴儿日益喜欢对环境施加影响，让一些有趣的结果（如拨浪鼓的声音）持续得更久一些或重复发生。行为逐渐变得有意和有目的性。4 到 8 个月之间的婴儿开始探索因果关系，比如，碰到物体可以发出声响，脚踢悬挂玩具可以使其不停摆动。

对绝大多数不到 6 个月大的婴儿来说，对客体还没有形成心理表征。因此，你可以看到图 9-3 中的婴儿在玩具被移走或用纸板挡住后，不会努力去寻找。然而，到了 8 至 12 个月大时，婴儿意识到从视线移走的物体仍然存在，并试图找到它们。这样，他们就明白了**客体永存性**（object permanence），因此，“躲猫猫”的游戏才会让儿童觉得如此神奇。

1 到 2 岁期间，儿童开始对事物是如何构造的表现出兴趣。可能正是由于这个原因，他们频繁地用手指触弄父母和自己的脸。到 2 岁结束时，儿童在采取外显行为之前，开始使用心理试误的方法。例如，当他们在寻找移走的物体时，他们不再从最后看到该物体的地方开始找起，而是跟着你，认为你带着那个物体，尽管看不到那个物体。就好像他们预估到在最后看到该物体的地方寻找会失败似的。

图9-3 客体永存性

这个婴儿正处于感觉运动阶段的早期，“眼不见”的确是“心不想”。一旦在婴儿和动物玩具之间放上一张纸，婴儿就完全失去了对玩具的兴趣。婴儿对这个玩具显然还没有形成心理表征。

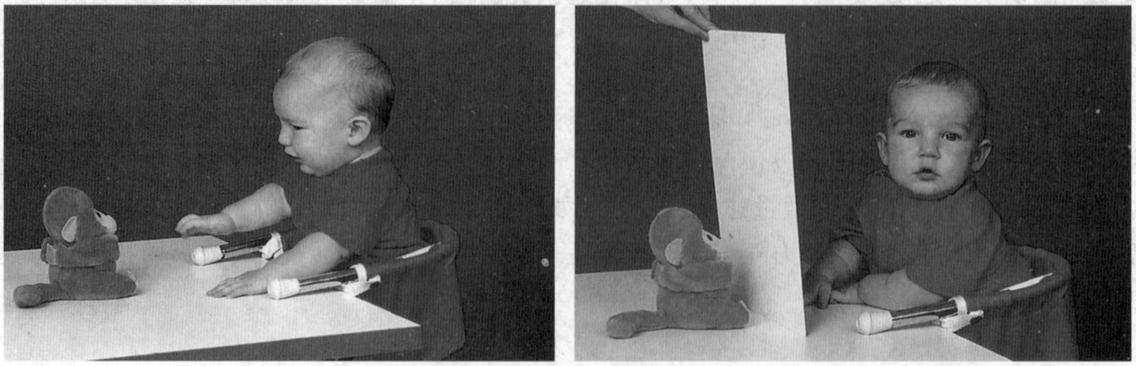

由于第一阶段的发展主要是学习用身体活动协调自我和环境的知觉，皮亚杰把这一阶段称为**感觉运动阶段**（sensorimotor stage）。到 2 岁左右时，儿童获得了基本的语言能力之后，这一阶段结束。

前运算阶段 **前运算阶段**（preoperational stage）的特点就是运用词语和符号来表征客体及客体之间的关系。但是，请注意：2 到 7 岁儿童的逻辑和成人之间的相似之处可能只是巧合。儿童会与成人使用同样的词语，但这并不意味着两者对世界的看法一样。前运算阶段的儿童倾向于单一维度思考，一次只聚焦于问题或情境的某个方面。

单一维度思考的一个后果就是**自我中心**（egocentrism）。前运算阶段的儿童不能理解别人看待事物的方式与他们不同。当我的女儿奥琳 2 岁半时，我让她讲述和妈妈去商店的经过。她回答说："你讲吧。"她似乎理解不了我无法透过她的眼睛来看这个世界。

对于自我中心的前运算阶段儿童来说，世界是一个为满足他们的需要和消遣而搭起的舞台。如果问"电视机是用来干什么的？"，他们会答"为了让我看最喜欢的节目和动画片"。前运算阶段的儿童还表现出*泛灵论*的思维。他们会赋予自然物体（比如太阳、月亮）以生命和意识。他们还显露出*人为主义*的思维特点。他们认为一些自然事件（如下雨、打雷）是人类的创造。如果问 4 岁的儿童"为什么会打雷？"，他们会说"因为有人在嘟囔着发牢骚"。自我中心、泛灵论和人为主义的例子见表 9-1。

为了进一步了解前运算阶段的思维，可以找来三四岁的儿童试一试下面的小实验：

- 将一个细长玻璃杯中的水倒入一个短粗玻璃杯中。询问儿童短粗玻璃杯中装的水比原先细长玻璃杯中的水多还是少，或者一样多。如果儿童说两者装的水一样多，儿童回答正确。如果儿童给出了错误答案，你认为原因是什么？
- 将黏土球拍成薄饼，问儿童黏土比原先多还是少，或者没有变化。如果儿童又给出错误答案，你认为原因是什么？

要正确回答这些问题，儿童必须理解**守恒**（conservation）定律。这一定律认为，物质的表面属性（如形状、排列）虽然改变了，但其基本属性（如质量、重量和体积）会保持不变，即守恒。

理解守恒要求具备同时考虑或*聚焦*于某一情境的两个方面的能力，比如高度和宽度。理解某一物质的质量、重量或体积的守恒要求能够意识到一个维度的变化可以从另一个维度的变化上获得补偿。但是，图 9-4 中前运算阶段的小男孩一次只能注意到一个维度。首先，他看到两个量杯（短而粗）的水，并认同这两个杯子装的水一样多。接着，他看

表9-1 前运算阶段思维举例

思维类型	代表性问题	典型答案
自我中心	外面为什么黑下来了？	这样我就能睡觉了。
	太阳为什么发光？	为了让我暖和。
	为什么下雪？	为了让我玩。
泛灵论	树为什么有叶子？	给它们保暖。
	星星为什么一闪一闪？	因为它们高兴。
人为主义	为什么会下雨？	有人在用喷水壶倒水。
	天空为什么是蓝色的？	有人把它涂成了蓝色。
	风是什么？	有人在吹气。

感觉运动阶段：
皮亚杰认知发展的第一阶段，此阶段的特点是协调感觉信息和动作之间的关系，开始对周围环境进行探索，语言较少。

前运算阶段：
皮亚杰认知发展的第二阶段，此阶段的特点是，对语言和符号的运用是不符合逻辑的或逻辑瑕疵较多，并且比较自我中心。

自我中心：
皮亚杰认为，自我中心就是假定他人和自己看到的世界一样。

守恒：
皮亚杰认为，守恒是指认识到物质的重量和质量不会因为表面特征的变化而改变。

着其中一个量杯的水倒入一个细长的玻璃杯中。现在问他哪一个玻璃杯装的水多，他开动脑筋想了一下，指向细长的玻璃杯。为什么？因为当他观察这两个杯子时，他对于细玻璃杯更高这一事实感到“莫名惊诧”。在这个例子中，前运算阶段的儿童把注意力集中在该情境中最为明显的维度上了，即细玻璃杯更高。他没有意识到短玻璃杯宽度的增加弥补了高度的减少。

皮亚杰（1997）发现前运算阶段儿童的道德判断也是单一维度的。5 岁的儿童倾向于屈服于规则和权威。如果你问他们为什么有些事情应该按照某一特定方式来做，他们会肯定地说：“因为就应该那样做！”或者：“因为妈妈是这样说的！”对就是对，错就是错。为什么？“因为如此！”——这就是为什么。

对于大多数年龄较大的儿童和成人来说，只有在存在犯罪意图的情况下才可以判定一个行为是犯罪行为。意外情况可能带来伤害，但是加害者通常会被认为是无过错的。然而，在单一维度的法庭上——前运算阶段儿童——存在**客观责任**（objective responsibility）这一说法。人们应基于他们造成的破坏程度受到判决（并且要严厉！），而不是根据他们的动机或意图。为了解释客观责任，皮亚杰会给儿童讲故事，然后询问儿童故事里的哪个人物更淘气，原因是什么。例如，约翰开门的时候不小心打碎了 15 个杯子，亨利溜进厨房的壁橱里找不允许吃的果酱时打碎了 1 个杯子。前运算阶段的儿童通常认为约翰更加淘气。为什么呢？因为他打碎的杯子更多。

客观责任：

根据皮亚杰的观点，客观责任是指根据行为者破坏的程度而不是动机进行归咎。

具体运算阶段：

皮亚杰认知发展的第三阶段，其特征是逻辑思维离不开有形的物体，认识到物质守恒，并具备主观道德判断的能力。

去中心化：

同时关注问题的多个维度，从而变得灵活，逆向思维逐渐发展起来。

主观道德判断：

根据皮亚杰的观点，主观道德判断以肇事者的动机为基础。

具体运算阶段 到大约 7 岁时，一般的儿童都进入**具体运算阶段**（concrete operations）。这一阶段一直持续到 12 岁，儿童此时已经有了成人逻辑思维能力的萌芽。然而，他们的逻辑思维（或运算）一般会涉及实际的物体而不是抽象的观念。具体运算阶段的儿童有了**去中心化**（decentration）的能力，他们可以同时关注一个问题的两个维度。这一进步对儿童的道德判断、守恒性以及其他的智力活动都有一定影响。

这时的儿童在道德判断方面变得**主观**（subjective）了。在判定过错时，他们既关注肇事者的动机，也关注破坏程度。具体运算阶段的儿童对亨利的批评会比对约翰更严厉，因为约翰的过失行为是一个意外。

具体运算阶段的儿童能理解守恒定律。图 9-4 中的小男孩如果长大几岁后就会说短粗的杯子所盛的液体还是一样多。若被问到为什么，他会说：“你还可以把它倒回到另一个杯子里。”这个答案还表明儿童具有了可逆性概念的意识，即意识到许多过程可以倒回去或恢复，因此事物可以还原到原先的状态。通过同时关注玻璃杯的高度和宽度，小男孩意识到高度的损失可以从宽度的增加得到补偿。

图9-4　守恒

a. 小男孩认同这两个杯子装的水一样多。

b. 接着，他看着其中一个量杯的水倒入一个细长的玻璃杯中。

c. 现在问他两个杯子装的水是否一样多，他说不是。

这一阶段的儿童不那

么自我中心了。他们能够设身处地，并能够站在他人的立场看待世界及其自身。他们认识到人们看待事物的不同方式源自不同的处境和不同的价值观。

在具体运算阶段，儿童开始逐渐形成自己的价值观，并趋于稳定。儿童认识到他们与父母之间的爱不会改变，即便有人暂时显得生气或失望。我们会在本章后面关于青少年的部分继续讨论皮亚杰的理论，即形式运算阶段。

对皮亚杰理论的评价 关于皮亚杰观点的精确性存在一些质疑，主要问题如下：

- *皮亚杰对发展时间段的划分准确吗？*有些批评认为皮亚杰采用的方法低估了儿童的能力（Bjorklund, 2000; Meltzoff & Gopnik, 1997）。例如，有的研究者用不同的方法发现学龄前儿童已经不太自我中心了，而且儿童认识到守恒的时间比皮亚杰认为的要更早一些。
- *认知发展是按照阶段进行的吗？*诸如自我中心和守恒等认知事件的发展似乎比皮亚杰认为的更加连续，也就是说，这些事件可能并非按照阶段进行的（Bjorklund, 2000; Flavell, 2000）。尽管认知发展看起来似乎是基于以前的认知发展，但是过程可能比“阶段状”更加平缓。
- *发展顺序总是千篇一律吗？*对此，皮亚杰的观点似乎占了上风。看起来在认知发展的顺序上，的确是没有变更的可能。

最近发展区（ZPD）：维果茨基的术语之一，用于描述儿童需要在富有经验的人的帮助下才能完成的任务情境，这个人通常是代表儿童所在文化的成人。

总之，皮亚杰的理论大厦受到了撼动，然而尚未坍塌。接下来我们来探讨一下列夫·维果茨基的观点。列夫·维果茨基（1896—1934）是俄国心理学家。与皮亚杰不同，维果茨基并非一个阶段论者，而是将知识的传递看作一个累积的过程，并重点关注儿童与他们长辈之间的互动方式对儿童认知发展的促进。

维果茨基的理论认为，教师和父母为儿童提供的问题解决方法具有认知支架的作用。

列夫·维果茨基的社会文化理论

*社会文化理论*这一术语有多重含义。例如，这一术语可以指行为与心理过程的种族、性别之类的影响因素。然而，维果茨基的社会文化理论主要侧重于儿童的认知发展是如何受到养育者和教育者的文化影响的。

维果茨基的理论（1978）重点关注信息和认知技能的代际传递。技能的传递涉及教和学，然而，维果茨基认为学习并非一个机械的过程，他更注重儿童与成人（主要是在家庭中）的人际互动如何组织儿童的学习经验，从而使儿童可以获得认知技能（如计算技能或阅读技能）并且利用这些技能获取信息。维果茨基与皮亚杰一样，认为儿童具有适应性（Piaget & Smith, 2000），并且儿童会适应他的人际和文化互动。

维果茨基理论的核心概念包括*最近发展区*和*支架*。最近（proximal）一词的含义是“附近”或“接近”，可参考近似（approximate）和附近（proximity）两个词语的含义。**最近发展区**（zone of proximal development, 简称 ZPD）是指儿童在有经验的人的帮助下可以执行的任务范围（Haenen, 2001）。“区”涉及儿童的能力与他在别人帮助下可完成的任务之间的关系，成人或年龄大一些的儿童根据儿童的能力给予相应的帮助能最好地引导其通过这个“区”（Flavell et al., 2002）。

在最近发展区内，儿童以学徒的身份与他人合作并向他人学习（Meijer &

支架：
维果茨基的术语之一，指暂时性的认知结构或解决问题的方法，有助于儿童学会独立完成任务。

前习俗水平：
根据柯尔伯格的观点，这一阶段的道德判断很大程度上是基于对奖赏或惩罚的预期做出的。

Elshout, 2001）。在向他人学习的过程中，儿童会内化（或向内输入）那些有助于他获得技能的对话与解释（Murata & Fuson, 2006; Umek et al., 2005）。儿童不仅从教师那里学会了词汇的含义，而且也学会了在一个文化背景下用自己述说的方式来解决问题。外部言语变成内部言语，教师拥有的信息传递给了学生，一个社会或文化背景的信息嵌入了儿童的内部世界，于是就有了社会文化理论这一概念。

支架是一个临时性的架构，工人借助其建造楼房、桥梁或其他更加永久性的结构。认知**支架**（scaffolding）是指父母或教师提供给正在学习完成一项任务的儿童的暂时性支持。随着儿童越来越熟练和自信，来自外部的指导便逐渐减少。在维果茨基的理论中，教师和父母为儿童提供的问题解决方法具有认知支架的作用，儿童借助这一支架获得独立行事的能力。

皮亚杰的关注焦点主要是成熟，并假定大脑的成熟使儿童体验新的领悟水平并发展出新的问题解决方法。维果茨基则关注教育者与学习者之间关系的发展过程。对维果茨基而言，认知发展与文化和社会互动有关（Montero & De Dios, 2006; Norton & D'Ambrosio, 2008）。下面我们来看认知发展的另一个方面：儿童（以及成人）如何判断是与非。

劳伦斯·柯尔伯格的道德发展理论

认知发展心理学家劳伦斯·柯尔伯格（Lawrence Kohlberg, 1981）在研究儿童的道德推理时采用了下列故事：

> 故事发生在欧洲。一名妇女因罹患一种特殊的癌症而生命垂危。医生认为只有一种药可以挽救她的生命。这种用镭制成的药是本城的一名药剂师最近的发明。这种药的成本昂贵，然而，药剂师按照成本 10 倍的价格出售此药。他购买镭要花 200 元，但很小剂量的药就要收取 2 000 元。得病妇女的丈夫海因茨（Heinz）向每一位熟人借钱，但只能凑足 1 000 元，只够一半的药钱。他告诉药剂师自己的妻子奄奄一息了，请求他把药卖得便宜点，或者先把药赊给自己，容许日后付清余款。然而药剂师说："不行，我发明这种药就是用来赚钱的。"海因茨陷入了绝望之中。他闯进药店，为妻子将药偷走（Kohlberg, 1969）。

海因茨陷入了道德两难处境。在这样的两难处境中，法律或社会准则（此例中是禁止偷盗的法律）与强烈的人类需要（他拯救妻子的愿望）相互较量。儿童或成人出于不同的原因给出是或非的答案。柯尔伯格认为，可以根据这些原因反映出的道德发展水平对其进行分类。

作为阶段论者，柯尔伯格认为道德推理的阶段遵循一定的顺序，儿童发展的速度不同，并非所有的儿童（或成人）都能达到最高阶段，然而，顺序却固定不变：儿童必须经历第一阶段后才能进入第二阶段，以此类推。根据柯尔伯格的理论，道德发展有三个水平，每一水平分为两个阶段。

对于海因茨的困境，柯尔伯格认为人们会基于道德发展的水平或阶段来评判他偷药的行为或不偷药的决定。换句话说，柯尔伯格并非对"是"或"非"的答案那么感兴趣，他感兴趣的是人们如何推理。

前习俗水平　绝大多数 9 岁之前的儿童都处于**前习俗水平**（preconventional level）。这一阶段儿童的道德判断是基于行为的后果。例如，第一阶段属于服从和惩罚定向。服从即是品行良好，可以让人避免惩罚。不过，处于第一阶段的儿童能够决定海因茨应该或不应该偷药。

在第二阶段，儿童认为，凡是可以满足自己和他人需要的行为就是好行为。（海因茨的妻子需要药；海因茨的偷药行为是获得此药的唯一途径，因此没有错。）

> **习俗水平：**
> 柯尔伯格认为，该阶段的道德判断很大程度上反映了社会习俗，符合“法律和秩序”道德准则。

习俗水平 道德推理的**习俗水平**（conventional level）是通过比较行为与习俗的（家庭的、宗教的、社会的）对错标准是否一致来判断对错。第三阶段属于“好孩子定向”，符合他人的需要和期望即是道德行为。“正常的”——大多数人的——行为即是道德行为。（海因茨应该偷药，因为“好丈夫”都会这样做。帮助自己的妻子是“自然的”或“正常的”。或者，海因茨不应该偷药，因为“好人不偷窃”。）

在第四阶段，道德判断是基于维持社会秩序的规则。对权威人物表示尊敬以及履行个人的职责都受到高度肯定。（海因茨必须偷药，如果他让妻子死去，这是他的过错。等他有钱的时候，他会付钱给药剂师。）许多人都未能成熟到超越习俗水平。

后习俗水平 后习俗道德推理更加复杂，主要集中在个体需要与保持社会秩序的需要和个人良心之间的冲突上。我们在本章后面关于青少年的部分再讨论后习俗水平。

对柯尔伯格理论的评价 正如柯尔伯格的理论所认为的那样，证据支持了他的观点，儿童的道德判断按照从低到高的顺序发展（Boom et al., 2007）。后习俗的思维，若确实存在，最先出现在青少年阶段。形式运算思维显然是一个前提，而且教育扮演着一定的角色（Boom et al., 2007）。后习俗推理涉及对抽象道德准则的理解以及对他人观点和感受的共鸣。

柯尔伯格认为道德发展阶段是普遍的，然而他可能低估了社会、文化和教育机构的影响（Dawson, 2002）。父母的作用也不容忽视，管教时所采用的推理方法，以及讨论他人的感受都促进了道德推理（Dawson, 2002）。

（三）社会和情绪发展

人际关系对于儿童时期的我们至关重要。当我们还是婴儿时，我们的生存有赖于这些人际关系。长大之后，人际关系关系到我们的幸福感和满足感。我们将在本节讨论童年期的社会发展。

埃里克·埃里克森的心理社会发展阶段

埃里克·埃里克森认为，我们都要经历心理社会发展的几个阶段。在埃里克森的第一阶段——*信任对怀疑*，我们依赖主要的照顾者（通常是我们的父母），并预期环境会（或不会）满足我们的需要。学步期的儿童（一般3岁左右）通常处于*自主对羞愧和怀疑阶段*，儿童在这一阶段与父母和朋友的关系能够促使他们培养自主性和主动性，或产生羞愧和内疚感。这一阶段的儿童需要发展对生理功能的自控力（如上厕所）和自主感。然而令父母们沮丧的是，很多孩子采取对抗父母要求或命令的方式来显示他们的自主权。

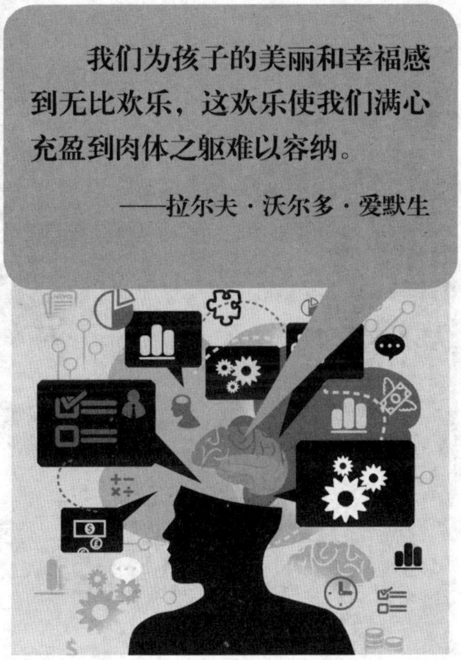

埃里克森认为5岁左右的孩子处于*主动对内疚阶段*，这一阶段的孩子开始表现出对环境的控制并努力学习成人技能。埃里克森将6至12岁的孩子定义为处在*勤奋对自卑阶段*，孩子在这一阶段会面临来自学校的学业和社交挑战。好的结果有利于培养勤奋感，但挫败会导致自卑。稍后我们将看到埃里克森的理论还包括另外四个阶段，横跨整个人生历程。

依恋：
两个人之间持久的情感纽带。

依恋

心理学家玛丽 · D. 索尔特 · 安斯沃斯（1913—1999）将**依恋**（attachment）界定为一个动物或人与另一个特定的个体之间形成的情感纽带。依恋使有机体相处在一起（这对婴儿来说至关重要），且会一直持续下去。依恋的行为表现为：（1）试图保持接触或亲近；（2）分开时表现出焦虑。婴儿和儿童会尽量与他们依恋的照顾者保持接触。他们会保持目光交流，对照顾者又拉又拽，请求照顾者抱一抱，甚至在照顾者面前蹦跳，要是这时没被顺势抱起来就会被“撞倒”。

陌生情境和依恋模式 婴儿在陌生情境中的行为方式能够反映出他们与照顾者之间的依恋关系。根据这一事实，安斯沃斯及其同事（1978）设计了*陌生情境法*，研究婴儿与照顾者（通常是妈妈）或与陌生人在分离和重聚时的反应。通过这一方法，安斯沃斯和同事们发现了三种主要的依恋类型：安全型依恋和两种不安全型依恋。

1. *安全型依恋*。安全依恋的婴儿对妈妈的离开只是轻微地表示不满，重聚的时候会主动迎上去，容易被妈妈安抚。
2. *回避型依恋*。表现出回避型依恋的婴儿对于妈妈的离开表现出的紧张最少。他们毫不担心地自己玩耍，并对妈妈的归来不予理睬。
3. *矛盾 / 抗拒型依恋*。矛盾 / 抗拒型的婴儿是最情绪化的。妈妈离开时他们表现出强烈的焦虑情绪，而对重聚又表现出矛盾情绪，一会儿紧紧依偎着妈妈，一会儿又将妈妈推开。

依恋与婴儿受到照顾的质量密切相关。安全型依恋儿童的父母通常是慈爱的、可靠的照顾者（Posada et al., 2002）。大量研究文献都谈到了安全依赖的益处。例如，安全型依恋儿童比不安全型依恋儿童更快乐，更善于交际，对父母更具合作性，与同伴相处得更好，也更适应学校环境（Belsky, 2006; McCartney et al., 2004）。婴儿期的不安全型依恋能够预测青少年期的心理障碍（Lee & Hankin, 2009; Sroufe, 1998; Steele, 2005）。

玛丽 · D. 索尔特 · 安斯沃斯

依恋阶段 安斯沃斯总结了依恋的三个阶段：

1. *前依恋期*。从出生持续到大约 3 个月，其特点是无区别依恋。也就是说，他们愿意被人抱着，而不愿独处，即使抱他们的是陌生人也没有关系。
2. *依恋形成期*。大约从三四个月开始，其特点是对熟悉人物的偏好。
3. *明确依恋期*。从六七个月开始，其特点是对主要照顾者的强烈依赖。

约翰 · 鲍尔比（John Bowlby, 1988）是安斯沃斯的同事，他认为依恋也表现为害怕陌生人（也叫“陌生人焦虑”）。也就是说，婴儿在 8 至 10 个月时，如果有陌生人试图亲近的话，他会哭闹并紧紧抓住父母。但并不是所有的孩子都害怕陌生人，所以没有必要把陌生人焦虑作为依恋过程的要素来考虑。

依恋的理论观点　20 世纪早期，行为主义者认为依恋行为是通过经验习得的。照顾者喂养婴儿并且关照他们的其他生理需要，因此，婴儿将照顾者和需要满足联系在一起，并学会接近照顾者来满足自身的需要。当照顾者出现的时候，满足基本需要带来的满足感泛化成了安全感。

心理学家哈里 · F. 哈洛（Harry F. Harlow）的经典研究表明，皮肤接触可能比学习经验更为重要。哈洛发现把恒河猴幼崽与妈妈或伙伴隔离喂养时，它们开始对笼子中的布条产生依恋。它们保持与布条的接触，当与布条分离时恒河猴幼崽表现得很紧张。哈洛进行了一系列实验来探索其原因（Harlow, 1959）。

在其中一项研究中，哈洛将恒河猴幼崽置于有两个“代理妈妈”的笼子中，如图 9-5 所示。一个“妈妈”是铁丝网做成的，上面有一个奶瓶；另一个代理妈妈用手感柔软的毛巾布做成。恒河猴幼崽绝大多数时间与毛巾布“妈妈”黏在一起，即使“她”不能满足它们的食物需要。哈洛得出结论：猴子（也许包括人类）有一种与生俱来的**接触安慰**（contact comfort）的需要，这种需要与食物需要一样基本。接触安慰需要的满足，而不是食物需要的满足，或许是猴子幼崽（以及人类）依恋妈妈的原因。

接触安慰：
一种假设存在的驱力，通过与他人接触来寻求身体舒适感。

习性学家：
研究不同物种动物行为模式特征的科学家。

关键期：
本能反应可以被特定刺激引发的那段时间。

印刻：
有机体发育过程中，在关键期出现的一种现象：有机体对某一刺激的反应方式之后很难改变。

还有一些研究者，比如**习性学家**（ethologist）康拉德 · 洛伦茨（Konrad Lorenz）认为，对许多动物来说，依恋是天生的本能（习性学家研究各种动物的行为特征）。依恋和其他本能一样，从理论上讲是发生在生命的某一**关键期**（critical period）内（即有动物在这个时期对某种刺激比较敏感），特定刺激的出现会导致产生依恋。

有些动物依恋他们遇到的第一个移动的客体，如此形成的依恋称为**印刻**（imprinting）。当洛伦

图9-5　**猴子幼崽的依恋**

尽管这只恒河猴幼崽是铁丝网“妈妈”喂养的，但它却绝大多数时间与柔软的毛巾布“妈妈”黏在一起。尽管它知道从哪里获取食物，但是很显然，在幼猴（和人类婴儿）的依恋发展中，接触安慰比食物更重要。

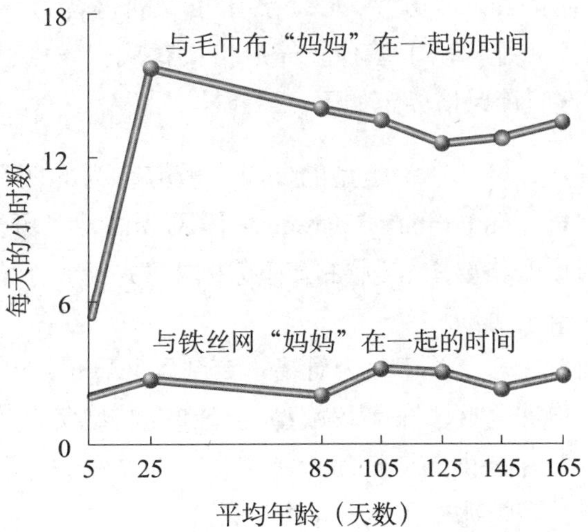

康拉德·洛伦茨
和他的幼鹅们

> **权威型父母：**
> 这类父母严格且温和，要求子女行为成熟，在教育过程中理智多于武力。
>
> **专制型父母：**
> 这类父母的规则比较死板，要求子女为了服从而服从。
>
> **放任型父母：**
> 即使有规则，这类父母也很少采取，也不会密切监督子女。

茨（1981）和他的幼鹅“全家福”照片公开后，他立刻声名鹊起。洛伦茨是如何赢得这些追随者的呢？他在这些幼鹅孵化出来以后的关键期内出现，并且允许它们跟着自己。鹅的关键期和其他动物的关键期有早晚的分别：在较早的一端，关键期出现在动物迈出第一步的时候；在较晚的一端，关键期出现在认生的时候。幼鹅一直跟着洛伦茨，受到惊吓的时候跑向他，他离开的时候这些幼鹅会紧张地鸣叫，并试图突破它们与洛伦茨之间的障碍。如果你把鸣叫换成哭声，这一切听起来和人类没有分别。

安斯沃斯和鲍尔比（1991）认为人类的依恋是天生的。然而，人类的依恋与位置移动和认生（并不普遍）之类的事情关联不大，而且，人类的关键期持续较长。

教养风格

许多心理学家一直关注教养风格与儿童的人格发展之间的关系。戴安娜·鲍姆林德（Diana Baumrind, 1989, 2005）一直对教养行为和儿童工具性能力的发展之间的联系有浓厚兴趣（工具性能力指操纵环境来实现个人目标的能力）。鲍姆林德主要关注教养行为的四个方面：（1）严厉性；（2）要求子女获得智力、情绪和社会性的发展；（3）沟通能力；（4）温暖和卷入度。她提出了三种教养风格：权威型、专制型和放任型。其他研究者还提到了忽视型教养风格。这四种风格界定如下：

1. 权威型父母。这一类型的父母在教养行为的四个方面得分都高，子女往往最有能力。**权威型父母**（authoritative parents）作风严格（严厉性），并且要求子女行为表现成熟。但他们能够把严格要求控制在合理范围内，并给予子女爱与支持。他们期待很高，但是会阐明缘由并给予协助。
2. 专制型父母。关于何为对错，**专制型父母**（Authoritarian parents）有着苛刻的教条，并要求子女恪守这些教条。权威型父母和专制型父母均有严格的标准，但是权威型父母对要求做出解释并提供支持，而专制型父母仰仗武力，与子女沟通困难。专制型父母不尊重子女的观点，表情冰冷且拒人千里之外。
3. 放任型父母。**放任型父母**（permissive parents）对子女比较随和。结果，子女常常我行我素。放任型父母支持和体贴子女，但在沟通方面缺乏技巧。

4. *忽视型父母*。**忽视型父母**（uninvolved parents）倾向于将子女丢下不管，他们不对子女提要求，很少对子女表现出温暖和鼓励。

研究表明，子女如果拥有温暖的父母，会在社会交往和情绪方面适应良好（Lau et al., 2006; Murray et al., 2009），且更容易内化道德标准——发展道德心（Bender et al., 2007; Lau et al., 2006）。

如果严格辅以适当的理性和温暖，的确是大有裨益。权威型父母的子女在自立、自尊、社会能力和成就动机方面表现最为优秀（Grusec, 2006）。专制型父母的子女常常是要么胆小退缩，要么咄咄逼人，在学校的表现一般都逊于权威型父母的子女（Paulussen-Hoogeboom et al., 2007; Rudy & Grusec, 2006）。放任型父母的子女好像不太成熟，经常表现出冲动、情绪化和攻击性。在青少年期，缺少父母监护经常会导致行为不良以及学习成绩不佳。忽视型父母的子女与那些父母有要求的子女相比，成绩会更差一些，忽视型父母的子女还倾向于同那些“狐朋狗党”混在一起并吸食毒品。这给我们传递了什么信息呢？父母对子女提出合理的要求、表达温暖和鼓励、陪伴子女，这些对儿童都十分有益。

忽视型父母：

一般来说，这类父母对子女采取置之不理的态度。

青少年期：

这一阶段是青春期和承担成人责任的分水岭。

青春期：

该阶段的生理发展使得有性生殖成为可能。

第二性征：

区分性别但与生殖无直接关系的一些特征，比如体毛的分布、嗓音高低。

三、青少年期

生命中可能没有哪个时期像青少年期一样令人振奋又令人困惑了。**青少年期**（adolescence）是青春期和承担成人责任的分水岭。青少年期发生的变化之多，在人生各阶段中仅次于婴儿期。与童年期一样，青少年期的变化也包括了生理、认知、社会和情绪变化。

（一）生理发展

青少年期最显著的生理发展之一就是持续 2 到 3 年的急剧增长期，结束了身高和体重都缓慢变化的童年期。在短短 2 到 3 年间，青少年增高大约 8 到 12 英寸。大多数男孩的身高和体重超过了大多数女孩。

青春期：远不“只是一个阶段”？

青春期（puberty）是身体性成熟的一个阶段。它宣告了青少年期的开始。青春期始于**第二性征**（secondary sex characteristics）的出现，如体毛增长、男生的嗓音变粗、女生的乳房和髋部丰满等。男孩的脑垂体激素刺激睾丸，加大睾酮的分泌，从而导致阴茎和睾丸增大以及体毛出现。在青少年早期，勃起属于常见现象，而且男孩可能会射精。能够射精通常先于精子成熟至少一年，因此，射精并不意味着具备生殖能力。

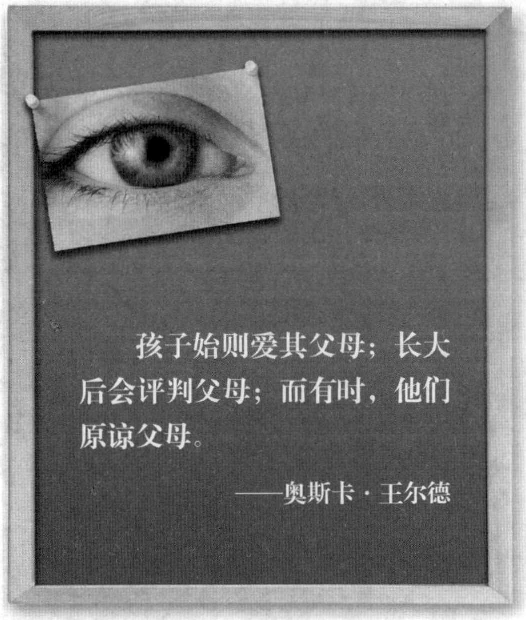

对于女生而言，研究者认为 100 磅左右的临界体重会使大脑的激素分泌出现“井喷”状态，引发卵巢分泌大量的雌激素（Frisch, 1997）。雌激素刺激乳房组织、髋部和臀部组织的生长。骨盆变宽，使髋部变得丰满。肾上腺分泌少量的雄激素与雌激

月经初潮：
首次月经。

素共同刺激阴毛和腋毛的生长。雌激素和雄激素还促进了女性生殖器的发育。雌激素的分泌在青春期形成一定的周期，并调节月经周期。首次月经，也叫**月经初潮**（menarche），通常发生在 11 至 14 岁之间。然而，女孩只有到了能排卵时才会怀孕，排卵一般发生在月经初潮两年之后。

大脑发育

每天花数小时练习钢琴或小提琴的青少年大脑会发生什么变化呢？他们练习所用到的大脑皮层相应区域在同时变厚（Bermudez et al., 2009; Johnson et al., 2008）。大脑皮层变厚意味着灰质的增多，灰质由联络神经元构成，我们在进行思维或感觉运动时，靠联络神经元在大脑中传递信息。

很多青少年的判断力较差，至少经常这样。他们常去冒成人绝不会冒的险，如过度饮酒、鲁莽驾驶、暴力、饮食失调和未采取保护措施的性行为等（Berten & Rossem, 2009），大脑发育不成熟可能是其中一部分原因。黛博拉·尤吉伦－托德（Deborah Yurgelun-Todd）及其同事（Sava & Yurgelun-Todd, 2008）给 11 至 17 岁的青少年看一些恐惧的人物表情照片，同时用 fMRI 对他们的大脑进行扫描。与成人相比，青少年的额叶（大脑的执行功能区）相对不活跃，而杏仁核（大脑边缘系统中参与辨别情绪的部分，包括恐惧）相对活跃。青少年经常误读面部表情，14 岁以下的孩子经常把恐惧解读为悲伤、愤怒或困惑。研究者表示，青少年之所以不能像成年人一样准确判断、洞察或推理，是因为他们的大脑额叶发育不成熟（Yurgelun-Todd, 2007）。

（二）认知发展

青少年思考问题的方式有别于小学儿童。儿童会尊重事实和实际情况，而思考关于抽象的可能性对他们来说则非常困难。然而青少年却可以解决抽象概念和假设性问题。在本节当中，我们

这个孩子不仅仅是在练琴，她所用到的大脑皮层相应区域也在同时变厚。联络神经元生长出新的轴突前端和树突，形成新的突触，增强信息流动。

将通过学习皮亚杰和柯尔伯格的观点来探讨青少年的认知发展。

形式运算阶段

皮亚杰认为，儿童在青少年期之前经历了三个阶段的认知发展：感觉运动阶段、前运算阶段和具体运算阶段。**形式运算阶段**（formal operational stage）是皮亚杰理论的最后一个阶段，代表着认知成熟。对于西方社会的许多儿童而言，形式运算思维始于十一二岁的青少年初期。有些人进入这个阶段稍晚一些，而有些则从未达到这一阶段。

形式运算阶段的主要成就包括分类、形成逻辑思维和假设能力，其核心特征是能够像对客观物体一样去思考抽象概念，并且能够对抽象概念（符号、论断、理论）进行分组和归类。青少年通常能够从前提到结论来理解论证过程，并且可以进行逆向思考。一般来说，他们从外部环境和想象的世界中都能得到乐趣，在假设性的思维和演绎推理中更是流连忘返。

形式运算阶段的青少年（以及成人）可以抽象地思考。他们解圆和正方形的几何题时不用参考在现实世界中圆和正方形代表什么。处于这一阶段的青少年可以从一般的原则中派生出行为准则，解决问题时能够同时关注同一情境中多个方面的因素。

在这一阶段，青少年可以分析假设性的情境。他们意识到面临的情境可以有多种结果，通过想象这些结果能够做到防患于未然。他们还通过“实验”来检验假设。他们会尝试各种语气和待人之道，从而发现哪种对他们最有利。

青少年自我中心

处于形式运算阶段的青少年用演绎的方式推理。他们对物体或人进行分类，然后得出结论。青少年会为他们新的逻辑思维能力感到自豪，从而导致一种新形式的自我中心：他们希望自己的逻辑被接受，却常常忽视成年人可能会考虑到的特例或实际问题。请看这样一个例子：“伤害他人是不对的，A 公司给人们带来了伤害（可能通过污染），因此 A 公司必须受到严厉的惩罚，或索性关闭。”整个思维过程符合逻辑，不过，如果仓促地敦促重大改变或严厉处罚，似乎并未充分考虑到各种现实问题，比如，成千上万的工人可能会因此而失业。成人常常因其生活阅历丰富，会看到一些灰色地带，摆脱了非黑即白式的思维。

学龄前儿童思维的自我中心表现为无法从他人的视角看问题。青少年思维的自我中心表现为他们能够理解他人的想法，但在区分他人关心的事情和自己关心的事情上面仍有困难（Elkind, 1967, 1985）。青少年的自我中心引发了认知发展中两个有趣的现象：*假想观众*和*个人神话*。

假想观众（imaginary audience）是指认为他人和我们一样关注我们的思维和行为。这样，青少年就会视自己为注意的中心，并假定自己的外表和行为也受到他人的密切关注（Milstead et al., 1993）。青少年可能会觉得自己站在舞台上，四周都是注视的眼睛。假想观众的概念会驱使紧张的青少年渴望隐私。这一概念还有助于解释青少年为什么自我意识强，为什么对面部任何细小的瑕疵都闷闷不乐。自我意识大约在 13 岁时达到顶峰，然后日趋下降。女孩的自我意识比男孩强（Elkind & Bowen, 1979）。

个人神话（personal fable）是指相信自己的感受和主张是特别的，甚至是独一无二的，而且自己是不会受到伤害的。个人神话似乎是构成青少年炫耀和冒险精神的基础（Alberts et al., 2007）。

形式运算阶段：
皮亚杰理论的第四阶段，其特点是形成抽象逻辑思维和依据原则进行推理。

假想观众：
青少年自我中心的一种表现，相信其他人和我们一样关注我们的思维和行为。

个人神话：
青少年自我中心的另一种表现，相信我们的感受和主张是特别的、独一无二的，并且我们是不会受到伤害的。

后习俗水平：

柯尔伯格认为，这一阶段的道德判断源于道德原则，这些原则建立在自己设立的道德标准之上。

道德推理的后习俗水平

柯尔柏格的道德发展理论包括三个水平：前习俗水平、习俗水平和后习俗水平。对于海因茨是否应该偷药来挽救妻子的性命，不同的人可以出于不同的原因做出相同的决定。“由于害怕惩罚而决定不偷药”的认知比“由于认为这样做会对社会秩序造成不良影响而决定不偷药”要相对简单一些。

柯尔伯格的任何一个道德发展水平都没有与一个人的年龄联系起来。尽管后习俗水平是最高水平，但绝大多数青少年和成年人从未达到这一水平。但只要后习俗推理显露，它通常会出现在青少年期。柯尔伯格（1969）的研究发现，7 到 10 岁的儿童是没有后习俗道德判断的。但是到了 16 岁，约 20% 的青少年表现出第五阶段的推理，约 5% 的青少年表现出第六阶段的推理。

在**后习俗水平**（postconventional level），道德推理是建立在个人的道德标准之上的。道德判断源于个人的价值观，而非依据世俗标准或权威人物。第五阶段的特征是契约、法制定向，认为法律来自商定的程序，在总体上是有利于社会的；因此，除了在紧急情况下，一般不应违反法律（虽然海因茨偷药是违法的，但在这种情况下偷药是正确的行为）。

道德推理的第六阶段要求坚持人们所认为的普世道德原则，如人类生命的神圣、个人的尊严、公正和“黄金规则”（“己所不欲，勿施于人”）。如果一项法律对个人的权利不公正，甚至有悖，遵守它就是错误的。

后习俗水平的人将良心视为最高的道德权威。这一观点带来了混乱。对有些人来说，这一观点似乎是说只要对自己有利就可以违法，不过这种解释是错误的。柯尔伯格的意思是说，这一水平的人们即便是违法或必须自我牺牲，他们也要做自认为是正确的事。

（三）社会和情绪发展

就社会和情绪发展而言，青少年期始终让人联想到“波动”一词。19 世纪，心理学家 G. 斯坦利·霍尔（G. Stanley Hall）将青少年期描述为狂飙时期——暴风骤雨期。当前的观点并不认为“暴风骤雨”是这一时期的常态（Griffin, 2001）。许多青少年经历了一个相当平静和愉悦的发展时期。我们有必要考虑个体差异和文化差异（Arnett, 1999）。

要想把孩子留在家里，最好的办法就是创造和谐的家庭气氛，并把轮胎的气放掉。

——多萝西·帕克

不可否认，许多美国青少年出现了吸毒、未婚先孕、感染性病、参与暴力、中途辍学，甚至企图自杀等行为（Miniño, 2010）。美国疾病控制与预防中心统计结果表明（Miniño, 2010），72% 的 12 至 19 岁的死亡案例涉及以下几个原因：车祸及其他事故（48%）、他杀（13%）和自杀（12%）。尽管如此，大部分美国人还是平安度过了青少年期。

与父母及同伴的关系

与孩提时代相比，青少年与父母相处的时间要少很多（Halpern, 2005; Staff et al., 2004）。他们与母亲交流比与父亲要多，因此与母亲的冲突也更多。但他们还是认为母亲更能给予支持，也更容易接受他们的观点（Costigan et al., 2007; Sheeber et al., 2007）。

与家人相处时间的减少反映了青少年对独立的渴望，但他们大多数还是对父母保有爱意、忠诚和尊重（Collins & Laursen, 2006）。与父母感觉更亲近的青少年更为独立、自尊心更强、学业表现更好，也更少出现心理问题（Costigan et al., 2007; Flouri & Buchanan, 2003）。

亲子冲突在青春期最为激烈，后期日渐式微（Smetana et al., 2003, 2006）。冲突主要集中在日常生活细节中，如家务、功课、宵禁时间、容貌、财务以及约会等。但是一般来说，家长与孩子在关于社会、政治、宗教和经济问题上的观念是一致的（Collins & Laursen, 2006）。

尽管青少年与家长的关系还算不错，但是同伴的角色也凸显出来，他们一起活动，相互影响，相互支持（Kirke, 2009）。对于友情，青少年强调接纳、自我表露、相互理解与忠诚的重要性（Gonzalez et al., 2004）。他们的伙伴通常是同龄人和同种族的人（Gastelli et al., 2009）。朋友通常在学校观念、教育抱负和学业成就方面有很多共同点，同时对饮酒、吸毒以及性行为的态度也相当一致（Snijders et al., 2007）。

家长通常会担心十几岁的孩子误入歧途，自甘堕落，与家长的期望背道而驰。但研究显示，大部分青少年的朋友不会带来坏的影响（Allen & Antonishak, 2008; Reis & Youniss, 2004）。很多同伴会强化积极的行为，如学业成就（Allen & Antonishak, 2008）。

自我认同：
埃里克森提出的术语，指对自己是谁和代表什么感到确定。

角色混乱：
埃里克森提出的术语，指一个人的人生角色缺乏清晰性（因为自我认同的发展失败）。

成年初显期：
发展的一个阶段，大概在 18 至 25 岁之间。许多富裕国家的年轻人在这期间会读大学和研究生，他们已经解决自我认同问题，并开始规划人生。

自我认同对角色混乱

根据埃里克·埃里克森（1963）的理论，我们要经历八个心理社会发展阶段。每个阶段都面临一个特定的“危机”。从信任对怀疑开始，前四个阶段发生在童年期。第五阶段，自我认同对角色混乱，发生在青少年期。**自我认同**（ego identity）是指对自己是谁及代表什么感到确定，这将有助于一个人渡过难关，为个人的成就赋予意义。未发展起自我认同的青少年会体验到**角色混乱**（role diffusion），他们漫无目的地探索，从一个死胡同跑进另一个死胡同，找不到自己的身份，因此将自己置身于承诺给自己认同感的领导者的任意摆布之下。

一般来说，在西方社会，青少年对于自己要成为什么样的人有很大选择权。创造一种成人认同是一个艰巨的挑战，这涉及对一个人兴趣和能力的深入了解，并将其与职业和生命中的角色联系起来。认同还包括性别的、政治的和宗教的观念和承诺。是奉行一夫一妻制，还是与多人保持性关系呢？在政治路线上是自由派还是保守派？宗教扮演的角色是什么呢？

成年初显期的年轻人更加专注于自我。比起孩提时代和青少年期，他们有更自主的选择权。

四、成年初显期

以前，青少年会直接跨越至成年期。如今，许多富裕国家的年轻人（大概在 18 至 25 岁之间）会经历一个新的发展阶段，用一些学者的话来讲叫**成年初显期**（emerging adulthood）。在此期间，许多年轻人会读大学和研究生，他们已经解决自我认同问题，并开始规划五彩人生。但即使是在美国，也有许多人无福纵享成年初显期。

杰弗里·阿内特（Jeffrey Arnett, 2012; Tanner & Arnett,

2011）提出一个假说，认为成人初显期有五个特点，可以将它与之前的青少年期和之后的成年期区分开来：

- 认同探索期。许多 18 岁或 20 至约 25 岁，甚至 30 岁的年轻人正在他们的爱情和职业生涯中面临重要选择。他们正在尝试寻找爱情伴侣和一些职业可能性。
- 不稳定期。如今美国的年轻人在 20 至 29 岁之间平均更换 7 份不同的工作。他们也经常换伴侣，有时是自己的选择，有时是对方的选择。他们频繁地搬家，几乎不带什么家当。他们也经常改变教育方向，去探索究竟喜欢什么、能做什么以及哪些比较可行。
- 自我聚焦期。成人初显期的年轻人尤其专注于自我（Arnett, 2012; Tanner & Arnett, 2011）。比起孩提时代和青少年期，他们有更自主的选择权、更加成熟、更少受父母的影响，而且通常拥有更多资源。
- 夹缝期。初显期的成人与青少年有一点是相似的：青少年感觉他们夹在孩子和成人之间，而初显期的成人感觉自己游荡在青少年和“真正的”成人之间。他们可能已经脱离学校，即高中毕业或大学毕业，但还在接受进一步培训或教育；虽然他们已不再像青少年那样一时兴起，但也还没有开始长期或至少是持久的关系；他们虽然没有完全依靠父母，但也很难做到自立，他们也许还住在同一屋檐下。当 18 至 25 岁的年轻人被问及是否觉得自己已成人时，阿内特（2000）发现他得到最多的答案是：“在有些方面是，有些方面又不是。”许多年轻人认为他们已经跨越了青少年期的冲突和探索阶段，但还没有能力或渴望去承担成人的经济和人际责任。
- 机遇期。初显期的成人通常感到世界是向他们敞开的。像大多数成人一样，他们也有乐观偏向（Arnett, 2012），认为事情总有解决办法。有些人会有一种“旋转门”似的存在：根据自己经济状况和情感需求的涨落，他们频繁离开或返回家庭。

五、成年期

发展持续终生。不少学者认为成人的关注点和活动有明显的模式，因此可分“阶段”来考察成人发展。另一些学者则认为，伴随着可预见的阶段或时期的标准生命周期可能已经不复存在了。如今年龄有了很大的“弹性特质”，50、60、70、80 岁，甚至 90 岁未必就意味着认知能力和身体能力的丧失，甚至起皱纹也都不是必然的。人们的寿命比过去延长了，在选择自身命运上也更具主动权。

（一）生理发展

成年期最明显的变化表现在生理上。我们分别来看看成年早期（20 至 40 岁之间）、成年中期（40 至 65 岁之间）和成年晚期（从 65 岁开始）的生理发展。

成年早期

生理发展在成年早期达到顶峰。绝大多数年轻人处于感觉敏锐度、肌肉力量、反应时和心肺功能的顶峰时期，他们的身高也在这一时期达到顶峰，并稳定维持至成年中期，到成年后期时有所下降。身体力量也在 20 至 30 多岁之间最为强大，随后渐渐减弱，男女皆是如此（Markham, 2006）。许多运动员在 30 多岁时，身体开始走下坡路，大部分会在 40 岁以前退役。性功能方面，绝大多数成年早期的人很容易性唤起，男性可以随心所欲地达到并保持勃起状态，女性阴道也极易润滑。

绝经：
月经终止。

成年中期

步入中年以后，人们的肌肉力量、协调性和耐力已经不能同二三十岁时相提并论了。不过，40 至 60 岁还是相当平稳的阶段。身体逐渐在走下坡路，但一般不易察觉。只有非要和年轻人竞争，或者追求自己当年最理想的状态，才会察觉到今非昔比。由于成年中期的生理衰退比较缓慢，所以如果在这一阶段开始运动，并注意加强营养，或许会比成年早期在外表和心态上都略胜一筹。

对女性来说，**绝经**（menopause）通常是成年中期时发生的最重要的变化。绝经一般发生在将近 50 岁或 50 岁出头。绝经是更年期的最后阶段，由雌激素分泌减少所致。排卵结束，乳房组织和皮肤弹性都有一定程度的减少。骨密度的降低会导致骨质疏松（脆骨）。在更年期，许多女性都会体验到潮热、失眠，并伴有些许的焦虑和抑郁。女性在更年期及随后的体验反映了她们体征的强烈程度（个体差异很大），以及生殖能力与自我概念的相关程度（Rathus et al., 2011）。

图9-6　岁月无情

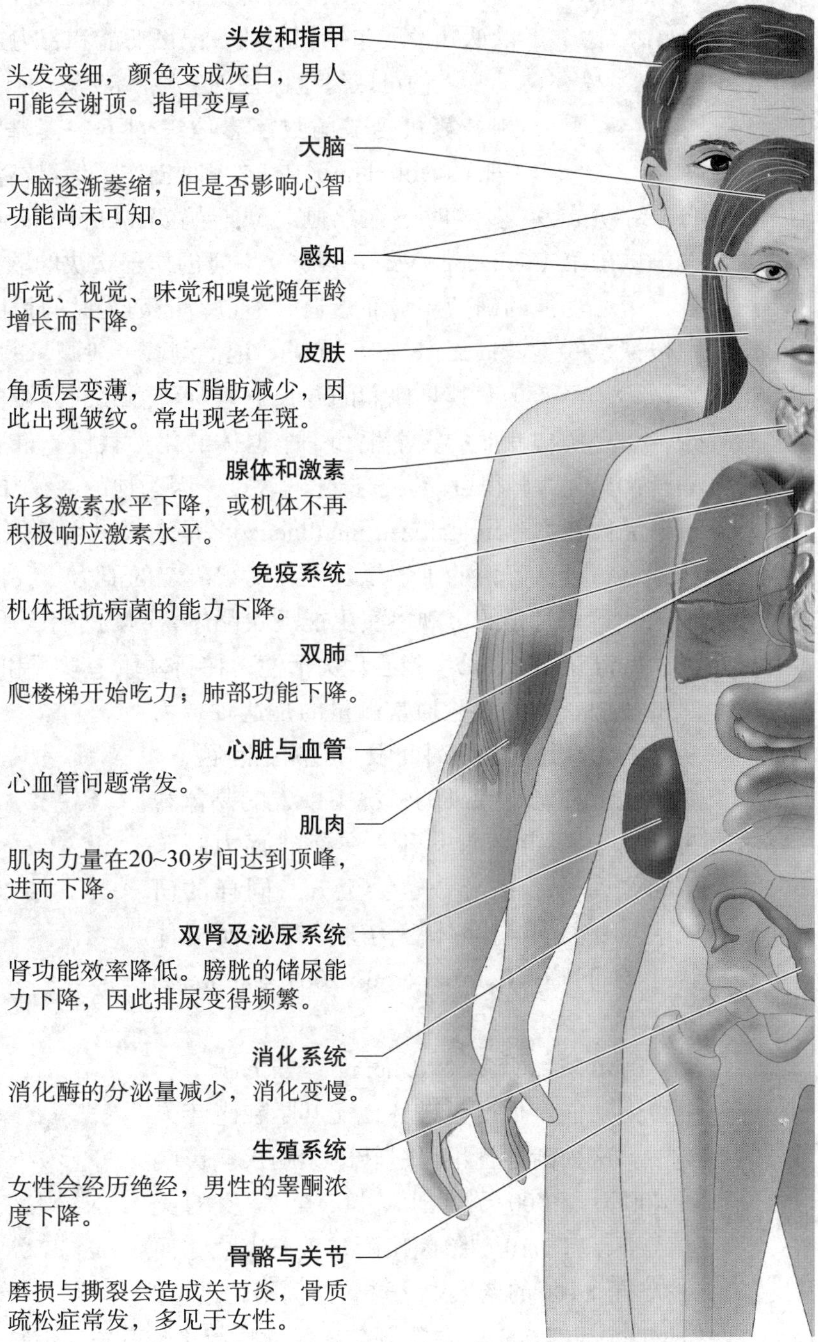

成年晚期

年龄大地震为期不远了。65 岁及以上的美国人口数量比过去前所未有地增加（National Center for Health Statistics, 2010）。在 1900 年，每 25 个美国人只有 1 个年龄在 65 岁以上；如今，每 8 个美国人就有 1 个年龄在 65 岁及以上，比例是原来的 3 倍。到本世纪中叶，这一比例将达到 1/5（National Center for Health Statistics, 2010）。

晚年期间的确也会发生各种变化（见图 9-6）。钙代谢的变化增加

晶体智力：

一个人一生的智力成就，主要通过词汇量和常识表现出来。

流体智力：

在快速学习、解决新问题时表现出的心理灵活性。

阿尔茨海默病：

渐进性的大脑功能衰退，主要特点是记忆、语言、问题解决及其他认知功能的丧失。

了骨骼的脆性，因此加大了因摔倒而骨折的风险。皮肤弹性降低，容易起皱纹和褶子，年长的人听力和视力都不再敏锐。味觉也在下降，他们会用更多调料增加食物的味道，对刺激的反应也需要更多时间。例如，年长的司机对路况变化的反应变慢。随着年岁日增，免疫系统功能下降，导致我们容易罹患各种疾病。年龄的变化也影响性功能，然而，只要保持大体上的健康并且调整自己的期望，绝大多数人能够终生享受性爱。

（二）认知发展

与生理发展的情况类似，人们在成年早期的认知能力也处于巅峰状态。成年期的认知发展包括创造性、记忆功能和智力这几个方面。

人们可以终生保持创造性。80 岁高龄的摩斯・肯宁汉（Merce Cunningham）利用计算机生成的数字影像编创了一套舞蹈动作（Teachout, 2000）。汉斯・霍夫曼（Hans Hofmann）在 85 岁时创作了他最富活力的油画作品。巴勃罗・毕加索（Pablo Picasso）在 90 多岁时还在绘画。摩斯奶奶（Grandma Moses）直到 78 岁时才开始绘画。朱塞佩・威尔第（Giuseppe Verdi）在 79 岁时创作了欢快的歌剧《法尔斯塔夫》（*Falstaff*）。

记忆功能的确随年龄而衰退。不过，记忆衰退的程度并非如人们臆想的那么大，并且通常是可以恢复的（Villa & Abeles, 2000）。记忆测验一般测量的是回忆无意义信息的能力。老年人在他们可以运用经验（尤其是他们的专长）应对新挑战的领域内，可以表现出更好的记忆功能。举例来说，一个历史专业的大学生和一个退休的化学教授，谁更能够在学习和记忆如何解决化学问题上表现优异呢？你很可能会选择化学教授，因为他的晶体智力更好，而非流体智力。

晶体智力（crystallized intelligence）是指人一生所积攒的知识和技能，这有赖于信息与经验的积累、对社会习俗的了解以及做出明智决定的能力。我们还拿化学知识的例子来说，该学科中的词汇和日积月累的客观事实更能反映晶体智力的水平。因此，晶体智力会随着岁月提高。**流体智力**（fluid intelligence）指心理灵活性，在新领域中学习和解决问题时，流体智力表现为快速处理信息的能力。智力测验通常测量的是这种智力功能，尤其是那些有时间限制的测验问题。

在没有老年痴呆的情况下，人的晶体智力通常会随年龄而上升，在标准智力测验中言语分测验的分数也会上升。同样的研究表明，成年期晶体智力会上升，而流体智力会下降（Escorial et al., 2003; Salthouse, 2001）。

阿尔茨海默病（Alzheimer's disease）会对智力功能产生严重破坏，尤其是在老年人当中。这种渐进且不可逆转的大脑疾病影响着 400 万至 500 万美国人。65 至 74 岁的美国人中，有 1/10 被诊断出阿尔茨海默病；而在 75 至 84 岁的老人中，这一比例则超过 1/2（Henderson, 2009）。尽管阿尔茨海默病与年龄有关，但这是一种疾病而不是正常发展的结果。

假　建筑师弗兰克・劳埃德・赖特在 65 岁时设计了纽约独树一帜的螺旋形古根海姆博物馆，这是错误的。其实他那时已经 89 岁了。

假　阿尔茨海默病不属于正常的年老化范畴。

（三）社会和情绪发展

成年期的社会和情绪发展变化也许是最有“弹性”或捉摸不定的。这些变化受到文化期待和个体行为模式的影响。这样一来，就有许多不同的表现。我们来看看发生在成年期不同阶段的变化。

成年早期

许多理论家认为成年早期是人们想要成为社会独立成员的一个人生阶段。在 20 多岁的某个时候，许多人会萌发出勃勃雄心，在职业生涯的道路上努力奋斗着。那些寻求职业发展的人会在 20 多岁时花费大量时间积累成功所需的技能（Levinson et al., 1978; Levinson, 1996）。大体在 20 多岁时，人们开始学会为自己负责，独立进行选择，并摆脱父母的影响。许多年轻人开始有了自己的梦想（即“成为”重要人物以名垂青史的动机），理论家丹尼尔·莱文森（Daniel Levinson）及其同事（1978）将这一“梦想”称为人生最初的蓝图。

在成年早期，人们想要离开原生家庭，自立门户。埃里克·埃里克森（1963）将成年早期称为*亲密对孤立阶段*。埃里克森认为，建立亲密关系是成年早期的核心任务。在青少年期发展出稳定的自我认同感的年轻人已经做好了通过婚姻和坚固友情将自己与他人的特性“融合”的准备。没有主动发展出亲密关系的人可能会沦为孤家寡人。

大约在 30 岁时，许多人会重新审视自己的人生，扪心自问：“我要去向何方？”“我为什么做这个？”（Levinson et al., 1978）对他们而言，跳槽和建立新的亲密关系都不足为奇。将近 40 岁时，人们通常会安定下来，开始“生根发芽”。他们的生活开始以职业晋升、子女和长期房贷为重心。

成年中期

埃里克森（1963）将中年称为*生产对停滞阶段*。*生产*涉及我们相信自己做的事情是有价值的，如养育后代或投入工作。他认为生产可以提升和保持自尊。生产还包括通过去教堂或加入公民团体来改善世界环境。*停滞*意味着一潭死水，比如 30 年以来工作和报酬都一成不变，或是疏于抚养子女。停滞有损自尊。

莱文森及其同事（1978）对 40 名男性的个案研究发现，40 到 45 岁存在一个*中年转变*，他们的心理视角发生了变化。在此之前，男性关注过去了多少年；自此以后，他们关注还剩多少年。研究表明，女性可能比男性更早地经历中年转变（Zucker et al., 2002）。为什么呢？这很大程度上与“生物钟”（生育能力）逐渐走下坡路有关。不过，如今许多女性在 40 多岁时也经常怀孕生子。

莱文森认为，对两性而言，中年转变都可能导致*中年危机*。人到中年，一个企业中层管理者发现自己在狭小的办公室中还要再煎熬 10 至 20 年，很可能会遭遇抑郁。一个有两个 10 多岁孩子

> **我还没有发现在哪所大学校园里，大多数女人不用担心如何将婚姻、孩子和事业结合起来；然而我却还没发现哪所大学里有很多男人担心同样的事情。**
>
> ——格罗丽亚·斯坦纳姆（Gloria Steinem）

空巢综合征：

在最小的孩子离开家后，有些父母会经历的一种沮丧感和失去目标感。

“三明治”一代：

处于成年中期的人们，既要满足孩子的需求，又要照顾年长的父母。

的家务操持者，早上 8 点到下午 4 点独守空房，她可能感到自己处在崩溃的边缘。这两种情况都让人感到窒息，没有方向。

不过，近年来，许多美国人面临着获得新方向和成就感的机遇。很多人在这一阶段达到他们创造力的顶峰。如今，许多乃至绝大多数精力充沛的中年人仍可以再健康地活上 30 至 40 年。

空巢综合征？ 几十年前，心理学家很重视所谓的**空巢综合征**（empty-nest syndrome）。这一概念常用于描述女性。人们认为，女性会在最小的孩子去读大学、结婚或搬出家后产生失落感（Stewart & Ostrove, 1998）。但是，研究并未发现父母在最小的孩子离家后经历空巢综合征。父母可能都会有些失落，不过一旦孩子成人，大部分美国父母很愿意放手让孩子去独立生活。实际上，很多母亲报告说孩子离家后，她们对婚姻满意度更高了，而且个人也有积极的变化，如性格更柔和、更自信，也更有安定感（Etaugh & Bridges, 2006）。

假 大部分父母在最小的孩子离开家后会经历“空巢综合征”，这是假的。

中年子女和年迈父母：“三明治”一代 由于人类寿命的延长，发达国家有一半以上的中年人至少还有一位双亲在世，因此他们通常一起经历成年晚期（Callahan, 2007; U.S. Bureau of the Census, 2008）。在美国，有 2/3 上了年纪的父母住在其中一个孩子家附近（U.S. Bureau of the Census, 2008）。中年人与父母之间的关系会变得非常密切，尤其是当早年的矛盾和期待都成为过眼烟云时，更是如此。当年迈的父母需要帮助时，身处中年的子女一般会承担起责任，他们就是所谓的**“三明治”一代**（sandwich generation）。他们身处照顾孩子或孙子与照顾父母的夹层中（Grundy & Henretta, 2006）。如果他们还在工作（这点非常有可能），那么他们的角色负担再次加倍（Gans & Silverstein, 2006）。

成年晚期

生产并未随着中年期的到来而结束。研究显示，许多人在成年晚期创造力依然不减，并依然保持着坚定的自我认同感和自我价值感（Webster, 2003）。希腊哲学家柏拉图对成年晚期抱有十分乐观的态度，他认为一个人在晚年可以获得极大的愉悦，能够从事有意义的公共事务，而且智慧依然可以不断提高。

根据心理学家埃里克·埃里克森的观点，成年晚期处于*自我完满对绝望阶段*。随着一个人步入暮年，面对日益接近的死亡，能否坚信生命是有意义和有价值的成为根本的挑战。埃里克森和柏拉图一样，都提到了智慧的重要性。他相信自我完满源于智慧，这种智慧包括对生命意义的深入思索、对自我需要和他人需要的平衡，以及在品行和成就上不断追求卓越（Baltes & Staudinger, 2000; Sternberg, 2000）。埃里克森还认为，智慧使人们接受自己的寿命只是历史长河中的一瞬间。我们活着的时候，大部分时间用于积累身外之物和人际关系，埃里克森认为晚年岁月则要求人们学会放弃这些。另外一些观点强调接受新挑战的重要性；不过，生理和社会现实要求老人们懂得节制。

美国诗人威廉·卡伦·布莱恩特（William Cullen Bryant）在 18 岁时创作了他最负盛名的一首诗：《死亡随想录》。这首诗表达了埃里克·埃里克森关于自我完满的理想——我们在人生中保持信任感的一种乐观主义。通过直面人生挑战，我们或许可以体面地离开。当加入“庞大篷车队伍”——亿万已故的灵魂——的时刻来临时，或许我们可以坦然告别人生。所以，诗中写道：

活着
……直到被召唤去加入那庞大的篷车队伍
向着神秘的王国前进
人人都将在死亡沉寂的殿堂里找到自己的房间
不要像矿场的奴隶一样
在深夜被鞭笞进黑暗的地牢
而要带着平静的抚慰和永恒的信仰
走进你的墓穴
打开你华丽的铺盖
躺下去，进入甜美的梦乡。

当然，布莱恩特写这首诗时是 18 岁，而非 85 岁。他去世时享年 85 岁，也许彼时的感触和韵律又会不同。但是文学和诗歌不像科学那样一定要反映现实，他们的作用是鼓舞我们、温暖我们。

第 10 章 人 格

内容概要

一、心理动力理论及其对人格研究的贡献
二、特质理论及“大五”特质模型
三、学习理论对人格研究的贡献
四、人本－存在主义理论关于人格的观点
五、社会文化理论关于人格的观点
六、心理学家用来测量人格的各种测验

大约 1 000 年前，诗人鲁米（Rumi）写了一则寓言——《盲人摸象》：

很久以前，一群盲人听说有种不寻常的动物来到了他们的国家，动物叫大象。他们从来没听说过大象这种动物，更不要提对其外貌有任何了解。于是他们决定给大象创作“一幅画像”。他们想通过触摸大象来完成这一愿望，毕竟对他们而言，这是唯一可行的方法。他们找到了驯兽员，驯兽员友善地同意了他们触摸大象的请求。一个盲人摸到了大象的腿，另一个摸到了大象的牙，还有一个摸到了耳朵。盲人们都认为自己已经完全了解大象，于是心满意足地回家了。但是当被问及大象的模样时，他们的描述却相去甚远。摸到大象腿的盲人认为大象是坚实笔直的，像根柱子。摸到大象牙齿的盲人驳斥这种描述，坚持说大象是坚硬而平滑的，末端尖利。第三个盲人，即摸到大象耳朵的那位则断言说：“我敢担保，大象柔软而粗糙。它既不像柱子也不是坚硬而平滑的，它宽阔、厚实，有如皮革。”就这样，三个盲人对大象的模样争论不休。他们每个人都摸到了大象的某个部位，都坚信自己才真正知道大象的模样，但没有一个人洞察大象的真正面目。

每个盲人从各自的角度了解大象，每个人都受限于自己第一次触摸大象的经验，而对其他同伴的观点置若罔闻。他们对大象本质的片面认识不仅仅受制于自身生理上的局限，也受制于他们自己最初对大象特定的接触经验。

同样，我们对他人乃至自身的看法也可能与我们自己的观点和最初的信念分不开。有人把人格看作个体最突出的特点，例如“这个人性格开朗”或“那个人性格随和”。但是，许多心理学家研究得更加深入。弗洛伊德学派的心理学家认为人格由潜在精神结构组成，它在正常的意识之外行使着至高无上的权力。其他一部分心理学家则将人格研究聚焦于学习是如何塑造人格的。人本主义心理学家认为，人格并非个体“拥有”的东西，而是“创造”出的东西，用以指引人生前进的方向、赋予人生意义。然而，社会文化心理学家则提醒我们要时刻考虑文化、种族、家庭等对人格的重要影响。

关于人格，究竟有没有一幅准确的画像？

真？假？

你怎么看待下列陈述？它们是坊间传闻、常识还是无稽之谈？圈出字母“T”代表真，“F”代表假，并在阅读本章的过程中找出准确答案。

- **T F** 咬指甲或者吸烟是童年早期冲突经历的一种表现。
- **T F** 放血和呕吐曾一度被视为治疗抑郁的方法。
- **T F** 2 500 年前一名古希腊医生设计的人格特质分类方法——虽然后来经过细微的改动——一直沿用至今。
- **T F** 实际上，没有基本的人格特质。我们都受社会的制约，以特定的方式行事。
- **T F** 那些放弃了原生地语言和习俗、完全适应了移居地文化的移民是适应得最为成功的移民。
- **T F** 在人格测验中，心理学家可以推断出受测者是否真实作答。
- **T F** 有一种心理测验由模糊的墨迹构成，需要受测者回答墨迹看起来像什么。

人格：

个体区别于他人的相对稳定的情感、动机和行为模式。

心理动力理论：

心理学家弗洛伊德的观点，强调无意识动机、冲突对行为的决定作用。

有时甚至是心理学家们也偏爱他们最先了解到的人格理论。伊斯兰神学家通过盲人摸象的寓言告诉他的学生没有人能完全洞悉（宗教上的）真理，因此我们应该保持思想的灵活性，面对新观点时保持开放。也许本章呈现的人格理论没有一个能真正刻画人格，但每一个都有助于我们对人格的理解。所以请以开放的思维进行本章的学习，因为以后的心理学家也许会发展出新的人格理论。

盲人还可以摸象，但研究者却触碰不到人格，因此，想要描述并理解人格难上加难。在检视心理学家们研究人格的不同方法之前，让我们先界定一下主题。心理学家将**人格**（personality）界定为个体区别于他人的相对稳定的情感、动机和行为模式。

一、心理动力理论

关于人格，存在几种**心理动力理论**（psychodynamic theories），每一种都能从弗洛伊德那里找到起源，他们都认为人格的特征在于冲突。起初，冲突是外部的，譬如性冲动、攻击行为、追求卓越等与法律、社会规范、道德准则相冲突。不过，在某种程度上，法律、社会规则等进入了个体内心，即被内化了。如此一来，冲突就成了相互对立的内在力量。我们每时每刻的行为、思想、情感都是内心这些冲突互相竞争的结果。

（一）弗洛伊德的心理性欲发展理论

西格蒙德·弗洛伊德（1856—1939）是个矛盾的集合体。有人称其为20世纪最伟大的思想家之一，也有人认为他被高估了。他对性的言论是开放的，但自己却是个节欲模范。他创立了心理治疗的流行模式，但却终身被偏头疼、压力性晕厥、电话憎恶等相关心理问题困扰着。他每天抽20根雪茄，即便是后来得了口腔癌也未曾摈弃这一习惯。

弗洛伊德受的是医师训练。他在早期临床实践时惊奇地发现，即使没有医学问题，一些患者还是会出现一些明显的症状，如手部失去知觉、腿部麻痹等。一旦患者开始回忆并讨论压力性事件、负罪感或焦虑等貌似与这些症状有关的感觉时，这些奇怪的症状通常就会消失。因此，即使这些压力性事件和感觉隐藏在表面意识之下，它们依然会影响人类行为。

通过此类临床经验，弗洛伊德推知人类的心理就像一座冰山。只有冰山一角露在水面以上，其余大部分则隐藏在水面以下（见图10-1）。弗洛伊德由此相信人类只能意识到头脑中存在的小部分想法和冲动，而另外大部分，包括深层的意象、思想、恐惧、冲动等，则隐藏在意识之下，对于这部分，人类鲜有探索。

弗洛伊德把突出于水平面之上的人类心理命名为*意识*。把水平面以下的区域命名为*前意识*和*无意识*。前意识通常是意识不到的，但是通过对它们的集中关注，前意识也可以转化为意识。无意识包括性冲动、攻击等原始本能，由于心理意象、语言无法充分描绘出它们的色彩和猛烈程度，因此一些无意识冲动并不能被体验到。其他无意识冲动可能因为会引发焦虑而被压抑在意识之下。

压抑被界定为将引起焦虑的观念从意识中自动排除的过程。一些研究表明，人们之所以能忘记许多不堪回首的经历，或许是因为压抑了这些经历（Furnham et al., 2003; Myers & Brewin, 1994）。有些研究者认为记忆的遗忘和歪曲的确会发生，但压抑的概念仅仅是一种杜撰（Kihlstrom, 2002）。

在无意识中，原始冲动时刻寻求表达的机会，却处于习得的价值观审查之下，这种冲突可能引起情绪爆发和心理问题。为探索无意识的心灵，弗洛伊德运用了一种被称作精神分析的心理探索模式，因此，他的人格理论也叫精神分析理论。精神分析通过让人们处于舒适和放松的状态下，使其说出进入脑海中的任何想法。

本我：
人生而有之、代表生理冲动、完全属于无意识范畴的一种精神结构。

自我：
次于本我发展出的精神结构，以自我觉察、计划、延迟自我满足为特征。

超我：
最后发展出的精神结构，扮演着道德卫士的角色，为个体行为制定非常高的道德标准。

人格结构

弗洛伊德用心理或精神结构来描述人格中相互冲突的力量。精神结构不能直接观测，但可通过行为、表达出的想法、情绪等反映出来。弗洛伊德认为存在着三种精神结构：本我、自我和超我。

本我（id）是人生而有之的。它代表着生理冲动，是无意识的。弗洛伊德将本我描述为“一口充满了各种欲念、沸腾着的混乱大锅”（1927/1964, p.73）。（能清晰感知的）意识可能认为对同一个人的爱与恨这两种情感是矛盾的，但这种矛盾在本我中是可以共存的。在本我中，一个人可能因为其母亲没有马上满足他的要求而讨厌她，但同时也爱着她。本我遵循快乐原则，追求即刻满足，完全不顾及法律、社会风俗或其他任何人。

自我（ego）在个体生命的第一年开始发展，其发展的大部分原因可能是婴儿的需要不能总是马上得到满足。自我象征着理性、明智，采取合理的方式应对挫折。自我遵循现实原则。它勒住了本我的欲念之绳，在试图在不违背社会称许的前提下寻求满足。“本我”知会你饿了，但是“自我”决定用微波炉加热肉馅玉米卷饼。因此，自我在照顾本我欲望的同时也考虑了可行性，它同样提供一种清晰的自我感。

虽然大部分自我是有意识的，但有些职能的履行却是无意识的。譬如，自我扮演着巡视本我各种欲望的检查员角色，当自我发现有不合时宜的冲动闯入了意识的领地时，它就可能启动心理防御措施来阻止这些欲望的浮现。抑制就是这样一种心理机制，或称为防御机制。

超我（superego）是随着儿童吸收父母或其他社会成员的道德规范和价值观的过程发展起来的。儿童试图通过变得像某些人，

图10-1 弗洛伊德的人格冰山

根据心理动力理论，只有冰山一角矗立在意识的水平面上并转化为有觉察的意识。如果我们加以注意的话，前意识中的某些部分也可以转化为意识，而无意识则一般隐藏于神秘的面纱之下。

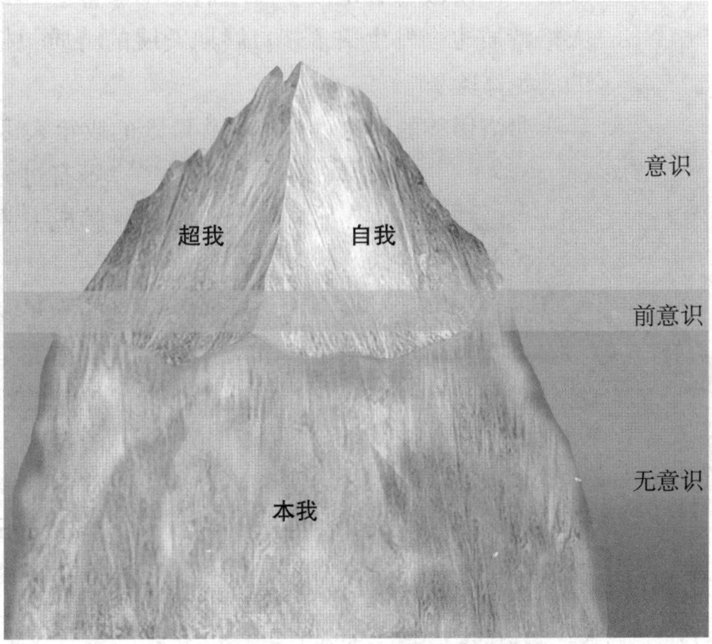

心理性欲发展：

心理动力理论认为，在不同的发展阶段，力比多能量通过不同的生理区域（即快感区）进行宣泄。

口唇期：

心理性欲发展的第一阶段，在这一阶段心理满足通过口唇活动获得。

肛门期：

心理性欲发展的第二阶段，在这一阶段心理满足通过肛门活动获得。

即通过认同的方式完成这种心理发展。超我遵循*道德原则*，高举理想自我的光辉模范形象，并且监视着自我的意向，掌握着对与错的判决权。当自我做出不符合超我规范的裁决时，负罪感、羞愧感就会淹没自我。

弗洛伊德认为，健康的人格会很好地处理本我与超我的关系，即在不严重触犯超我利益的前提下最大限度地满足本我的需求。由于这种需求大部分被限制或者压抑了，所以如果自我不是一个好的问题解决专家，或者超我太严厉，都会导致自我举步维艰。

心理性欲发展阶段

弗洛伊德引起争议之处在于，他认为性冲动是人格发展的核心要素，甚至对于儿童也是如此。他认为，儿童与世界联系的基本方式（如哺乳和排便）与他们的性感受密切相关。

弗洛伊德认为，人类主要的本能（*性本能*）旨在保护和保持生命长存。性本能的动力由心理或精神能量提供，弗洛伊德称其为*力比多*。力比多能量中包含性冲动，因此弗洛伊德认为它是*性心理*。随着儿童的成长，这种能量通过身体不同部位的性感受来表达，这些身体部位被称作*性敏感区*。弗洛伊德认为，个体的成长是力比多从一个性敏感区传递到另一个的过程。他假设**心理性欲发展**（psychosexual development）包括如下五个阶段：口唇期、肛门期、性器期、潜伏期和生殖期。

婴儿在其生命第一年对周围环境的感受大部分是通过嘴来进行的。只要大小合适，都会往嘴里塞，这就是**口唇期**（oral stage）。弗洛伊德认为吮吸、咬噬等口唇运动满足了婴儿的性及营养需求。

弗洛伊德认为在心理性欲发展的不同阶段，儿童都会遭遇矛盾冲突。在口唇期，冲突集中在生理需求和口唇欲望的满足程度上。早期断奶（母乳喂养的中断）会导致沮丧。而与此同时，过度满足婴儿的欲望也会使其错误地认为按照老规矩他会得到自己想要的任何东西。在心理性欲发展的不同阶段，餍足或者需求满足不够都会导致个体的发展停滞在该阶段，而在该阶段中发展的人格特质也会发生*固着*。口唇期发展的特质包括依赖、盲从、过度乐观或悲观（取决于婴儿欲望的满足体验）。

弗洛伊德的理论认为，*口唇固着*的成年人可能对"口唇活动"，如吸烟、暴食、酗酒、咬指甲等有过分夸大的欲望。具有口唇固着的成人就像一切都依赖成人照料的婴儿一样，渴望黏在一起、可以依赖的关系。

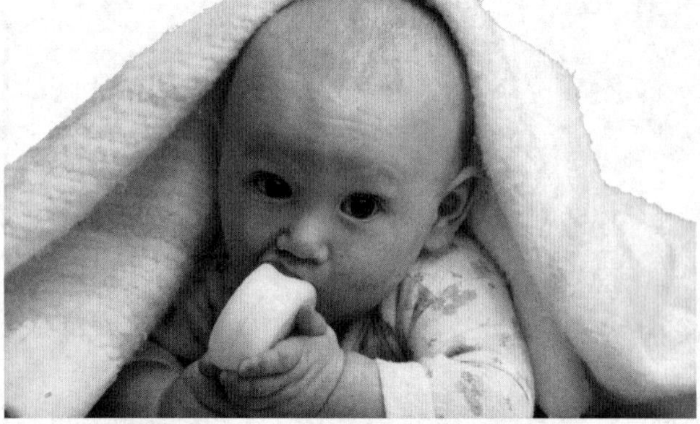

弗洛伊德认为婴儿在其生命第一年处于口唇期。在这一阶段，婴儿会把任何大小合适的东西往嘴里塞。

肛门期从第二年开始。在**肛门期**（anal stage），心理上的满足是通过控制排便肌肉的缩放获得的。排便在婴儿 1 岁前完全是反射性行为，而在肛门期演变为按照自由意志控制的行为，即便这种控制在刚开始时不完全可靠。在此阶段，当感到有排便冲动时，婴儿开始学着延迟满足这种欲望。这种正常的自我控制可能会带来父母和婴儿之间的冲突。*肛门固着*可能就源于这种冲突，并导致了成年期的两组个性特点。一种是*肛门克制个性*，包括过度的自我控制，譬如完美主义、强烈的秩序需要、洁癖等。另一种是*肛门发泄个性*，即"所有一切都放一边吧"，表现出包括粗心大意、杂乱肮脏甚至施虐的行为。

儿童在第三年时进入**性器期**（phallic stage）。男孩的阴茎和女孩的阴蒂成为主要的性敏感区。亲子冲突可能会导致儿童出现过度手淫，而父母可能会以威胁和惩罚的方式处理儿童的手淫。在这个阶段，儿童会发展出对异性家长的强烈依恋，开始把与其性别相同的家长看作争夺异性家长感情的竞争对手。

由于孩子们处理性欲、妒忌的情感还比较困难，因此这些对父母的喜爱以及憎恶等情感依然存在于无意识中。孩子们通过幻想与异性家长结婚、憎恨同性家长而感受到这些情感的影响。对男孩而言，这种情感被称为**俄狄浦斯情结**（Oedipus complex），得名于古希腊国王在不知情的情况下杀害了自己的父亲并与自己母亲结婚的传说。女孩的这种情感被称为**厄勒克特拉情结**（Electra complex），在希腊神话中，厄勒克特拉是国王阿伽门农的女儿，她日夜思念自己的父亲，并杀死了杀父仇人——她的母亲及其情人，为父亲报仇雪恨。

俄狄浦斯情结和厄勒克特拉情结在儿童五六岁时就会得到解决。儿童压抑了自己对同性家长的敌对情绪，开始认同他们。在精神分析理论中，（对同性父母的）认同是性别塑造的关键：它引导儿童扮演同性家长的性别角色，同时内化同性家长的价值观。对异性家长的情欲会压抑数年。孩子们成年后，当这种情感再次浮现时，就会被替代、转移到社会认可的其他异性成员身上。

弗洛伊德认为，直到五六岁，孩子们在性情感上与他们的家长一直处于冲突状态。俄狄浦斯情结和厄勒克特拉情结迫使他们抑制了所有的性冲动。这样，他们便进入了我们所称的**潜伏期**（latency）。在这一时期，对异性父母的情欲进入无意识中。他们更喜欢与同性玩伴一起玩耍，并把精力集中于学业上。

弗洛伊德认为个体在青春期进入心理性欲发展的最后一个阶段——**生殖期**（genital stage）。此时，成年男子、女子再一次对自己的异性家长产生了性冲动，但是内化的乱伦禁忌压制了这些冲动，因此冲动被转向其他异性成员的感情所替代。男孩们可能会寻找一个像“与老爸结婚的女孩子一样的”女孩。女孩们则会被像自己父亲一样的男孩吸引。

处于生殖期的个体喜欢通过与异性性交满足性需求。在弗洛伊德看来，口唇或肛门刺激、手淫以及与同性发生性行为都代表着前性器期固着和性行为的不成熟方式。

性器期：
心理性欲发展的第三阶段，此阶段以力比多能量转移到生殖器区为特征。

俄狄浦斯情结：
性器期的一种冲突，男孩想从性上占有自己的母亲而把父亲视为自己的情敌。

厄勒克特拉情结：
性器期的一种冲突，女孩渴求自己的父亲并对自己的母亲充满憎恶。

潜伏期：
心理性欲发展的一个阶段，以性冲动的压抑为特征。

生殖期：
心理性欲发展的成熟阶段，力比多能量以同异性发生性关系的方式进行释放。

分析心理学：
荣格的心理动力理论，强调集体无意识和原型。

集体无意识：
荣格所假设的代表人类历史模糊记忆的大仓库。

（二）新弗洛伊德学派

弗洛伊德有几个有才华的继承者，他们被称为*新弗洛伊德学派*。他们的理论也像弗洛伊德一样包括冲突和防御机制。但在其他许多方面，他们的理论又与弗洛伊德大不相同。

卡尔·荣格

卡尔·荣格（Carl Jung, 1875—1961）是一名瑞士精神病学家，他也曾是弗洛伊德圈子的成员之一。他在发展出自己的心理动力理论——**分析心理学**（analytical psychology）之后，就与弗洛伊德分道扬镳了。他认为性仅仅是几个重要的本能之一，并不像弗洛伊德所认为的那样重要。

像弗洛伊德一样，荣格也被无意识勾起了兴趣。他认为个体不仅具有个体无意识（包括被压抑的记忆和冲动等成分），也具有一种**集体无意识**（collective unconscious），其中包括原始意象（原型），它们反映了人类的物种历史。原型的实例包括万能的上帝、年轻的英雄、多产且慈祥的

自卑情结：
阿德勒理论中假设的作为核心驱力的自卑感。

创造性自我：
阿德勒理论中人格自我觉察的一个方面，它追求潜能的完全释放。

个体心理学：
阿德勒的精神分析理论，强调自卑情结和创造性自我。

母亲、智慧老人、怀有敌意的哥哥，甚至仙女教母、邪恶的女巫，以及重生和复活等主题。原型本身是无意识的，但是荣格相信它们影响人类的思想和情感，并使得我们通过各种媒介反映这些文化主题。

阿尔弗雷德·阿德勒

阿尔弗雷德·阿德勒（Alfred Adler, 1870—1937）是弗洛伊德的另一名追随者，但他也认为弗洛伊德太过于强调性的作用。阿德勒认为个体行为基本上是由**自卑情结**（inferiority complex）激发的。对于有些人而言，自卑的产生可能是基于某些生理缺陷，并有补偿的需要。但阿德勒认为，幼时的弱小造成的自卑感赋予了我们“超越它的动力”。阿德勒小时候由于佝偻病而跛脚，并饱受肺炎折磨，他努力抗争、一次次战胜疾病的经历可能是他理论来源的一部分。

阿德勒认为，自我觉察在人格形成中发挥了主要作用。他提到了**创造性自我**（creative self）的概念——人格自我觉察的一个方面——创造性自我努力抗争以克服阻碍、发挥个体潜能。由于每个个体的潜能都是独一无二的，因此阿德勒的观点也被称为**个体心理学**（individual psychology）。

卡伦·霍尼

卡伦·霍尼（1885—1952）由于不同意精神分析理论中对女性的观点而受到纽约精神分析研究所的批评。20 世纪早期，精神分析理论认为女性的位置在家中，把在商战中试图与男性竞争的女性看作正在经受着无意识的阴茎妒忌。精神分析理论认为，当小女孩知道小男孩有阴茎而自己没有的时候，她们在男孩面前就会感到自卑。但是霍尼认为，女孩并不因此感到自卑，这些观点并非基于科学证据，而是建立在西方文化偏见的基础之上。

像弗洛伊德众多充满才华的继承者一样，霍尼在很多观点上并不赞同弗洛伊德。首先，她不认为小女孩有阴茎妒忌心理或者任何方式的相对于男孩的自卑感。同时，她认为与无意识的性及攻击冲动相比，儿童的社会关系对于心理发展更为重要。

幼年时代的经历在个体心理发展中占有重要地位，霍尼同意弗洛伊德这一观点。但是同其他新弗洛伊德主义者一样，她认为较之于社会关系，无意识的性及攻击冲动并不是那么重要，同时，真诚而持久的爱可以抚平幼年时期的心灵创伤。

埃里克·埃里克森

与其他现代精神分析学家一样，埃里克·埃里克森（1902—1994）认为弗洛伊德过度强调了性的作用。和霍尼相似的是，他认为社会关系（如亲子关系）比性重要得多。他同样认为在很大程度上，我们是意识清晰的自身人格的建筑师。

埃里克森和弗洛伊德一样，因提出一个全面的人格发展理论而成名。但是与弗洛伊德的心理性欲发展阶段论不同，埃里克森提出了心理

✱ 我们为什么需要体育英雄?

心理学家如何看待社会知名人士尤其是体育明星的吸引力? 很多人对某些运动员或者运动团体形成了深厚而持久的情感纽带。一旦他们与运动团体建立了密切的关系，他们的自尊会伴随该团体的输赢而涨落(Wann et al., 2011a, 2011b)。胜利使得男人的睾酮水平急剧上升(Winegard, 2010; Wood & Stanton, 2011)，而睾酮与攻击性和自尊密切相关。胜利同样会提升男性和女性的乐观水平。

心理动力理论显示，儿童使自我与父母以及其他“大人物”的生活相一致是因为大人掌握着他们生存以及令人刺激和兴奋事物的资源。富有而著名的运动员和娱乐明星拥有自己的“粉丝”俱乐部，在那里人们都众星捧月一般簇拥着心目中至高无上的明星。

运动员或运动队提供给观众娱乐和充满激情的竞争，进化心理学家相信这些在我们耳边呢喃低语，促使我们朝着更富有攻击性和主导的方向行进。如果我们自己不能做富于攻击性和主导性的事情，那么可以通过别人来完成这一心愿。从某种心理意义上讲，我们在这个过程中假想自己成了芸芸众生中更加引人注目的那个大人物。

社会发展理论。他以每个阶段的心理特质(而非性敏感区)来划分心理发展阶段。**心理社会发展**(psychosocial development)的第一个阶段被称作信任对怀疑阶段，这个时期可能出现两种结果:(1)幼年时期与母亲以及他人温暖而充满爱的关系可能促使婴儿产生对人及世界的基本信任感;(2)与母亲以及他人冷漠、不满的关系可能使婴儿产生一种普遍的不信任感。对埃里克森而言，青春期的目标就是要获得**自我认同**(ego identity)，而不是生殖器的性能力。这一时期的焦点是“我如何看自己”“我意味着什么”，而不是性嗜好。

与其他现代精神分析学家一样，埃里克森认为弗洛伊德过度强调了性和无意识冲突的作用。他认为社会关系是心理健康发展的关键。

(三)对心理动力理论的评价

心理动力理论有着巨大的吸引力。它思想丰富，似乎解释了很多人类特质。很多心理学家认为本我和力比多的概念不科学，但弗洛伊德捍卫了人格及行为属于科学分析的范畴。在很多人都认为心理问题是魔鬼或恶灵附身的年代，弗洛伊德提出心理障碍源于心理问题——而不是恶灵。他的观点对于人们增加对心理障碍患者的同情、发展心理治疗技术有重要的贡献。

心理动力理论也将注意力集中在童年经历对个体发展的深远影响上，建议父母应对子女的情

心理社会发展:
埃里克森关于人格及其发展的理论，强调社会关系和成长的八个阶段。

自我认同:
个体对于“我是谁”以及“我意味着什么”的理解和判断。

特质：

从行为中推断出的、导致行为一致性的、人格中相对稳定的方面。

假 没有证据表明咬指甲或者吸烟象征着口唇固着。

感需求做出回应。弗洛伊德让我们认识到，性与攻击冲动都很常见，认识它们并不等于按它们行动。正像W.伯特伦·沃尔夫（W. Bertram Wolfe）所说："弗洛伊德在屋外发现性这个弃儿，于是把它请进来奉为座上宾。"不过，如卡伦·霍尼所说，他对女孩和女性的观点又带有性别歧视色彩。

批评者们注意到，"精神结构"——本我、自我、超我——都太模糊，无法科学测量（Hergenhahn, 2009），也无法用来预测个体的行为。同样，心理性欲发展阶段论也难逃批判。批评家指出，儿童在刚出生一年内就开始手淫了，而不是在性器期。对于弗洛伊德所谓的潜伏期，父母通过儿童"扮医生"的游戏发现，性需求并没有像弗洛伊德认为的那样潜伏起来。弗洛伊德关于俄狄浦斯情结和厄勒克特拉情结的思想更多的只是推测。

与弗洛伊德相比，埃里克森的心理发展观的支持性证据更为坚实。例如，青少年时期没有建立起自我认同的人后来在与他人建立亲密关系时似乎就会存在问题。

> 弗洛伊德在屋外发现性这个弃儿，于是把它请进来奉为座上宾。
>
> ——W.伯特伦·沃尔夫

弗洛伊德搜集证据的临床方法也遭到了怀疑（Hergenhahn, 2009）。治疗师总是巧妙地引导患者产生治疗师希望看到的回忆和感觉。并且，多数心理动力治疗师收集的证据仅限于向他们寻求过帮助的个案，这些个案尤以中产阶级和高层社会人士为主，而这类人所需要的治疗与普通大众是有很大差别的。

精神分析理论将研究焦点集中在了人们之所以产生和发展出某种人格特质的原因上。接下来我们将讨论特质理论，它并没有如此关注人格特质的产生根源，而是关注人格特质的描述和分类。

> 我们大多数人到了30岁时，性格已如石膏般固定，再也不会软化。
>
> ——威廉·詹姆斯

二、特质理论

特质这个词对我们而言已经非常熟悉了。如果让你来描述自己，你大概会使用聪明、世故、机智等有关特质的字眼。同样，我们也用有关特质的字眼来形容别人。

特质（traits）是由个体行为推断出的人格中具有极高稳定性的元素。如果你描述某一个朋友是"害羞的"，那可能是因为你观察到他在社交中的一些焦虑和退缩行为。特质被假定为在不同情境下产生同样行为的原因，例如你会估计你"害羞的"朋友在多数场合中都不善社交。特质这一概念在其他人格理论中也有所体现。弗洛伊德将某些特质的发展与儿童在每个心理性欲发展阶段的经历联系起来。

（一）从希波克拉底到现在

特质理论最早源自古希腊医生希波克拉底（Hippocrates，约前

460—前 377)。希波克拉底认为特质嵌于人体的体液中。在他看来，个体的人格取决于体内四种基本液体（或者称作“体液”）的平衡。黄胆汁与胆汁质（易怒的）性格相联系，血液与多血质（热心的、开朗的）性格相联系，黏液与黏液质（缓慢的、镇定的、沉着的）性格相联系，黑胆汁与抑郁质（悲观的、感伤的）性格相联系。疾病的产生是体液的不平衡所致。例如，抑郁症是黑胆汁过多所致。诸如放血和呕吐之类的疗法被用来恢复体液平衡（Lander & Pritchett, 2009）。虽然希波克拉底的理论只是推测而已，但*胆汁质*、*多血质*等描述人格的词语保留了下来，沿用至今。

> **真** 放血和呕吐等疗法曾被视为恢复体液平衡的方法。

> **内倾：**
> 一种人格特质，特点是具有强烈的想象力和抑制冲动的倾向。
>
> **外倾：**
> 一种人格特质，特点是在社交中表现开朗，会自由表达感受和冲动。

更多的当代特质理论家假设特质是可遗传的，并嵌于神经系统中。这些理论的确立仰仗于确定各种特质之间关系的精确的*因素分析*技术，这一技术是由查尔斯·斯皮尔曼（Charles Spearman）发明出来用于研究智力的。

20 世纪早期，戈登·奥尔波特（Gordon Allport）及其同事（Allport & Odbert, 1936）从类似词典的词表中对 18 000 个特质词语进行了编目分类。这些词语中有些是描述物理特征的，如*矮小*、*孱弱*、*深褐色头发的白人女子*（brunette）；有些是行为类特质词，如*害羞*、*情绪化*；还有一些描述道德特质，如诚实。这个详尽的特质词表被很多心理学家借鉴，作为人格研究的基础。

（二）汉斯·艾森克的特质理论

英国心理学家汉斯·J. 艾森克（Hans J. Eysenck, 1916—1997）的大部分研究集中在两种人格特质维度，即**内倾-外倾**（introversion-extraversion）和情绪稳定-易变上（Eysenck & Eysenck, 1985）。（情绪易变也被称作*神经质*。）卡尔·荣格是第一个区分内倾和外倾的心理学家，艾森克在其内倾-外倾的基础上加入了情绪稳定-易变的维度。他根据各人格特质在坐标中的分布对其进行了分类（见图 10-2）。譬如，具有焦虑特质的个体在内倾和神经质上的得分都比较高——他倾向于全神贯注于自己

图10-2 艾森克的人格维度与希波克拉底的人格类型

根据汉斯·艾森克的二维人格划分法，图中外圈显示的各种各样的人格特点落入了二维之中相应的位置。内圈显示了希波克拉底的四种主要人格类型：胆汁质、多血质、黏液质和抑郁质。艾森克将图中每一个象限都与希波克拉底的四种人格类型的其中一种联系起来进行了对应。

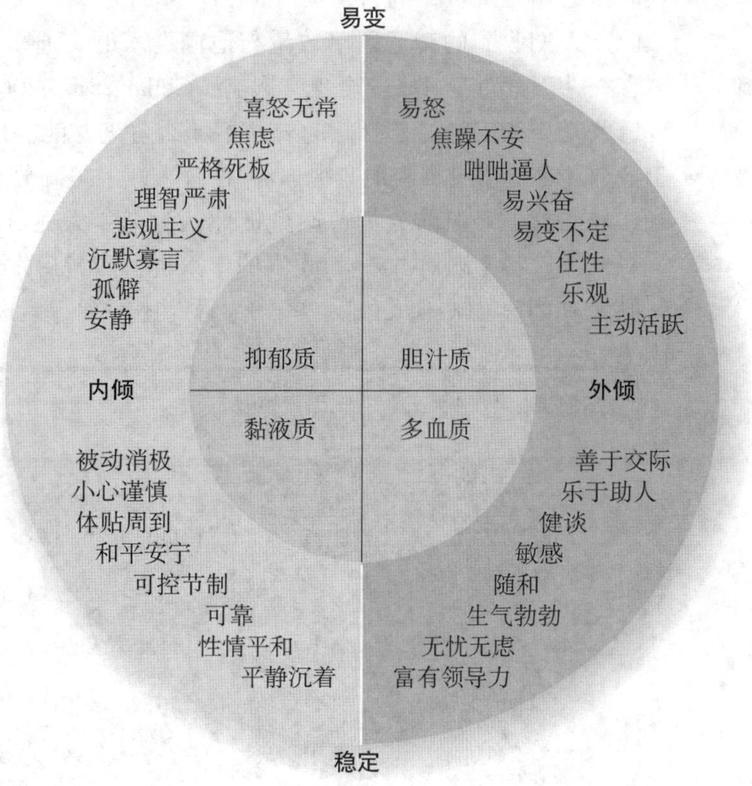

真 大约 2 500 年前，古希腊医生希波克拉底设计出了人格特质的分类方法，该方法一直沿用至今。

假 实际上，特质理论认为可能有几种基本的人格特质。

的想法且在情绪上不太稳定。

艾森克承认他的这一理论图式与希波克拉底的观点有相似之处。根据艾森克对人格的维度划分，胆汁质人格是外倾、情绪易变的；多血质人格是外倾、情绪稳定的；黏液质人格是内倾、情绪稳定的；而抑郁质人格是内倾、情绪易变的。

（三）“大五”：五因素模型

更多近期的研究表明并非只有两种人格特质，而是五种。其中包括艾森克提出的*外倾性*和*神经质*，除此之外，还有*尽责性*、*宜人性*和*经验开放性*（见表 10-1）。

很多人格理论家，尤其是罗伯特·麦克雷（Robert McCrae）和小保罗·T. 科斯塔（Paul T. Costa, Jr.），都对*五因素模型*有所贡献。跨文化研究发现，“大五”人格因素能够描述美国人、德国人、葡萄牙人、以色列人、中国人、韩国人、日本人以及菲律宾人的人格结构（Katigbak et al., 2002; McCrae & Costa, 1997）。一项对 5 000 多名被试——包括德国人、英国人、西班牙人、捷克人和土耳其人——进行的人格研究表明，人格因素与个体的基本气质有关，而气质在很大程度上被认为是个体天生的（McCrae et al., 2000）。研究者们将这些研究结果阐释为：虽然人格特质的表现形式仍然会受到社会文化的影响，但人格更倾向于历经时间洗礼而成熟，而不是由环境塑造得来。

五因素模型——也被称为*大五模型*——现已引发很多研究。科斯塔和麦克雷根据模型的理论构想编制了心理问卷（*新大五人格量表*），接着就有数以百计的研究应用了该量表，把人格五因素的得分与各式各样的行为模式、心理障碍以及“人格”类型等进行相关分析。以驾车为例。一方面，人们收到的交通罚单数量与他们卷入的交通事故数量之间呈现出显著的负相关；另一方面，宜人性因素对于行驶安全也有影响（Cellar et al., 2000）。也就是说，与具有高宜人性的人共用交通道路是更为安全的选择。此外，不那么苛刻、能够忍受他人怪念头的个体，更容易在尽责性上得低分（他们不会严密地监视你）、在宜人性上得高分（在他们面前你可以放心做你自己）（Bernardin et al., 2000）。以前人们普遍刻板地认为老年人尤其是老年男子是“反复无常、古怪的”，但运用*新大五人格量表*对 65～100 岁的老人进行测量后发现，个体年龄越大越随和，老年男子的这一倾向尤其明显（Weiss et al., 2005）。研究还发现，焦虑和抑郁的个体在神经质这个因素上更容易得

表10-1　“大五”：五因素模型

因素名称	高分者与低分者的特征
外倾性	健谈、自信、积极与沉默、被动、拘谨
宜人性	友好、信任人、热情与敌视、自私、多疑
尽责性	有条理、细心、可靠与粗心大意、马虎、不可靠
神经质	神经过敏、喜怒无常、对负面刺激敏感与有应对能力
经验开放性	富于想象力、好奇、有创造力与无知、缺乏洞察力

高分（Bienvenu et al., 2005）。内倾的人较之于外倾的人在公众集会和公共演讲时更容易感到害怕（Bienvenu et al., 2005）。

（四）生物学与特质

学者们也在研究生物因素与人格特质的关联，生物因素还有可能会导致人格特质的形成。例如，据估计，外倾人格的遗传率是 40% 到 60%（Smillie et al., 2009）。研究表明，大脑的神经递质多巴胺与外倾人格有关，外倾的人比内倾的人多巴胺水平更高（Smillie et al., 2009; Wacker et al., 2009）。

杰罗姆·凯根（Jerome Kagan）和一些研究者（Dai et al., 2003; Kagan & Saudino, 2001）还发现，遗传因素构成孩子的基本气质，包括害羞和行为抑制。反社会人格——以与社会的频繁冲突以及缺乏内疚感和焦虑感为特征——是我们谈到人格时的另一个方面。害羞的儿童天生容易害怕，因此对压力反应较大。然而，正在形成反社会人格的儿童对威胁和压力反应则较小（Gao et al., 2010b; Isen et al., 2010）。儿童时期，他们表现出欺诈行为，淡漠无视他人感受，且对依照社会规则行事毫无兴趣（Raine, 2008）。成人以后，他们则有可能参与犯罪。

阿德里安·雷恩（Adrian Raine, 2008）对生物学与反社会人格之间的关系做了大量研究。在进行文献综述时，他发现一部分与反社会人格的形成相关的脑损伤存在于腹侧前额皮层（属于大脑的行政中心）和杏仁核（属于边缘系统）。

（五）对特质理论的评价

特质理论家们对人格测验倾注了很多心力。他们也提出关于人格特质与某些工种之间匹配度的理论（Gottfredson, 2009）。个体适应不同工作的才能可由他的能力、人格特质和兴趣体现出来。

特质理论的一个缺点是描述性大于解释性。从古至今，它一直着力于描述人格特质，而不是

✻ 美德特质：积极心理学与特质理论

特质理论已被应用于积极心理学之中，积极心理学以人类的优势和长处为研究对象（就像下表中所列举的那些品质一样）。心理学家还发展出一些心理学方法帮助人们提升幸福感和生活满意度（Sheldon, 2009; Shyrack et al., 2010）。他们分别列出了从 40 多个国家发现并归纳出来的六种美德。这些国家既包括阿塞拜疆、委内瑞拉这样与美国截然不同的国家，也包括美国和其他发达国家（Peterson & Seligman, 2004; Snyder et al., 2010）。

《性格优势与美德：手册和分类》（CSV）与 DSM 形成鲜明对比。DSM 是美国精神病学会（American Psychiatric Association, 2000）发布的《精神障碍诊断与统计手册》，里面几乎囊括了所有可能发生的精神疾病。CSV 则恰恰相反，它包含了人的各种积极力量和积极品质。可喜的是，类似右侧这样的美好品质还有很多。

美德	对应的性格优势
智慧与知识	创造性，好奇心，思想开放，好学，洞察力（为他人提供明智忠告的能力）
勇气	真诚（勇于表达自己的想法），勇敢，坚定，激情
仁爱	友善，爱，社会智力
公正	公平，领导力，团队合作
节制	宽恕，谦逊，审慎，自我约束
超越	对美与卓越的欣赏，感恩（适当时），希望，幽默，虔诚（对于生活的意义有信念体系）

社会认知理论：
一种认知导向的学习理论，认为个体间的差异主要是由观察学习和诸如价值观、预期等个体变量造成的。

探索特质形成的根源或试图修正适应性不良的人格特质或行为。

三、学习理论

特质理论主要研究通常被假定为嵌在神经系统中的持久的人格特点。学习理论家们不注重对特质的理论研究，而是侧重行为研究，他们假设行为在很大程度上是习得的。

原则上，那些习得的也可以去除。因此，学习理论和人格理论可能无法完美地契合。然而，包括行为主义和社会认知学派的学习理论家们都对人格研究有所贡献。

（一）行为主义

1924 年，在约翰·霍普金斯大学，约翰·B. 华生响亮地喊出了行为主义的口号：

> 给我一打健康的婴儿，让他们在完全控制的环境中长大，我保证，无论婴儿的才能、兴趣、脾性、能力、禀性、种族情况如何，我都能使其中任何一个婴儿变成我设想的任何一种人物——医生、律师、零售商，甚至是乞丐、盗贼。（p.82）

这个宣言强调了行为主义的观点，即人格是可塑的，环境（而非内在的个体变量）是人格的关键塑造者。与同时期的精神分析学家及构造主义者不同，华生认为应摒弃不可见的、无法测量的精神结构，取而代之以可见、可测量的研究对象。20 世纪 30 年代，斯金纳接过了华生高举的行为主义旗帜，他认为，心理学家不应试图探究有机体的“黑匣子”，而应强调行为的强化作用。

华生和斯金纳的观点在很大程度上忽视了个人意愿、选择和自我引导倾向。大部分人认为我们内心的需求激发我们的行动，而华生和斯金纳则认为环境（如父母的认可和社会习俗）塑造了我们，使得我们*想要*某些东西而*不想要*另一些东西。

在斯金纳的一部小说《瓦尔登湖第二》（1948）中，他描绘了一个理想的乌托邦式的社会。在这个社会中，全体社会成员都感到幸福美满，他们可以做一切想做的事情。然而，所有的孩子从小就开始接受严格的行为强化训练，以成为具有合作精神的公民。这些强化训练使他们愿意以合乎礼仪、友好、不自私的方式与他人相处。由于社会并没有强迫他们采用这种特定的行为方式，因此他们觉得自己是自由的。美国诗人罗伯特·弗罗斯特（Robert Frost）写道：“当你在枷锁中感觉轻松的时候，你会感到自由。”斯金纳《瓦尔登湖第二》中的社会使得孩子们在他们的“枷锁”中感到“轻松”，但是枷锁却是真实存在的。

有些人反对行为主义的观点，认为行为主义贬低了意识和选择的重要性。另一些人指出人类并不会盲目地被外力（即奖励或惩罚）牵着走。在某些特殊情势下，人们会反叛所谓的生存需要，转而选择与幸福相对的痛苦、艰难的生活方式甚至是自杀。很多人为了别人而牺牲自己的生命。行为主义的捍卫者对此可能会回应：人们当前对痛苦甚至是死亡的选择是被外力推动而做出的，就像遵从社会风俗的动力也是来自他人一样。

（二）社会认知理论

社会认知理论（social cognitive theory）由阿尔伯特·班杜拉（1986, 2008）和其他心理学家共同发展而来。与行为主义着重研究可观察到的行为和行为发生的环境刚好相反，社会认知理论着重研究观察学习和个体有差异的认知过程，并且认为个体影响着他们周围的环境。与行为主义学家相同的是，他们认为要真正了解人就必须通过可观察的行为，但他们更强调个体内部的变量——个体变量。情境变量包括奖励和惩罚。个体变量包括知识与技能、加工经验的方式、预期、情绪、自我调节系统和计划等（Bandura, 2008; Rodin et al., 2009; Sherman et al., 2009; 见图 10-3）。

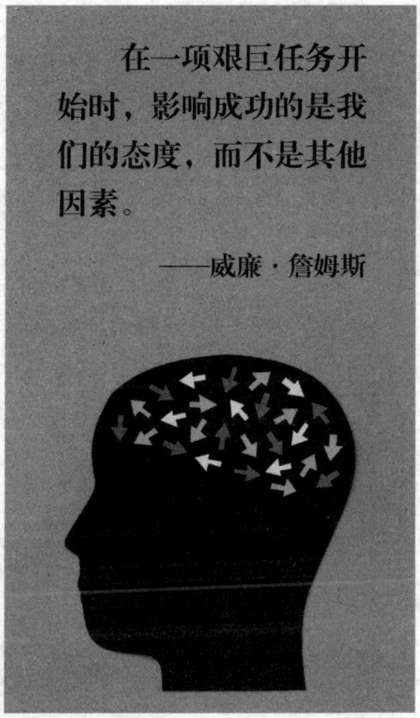

性别特征形成：

男孩和女孩的行为模式开始向其特定的性别角色靠拢的过程。

性别图式理论：

一种关于性别特征形成的认知观点，认为一旦男孩和女孩对于解剖学意义上的男女性别有所觉察，他们的自我期望、自尊就与特定文化诠释性别角色的方式紧密联系起来。

我们不能仅从情境变量预测行为。个体是否以某种方式行事还取决于个体对行为结果的期望以及这些结果的主观价值。人们有各种各样的预期，有一些预期预测了事情发生的先后顺序。譬如，人们能以其他人“嘴唇紧绷”“目光游移”等身体语言为基础预测出他下一步的行为。自我效能预期是人们对于自己在某种情境下能出色表现的信念，例如在游泳池中做后空翻或者解决数学难题（Bandura & Locke, 2003）。自我效能预期高的个体倾向于拥有高自尊（Sanna & Meier, 2000）和高成就动机（Heimpel et al., 2002）。心理治疗师常常把来访者的自我效能预期从“我不行”调整到“也许我行”，以此来鼓励来访者尝试新事物（Bandura, 1999）。

观察学习

观察学习（也称模仿或认知学习）是社会认知理论的基础之一，指的是通过观察其他人的行为获得知识的过程。操作性条件作用发生的前提之一是有机体必须首先参与到行为中并做出反应，而且该反应必须得到强化。但是观察学习不是如此，它不需要学习者参与到观察的行为中，而且学习者也没有获得直接的强化。观察学习的方式扩展到了阅读、看电视、看电影、上网等，学习者通过多种方式全面了解别人做了什么、结果又是如何。

图10-3 社会认知理论中的个体变量和情境变量

（三）对学习理论的评价

学习理论家让人们对行为有了科学的了解，但也并不能令所有心理学家满意。心理动力理论家和特质理论家提出存在某种心理结构，但却无法直接测量。学习理论家尤其是行为主义者强调了以下观点：要使心理学作为科学被大众接受，就必须研究公开可见的变量或行为。

✱ 生物学、社会认知与性别特征形成

性别特征形成（gender typing）是一个过程，在这个过程中，男性和女性开始发展社会所赋予他们的个性特征和行为模式——至少大部分时候是这样。研究者对人们个性特征的性别差异认知进行考察，发现了一组“男性化”或“女性化”特质，如表10-2所示。进化心理学家认为，数千代以来，在不断面对各种适应问题的自然选择中，形成了性别差异（Buss, 2009; Schmitt, 2008）。男性，一般来说都是外出打猎、养家糊口、充军打仗的人，更有可能被看作是爱冒险、有进取心和自信坚定的人（Amanatullah & Morris, 2010; Guzzetti, 2010; Lippa, 2010）。而女性则常操持家务、照料子女，因此更有可能被看作是富有爱心、易于相处和情绪化的人。

生物学与性别特征形成

另一些研究者认为，个性上的性别差异以及解剖学上的性别差异，其发展都与出生前的性激素水平有关。尽管许多研究试图证明出生前的性激素水平与后来的性别化表现相关，其结果却并不尽如人意，但是由邦妮·奥耶延（Bonnie Auyeung）及其同事（2009）进行的一项针对212名孕妇的研究发现，胎儿时期的睾酮水平与他们长到8岁半时的男性或女性化表现相关。另有研究表明，孩子也会表现出性别化偏好——男孩更喜欢运输工具类玩具，而女孩更喜欢布娃娃——这一偏好最早始于13个月大时（Knickmeyer et al., 2005）。还有人研究了30个3～8个月大的婴儿对性别化的视觉偏好（Alexander et al., 2009），研究者用眼球追踪技术记录视觉注意的方向，据此测量婴儿对卡车玩具和布娃娃的兴趣。女孩对布娃娃表现出视觉偏好，也就是说，她们对布娃娃的注视时间远超于卡车玩具，而男孩则对卡车玩具表现出视觉偏好。

社会认知与性别特征形成

社会认知理论家强调学习在性别特征形成中的角色，认为孩子通过观察学习和社会化过程习得社会所赋予他们的男性化或女性化特征（Golombok et al., 2008; Zosuls et al., 2009）。孩子们会观察成人模范的行为，认为自己应该与同性成人的行为一致。在社会认知理论中，奖励和惩罚会影响儿童模仿同性成人。儿童不仅模仿成人行为，而且还试图大体上都像他们，也就是认同成人模范。

几乎从降生的那一刻开始，婴儿就被按照模式化的性别角色来对待了。父母对女儿说话较多，而父亲常与儿子做打闹的游戏。当孩子开口说话时，其照料者（甚至是其他孩子）会告诉他们应该怎样表现。当孩子的表现符合性别定位时，父母会给予奖励，反之则予以惩罚（或不予强化）。人们会鼓励女孩练习看护照料，目的是帮助她们为传统成人女性角色做好准备；而男孩则会收到乐高玩具或医具套装，目的是帮助他们为传统成人男性角色做好准备。

表10-2　男性与女性的模式化特征

男性化特征		女性化特征	
爱冒险	意志坚定	富有爱心	多变
积极进取	头脑冷静	易于相处	温柔
自信坚定	独立	谨慎	善良
有能力	聪明	依赖	有耐心
自信	贪图享乐	情绪化	敏感
勇敢	理性	胆小	健谈

资料来源：Amanatullah & Morris, 2010; Guzzetti, 2010; Lippa, 2010; Schmitt et al., 2008.

性别特征形成的性别图式理论

性别图式理论（gender-schema theory）强调认知在性别特征形成中的作用（Martin

et al., 2002; Martin & Ruble, 2004）。性别图式理论认为，作为感知世界的一种方式，儿童会发展出一个性别图式。性别图式由很多关于男性或女性身体特征的看法组成。性别变得重要是因为社会对它的强调。根据性别图式理论，一旦儿童将自己视为女性或男性，他们就会去寻找各种关于这个性别特征的信息，并向这些特征靠拢（Grace et al., 2008; Most et al., 2007; Tenenbaum et al., 2010）。杰克在被激惹时会反击，因为男孩都会这么做；而吉尔会表现得“甜美又可爱”，因为小女孩都这样。

如今，研究者大都认同，生物因素与社会认知因素共同作用，影响着绝大多数行为与心理过程——其中就包括性别特征形成的复杂过程。

类似地，心理动力理论家和特质理论家主要通过个体内部变量（如无意识冲突和特质）来解释和预测行为。学习理论家则强调环境（或情境变量）的重要性，认为它决定了行为。他们还详细阐述了可以强化学习的环境，其中包括自主学习。他们认为人们可以通过强化来学习做事情，还有很多行为是通过观察习得的。

但是，社会认知理论没有考虑自我觉察的作用。同他们聪明的“祖师爷”行为主义一样，社会认知理论在解释行为的个体差异时，对于遗传变异的作用也没有给予足够的重视。

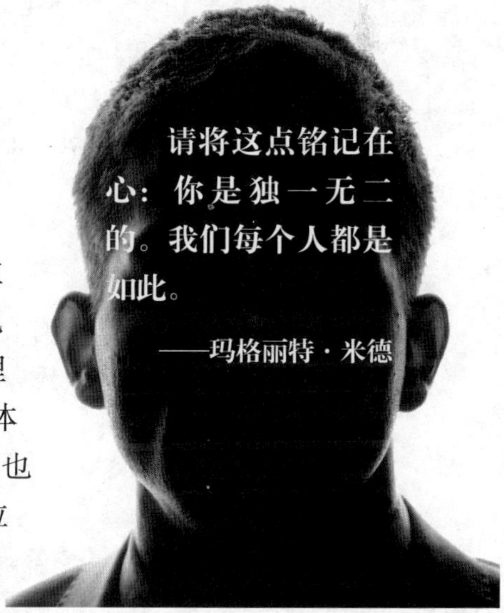

四、人本－存在主义理论

人本－存在主义者强调人生的意义。自我觉察是人本－存在主义意义探索的中心。**人本主义**（humanism）这一概念由来已久，包含很多意义。作为与当时盛行的心理动力和行为主义相对应的一个理论（或称“第三势力”），人本主义把自我觉察作为研究核心，主张个体有能力自由选择、自我实现，并做出符合道德规范的行为。人本主义也代表着对工业化和自动化所引起的“疯狂竞争”的一种反抗。亚伯拉罕·马斯洛和卡尔·罗杰斯的人本主义观点就来自对这些问题的关注。

20世纪时，战争和种族屠杀遍布世界各地，**存在主义**（existentialism）在某种程度上反映了人们在这个过程中对人类生命大规模毁灭的恐惧。欧洲存在主义哲学家让－保罗·萨特（Jean-Paul Sartre）和马丁·海德格尔（Martin Heidegger）认为人类的生命在庞大的物质体系中是微不足道的。但是像维克多·弗兰克尔（Viktor Frankl）、路德维希·宾斯万格（Ludwig Binswanger）和梅达尔德·鲍斯（Medard Boss）等精神病学家却认为，如果无视人类存在的意义，则将导致退缩与冷漠——甚至自杀。因此，心理救赎需要赋予事物以个人意义，并使人能够自由选择（McDonald, 2008）。

（一）亚伯拉罕·马斯洛和自我实现的挑战

弗洛伊德认为个体行为基本上是由生理需要驱动的，人的知觉也被他的心理需要所歪曲。人本主义心理学家亚伯拉罕·马斯洛——我们曾在第8章介绍过他的需

人本主义：

认为个体有能力自由选择、自我实现，并做出符合道德规范行为的理论。

存在主义：

认为人享有充分的自由，并要对自己的行为负责的理论。

自我实现：
人本主义理论中，一种努力实现自我潜能的内在倾向。

无条件积极关注：
持续稳定地尊重某人的价值，但并不意味着绝对全盘接受该个体的行为。

要层次理论——认为，人具有一种自觉的**自我实现**（self-actualization）需要，或者说成为所有他们能成为的人物的驱力。因为个体是独特的，他们应该走出一条独特的自我实现的道路。人并不由无意识的原始冲动所掌控，相反，个体人格发展所受到的主要威胁来自被其他人所控制。我们应该自由地与自我联系并积极实现自我。但自我实现需要冒一定风险，因为很多人对于熟悉的环境会产生舒适感而不愿改变。但是，那些坚持走“别人已经走过的路”的人生活往往会流于单调和平庸。

（二）卡尔·罗杰斯的自我理论

人本主义心理学家卡尔·罗杰斯（1902—1987）提出，个体通过自由选择和行动塑造自身。罗杰斯把*自我*定义为个人体验的核心。你的自我是关于你是谁、你做什么的一种持续感受，你如何、为何对环境做出反应以及你的选择如何作用于外部环境的感受。你的选择是基于价值观做出的，因此你的价值观也是自我的一部分。罗杰斯的自我理论聚焦在自我的本质及其自由发展的条件上。他的两个主要着眼点是自我概念和自尊。

自我概念和参考框架

*自我概念*由个体对自己的印象和对自身能力的评估两部分构成。罗杰斯认为，我们每个人都有独特的看待自己和世界的方式——独特的*参照框架*。每个人都用一套不同的维度结构来定义自我，并且根据不同的价值观来判断自我。譬如对一个人而言，成功 - 失败是最重要的价值维度，对另一个人而言，最重要的维度则可能是体面 - 不体面，而第三个人可能从没考虑过前两种价值判断维度。

自尊和积极关注

罗杰斯认为我们都有自我关注的需要，即自尊。起初，自尊反映了其他人对我们所持的尊重。当父母对孩子采取**无条件积极关注**（unconditional positive regard）时就会促进儿童自尊的发

尽管去做吧！

许多男性将自尊与高超的运动造诣联系起来。你认为自尊源于哪里呢？

展，即无论孩子当时做出什么行为，父母都将其当作固有价值去接受。罗杰斯对人性持乐观态度，他认为人的本质是好的，因此他们在无条件积极关注的条件下会成长得宽容有爱心——而不是自私。但是如果父母对孩子表现出**有条件积极关注**（conditional positive regard），即只有当儿童表现出父母期望的行为时才接纳他们，那么儿童就会发展出**价值条件**（conditions of worth）的概念，认为只有当他们表现得如父母所期待的那样时自己才是有价值的。

有条件积极关注：

基于个体行为的被接受程度来判断该个体的价值。

价值条件：

判断个体价值所依据的标准。

因为每个个体都有独特的潜能，所以发展出价值条件概念的儿童由于不能完全达到别人的要求、不能够真实面对自己，可能会对自己有些失望。然而，有些家庭的儿童知道对事物持有自己的观点是不被认可的，尤其是关于性、政治以及宗教等问题。当他们遭到家长反对时，他们可能会觉得自己是叛徒，并且认为自己的感受是自私、错误甚至是罪恶的。如果想要继续保持自我概念和自尊的一致性，他们就必须拒绝自己的感受或者割舍自我的某一部分，这样他们的自我概念就被扭曲了。根据罗杰斯的理论，焦虑的来源通常是人们意识到自己存有与已被歪曲的自我所不一致的感觉和欲求。由于焦虑是使人不愉快的感受，人们可能会拒绝承认真实感受和欲望的存在。

罗杰斯认为要达到自我实现，就必须与自我的真实感受取得联系，并接纳它们、为之付诸行动。这也是罗杰斯倡导的心理治疗方法——*来访者中心疗法*——的目标。罗杰斯也相信，我们头脑中对于自己想要达到的目标存在一种心理意象，这被称为*理想自我*。我们就是为消除自我概念和理想自我之间的差距而努力奋斗着。

（三）对人本 – 存在主义理论的评价

由于强调个人感受的重要性，所以人本 – 存在主义观点对于大学生有巨大的吸引力。我们倾向于珍视我们的意识体验（我们的“自我”）。对于大部分非人类生物而言，生活就是移动、消化食物、进行氧气和二氧化碳的交换、繁殖后代。但对于人类来说，生命的本质就是意识体验——穿越时空的自我感。

具有讽刺意味的是，人本主义者对意识体验的集中关注是它的优点，但同时也是主要缺点。既然意识体验是私密而主观的，那么对其进行系统阐述的理论之有效性就值得商榷。

与学习理论一样，人本 – 存在主义理论对特质的发展过程以及人格类型阐述不多。他们认为所有个体都是独特的，但是没有预测个体将发展出的特质、能力和兴趣等的种类。

五、社会文化理论

13 岁的汉娜（Hannah）端着她的午餐托盘来到了餐厅桌子旁。她的母亲朱莉（Julie），一看到炸薯条、卤汁中被捣得稀烂的土豆、炸薯片和一大杯冒泡的碳酸饮料，眼中就充满了惊骇。“你不能吃那些东西，”她说，“那都是垃圾！”

“哦，别这样，妈妈！很扫兴的，好吗？”说着，汉娜又回到其他朋友的餐桌上，不与我们坐在一起就餐了。

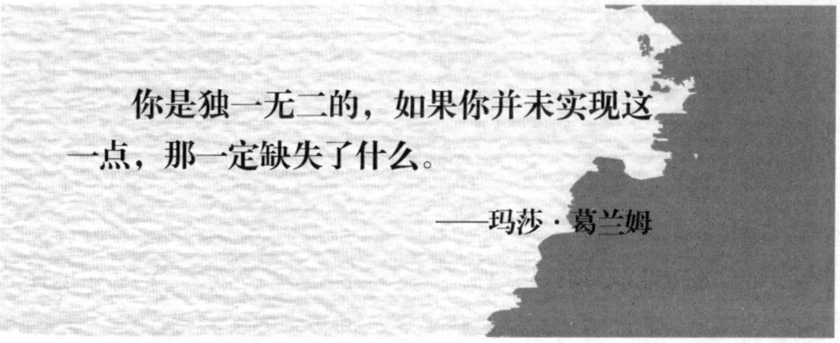

社会文化理论：

主要关注种族、性别、文化以及社会经济地位这些因素对人格形成、个体行为和心理过程作用的理论。

个体主义者：

依据自身特质来界定自己，并优先考虑个人目标的个体。

集体主义者：

依据自身与他人关系以及自身隶属的群体来界定自己，并优先考虑群体目标的个体。

这一幕发生在某个周六的曼哈顿音乐学院。我的孩子们在这里学习声乐和钢琴，除此之外，通过与世界各地在这里学习的孩子和他们的家长进行交流，我们也大开眼界。

朱莉和汉娜是韩裔美国人。朱莉狼狈地摇摇头说："我来美国的时间已经超过了我在韩国度过的岁月，但我仍不能适应这里孩子的表现。当她用那种口气说话时，很令人难堪。"我依稀记起自己也曾就薯条上的番茄酱含抗氧化剂发表过一些评论，根本没用，我还就典型的美国青少年发表过一些看法，这还有点帮助。但是当想到汉娜时，我意识到，在多元文化社会中，如果不参照**社会文化理论**（sociocultural perspective），就不能理解人格。美国的不同文化群体有着不同的态度、信念、规范、自我定义和价值观（Phinney & Baledelomar, 2011; Schwartz et al., 2010）。

汉娜，一个十几岁的青少年，深受同伴的影响——对牛仔裤和炸薯条感到非常亲切。同时，她又是居住在美国的亚洲移民群体中的一个女儿，这个群体所处的社会文化笃信教育是通向成功的关键（Leppel, 2002; Magno, 2010）。作为该群体的成员，这种观念使得汉娜有很大决心努力学习和练习小提琴，但韩裔美国人的身份并没有阻止她成为一个外向的美国青少年。她坦率的行为表达方式在其母亲看来是肆无忌惮和不适宜的，这对她母亲形成了打击。

让我们来看看社会文化因素如何影响个体的自我感。

（一）个体主义与集体主义：（在这种文化背景中）我是谁？

有人可能会说朱莉抱怨的实质，是较之于一名家庭成员、一个韩裔女孩，汉娜在更大程度上把自己视为一个单独的个体、一个艺术家。跨文化研究显示，美国以及南欧地区的人倾向于表现出个体主义。**个体主义者**（individualists）常常依据他们的个人身份来定义自己，并优先考虑个人目标（Brewer & Chen, 2007; Triandis, 2006）。当被要求完成以"我是……"开头的陈述句时，他们通常以他们的人格特质（"我是乐于助人的""我是有艺术鉴赏力的"）或者职业（"我是一名护士""我是系统分析员"）来遣词造句（Triandis & Suh, 2005）。

图10-4　个体主义者和集体主义者眼中自我与他人的关系

作为个体主义者，自我是与其他人分离的（A部分）；对集体主义者而言，自我只有处于与他人关系的联结网中才是圆满的（B部分）（Markus & Kitayama, 1991）。

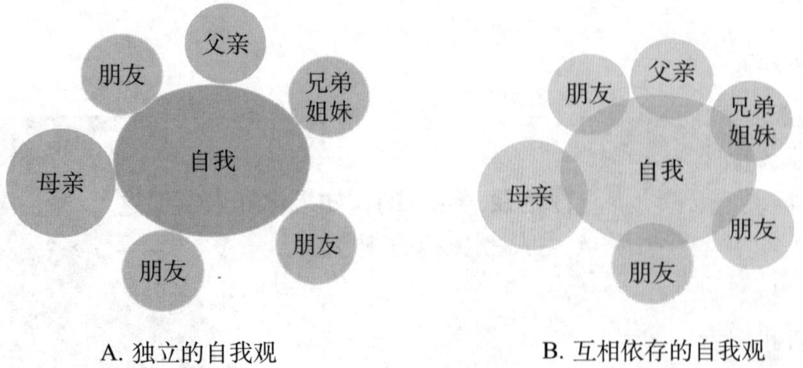

A. 独立的自我观　　B. 互相依存的自我观

相反，非洲、亚洲以及中南美洲文化表现出集体主义的特点（Brewer & Chen, 2007; Triandis, 2006）。**集体主义者**（collectivists）通常根据所属群体来界定自己，并优先考虑群体的目标（Triandis, 2006）。他们在与别人的关联中感觉到圆满（见图10-4）。较之于个体主义者，集体主义者更易于遵循群体规范及评价（Brewer & Chen, 2007; Triandis & Suh, 2002）。当被要求完成以"我是……"开头的陈述句时，他们通常以他们的家庭、性别或者国籍来遣词造句（“我是一个父亲”“我是一名佛教徒”“我是日本人”）（Triandis, 2001）。

个体成长所处的文化孕育着个体主义和集体主义的种子。资本主义制度在某种程度上助长了个体主义，而传统的东方文学作品则歌颂那些克制个人欲望履行职责、为集体谋求福祉的人物。

社会文化视角的另一个主题是文化适应。问题是：多大程度上的文化适应对你来说比较好呢?

（二）文化适应、调节和自尊

移民的自尊与**文化适应**（acculturation）的模式有关（Phinney & Baledelomar, 2011）。文化适应模式包括各种形式。有些移民被所移民国家的主流文化完全驯服了，他们放弃了自己的语言和习俗，完全融入所移民国家的主流文化之中。另有一些移民几乎与新文化保持完全隔离，他们保留着起源地的语言和习俗，未曾适应过所移民国家的语言和习俗。还有一些成为双文化者。他们的母语非常流利，也娴熟掌握所移民国家的语言，将两种文化习俗和价值观进行了混合交融（Schwartz et al., 2010）。他们可以快速切换自己的“心理档位”；根据不同的情境，运用不同文化下的价值观（Phinney, 2006）。他们在工作场合或学校与人交往时可能表现出一种方式，但与家人或邻里相处时则表现出另一种方式。研究证据表明，较之于完全放弃了原有文化传统背景的个体，双文化者表现出更高的自尊水平（David et al., 2009; Schwartz et al., 2010）。

（三）对社会文化理论的评价

社会文化理论为我们理解种族、性别、文化、社会经济地位等在人格形成中的作用提供了有价值的深刻见解。它增强了我们对文化差异和文化期许的敏感度，让我们去欣赏人类行为与心理过程的丰富性。

假 研究证据表明，较之于完全放弃传统文化背景的人，没有完全放弃传统文化的个体有更高的自尊。

六、人格测量

医生测量心率和血压是非常容易的事情。心理学家、生物学家和神经科学家发现，测量脑电波或者血液黏稠度要比测量一些心理概念——譬如智力、抑郁、外倾性、情绪稳定性等——要容易得多。要开发出一种合适的心理测量工具需要投入大量的时间、金钱和专业知识技能，不过一旦这种工具被开发出来，心理测量的精确性就有了充分保障。

在第 7 章中我们看到，很多指向“智力测验”的批评认为智力测验没有测量智力，而是测量了很多智力以外的东西，包括动机、对欧裔美国中产阶级文化的熟悉度等。在第 8 章中，除了谎言之外，测谎仪还测量了其他四种心理变量。因此，智力测验和测谎仪的信度和效度就引起了质疑，人格测验也面临同样的问题。

测验的**效度**（validity）是指测验在多大程度上测量出了研究者想要测量的心理变量。人格测验的效度通常通过把测验结果与外部分类标准进行比对来衡量。例如，多动测验的结果可能会与教师对学生在班级中是否多动的报告结果进行比对，以此来验证多动测验的效度。测验的**信度**（reliability）是指个体多次测验结果的稳定性。通常，我们把不同情境下或者不同年龄组的测验结果进行比对得到该测验的信度。一个信度高的智商测验提供的个体在童年期、青少年期、成年期的分数

文化适应：
移民通过学习新文化并在态度和行为上做出改变，从而对新的主导文化产生认同的适应过程。

效度：
心理测验测量到想要测量的心理变量的程度。

信度：
心理测验中，多次测验结果的一致性和稳定性。

标准化：

心理测验中，从各种不同类型的受测者群组中获得、组织测验数据的过程，以便将某个受测者的分数与其同性别、同年龄等群组分数进行比较。

客观测验：

必须以具体的、限制性的作答方式进行回答的测验，或者有正确答案的测验。

假 在人格测验中，心理学家不保证能够识别出作答上的欺骗。

应基本一致。测验的**标准化**（standardization）是指用各种年龄组和各种类型受测者的成绩来检查该测验分数、信度和效度的过程。因为如果不与其他同龄组的受测者分数进行比对，我们就无法评估个体的智力功能，所以这类信息需要在测验计分体系编制和最终完成之前获得。

行为等级量表评估受测者在特定情境中（例如教室、精神病院）的行为表现。利用行为等级量表，受过训练的观察者通常在给定的时间范围内——比如说，15 分钟——标记并核查某特定行为的每一次出现。行为等级量表已日渐普及（Kamphaus et al., 2000）。然而，标准化的客观测验和投射测验被采用得更为频繁，因此本章主要关注这类测验。

人格测量被用于做重大的决策，例如某人是否适合某项工作、是否适合学校的某个班级，或者是否适合某种抗焦虑药物。作为招生程序的环节之一，研究生院通常要求教授们在测量类似智力、情绪稳定性、合作等的量表中对未来的学生进行评价。学生可能会用人格测验测量他们的能力倾向和兴趣，以便了解自己是否适合某种职业。如果某个学生与某个职位的表现优异者有共同的能力倾向和兴趣，那么该学生在那个职位上也会表现得比较出色。

让我们来看看两种运用最为广泛的人格测验：客观测验和投射测验。

（一）客观测验

客观测验（objective tests）用问卷的形式呈现给受测者一组标准化的测试条目。受测者的作答被限制在特定范围之内。例如某个测验可能让受测者回答问卷中所列的条目是否符合自己，另一个测验可能让受测者从所列的三种行为活动中选择他们最喜欢的一种。

有些测验采用迫选形式，受测者须指出在两个或者更多陈述中哪一个对于他们而言是更符合自己的，或者从几种活动中选出他们更喜欢的。“以上都不是”的答案通常不会作为备选项。迫选形式经常应用在兴趣测验中，用来帮助预测受测者是否与某种职业相契合。由于受测者通常被要求“点击”所选答案，因此迫选形式是典型的唯一能实现在线测试的测量方式。下面这些条目是职业兴趣测验中常用的类似条目：

我更喜欢：

a. 做一名护林员。

b. 在快节奏的办公室中工作。

c. 演奏一种乐器。

明尼苏达多相人格调查表（MMPI）是为帮助临床和咨询心理学家诊断心理障碍而设计的，包括了以对 – 错形式呈现的几百道题。对个体问题的精确测量旨在找到合适的诊疗方式。目前，MMPI 是临床应用最为广泛的心理测验，同时也被广泛应用于心理学研究中。

MMPI 的编制采取实证的途径，也就是说，是基于真实的临床数据而非心理学理论。编制者从临床访谈中经常提及的问题中提取出了几百个条目构建了测验条目储备库。这里列举几个实例：

我父亲是个好人。	T	F
我很少头疼。	T	F
我的手脚通常很温暖。	T	F
我从来没有因为激动而做出过任何危险的举动。	T	F
我在重压下进行工作。	T	F

投射测验：
一种心理测验，它呈现给受测者的是模棱两可的刺激，受测者对刺激的反应投射了他的人格。

量表中有些条目是为曾被诊断出具有如抑郁或者精神分裂症状的受测者准备的，同时，量表中也包括将这部分受测者排除在外的条目。MMPI 的广泛应用也增强了人们对它的信心。

（二）投射测验

在**投射测验**（projective tests）中，没有清晰的、具体的答案。呈现给受测者的是模棱两可的刺激，譬如墨迹或者可以有多种解释的画作等，受测者被要求说出这些刺激像什么或讲述画中的故事，或被要求将句子补充完整或给人画像。投射测验没有所谓的正确回答，它假定受测者将自己的人格投射到了他们对刺激的反应中。他们赋予这些刺激的意义不仅仅反映了这些画作或者墨迹本身，同时也反映了他们的人格。

罗夏墨迹测验

用墨迹构成的心理测验很多，受测者被要求回答对于他们而言，墨迹更像什么。这些测验中最著名的是罗夏墨迹测验，它以其发明者的名字赫尔曼·罗夏（Hermann Rorschach）命名（Archer et al., 2006）。

在罗夏墨迹测验中，施测者逐张将墨迹图递给受测者，然后请受测者回答“这看起来像什么或可能是什么”。说出墨迹形状被认为是一种充分现实检验的标志，例如列举出几种丰富的墨迹形状的受测者被视为有较高的智力。罗夏墨迹测验的支持者认为该测验有助于研究者深入了解个体的智力、兴趣、文化背景、人格特质、心理障碍及其他很多变量信息。批评者则认为没有实证数据支持该测验的效度（Garb et al., 2005）。尽管罗夏墨迹测验作为一种心理障碍诊断的手段遭到了强烈质疑，但其研究者继续声称它可以应用在其他领域，例如一些机构的人员招聘和选拔（Del Giudice, 2010），或决定一个人是否有子女监护权（Weiner, 2006），甚至是学校里对儿童的评估（Hojnoski et al., 2006）。

真 事实上有很多由墨迹构成的心理测验，受测者被要求回答对于他们而言，墨迹更像什么。

对于图 10-5 所示的墨迹，虽然没有一个“正确”答案，但有一些受测者的回答也表现出了明显的不协调，这表明受测者将他的人格投射到了测验刺激中。图 10-5 的墨迹一般被认为是蝴蝶、花朵或其他很多东西，但如果受测者做出不同于一般的回答，他就有可能被认为存在人格上的问题。

主题统觉测验

主题统觉测验（TAT）由亨利·默里（Henry Murray）和克里斯蒂安娜·摩根（Christiana Morgan）在 20 世纪 30 年代创立。该测验由存在多种解释的画作构成，如图 8-5 所示（见第 189

图10-5 一项墨迹测验

在所有的墨迹测验中，罗夏墨迹测验是应用最为广泛的人格投射测验。对你而言，这幅墨迹图更像什么？它可能是什么？

页）。一次给受测者一张卡片，并要求受测者根据这张卡片讲故事。

TAT 被广泛应用在动机研究和临床实践中（Archer et al., 2006; Hojnoski et al., 2006）。它假设个体倾向于把自己的欲望需求投射到对模棱两可情境的反应中，即使我们对这些欲望毫无察觉或者不愿意谈起它们。TAT 同时也被广泛应用于对他人，尤其是父母和亲密伴侣态度的评估中。

用数字说话

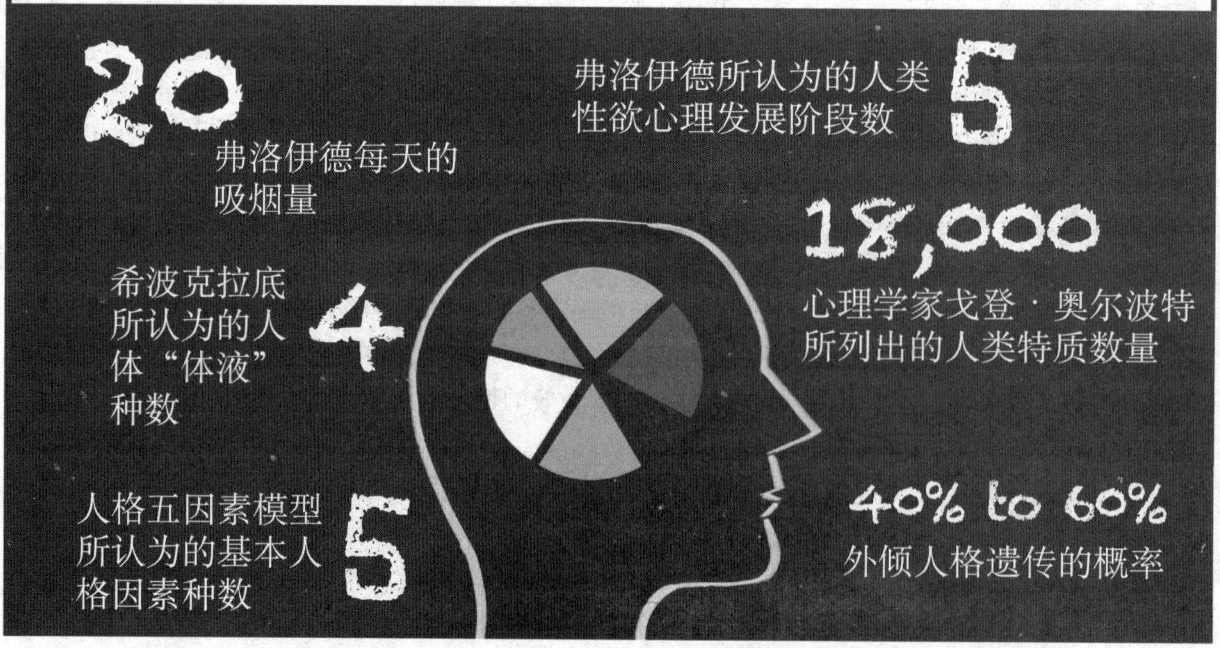

第 11 章 压力、健康与应对

内容概要

一、压力的定义和来源
二、压力的心理调节因素
三、压力对身体的影响
四、心理学与健康之间的关系

地壳在移动，或者更确切地说，2011 年 3 月，两个挤压在一起上千年的巨大板块终于开始挪动。这在其他地方也被称为“断层”，如加利福尼亚州的圣安德烈亚斯断层，它们已对抗数百万年，想要往相反的方向挤压。没有人看得到板块挪动，因为这一过程发生在海底，临近日本沿海。但是这一碰撞所释放的能量却导致日本发生 140 年来最大的地震，并引发日本沿岸超过 30 英尺高的洪水——海啸。

东京离海岸有 250 英里远，也能感知到地震和余震。一位 26 岁的办公室职员说：“地震来的时候我以为自己要没命了，开始震感没有那么强烈，但是越来越强，我们都躲在桌子底下。天花板如雨点般掉落，机器和纸张从架子上飞下来砸在我们身上。”

这些都是小打小闹。海啸袭击海岸，冲走了船只、房屋、汽车、卡车和居民，将村庄和城市夷为废墟，变成墓场。芳贺浩二（Koji Haga）是一艘渔船的船长，他挣扎着控制颠簸的渔船不倒下，骑着海啸驶向内陆，像紧抓着史前巨鲸背部的骑手一样。不知怎么地，他幸存了下来，但其他近 20 000 名船员却未能生还，他们要么掉落在海里，要么被埋在碎石下面。

还有一些遭到了核辐射中毒。海啸摧毁了沿岸一个核电站的 6 个核反应堆。志愿者们勇敢面对核辐射，试图将过热的、还在融化的燃料棒放在水中冷却——但却顾此失彼。他们受到了过量辐射和面部辐射中毒，可能因早患癌症而死亡。虽然这些志愿者很英勇，但还是要将成千上万的人疏散至核电站数英里以外。这个富足而有序的社会霎时间多了一个新的群体——无家可归者。

诸如海啸一类的灾难给人们带来的伤害是身心两方面的（Mason et al., 2010; Weems et al., 2010）。对那些被地震、石油泄漏、火灾、海啸、飓风以及其他灾难摧毁的社区进行的研究发现，大部分幸存者会带着对灾难的回忆和哀伤生活。很多人会出现梦魇、闪回、抑郁以及易激惹等症状，我们称其为创伤后应激障碍，这说明压力有更深层次的影响。

本章内容便与压力有关——压力的起因、压力的心理及躯体反应，以及应对压力的方式。

> 「**芳贺浩二骑着海啸驶向内陆，像紧抓着史前巨鲸背部的骑手一样。**」

真？假？

你怎么看待下列陈述？它们是坊间传闻、常识还是无稽之谈？圈出字母“T”代表真，“F”代表假，并在阅读本章的过程中找出准确答案。

T　F　有些压力对我们有益。
T　F　放假可能是有压力的。
T　F　寻求社会赞许或寻求完美是一种能让自己痛苦的绝佳方法。
T　F　具有 A 型行为模式的人比具有 B 型行为模式的人取得的成就更大，但他们对自己更不满意。
T　F　幽默能够帮助我们应对压力。
T　F　我们体内每时每刻都有不计其数的微型士兵对外来者执行搜查 - 消灭的任务。
T　F　如果你有心脏病或癌症的家族史，那你很少或者没有办法阻止自己也患病。

一、压力是什么、来自哪里

在物理学中，压力被定义为对物体外部施加的一种推力。重以吨计的石头压在地面上、车辆相撞、橡皮筋拉伸——这些都是不同形式的物理压力。而心理上的压力，也是指推或拉。我们会因为一个重大决定而被“压垮”，会被逆境“粉碎”或是被“抻断”。从日本地震和海啸受害者的案例中可以知道，物理事件会对身体和心理造成双重影响。接下来我们会在本章中看到，这些心理影响又如何作用于我们的健康。

心理学家对**压力**（stress）的定义是对机体的适应、反应或调节的要求。有些压力对于我们保持警觉和忙碌是健康且必需的。压力研究专家汉斯·塞利（Hans Selye, 1907—1982）将这种压力称为**积极压力**（eustress, 发音为 YOU-stress）。我们在开始找工作或者是想选出一款 iPad 的颜色时，就能体验到积极压力。但如果是强烈的或是持久的压力，像是由自然灾害或是社会问题、财务问题等引起的压力，超出了我们的调节能力，就会影响我们的情绪，损害我们体验快乐的能力，对我们的身体造成伤害（Folkman, 2011; Gotlib & Joormann, 2010）。

> **压力：**
> 对机体适应的要求。
>
> **积极压力（YOU-stress）：**
> 健康的压力。
>
> **健康心理学：**
> 研究心理因素（如态度、信念、情境影响与行为模式）与防治身体疾病之间关系的一个心理学领域。
>
> **病原体：**
> 能够导致疾病的一种微型有机体（如细菌或病毒）。

> **真** 有些压力对于我们保持警觉和忙碌是健康且必需的。

加州大学洛杉矶分校高等教育研究院所做的一项研究发现，大一新生的压力最大。如图 11-1 所示，在过去的 25 年间，越来越少的大一新生报告他们的情绪健康“高于平均水平”；同期，越来越多的大一新生反映他们在高中三年级时压力巨大。对此，有两种解释，要么是大一新生更加放开自己的感受，要么是我们生活的时代压力越来越大了，或者两者兼而有之。

压力是健康心理学的一个关键课题。**健康心理学**（health psychology）研究心理因素与防治身体健康问题之间的关系。健康心理学家的研究包括：

- 心理因素，如压力、行为模式和态度是如何导致或加重疾病的。
- 人们是如何应对压力的。
- 压力和**病原体**（pathogens，可引起疾病的有机体，如细菌或病毒）是如何相互作用影响免疫系统的。
- 人们是如何决定是否进行医疗保健的。
- 心理干预，比如健康教育（如关于营养、吸烟和运动），以及行为矫正是如何有助于身体健康的。

图11-1　大一新生的情绪健康

根据高等教育研究院的年度报告，2010 年时，大一新生对他们情绪健康的自我评估创下 25 年来最低值。大部分学生反映他们在高中三年级时常感到压力巨大。女生的压力是男生的两倍。

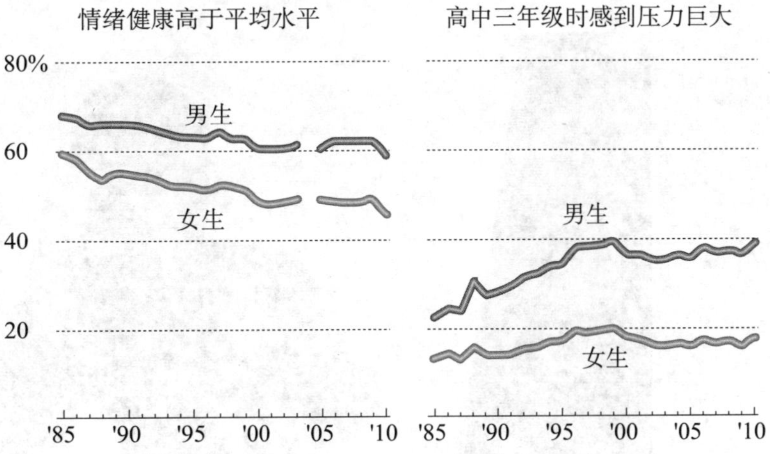

资料来源：Tamar Lewin (2011, Jan. 27). Record level of stress found in college freshmen. *The New York Times online*.

（一）日常烦恼与生活变化

压死骆驼的是哪根稻草？根据谚语

> **真** 放假是有压力的，因为假期属于生活变化，而变化需要进行调节。

来说，是最后一根。与此类似，压力也可以一直累积，直到我们再也承受不住。有些压力是日常烦恼（Back et al., 2008; Henderson et al., 2010）。日常烦恼是指日常生活中经常发生的、会威胁或损害我们幸福的状况或事件。拉扎勒斯（Lazarus）及其同事（1985）发现日常烦恼可以分为以下几类：

- 家庭烦恼：做饭、购物和家务。
- 健康烦恼：身体疾病，担心治疗情况、药物的副作用。
- 时间压力烦恼：有太多事情要做，却没有足够的时间。
- 内心烦恼：社会孤立、孤独。
- 环境烦恼：犯罪、邻里关系恶化、噪声、污染。
- 财务烦恼：担心欠债，比如按揭还款和借贷。
- 工作烦恼：工作不满意，不喜欢自己的工作，或与同事相处有问题。
- 安全烦恼：担心就业保障、恐怖主义、投资和退休。

生活变化在以下两个方面与日常烦恼有所区别：

- 很多生活变化是积极的，而日常烦恼则都是消极的。
- 日常烦恼是规律地发生的，而生活变化则不定期地发生。

佩吉·布莱克（Peggy Blake）及其同事（1984）编制了一份名为"生活变化单位"（life-change units）的量表，用来测量大学生生活变化的影响。调查结果显示，丧偶或双亲之一死亡被认为是压力最大的生活变化（分别是94和88个生活变化单位）。学业失败（77个生活变化单位）和大学毕业（68个生活变化单位）的压力也比较高，尽管大学毕业与不能毕业相比其实是一个积极事件。一些积极的生活变化，比如出色的个人成就（49个生活变化单位）和休假（30个生活变化单位）也"榜上有名"。

（二）烦恼、生活变化与健康问题

烦恼和生活变化——特别是负性生活变化——会使我们担忧并影响我们的情绪（McLaughlin et

日常烦恼是指对人类生活有威胁或伤害的状况或经历。图片中这个人很明显是劳累过度。也许他这么努力工作是被财务问题所困扰，也许是被时间压力或健康所困扰。或者说根据他的饮食来看，他马上就要面临健康问题。他的工作环境看起来快要把他压垮了。

al., 2010; O'Driscoll & Brough, 2010）。而像烦恼和生活变化这样的压力源也往往能预测一些身体健康问题，比如心脏病、癌症，甚至是运动损伤（Perna et al., 2003; Schneiderman et al., 2005）。霍姆斯和瑞赫（Holmes & Rahe, 1967）从他们的量表调查中发现，那些每年生活变化单位超过 300 的人出现健康问题的风险更大。在这些人中，每 10 人就有 8 人出现健康问题，而在那些每年生活变化单位低于 150 的人里面，这一比例只有 1/3。

美国人的压力：美国心理学会调查

美国心理学会（2012）每年都会在美国做心理压力调查。如图 11-2 所示，2011 年，受访者普遍反映收入和工作是他们最主要的压力源。后面我们会看到，"工作压力"是导致心脏病的主要元凶。受访者中有一半选择了住房花费这一项，这说明住房的财务问题也会导致压力。超过一半的受访者以不同的方式提到了健康，这说明健康也是一个主要压力源。亲密关系对超过半数的受访者（59%）来说也是一个压力源。可能有人会认为，亲密关系应该是外部压力源的一种缓冲，或许如此（生活是复杂的）。但是，这些关系的确也能导致压力。

图11-2 承受各种压力源的受访者比例

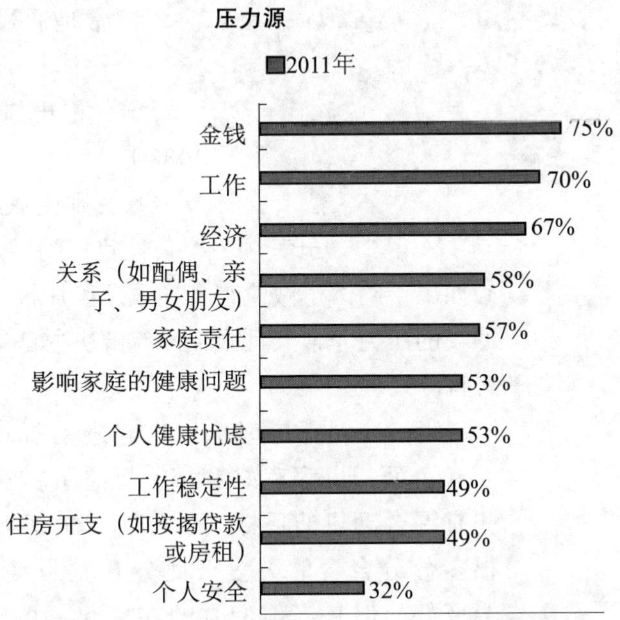

本调查是 2011 年取得的数据，参与调查人数为 1 226 人。以上所列出的是通常人们认为生活中的压力源。请衡量每一个压力源在你的生活中扮演多大的角色。

资料来源：American Psychological Association (2012). *Stress in America*. Washington, DC: American Psychological Association, p.17.

受访者称，压力导致他们的身体和心理都出现了状况。近半数（45%）受访者说压力让他们变得易激惹或愤怒。压力令 2/5（41%）以上的受访者感到疲惫、超过 1/3（36%）的受访者头疼、超过 1/4（26%）的受访者消化不良、几乎 1/4（23%）的受访者感到紧张、约 1/3（34%）的受访者感到沮丧以至有想哭的感觉（30%）。

受访者常用来缓解压力的方式包括听音乐（49%）、运动或散步（48%）、与朋友或家人聚会（46%）和读书（45%）。看电视或电影紧随其后（38%）。另有 1/3 的受访者表示祷告（37%）和打盹（34%）可以缓解压力。有 1/6（16%）的人通过酗酒和 1/7（13%）的人通过抽烟来减压——当然，这不是健康的选择。

我们注意到，同一事件并不会使每个人都产生压力，而人们对压力的反应也不尽相同。一件事的压力还可以反映这件事对个体的意义（Buchanan et al., 2010; David et al., 2010）。比如，怀孕对于多年来一直想要孩子的一对夫妇而言是一个喜讯，而对一个一无所有的未婚少女来说却如同一场灾难。我们首先对事件进行评估，然后基于我们感知到的危险、我们的价值观和目标、我们对自己应对能力的信念，以及我们的社会处境来做出反应。

（三）冲突

你会吃点甜点还是严格控制饮食呢？你会住在学校里，那样的话一切都很方便，还是会租一

冲突：

被相互对立的动机往不同方向拉扯，也指由冲突引起的感受。

间公寓，那样能拥有更多独立空间？类似于这样的选择往往令我们陷入冲突之中。在心理学定义中，**冲突**（conflict）是一种被相互对立的动机往两个或多个方向拉扯的感受。冲突令人倍感压力。心理学家将冲突分为四个类型：双趋冲突、双避冲突、趋避冲突和多重趋避冲突。

> **人性最深刻的原则就是渴望别人对自己加以赏识。**
>
> ——威廉·詹姆斯

尼尔·E. 米勒（1944）等人所做的经典研究表明，*双趋冲突*是压力最小的一种冲突类型。现在，有两个目标都是你想实现的，而且也都能够实现。你可能会对选择披萨还是玉米卷犹豫不决，也可能无法确定到底要去拿骚还是去夏威夷旅行。最近我就遇到这样一个双趋冲突，“被迫”在三层巧克力无脂冰冻酸奶和咖啡巧克力碎末无脂冰冻酸奶之间做出选择。这类冲突通常是通过决策来解决的（我选择了三层巧克力的）。遭遇这种冲突体验的人往往在最终做出决定之前一直摇摆不定，他们会将决定一拖再拖，或对相互冲突的目标反复进行思考（Emmons & King, 1988）。

*双避冲突*则比双趋冲突的压力大，因为你要避开两种负性的目标。但是避开其中一个负性目标的结果往往是接近另外一个。你可能害怕去看牙医，但是也担心如果不约医生做检查会导致牙齿坏掉。双避冲突中每一种可能的结果都是你不想要的。当双避冲突的压力非常大且眼下没有解决办法时，有些人就会退缩，把注意力转移到其他事情上去，或进行冷处理。

当一个目标同时会产生趋避动机时，我们便遇到了*趋避冲突*。不管是人还是事，都有正面和负面，也都有好和坏。奶酪蛋糕可能非常美味，但是，天哪，别忘了它所含的热量！那些有混合动机的目标远看可能非常诱人，但是近看可能根本不受欢迎（Elliot & Mapes, 2005）。很多分分合合的夫妻彼此分开时非常想念对方，并发誓如果重新在一起，他们的关系一定会变好。但是当他们真的在一起一段时间后，就又开始怀疑：“我怎么会相信某人会有所改变呢？”

最复杂的冲突形式便是*多重趋避冲突*，这其中每一种选择的行动路线都有利弊。这种冲突可能出现在一场大考的前夜，你需要决定去复习还是去看电影。任何一种选择都同时具有正性的和负性的方面：“复习很枯燥，但可以让我不用担心挂科。我非常愿意去看电影，但是又担心明天考试怎么办。”有研究将内部冲突和多种健康问题联系到一起（Freitas et al., 2009）。其中一项研究（Emmons & King, 1988）招募了 88 名大学生，调查了他们的个人目标以及他们在这些目标中体验到的冲突程度。研究人员通过学生的日记对他们的情感生活和躯体症状进行评估。结果发现，那些有更多冲突以及更多矛盾想法的学生更多地出现身体不适，而且在两年的大学生活期间，他们去学校健康中心的次数明显比其他学生多。

（四）非合理信念

心理学家阿尔伯特·艾利斯（Albert Ellis, 1913—2007）指出，我们对事件的*信念*（而不仅仅是事件本身）会成为压力源（David et al., 2010; Ellis, 2005）。我们来看这样一个例子：某人被解雇了，他正在为这件事焦虑和沮丧。丢掉工作令人痛苦，这是符合逻辑的，但艾利斯指出，对待失业这件事的信念是这个人痛苦的原因（见表 11-1）。

表11-1　非理性信念：通往痛苦的认知之门

非理性信念 1：	你必须总是能够从你的重要他人那里得到真诚的爱和赞许。
非理性信念 2：	你必须能够证明自己是完全胜任的并且能够在重要的事情上成功。
非理性信念 3：	事情必须按照你希望的样子进行。如果你不能每次都实现自己的第一选择，生活就糟糕透了。
非理性信念 4：	他人对人一定要公平且公正。如果人们的举止行为是不公平或是不道德的，那他们就坏透了。
非理性信念 5：	当你的世界里出现危险或恐惧时，你一定要满脑子想着它，并因此感到不安。
非理性信念 6：	不管人或事，都应该比现在更好。找不到快速解决生活烦恼的方法是糟糕的、可怕的。
非理性信念 7：	你的情绪问题都是因为你不能控制的外部压力导致的。只要这些外部压力不变，你就会一直处在这种痛苦中。
非理性信念 8：	逃避生活中的责任和问题要比面对并采取有益的自律措施更容易。
非理性信念 9：	你的过去永远影响着你，因此它必然决定了你今天的感受和行为。
非理性信念 10：	懒懒散散、无所事事，或每天自得其乐就能获得幸福。

我们来根据艾利斯的 A → B → C 路径对这个例子进行分析：丢掉工作是诱发事件（A），最终的结果或影响（C）是痛苦。在诱发事件（A）和影响（C）之间，是信念（B），比如“这份工作是我一生中最重要的东西”“我简直一无是处”“我的家人要挨饿了”“我再也找不到这么好的工作了”“我什么也做不了”。这些痛苦信念常常令人感到无助，无法计划接下来要做的事情。“我什么也做不了”的信念使人无助。“我简直一无是处”的信念会把这种责备内化，并进一步夸大。“我的家人要挨饿了”也有些夸张了。下面我们用图示来说明这个过程：

诱发事件 → 信念 → 影响

或 A → B → C

人们会对未来产生焦虑，会对失去感到沮丧，这实属正常，且在预料之中。但是失业的人容易产生**灾难化**（catastrophize）倾向，夸大失去的程度，从而引发焦虑和抑郁——还有血压升高（David et al., 2010; DiGiuseppe, 2009）。随着个体对失去产生的情绪反应和无助感不断增强，这些信念就会损害我们的应对能力。

灾难化：
将负性事件夸大地解释为灾难性的，即“小题大做”。

艾利斯认为，我们很多人都带着表 11-1 中的非合理信念在生活。这些信念是我们的痛苦之源，实际上，它们本身也可能成为问题。一旦出现其他问题，这些信念就起到推波助澜的作用。

我们需要他人的赞同，艾利斯认为这一点可以理解，但是如果固执地认为没它不行就是不合理的。如果我们能够做成每一件事固然很好，但是期望自己样样都做到就不切实际了。当然，如果能像职业网球选手一样发球和拦截是很好，但是我们大部分人并没有时间或天赋做到尽善尽美。追求完美阻碍我们周末上场打球，也让我们难以在球来球往中获得乐趣。第 5 个非合理信念是永久性情绪剧变的先兆。第 7 个和第 9 个非合理信念则会导致无助感和自暴自弃。当然，艾利斯会说，虽然童年经历可以解释我们

真　已有研究确认，在非合理信念（例如，对社会赞许和完美主义过度认同）和焦虑、抑郁的感受之间存在联系（Davies, 2008; DiGiuseppe, 2009; Wiebe & McCabe, 2002）。

A 型行为：

以时间紧迫感、竞争意识和敌意为特征的行为。

自我效能预期：

我们相信自己能够通过努力实现想要的改变。

非合理信念的起源，但令我们痛苦的却是我们此时此地的认知评价。

（五）A 型行为模式

有些人是通过 **A 型行为**（Type A behavior）模式给自己制造压力的。具有 A 型行为模式的人有紧迫感、好胜心强、缺乏耐心、怀有敌意、具有攻击性——甚至可以说他们容易发生车祸（Ben-Zur, 2002; Yamada et al., 2008）。他们总觉得匆忙且紧张，常常需要看表。他们不仅不会迟到，而且常常早到。他们吃饭、走路和说话的速度都很快。如果别人动作慢了，他们会变得焦躁不安。他们总想着主导小组讨论。具有 A 型行为模式的人很难放弃控制权或者与他人分享权力。他们在工作中不愿意授权，结果只是增加了自己的工作量。他们会在意自己的表现，不断完善击球，时刻寻求自我改进，并要求自己每一件事都做好。具有 B 型行为模式的人则比具有 A 型行为模式的人更放松，他们更关注生活质量。面对压力时，他们的血压比具有 A 型行为模式的人要低，这也是 A 型行为模式被称作冠心病行为模式的原因（Glass et al., 2007; Manuck et al., 2007）。他们没有那么雄心勃勃，耐心也没有那么差，他们会让自己慢下来。对于智力水平相同的两个人，具有 A 型行为模式的人成绩和收入比具有 B 型行为模式的人高，但他们还会继续要求更多。

真 具有 A 型行为模式的人比具有 B 型行为模式的人取得的成就更大，但是他们对自己更不满意。

二、压力的心理调节因素

心理因素会支配或调节压力源对我们造成的影响。我们将在这一节讨论几种能够调节压力作用的心理因素：自我效能预期、心理韧性，幽默感、可预测性与控制，以及社会支持。

（一）自我效能预期："无所不能的小引擎"

自我效能是完成事情的能力。**自我效能预期**（self-efficacy expectations）是指我们相信自己能够通过努力实现想要的改变，从而影响我们承受压力的能力（Luszczynska et al., 2009; Pietrzak et al., 2010）。

阿尔伯特·班杜拉及其同事（1985）做了一项经典实验，对被试的自我效能进行评估。他们让被试面临恐惧刺激，然后监测其血流中的肾上腺素和去甲肾上腺素水平。人在压力状态下会分泌肾上腺素和去甲肾上腺素，它们从不同方面唤起机体反应，如心跳加快，或使肝脏释放葡萄糖。过度唤起会转移我们的注意，打断我们手头正在做的事情。自我效能预期较高的人血流中的肾上腺素和去甲肾上腺素水平相对较低，因此他们能够保持冷静是有生理和心理两方面原因的。

我们的自我效能期待影响我们承受压力的能力，并促进事情的发展。

自我效能预期高的人比较不容易被负性事件打扰（Maddi, 2008），他们更容易减肥或戒烟，也更不容易积习重返（Kalavana et al., 2010; Martinez et al., 2010）。他们比其他人带病工作时的表现更好（Howard et al., 2010）。对本土美国人的一项研究发现，酒精滥用与自我效能预期有关（Walle, 2004）。也就是说，感到无能为力的人更容易沉迷于酒精，也许这是缓解压力的一种方法。

心理韧性：

对压力能够起到缓冲作用的一组特质，以承诺、挑战和控制为特征。

控制点：

个体将控制归结为自身原因还是外界原因的分界点。

（二）心理韧性

心理韧性（psychological hardiness）也能够帮助人们抵御压力（Maddi et al., 2009; Pietrzak et al., 2010）。我们对韧性的研究是从苏珊娜·科巴萨（Suzanne Kobasa）的开拓性工作开始的（Maddi, 2008）。科巴萨及其同事对一些能够在压力中抵御病痛的企业主管进行研究，其中一部分是需要这些主管完成一系列的心理测验。研究发现，心理韧性强的主管都具有三种关键特质。这些特质包括承诺、挑战和控制（Maddi et al., 2009）。

真 研究发现，幽默的确有调节压力的作用。

1. 承诺。心理韧性强的主管参与得更多。不论是他们一直在做的还是中途参与的事情，他们都会尽力投入，并不因事不关己而袖手旁观。
2. 挑战。心理韧性强的主管认为变化才是生活的常态，而不是一成不变。他们将变化视为个人成长中有趣的刺激，并非对安全的威胁。
3. 控制。心理韧性强的主管对自己的生活有较高的控制感（Pietrzak et al., 2010）。心理韧性强的人都有心理学家朱利安·B. 罗特（Julian B. Rotter, 1990）所提出的内部**控制点**（locus of control）（Weiner, 2010）。

心理韧性强的人之所以更能够抵御压力，是因为他们选择面对压力（Bartone et al., 2008; Maddi et al., 2009）。而且他们认为压力使生活变得更加有趣。比如，他们将跟上司一起开会视为说服上司的一个机会，而不会看成对自己职位的威胁。

幽默感可以减轻一天的重负。

（三）幽默感

幽默能够帮助人们减轻生活重负及应对压力，这已经是上千年来人尽皆知的常识了。《圣经》箴言里说："喜乐的心，乃是良药。"（Proverbs 17: 22）已经有研究发现，幽默能够调节压力带来的影响（Marziali et al., 2008）。举一个经典的研究来说明，在这项研究中，学生们需要完成一份负性生活事件调查表以及一份心境困扰的测验（Martin & Lefcourt, 1983）。他们的心境困扰测验会得出一个压力分数，然后让他们对自己的幽默感打分。另外他们还需要在实验的压力条件下制造幽默，由研究者对其幽默能力评分。结果发现，那些幽默感更高，而

内控者：
认为达到目标的能力大多在于自己的人。

外控者：
认为达到目标的能力大多不在于自己的人。

且能够在有压力的实验条件下制造幽默的学生受压力的影响小于其他学生。后续研究还发现，学生在观看幽默录像时唾液蛋白 A（测量免疫系统功能的一个指标）的水平升高（Lefcourt, 1997; K. L. Smith, 2009）。

幽默是怎样帮助人们应对压力的呢？这有很多可能性。其中一个便是笑可以刺激内啡肽的分泌，而这种物质能够增强内分泌系统的功能。还有一种可能的解释是，幽默是积极的认知转移所必需的，而且这个活动会伴随出现积极的情绪。

（四）可预测性与控制

能够预测压力源的能力显然可以对压力的影响进行调节。可预测性使我们能够保护自己免受一些必然事件的伤害，而且在很多情况下，使我们能够准备应对的方法。控制——即使只是错觉——可以让我们觉得自己不是被命运支配的（Folkman & Moskowitz, 2000b; Yartz et al., 2008）。对情境进行控制的愿望与眼前压力源信息的有用性之间存在一定的关系。可预测性对**内控者**（internals）——希望控制情境的人——的好处比对**外控者**（externals）更大。有些人会对有关治疗过程的信息以及可能出现的反应进行了解，这样他们在真正接受治疗时就能更好地应对疼痛（Ludwick-Rosenthal & Neufeld, 1993; Thompson, 2009）。

（五）社会支持

人是社会性的存在，因此社会支持也可以对压力的作用进行缓冲（Folkman & Moskowitz, 2000a; Pietrzak et al., 2010）。社会支持这一概念有很多定义：

- 情感关怀：倾听人们的烦恼，表达同情、关心、理解和安慰的感受。
- 工具性支持：能够促进适应行为的物质支持和服务。例如，灾难过后政府会为幸存者重建提供低利率贷款，救济组织则会提供食物、药品和暂时住所。
- 信息：帮助人们提高应对能力的指导和建议。
- 评估：他人对个体行为的反馈。这类支持包括帮助人们解释或"弄明白"发生在他们身上的事情。
- 社交：与他人交谈、娱乐、购物。即使不是为了解决问题，社交也是有益的。

人类自古以来就有这样的需要，需要有人在你深夜不归时翘首以待。

——玛格丽特·米德

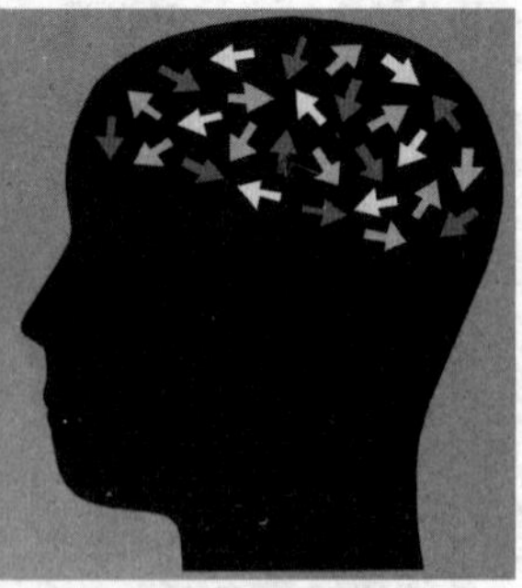

有研究肯定了社会支持的价值。内向的人缺乏社交技能，他们跟那些独居的人一样，在压力作用下更容易得像感冒这样的传染病（Cohen et al., 2003; Pressman & Cohen, 2005）。社会支持帮助人们应对癌症和其他健康问题的压力（Kahana et al., 2009）。社会支持还可以帮助人们应对自然灾害（如飓风和地震）带来的压力（Hu et al., 2010; X. Wang et al., 2000），也可以帮助被强奸的女人应对创伤（Fisher et al., 2008）。有社会支持的人不太容易因压力得高血压或酒精成瘾（Dennis et al., 2008; Rodriguez et al., 2008）。

压力如何引发躯体疾病？在下一节中，我们将介绍压力对身体的影响。

三、压力与身体

压力不仅仅是一个心理事件。它不仅让人“知道”它的存在，也不只让人“感到”被推拉，压力对身体有非常明确的影响。接下来我们会了解到，它能够引发生理和心理的健康问题。压力研究者汉斯·塞利在他的一般适应综合征（GAS）里列举了大量压力对生理的作用。

一般适应综合征（GAS）：

塞利假设压力反应具有三个阶段的术语。

警觉反应：

GAS 的第一阶段，由压力源的作用触发，以交感神经的活动为特征。

战或逃反应：

对危险知觉的一种本能的适应性反应。

（一）一般适应综合征

塞利认为，压力之下的身体就像一个闹钟，除非关掉它或是电池用完，否则它是不会停下来的。不论压力源是细菌感染，是知觉到的危险，还是一个重大的生活变化，身体对不同压力源的反应都具有一定的相似性（Selye, 1976）。塞利将这种反应称为**一般适应综合征**（general adaptation syndrome, 简称 GAS）。GAS 是一组躯体变化，可分为三个阶段：警觉阶段、对抗阶段和衰竭阶段。这些变化调动身体进行反应，而且就像那只响个不停的闹钟，最终会拖垮我们的身体。

警觉反应

警觉反应（alarm reaction）是由对压力源的知觉触发的。从生物学角度说，这个反应使身体活动起来、产生唤起。早在 20 世纪，生理学家沃尔特·B. 坎农（1932）就指出，这个身体反应是我们本能的**战或逃反应**（fight-or-flight reaction）的基础。战或逃反应刺激内分泌系统、心血管系统和肌肉骨骼系统做出反应，使我们得以生存。短期压力可提高免疫系统的功能，从而帮助我们抵御伤口的感染，但慢性或长期压力会损害我们的免疫系统功能（Dhabhar, 2009）。

压力对内分泌系统的影响类似于多米诺效应（Lupien et al., 2009；见图 11-3）。下丘脑分泌促肾上腺皮质激素释放激素（CRH），CRH 使垂体腺分泌促肾上腺皮质激素（ACTH）。接下来 ACTH 使肾上腺皮质分泌皮质醇及其他皮质类固醇（由肾上腺皮质分泌的类固醇激素）。皮质类固醇则通过应对过敏反应（如呼吸困难）对身体起到保护作用，引发炎症。（不过，皮质类固醇也会危害到心血管系统，这是慢性压力损害人的健康以及运动员使用类固醇增强肌肉引发心血管问题的一个原因。）炎症会加快受伤身体部位的循环，输送白细胞群抵御入侵的病原体。

图11-3　压力与内分泌系统

压力对内分泌系统的影响类似于多米诺效应，可促使释放皮质类固醇以及肾上腺素和去甲肾上腺素的混合物。皮质类固醇能够应对过敏反应（比如呼吸困难），并能够引发炎症。肾上腺素和去甲肾上腺素对身体的影响是使心跳加快，为战或逃反应提供能量。

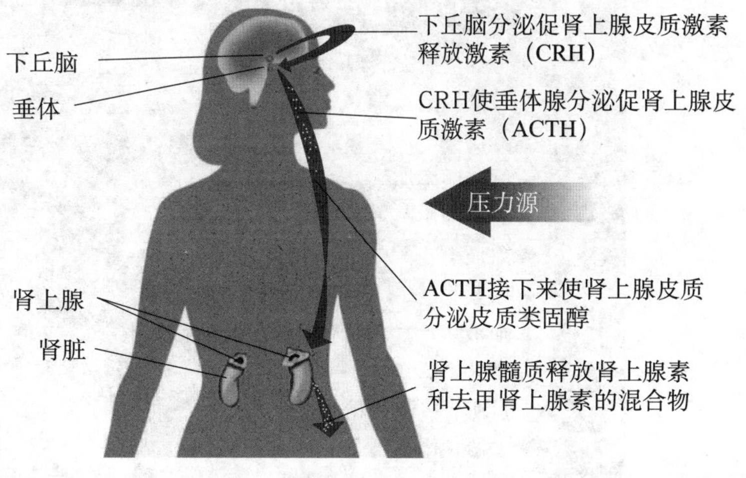

另外两种在警觉反应中发挥重要作用的激素是由肾上腺髓质分泌的。自主神经系统的交感神经分支激活肾上腺髓质，使其释放肾上腺素和去甲肾上腺素

对抗阶段：

GAS 的第二个阶段，以交感神经的延时活动为特征，恢复失去的能量并修复损伤。也称为适应阶段。

衰竭阶段：

GAS 的第三个阶段，以对抗削弱和可能出现的恶化为特征。

免疫系统：

能够识别并消灭入侵身体的外来者（抗原）的身体系统。

的混合物。这种混合激素作用于身体，会使心跳加快，使肝脏释放葡萄糖，而且还能够为战或逃反应提供能量，以激活身体为战斗或逃跑做准备。

战或逃反应源自人类的史前时期，当时的很多压力源都会危及生命。在灌木丛的边缘看到天敌或听到矮树丛里的沙沙声便会触发这种反应。现在这种反应则出现在你决定在车流中走动还是停下，或者在你发现按揭还款的数字有所增加的时候。一旦威胁消失，身体便再度回到一个较低的唤起状态里。表 11-2 中列举了很多在警觉阶段出现的躯体变化。

对抗阶段

根据塞利的理论，如果警觉反应使身体活动起来，而压力源依然存在，我们便进入了 GAS 的适应或**对抗阶段**（resistance stage）。内分泌水平和交感神经的活动水平有所下降，但还是高于正常水平（就好比闹钟还在响，只是声音弱了一些）。但是不要弄错：这个时候人还是觉得紧张，身体的负担仍然很重。

衰竭阶段

如果压力源还没彻底解决，我们就进入了 GAS 的**衰竭阶段**（exhaustion stage）。肌肉变疲劳，身体对抗压力所需的资源最终消耗殆尽。随着衰竭的出现，自主神经系统的副交感神经分支便会占据主导地位。结果，我们的心率和呼吸频率都变缓，很多交感神经活动出现逆转。听上去，这个暂缓好像对我们有利，但是别忘了，我们仍然处在压力之下——可能是一个外部威胁。衰竭阶段持续的压力可能会导致塞利所说的“适应性疾病”，这种疾病与血管收缩和心率变化有关，能引起荨麻疹过敏和心脏病，并且最终导致死亡。

我们已经讨论了压力对免疫系统的作用，这会帮助我们理解心理因素与生理疾病之间的关系。

（二）压力对免疫系统的作用

心理学家、生物学家和医学家们在心理神经免疫学领域共同合作，想要找出心理因素、神经系统、内分泌系统、免疫系统和疾病之间的关系。他们最关心的问题之一就是压力对免疫系统的影响（Kemeny, 2009）。通过测量免疫系统血液中的不同成分发现，压力对免疫系统有抑制作用（Calcagni & Elenkov, 2006）。

表11-2 警觉反应的组成

- 分泌皮质类固醇
- 分泌肾上腺素
- 分泌去甲肾上腺素
- 呼吸频率加快
- 心率加快
- 血压上升
- 肌紧张
- 血液从器官内部流向骨骼肌肉组织
- 消化抑制
- 肝脏释放葡萄糖
- 血凝性增强

免疫系统

免疫系统（immune system）与疾病斗争的方式有很多种（Iwasaki & Medzhitov, 2010）。其中一种方式便是制造白细胞，它能够吞噬并杀死病原体，比如细菌、真菌、病毒以及坏细胞、癌细胞。白细胞的专业术语是**白血球**（leukocytes），负责执行搜查-消灭的任务，“识别”并消灭外侵者以及不健康的细胞。

白血球通过形状对外来者或抗原进行识别。躯体则通过产生专门的蛋白质或**抗体**（antigens）对**抗原**（antibodies）做出反应。抗体可以附着在抗原上，使抗原失效，并做上消灭的标记。免疫系统通过在血液中保存抗体可以持续数年“记住”如何对付抗原。①

炎症（inflammation）是免疫系统的另一个功能。我们受伤时，伤口区域的血管首先收缩（以止血）然后再膨胀。膨胀能够增加血液、细胞及天然化学成分向受伤部位流动，导致出现以发红、肿胀和发热为特征的炎症（Leonard, 2005）。血液供应增加，这个区域的白细胞数量也增加，这些白细胞与入侵的微生物（如细菌）进行斗争，以防止它们经由受损的部位进入体内。

白血球

白细胞（leukocytes，出自希腊语“leuko”和“kytos”，前者的意思是“白色”，后者的意思是“凹坑”，用来指细胞）。

抗体：

由白细胞形成的物质，能够识别并消灭抗原。

抗原：

能够刺激身体产生一种免疫系统反应的物质（antigen，是*anti*body［抗体］与*gen*erator［生成者］的缩写）。

炎症：

身体受伤部位的血流量增加，导致出现发红、发热以及白细胞增多的现象。

生物心理社会学：

与生物因素、心理因素及社会文化因素的交互作用有关的学科。

压力与免疫系统

压力最终能够耗尽我们的一个原因是它刺激产生了类固醇，类固醇可以抑制免疫系统的功能。如果只是偶尔分泌一些类固醇，这种抑制作用可以忽略不计。但是持续的类固醇分泌可以减少炎症、阻碍抗体的形成，结果就是我们更容易感染疾病，比如容易感冒（Cohen et al., 2012）。通过削弱免疫系统的功能，压力可以加快由艾滋病毒感染发展成艾滋病的进程（Cohen et al., 2012）。

一项针对大学生的研究表明，考试压力会抑制免疫系统对爱泼斯坦-巴尔二氏病毒的反应，这种病毒会使我们疲劳并引起其他问题（Glaser et al., 1993）。相比有更多社会支持的学生，孤僻的学生免疫系统功能受到更大抑制。有 90% 刚刚从压力中走出的人，其体内的爱泼斯坦-巴尔二氏病毒还处于蛰伏状态。压力会提升血液中的肾上腺皮质醇和肾上腺素水平，从而增加病毒再生的可能性（Coskun et al., 2010）。

四、心理与慢性病

真　白血球参加的是一场微型战争，它们消灭外敌（如细菌）和其他有害因子（如癌细胞）。

人为什么会生病？为什么有些人会得癌症？为什么另一些人会有心脏病？为什么有些人好像对所有疾病都有免疫力？**生物心理社会学**（biopsychosocial）的方法认为这些问题都没有单一的、简单的答案。患病——如流感或癌症——可能是因为许多因素的交互作用，包括生物因素、心理因素以及社会文化因素（Benke & Fallin, 2010; Schneiderman et al., 2005）。

生物因素，像是病原体、损伤、年龄、性别以及疾病的家族史，是影响我们最明显的致病原

① 接种疫苗是向体内引入一种活力较低形式的抗原（通常是细菌或病毒），使身体产生抗体。抗体产生的免疫力可以持续多年，有的甚至可以维持终生。

* 对压力的反应有性别差异吗?

一个世纪以来,人们都认为自己在压力的作用下会像生物学家沃尔特·坎农所说的做出“战或逃”反应。坎农认为我们会本能地选择奋起抵抗,或者在适当的时候逃之夭夭。

果真如此吗?根据心理学家谢莉·E. 泰勒(Shelley E. Taylor)及其同事(Taylor, 2006; Taylor et al., 2000)的研究,压力下的女性更有可能先去照顾小孩或从他人那里寻求社会支持。对压力的这种“女性反应”,也就是“照料和结盟”(tend-and-befriend)反应,其实是在建立和寻找社会支持,而不是战斗或逃跑。

这种反应对女性及其他哺乳类雌性动物来说可能是天生的。进化心理学家认为,照料和结盟反应可能已经封存在人类的基因中了,因为这有助于照顾小孩的女性生存。如果女性选择战斗,那么她们可能会死亡或者与孩子分开——从进化的角度来看这并不划算。

行为的性别差异通常与激素水平和其他生理因素有关,这一点毋庸置疑。泰勒(2006)指出垂体激素催产素的影响,这种催产素与照料行为(如拥抱自己的孩子)有关(Taylor, 2006)。资料表明,压力情境下释放催产素,对白鼠和人类都有镇静作用,可以使其不那么恐惧,且更好社交。

但是,男性在压力情境下也会释放催产素,那么他们与女性有什么差异呢?答案在于其他激素——雌激素和睾酮。女性体内的雌激素水平高于男性,雌激素可以增强催产素的作用。而男性的睾酮水平高于女性,睾酮则降低催产素的作用(Taylor, 2006)。

由于男性体内激素平衡的作用,他们在压力情境下的反应比女性更具攻击性。基于这些差异,女性的寿命长于男性。泰勒在一则新闻报道中还提道:“男人比女人更容易因对压力的反应而出现与压力有关的失调,包括高血压、攻击行为、酗酒或物质滥用。”(May, 2000)

* 压力贴示表

美国心理学会提供了一些小贴士来帮助人们应对压力:

- **找出自己的压力源。**是什么事件或情况引发了你的压力感?是否与你的孩子、家庭、健康、经济决策、工作、人际关系或其他事情有关?
- **找出自己的压力信号。**每个人面对压力的反应不一样。你可能会难以集中精力或做决定、易怒且暴躁,或者会感到头痛、肌肉紧张或浑身乏力。请评估一下自己的压力信号。
- **认识到自己是如何应对压力的。**看看自己是否是在用不健康的行为方式应对压力(如抽烟、喝酒、暴饮暴食或食欲不振)。这些行为是经常性的,还是只针对某些特定事件或情境才发生?你在感到压力时是否会做出不健康的选择?
- **找到健康的方式来应对压力。**试试健康的、减压的活动,如冥想、运动或与朋友和家人交谈。时刻谨记,不健康的行为会随时间而发展,很难改变。不要想一次承担太多,每次集中精力改变一种行为即可。
- **照顾好自己。**吃健康的食物,睡眠要充足,大量喝水,经常参加体育运动。定期度假或短暂休假。不管生活有多忙乱,都要给自己腾出时间——即使只是读本书或听听音乐。
- **向外界寻求帮助。**来自朋友和家人的帮助可以提高我们应对压力的能力。如果还是感觉压力很大,你可以去看看心理医生,他们会帮助你更好地应对压力,并改善你的不健康行为方式。

因。特别是遗传让有的人觉得自己对健康无能为力。确实，一些严重疾病对于有特定基因的携带者是不可避免的。但是在很多情况下，特别是对于心脏问题和癌症来说，基因只是说明有出现这类健康问题的倾向。

假 并不是说如果你有心脏病或癌症的家族史，就无法避免自己也得同样的病。

遗传的这种倾向通过与环境进行相互作用来表达（Benke & Fallin, 2010; Hunter, 2005）。比如说，遗传因素与乳腺癌有关。那些近期从亚洲本土移民到美国的女性中，患乳腺癌的比例跟她们原来所在国家的乳腺癌患病率很接近，而且比第三代亚裔美国女性的患病率低 80%；第三代亚裔美国女性的乳腺癌患病率则与欧裔美国女性很接近（Hoover, 2000; Wu et al., 2009）。因此可以说，与生活方式有关的因素也与患乳腺癌的风险有关——而且与患大部分癌症有关。

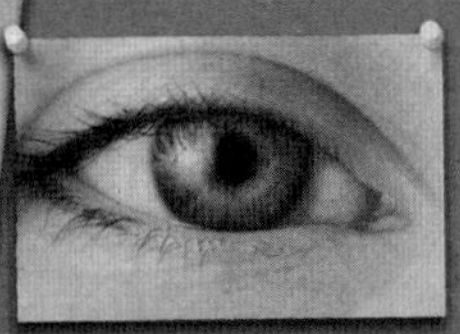

保持健康的唯一方式就是：吃你不爱吃的，喝你讨厌喝的，做你不想做的。

——马克 · 吐温

如图 11-4 所示，生物因素（如遗传和肥胖）、心理因素（如行为与人格）、社会文化因素（如社会经济地位）、环境因素以及压力源都影响健康问题，如心脏病和癌症。

很多健康问题受心理因素影响，比如说态度、情绪和行为（Frasure-Smith & Lespérance, 2008; Kiecolt-Glaser et al., 2002b）。美国每年有近 100 万人的死亡是可以避免的（Health, United States, 2002）。戒烟、合理饮食、运动和控制饮酒可以使其中大

图11-4 心脏病与癌症的病因

心脏病

生物方面：
- 家族史
- 生理状况：
  - 肥胖
  - 高胆固醇
  - 高血压

心理方面（个性与行为）：
- A 型行为模式
- 充满敌意和愤怒
- 工作压力
- 慢性疲劳、压力、焦虑、抑郁和情绪紧张
- 消费模式：
  - 过度饮酒
  - 吸烟
  - 暴饮暴食
  - 突如其来的压力源
  - 运动不足

社会文化方面：
- 非裔比欧裔美国人更易患高血压和心脏病
- 医疗条件
- 诊断与治疗时机

癌症

生物方面：
- 家族史
- 生理状况：
  - 肥胖

心理方面（个性与行为）：
- 消费模式：
  - 吸烟
  - 饮酒（尤其是对女性来说）
  - 食用动物脂肪？
  - 晒日光浴（皮肤癌）
  - 长期处于抑郁状态
  - 压力？尤其是长期处于压力状态

社会文化方面：
- 社会经济地位
- 医疗条件
- 诊断与治疗时机
- 脂肪摄入量更高的国家癌症死亡率偏高

约 80% 的人免于死亡。焦虑和抑郁等心理状态也会损害免疫系统功能，使我们更容易患病，从病毒感染到癌症都有可能（Kiecolt-Glaser et al., 2002a；Salovey et al., 2000）。

现在我们来讨论心脏病和癌症这类慢性病。它们都包含生物、心理以及社会文化因素。尽管这些都是医学问题，但我们仍然可以探索心理学家对预防和治疗方法的贡献。

（一）冠心病

冠心病（CHD）是美国人的头号疾病杀手，大部分人死于心脏病发作（Arias et al., 2010）。

风险因素

下面是患 CHD 的风险因素（Glynn, 2010）：

- 家族史：有 CHD 家族史的人更容易患 CHD。
- 生理状况：肥胖、高胆固醇以及高血压都是患 CHD 的风险因素。每 5 个美国人中就有 1 人患高血压，而高血压可以引发 CHD。没有确定病因的高血压是原发性高血压，原发性高血压有遗传因素。而血压与抑郁和焦虑等情绪有关。我们在压抑强烈情绪的表达时，或是在愤怒状态下，或是在警惕危险的时候，血压会升高。我们在压力的作用下觉得自己能够感受到血压“冲破屋顶”，不过这个看法通常是错误的。大部分人无法对高血压进行感知。因此定期检查血压是非常重要的。
- 消费模式：包括过度饮酒、吸烟及暴食。
- A 型行为：大部分研究认为，在 A 型行为和 CHD 之间存在一定的关联。A 型行为模式中的敌意对健康危害最大（Chida & Steptoe, 2009）。极易发怒的人患心脏病的概率是其他人的 3 倍（J. E. Williams et al., 2000）。与愤怒有关的压力激素会压缩通往心脏的血管，引发心脏病。
- 工作压力：加班工作、流水线作业以及互相冲突的工作要求都会导致 CHD。高压工作对人的要求很高，将人置于最高的风险之中却几乎没有个人控制的可能（Aboa-Éboulé et al., 2007; Ferrario et al., 2011）。
- 慢性疲劳、压力、焦虑、抑郁与情绪紧张。抑郁与心律不齐相关，还可能导致血小板“黏性”，从而产生引起冠心病的血液凝块（Kramer, 2003）。
- 懒散的生活方式。

非裔美国人比欧裔美国人更容易因心脏病发作而死亡（National Center for Health Statistics, 2010）。图 11-5 比较了美国和其他种族背景的男性、女性因心脏病发作的死亡率。亚裔美国人、本土美国人和拉丁裔美国人因患心脏病致死的概率小于欧裔美国人和非裔美国人。早期的诊断和治疗可以降低这些种族差异。

降低风险

下面这些措施有助于降低患 CHD 的风险：戒烟，减少饱和脂肪的摄入，多吃水果、蔬菜和谷物；降低高血压和低密度脂蛋白（LDL，有害的）胆固醇水平，必要时使用药物；改善 A 型行为；管理愤怒情绪；定期进行锻炼（首先进行体检）。

（二）癌症

《全美重要统计报告》显示，癌症是美国人的第二大杀手（Jemal et al., 2009）。癌症的特征是异常的、突变的细胞有可能在体内任何地方生根：血液、骨骼、消化道及性器官。如果早期没有对扩散进行控制，癌细胞就会“转移”——会在身体的其他部位建立领地。看来我们体内的癌细胞会频频发展，不过它们大部分被我们的免疫系统消灭了。免疫系统因生理或心理因素受损的人更容易出现肿瘤（Antoni & Lutgendorf, 2007; Mantovani & Sica, 2010）。

图11-5　每10万人中死于心脏病的人数（含所有年龄段）

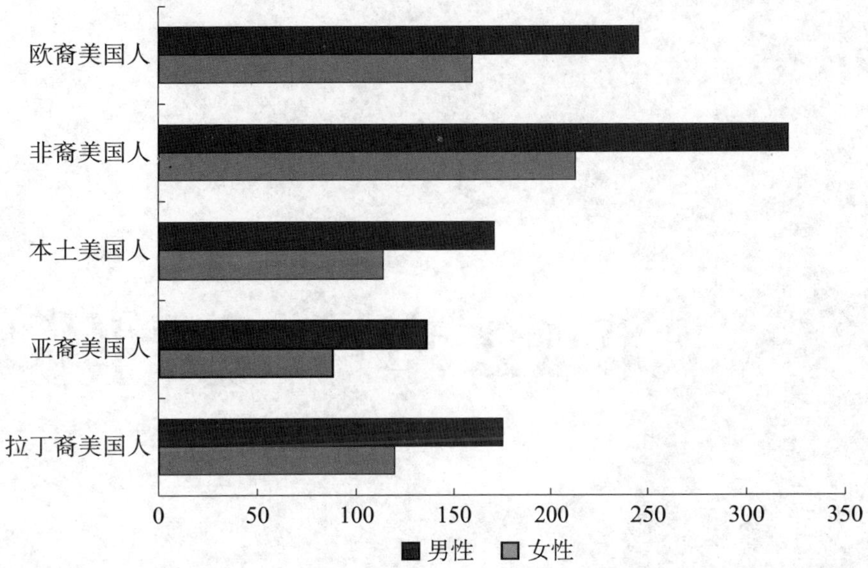

National Center for Health Statistics. Health, United States, 2009: With Special Feature on Medical Technology. Hyattsville, MD. 2010. Table 32. (Accessed October 8, 2010) http://www.cdc.gov/nchs/data/hus/hus09.pdf

风险因素

像很多其他疾病一样，人类会遗传易患癌症的倾向（Santarius et al., 2010）。致癌基因会毁掉抑制细胞分裂的阀门，使细胞疯狂地复制，或使变异不经审核地不断增多。我们的很多行为方式都会显著增加患癌症的风险，包括吸烟、每天饮酒多于一或两杯（尤其对女性来说）和日光浴（可能会因照射紫外线患皮肤癌）。有些长时间的心理状态比如抑郁或压力会抑制免疫系统的功能，增加我们罹患某些癌症的风险（Antoni & Lutgendorf, 2007; Gross et al., 2010）。

非裔美国人比欧裔美国人更容易患大多数形式的癌症（National Center for Health Statistics, 2010）。一旦患癌，非裔美国人比欧裔美国人更容易死亡。这一结果在某种程度上与非裔美国人的遗传因素有关，但也与他们社会经济地位较低以及相对缺乏医疗保健有关（Orsi et al., 2010）。

再来看一下健康的文化差异。由癌症导致的死亡率在以下这些国家都比较高：荷兰、丹麦、英国、加拿大，当然还有美国，这些国家每天对动物脂肪的平均摄入量很高（Bagchi & Preuss, 2007）。而由癌症导致的死亡率在泰国、菲律宾和日本这些国家则比较低，他们的脂肪摄入较少。泰国、菲律宾和日本都属于亚洲国家，但千万不要以为这种差别是种族性的！对从日本移民到美国的人来说，他们饮食中的脂肪含量与其他美国人相似，因此患癌症的致死率也相似。

研究者还指出，压力和癌症之间可能存在关联（Salovey et al.，2000）。比如蕾切尔·耶胡达（Rachel Yehuda, 2002）的研究发现，压力有时会降低皮质醇的水平，损害免疫系统消灭癌细胞的能力。但是同样，另一些研究证据又对这些理论性的关联提出了质疑。

降低风险

依照下面的方法去做会有助于降低患癌或死于癌症的风险：定期进行体检，及早检测癌症；戒烟；减少饱和脂肪的摄入，多吃水果、蔬菜和全谷物；定期运动（首先要体检）。在癌症发生转移之前，发现越早越容易治疗。

第 12 章 心理障碍

内容概要

一、心理障碍的界定及发病率
二、焦虑障碍的症状及可能的病因
三、解离性障碍的症状及可能的病因
四、躯体形式障碍的症状及可能的病因
五、心境障碍的症状及可能的病因
六、精神分裂症的症状及可能的病因
七、人格障碍的症状及可能的病因

在漫长的秋季学期，俄亥俄州立大学校园弥漫着恐怖气氛。四名女大学生被绑架，且被胁迫从自动取款机中取出现金并遭到强暴。一个神秘的电话将警察引向一名 23 岁的流浪者，警察将其拘捕——我们称他为“威廉”——他曾被海军开除。

精神失常： 法律术语，用来描述没有能力辨别是非对错或依法行事的人。

威廉并非邻家男孩。

访谈威廉的心理学家和精神科医生认为有 10 种人格——8 名男性和 2 名女性——共存于威廉身上（Scott, 1994）。他的人格在受虐的儿童期“分裂”了。他的几种人格表现出各自不同的面部表情、语言模式及记忆。在心理测验上，他们得分不一。

亚瑟（Arthur）是最为理智的一种人格，持英格兰口音。丹尼（Danny）和克里斯托弗（Christopher）是安静的青少年。克莉丝汀（Christine）是个 3 岁的女孩。汤米（Tommy）是个 16 岁的男孩，他应召加入海军。艾伦（Allen）是 18 岁的烟民。阿德利娜（Adelena）是个 19 岁的女同性恋，曾实施过强奸。是谁打出了那个神秘电话呢？可能是大卫（David），一个焦虑的 9 岁儿童。

辩护律师宣称，威廉的行为是解离性认同障碍（以前称多重人格障碍）所致。他身上存在着多重身体或人格，其中有些人格意识到其他人格的存在，而有些人格相信自己是独一无二的。儿童比利（Billy）是其核心人格，他学会了通过睡觉来避免父亲的虐待。精神科医生声称，在绑架发生期间，比利也“睡着了”，或陷入一种“心理昏迷”状态。所以，因为**精神失常**（insanity），比利应被判决无罪。

威廉被判决无罪。他被移送到一所精神病医院并在六年后获释。

1982 年，一个名叫约翰·辛克利（John Hinckley）的人试图刺杀美国总统里根，最后被判无罪，尽管这一刺杀过程发生在千百万电视观众的眼皮子底下。观看了这一过程的专家出面说明他应被诊断为精神分裂症。最后，辛克利也被移送到一所精神病医院。威廉和辛克利都被诊断为患有心理障碍，这也是我们本章的主题。

「**威廉并非邻家男孩。**」

真？假？

你怎么看待下列陈述？它们是坊间传闻、常识还是无稽之谈？圈出字母“T”代表真，“F”代表假，并在阅读本章的过程中找出准确答案。

- **T F** 焦虑是不正常的。
- **T F** 当着千百万电视观众的面刺杀美国总统的那个人被法庭判决无罪。
- **T F** 感到狂喜并不总是一件好事。
- **T F** 威胁说要自杀的人只是想试图引人注意。
- **T F** 精神分裂症患者可能会看到和听到实际上并不存在的事物。
- **T F** 一些人可以杀死或重伤他人却丝毫没有内疚感。

心理障碍：
与情绪困扰或严重功能损伤有关的行为或心理过程模式。

幻觉：
在感觉刺激不存在的情况下产生的知觉，与现实产生混淆。

被害妄想：
错误地认为自己正在成为受害者或受到伤害。

一、什么是心理障碍？

心理学是关于行为与心理过程的科学。**心理障碍**（psychological disorders）是与痛苦或失能有关的行为与心理过程。但它们不是对特定事件的可预测反应。

尽管一些心理障碍以焦虑为特征，但是很多人时常焦虑却不能被认为患有焦虑障碍。比如，在期中考试的前夕感觉焦虑是合情合理的。那么，像焦虑这样的感觉何时被认为是心理障碍的征兆呢？首先，当与情境不协调时，这种焦虑就可能是障碍的表现。例如，当人们从四层楼的窗户往外观望时，（通常）没有理由感到焦虑。对问题的放大也可能引发障碍。在工作面试之前，感到一点焦虑是无可厚非的。然而，如果面试之前，你感觉心脏跳动如此强烈以至于要从胸中跳出来了，而后回避面试，这就是不正常的。

> **假** 实际上，焦虑是很正常的，如在大考将近或与人第一次约会时。

当行为与心理过程符合以下几个标准时，它们就是心理障碍的表现。

1. *行为异乎寻常。*罕见性和统计偏差并不足以成为判断变态行为与心理为过程的依据，但却有所帮助。毕竟，只有一小部分人的 SAT 言语部分得分在 700 以上，但这些成绩却不被视为异常。像辛克利那样能“看见”和“听见”事物的人也很少，这种行为被视为异常的原因是其性质古怪。我们还必须考虑情境。尽管我们很多人在意识到明天是学期论文提交的截止日期时会感到惊慌失措，但是绝大多数人不会因为“出乎意料”而惊恐发作。因此，不可预料的惊恐发作是一种心理障碍。
2. *行为表现出对现实错误的知觉或解释。*我们的社会认为被宗教信仰所激励是正常的，但是相信上帝真的在对我们说话却不正常。听到或看到并不存在的声音或事物被称为**幻觉**（hallucinations）。与此类似，**被害妄想**（ideas of persecution，例如相信联邦调查局［FBI］“正赶来抓你”）也是障碍的征兆（当然，除非他们*真的*正赶来抓你）。辛克利声称他相信可以通过刺杀总统来博得著名女演员朱迪·福斯特（Jodie Foster）的芳心，当然，这个想法属于妄想。
3. *行为表现出极度的个人痛苦。*焦虑、过度恐惧及其他心理状态会导致痛苦，而极度的痛苦被视为是异常的。威廉和辛克利都感到痛苦，当然，尽管他们伤害了他人。
4. *行为是自我挫败式的。*如果行为与心理过程导致痛苦而非快乐和自我实现，那么可能意味着心理障碍。患抑郁障碍的人非常痛苦。我们注意到，长期酗酒也可能被视为不正常的，因为它损害一个人的健康以及他的社交和职业生涯。
5. *行为是危险的。*行为与心理过程对自己或他人是危险的，这被认为是心理障碍的征兆。威胁或尝试自杀的个体可以被认为是异常的，同样，威胁或攻击他人也是如此，如威廉和辛克利。
6. *行为是社会不能接受的。*我们在判断行为是否正常时必须考虑行为模式的社会情境（Lopez & Guarnaccia, 2000）。例如，很多美国人都欣赏有主见的女人，而拉丁裔美国人、亚裔美国人和“传统型”欧裔美国人却认为直率的女人有失礼节或性格有问题。

（一）心理障碍的相关学说

如果说我们很难给心理障碍下个定义，而且这受人们文化环境所影响的话，那么对心理障碍病因的解释也是如此。

恶魔说

如果威廉和辛克利生活在17、18世纪，他们可能会被当作巫师而施以绞刑。那个时期，人们认为与心理障碍有关的行为是恶魔附身所致。所谓的巫师会因为邻居的不孕症或农产品歉收等事情而被处决。实际上，纵观有文字可考的历史，人们都会将不同寻常的行为和心理障碍归结为恶魔附身。古希腊人认为，上帝通过使人们精神失常来惩罚人类。不过有一个人却不这么认为，那就是古希腊名医希波克拉底，他认为心理障碍是由大脑异常引起的。但是，生物因素会影响思维、感觉和行为这一观念蛰伏了近2 000年之久。

✱ 精神失常申诉

1981年，约翰·辛克利曾试图刺杀里根总统，但却被判无罪，原因是他的精神失常。辛克利被诊断患有精神分裂症，因此被判无罪并被送入精神病院。“精神失常”意味着什么呢？什么是“精神失常申诉”？

在精神失常申诉过程中，律师引用以丹尼尔·麦那顿（Daniel M’Naghten）名字命名的《麦那顿条例》为辛克利辩护。1843年，丹尼尔·麦那顿曾试图刺杀英国首相罗伯特·皮尔（Robert Peel）爵士。麦那顿存在妄想，深信皮尔想要迫害自己。在试图行凶的过程中，他杀死了皮尔的秘书。因为麦那顿患有精神分裂症，所以法院判决他无罪。也就是说，被告在实施行为时不明白他的所作所为，意识不到自身的行为是错误的。精神失常申诉一直沿用至今（Zapf et al., 2009）。

很多人将精神失常申诉等同于“让凶手逍遥法外”，并因此想要取缔精神失常申诉。但是，精神失常申诉并不足为虑。精神失常辩护仅出现在约1%的案例中（Silver, 1994）。而且，那些因精神失常而被判无罪的人将会被终身监禁——直到他们的精神恢复正常为止。

疾病说

恶魔说带来的是残忍的“处置”——比如远古时期，通过在颅骨上钻洞使“恶魔”的灵魂出窍；中世纪时期，则是把人绑在刑柱上用火烤。到了理性时代，许多健康专家，如法国的菲利普·皮内尔（Philippe Pinel, 1745—1826），开始将心理障碍视为一种大脑的疾病，他们鼓励人性化治疗。19世纪初期，人们发现梅毒晚期的患者大脑功能会有错乱。自此，研究者们认为其他的身体异常也会对心理有所影响。所谓的疾病说认为，由身体或生物因素引起的疾病是可以识别出来的，因此受其折磨的病人也可以通过治疗而痊愈。

中世纪的木版画上记录了驱邪术的仪式，画面上，一个恶魔被从遭到“附身”的人体中驱逐出来。

心理说

许多当代心理学家开始寻找生物及躯体因素与心理障碍之间的关系。体质-压力模式认为不同的个体有生物差异——体质不同——这就解释了为什么有些人在压力状态下会产生某些心理障碍，而其他人却没有（Belsky & Pluess, 2009; Eberhart & Hammen, 2010）。生物心理社会模式则认为心理障碍与生物易感性、心理因素（如面临压力）和社会文化因素（如家庭关系和文化信仰等）有关（Gilbert, 2009; Levine & Schmelkin, 2006）。但是，对不同的个体来说，

真 尽管威廉和辛克利犯下了滔天罪行，但他们因被诊断患有严重的心理障碍而被法庭判决无罪。

不同因素产生的作用也不尽相同。因此，现在的心理学家通常考察个体的生物因素（“天性”）和生活经历（“教养”）之间的相互作用。

（二）心理障碍的分类

分类是科学的核心。如果不对心理障碍进行分类，研究者就难以交流，而科学的进步也将终止。使用最广泛的心理障碍分类体系是美国精神病学会的《精神障碍诊断与统计手册》（Diagnostic and Statistical Manual, 简称 DSM）[①]。

DSM 提供个体的整体功能信息以及诊断方法。通过该手册，人们可以获得临床症状和人格障碍的诊断。此外，该手册还包括个体医疗状况、心理社会问题及功能整体评估的信息。医疗状况包括影响个体对心理治疗或药物治疗反应的躯体问题。心理社会和环境问题包括影响心理障碍诊断、治疗或预后的问题。功能的整体评估可以帮助临床医生比较来访者的现有功能水平和他之前的最高功能水平，以制定功能恢复的目标。

（三）心理障碍的发病率

乍一看，心理障碍可能仅会影响我们中的少数人。很少有人需进入精神病院治疗。我们中的绝大多数人，一生不会去寻求心理学家或精神科医生的帮助。我们很多人都有“古怪”的亲戚或朋友，但是他们中的大多数人并不被当作“疯子”。尽管如此，心理障碍却以这样或那样的方式影响着我们所有人。

我们中大约有一半的人在一生中的某些时刻会符合 DSM 障碍的诊断标准，而绝大多数障碍往往始于童年或青少年时期（Kessler et al., 2005a; 见表 12-1）。超过 1/4 的人在某一特定的年龄会经历某种心理障碍（Kessler et al., 2005b; 见表 12-1）。但是，如果我们将家人、朋友和同事的问题，以及那些为健康保险和税收买单的人也算进来，再加上由生产力损失导致的生产成本上升因素，那么可能我们每个人都受到心理障碍的影响。

现在，让我们一起来学习各种心理障碍。

表12-1　几种心理障碍的过去一年和终生发病率

	焦虑障碍	心境障碍	双相障碍	物质滥用障碍	其他心理障碍
过去一年发病率	18.10%	9.50%	2.80%	3.80%	26.20%
终生发病率	28.80%	20.80%	4.40%	14.60%	46.40%
发病的年龄中位数	11 岁	30 岁	21 岁	20 岁	14 岁

资料来源：Kessler et al., 2005; Merikangas et al., 2007.

注：此表的数据基于一个以 9 282 名母语为英语、18 岁以上美国居民为全国代表性样本的调查。受访者可以报告不止一种心理障碍，例如焦虑和心境障碍通常是交织在一起的，即同时存在。本章将会讨论焦虑和心境障碍。物质使用障碍包括对酒精和其他药物的滥用或依赖。

① DSM 目前已修订至第 5 版，即 DSM-5，但本章内容参考的是第 4 版修订版，即 DSM-IV-R，因此在心理障碍的分类上与最新标准存在一些不一致之处。——译者注

二、焦虑障碍

想象以下两种场景：有只蜘蛛在你身上爬；或者你抱着一根平衡木，在离地数百英尺的高处来回摇晃。这都是电视节目中惯用的恐惧元素。是什么让节目更吸引人呢？也许是因为我们很多人都不会让自己参与到这种事情中来，不管给我们多少钱。蜘蛛和高空会令我们不舒服，这很正常，也可以理解。但是还有一些对物体或情境（如注射器针头和演讲）的恐惧是过度的、不合理的，这就属于恐惧症——一种焦虑障碍。

焦虑障碍（anxiety disorders）存在心理和生理的症状。心理症状包括担心、害怕最坏的事情发生、害怕失去控制、神经质、不能放松。生理症状反映了自主神经系统交感分支的唤起，包括发抖、出汗、心跳加速、血压升高（涨红的脸）和眩晕。焦虑是对现实危险的恰当反应。但是，当焦虑过度或当焦虑为无中生有（即事件不足以构成焦虑）时，或者妨碍我们做重要的事情（如去参加医学考试）时，这种焦虑就不正常了。焦虑障碍包括恐惧症、惊恐障碍、广泛性焦虑、强迫症及应激障碍。

我见过许多有关性与爱情的案例，陷入其中的人们近乎绝望。他们疯狂地爱着并不爱他们的人，让自己受尽焦虑和抑郁的折磨。

——阿尔伯特·艾利斯

（一）恐惧症

恐惧症包括特定恐惧症、社交恐惧症和广场恐惧症。其中一些恐惧症，如社交恐惧症，会严重损害个体的生活质量（Ohayon & Schatzberg, 2010）。**特定恐惧症**（specific phobias）是指对特定物体或情境的非理性恐惧，例如对蜘蛛、蛇或高处。一种特殊的恐惧症是电梯恐惧。尽管会带来很大不便（例如步行爬楼梯），但一些人还是拒绝使用电梯。是的，电缆可能会断裂，通风设备可能会损坏，人可能会被困在半空中等待维修，但是这些问题并不常见，绝大多数人不会为了避免它们而每天爬上爬下。与之类似，一些对皮下注射针头有特定恐惧的人不会接受注射，即使身患重病需要治疗也是如此。注射是痛苦的，但是大多数恐惧针头的人会欣然接受针扎之痛，因为这样可以帮助他们从疾病中康复。

特定恐惧症还包括**幽闭恐惧症**（claustrophobia，害怕密闭的或封闭的环境）、**恐高症**（acrophobia，怕高），以及害怕老鼠、蛇和其他爬行类昆虫。**社交恐惧症**（social phobias）是持久地害怕他人关注或害怕自己做一些丢脸或尴尬的事情。当众演讲恐惧就是一种常见的社交恐惧症。

广场恐惧症（agoraphobia）影响着大约3%到4%的成年人（Kessler et al., 2005）。Agoraphobia一词来源于希腊语，意思是“害怕市场”，或害怕处于公共场合或熙熙攘攘的地方。一些被诊断患有广场恐惧症的人会拒绝冒险出门，特别是自己单独出门。他们往往难以维持一份工作或正常的社会生活。

（二）惊恐障碍

惊恐障碍（panic disorder）是指并不与某一特定物体或情境相关的突发焦虑。患有惊恐障碍的个体生理反应强烈，如呼吸短促、出汗、战栗及心脏剧烈跳动（Blechert et al., 2010）。很多人会以为自己得了心脏病（Naragon-Gainey, 2010）。惊恐发作时，唾液中的肾上腺皮质醇（一种应激激素）水平上升（Bandelow et al., 2000）。这

焦虑障碍：
以过度担心、害怕失去控制、神经质和不能放松为特征的心理障碍。

特定恐惧症：
对某一特定物体或情境的持久恐惧。

幽闭恐惧症：
对密闭、狭小空间的恐惧。

恐高症：
对高处的恐惧。

社交恐惧症：
对公众关注的非理性过度恐惧。

广场恐惧症：
对公共场合或熙熙攘攘的地方的恐惧。

惊恐障碍：
并不与某一特定物体或情境相关的突发焦虑，经常发作。

广泛性焦虑障碍：
紧张和不祥的感觉以及交感神经唤起至少持续6个月以上。

强迫症（OCD）：
包括强迫意念和强迫行为。强迫意念是指反复发生、引发焦虑、非理性且不可控制的思维或意象；强迫行为是指无法抑制住冲动地去思考或进行某种行为，从而减少焦虑。

创伤后应激障碍（PTSD）：
由创伤性经历导致的恐惧，特点包括强烈恐惧和回避。

种障碍的患者还可能体验气哽、作呕、麻木或麻刺感、面色潮红或寒战，以及担心发疯或失控。惊恐发作可能会持续几分钟或数小时。之后，个体通常感到筋疲力尽。

很多人时不时会有惊恐发作。惊恐障碍的诊断适用于那些经历过多次惊恐发作或生活在处于担心惊恐发作中的个体。惊恐发作的来源不明。因此，很多人因为担心自己在公众场合发作而选择待在家里。他们往往被诊断为伴随广场恐惧症的惊恐障碍（Schmidt et al., 2010）。

（三）广泛性焦虑障碍

广泛性焦虑障碍（generalized anxiety disorder）的核心特点是持续的焦虑。像惊恐障碍一样，广泛性焦虑不能归因于某一恐惧的物体、情境或活动。这种障碍看起来更像是自由流动的。它的核心表现是对无数问题的普遍焦虑（Behar et al., 2009）。其症状包括运动性不安（颤抖、不能放松、皱眉、烦躁）、自发唤起（流汗、舌干口燥、心跳加速、轻微头痛、尿频及腹泻），以及过度警觉，具体表现为易怒、失眠且有易受干扰倾向。

（四）强迫症

强迫症（obsessive-compulsive disorder, 简称OCD）包括强迫意念和强迫行为。强迫意念是指反复发生、引发焦虑、非理性且不可控制的思维或意象，强迫行为是指好像无法抑制住冲动地去思考或进行某种意图减少焦虑的行为。强迫意念如此强烈并反复发作，以至于严重影响到日常生活。它包括对自己是否锁门及关窗的怀疑，或者是一个意象，如一位母亲对自己孩子在从学校回家的路上被汽车碾压的重复幻想。一位女性纠结于自己的手被液体马桶冲洗剂弄脏，而这种化学物质已经蔓延到自己所接触的一切物体上。一个16岁的男孩抱怨，当自己打算学习或参加测验时，会被“脑中的数字”搞得心烦意乱。他越是想忽视这些数字，就越发被它们困扰。

强迫行为是一种好像不可抗拒的冲动，它促使个体进行一些特定动作，通常是重复性的，如在上完洗手间之后反复洗手，或在离家前反复检查是否锁门或关上煤气灶。这种冲动反复且强大，严重影响到日常生活。

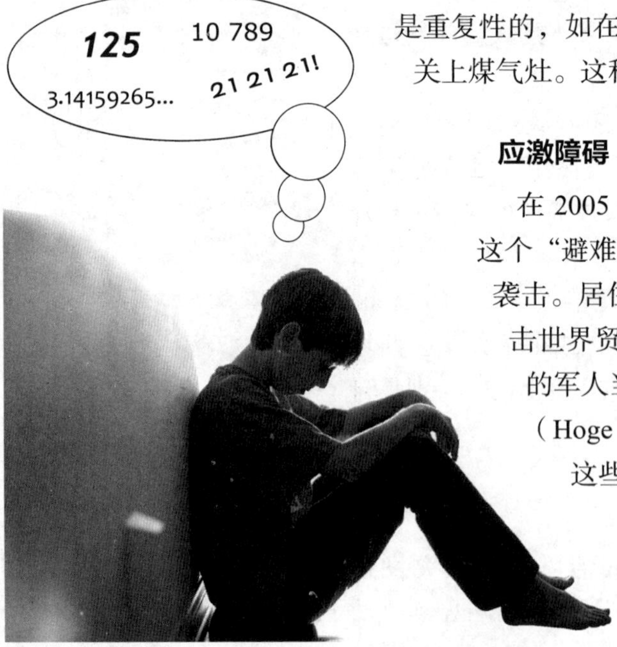

一个患有强迫症的16岁男孩抱怨说他无法摆脱“脑中的数字”。

应激障碍

在2005年夏季的卡特里娜飓风后，夏奇拉（Sharia）搬到了新奥尔良这个“避难所”。之后，她梦到自己晚上在新奥尔良超级穹顶体育场遭人袭击。居住在俄勒冈州的达拉（Darla）梦到2001年9月11日飞机撞击世界贸易中心时，自己被困在里面。每6位从伊拉克或阿富汗退伍的军人当中就有1位会经历噩梦或闪回，梦见有兄弟死于狙击或爆炸（Hoge et al., 2004）。这些极为真实的梦魇般的事件会导致很多噩梦。这些梦属于创伤后应激障碍的一部分反应。

创伤后应激障碍（posttraumatic stress disorder, 简称PTSD）以由创伤性经历导致的心率过快、焦虑感和无助感为特征。这种创伤性经历包括自然或人为灾害、威胁或袭击，或目睹死亡。PTSD可能出现在事件发生之后的数月或数年。它频繁地发生在消防员、作战老兵，以及那些家园或社区被自然灾害卷走的人，抑或是意外事故或暴力的受害者身上（Chard et al., 2010; McCauley et al., 2010）。

创伤性事件会以闯入性记忆、重复噩梦及闪回（突然感觉事件再次发生）的形式反复重现（McDevitt-Murphy et al., 2010）。PTSD 患者通常会努力回避与创伤性事件相关的思维及活动。他们会发现很难再享受生活，同时伴有睡眠问题、易怒、难以集中注意力、过度警觉及强烈的“震惊”反应。2001 年 9 月 11 日的袭击事件对美国人的睡眠产生了严重的危害。美国国家睡眠基金会的民意调查（2001）发现，“9・11”事件之后的两个月，近一半的美国人出现了入睡困难问题，在此之前，这一比例仅为 1/4（见图 12-1）。女性比男性更容易对应激源耿耿于怀（Nolen-Hoeksema et al., 2008），因此入睡困难的比例也大于男性（50% 比 37%）。

图12-1　2001年9月11日前后美国人的睡眠问题

失眠是应激障碍的症状之一。美国国家睡眠基金会的调查发现，在 2001 年 9 月 11 日恐怖分子袭击后，美国人出现睡眠问题的频率增加。

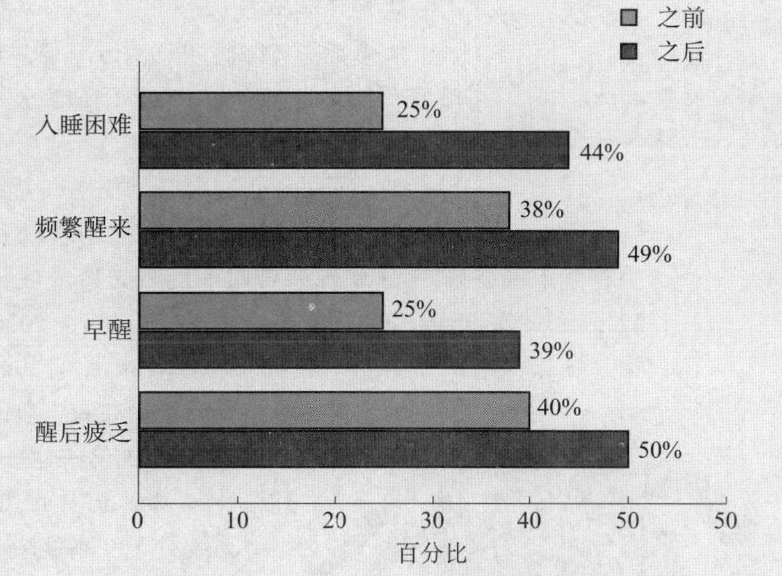

像 PTSD 一样，**急性应激障碍**（acute stress disorder）以由创伤性事件导致的焦虑和无助感为特征。不过，PTSD 发生于创伤性事件 6 个月或更长时间之后，并且往往会一直持续。而急性应激障碍于事件发生后一个月内出现，持续时间为 2 天至 4 周。例如，被强暴的女性会经历急性应激障碍，并且通常会在事件发生三周后达到最严重程度。有这种情况的女性还经常会继续经历 PTSD（Kilpatrick et al., 2007; Koss et al., 2002）。

（五）焦虑障碍的病因

关于焦虑障碍的病因我们都知道些什么？

心理学视角

一些学习理论家——特别是行为主义者——认为恐惧症是一种童年早期习得的条件性恐惧。对恐惧刺激的回避受到了焦虑降低的强化。观察学习在对恐惧的习得中也起到一定作用（Mineka & Oehlberg, 2008）。如果父母在看到老鼠、鲜血或厨房地板上的垃圾时害怕得发抖或一脸嫌弃，那么孩子也会认为这些刺激是令人讨厌的，他们会模仿父母的行为。

认知理论家提出，个体对威胁等级的评估会帮助个体判断威胁是否具备创伤性，是否会导致 PTSD（Koster et al., 2009）。经历惊恐发作的人会对身体感觉过度反应，将其视为威胁。强迫可以帮助个体转移对更可怕议题的注意力，例如“我的人生该怎么办？”。焦虑在年少时被习得后，我们可以将其解释为持久的特质，并给自己贴上“害怕 ______ 的人”的标签（具体由你自己来填写）。之后，我们就按照标签生活。我们还抱有一些会加剧和持久化焦虑的想法，例如“我必须离开这里”或者“我的心脏就要跳出来了”。这些想法加剧了焦虑的躯体特征，扰乱计划，

急性应激障碍：

像 PTSD 一样，以由创伤性事件导致的焦虑和无助感为特征；急性应激障碍一般出现于事件发生后一个月内，持续时间为 2 天至 4 周。

解离性障碍：

这种障碍的特点是突发的、暂时性的意识或自我认同的改变。

解离性失忆：

解离性障碍的一种，其显著特征为记忆或自我认同的丢失，技能和常识通常保留下来。

使刺激的可怕程度远远高于实际情况，鼓励回避，并降低自我效能预期。“我们没有能力应对威胁”这一信念会加剧焦虑程度。“一切都在掌控之中”的信念则会缓解焦虑（Bandura et al., 1985）。

生物学视角

大多数心理障碍涉及遗传因素，其中就包括焦虑障碍（Low et al., 2008）。焦虑障碍存在家族遗传性。双生子研究发现，同卵双生子患心理障碍的匹配率高于异卵双生子（Kendler et al., 2001）。对被领养者的研究发现，相对于养父母而言，生父母会使孩子处于更高风险的焦虑和其他相关特质之中。

进化心理学家认为，焦虑反映了自然选择。人类（及灵长类动物）有（“在生物学上准备好”）害怕那些曾对他们祖先造成威胁的恐惧刺激的遗传倾向（Gerdes et al., 2009; Mineka & Oehlberg, 2008; Starratt & Shackelford, 2010）。进化动力垂青于那些因为习得了对大型动物、蜘蛛、蛇、高处、陷阱、尖锐物体和陌生者的恐惧而生存下来的个体。因此，从进化角度来讲，那些无畏于潜在有害刺激的个体并不占优势。

也许焦虑易感性——一种有高度活性的自主神经系统形式——可以遗传（Beesdo et al., 2010; Binder & Nemeroff, 2009）。是什么使神经系统处于“高度激活”状态呢？自主神经系统会刺激肾上腺素和去甲肾上腺素过量分泌。这些化学物质使机体做好“战或逃”反应的准备——不管是战还是逃，都是面对威胁的自我保护。但如果这两种激素分泌量过大的话，我们会感到颤抖，汗如雨下，无法做任何事情。

进化动力在起作用？为什么这么多人害怕蜘蛛？

生物心理社会视角

焦虑障碍大多数是生物、心理和社会因素交互作用的结果。在惊恐障碍中，生物失衡可能最先诱发发作。而之后对惊恐发作的恐惧——以及那些发作的身体线索征兆——可能会加剧不适并使个体认为对惊恐发作束手无策（Olatunji & Wolitzky-Taylor, 2009）。无助感会加剧恐惧。人们可以通过一些心理学方法来帮助惊恐障碍患者降低身体不适，比如正常的呼吸，并让他们看到应对发作的方法是确实存在的（Olatunji & Wolitzky-Taylor, 2009）。

三、解离性障碍

本章开头所描述的威廉的心理障碍，就属于解离性障碍。在**解离性障碍**（dissociative disorders）中，存在一种心理过程——如思维、情感、记忆、意识，甚至是个人认同（这些心理过程使个体感觉为一个整体）——的分裂。DSM 列出了一些解离性障碍的种类，其中包括解离性失忆、解离性漫游症，以及解离性认同障碍（以前称多重人格障碍）。

（一）解离性失忆

在**解离性失忆**（dissociative amnesia）中，患者突然记不起重要的个人信息（即外显情境记忆受损）。这种记忆丧失不能归因为机体问题，如头部受伤或过量饮酒。因此，这是一种心理障碍，而非机体障碍。最常见的例子是，患者在应激事件之后回忆不起数小时前发生的事情，如在战争中或在意外事故中未受伤的幸存者身上发生的那样。在一般性的失忆症中，患者失去有关自己生活的一切记忆。失忆症可能会持续数小时或数年。

解离性漫游症：

解离性障碍的一种，其特征是个体会产生失忆并逃至一个新的地方。

解离性认同障碍（DID, 以前称多重人格障碍）：

解离性障碍的一种，个体表现出两种或以上不同的身份或人格，不同人格交替出现。

躯体形式障碍：

尽管不存在身体异样，个体还是抱怨身体（躯体）问题的障碍。

（二）解离性漫游症

解离性漫游症（dissociative fugue）的患者会突然离开自己家或工作地，辗转到另一个地方，且丧失了对自己过去的所有记忆。在新的居住地，他们要么不去想自己的过去，要么报告一个充满虚拟记忆的过去。新的人格通常会比“真的”人格更加外向而且不那么拘谨。随着自身的康复，他们回忆不起漫游症期间发生的所有事件。

（三）解离性认同障碍

解离性认同障碍（dissociative identity disorder, 简称 DID，以前称**多重人格障碍**［multiple personality disorder］）是威廉所患的心理障碍，指两个或多个身份或人格“占据”在同一个人身上，每个身份或人格都有不同的特质和记忆。每个身份可能或不能意识到其他身份或他们所经历的事情（Huntjens et al., 2003）。

不同的人格可能连眼睛的视力或过敏反应都不同（Braun, 1988）。在一个解离性认同障碍患者身上，名叫蒂米（Timmy）的人格对橙汁不过敏，但是其另外一个人格喝过橙汁之后会爆发荨麻疹。在蒂米喝下的橙汁被消化后，如果另一个人格出现，也会引发荨麻疹。当荨麻疹反应存在时，如果蒂米再次出现，荨麻疹引起的瘙痒会停止，水疱也会消退。在布劳恩（Braun）报告的另外一个案例中，个体内部不同的人格可能对同一种药反应不同，或是一个人格呈现色盲而其他人格色觉正常。

（四）解离性障碍的病因

解离性障碍是一类很奇怪的心理障碍。按照学习和认知心理学家的观点，患解离性障碍的人可能是学会了不去想糟糕的回忆或令人不安的冲动，从而避免焦虑、内疚和羞耻感。精神分析理论和学习理论都认为，解离性障碍有助于个体将令人不安的记忆或想法置于大脑之外。这种记忆可能包括什么呢？研究发现，很多解离性障碍的案例涉及儿时的性虐待或身体虐待，施虐者通常是亲戚或照料者（Foote et al., 2006; Ross, 2006; Simeon et al., 2007）。

有些心理障碍——如抑郁障碍和精神分裂症——在世界各地都有发现，而几乎所有的解离性障碍案例都来自美国和加拿大（Ross, 2006）。也许解离性障碍（尤其是解离性认同障碍）有一定的文化基础。也许如怀疑论者所说的那样，很多声称具有多重人格的人是伪装出来的（Kong et al., 2008）。

四、躯体形式障碍

躯体形式障碍（somatoform disorder）患者经常会抱怨身体不适，如麻痹、疼痛，并存在怀疑自己身患重病的持久信念。但是在他们身上却未发现任何躯体异常的证据。在本节中，我们将讨论两种躯体形式障碍：转换障碍和疑病症。

转换障碍：

躯体形式障碍中的一种，焦虑或不被意识到的冲突被“转换”为躯体症状，而这种躯体症状往往可以达到帮助个体应对焦虑或冲突的效果。

精神淡漠（la belle indifférence）：

一个法语术语，描述转换障碍患者有时表现出的对自身的（想象出来的）医学问题缺乏关注。

疑病症：

躯体形式障碍的一种，特点是尽管缺少医学证据，但是坚持相信自己身患疾病。

心境障碍：

以情感表达紊乱为特征，一般表现为过度或不合时宜的悲伤或欣快。

（一）转换障碍

转换障碍（conversion disorder）以躯体功能的重大改变或丧失为特征，尽管医学无法解释这种躯体功能丧失。这种行为并不是个体刻意为之。也就是说，个体没有伪装。之所以将其命名为转换障碍，是因为该障碍将某种应激源“转换”为某种躯体困难。

如果你丧失了夜晚看东西的能力，或如果你的腿瘫痪了，正常情况下，你会感到忧心忡忡。但是一些转换障碍患者对自己的症状表现得很淡漠，这是一种被称为**精神淡漠**（la belle indifférence）的典型特点。这种淡漠表明，他们知道躯体问题在某种程度上对他们有好处。

第二次世界大战期间，一些轰炸机的飞行员患了夜盲。他们不能完成自己夜间的任务，尽管医生并没有在他们身上发现视神经受损。在一些罕见的案例中，一些大家庭中的妇女也在没有医学证据支持的情况下出现腿部瘫痪。而最近有报告称，一名柬埔寨妇女在目击了暴行之后眼睛失明。

（二）疑病症

另一种更常见的躯体形式障碍是**疑病症**（hypochondriasis，也称疑病）。该障碍的患者坚持认为自己患有一种严重的身体疾病，即使找不到任何关于疾病的医学证据。他们沉浸在一些微小的身体感觉中，并坚信自己生病了，尽管医生再三确保他们身体非常健康。他们可能从一个医生辗转到另一个医生，寻找可以帮助他们找出身体感觉原因的人。对疾病的恐惧可能会扰乱他们的工作和家庭生活。

（三）躯体形式障碍的病因

躯体形式障碍为生物心理社会视角提供了绝佳的研究对象。从心理学上讲，躯体形式障碍与个体的关注点有很大关系——例如，实际的社会或经济问题，或自己的身体。一些证据表明，转换障碍患者非常容易被催眠（R. J. Brown et al., 2007）。还有研究者认为，转换障碍是自我催眠的一种形式，患者通过聚焦于某一想象的身体问题而排斥与此不符的信息（Roelofs et al., 2002）。研究表明，患有疑病症的个体对身体感觉尤其敏感且往往反复琢磨它们（Marcus et al., 2008）。

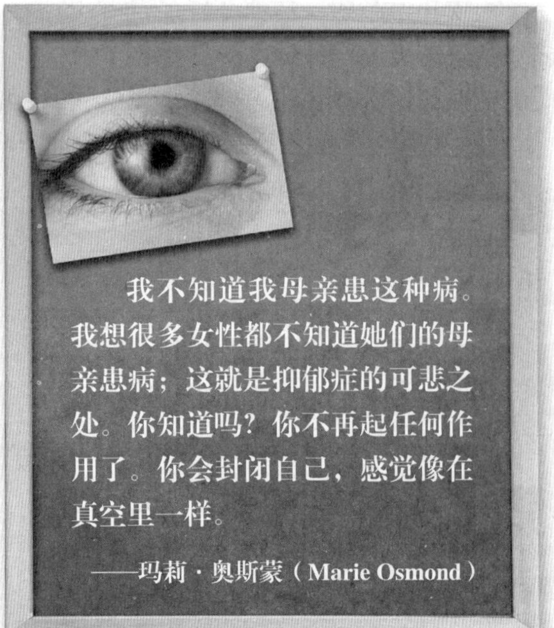

从生物学上来讲，常见于躯体形式障碍患者身上的完美主义和钻牛角尖的倾向至少存在部分遗传性。从进化的视角来看，对自己的身体难以悦纳反而不是好事。也就是说，对身体不适的关注可以促进个体防范危险，为生存和繁殖提供有利条件。但过度担心只是一种无用的智力投入。

五、心境障碍

心境障碍（mood disorders）以情感表达紊乱为特征。这种困扰一般表现为悲伤或欣快。大多数情况下的悲伤是正常的，或常见的。比如你有一个重要的考试没有及格，或你的公司亏损，或者你最亲密的朋友生病了，这些情况下你感觉悲伤是可以理解且合时宜的。实际上，如果你对灾祸无动于衷，反而奇怪。在本节中，我们将介绍两种心境障碍：重性抑郁症和双相障碍。

重性抑郁症：
一种重度的抑郁症，患者会经历食欲丧失、精神运动性阻滞以及对现实的错误感知。

精神运动性阻滞：
行动和思维（很明显）迟缓。

双相障碍：
心境在两个极端（躁狂和抑郁）之间变换的一种障碍；也称躁郁症。

躁狂：
兴高采烈，表现出过度兴奋。

思维奔逸：
言语和话题迅速地转换，是躁狂行为的特点。

（一）重性抑郁症

存在一般性抑郁的人可能会感觉悲伤、沮丧，或者“情绪低落”。他们可能会抱怨缺乏能量、自尊丧失、注意力集中困难、对活动和其他人缺乏兴趣、悲观、哭泣并产生自杀的想法。

对于那些患有**重性抑郁症**（major depressive disorder, 简称 MDD）的人而言，以上这些感受会更加强烈。根据一项对 9 000 名美国成年人的全国代表性样本的调查，每年都有 5%～7% 的人受到重性抑郁症的影响，而且每 6～7 个人中就有 1 个人会在一生中患上重性抑郁症（Hasin et al., 2005; Kessler et al., 2003）。大约一半的重性抑郁症患者会经历严重的食欲丧失、体重显著下降、焦虑不安或**精神运动性阻滞**（psychomotor retardation）等症状。他们可能无法集中精力并做出决策。他们可能会说“什么也不在乎了”，而且有时会尝试自杀。少数人可能表现出对现实的错误知觉——所谓的精神病性行为，其中包括无价值妄想、对想象中自己所做坏事的愧疚感，甚至认为自己正在疾病中腐烂。他们可能还会产生妄想，如魔鬼正在实施罪有应得的惩罚，抑或是出现幻觉，比如奇怪的身体感觉。

（二）双相障碍

> **真** 感觉狂喜并不总是一件好事，比如在双相障碍的躁狂期。

双相障碍（bipolar disorder）以前称躁郁症。其患者的心境在躁狂与抑郁之间摇摆。这种循环交替似乎与外界事件无关。在狂喜阶段（或**躁狂**［manic］期），患者表现得极度兴奋或愚笨，经常开过火的玩笑。他们可能会好争辩、判断力差、毁坏财产、向慈善机构大宗捐款或将贵重财物送人。人们会觉得躁狂个体易激惹，因此避而远之。躁狂个体经常性生活过度、焦躁不安、难以安稳入睡。他们经常语速很快（表现出“强制言语”），并从一个话题跳跃到另外一个话题（表现出**思维奔逸**［rapid flight of ideas］），别人很难插上一句话。

抑郁则刚好相反。双相抑郁个体经常比平时睡眠更多而且嗜睡。而患有重性抑郁症（或单相抑郁）的个体更可能失眠和焦虑不安。那些患有双相障碍的个体也可能表现出社会退缩和易激惹。一些双相障碍患者在心境由躁狂向抑郁过渡时会尝试自杀（Jamison , 2000）。为了逃避即将来临的抑郁低谷，他们什么事情都做得出来。

（三）心境障碍的病因

心境障碍的病因是什么？

心理学视角

很多学习理论家认为抑郁患者表现得好像他们得不到强化。例如，他们看起来懒散且感情冷漠。很多抑郁患者具有外部控制点。也就是说，他们不相信自己能控制事件以获取强化（Tong,

内部归因会产生自责（如“是我搞砸了”），而外部归因则将指责指向别处。

2001; Weinmann et al., 2001）。

学习理论家的研究也发现，抑郁和**习得性无助**（learned helplessness）存在联系。在一个经典研究中，心理学家马丁·塞里格曼（Martin Seligman, 1975）训练狗，使它们放弃逃避电击。狗被关在一个笼子里，不断地遭到电击。之后，当通往安全区的障碍被拿开后，狗有了逃脱的路径。然而，当它们再次遭到电击时，狗却没有试图逃走。很明显，它们已经学到，无论自己做任何努力都是没有用的。塞里格曼的狗在某种程度上还受到了不做努力的强化。也就是，当狗表现出不作为和退缩的无助行为时，电击最终会停止。“强化”可能会增加狗重复“成功行为”的可能性，也就是在相似情境下的不作为。这一无助行为和抑郁患者的类似。

其他认知因素也和抑郁有关。例如，完美主义者因对自我做出不合理的要求而使自己陷入抑郁。他们很可能会达不到自己的（不现实的）期待，因此感到抑郁（Flett et al., 2007）。

还有一些认知因素与之有关，如个体解释失败和缺点的方式。塞里格曼（1996）认为，当事情失败时，我们可能会从下列三个维度思考失败的原因：内部或外部的、稳定或不稳定的，以及一般性或特定性的。以上多种**归因风格**（attributional styles）可以通过约会失败这个例子来说明。内部归因会产生自责（如“是我搞砸了”）。外部归因会将指责指向别处（如“有些情侣就是相处不来”或“她不合适我”）。稳定的归因（如“是我的人格问题”）表示问题无法改变。不稳定的归因（如“是因为我感冒了”）意味着这是一个暂时性的状况。对失败一般性的归因（如“当和其他人在一起时，我不知所措”）意味着问题的范围很广。特定性的归因（如“在关系刚开始时，我不太会闲聊”）则是将问题肢解为一个可解决的范围。这些是怎样与抑郁联系起来的呢？研究发现抑郁的个体更可能将失败的原因归为内部的、稳定的及一般性的因素——这些因素是他们所无力改变的（Safford et al., 2007）。

习得性无助：
一种抑郁行为的习得模式，即有机体在逆境中，因自发行为得不到强化从而习得不作为。

归因风格：
将个体的行为归于内部或外部因素、稳定或不稳定因素、一般性或特定性因素。

神经质：
一种主要以持续焦虑为特征的人格特质。

生物学视角

研究者一直在寻找导致心境障碍的生物因素。例如，抑郁经常与**神经质**（neuroticism）特质联系在一起，而神经质是可遗传的（Dunkley et al., 2009）。焦虑也与神经质有关，而且心境和焦虑障碍经常同时出现在一个人身上（Spinhoven et al., 2010）。双生子和领养研究发现，双相障碍与遗传因素有关（Willcutt & McQueen, 2010）。

很多关于抑郁的研究关注大脑中未经充分利用的神经递质——5- 羟色胺（Artigas, 2008; Leach, 2008）。比如，有研究表明，习得性无助与老鼠大脑中 5- 羟色胺水平较低有关（Wu et al., 1999）。而且，有重性抑郁的人常依赖可以提高 5- 羟色胺活性的药物（选择性 5- 羟色胺再摄取抑制剂或 SSRIs）（Leonard, 2008）。

生物心理社会视角

心境障碍和生物因素之间的关系复杂，对此很多研究者进行了大量研究。即

✱ 女性与抑郁

女性被诊断为抑郁的人数几乎是男性的两倍（Keyes & Goodman，2006; Kramer et al., 2008）。这种性别上的差异在青春期开始出现。每年，美国大约有 12% 的女性和 7% 的男性被诊断为抑郁。抑郁曾被认为最常见于绝经期妇女身上，因为此时的女性已经不能完成生育的“自然”功能。然而，女性在生育期间更可能遭遇抑郁（Deecher et al., 2008; Keyes & Goodman, 2006）。

很多人认为，性别差异在很大程度上可以解释为什么女性更容易抑郁（Deecher et al., 2008）。雌激素水平低被广泛认为是罪魁祸首。雌激素在月经期前骤然下降，这可能会带来心理上的变化。当女性发火或烦躁时，有多少次我们会听到诸如“肯定是生理期到了吧”之类这样贬损性的话语？一些理论家认为女性可能对抑郁存在“认知易感性”，这导致女性比男性更容易反复考虑压力及其他消极事件（Hughes et al.,2008; Wisco & Nolen-Hoeksema, 2009）。

一些性别差异也反映出女性所承担的巨大压力，特别是当她们过着三班倒的生活时，即同时工作、操持家务和养育孩子及照顾年迈的父母，这些都极大地加重了女性的压力（Plaisier et al., 2008; Rathus, 2009-2010）。女性更可能面临身体和性虐待、贫困、单亲抚养及性别歧视。抑郁和其他心理障碍更容易侵袭贫困人口，特别是那些处于较低社会经济地位的单亲妈妈（Nicholson et al., 2008）。女性抑郁治疗的一部分就是改变对女性的要求。痛苦往往由个人来承担，但原因却经常在于社会。

使个体在生物学上具有抑郁倾向，他的自我效能预期和态度——尤其是对自己可否改善状况的态度——也扮演着重要角色。

虽然心境障碍与个体内部的一些过程相关，但各种情境也会对抑郁产生影响。例如，抑郁可能是对丧失或压力的反应（Cowen, 2002; Mazure et al., 2000）。诸如婚姻不和、身体不适、工作失利或压力过大等都会导致抑郁。我们往往更容易为那些自己招致的事情陷入抑郁，如学业问题、经济问题、意外怀孕和争吵等（Greenberger et al., 2000）。然而，有些人比其他人更不容易从抑郁中走出来。那些长期抑郁的个体自尊较低（Sherrington et al., 2001），更不善于解决社交问题（Reinecke et al., 2001），社会支持也更少。

（四）自杀

每年大约有 33 000 名美国人实施自杀行为（Centers for Disease Control and Prevention, 2009）。自杀是 15～24 岁青少年死亡的第三大原因，紧随车祸和袭击之后（Heron & Tejada-Vera, 2009）。

我们在本章讨论自杀的话题是因为几乎所有的自杀都与抑郁和无望感有关（Dwivedi, 2010; Zaitsoff & Grilo, 2010）。吉尔·拉瑟斯（Jill Rathus）及其同事（A. L. Miller et al., 2007）发现有自杀意向的青少年存在以下四种心理问题：对自我的困惑、冲动、情绪不稳定以及人际问题。同有自杀意向的成人一样，一些有自杀意向的青少年有高成就目标，是严格的完美主义者，他们为自己设置不可能实现的过高期望（A. L. Miller et al., 2007）。还有很多人在与他人的消极对比中陷入抑郁和绝望（Barber, 2001）。

假 威胁说要自杀的人只是想试图引人注意，这是不对的。

导致青少年自杀行为的原因包括对性行为的担心、被性侵犯、学业成绩差、有家庭问题及物质滥用（Duke et al., 2010; A. L. Miller et al., 2007; Zayas et al., 2010）。自杀并不总是压力事件所致，而是因为个体担心某些事情被“发现”而感到焦虑或害怕，如考试挂科或被捕。有自杀念头的人问题解决能力明显比其他人差，尤其是社交问题（A. L. Miller et al., 2007）。因此，他们不太容易找出多种方式来改变压力状况。他们希望找到一个绝妙的办法来应对本需要做很多工作来解决的问题，要么就是快速解脱（Shneidman, 2001）。

自杀有家族遗传倾向（Goldston & Compton, 2010）。很多尝试自杀的人有一些家庭成员患有严重的心理问题，大约有 25% 尝试自杀的人有家庭成员曾自杀（Sorensen & Rutter, 1991）。然而，其中的因果关系尚不明确。是尝试自杀的个体遗传了可以导致自杀的心理障碍吗？还是家庭成员的自杀让个体产生自杀的想法，或使个体产生他注定要自杀的印象？

自杀的社会文化因素

自杀不仅与抑郁和压力事件有关，而且与年龄、受教育状况、种族和性别也有关。相对于没有进入大学的同龄人，大学生的自杀更为普遍。在美国，每年有近 10 000 名大学生尝试自杀。尽管青少年自杀问题在媒体的聚光灯下凸显出来，但其实老年人更容易自杀（Centers for Disease Control and Prevention, 2009），且单身老年人自杀的比率是已婚老年人的两倍。

自杀和自杀未遂的比率也随种族和性别群体而变化。例如，6 名本土美国人中就有 1 人（17%）自杀未遂——这一比例远远高于其他美国人（Centers for Disease Control and Prevention, 2009）。8 名拉丁裔美国人中就有 1 人曾自杀未遂，而 10 人中就有 3 人曾考虑过自杀。欧裔美国人紧随其后，8% 和 28% 的人自杀未遂和想过自杀。非裔美国人自杀未遂和考虑自杀的可能性最小，分别为 6.5% 和 20%。非裔美国人自杀的比例仅为欧裔美国人的 2/3，尽管非裔美国人更可能生活在贫困中并遭受歧视（Centers for Disease Control and Prevention, 2009）。

为什么女性更容易自杀未遂？为什么男性更容易自杀“成功”？

女性自杀未遂的数量是男性的 3 倍，但是男性自杀“成功”的数量是女性的 5 倍（Centers for Disease Control and Prevention, 2009）。男性更可能采用枪击或上吊的方式自杀；而女性则更多采用服药的方式自杀，如过量服用镇静剂或安眠药，或毒药，这些药物发挥作用需要一段时间，这就为他人提供了发现并采取急救的机会。

关于自杀的认识误区

有人认为那些自杀未遂的个体不过是在寻求关注，真想自杀的话就不会“未遂”了。但其实并非如此。很多自杀的个体之前都有过自杀未遂的经历（Bakst et al., 2009; Jackson & Nuttall, 2001; Waters, 2000）。与很多流行性观点不同，与抑郁患者讨论自杀并不会促使其尝试自杀（National Center for Injury Prevention and Control, 2005）。迫使那些企图自杀者承诺在自杀前先给专业人士打个电话或去拜访一下，似乎可预防一些自杀。

一些人认为，只有那些“疯”了的人（那些与现实失去联系的人）才会自杀。然而，自杀的想法并不一定是精神疾病或人格障碍的体现。相反，个体往往是认为自己没有选择时会考虑自杀（Nock & Kazdin, 2002; Townsend et al., 2001）。

阳性症状：
精神分裂症患者表现出的不正常行为，如幻觉、妄想、激动和傻笑。

阴性症状：
精神分裂症患者正常行为的缺失，如面无表情、声音空洞和身体僵直。

缄默症：
拒绝说话。

妄想：
错误的、持续存在的信念，并不存在感官或客观证据。

六、精神分裂症

精神分裂症是一种严重的心理障碍，它带来的影响遍及我们生活的方方面面。精神分裂症的特征是思维和语言、知觉和注意、运动活动及心境等方面的紊乱，以及社会退缩和沉溺于白日梦或幻想。

精神分裂症被认为是影响人类最严重的一种心理障碍，它影响着全球大约 1% 的人群。精神分裂症始于个体生命的早期，且一般会持久发展下去。

（一）精神分裂症的症状

在精神分裂症的症状中，似乎所有可能出现的心理障碍都出现了。精神分裂症患者在思维、语言、认知、动作行为和社会交往方面都是混乱的。他们可能有*阳性症状*或*阴性症状*，或两者兼备。**阳性症状**（positive symptoms）是指患者所表现出的不正常行为，比如激越行为、幻觉、妄想、思维混乱及言语荒谬。**阴性症状**（negative symptoms）则反映了正常行为的缺失，这些行为缺失表现为声音空洞、面无表情、身体僵直和**缄默症**（mutism，拒绝说话）。

思维与语言方面的问题

精神分裂症也被称为“思维障碍”，原因就是其患者有思维、语言、记忆和注意方面的问题（Cellard et al., 2010）。他们的思维和沟通能力被瓦解。他们讲话是跳跃性的，还会把一些不同单词的部分组合成新单词或者在言语中掺杂一些毫无意义的韵脚。他们可能从一个话题跳到另一个话题，几乎不能传递任何有效信息。精神分裂症患者通常意识不到自己的思维和行为是异常的。

如果你和上帝说话，你是在祈祷；如果上帝对你说话，那你一定是得了精神分裂症。

——托马斯·萨茨（Thomas Szasz）

很多精神分裂症患者存在**妄想**（delusions）——例如，夸大、被害或关系妄想（Freeman et al., 2010）。*夸大妄想*的患者相信自己是一位像耶稣一样著名的历史人物或深信自己肩负特殊的使命。*被害妄想*的患者深信自己被 CIA（中央情报局）、FBI（联邦调查局）或其他组织追捕，他们往往在没有任何根据的基础上断定有人要害自己（Lincoln et al., 2010）。*关系妄想*的患者错误地认为别人总在谈论自己，对自己指指点点。例如，一位存在关系妄想的女士宣称新闻故事中含有与自己相关的编码信息。另一些患有精神分裂症的个体妄想自己犯下了不可宽恕的罪恶，以至于他们正在疾病中腐烂，或自身和世界并不存在。

木僵：

感觉、思维和动作变得迟钝的一种状态。

妄想型精神分裂症：

一种以妄想（一般为迫害妄想）和生动的幻觉为主要症状的精神分裂症。

错乱型精神分裂症：

一种以错乱的妄想和生动的幻觉为特征的精神分裂症。

紧张型精神分裂症：

一种以显著的运动受损为特征的精神分裂症。

蜡样屈曲：

紧张型精神分裂症的一个特点，处于该状态的精神分裂症患者会摆出一种姿势并保持相当长一段时间。

知觉方面的问题

精神分裂症患者的知觉问题通常包含幻觉——在没有外界刺激的情况下产生的意象，个体不能在其与现实之间做出区分。还有些存在幻觉的个体会看到颜色甚或在半空中看到淫亵字眼。幻听是最常见的一种幻觉。

动作、情感和社交方面的问题

精神分裂症患者的肌肉活动性可能变得狂暴或缓慢，因此处于所谓的**木僵**（stupor）状态——感觉、思维及运动被抑制的状态。他们可能会做出奇怪的姿势或扮鬼脸。他们的情感反应可能是淡漠或迟钝的，抑或是不恰当的——例如在听到坏消息时傻笑。患有精神分裂症的个体往往在社会交往中退缩，并沉溺于自己的思维和幻想中（Horan et al., 2010; Mathews & Barch, 2010）。

（二）精神分裂症的类型

所有的精神分裂症类型都包含了思维障碍。然而，三种主要的“类型”——妄想型、错乱型和紧张型精神分裂症——则各有特色。

妄想型精神分裂症

妄想型精神分裂症（paranoid schizophrenia）患者存在系统化的妄想并经常产生相关的幻听。他们经常产生夸大和被害幻想，而且还可能存在嫉妒幻想，存在该妄想的患者深信自己的配偶或情人对自己不忠——即使并没有任何证据（Lincoln et al., 2010）。他们可能会表现出愤怒、混乱及恐惧，而且可能经历与自身妄想一致的生动幻觉。妄想型精神分裂症患者经常建构一些复杂或系统的妄想，主题常涉及不道德行为或迫害。根据事实改编的电影《美丽心灵》，其主人公约翰·纳什（John Nash）就深信政府招募自己破译冷战时期敌军发出的密报。

错乱型精神分裂症

错乱型精神分裂症（disorganized schizophrenia）患者表现出缺乏连贯性、行为错乱、片段性的妄想或幻觉，以及淡漠或不合理的情感反应。极端社会性损伤常见于该类精神分裂症患者。该类精神分裂症患者可能还会表现得傻里傻气、情绪善变及言语荒谬。他们会忽视自己的外表和个人卫生，且大小便失禁。

紧张型精神分裂症

紧张型精神分裂症是最不同寻常的心理障碍之一。**紧张型精神分裂症**（catatonic schizophrenia）患者的机体活动严重受损。该类精神分裂症患者的特征为：个体从缓慢地活动转为木僵，然后突然转变为焦虑不安。他们可能会数小时保持一个异乎寻常甚至是高难度的姿势，纵然四肢变得浮肿或僵硬。这类精神分裂症患者一个引人注目的动作是**蜡样屈曲**（waxy flexibility），处于这种状态的人会保持一种姿势，就像被他人操纵了一样。紧张型精神分裂症患者可能还会表现出缄默，但之后他们通常会报告说那时他们能听到别人说话。

真 精神分裂症患者会看到或听到实际上并不存在的事物（幻觉）。

（三）对精神分裂症的解释

研究者调查了可能导致精神分裂症的各类因素，其中包括心理因素、社会文化因素和生物因素。

心理学视角

很多学习心理学家以条件作用和观察学习来解释精神分裂症。他们认为，当精神分裂行为比正常行为更可能受到强化时，个体会表现出精神分裂行为。当个体成长于一种缺乏社交回报或惩罚性的情境中时，这种情况可能会发生。内在幻想变得比社会现实更有强化作用。精神病院的病人可能通过观察他人而习得他们所受的"期待"是什么。医务人员更多地关注那些行为怪诞的病人，这可能会强化精神分裂行为。这一观点与违纪的孩子比听话的孩子更多地吸引教师的注意力是一致的。

社会文化视角

很多研究者关注诸如贫困、低质量养育、歧视、过度拥挤等这些社会和文化因素是否以及如何对精神分裂症——尤其是那些遗传易感的人——产生影响。尽管养育质量与精神分裂症的发展相关（Buckley et al., 2000），但是批评者指出，很多在社会惩罚性环境下成长的个体明显对心理障碍存在免疫性。

在康涅狄格州纽黑文所做的经典研究发现，处于社会经济水平底层的人群患精神分裂症的概率是处于高一层社会经济水平人群的两倍（Hollingshead & Redlich, 1958）。住房质量差也可能是导致精神分裂症的原因（Dunn, 2008）。因此，一些社会文化理论家建议，治疗精神分裂症需要缓解贫困及其他社会弊病，而不仅仅改变患者自身的行为。对该观点持反对意见的人认为，低下的社会经济地位可能是精神分裂症的结果而非原因。精神分裂症患者可能因缺乏生活在上等阶层的社会技能和认知能力而落入社会底层。

尽管许多研究者在继续寻找心理和社会因素对精神分裂症的影响，但是，目前并没有研究证明任何外界因素会导致与精神分裂症患者完全无关的人也患这种疾病，由于这种证据的缺失，如今，人们更聚焦于引起精神分裂症的生物因素——大脑病变或生物学起因。精神分裂症患者与正常人在生物学上的差异已现雏形，下面我们来看看遗传和其他生物因素，这些因素可能导致了精神分裂症。

生物学视角

许多研究证明精神分裂症患者的大脑有异于常人的大脑。研究主要聚焦于大脑灰质的数量（见书前图 12-2）、脑室的大小（空腔）、大脑活动水平及脑化学（如神经递质）。

脑成像结果表明，精神分裂症患者的灰质少于其他人，这意味着他们在注意、工作记忆、抽象思维及语言方面有缺陷（Takahashi et al., 2009）。精神分裂症患者的大脑比常人要小，准确地讲，是前额皮层部分较小（Shirayama et al., 2010）。PET 扫描显示，精神分裂症患者大脑前额皮层的活动水平偏低——该部位负责计划和做决定（Farzan et al., 2010; Meyer-Lindenberg et al., 2001）。而其他的研究将这种偏低的活动水平与该部位神经元突触（神经元之间传递信息的结构）的丧失联系起来（Glantz et al., 2010），后者进一步降低了精神分裂症患者大脑有效传递神经元信息的可能性。

大脑结构和功能差异的原因是什么呢？像很多其他心理障碍一样，精神分裂症也具有家族

图12-3 与精神分裂症患者的关系及被诊断为精神分裂症的可能性

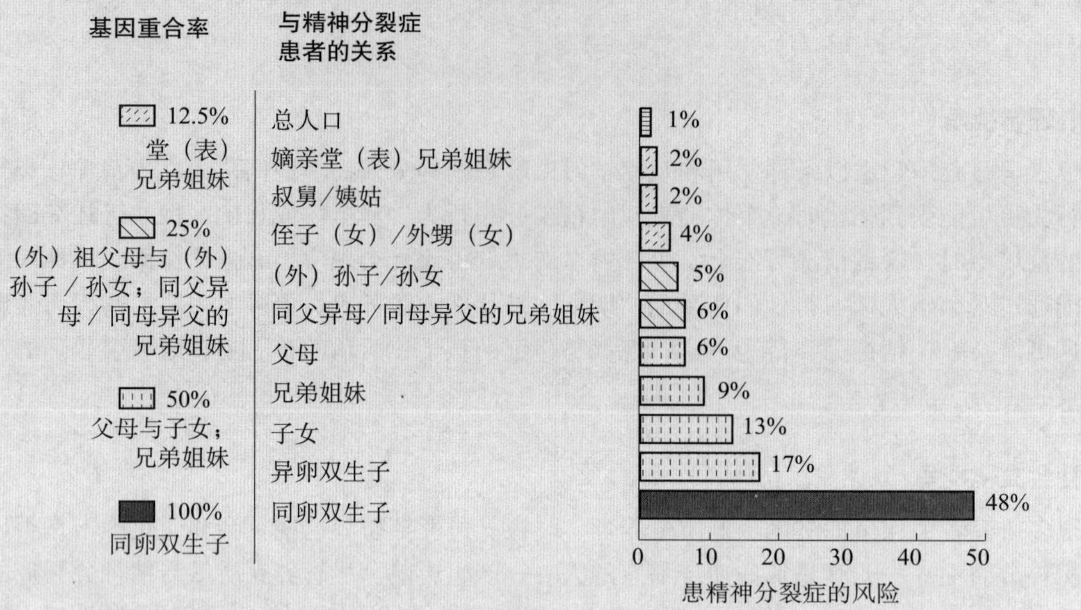

资料来源：Gottesman, I.I. (1991). *Schizophrenia genesis: The origins of madness*. New York: W. H. Freeman.

遗传性（Bolinskey & Gottesman, 2010）。患精神分裂症的人群占全球总人口的1%，但是，父母一方患有精神分裂症的儿童患精神分裂症的概率约为6%（见图12-3）。同卵双生子，即基因相同的双生子，同患精神分裂症的匹配率为48%；而异卵双生子做出相同诊断的匹配率只有17%（Gottesman, 1991）。且领养研究发现，与养父母相比，生父母通常会给孩子带来更高的患病风险（Gottesman, 1991）。很多研究试图分离与精神分裂症有关的一个或多个基因。有些研究在几组染色体上发现了多基因位点。

在很多案例中，遗传易感性是患病的必要因素，但并不足以导致病情的发展。很多精神分裂症患者的母亲在妊娠和分娩期间出现过并发症（Spencer et al., 2008）。例如，很多患者的母亲在妊娠的第六或第七个月得过流感（Brown & Derkits, 2010; Short et al., 2010）。分娩并发症，特别是产程过长，可能与我们发现的精神分裂症患者的脑室更大存在联系（Spencer et al., 2008），营养不良也与之有关（Stein et al., 2009; Susser et al., 2009）。而且，精神分裂症患者好像更常出生在冬季，寒冷的气候加大了孕晚期母亲和新生儿感染病毒或其他病症的风险（Polanczyk et al., 2010）。

许多化学物质，包括神经递质多巴胺，也被认为与精神分裂症有关。依据多巴胺理论，精神分裂症患者“过度使用”多巴胺（比其他人使用得更多），但他们产生的多巴胺并不比其他人多（Fatemi & Folsom, 2009; Tost et al., 2009）。为什么呢？研究表明，精神分裂症患者的大脑神经元突触的多巴胺浓度更高，而且存在更多的多巴胺感受器（Kegeles et al., 2010）。这就类似于一种神经传输的“连击”，可能与精神分裂症患者典型的混乱症状有关。

生物心理社会视角

鉴于生物、心理和社会文化因素都与精神分裂症存在联系，所以目前很多研究者支持生物心理社会模型。依据这个模型，遗传因素导致精神分裂症的易感性（见图 12-4）。精神分裂症的遗传易感性与其他因素相互作用，如妊娠和分娩并发症、压力、养育质量及社会环境，共同导致了障碍的产生（Bishop, 2009; Buckley et al., 2000; Sawa & Snyder, 2002）。

图12-4　精神分裂症的生物心理社会模型

依据精神分裂症的生物心理社会模型，具有精神分裂症遗传易感性的个体在遭遇类似病毒感染、分娩并发症、压力及低质量养育等问题时会增加患精神分裂症的风险。而没有精神分裂症易感性的个体即使面临这些问题也不会发展出精神分裂症。

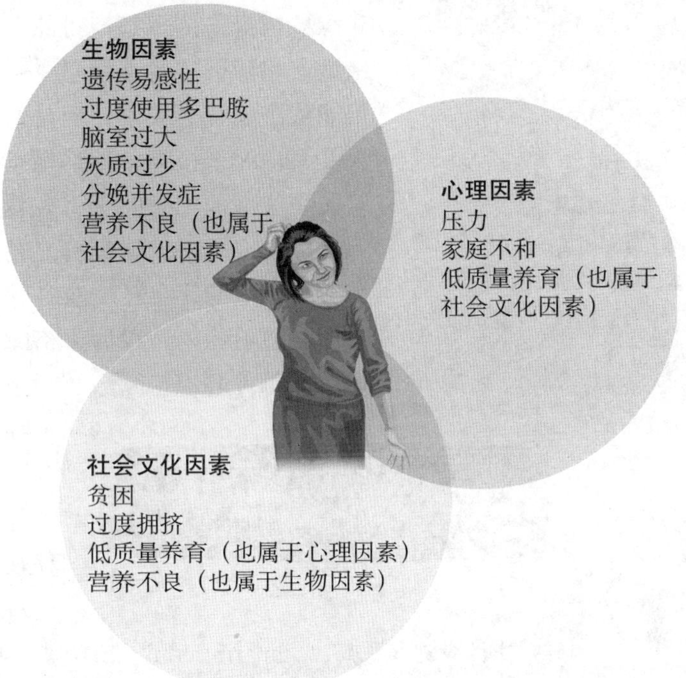

七、人格障碍

人格障碍（personality disorders）就像人格特质一样，以持久的行为模式为特征。然而，人格障碍是不灵活且适应不良的。它们损害人际或社会功能，并造成个体或他人的痛苦。人格障碍的种类很多，其中包括偏执型、分裂型、分裂样、边缘型、反社会型及回避型人格障碍。

（一）偏执型人格障碍

偏执型人格障碍（paranoid personality disorder）的核心要素是将他人行为解读为威胁性或贬低性的倾向。偏执型人格障碍患者不会表现出偏执型精神分裂症患者那样严重的思维紊乱。但是，他们不信任他人，因此他们的关系也深受其害。他们可能不信任同事及领导，但通常可以维持一份工作。

（二）分裂型和分裂样人格障碍

分裂型人格障碍（schizotypal personality disorder）以思维、知觉或行为的古怪为特征，如过度幻想和怀疑、自我感觉不真实或用词古怪。由于他们没有严重的妄想、幻觉或不寻常的举动，因此属于分裂型人格障碍，而非精神分裂症。

分裂样人格障碍（schizoid personality disorder）以对关系的冷淡和情感淡漠为特征。该障碍的患者是“喜孤独者”。他们不会对人产生热情和亲切感，鲜有朋友，几乎不与人发展长期关系。只要他们的工作不需要持续的社会互动，一些精神分裂样人格障碍患者就可以将这份工作做得很好。他们不存在妄想或幻觉。

（三）边缘型人格障碍

边缘型人格障碍（borderline personality disorder）患者的关系、自我意象和心境

人格障碍：
持续的适应不良的行为模式，给个体或他人造成痛苦。

偏执型人格障碍：
一种以持续的怀疑为特征的人格障碍，但不具有妄想型精神分裂症的混乱表现。

分裂型人格障碍：
一种以思维和行为的怪异为特征的人格障碍，但不涉及怪诞的精神病行为。

分裂样人格障碍：
以社会退缩为典型特征的人格障碍。

边缘型人格障碍：
以人际关系、自我意象和心境的不稳定，以及缺乏对冲动的控制为特征的人格障碍。

反社会型人格障碍：
被诊断为反社会型人格障碍的人与社会格格不入，然而并不畏惧惩罚，较少、甚至没有内疚和焦虑的情感体验。

回避型人格障碍：
患有回避型人格障碍的个体害怕遭到拒绝和批评，除非确信受到接纳才愿意进行人际交往。

很不稳定，且缺乏对冲动的控制（Stanley & Siever, 2010）。他们不确定对自身价值观、目标、忠诚、职业和朋友的选择，有时甚至是性取向（Roepke et al., 2011）。自我意象或身份的不稳定可能会导致边缘型人格障碍患者的空虚感和无聊感。很多边缘型人格障碍患者不能忍受独处，并且会采取极端行为来回避被抛弃的感觉。他们可能依附于社会关系，但是这种依附往往会推开他们所依赖的人。他们徘徊在与他人关系的两个极端，即谄媚（当他们的需要被满足时）和厌恶（当他们感到被蔑视时）之间。他们倾向于将人看成是非好即坏的，对人的看法从一个极端突然转到另一个极端。结果，他们可能在简短而激烈的关系中不断地更换同伴。当感觉自己被辜负时，他们就会轻蔑地对待自己曾经理想化的个体。

心境不稳是边缘型人格障碍的核心特征。心境整体从愤怒和易怒转换为抑郁和焦虑，每种心境持续数小时至数天不等。该障碍的患者难以控制愤怒且往往会与人争吵或摔东西。他们经常冲动行事，例如与刚认识的人私奔。这些冲动和不可预测的行为经常是自我毁灭性的，常常与自杀企图和自杀行为相关联。自我毁灭行为可能包括狂欢、赌博、物质滥用、不安全性行为、鲁莽驾驶、暴食或从商店行窃。该障碍的患者还可能会自残，例如割手腕或用烟蒂烫伤手臂（Zanarini et al., 2010）。自伤有时是一种操纵他人的手段，特别是在压力期间。经常性的自伤也与自杀企图相关。

真　一些人谋杀或重伤他人却没有丝毫愧疚感，这是真的。当这些人不断地侵犯他人权利并违反法律时，他们可能被诊断为反社会型人格障碍。

（四）反社会型人格障碍

反社会型人格障碍（antisocial personality disorder）患者经常外表迷人，且智力至少在中等以上。他们不与他人形成有意义的联结（Kumari et al., 2009; Romero et al., 2001）。尽管他们经常被父母重罚，被同伴拒绝，但是他们继续自己冲动而随便的生活方式。女性比男性更容易患焦虑及抑郁障碍，而男性比女性更容易患反社会型人格障碍（McCormick et al., 2007）。

（五）回避型人格障碍

回避型人格障碍（avoidant personality disorder）患者在不能确保被接纳的情况下，通常不愿意进入一段关系，因为他们害怕被拒绝和批评。最终，他们在自己直系家庭之外可能鲜有亲密的友人。然而，有别于分裂样人格障碍患者，他们对他人存有一些兴趣和热情。

（六）对人格障碍的解释

研究者发现大量生物、心理和社会文化因素与人格障碍存在联系。认知心理学家发现，反社会型的青少年常将他人的行为解读为险恶的，即使事实并非如此（Dodge, 2006; Ellis et al., 2009）。具有攻击性的个体一般很难采取有效途径解决社交问题（Fontaine et al., 2010）。

生物因素

一些人格障碍显然与遗传因素有关（Jang et al., 2007; Livesley & Jang, 2008）。人格特质在某种程度上是具有遗传性的，而且很多人格障碍似乎是正常人格特质的极端变异。一项对 51 对双生子和领养孩子进行的研究估计，遗传因素是反社会行为最重要的影响因素（Rhee & Waldman, 2002）。依据人格的五因素模型，分裂样人格障碍患者一般极度内向（Widiger & Simonsen, 2005）。回避型人格障碍患者既内向又情感不稳定（神经质）（Widiger & Simonsen, 2005）。

从遗传学上讲，反社会型人格可能与大脑的前额皮层有关，这部分区域负责情感反应。还有证据表明，反社会型人格障碍患者群体大脑前额皮层中的灰质（联络神经元）少于常人（Narayan et al., 2007; Raine et al., 2009）。阿德里安·雷恩（Adrian Raine, 2008）认为，某些特定的基因导致了这一损伤，从而使人更倾向于产生反社会行为。

心理因素

学习理论家认为童年期经历可能导致成人期与他人关系适应不良，即可能导致人格障碍。认知心理学家发现反社会青少年以促进自身不端行为的方式对社会信息进行编码。例如，他们倾向于将他人的行为解读为险恶的，即使事实并非如此（Lochman et al., 2011）。攻击性强的个体一般很难用有效方式解决社交问题（McMurran et al., 2002）。认知治疗师鼓励一些反社会男孩将社会挑衅视为需要解决的问题，而非对他们“男子气概”的威胁，这种方法初见成效（Lochman et al., 2011）。

社会文化因素

边缘型人格这一标签被贴在玛丽莲·梦露（Marilyn Monroe）和阿拉伯的劳伦斯（Lawrence of Arabia）等形形色色的人身上。很多学者相信我们生活在一个破碎和孤独的年代，并因此导致在稳定同一性和稳定关系的形成中出现一系列问题。“生活在边缘”或边界，是对这个不安定社会的隐喻。

尽管很多心理障碍的成因尚存在争议，但各种各样的疗法相继诞生以对其进行治疗。这些疗法将是第 13 章介绍的重点。

用数字说话

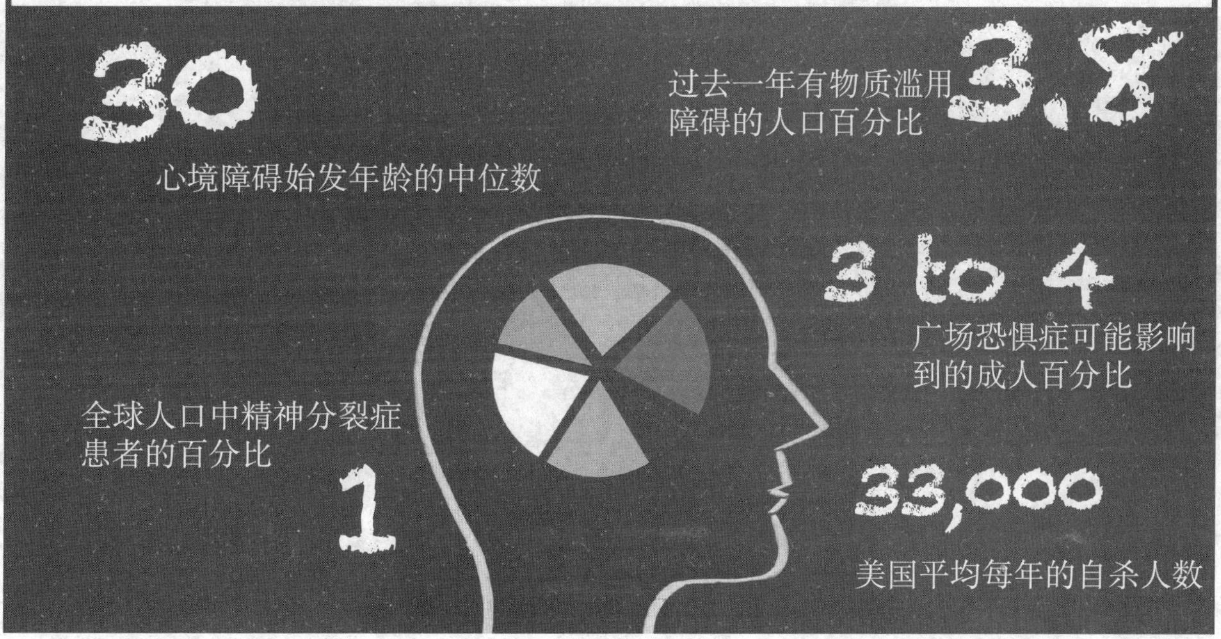

第 13 章　心理治疗

内容概要

一、心理治疗的概念及历史
二、传统的精神分析及短程心理动力疗法
三、人本主义疗法的界定及其两大主要取向
四、行为疗法的界定及其多种行为取向
五、认知疗法的界定以及贝克的方法和 REBT
六、团体治疗的类型及其优势和劣势
七、心理治疗是否有效？谁会从中受益？
八、生物疗法的手段及其优势与劣势

乔安妮·卡特赖特（Joanne Cartwright，被她的治疗师戏称为“玛菲特小姐”）有蜘蛛恐惧症。“我每晚上班前都清洗一遍卡车，就害怕上面结网。”她说，“我把所有的衣服都放进塑料袋里，然后用强力胶带把门都封上，以防蜘蛛进来。我觉得自己精神都快崩溃了，无法正常生活。”（引自 Robbins, 2000）如果非得要出门的话，她会查看路边每个裂缝里是否有蜘蛛。终于，这一可怕的恐惧症让她无法离开这所房子。历经数年折磨之后，她前来寻求帮助。

幸运的是，通过与心理学家亨特·霍夫曼（Hunter Hoffman）合作，“玛菲特小姐”在华盛顿大学的人机接口技术实验室结束了这一噩梦。霍夫曼（2004）在《科学美国人》（*Scientific American*）上发表文章，详细描述了一个叫蜘蛛世界（SpiderWord）的虚拟情境，这一虚拟情境可以帮助患有蜘蛛恐惧症的人克服对蜘蛛的厌恶，方法就是让患者不断地接近虚拟蜘蛛，甚至伸手去触碰他们（见图 13-1）。一个玩具蜘蛛和一个追踪病人手部运动的装置就可以让人感觉真的在触摸蜘蛛。

十二个脱敏疗程改变了卡特赖特的命运。“真是太神奇了，”她说，“我居然在做这些以前从来

图13-1　华盛顿大学的亨特·霍夫曼博士使用虚拟疗法为“玛菲特小姐”做治疗

“玛菲特小姐”是霍夫曼对一位恐惧蜘蛛的女性的戏称。她戴上虚拟情境头盔，看到了屏幕上的图像，上面是一只毛茸茸的大狼蛛。

> **要帮助人们解决问题，必须让他们暴露在最害怕的情境当中。**

真？假？

你怎么看待下列陈述？它们是坊间传闻、常识还是无稽之谈？圈出字母“T”代表真，“F”代表假，并在阅读本章的过程中找出准确答案。

- **T　F**　伦敦居民过去时常到镇上参观当地的疯人院取乐。
- **T　F**　一些心理治疗师让自己的来访者来引导心理治疗过程。
- **T　F**　一些心理治疗师会确切告诉自己的来访者要做什么。
- **T　F**　在躺椅上做白日梦是一种对抗恐惧的有效方法。
- **T　F**　吸烟可以成为帮助戒烟的有效方法。
- **T　F**　没有科学证据表明心理治疗可以帮助到心理障碍患者。
- **T　F**　当被一位患者枪击后，使用外科手术减少暴力习得的创始人发现，手术并不总是成功的。

心理治疗：

治疗师和来访者之间依照心理学原理进行系统的互动，以影响来访者的思维、情感或行为，从而帮助来访者克服心理障碍，适应生活中的问题或实现个体健康发展。

收容所：

一个为照料心理疾病患者设立的机构。

不敢做的事情，比如露营和徒步旅行。”

乔安妮·卡特赖特通过虚拟治疗克服了对蜘蛛的恐惧。如果她选择的是其他治疗，她可能会接受如下治疗：

- 躺在长沙发上，谈论冷不防进入意识的任何东西，并探究蜘蛛可能象征的意义。
- 与一位温暖、和蔼的治疗师面对面坐着，治疗师表达对她处理自身恐惧能力的信任。
- 倾听一位坦率、直接的治疗师的意见，治疗师断言她是将对蜘蛛的厌恶灾难化了，且因思虑过重而将问题复杂化了。
- 服用药物。
- 综合使用以上某几种方法。

这些方法虽然大相径庭，却都代表某种疗法。在本章中，我们将探索心理治疗和生物治疗的各种方法。

一、什么是心理治疗？

心理治疗的种类很多，但是它们有一些明确的共同之处。**心理治疗**（psychotherapy）是治疗师和来访者之间的系统互动，它运用心理学原理去影响来访者的思维、情感或行为，从而帮助来访者克服心理障碍，适应生活中的问题或实现个体健康发展。

一言难尽是吧？的确。不过请注意这些关键点：

- *系统互动*。心理治疗是来访者和治疗师的系统互动。治疗师的理论观点与来访者的观点互动，从而决定治疗师和来访者如何建立关系。
- *心理学原理*。心理治疗是基于心理学理论及人格、学习、动机和情感等心理学领域的研究。
- *思维、情感和行为*。心理治疗影响来访者的思维、情感和行为，指向人类心理的上述任何一个或所有方面。
- *心理障碍、适应问题和个人成长*。心理治疗通常针对心理障碍患者。另一些个体会为应对某些问题而求助，如害羞、体重问题或生活伴侣的丧失。还有一些来访者想要更加了解自己，并实现自身作为个体、父母或创造性艺术家的最大潜能。

（一）治疗的历史

从历史上讲，心理障碍的“治疗”往往反映了这样的假设：举止表现奇怪的个体是被魔鬼附身了。基于这一信念，对心理障碍患者的治疗一般都很残酷，例如驱邪和处决。一些日常生活不能自理的人被扔进了监狱。其他的在街上乞讨、偷窃食物或沦落为妓女。只有很少人设法进入修道院或其他静居地，这些机构为他们提供言语慰藉和一些支持。一般而言，他们过世得很早。

收容所

Asylums（**收容所**）一词源于欧洲修道院。它们是首个主要为心理障碍患者设立的机构。但是，它们的功能是收容而非治疗。入住收容所的人迅速增长，直至由噪声、过度拥挤和疾病导致的压力恶化了它们原本想要消除的问题。居住在收容所的人经常戴着锁链并遭受鞭打。

Bedlam（疯人院）一词来源于伯利恒圣玛利亚医院（St. Mary's of Bethlehem），这个伦敦的收容所创立于1547 年。在这里，不幸患有心理障碍的人被捆绑起来遭受鞭打，并被任由躺在自己的排泄物中。

真 英国上层社会的男女曾经会在一个慵懒的午后观看收容所病人的古怪行为取乐。参观费用是 1 便士。

人文主义改革运动始于 18 世纪。在巴黎，菲利普·皮内尔医生打开了沙普提厄医院（La Salpêtrière）病人的锁链。病人们并没有像大家担心的那样胡作非为，大多数病人从友善和自由中受益，很多人最终再次融入社会。之后，英国的威廉·图克（William Tuke）和美国的多萝西娅·迪克斯（Dorothea Dix）领导了机构改革运动。

精神病院

在美国，收容所逐渐被精神病院取代。20 世纪 50 年代，上百万的人居住在州、县、退伍军人机构或私人机构的精神病院。精神病院的功能是治疗而非收容。然而，因为病人过多和工作人员不足，很多病人几乎得不到关注。甚至在如今状况已获得某种程度改善的情况下，在周末其他工作人员休息时，一名精神科医生可能需要负责数百名病人的健康。

社区精神健康运动

自 20 世纪 60 年代起，人们致力于将患有严重心理障碍的个体留在他们自己的社区。社区精神健康中心尝试将新病人视为门诊病人，并为从精神病院出院的病人提供服务。如今，大多数患有慢性心理障碍的个体居住在社区，而非医院。社会批评者提出，很多在医院居住几十年的人突然出院回到社区的“家中”，对这些人来说，家已经变得物是人非。很多出院的病人并没有接受恰当的后续治疗，最后沦落到无家可归（Drury, 2003）。

二、心理动力疗法

心理动力疗法（psychodynamic therapies）是基于心理动力理论的创立者弗洛伊德的思想。这种疗法假设心理问题反映了童年早期经历及内在冲突。弗洛伊德认为，这些冲突涉及本我、自我和超我之间心理能量的转换。这种心理能量的转换决定我们的行为。当原始冲动有从本我突破出来的威胁时，或当超我导致我们过度内疚时，防御就会出现，并引发痛苦。弗洛伊德的治疗方法——精神分析——旨在保护自我免受本我和超我放任的能量激流的冲击。当冲动以及愧疚和羞愧感被更好地控制时，来访者就可以更自由地发展适应性行为。

心理动力疗法：
这种疗法基于弗洛伊德的思想，它假设心理问题反映了童年早期经历及内在冲突。

精神分析：
弗洛伊德创立的心理治疗方法。

（一）传统精神分析

想象一下，你的治疗师要你躺在一间微暗房间的沙发上。他可能坐在你的后面，鼓励你谈论任何进入你大脑的东西，不管它有多么琐碎或私密。为避免干扰你的自我探索，他可能在一次次面谈中很少说话或什么都不说，这是标准的流程。传统的精神分析可能会持续数月，甚至数年。

精神分析（psychoanalysis）是弗洛伊德创立的一种临床方法。其目标是帮助来

当来访者进行自由联想时，弗洛伊德会坐在沙发一侧旁边的椅子上。自由联想的基本规则是对所有想法不做审查。弗洛伊德不认为自由联想是真正“自由的”，而是有重大意义的情感浮出水面并要求得到表达。

访者达成对自身冲突的领悟，冲突常常被假定为问题的根源。领悟的含义很广，如对导致冲突与适应不良行为的经历的了解，对无意识情感和冲突的识别，以及对自身的思维、情感和行为的有意识评估。

精神分析还旨在帮助来访者表达压抑的情感和冲动。弗洛伊德认为如此一来，来访者便可以释放被冲突和内疚压抑的心理能量。他将这种“释放”称为**宣泄**（catharsis）。宣泄通过缓和自我攻击的力量来使人放松。弗洛伊德还试图通过应对行为来取代冲动和防御行为。例如，通过使用这种方法，一位恐惧刀的男士可能会发现，他一直在压抑自身想伤害占自己便宜的那些人的冲动，他也可能会找到言辞上应对这种人的方法。

宣泄：
在精神分析中，表达被压抑的情感，以及释放与之相连的心理能量。

自由联想：
在精神分析中，所有进入大脑的想法不受任何审查地被表达出来。

阻抗：
一种阻碍冲动和原始想法自由表达的倾向——这是压抑这一防御机制的反应。

移情：
对一个人（如治疗师）的反应方式类似于童年时对另一个人（如父亲或母亲）的反应方式。

在弗洛伊德作为治疗师的职业生涯早期，他发现通过催眠可以使来访者聚焦于自身被压抑的冲突，并谈论这些冲突。然而他还发现，一些来访者一旦从昏睡状态中觉醒，便会否认所提供材料的准确性。还有人觉得这些记忆使他们痛苦且不自在。于是，弗洛伊德转向了**自由联想**（free association），这种方法可逐渐突破防御的壁垒、扫清阻碍来访者进入无意识的障碍。在自由联想中，来访者感觉舒适——例如，躺在沙发上——并谈论任何进入大脑的话题。对一切想法不做审查——这是基本的规则。精神分析师请来访者从一个话题“自由”跳跃到另一个话题，但是，他们并不认为来访者内部发生的过程是完全自由的，而是被压抑的冲动呼喊着要求得到释放。

自我锲而不舍地压制不被接纳的冲动和威胁性的冲突。结果，来访者可能会在回忆和讨论威胁性的想法时表现出**阻抗**（resistance）。治疗师观察来访者想要谈论令人困扰的想法与阻抗之间的角力。通过谨慎的评论及提问，治疗师希望鼓励来访者讨论他的问题。讨论帮助来访者洞察他的真实愿望，并探索实现这些愿望的方法。

移情

弗洛伊德认为来访者不仅将他当作单纯的个体进行回应，其回应的方式还反映了他们对生活中其他人的态度和感受。弗洛伊德将这一过程命名为**移情**（transference）。例如，一位年轻的女性来访者可能会将弗洛伊德视为父亲，并将自己对父亲的感情转移到弗洛伊德身上，还可能在他身上寻求爱与智慧。分析和解决移情被认为是精神分析的关键。

梦的解析

弗洛伊德经常会让来访者在梦醒时迅速记下自己的梦境，以便他们在治疗中讨论。弗洛伊德称梦是“通往无意识的捷径”。他认为梦的内容是由无意识过程和白天发生的事件决定的。无意识的冲动在梦中得到表达，这被称为**愿望满足**（wish fulfillment）。

（二）现代心理动力取向

尽管一些精神分析师依然遵循弗洛伊德的技术，但是，现代心理动力疗法更为简洁且强度更小，这使那些没有时间或金钱进行长期治疗的来访者同样可以接受治疗。一些现代心理动力疗法继续致力于挖掘无意识的内容，并试图打破心理防御，不过它们在很多方面有别于传统精神分析（比如，来访者不再躺在沙发上而是与治疗师面对面坐着）（Prochaska & Norcross, 2010）。现代治疗师通常更具指导性，他们会提出有助于行为的建议，而非仅仅关注领悟。最后，他们更关注自我作为人格的"执行官"，而不再那么关注本我。鉴于此，很多现代心理动力治疗师被称为**自我分析师**（ego analyst）。

梦的解析是我们了解无意识的捷径。

——西格蒙德·弗洛伊德

三、人本主义疗法

精神分析疗法关注内在冲突和无意识过程。**人本主义疗法**（humanistic therapies）则关注来访者主观和有意识经验的品质。传统精神分析聚焦于童年早期经历。人本主义疗法则更关注来访者此时此地的经验。

（一）来访者中心疗法

卡尔·罗杰斯（1902—1987）相信，尽管每个人都背负着过去，但我们可以自由选择并控制自己的命运。他还相信我们有天生健康、成长及自我实现的倾向。心理问题来自通往自我实现——罗杰斯所认为的天生的努力实现自我潜能的倾向——道路的障碍。假如，小时候，他人仅仅在我们做出他们所期待的事情时才认可我们，我们可能会学会否认我们身上所不被别人承认的部分。我们可能变得被动地被外界审视，而不是被人聆听——甚至我们自己也忽略自己的内在声音。结果，我们可能体验到压力和不适，并感觉我们——或世界——虚无缥缈。

卡尔·罗杰斯

罗杰斯认为我们的心理幸福感与我们是否可以自由发展个性和潜能有关。你认为自己可以将"真正的自我"与你的社会文化经验和宗教信仰分开吗？

愿望满足：

在意识状态下被压抑的想法和冲动在梦中得到表达。

自我分析师：

关注自我意识、应对行为而非本我无意识功能的心理动力取向的治疗师。

人本主义疗法：

更关注来访者此时此地主观的、有意识经验的心理疗法。

通过无条件积极关注、共情和真诚，来访者中心治疗师创造出一种让来访者进行自我探索的氛围。

真 在来访者中心疗法中，由来访者占主导地位，陈述并探索问题。

来访者中心疗法（client-centered therapy）旨在帮助我们洞悉自身被否认的部分，由此使我们获得整体感。该疗法创造温暖的、鼓励自我探索和自我表达的治疗氛围。治疗师对来访者的接纳会促进自我接纳和自尊。自我接纳使来访者摆脱束缚，做出发展他独特潜能的选择。

来访者中心疗法是非指导性的。一位有效的来访者中心治疗师应具备以下几项品质：

1. 无条件积极关注：尊重来访者，视他们为具有独特价值和目标的人。
2. 共情：认可来访者的经验和感觉。治疗师搁置自我价值观并仔细倾听，从来访者的参考框架来看待世界。
3. 真诚：开放并诚实地回应来访者。来访者中心治疗师必须能够容忍差异，因为他们相信每位来访者都与众不同。

以下这个治疗面谈的片段展示了卡尔·罗杰斯是如何使用共情式理解并复述来访者吉尔（Jill）的感受的。他的目标是帮助吉尔识别部分她否认的感受。

吉尔：我在与女儿的相处上有很多问题。她 20 岁了；她在上大学；我没办法让她走……而且我对她心存愧疚；我真的有强烈地紧紧抓住她的需要。

罗杰斯：有紧紧抓住她的需要，这样你就可以在某种程度上弥补你的愧疚。有这部分原因吗？

吉尔：很大部分是这样……而且，她一直是我真正的朋友，并且是我生活的全部……而且这好困难……如果她不跟我在一起，会有很多的空白。

罗杰斯：当她不在时，可以说是一种熟悉的真空。

吉尔：是的，是的。你知道，我也想做那种强大的母亲，可以说“去吧，愿你有个美好的人生”，然而，这样做对我而言真的太困难了。

罗杰斯：放弃你生活中对自己一直以来如此宝贵的东西真的很难，但是，在你提到愧疚感的时候我感觉这也让你痛苦。

吉尔：是这样的。我知道我因为自己并不能总是得到自己想要的而对她存在愤怒。我有的需要没得到满足。并且，嗯，我感觉自己没有权利有这些需要。你知道……她是女儿；她并不是我的妈妈。尽管有时候我感觉好像我想让她像妈妈般照顾我……这样要求她我难以启齿，而且我也没有权利要求她这样做。

罗杰斯：也就是，这可能是不合理的，但是当她不能满足你的要求时，这仍然让你恼火。

吉尔：是的，我会非常非常生她的气。

罗杰斯：（停顿）我想此时你还感觉有点紧张。

来访者中心疗法：
卡尔·罗杰斯创立的心理治疗方法，强调创设温暖、有治疗作用的氛围，使来访者轻松自在地进行自我探索和自我表达。

吉尔：嗯，嗯，非常多的冲突……（罗杰斯：嗯。）非常痛苦。

罗杰斯：很痛苦。你可以再说说这些痛苦吗？（Farber et al., 1996, pp. 74-75）

来访者中心疗法被广泛应用于大学的心理咨询中心，该疗法不仅帮助学生度过焦虑或抑郁，还帮助他们做决策。很多大学生尚未做出职业选择，或对是否要与某个人交朋友或发生性关系心存疑惑。来访者中心疗法并不告诉来访者做什么，而是帮助他们自主决策。

（二）格式塔疗法

格式塔疗法（Gestalt therapy）由弗里茨·珀尔斯（Fritz Perls, 1893—1970）创立。正如来访者中心疗法一样，格式塔疗法认为个体否定自身可能不为社会称许的部分。而且，个体还戴上社会面具，假装成为别人期望的样子。该疗法旨在帮助个体整合自身人格中冲突的部分。珀尔斯使用*格式塔*一词来表明他的兴趣在于赋予冲突的人格以完整的形式。（德语中 Gestalt 意为“完形”。）珀尔斯使用这一术语是因为他希望帮助来访者整合人格中的冲突部分。

真 格式塔治疗师和行为治疗师会使用具体的程序——告诉来访者怎么做。

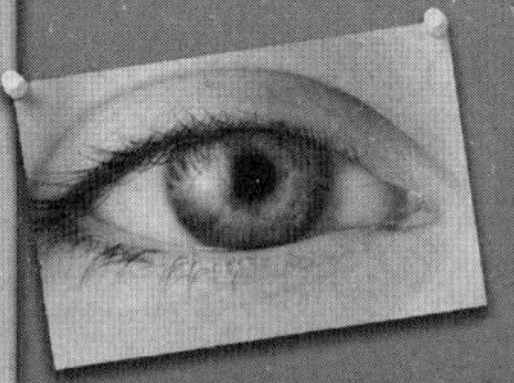

我有我的事情做，你也一样。我不为你的期待而活，你也一样。你就是你，我就是我。如若有缘，相遇为美；如若无缘，无人能勉。

——弗里茨·珀尔斯

尽管珀尔斯有关人格基本部分冲突的想法受益于心理动力理论，但是不同于精神分析，格式塔疗法关注此时此地。格式塔疗法通过练习，提高来访者对自己当前感受和行为的察觉。与罗杰斯一样，珀尔斯也相信个体可以自由做出选择并指导自身的成长。但是富有感召力与力量感的珀尔斯在性情上不同于温和与包容的罗杰斯（Prochaska & Norcross, 2010）。因此，不同于来访者中心疗法，格式塔疗法更具指导性。治疗师会带领来访者有计划地进行体验，提高他们对内心冲突的觉察并为自己的行为负责。

四、行为疗法

心理动力和人本主义疗法一般关注个体的想法和感受，行为治疗师则倾向于关注个体的*行为*。**行为疗法**（behavior therapy）——也称*行为矫正*——将学习的原理应用于直接促进预期行为的发生。行为疗法相当倚重条件作用和观察学习的原理，帮助来访者终止自我挫败性行为模式，如过度饮食、吸烟及对无害刺激的恐惧性回避。行为疗法还帮助来访者获得适应性行为模式，如建立社会关系或获得对胡搅蛮缠的促销员说“不需要”的社会技能。

行为治疗师可以帮助来访者获得对适应不良行为的“领悟”，例如通过帮助个体意识到行为发生的情境，以获得对焦虑感的领悟。他们并不像精神分析师那样帮助来访者挖掘问题的童年早期根源或适应不良行为的象征意义。像其他治疗师一样，行为治疗师可能也会与来访者建立温暖的、精神放松的治疗关系，但他们认为

格式塔疗法：

弗里茨·珀尔斯的心理治疗形式，这种治疗方法试图通过指导性的方法帮助个体感知整体自我，整合人格中冲突的部分。

行为疗法：

运用学习原理直接矫正来访者的问题行为。

系统脱敏：
沃尔普创立的减除恐惧的方法，配合深度肌肉放松去联想一系列引发恐惧的意象。

行为疗法的有效性来自具体的、基于学习的程序（Rachman, 2000）。他们坚持将治疗方法建立于实验之上，结果应当以可测量的行为进行评估。在本部分，我们将介绍一些常见的行为治疗技术。

（一）恐惧减除法

很多人因害怕或恐惧干扰了自身的功能而寻求治疗。这是行为治疗师取得巨大进展的领域之一。行为疗法减除恐惧的方法包括满灌（见第5章相关内容）、系统脱敏、虚拟疗法、和塑造。

系统脱敏

亚当（Adam）对接受注射存在恐惧。他的治疗师要他躺在一个舒适的软垫椅子上对他进行治疗。在肌肉深度放松的状态下，亚当观看投射到屏幕上的幻灯片。一页护士持针的幻灯片出现了三次，每次30秒。三次观看中，亚当都没有表现出焦虑。于是，接着出现了一张稍微令人不适的幻灯片：一名护士将针头对准某人裸露的肩膀。15秒钟之后，扶手椅上的患者感觉到一阵不适并举手示意（表示这可能打破了自己的舒适感）。幻灯片放映员关掉灯，而亚当则花两分钟的时间想象自己的"安全场景"——躺在热带太阳下的沙滩上。之后，这张幻灯片又出现了一次。这一次，亚当在观看30秒钟之后才感觉到焦虑。

真 系统脱敏法可以让人放松地躺在椅子上，有效地面对自己的恐惧。

亚当正在进行**系统脱敏**（systematic desensitization），这是由精神科医生约瑟夫·沃尔普（Joseph Wolpe, 1915—1997）创立的一种减除恐惧反应的方法。系统脱敏是一个循序渐进的过程，在这个过程中来访者学习应对逐渐增加的困扰刺激，而每次的焦虑感则由反向条件作用消除。大约10至20个刺激，如幻灯片，被按照"恐惧因子"——它们引发焦虑程度的顺序或等级排列。通过想象或看图片，来访者逐渐地体验这一等级，接近目标。在亚当的例子中，目标是在不过分焦虑的情况下能够接受注射。

图13-2 用带有世贸中心大厦图像的程序帮助患有创伤后应激障碍的人

在虚拟疗法中，来访者暴露在诱发他们焦虑和压力的虚拟刺激前，以帮助他们逐渐克服恐惧。

虚拟疗法

虚拟疗法会使用比幻灯片更复杂的设备，但是仍基于脱敏的原理。2001年9月11日，纽约消防队长斯蒂芬·金（Stephen King）在世贸中心北楼第一时间目击了飞机的撞击。这一经历导致他从工作的部门退休，回避桥梁和隧道，并离开了曼哈顿（King, 2005）。"那天我的所见所闻——很多人跳下来，巨大的冲击——令我无法承受。"

但是虚拟疗法已经帮助金能够面对过去——以及他的未来。通过使用我们在电子游戏中所使用的技术，程序可以虚拟创伤情境及事件——比如，在一个会场中进行公开演讲、坐在飞机内翱翔、看见蜘蛛，或是金的例子中世贸中心的图像（见图 13-2）。“治疗背后的理念，”乔安·迪菲德博士（JoAnn Difede, 2005）解释说，“是系统地将病人以分成等级的方式暴露于他们的经历之中，从而帮助他们面对自身创伤导致的恐惧。”

塑造

塑造（modeling）离不开观察学习。在使用这种方法时，来访者观察并模仿那些可以接近并应对来访者所恐惧的物体或情境的人。阿尔伯特·班杜拉及其同事（1969）发现，在减轻对蛇的恐惧感方面，塑造和系统脱敏同样有效，而且更快。来访者首先观察榜样如何应对蛇，同样一段时间过后，他们可以去触碰蛇，把蛇拿起来，甚至让他们缠绕在自己身体上。塑造也可增强个体在应对恐惧刺激时的自我效能预期。

（二）厌恶条件作用

很多人为改掉自己吸烟、过量饮酒和啃指甲等坏习惯而寻求行为治疗。有一种帮助个体达到目标的行为取向是**厌恶条件作用**（aversive conditioning）。厌恶条件作用是一种有争议的程序，该疗法将痛苦或厌恶性的刺激与不受欢迎的冲动配对，以使这些冲动不再那么富有吸引力。例如，为帮助个体控制饮酒，可以将不同酒精饮料的味道与令人反胃和呕吐的药物配对，或者与电击配对。

厌恶条件作用被广泛应用于吸烟和性虐待等多个领域的问题。快速吸烟是一种使用厌恶条件作用的方法，旨在帮助烟民戒烟。这种方法要求戒烟者每 6 秒吸一次烟。而在另一种方法中，一个吹风机的出风口与一个燃烧着几支香烟的房间相连，烟会被吹到正在吸烟的戒烟者的脸上。第三种方法使用分叉的烟斗，这样吸烟者可以同时吸几支烟。在以上这些方法中，过度暴露使原本令人心旷神怡的吸烟变得令人厌恶。戒烟者由此产生回避而非寻求吸烟的动机。然而，鉴于血压升高的副作用以及尼古丁替代技术的出现，运用厌恶条件作用戒烟这一方法的吸引力已基本消失。

> 真　在快速吸烟方法中，行为治疗师通过过量吸烟使吸烟变得对吸烟者不具吸引力，以此帮助他们戒烟。

（三）操作性条件作用程序

我们一般会重复那些受到强化的行为。不受强化的行为会逐渐消失。行为治疗师将以上操作性条件作用的原理应用于精神病人及轻微问题来访者的治疗。

一个精神病医院的工作人员不知该如何鼓励退缩的精神分裂症病人规律饮食。通过观察，心理学家发现将病人哄骗到食堂，甚至喂病人吃饭只会让问题更加恶化。工作人员的关注很明显强化了病人的不配合。后来规定做了改动（Dickerson et al., 2005）。那些在开饭 30 分钟内没有到达餐厅的病人会被锁在外面。工作人员在饭间不可以与病人互动。不合作行为不再受到强化，病人很快改变了自身的饮食习惯。之后，病人被要求支付 1 便士才能进入餐厅。病人可以通过与其他病人互动并表现出其他符合社会规范的行为来赚取便士。这些目标行为相应出现得更加频繁。

健康专家想了解有酒精依赖问题的个体是否可以控制自身的饮酒。一项研究表明，对节制酒精的奖励可以产生强烈的影响（Petry et al., 2000）。研究中，一组有酒精依赖问题的退伍老兵接受一项标准治疗，而另一组除接受这项治疗外还有赢得

塑造：
一种行为治疗方法，来访者观察并模仿那些可以接近并应对来访者所恐惧的物体或情境的人。

厌恶条件作用：
一种行为治疗技术，将不受欢迎的反应与令人厌恶或不快的刺激配对，从而达到抑制不受欢迎反应的目的。

代币制：
在受控的环境中，通过代币（例如扑克牌）来强化个体表现出的目标行为，代币可以用来换取特权。

逐步逼近：
在操作性条件作用中，一系列逐渐变得越来越近似目标行为的行为。

持续戒酒奖品的机会，持续戒酒通过酒精浓度检测仪测试确定。在八周治疗结束之时，84% 赢得奖品的退伍老兵继续留在该项目中，而标准治疗组仅有 22% 的人留下。奖品的平均价值为 200 美元，远远小于由饮酒导致的旷工及其他责任的代价。

代币制

很多精神病房和医院使用**代币制**（token economies），病人需要代币（如扑克牌）来购买观看电视的时间、额外去餐厅的机会或私人房间（Comaty et al., 2001）。代币被用作对目标行为的强化物，这些目标行为包括整理床铺、刷牙及社会交往等。代币制并没有消除精神分裂症的所有症状，但可以增加病人的活动和合作。代币还被用来矫正行为障碍儿童的行为。

逐步逼近

操作性条件作用的**逐步逼近**（successive approximations）法常被用来帮助来访者养成好的习惯。例如，你想每晚学习 3 个小时，但只能集中半个小时的注意力。你要做的并不是努力一次将学习时间增加到位，而是每晚增加 5 分钟的时间，逐渐达到该目标。每学习 1 个小时左右后，你可以在图书馆人来人往的地方观赏 5 分钟，以此来强化自己。

✱ 眼动脱敏与再加工

助人专业人士经常受个人经验启发而发展治疗方法。按照弗朗辛·夏皮罗（Francine Shapiro, 1989）的说法，有一天当她漫步进一个公园时，她的大脑里充满了令人困扰的想法。但是当她的眼睛四处扫视，观赏景色时，她发现自己的困扰性想法消失了。由此，她创立了一种名为眼动脱敏与再加工（eye-movement desensitization and reprocessing，简称 EMDR）的治疗方法，令其加入了攻克应激障碍治疗武器的大军。在使用该方法时，治疗师要来访者想象一个创伤情景，而治疗师则快速在他眼前移动手指，并持续 20 ~ 30 秒。来访者在大脑中想象着令自己困扰的情景，而眼睛则追踪治疗师的手指。治疗过程中，来访者告诉治疗师他的想法及感受。治疗过程一直重复，直到来访者的焦虑被减轻。治疗一般需要三个疗程，每个疗程 90 分钟。

一些研究证据表明，EMDR 可以帮助减轻创伤性事件所引起的焦虑（Engelhard et al., 2010; Van der Kolk et al., 2007）。例如，一项研究比较了 EMDR 在两种不同治疗方法中的有效性，这两种方法分别是：暴露疗法（如治疗蜘蛛恐惧症的虚拟疗法）和放松训练（Taylor et al., 2003）。另一项研究考察了 EMDR 对"9 · 11"事件后大量人群的疗效（Silver et al., 2005）。诸如此类的研究表明 EMDR 是有效的，但其有效程度及作用机制还不清楚（May, 2005; Schubert & Lee, 2009）。还有研究挑战眼动的必要性（Devilly, 2002; Schubert & Lee, 2009）。也许接受眼动的来访者是从与治疗师的关系，或对成功的期待中受益的。不过，在相信自己能应对创伤的情况之下，来访者的确在某种程度上暴露于困扰他的创伤面前。

结论是什么呢？暴露帮助个体应对创伤，而眼动可能并不是必要的。

社交技能训练

在**社交技能训练**（social skills training）中，行为治疗师通过操作性条件作用程序来减轻社交焦虑，这一操作性条件作用程序涉及自我监控（记录自己的行为，从中发现问题并记下进展）、训练、塑造、角色扮演、行为演练（练习）和反馈（接收关于行为有效性的信息）。社交技能训练被用来帮助曾住院治疗的精神病人在社区中找到工作和公寓。例如，一个工人可以练习礼貌地请求主管帮助自己，或要求房东修理公寓的水管。社交技能训练在团体中非常有效，团体成员可以扮演其他团体成员生活中的重要人物，如父母、配偶或潜在的约会对象。

生物反馈训练

通过**生物反馈训练**（biofeedback training, 简称 BFT），治疗师可帮助来访者增加对多种身体功能的觉察力并获得控制感。治疗师将来访者与测量身体功能（如心率）的装置连接。“哔哔”声或其他电子信号用来指示（并因此强化）行为向称心的方向变化（“操纵”）——如更缓慢的心率（了解结果是有利的强化）。肌电图仪（EMG）这一装置可以监控肌肉紧张度。该装置被用于加强对前额和其他地方肌肉紧张的控制，并由此缓解焦虑、压力和头痛（Nestoriuc et al., 2008）。

BFT 还可以帮助来访者调节那些曾经被认为是意识控制之外的功能，如心率和血压。高血压来访者可采用血压护腕和电子信号来获得对血压的控制。脑电图仪（EEG）可监控脑电波，因此可用来教会个体产生与放松相关的 α 波。很多人通过学习产生与睡眠相关的脑电波而克服了失眠。

五、认知疗法

当在学校或工作中遇到问题时，你会有什么想法？你是告诉自己正面临一个需要解决方案的问题，还是告诉自己之前成功解决过问题而且这次也会有解决办法？或是会想“哦，不！太糟糕了！事情越来越糟糕了，我要挂科了（或我要被解雇了）！”？如果你走“太糟糕了”的路线，你可能会增强自身的不适感并降低应对能力。认知疗法直接关注个体的思维，并鼓励可以帮助个体解决问题而非增强不适感的想法。

认知疗法（cognitive therapy）关注导致个体问题并令其恶化的信念、态度和自动思维的改变（Butler et al., 2006; David et al., 2010）。就像精神分析和人本主义治疗师一样，认知治疗师同样旨在促进自我领悟，但他们的主要目标是帮助个体进一步觉察自己当前的认知。另外，认知治疗师还力求直接改变非适应性思维，以减轻消极情感，从而帮助来访者解决问题。

很多行为治疗师将认知的程序融入他们的方法。例如，系统脱敏、隐蔽脱敏和隐蔽强化等技术要求来访者聚焦于视觉意象。行为疗法对神经性厌食的治疗关注来访者对自身体重和身形的不合理态度，同时促进培养良好的饮食习惯。让我们来了解一下认知治疗师阿伦·贝克（Aaron Beck）和阿尔伯特·艾利斯的方法。

社交技能训练：
一种行为治疗方法，程序涉及自我监控、行为演练和反馈，旨在帮助人们改善人际关系。

生物反馈训练（BFT）：
系统地反馈给机体有关身体功能的信息，由此机体便可以获得对功能的控制。

认知疗法：
一种主要关注来访者的认知（例如期待、态度、信念）如何导致痛苦，以及如何通过改变认知来缓解痛苦并促进适应性行为的疗法。

理性情绪行为疗法（REBT）：
由阿尔伯特·艾利斯创造的一种疗法，该疗法鼓励来访者挑战并改正非理性的期待和适应不良的行为。

（一）阿伦·贝克的认知疗法

精神科医生阿伦·贝克的职业起初是精神分析师。然而，由于精神分析方法所需时间过于漫长且不愿给予具体建议，所以他失去了耐性。在其个人生活中，他通过协助外科手术成功克服了自身对血的恐惧，并说服自己克服了对驾车通过隧道的不合理恐惧。与之类似，他的认知疗法致力于说服来访者摆脱那些导致自己痛苦的信念，并将他们暴露于因为自身不合理信念而回避的情境（Berk et al., 2004; Warman et al., 2005）。贝克鼓励来访者成为自己的私人科学家，去挑战没有根据的情感和信念。

贝克鼓励来访者探索自身思维方式的不合理性。例如，抑郁的个体倾向于贬低自身成就并假定最坏的情况会发生。贬低成就和期待最坏的情况（通常）是对现实的扭曲，这一扭曲会导致抑郁情绪。认知扭曲来得快、自动化，且难以发现。贝克的方法就是帮助来访者觉察这种扭曲并挑战它们。

贝克指出了一些导致来访者痛苦的“认知错误”：

1. 来访者可能将这个世界*选择性地知觉*为有害的地方，并忽视与之相反的证据。
2. 来访者可能会基于几个事例进行*过度概括*。例如，他们可能因为被裁员而认为自己毫无价值，或因为约会遭拒而认为自己没有吸引力。
3. 来访者可能会*放大*或夸大负性事件的重要性。他们可能会将考试失利灾难化，认为自己会被学校开除；抑或是将失去工作灾难化，认为自己再也找不到另一份工作从而导致对家庭的巨大灾难。
4. 来访者可能会出现*绝对化思维*，或认为这个世界非黑即白，不存在灰色地带。如此一来，一次约会遭拒对他们而言就意味着终身的孤独，一次不适的疾病就意味着命在旦夕。

觉察到这些认知错误并改变灾难化思维可以帮助我们更好地应对压力。对失败进行内部的、稳定的和一般性的归因会导致抑郁和无助感。认知治疗师还提醒来访者对认知错误或不合理信念保持警觉，由此来访者便可以改变自身的态度，并为更加有效、外显的行为铺平道路。

（二）阿尔伯特·艾利斯的理性情绪行为疗法

在**理性情绪行为疗法**（rational emotive behavior therapy, 简称REBT）中，阿尔伯特·艾利斯（1913—2007）指出，是我们对事件的信念而不仅是事件本身决定我们对事件的反应。而且，我们很多人都怀有大量导致问题或扩大问题影响的非合理信念。其中最重要的两种非合理信念是“我们必须获得重要他人的爱与肯定”和“我们必须证明自己完全有能力、能胜任、有成就”。

像阿伦·贝克一样，艾利斯最初的职业也是精神分析师。同样，他也因为精神分析师的被动角色和取得效果的缓慢性——如果的确有效果的话——而烦恼。艾利斯的 REBT 方法直接并富有指导性。他并不像传统的精神分析师那样坐在后面，偶尔提供一个解释。相反，他鼓励来访者挖掘出自身的非合理信念，这些非合理信念虽然不像弗洛伊德认为的那样被深深地隐藏，但也可能是无意识的。没有治疗师的指导，非合理信念很难被挖掘出来。艾利斯向来访者呈现导致他们痛苦的非合理信念，并挑战来访者以促进来访者非合理信念的改变。当艾利斯看到来访者按非合理信念行动时，他会通过“是哪里规定你必须……？”或“对……你有什么证据？”等诘问来驳斥来访者的非合理信念。在艾利斯看来，我们在生活中需要少一些痛苦和自责，需要更多的是行动。

（三）走向认知行为疗法

很多治疗师认为，认知疗法集合了行为疗法的部分技术。阿伦·贝克本人就在一篇文章中将自己的疗法称为*认知*取向，而在另一篇文章中将其称为*认知行为*取向（Clark & Beck, 2011; Warman & Beck, 2003）。其发展趋势是两种取向的整合，被称为**认知行为疗法**（cognitive-behavioral therapy, 简称 CBT）。

艾利斯综合了行为和认知疗法。鉴于自己聚焦于认知，即非合理信念及其改变，他最早将这一疗法命名为*理性情绪疗法*。然而，为了巩固来访者的认知改变，他还总是促进来访者的行为改变。为与自身广阔的哲学背景保持一致，艾利斯最近将理性情绪疗法更名为理性情绪行为疗法。

六、团体治疗

当一位心理治疗师同时接待数位具有相似问题——如焦虑、抑郁、离婚适应、社交技能缺乏——的来访者时，团体治疗是相对于个体治疗更为合理的选择。团体治疗的方法和特点反映了团体成员的需要和团体带领者的理论取向。在精神分析团体中，来访者相互之间会解释梦的意义。在来访者中心团体中，他们可能会提供适宜于自我探索的氛围。行为治疗团体的成员会一起对引发焦虑的刺激进行脱敏或共同练习社交技能。

团体治疗有下列优势：

团体治疗比个体治疗更经济，团体成员可以相互练习社交技能，也可以从别人的经验中学习。

认知行为疗法（CBT）：
结合了经研究验证过的认知疗法和行为技术的一种治疗取向。

1. 它很经济（Prochaska & Norcross, 2010）。团体治疗可以使治疗师同时接待数位来访者。
2. 与一对一的治疗相比，团体治疗为来访者提供了更多可以参考的信息及生活经验。
3. 适宜的行为可以得到团体支持。来访者一般非常重视同辈流露的认可。
4. 当我们遇到麻烦时，我们很容易想象自己和其他人不同或不如别人。与和自己有类似问题的人在一起能起到安慰作用。
5. 获取进步的团体成员可以让其他团体成员看到希望。
6. 很多个体因为与他人的关系而寻求治疗。很多因为其他问题寻求治疗的个体也可能在社交方面受到抑制。团体成员有机会在无任何威胁的氛围中练习社交技能。在一个包括不同年龄段男性和女性的团体中，团体成员可以扮演另一成员的老板、雇员、配偶、父母、孩子及朋友。团体成员可以扮演邀请他人出去约会、答应（或拒绝）的人等角色。

但是团体治疗并非适合每一个人。一些来访者在个体治疗中进展更好。很多人不愿意将自己的问题表露给一个团体。他们可能过于害羞或希望得到个别的关注。治疗师有责任坚持要求团体成员必须对团体中的表露保密、建立支持友好的氛围，并确保团体成员获得他们所需要的关注。

很多疗法既可应用于个体也可应用于团体。而婚姻治疗和家庭治疗只能在团体中实践。

（一）婚姻治疗

婚姻治疗通过提高夫妻的沟通技能及帮助他们管理冲突，从而改善夫妻关系（Prochaska & Norcross, 2010）。在关系中经常存在权力的失衡，而婚姻治疗帮助个体在婚姻中找回“正式会员”的身份。矫正权力失衡可以提升幸福感并降低家庭暴力的发生率。有讽刺意味的是，家暴事件中，在关系中拥有较少权力的一方往往是施暴者。暴力有时似乎是对不能在其他方面共享权力的一种补偿（Rathus & Sanderson, 1999）。

如今，婚姻治疗主要采用认知行为取向（Rathus & Sanderson, 1999）。它教给夫妻沟通技能（例如，如何倾听和表达情绪），处理愤怒等情绪的方法，以及解决问题的办法。

（二）家庭治疗

家庭治疗是团体治疗的一种形式，在家庭治疗中一名或多名家庭成员构成一个团体。家庭治疗可能会借鉴多种不同的理论观点。一种是**系统取向**，该取向研究并改变家庭互动方式，以促进家庭成员个体和家庭单位作为一个整体的成长（Prochaska & Norcross, 2010）。

低自尊的家庭成员往往不能忍受其他家庭成员的不同态度和行为。家庭成员间存在的不当沟通也会导致问题。此外，通常会出现这样的情况：家庭会呈现出一个“病人”，也就是说，这个家庭成员既有问题，也是导致所有麻烦的原因。然而，家庭治疗师通常认为这个“病人”是家庭成员间其他问题的替罪羊。这是一种荒诞的说法：换掉“坏苹果”（病人），那么“木桶”（家庭）就能恢复正

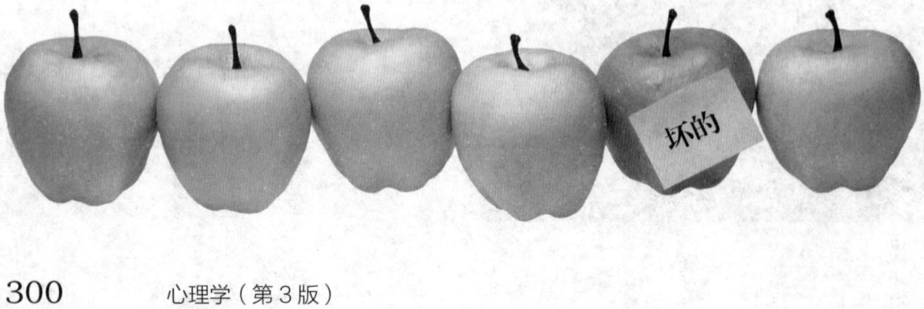

常功能。家庭治疗师希望教会家庭成员如何更有效地沟通，并鼓励每位家庭成员的成长和自主性。

（三）自助和互助小组

在美国和其他国家，数百万人加入了自助和互助小组，他们通过见面、网络甚至电话来交流。一些自助和互助小组帮助有心理障碍的人找到了与自己有相似经历的同伴（Greidanus & Everall, 2010）。这些小组通常都针对很具体的问题，如自闭症、智障和唐氏综合征儿童的父母互助小组。小组成员在一起会分享问题与可能的解决方案。

最著名的自助和互助小组是嗜酒者互诫协会（AA），他们的 12 步计划已被美国及世界各地数百万人使用。小组成员定期会面，其间如果想饮酒的话就立即给小组成员打电话。12 步计划要求成员在小组面前承认自己有酗酒问题、希望得到更强有力的支持、监督自己的有害行为并试图做出改变。

AA 有帮助吗？该协会承认，大多数新成员会在一年内选择退出。一项元分析的结论更令人担忧，AA 还不如没有接受任何治疗的效果好（Kownacki & Shadish, 1999）。但绝大多数分析表明 AA 与其他形式的心理治疗有同样的效果。治疗方法（包括 AA）有效一般是因为酗酒者已接受治疗多年（Moos & Moos, 2006），抑郁感已减轻（Kelly et al., 2010），也提高了自信，相信自己即使不喝酒也可以应对挑战（Forcehimes & Tonigan, 2008）。

七、心理治疗有效吗？

1952 年，英国心理学家汉斯·艾森克发表了一篇心理治疗研究综述——《心理治疗的有效性》——在心理治疗领域引起了轩然大波。基于他所综述的研究，艾森克发现，接受心理治疗后情况获得改善的个体所占比例并不大于“自然康复”的个体所占比例——未经任何治疗而获得改善的心理障碍患者所占的比例。艾森克没有提到精神分裂症病人，他们通常从生物形式的治疗中受益。但是他论证了不管存在焦虑和抑郁等问题的个体是否接受治疗，2/3 的心理障碍患者在两年内都报告了切实的改善。

上述事情发生在半个世纪之前，自此人们又进行了很多关于心理治疗有效性的研究（Driessen et al., 2010; Shedler, 2010）。在经典的早期元分析中，玛丽·李·史密斯和吉恩·格拉斯（Mary Lee Smith & Gene Glass, 1977）分析了各种类型心理治疗的几十份效果研究的结果。他们发现接受心理动力治疗的个体平均比 70%～75% 的没有接受治疗的个体健康状况更好。与之类似，大约 75% 接受来访者中心治疗的个体比没有接受任何治疗的个体健康状况更好。心理动力和来访者中心疗法对接受过良好教育、善于表达、动机强烈且报告存在焦虑、抑郁（轻度到中度）及人际关系问题的来访者更加有效。两种疗法对于患有重性抑郁、心境障碍及精神分裂症等精神障碍的患者都是无效的。

对认知疗法的研究表明，改变阿尔伯特·艾利斯所描述的非合理信念可以帮助存在焦虑和抑郁等问题的个体（David et al., 2010）。改变阿伦·贝克所列举的自我挫败性信念也经常可以缓解焦虑和抑郁（Butler et al., 2006）。认知疗法还可以帮助严重抑郁患者，他们之前只对生物治疗有所反应（Hollon & Shelton, 2001; Simons et al., 1995）。这一疗法还可以帮助人格障碍患者

> **假** 实际上，目前很多研究证据表明心理治疗是有效的。

表13-1 循证实践样例

治疗方法	治疗成功的条件
认知疗法	抑郁
	头痛
行为疗法或行为矫正	抑郁
	发育障碍
	遗尿症（尿床）
认知行为疗法	包含或不包含广场恐惧症的惊恐障碍
	广泛性焦虑障碍
	神经性贪食
暴露疗法	广场恐惧症及特定恐惧症
暴露与反应阻止法	强迫症
家长培育项目	孩子有对抗行为

（Beck et al., 2001；Trull et al., 2003）。

行为和认知疗法还提供了治疗焦虑障碍、社交技能缺乏及自我控制问题的策略（DeRubeis & Crits-Christoph, 1998）。这些疗法能帮助处于痛苦中的夫妻和家庭（Baucom et al., 2002）。此外，它们还能改善与健康问题，如头痛（Verhagen et al., 2009）、吸烟、慢性疼痛和暴食相关的行为（Agras et al., 2000; Butler et al., 2006）。认知行为治疗师还发明了针对性功能障碍的治疗方法，而这一障碍在此之前还没有较好的治疗方法。

（一）循证实践

实验是心理学研究的黄金标准，通过严谨实施的随机对照实验（RCEs）——被试是被随机分配到实验组和对照组的，很多治疗方法被证明确实有效。进行此类实验的研究者还会使用治疗手册，其中详细规定了治疗方法。从这些繁重的实验中浴火重生的治疗方法被称为循证实践（Anchin & Pincus, 2010; Bruce & Sanderson, 2004）。表 13-1 列举了一些循证实践以及他们对哪些问题的治疗有效。随着更多的证据累积，将来会有更多的治疗方法出现。

很多治疗师认为循证实践更青睐认知行为疗法，因为它们有现成标准的治疗手册可供治疗师参考（Kazdin, 2008; Levy & Ablon, 2009）。其他疗法，如心理动力疗法，就不那么容易标准化或实践化了，因此它们无法进行对照试验。其次，批评者们认为许多支持循证实践的研究并未涉及社区里真正患者的复杂性和独特性（Westen et al., 2006）。我们在下面关于种族与心理治疗的部分会看到，在决定如何使治疗更有效时，我们必须考虑到来访者的社会文化特点。

（二）种族与心理治疗

较之欧裔美国人，那些来自少数族群的美国人更少寻求心理治疗（Chen & Rizzo, 2010; Sue et al., 2009），原因如下：

- 没有意识到治疗会提供帮助。
- 缺少专业服务的信息或没有能力支付治疗费用。
- 不信任专业人士，特别是欧裔美国专业人士和（对女性而言）男性专业人士。
- 语言障碍。
- 不愿向陌生人吐露个人的事情——特别是不属于自身种族的陌生人。
- 在文化上倾向于采取其他问题解决方式，例如宗教方法和通灵治疗。
- 与专业人士和权威人士有过消极的经历。

临床医生需要对心理治疗中来访者的文化传统、语言及价值观保持敏感，也就是说，要具备多元文化能力（Sue et al., 2009）。让我们一起看看对非裔美国人、亚裔美国人、拉丁裔美国人以及本土美国人进行心理治疗时所涉及的问题。

临床医生需要对来访者的文化传统、语言及价值观保持敏感。

非裔美国人

非裔美国人在文化上认为个人问题应该由自己解决，并对治疗过程不信任，所以往往不愿寻求心理治疗（González et al., 2010; Jackson & Greene, 2000）。而且，很多非裔美国人怀疑自己的治疗师——特别是当治疗师为欧裔美国人时（Mohr et al., 2010）。他们可能因为种族歧视的社会历史而对个人信息有所保留（Dana, 2002）。

亚裔美国人

亚裔美国人倾向于贬低心理障碍患者。因此，他们可能会否认自身问题并拒绝寻求帮助（Spencer et al., 2010）。亚裔美国人，特别是近些年的移民，可能还不理解或不信任西方的心理治疗方法。例如，西方心理治疗通常鼓励个体公开表达自身的感受，这种行为模式可能与在公众场合保持礼节的亚洲传统相冲突。很多亚洲人将心理问题体验并表达为身体症状（Kim & Omizo, 2003; Sue et al., 2009）。他们更可能关注于身体症状，如剧烈的心跳和多汗，而不是焦虑本身。

拉丁裔美国人

传统的拉丁裔美国人重视家庭内的相互依赖，而典型的欧裔美国人则信仰独立与自力更生，治疗师需要知道二者之间的潜在冲突（Garza & Watts, 2010）。以下这些措施有助于为心理治疗师与拉丁裔来访者之间的差异架起桥梁：

- 以来访者所要求的语言与其互动，如果做不到这一点，要将他们转介到其他可以这样做的专业人士那里。
- 使用与来访者价值观和文化适应水平一致的方法，可以根据来访者的英语流利程度和教育水平来推测其价值观和文化适应水平。
- 发展出整合来访者文化价值观的治疗方法（Cervantes & Parham, 2005）。例如，马尔加迪（Malgady）及其同事（1990）使用*昆托*（cuento）*疗法*对波多黎各人进行治疗。*昆托疗法*采用拉丁民间故事中的人物（cuentos）作为适应性行为的典范。

本土美国人

本土美国人所患的很多心理障碍涉及由欧洲殖民导致的自身传统文化的瓦解（Olson, 2003; Viets et al., 2009）。文化认同的丧失及社会瓦解成为滋生酗酒、物质滥用及抑郁等问题的温床。要避免以上心理障碍，应聚焦于加强本土美国人的文化认同、自豪感及凝聚力。

当心理治疗师充分尊重来访者的文化及个体差异时，心理治疗才最有效。尽管是个体在遭受心理磨难，但其根源往往可追溯到文化上去。

复发焦虑：
个体停止使用镇静剂后产生的焦虑。

抗抑郁剂：
作用是缓解抑郁。

选择性 5- 羟色胺再摄取抑制剂（SSRIs）：
阻碍突触前神经元对 5- 羟色胺的再摄取而发生作用的抗抑郁剂。

八、生物疗法

以上我们讨论的疗法在本质上都是心理的——*心理治疗*的形式。心理治疗基于学习和动机等*心理学*原理来开展。不过，心理障碍患者也经常采用生物疗法进行治疗。生物疗法利用目前所知的人类*生物*结构和过程的知识来改善心理障碍。例如，通过改变神经递质的活动来改变神经系统中的事件，从而达到治疗效果。在本部分，我们将讨论三种生物学或医学的心理障碍治疗方法：药物疗法、电休克疗法及精神外科手术。

（一）药物疗法

20 世纪 50 年代，“胖子”多米诺（Fats Domino）的一曲《我的蓝色天堂》响遍大街小巷。“胖子”歌唱的是天空和幸福。而如今，“蓝色天堂”是 10 毫克抗焦虑药物安定的别名之一。临床医生会为各种心理障碍患者开安定及其他药物。

抗焦虑药物

大多数抗焦虑药物，如安定和舒宁，都属于一种名为*苯二氮卓*的化合物。虽然很多人将其作为安眠药，但抗焦虑药物经常用于广泛性焦虑或惊恐发作的门诊病人。安定及其他抗焦虑药物会抑制中枢神经系统（CNS）的活动。而 CNS 进而会抑制副交感神经活动，降低心率、呼吸频率、神经质和紧张感。很多人会很快对抗焦虑药物产生抗药性。当患者产生抗药性时，要保证药物的有效性就必须增加剂量。

镇静（劳累或昏昏欲睡的感觉）是抗焦虑药物最常见的副作用。此类药物停药后引起的问题包括**复发焦虑**（rebound anxiety），即一些定期服用该类药物的人报告，自己一旦停药，焦虑会变得更加严重。抗焦虑药物会导致生理依赖，戒断症状包括发抖、出汗、失眠及心率加速等。

抗精神病药物

精神分裂症患者经常被给予抗精神病药物（也称为*强安定剂*）。在绝大多数情况下，这类药物可以降低焦虑、妄想和幻觉。很多抗精神病药物，包括吩噻嗪（例如氯丙嗪）和氯氮平被认为是通过阻断大脑内的多巴胺感受器发生作用的（Porsolt et al., 2010）。依据这些思路的研究支持了精神分裂症与神经递质多巴胺的过度活动相关的理论。

抗抑郁剂

重性抑郁症患者经常服用所谓的**抗抑郁剂**（antidepressant）。这类药物对进食障碍、惊恐发作、强迫症（OCD）及社交恐惧症也有所帮助（Zohar & Westenberg, 2007）。去甲肾上腺素及 5- 羟色胺调节问题可能与进食、惊恐障碍及抑郁相关。抗抑郁剂被认为是通过提高神经递质的水平来对抑郁和食欲产生影响的（Dagyte et al., 2010）。

抗抑郁剂有很多种，每种都通过提高大脑中的去甲肾上腺素或 5- 羟色胺浓度而起作用（Dagyte et al., 2010）。**选择性 5- 羟色胺再摄取抑制剂**（selective serotonin-reuptake inhibitors, 简称 SSRIs），例如氟西汀和舍曲林，可阻碍突触前神经元对 5- 羟色胺的再摄取。于是，5- 羟色胺留在突触间隙的时间更长，从而影响接收神经元。SSRIs 似乎比其他抗抑郁剂更有效。

心境稳定剂

古希腊和罗马人是首批使用金属锂作为心境稳定剂的人。他们开矿物质水（其中含锂）给那些双相障碍患者。他们并不了解这种治疗何以有时生效。一种片剂形式的金属锂盐（碳酸锂）可以使大多数人的躁狂和抑郁循环趋于稳定。尽管我们知道它会影响神经递质的功能，但目前我们还无法确切地知道锂是如何产生作用的。锂也可用于加强抗抑郁剂的作用（Redrobe & Bourin, 2009）。

双相障碍患者可能不得不长期服用锂，正如糖尿病患者必须使用胰岛素来控制病情一样。许多其他药物也可以用来稳定双相障碍患者的心境，其中包括双丙戊酸钠、拉莫三嗪、卡马西平和奥卡西平。

（二）电休克疗法

电休克疗法（electroconvulsive therapy, 简称 ECT）是治疗心理障碍的一种生物学方法，由意大利精神科医生乌戈·塞尔莱蒂（Ugo Cerletti）于 1939 年引入。塞尔莱蒂注意到一些屠宰场使用电击致使动物陷入无意识状态。这种电击还会导致产生抽搐。与其他同时期的欧洲研究者一样，塞尔莱蒂错误地认为抽搐与精神分裂症及其他严重心理障碍是不相匹配的。

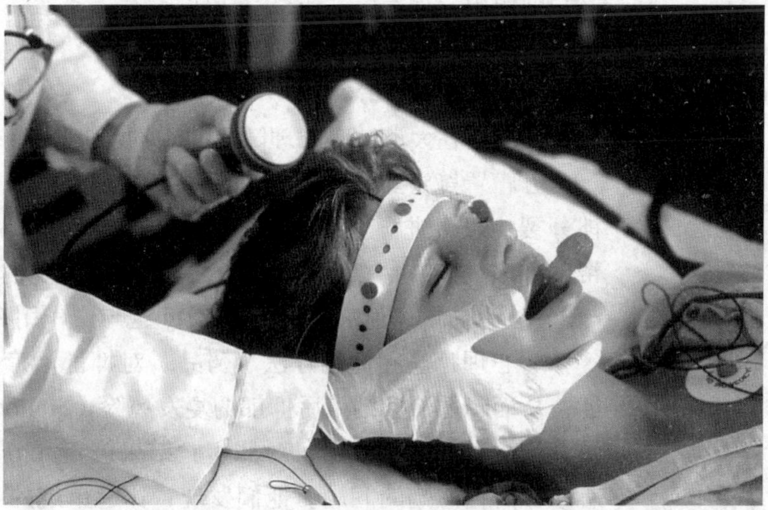

在电休克疗法（ECT）中，电极被连接到病人太阳穴上，电流从中穿过，病人会产生抽搐。ECT 主要被用于对抗抑郁剂没有反应的重性抑郁患者的治疗。

ECT 原本被用于治疗很多心理障碍。然而，由于抗精神病药物的出现，目前它主要被用于对抗抑郁剂没有反应的重性抑郁患者的治疗（Piccinni et al., 2009）。个体通常会接受一周三次的 ECT 治疗，共持续 10 个疗程。电极被连接到太阳穴上，而电流强度足以让人产生抽搐。电击导致意识丧失，因此病人不能对此进行回忆。不过病人会被给予镇静剂（一种缓解紧张和焦虑的药物，使人入睡），因此他们在治疗过程中处于熟睡状态。

出于很多原因，ECT 备受争议。例如，很多专业人士对于电流通过病人的大脑并令人产生抽搐深感不安。而且 ECT 还存在副作用，如记忆问题。不过研究表明，对大多数人来说，ECT 导致的认知损伤只是暂时性的（Rayner et al., 2009）。

（三）精神外科手术

精神外科手术（psychosurgery）比 ECT 更加饱受争议。众所周知的现代技术，**前额叶切除术**（prefrontal lobotomy），被用于治疗严重心理障碍患者。该方法使用一个冰锥样的器具切断连接大脑前额叶与丘脑的神经通路，旨在切断思维和情感的连接从而使遭受严重困扰的病人重获控制。该方法由葡萄牙神经病学家安东尼奥·埃加斯·莫尼斯（Antonio Egas Moniz）创立，并于 20 世纪 30 年代传入美国。此手术的理论基础含糊且被误导，而且莫尼斯成功的报告被夸大。然而，截至 1950 年，数千名病人为减少暴力和焦虑接受了前额叶切除术。有关该方法效果不可靠的

电休克疗法（ECT）：
利用电流通过头部（引起休克）来治疗如重性抑郁之类的障碍。

精神外科手术：
旨在带来心理变化或减轻障碍行为的外科手术。

前额叶切除术：
切除或损毁大脑额叶的某个部分。

> **真** 莫尼斯医生一个手术“失败”的患者确实向他开枪射击，将一颗子弹射入他的脊椎并导致他双腿瘫痪。

证据是历史上一个极具讽刺意味的脚注：莫尼斯医生的一位病人回来向他开枪射击。

前额叶切除术也存在副作用，其中包括多动和注意分散、学习能力受损、过度饮食、冷漠和退缩、癫痫发作、创造力下降，以及有时引发死亡。鉴于以上副作用及抗精神病药物的出现，这种方法在美国已基本被终止。

但是新的精神外科手术方法在实施时都非常小心，它们在减轻强迫症和恐惧症的症状方面也成效不一。这些方法一般只在心理治疗和药物治疗都无法提供帮助的情况下使用，患者必须被告知手术的成功率及潜在风险（Carey, 2009）。例如，在*伽马刀手术*中，医生会将放射性光束照射进大脑深处，损毁我们认为在强迫症中过分活跃的组织（Tyagi et al., 2010）。其他精神外科手术程序也会进行小规模试验（Bear et al., 2010），但还是会有一些副作用，且治疗并非总有成效。

（四）生物疗法有效吗？

目前存在大量针对心理障碍的生物治疗取向，但其疗效如何呢？

毋庸置疑，药物疗法帮助了很多心理障碍患者。例如，抗精神病药物很大程度上降低了对精神分裂症患者进行约束和监护（例如软垫病房、紧身衣及住院治疗等）的需要。抗精神病药物还帮助许多先前在精神病院住院的患者基本实现在社区过上正常的生活、维持工作和家庭生活。而与这些抗精神病药物有关的大多数问题与副作用有关。

对心理疗法和药物疗法（药品）对抑郁治疗效果的比较研究结果不一。认知疗法提供应对技能，从而降低治疗结束后抑郁的复发风险（Hollon & Shelton, 2001）。皮姆·屈珀斯（Pim Cuijpers）及其同事（2009）对随机对照实验结果进行元分析，想要回答在心理治疗过程中添加抗抑郁剂对有效性有何影响的问题。他们发现，比起单纯的心理治疗，心理治疗与药物治疗的结合更为有效，但抗抑郁剂到底起多大作用尚未可知。

一些情况下，认知行为疗法可以帮助减轻精神分裂症患者的阳性症状（Gregory, 2010; Wykes et al., 2008）。然而，当与药物结合起来治疗精神分裂症时，认知行为疗法显然更加有效（Chadwick & Lowe, 1990）。

许多专业人士习惯于通过短期使用抗焦虑药物帮助来访者应对异常焦虑或紧张。但是，很多长期服用抗焦虑药物的人会对其焦虑不已的生活方式或人际关系问题变得麻木。比起直面自己的问题并费力地做出抉择，他们更愿意吃上一粒药。

尽管围绕 ECT 有很多争议，但它的确帮助了许多对抗抑郁剂没反应的人（Piccinni et al., 2009）。在其他治疗方法无计可施时，ECT 也许是个有用的“最后一招”。

总之，药物疗法或 ECT 对于某些对单一心理治疗没反应的障碍是有效的。但是，常识及研究证据表明，心理治疗对于焦虑和轻度抑郁这类问题更加有效。没有哪类生物疗法可以告诉人们如何改变想法或解决人际关系问题。

第 14 章 社会心理学

内容概要

一、态度的概念及影响态度形成的因素
二、偏见与歧视是什么?
三、人际吸引和爱情的影响因素
四、社会知觉的概念及影响因素
五、人们服从权威人物和遵守社会规则的原因
六、导致攻击的因素
七、作为群体成员与作为独立个体时行为表现的差异及其原因。

让我们来重温一下进入 21 世纪以来的一些新闻：

- 2011 年：一名自杀式袭击者将装满炸药的车开向一个埃及的科普特基督教堂，当时信徒们正从结束的新年弥撒中散去，袭击造成 21 人死亡，至少 80 人受伤。
- 2005 年：四名自杀式袭击者在三列伦敦城际列车和一辆公共汽车上引爆了自己，造成 50 人死亡，700 人受伤。
- 2001 年：当然是 2001 年 9 月 11 日，19 名自杀式恐怖分子用满载乘客的飞机作为炸弹撞击世贸中心和五角大楼，造成至少 3 000 人死亡。

你也许会认为自杀式恐怖袭击是最近的现象，但它其实可以追溯到几千年前（Kazim et al., 2008）。短语"自杀式袭击者"中的自杀一词使人们求助于心理学家去解读，因为人们认为这些恐怖主义分子在心理上有严重问题。但是很多社会科学家认为，自杀式恐怖分子没有标志性的心理特征（Consortium of Social Science Associations, 2003; Shi & Jia, 2011）。特拉维夫大学的阿里尔·梅拉里（Ariel Merari）及其同事（2010）对一些想要成为自杀人体炸弹的人进行采访并测试。结果发现这种自杀式恐怖分子分为两类：（1）依赖型，他们倾向于追随领导，并受大众的影响；（2）情绪不稳定和冲动型。两种类型中都存在抑郁的人，但不是重性抑郁障碍。

由于自杀式恐怖分子很难被识别出来，社会心理学家菲利普·津巴多（Philip Zimbardo, 2004）认为我们应该尝试从社会影响的角度去理解和研究他们。下面我们会看到，社会心理学家斯坦利·米尔格拉姆（Stanley Milgram, 1974）在 50 年前做了一个关于服从的著名实验，他总结道："通常情况下，并不是一个人本身，而是他所处的环境决定了他的行为。"

社会心理学：
心理学的一个领域，研究处于社会情境中的个体，其思想和行为的本质及成因。

社会心理学（social psychology）研究社会情境中行为与心理过程的本质和原因。社会心理学家研究这样一些现象，即人们会受社会影响去做一些与自己的人格

> **社会影响能够驱使人们做出并不必然与他们人格一致的行为。**

真？假？

你怎么看待下列陈述？它们是坊间传闻、常识还是无稽之谈？圈出字母"T"代表真，"F"代表假，并在阅读本章的过程中找出准确答案。

- **T F** 人们的行动与良心一致。
- **T F** 当我们不得不为某些事情工作时，我们倾向于更喜欢它们。
- **T F** 人们会谴责亿万他人，即使素未谋面或连他们的名字都不知道。
- **T F** 美在旁观者心中。
- **T F** 相异相吸。
- **T F** 我们倾向于让别人为其罪行负责，而当自己行为不当时，则倾向于把自己视为环境的受害者。
- **T F** 如果被命令去折磨一个无辜者，大多数人会这么做。
- **T F** 眼见为实。
- **T F** 当一名妇女遭到刺杀时，近 40 人坐视不管。

不一致的事情。我们在本章所讨论的社会心理学话题包括态度、社会知觉、社会影响和群体行为，期待它们可以给“为什么有些人会牺牲自己的生命去残害他人”这类问题提供线索。我们从态度开始。

态度：
一种持久的心理表征，它通过对特定的人物、地点和事物进行好恶评价表现出来。

A-B 问题：
关于我们在多大程度上可以从态度预测行为的问题。

一、态度

你对堕胎、赦免非法移民及在公共建筑物（如法院）大堂放置“十诫纪念碑”的感受如何？这些都是热门话题，因为人们对它们各有鲜明的态度。每一个话题都引起了认知评价（如赞成或反对）、感觉（喜欢、不喜欢，或者更强烈的体验）和行为倾向（比如接近或回避）。虽然我是问你“感受”如何，但态度并不仅仅是感受或情绪。很多心理学家认为更为基本的是思维或判断，然后才是感受和行为。**态度**（attitudes）是一种持久的行为和认知倾向，它通过对特定的人物、地点和事物进行好恶评价表现出来（Bohner & Dickel, 2011）。

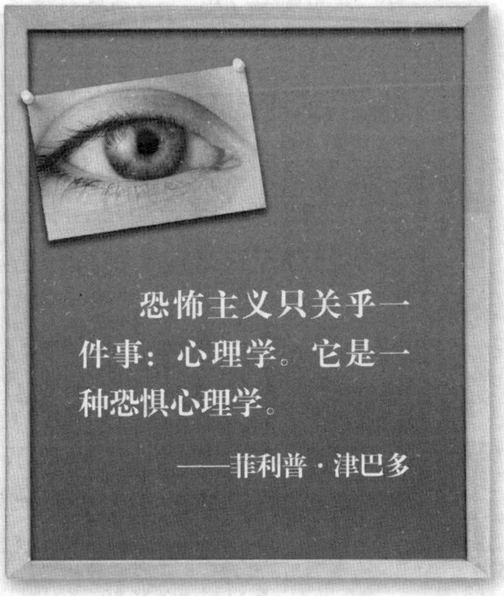

态度大体上说是后天习得的。比如，如果你发现苹果平板电脑是个奇妙的“玩具”，你就会想要去买一台。态度能制造爱或恨，能引起助人行为或者大规模破坏，还能引起社会冲突或者冲突的解决。态度可以改变，但绝非易事。

（一）通过态度预测行为

我们给态度所下的定义意味着行为与态度一致。但人们真的行如所想吗？当我们可以随心所欲时，答案通常是肯定的。但正如 **A-B 问题**（A-B problem）所示，其实存在例外。实际上，态度（A）和行为（B）之间的联系趋向于较弱至中度（Petty et al., 2009a; 2009b）。人们并不总是“凭良心”投票。而且研究表明，声称酗酒、吸烟和醉酒驾驶有害健康的人们并不控制自己的这些行为（Kiviniemi & Rothman, 2010）。

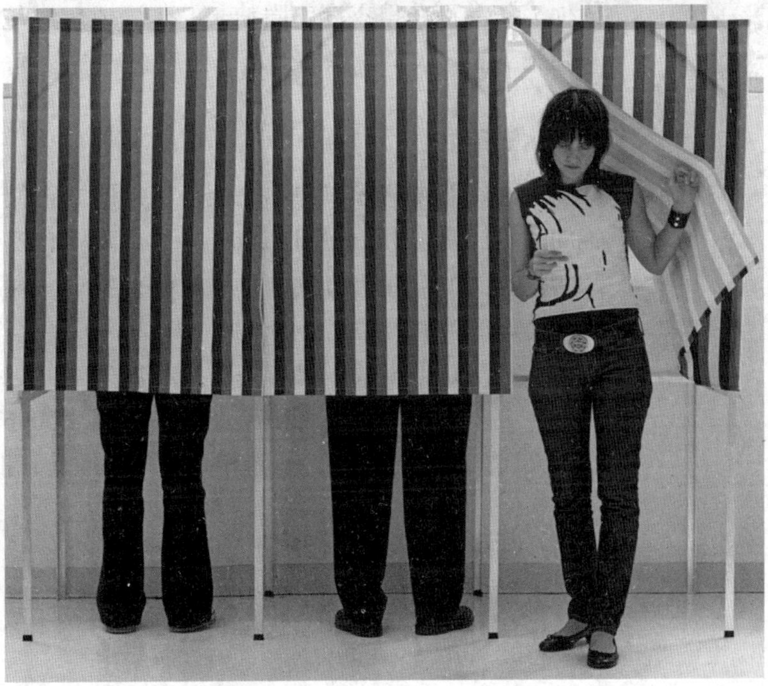
人们总是“凭良心”投票吗？针对这一 A-B 问题的研究表明，人们的行为并不总与态度一致。

有些因素会影响我们从态度预测行为的可能性。

1. 具体性。比起总体的态度，我们从具体态度中能更好地预测具体行为。例如，相对于仅知道一个人是基督徒来说，我们通过他对到教堂参加礼拜的态度可以更好地预测他参加礼拜的频率。
2. 态度的强度。强烈的态度比软弱的态度更能决定行为（DeMarree et al., 2007）。与一个倾向于民主党但不相信选举会带来不同的人相比，一个相信国家命运仰仗于民主党掌控国会的人更可能去投票。

3. 既得利益。当结果中包含着人们的既得利益时，他们更可能按照自己的态度去行动。当人们相信他们的工作保障有赖于工作场所的工会时，他们更可能去投票赞成（或反对）它（Bohner & Dickel, 2011）。

4. 可及性。当态度是可及的（即容易想起）时，人们的行为更可能与态度一致（DeMarree et al., 2007）。这也是政治家为赢得选举，在选举马上就要开始之前采取媒体宣传攻势的原因。伴随强烈情感冲击的态度更容易被想起，这就是政治家拼命让他们的支持者在相关议题上做文章的原因之一。

> 假 事实上，人们并不总是“凭良心”投票。态度（A）和行为（B）之间的联系趋向于较弱至中度。

（二）态度形成

你并非生来就是共和党员或民主党员。你也并非生来就是天主教、犹太教、伊斯兰教或印度教的教徒——虽然当你出生时你的父母可能已经皈依了这些宗教之一。政治、宗教以及其他态度习得于或来源于认知过程。我们将在这一部分介绍态度形成的过程。

条件作用与观察学习

条件作用或许在态度形成中扮演了某种角色（Walther et al., 2005）。实验室实验已经表明，通过将表示积极（如天赋或幸福）或消极（如丑陋或失败）的词语与国家某些群体联系起来，被试对这些群体的态度会受到影响（De Houwer et al., 2001）。父母经常在孩子们的所言所行与父母的态度一致时奖励孩子。当孩子们在唱国歌或者挥舞国旗时，表达赞赏可以鼓励他们的爱国主义热情。

通过直接经验形成的态度可能更强烈，也更容易回忆起来。但我们也会通过观察、聆听或阅读他人作品而获得态度。同龄人的赞同或反对使得青少年偏爱留短发或留长发、穿肥大牛仔裤或学院派毛衣。收音机里的信息是如何影响你态度的呢？

认知评估

然而，态度的形成并不完全是机械的。人们也会主动地去理解环境，以便能够做出预测并且施加一些控制（Bizer et al., 2004）。人们有时也基于新的信息来形成或改变态度（Petty et al., 2009a, 2009b）。例如，如果消费者报告的调查发现一辆汽车有着完美的保养记录，那么我们可能认为它比之前想的更加可靠。虽然如此，最初的态度仍作为认知锚起作用（Bohner & Dickel, 2011）。我们常常从新观点偏离我们已有态度的程度来对其进行判断。要接受较大的偏离就需要更多的信息加工——更多的智力工作（Petty et al., 2009a, 2009b）。也许由于这个原因，巨大的偏离——比如从自由主义转变为保守主义，或者相反——往往受到抵制。

（三）通过说服改变态度

人们可能会被社会影响所驱使去做一些与他们的个性不一定相符的事情。

——威尔·罗杰斯

威尔·罗杰斯（Will Rogers）的评论听起来切中肯綮，但他很可能是错的。让一件很棒的产品秘而不宣没有任何好处。

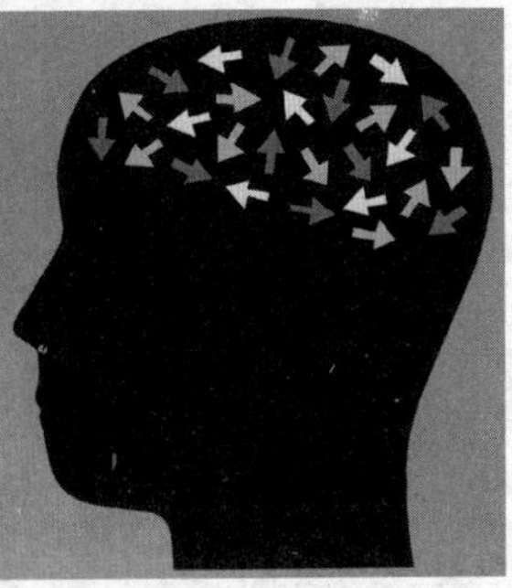

精细可能性模型（elaboration likelihood model）描述了人们对于有说服力的信息的不同反应（Bohner & Dickel, 2011）。我们看一下说服别人改变态度的两条路线。第一条是中心途径，它激发对论点和论据的深思熟虑；第二条是外周途径，它把对象与积极或消极的线索联系起来。当政治家们宣布“这项法案得到了自由派（保守派）的支持”时，他们是在寻求预料中的下意识反应，而不是寻求有关法案价值的谨慎考虑。其他的线索包括奖赏（比如一个微笑或一个拥抱）、惩罚（比如父母的反对）及其他因素，如说服者的可信度和吸引力。

作为一种有说服力的沟通形式，广告同样依赖于中心和外周途径。有些广告聚焦于产品的质量（中心途径），另一些广告则试图把产品同吸引人的形象联系起来（外周途径）。例如，全麦食品广告都提供产品的质量信息，以突出它的营养价值。而那些展示橄榄球运动员前往迪士尼乐园或者选择某个啤酒品牌的广告，并没有提供产品本身的任何信息。

在本节中，我们将考察说服的中心要素（信息的本质）及三个外周要素：信息传递者、信息的语境和受众。

有说服力的信息

电视广告无休止地重复，直到我们能够记住演员脸上的酒窝，你对此做何反应？研究表明熟稔会产生满意，而不是轻视（Bohner & Dickel, 2011; Förster, 2009）。看起来对人和很多事物（如政治候选人、大学生的照片及抽象艺术）的持续曝光都能够增强其吸引力（Banaji & Heiphetz, 2008; Reis et al., 2011）。

当试图说服他人时，提醒他们论证的反面观点会助我们一臂之力还是会弄巧成拙？在正反兼顾的论证中，沟通者叙述反方的观点是为了驳倒这些观点。一项有关模拟审判的研究向大学生呈现了正反兼顾的论证——控方和辩方的论证（McKenzie et al., 2002），当一方的论证较弱时，大学生“陪审员”比起没有听到另一方的论证的陪审员在判决时表现得更为自信。神学家和政治家有时会把对手的论证预先告知给他们的拥护者，然后逐条驳斥。预先告知令人产生了一种对这些论证的心理免疫（Eisend, 2007; Taber et al., 2009）。

我们通常认为人们太理智，以至于在态度形成中无法用情感因素说服他们，这样想不是没有道理，但人们通常并非如此（DeSteno et al., 2004）。看一下**恐惧诉求**（fear appeal）：与那些被告知乳腺造影好处的女性相比，那些被警告说不进行乳癌检查将面临巨大风险的女性更可能做乳腺造影（Ruiter et al., 2001）。有意思的是，日光浴会增加罹患皮肤癌的风险，但与被警告会给健康带来风险相比，当学生们被警告会给外貌（如早衰、皱纹和皮肤疤痕）带来风险时，那些针对日光浴的警告才更加有效。当受众相信存在严重的风险时——比如导致皱纹——恐惧诉求最为有效，受众也会改变他们的行为以避开风险（比如防止癌症和皱纹）（de Hoog et al., 2007; Thompson et al., 2009）。

受众还倾向于相信看起来与沟通者的既得利益相背离的论证（Bohner & Dickel, 2011）。如果福特或通用汽车的总裁宣称丰田和本田汽车更高级，我们肯定会竖起耳朵来听。

精细可能性模型：
该模型认为有说服力的信息是基于中心和外周线索得到评价（精细加工）的。

恐惧诉求：
说服性沟通的一种类型，它基于唤起对于问题的恐惧而非理性分析来影响行为。

选择性回避：

一个人从与其态度不一致的信息上转移注意力。

选择性接触：

有意寻求和注意与其态度一致的信息。

认知失调理论：

我们主动使认知或信念与行为保持一致的观点。

有说服力的沟通者

你会去看一名承认自己落伍的医生吗？研究表明有说服力者具有专业性、可信性、吸引力或者与受众相似等特征（Petty et al., 2009a, 2009b）。由于粉丝的崇拜，像佩顿·曼宁（Peyton Manning）那样的体育明星是最有价值的代言人。

人们发现，当他们面对与自身观点相对立的信息时会大伤脑筋（Garrett, 2009）。因此，他们常表现出**选择性回避**（selective avoidance）和**选择性接触**（selective exposure）（Bryant & Davies, 2006）。也就是说，他们倾向于观看支持自己观点的新闻频道，他们也寻求世界观相同的交流者。你更愿意听谁的：拉什·林博（Rush Limbaugh）和肖恩·哈尼蒂（Sean Hannity），还是克里斯·马修斯（Chris Matthews）和蕾切尔·玛多（Rachel Maddow）（他们都是不同电视节目的主持人）？

大脑之运转，平静且真实。

——艾米莉·狄金森

信息的语境

别人很难用阿谀奉承来说服过于精明的你，但是也许某个你认识的人会受一口酒、一块奶酪或一句真诚恭维的影响。当下环境的许多方面（如音乐）都会提高说服的可能性。当心情舒畅时，我们显然不太可能谨慎地评价情境（Briñol et al., 2007）。

当你的朋友与你有分歧时，骂他们愚蠢往往会适得其反——即便他们不赞成你观点的想法的确是“愚蠢的”。赞同和表扬是鼓励别人接受你的观点更为有效的方式。

说服的对象

为什么有些人能拒绝推销人员？为什么另一些人却总能让上门推销的人满载而归？原因可能在于，具有较强自尊和较低社会焦虑的人更可能去抵制社会压力（Ellickson et al., 2001）。

施瓦茨和戈特曼（Schwartz & Gottman, 1976）所做的一项经典实验描述了社会焦虑的认知本质，它使人们很难拒绝别人的要求。他们发现，那些对无理要求照做的人更倾向于报告如下想法：

- “我担心如果我拒绝，其他人会怎么看我。”
- “乐于助人比自我中心更好。”
- “如果我拒绝别人，他就会受到伤害或者侮辱。”

而那些拒绝无理要求的人会报告如下想法：

- “别人怎么看我无关紧要。”
- “我完全有拒绝的自由。”
- “这是无理要求。”

（四）借助认知失调改变态度和行为

依据**认知失调理论**（cognitive-dissonance theory），人类是寻求行为和态度（即世界观）一致性的理性动物。显然，人们必须准确地对世界形成心理表征以便预测和掌控事件。信念、态度和行为之间的一致性有助于让世界看起来可以预知。因此，如果我们发现自己处于一个尴尬境地（即我们所看重的两种观点相互冲突），我们会主动去减少两者的差异。

> **真** 当我们不得不为某些事情工作时，我们确实倾向于更喜欢它们（Stone & Fernandez, 2008）。这是努力合理化的一个例子。

在关于认知失调最早的也是最著名的一个实验中，一组被试被付 1 美元（相当于今天的 5～10 美元）去告诉其他人一项无聊的任务是多么有趣（Festinger & Carlsmith, 1959）。第二组被试被付 20 美元（相当于今天的 100～200 美元）去正面描述这项琐碎的工作。两组被试都因参与**态度不一致行为**（attitude-discrepant behavior）领到了报酬——行为与他们的实际想法相背离。在表现出他们对无聊任务的虚假热情之后，实验要求被试评估对这项任务的喜爱程度。讽刺的是，报酬较少的被试实际上比报酬更多的被试把这项任务评估得更为有趣。类似地，循环利用法案的强制实施能够使人们支持循环利用，并反对把废物和垃圾都扔在一起。

学习理论家或许预测了不同的结果——我们被强化得越多（例如给更多的钱）就应该越喜欢做某事（即不应觉得任务无聊），但这里事实却并非如此。认知失调理论家准确地做出预测：因为“我的报酬很少”和“我告诉别人这项任务很有趣”这两个观念（认知）是不协调的，于是人们倾向于**努力合理化**（effort justification）。认知失调的不适促使人们用如下方式解释自己的行为，即这些令人讨厌的任务好像是值得做的。为证明他们一开始没有撒谎，那些仅拿到 1 美元报酬的被试很可能将他们的谎言合理化了。

二、偏见与歧视

偏见（prejudice）是针对某个群体的态度，它导致人们消极地评价这个群体的成员——即使他们从未谋面。在认知层面上，偏见与一些对目标群体的期待有关，如目标群体会表现差劲（如在工作场合），或目标群体会参与犯罪或恐怖主义。在情感层面上，偏见与负面感受相联系，如恐惧、厌恶或憎恨。偏见是态度中最令人烦扰的种类。

> **真** 人们确实会谴责亿万他人，即使素未谋面或连他们的名字都不知道。这种情况的发生是由于对某个群体的偏见，种族屠杀也与此有关。

用行为术语来说，偏见与逃避、侵犯和歧视有关。偏见会导致**歧视**（discrimination）行为。美国有许多群体遭受到歧视——如女性、同性恋、老人，以及非裔美国人、亚裔美国人、拉丁裔美国人、爱尔兰裔美国人、犹太裔美国人和本土美国人等种族群体。歧视有很多形式，包括拒绝提供工作、投票站及住所。

（一）刻板印象

偏见会导致**刻板印象**（stereotyping）——错误地认为某群体所有成员都有相同个性和特点。你所认识的人中是否有人认为非裔美国人都迷信且精通音乐？或认为同性恋不适合服兵役？刻板印象令人们用一种有偏差的方式去看待群体的成员。

从另一方面来讲，一些刻板印象是积极的，如针对外表有吸引力的人的刻板

态度不一致行为：
可能对修正态度产生影响的与态度不一致的行为。

努力合理化：
在认知失调理论中，积极寻求合理化（可接受原因）的倾向。

偏见：
针对某个群体的态度，它导致人们消极地评价这个群体的成员。

歧视：
由偏见导致的针对群体的敌对行为。

刻板印象：
认为某群体所有成员都有相同个性和特点的观念。

我们看到，被判有谋杀罪的阿曼达·诺克斯（Amanda Knox）正被护送去一个审判庭，在那里，之前的有罪判决被推翻。对外表有魅力的人物的刻板印象会不会让我们觉得他们更不可能采用偏离正轨的行为来达到目标？

印象。总体来说，我们会假定“漂亮的包装里面一定是好东西”。与外表没有魅力的同龄人相比，外表有魅力的儿童和成年人会受到更积极的评价和对待（Langlois et al., 2000）。我们期待外表有魅力的人是从容、善交际、受欢迎、聪明、心理健康、满足、有说服力的，且拥有成功的事业和婚姻（Principe & Langlois, 2011）。在模拟陪审团实验中，外表有魅力的人更可能被判无罪。而当他们被判定有罪时，受到的处罚也相对较轻（Sporer & Goodman-Delahunty, 2009）。

（二）偏见的来源

偏见的来源是多种多样的：

吸引：
在社会心理学中，表示喜欢或不喜欢（负吸引）的态度。

1. 不同。我们倾向于喜欢那些与我们态度一致的人（Cunningham, 2008）。不同宗教和种族的人常常具有不同的背景，从而产生了不同的态度。即使来自不同种族的人在某些重要价值观上是一致的，人们也认为并非如此。
2. 社会冲突。在不同种族和宗教的人群之间常存在社会和经济的冲突（Reid, 2008）。
3. 社会学习。孩子会从其他人，尤其是父母那里学会某些态度。孩子倾向于模仿他们的父母，而父母则强化孩子们这样做（Durlez, 2011）。偏见能够通过这样的方式代代相传。
4. 信息加工。偏见充当着我们看待世界的认知过滤器。我们常用“熟悉的”或“外来的”、“好”或“坏”来看待他人。我们对他人的感受和反应会受这种知觉的影响，从而产生偏差（Crisp & Nicel, 2004）。
5. 社会分类。我们还倾向于把世界分割成“我们”和“他们”。比起那些不属于自己群体的人（外群体），我们通常认为属于自己群体的人（内群体）更为亲切（Park & Judd, 2005）。与外群体的隔离让我们更易持刻板印象。

三、吸引与爱

喜欢和爱的态度会产生重要而持久的关系。它们是偏见硬币的反面，是与人际**吸引**（attraction）而非回避相联系的积极态度。我们文化中有益于吸引的因素有外表、相似性和互惠。

假 尽管存在个人偏好，但似乎关于美的标准并不是那么灵活，人们并不完全是“情人眼里出西施”。

（一）外表

外表是吸引和选择浪漫伴侣中的关键因素（Sprecher et al., 2008）。是什么决定外表的魅力呢？我们的标准是主观的吗？也就是说，是不是“情人眼里出西施”呢？抑或在吸引力的标准上存在共识吗？

很多关于美的标准是跨文化的（Buss, 2009; Singh & Singh, 2011）。例如，一项关于英国人和日本人的实验发现，英国和日本男性都认为具有大眼睛、高颧骨和尖下巴的女性更有魅力（Perrett et al., 1994）。在这一研究中，佩雷特（Perrett）将从 60 个人中选出的被认为最有魅力的 15 个人的面部制作成电脑合成图（如图 14-1 A）。然后他用电脑增强手段夸大了这 15 名最有魅力女性的合成图与所有 60 名女性的合成图之间的差异，就得到了图 B。图 B 中的女性被认为是最有魅力的形象，她比图 A 中的女性颧骨更高，下巴更尖。关于日本女性的形象得出了同样的结果。艺术作品表明古希腊人和古埃及人青睐同样的面部特征。

一项针对网络交友的研究对 5 810 名雅虎用户的私人征友广告进行分析，

图14-1　什么特征可提升面部吸引力？

在英国和日本，诸如大眼睛、高颧骨和尖下巴等面貌特征都有益于女性魅力的知觉。图 A 是从 60 人中选出的被认为最有魅力的 15 个人的面部合成图。图 B 也是面部合成图，它将这 15 个人的特征夸大，即把那些能够使这 15 个人区分于这 60 个人的平均值的特征进一步夸大。

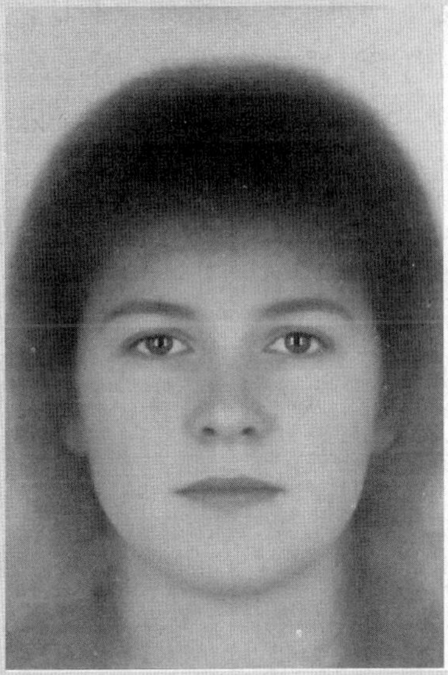

A.

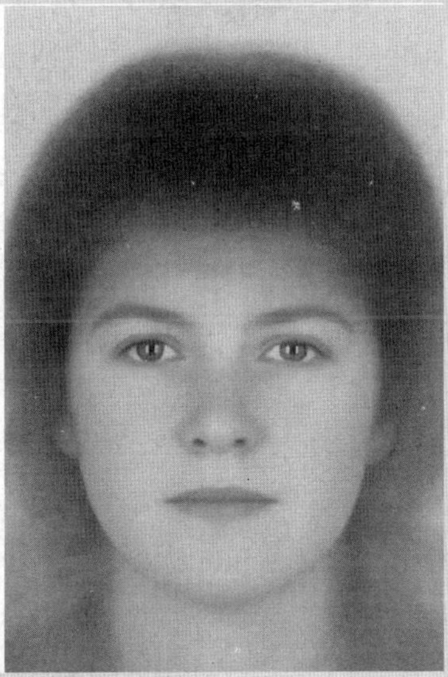

B.

✱ 在谈论性时，红色也许表示“来吧！”

当你去购买一盒情人节糖果时，盒子通常是什么颜色？是绿色还是蓝色？答案当然是红色。女性最受欢迎的口红颜色是什么？是黄色还是棕色？同样，答案还是红色（Elliot et al., 2007）。自古埃及金字塔建成时期，红色就已变成最为流行的口红色（Elliot & Niesta, 2008）。作为交通指示灯，红色意味着停止。但是在性诱惑方面，红色更可能意味着“来吧！”。

为什么红色会与吸引力相连呢？红色与外表之间的联系可能植根于我们的生物遗传性。许多雌性灵长类动物，如狒狒、黑猩猩、大猩猩和恒河猴，在临近排卵期（每月的繁殖期）时都会露出变红的生殖器部位（Barelli et al., 2008）。肤色变红是雌激素水平升高，加速了皮肤下的血流速度所致。雄性灵长类动物更倾向于尝试与表现出红色的雌性进行交配（Waitt et al., 2006）。女性的雌激素水平在排卵期也会升高，肤色微红（Lynn et al., 2007）。对于男性来说，像其他雄性灵长类动物一样，女性在排卵期变红的肤色可能是一种求爱信号。

研究发现，对于同样一位女性的照片，男性认为其置于红色背景下比置于其他颜色背景下更加迷人（Elliot & Niesta, 2008）。女性也认为带红色边框照片中的男性或身着红色衣物的男性更有吸引力（Elliot et al., 2010）。雄性激素参与血液供氧，增强至皮肤的血流，使肤色红润，表现在生殖器上就是性兴奋。红色代表着男性体格健康，因为只有健康的有机体才能保证血液中的高含氧量（Elliot et al., 2010）。

爱情三角模型：

斯滕伯格关于爱情由亲密、激情和承诺三种成分组成的观点。

亲密：

熟悉和亲近，是伴侣分享私密感受的关系的一个特征。

激情：

强烈的浪漫和性的感受。

结果表明欧裔美国人以及男性在选择伴侣时都更青睐于“苗条”这一因素（Glasser et al., 2009）。相对于非裔和拉丁裔美国男性，欧裔美国男性更倾向于与苗条而健美的女性约会。而非裔和拉丁裔美国男性更倾向于对身材壮硕的女性感兴趣。

（二）伴侣选择中的性别差异

外表可能是选择一名浪漫伴侣时的主要因素，但是关于伴侣选择的跨文化研究发现，女性倾向于注重诸如职业地位、体贴性、可靠性、善良和喜爱孩子等特质。男性则倾向于注重外表魅力、厨艺甚至节俭等特质（Buss, 2011）。

苏珊·斯普雷彻（Susan Sprecher）及其同事（1994）调查了超过 13 000 名美国人，样本足以代表美国的种族多样性。他们发现，女性比男性更愿意与长得不太好看的人结婚。但相比男性来说，女性更不愿意与没有稳定工作的人结婚。

为什么在伴侣选择上男性往往比女性更注重外表呢？为什么女性更注重诸如财产状况和可靠性等个体因素呢？进化心理学家认为，进化动力偏爱那些要求伴侣地位的女性幸存者和那些强调外表魅力的男性幸存者，因为这些优先选项提供了繁衍优势。依据“父母投资模型”，一名女性的吸引力与她的年龄和健康密切相关，这两项都是生殖能力的标志。但是，男性作为繁衍者，其价值更多地与有益于创造养育后代的稳定环境的因素有关，如社会地位和可靠性（Schmitt, 2003）。

（三）相似相吸假说

*相似相吸假说*认为，人们倾向于与和自己有着相似外表魅力及其他特征的人发展浪漫关系。很明显，相异并不相吸。研究者已经发现，我们的爱人或性伴侣往往在民族和种族、年龄、教育水平和宗教信仰上与我们相像（Montoya et al., 2008; van Straaten et al., 2009）。美国人口普查局 2010 年的调查显示，95% 的婚姻和 80%～90% 的同居者属于同一种族（U. S. Census Bureau, 2011）。尽管如此，高教育水平的人比低教育水平的人更可能与其他种族的人结婚（Batson et al., 2006）。

人们更倾向于选择有相同背景的伴侣还有一个原因，即*接近性*。婚姻来自附近，而非天堂（Sprecher & Felmlee, 2008）。我们倾向于生活在与自己有相似背景的环境里，这样我们可以与邻里有更多的交流。

*互惠*是吸引的另一决定性因素（Fehr, 2008）。与喜欢我们的人相处时，我们更愿意表现得开放、热情，并乐于提供帮助（Sprecher et al., 2008）。

> 假 事实上，“相异相吸”并不正确。有相似态度的人更容易相互吸引。

（四）爱

爱是一种强烈的积极情感。在第 9 章中我们已经考察了孩子和父母之间的爱。这里，我们将聚焦于激动人心的、热烈的、充满激情的爱，也就是*爱情*。

有很多关于爱情的理论。一种理论是罗伯特·斯滕伯格（1988）的**爱情三角模型**（triangular model of love），它可以被看作一个爱情三角。这个爱情三角不是说两个男人追求同一个女人，它是指斯滕伯格的观点，认为爱情包含亲密、激情和承诺三种成分（见图 14-2）。

亲密（intimacy）是指两个人的紧密性，相互关心，并分享感受及资源。**激情**（passion）意味

图14-2　爱情三角模型

根据这一模型，爱情具有三种成分：亲密、激情和承诺。完满之爱这一理想状态由浪漫之爱加上承诺构成。

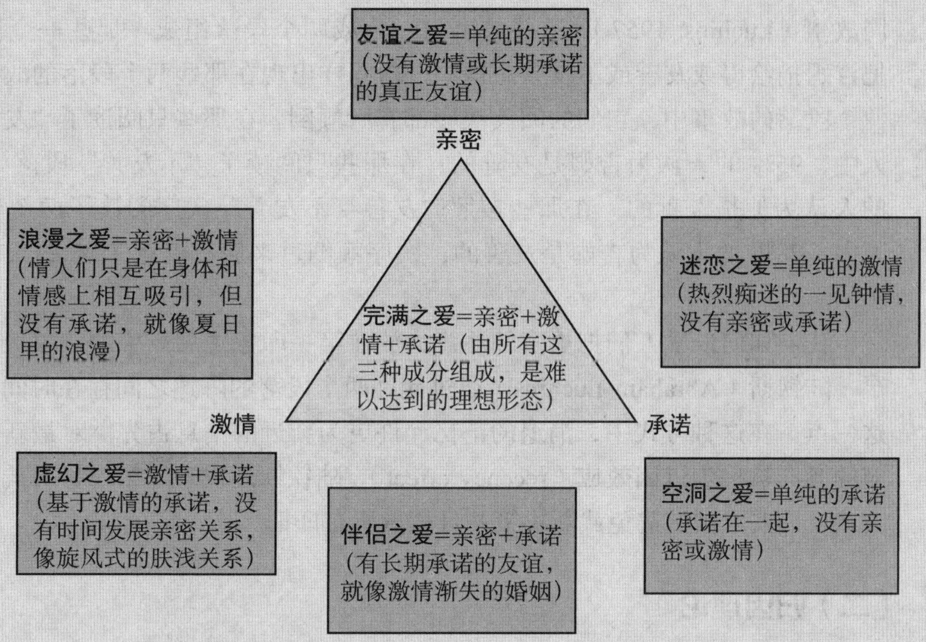

资料来源：R. J. Sternberg, *The Psychology of Love*. Copyright 1988. Yale University Press.

着浪漫和性的感受。**承诺**（commitment）是指决定增强并保持一段关系。激情在短期关系中至关重要。亲密和承诺在持久关系中更重要。爱情的理想形式——**完满之爱**（consummate love）——结合了所有这三种成分。完满之爱由浪漫之爱加上承诺构成。

在斯滕伯格的图解中，**浪漫之爱**（romantic love）被赋予激情和亲密的特征。激情包括迷恋（被所爱之人迷住）、性渴望以及排他性要求（Berscheid, 2009）。亲密包括关心和支持所爱之人的兴趣，即使自身的兴趣需要做出牺牲。人们在认知上偏向于积极地评价他们的伴侣（Loving & Agnew, 2001）。也就是说，我们理想化了我们所爱的人。

承诺：
维持一段关系的决定。

完满之爱：
斯滕伯格模型中爱情的理想形式，包含激情、亲密和承诺。

浪漫之爱：
一种强烈的积极情感，包括性的吸引、渴望的感受以及处于恋爱中的信念。

社会知觉
社会心理学的一个子领域，研究我们对他人印象的形成和修正的方式。

四、社会知觉

社会心理学的一个重要领域是关注我们知觉他人的方式——例如，别人给我们第一印象的重要性。接下来我们将探讨一些**社会知觉**（social perception）的影响因素：首因效应、近因效应和归因理论。

（一）首因和近因效应

你为什么会穿正装去参加工作面试？辩护律师为什么要确保他们的当事人在见陪审团时穿戴和发型都很整洁？第一印象真的重要吗？当然，而且非常重要。

首因效应：
依据第一印象评价他人的倾向。

近因效应：
依据最近印象评价他人的倾向。

归因：
关于人们为什么以一种特定方式表现的观念。

特质归因：
个体行为是由个人特质等内在原因决定的假设。

情境归因：
个体行为是由外部环境（如情境中的社会压力等）决定的假设。

基本归因错误：
假定他人的行动主要基于他们的特质，即使有证据表明他们所处的情境也很重要。

不管是在商界还是生活中，甚至是在医师和病人之间的关系中，第一印象都很重要（Bidell et al., 2002）。第一印象是首因效应的一个例证，**首因效应**（primacy effect）是指我们依据第一印象评价他人的倾向。

在一个关于首因效应的经典实验中，被试被安排阅读有关“吉姆”（Jim）的不同故事（Luchins, 1957）。这些故事由一个或两个段落组成。那些一个段落的故事把吉姆描绘得或友善或不友善。这些段落同样出现在那些两个段落的故事中，但在两个段落的故事中，它们的阅读次序都有所颠倒。在那些只阅读了“友善”段落的人中，95% 的人认为吉姆是友善的；在那些只阅读了“不友善”段落的人中，3% 的人认为他是友善的；在那些按照“友善—不友善”次序阅读了两个段落故事的人中，78% 的人认为吉姆是友善的；次序颠倒过来后，仅有 18% 的人认为他是友善的。

我们如何鼓励人们把更多的注意力放在第一印象之后产生的印象上呢？亚伯拉罕·陆钦斯（Abraham Luchins）通过允许两个段落的陈述之间存在时间间隔来实现这一点。在这种方式中，消退的记忆允许更为新近的信息占先。对最新信息做出反应的倾向被称为**近因效应**（recency effect）。陆钦斯还发现了第二种对抗第一印象的方式，即要求被试避免武断决策并且衡量所有证据。

（二）归因理论

归因（attribution）是关于人们为什么以一种特定方式表现的假设或观念。当你认为一个孩子正在欺负另一个孩子是因为她的“恶毒”时，你正在做出一个归因。本节关注的是*归因理论*，或者说人们从影响他人行为的各种因素中得出结论的过程。归因理论很重要，因为归因使我们要么把人知觉为有目的的行为者，要么把人知觉为环境的受害者。

特质和情境归因

社会心理学家描述了两种归因形式。**特质归因**（dispositional attributions）把一个人的行为归因于个性特征和自由意志等内在因素。如果你认为一个孩子正在欺负另一个孩子是因为她的“恶毒”，那么你正在做出一个特质归因。**情境归因**（situational attributions）则把一个人的行为归因于环境、社会影响或社会化等外在因素。如果你认为一个孩子正在欺负另一个孩子是因为她的父母给予了她某种对待别人的态度，那么你正在做出一个情境归因。

基本归因错误

在与我们一样把自我视为独立个体的文化中，人们倾向于把他人行为主要归因于内在因素，比如个性、态度和自由意志（Chiu & Chao, 2009; Reeder, 2009）。这种归因过程的偏向就是**基本归因错误**（fundamental attribution error）。例如，如果一个青少年违反了法律，个体主义的社会更可能去责备这个青少年，而不是其生活的社会环境。

导致基本归因错误的一个原因是我们倾向于从行为中推论出特质来。但是在强调相互依赖的集体主义文化中（如亚洲文化），人们更可能把他人行为归因于其社会角色和社会义务（Basic Behavioral Science Task Force, 1996c）。例如，日本人更可能把商人偏激的竞争意识归因于“商业文化”而非他的个性。

行动者 – 观察者效应

我们已经知道，人们倾向于在解释他人行为时做出特质归因。当我们看见别人正在做我们不喜欢的事情时，我们倾向于把别人看成是故意为之（Baron et al., 2009）。但当我们发现自己在做不喜欢的事情时，却把自己看成是环境的受害者（Baron et al., 2009）。把别人的行为归因为特质因素而把自己的行为归因为情境影响的这种倾向叫作**行动者 – 观察者效应**（actor-observer effect）。

来看个例子，父母和十几岁的青少年常为后者在朋友和约会对象的选择上争吵。当他们争吵时，父母倾向于从行为中推论出特质，把青少年视为固执的、反抗的。青少年同样从行为中推论出特质，因此他们会认为父母是蛮横的、专制的。父母和青少年用同样的方式把对方的行为归因于内在因素。也就是说，关于他人的行为他们都进行了特质归因。

父母和青少年如何知觉他们自身呢？父母很可能认为自己是因为孩子的愚蠢而被迫卷入争执，他们的固执完全是由孩子的倔强导致的。青少年很可能认为自己是迫于同伴的压力不得已而为之。两者都在对自己的行为做出情境归因。

> **真** 我们倾向于要求别人为其罪行负责，而当自己行为不当时，则倾向于把自己视为环境的受害者。

自我服务偏差

在归因过程中也存在**自我服务偏差**（self-serving bias）。我们可能把自己的成功归因于内在的、特质的因素，而把失败归因于外在的、情境的影响（Smith & Weber, 2005）。一项针对 27 名大学生摔跤手的研究发现，他们倾向于把自己的胜利归因于稳定的内在条件（如能力），而把失利归因于不稳定的外在条件（如裁判员错误）（De Michele et al., 1998）。体育迷们也会陷入同样的窠臼中。他们倾向于把他们所支持队伍的胜利归因于内在条件，而把失利归因于外部条件（Rees et al., 2005; Wallace & Hinsz, 2009）。

另一个有趣的归因偏差表现在对友善行为归因的性别差异上。比起女性，男性更可能把一个女人对一个男人的微笑或友善看成是调情（Frisby et al., 2010）。

五、社会影响

其他人和群体能够给我们施加巨大的压力，使我们按照他们的准则去行动。**社会影响**（social influence）是社会心理学的一个领域，它研究人们改变他人思想、感受和行为的方式（Nolan et al., 2008）。下面让我们看两个经典实验，它们演示了人们如何参与服从或者遵从有害的社会规范。

（一）服从权威

有史以来，士兵都要服从命令——即使命令是屠杀无辜平民。土耳其人对亚美尼亚人的屠杀、纳粹对犹太人的屠杀、卢旺达胡图族和图西族的相互屠杀——这些都是单纯服从命令导致悲剧的例证。我们会说这些罪行骇人听闻，也难以想象人们为什么会参与其中。但是我们有多少人会拒绝服从权威人物发出的命令呢？

米尔格拉姆研究

耶鲁大学心理学家斯坦利·米尔格拉姆（Stanley Milgram）也想知道有多少人

行动者 – 观察者效应：
把自己的行为归因于情境因素但把他人行为归因于自身特质的倾向。

自我服务偏向：
把自己的成功视为源于内在因素而失败源于外在因素的倾向。

社会影响：
社会心理学的一个领域，研究个体对他人思想、感受和行为的影响方式。

✱ 自杀式恐怖分子：恶魔还是普通人？或是二者兼而有之？

为什么这19个人驾机撞击了世贸中心和五角大楼？是因为人格问题和个人选择吗？是情境因素导致的吗？他们是恶魔吗？那些研究邪恶本质的社会心理学家发现，很多——也许是大多数——作恶者都是“普通人”（Baumeister, 1996; Berkowitz, 2004）。怎么会是这样？当我们试图去刻画某人时，我们很可能犯了一个基本归因错误，即我们过多地把别人的行为归因于如态度和个人选择等内在因素（Gilovich & Eibach, 2001; Reeder, 2001）。实际上，在2003年，社会科学协会联盟（COSSA）向美国国会证实了他们得出的结论：自杀式恐怖分子没有特定的人格特征。

参与2001年9月11日自杀式袭击事件的19名恐怖分子。

会拒绝权威人物提出的非道德要求。为了找到答案，他在大学里进行了一系列经典实验，这就是著名的米尔格拉姆服从研究。

在他工作的最初阶段，米尔格拉姆（1963）在地方报纸上刊登了广告，招募愿意参加学习与记忆实验的人员。他招募了年龄从20岁到50岁不等的40个人——其中包括教师、工程师、工人、销售员、没有完成小学教育的人以及硕士生。

假设你也去应征了。你来到这所学校，得到了合理的费用（4.5美元——在20世纪60年代初用这些钱可以轻松加满汽车油箱），并满足了自己的好奇心。你可能印象深刻。毕竟，耶鲁大学在这座城市享有很高的声誉。你同样对那些一流的实验室印象深刻，在那里你遇到了一名身着白大褂的著名行为科学家和另一名来应征的人。科学家解释说，这项实验的目的是研究惩罚对学习效果的影响。实验需要一名“老师”和一名“学习者”。偶然情况下，你被指派为老师而另一个人被征募为学习者。

你、科学家和学习者进入了一个实验房间，里面有一把悬挂着皮带的椅子，看起来有点吓人。科学家把学习者用皮带绑在椅子上。学习者流露出一些担心，但这毕竟是为了科学。而且这是耶鲁，不是吗？在耶鲁人们能发生什么意外啊？

你跟随科学家进入邻近的房间，在那里你将实施你的“教育”。这种教育保证会有效果。你将惩罚学习者所犯的错误，方式是操控一个可怕的控制台的操纵杆，它能控制从15伏到450伏的电压。在30个操纵杆中有28个标有范围从“轻微电击”到“危险：重度电击”的字样。最后两个仅标着“000”。科学家给你“品尝”了一次45伏的电击，以免你不知道电击感觉如何。你感到有些刺痛。你同情那些会受到更高电压电击的人。

学习者要学习成对地朗读出来的词语，它们都在一个列表中。听完这个列表一次后，学习者将从一个具有四个选项的列表中指出与刺激词语相匹配的词语。这通过按下一个开关，使你房间中控电板上四盏灯中的某一盏发亮来实现。如果答案正确，你就继续下一个刺激词语。如果答案错误，你就给予一次电击。每犯一次错误，你就要提高电击的电压（见图 14-3）。

你很可能会有疑虑。不过两个电极被绑在了学习者的手腕上，并且科学家使用了电极软布来“防止水泡和烧伤”。你也已经被告知，虽然可能会痛苦，但这些电击不会导致“永久性组织损伤”。学习者也在继续。而且，这毕竟是耶鲁。

学习者的回答有的正确，有的错误。带着适度的关切，你拉下了 45 伏电压的操纵杆。你尝试过这个程度的电击。然后又出现了几次错误。你拉下了 60 伏的操纵杆，然后是 75 伏。学习者又犯了一次错，你停下来，看看科学家，他再次保证说：“虽然电击让人痛苦，但不会有永久性组织损伤，所以请继续。”学习者出现了更多的错误，很快你就把电击电压上升到了 300 伏。但是现在，学习者正在猛捶着墙的另一面！你胸口发紧，并且开始出汗。“该死的科学和 4.5 美元！”你心想。你犹豫了，科学家说：“这项实验要求你继续。”在给出下一个刺激词语后，学习者根本没有选择答案。你会怎么做？“等 5～10 秒钟，”科学家指示说，“然后把没有回答当成错误回答。”但是在下一次电击后，学习者又开始捶墙了。现在你心跳加速，并确信自己感到极度痛苦和不适。不会造成持久性的损伤，这可能吗？这个实验有那么重要吗？怎么办？你又犹豫了。科学家说：“你必须继续。”他的声音不容置疑。“你没有别的选择，”他说，“必须继续。”你很难有条理地思考了，并且由于一些很难解释的原因，你觉得就要笑出声来。你的手指在操纵杆上颤抖。你将怎么做？

米尔格拉姆预见到在实验中有些“老师”会犹豫。因此他想好了当被试踌躇不前时助手所使用的标准陈述——例如：“虽然电击让人痛苦，但不会有永久性组织损伤，所以请继续。”“这项实验要求你继续。”“你必须继续。”“你没有别的选择，必须继续。”

再次想象一下：如果你是米尔格拉姆电击实验中的一名“老师”，你会怎么做？米尔格拉姆（1963, 1974）揭示了他样本中的多数人将会怎么做。这个样本是纽黑文男性群体的抽样代表。40 名男性参加了他这一阶段的研究，其中只有 5 人拒绝实施超过 300 伏电压的电击——学习者初次捶墙时的水平。另外 9 名“老师”在 300 伏的范围内就反抗科学家的指示。但是 65% 的被试在这一连串实验中都按科学家的要求照做了，相信他们给予了（学习者）450 伏和 000 级的电击。

这些被试是冷酷的吗？绝对不是。米尔格拉姆对他们的压力迹象印象深刻。他们颤抖、口吃、咬嘴唇，他们叹息、出汗、把指甲掐进了肉里。有些人突然大笑，尽管大笑是不妥当的。一个销售员笑得都痉挛了以至于无法继续实验。

米尔格拉姆最初关于服从的实验局限于纽黑文男性这一组样本。他可以把这些发现推广到其他男性

图14-3 | 米尔格拉姆研究中的实验装置

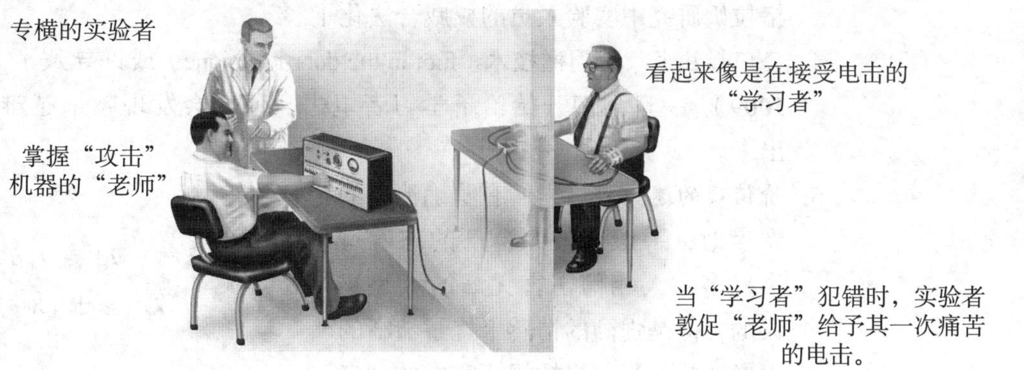

登门槛技术：

能够引发服从的一种方法，即在一个小要求后面跟着一个较大要求。

或女性身上吗？被认为是独立思考者的大学生会表现出更多的反抗吗？一个实验使用耶鲁男性样本复制了米尔格拉姆电击实验，也得出类似的结果。那么，被认为比男性攻击性更小的女性又怎么样呢？在后续研究中，女性同样给予了学习者电击。所有这些都发生在一个珍视独立性和自由意志的国家中。

关于欺骗和真相

我已经说过，米尔格拉姆电击实验中的“老师”相信当他们拉下控制台上的操纵杆时，他们在电击别人。其实他们没有。这个实验中唯一一次真正的电击是给“老师品尝”的那次 45 伏的电击。它的目的是使实验程序可信。

实验中的学习者其实是实验人员的同伙。他们没有应征，而是从一开始就知道真相。那些“老师”是唯一真正的被试。实验使得他们相信他们是被随机选为“老师”角色的，但是这个选择是实验操纵的，所以报纸征募的人总是成为“老师”的角色。

米尔格拉姆在实验完成之后向被试们进行了事后解说。他详细解释了他的研究目的和方法，并强调了他们实际上没有伤害任何人。不过，被试在实验过程中当然相信他们伤害了他人。正如你所想象，米尔格拉姆研究的伦理问题几十年来一直为心理学家所争论。在今天，学院和大学评审委员会很可能会阻止他们这样做。

为什么米尔格拉姆研究中的人会服从实验人员？

很多人会遵从他人的命令，即使他们被要求去执行的是不道德的任务。为什么呢？为什么德国人在大屠杀期间“只是服从命令”？为什么米尔格拉姆研究中的“老师”服从实验人员？我们没有所有的答案，但是可以提供一些假说。

1. 社会化。尽管独立性是众所周知的美国人的理念，但是从孩提时代起我们就被社会化了，它使我们服从像家长和老师那样的权威人物（Blass, 2009; Twenge, 2009）。
2. 缺乏社会比较。在米尔格拉姆的实验设置中，实验人员展示了情境命令，但是那些“老师”（被试）没有机会将自己的想法和感受与处在相同情境中的人进行比较。
3. 合法权威知觉。一名耶鲁的实验人员看上去可能是一个有很高合法性的权威人物——就像一名政府官员或者军队中的一名高阶军官一样（Blass, 2009）。当米尔格拉姆（1974）在海岸附近的一个破败小镇重复这个实验时，听从实验人员命令的被试百分比从 65% 降到了 48%。即使在那种情境下，还是有许多人愿意听从看似合法的权威人物的命令，去进行违背道德的行为。希特勒和他的追随者在纳粹德国是权威人物。“科学”和耶鲁大学也使米尔格拉姆研究中实验人员的权威合法化了。
4. 登门槛技术。**登门槛技术**（foot-in-the-door technique）或许导致了“老师们”的服从（Burger, 2009）。一旦他们开始给予学习者电击，他们会发现越来越难将自己从这种情境中解脱出来。
5. 价值观的迷失。当人们有明确清晰的态度时，一般会依照自己的态度行事。多数人相信伤害无辜的人是错误的，但是强烈的情感干扰了清晰的思考。就像米尔格拉姆研究中的“老

真 如果被命令折磨一个无辜者，大多数人似乎的确会那么做。

师”，他们变得越来越激动，价值观或许因此变得更难“接近”。

6. 加害人与受害者之间的缓冲物。很多缓冲物降低了学习者的痛苦对“老师们”的影响。例如，学习者在另一个房间里。当他们和“老师们”共处一个房间时，“老师们”的服从率从65%降到了40%。而且，当“老师们”握住学习者放在电击极板上的手时，服从率降到了30%。

（二）从众

当我们改变自己的行为与社会规范保持一致时，这就是所谓的从众。社会规范是被广泛接受的社会行为期待。清晰的社会规范——比如要求我们在图书馆低声细语以及通过学校时降低车速等——常常成为准则和法律。还有一些不成文的或者模糊的社会规范，比如乘电梯时面朝前面或者在社交聚会时“迟到是时髦”。你能想到你顺从社会压力的一些例子吗？

与社会规范保持一致的倾向常常是有利的。很多规范得到了发展，因为它们有利于舒适和生存。群体压力也能够促进不良行为，就像人们从事冒险行为是因为“人人都这样做”。为什么如此多的人倾向于跟随大众？要回答这个问题，让我们来看看所罗门·阿希（Solomon Asch）在20世纪50年代早期进行的一项关于从众的经典实验。

阿希研究

你能相信自己所看到的吗？眼见为实，不是吗？如果你是阿希研究（1952）中的一个被试，那就不是。

假定你同其他七个被试一起进入一间实验室，将要参加一项关于视觉分辨力的实验。房间的前面站着一个人，手上拿着画线的卡片。

你们八个人按顺序坐好。你坐在第七个座位上，当时这只是一个小事。那个人解释了任务。左边的卡片上有一条单独的线，右边的卡片上画着三条线（见图14-4）。右边卡片上的一条线与左边卡片上的线等长。你和其他被试将依次大声说出三条线中的哪一条——1、2或3——与左边卡片上的线等长。这太简单了！

在你右边的被试依次说出：3，3，3，3，3，3。现在轮到你了。线3确实与第一张卡片上的线等长，所以你也说“3”，在你之后的那个人也随声附和“3”，这就结束了。然后，在房间前面放置了另外两张卡片。这次，线2与第一张卡片上的线等长。答案是2，2，2，2，2，2。又一次轮到你了，你说“2”，而且也许你的精神开始开小差、你的胃在咕咕叫。在你之后的那个人也说是“2”。

接着，又换一对卡片。线3明显是正确答案。在你右边的六个人依次说出：1，1……，等一下！……1，1。你暂时忘记了午饭，又扫视一遍那几条线。不，线1至少短了半英寸。但是接下

图14-4　阿希的从众研究中使用的卡片

卡片B上的哪条线（1、2或3）与卡片A上的线等长？线2，对吗？但如果你是一个群体中的一员，而且在你之前有六个人的回答是“3”，你还会回答“2”吗？你确定吗？

A. 标准线　　B. 对照线

来的两个人也说是“1”，而且马上又轮到你了。你的手开始出汗，感觉喉咙好像被什么东西卡住了。你想要说“3”，但是这对吗？没有时间了，而且你已经很明显停顿下来了。你说了“1”，最后那个人也是。

假 眼见并不总是为实——特别是当群体意见不一致时。

现在你的注意力固定在了任务上。大多数时间你赞同其他七个判断，但是有时候你并不赞同。而且，由于某些你难以理解的原因，即使当他们错了的时候——假设你相信自己的眼睛——你也与他们完全保持一致。实验变成了一次不舒服的经历，而且你开始怀疑自己的判断力。

在阿希研究中，不适感源于从众的压力。实际上，其他七名应征者是实验人员的“同伙”。他们预先安排了一些错误的回答。这项研究的唯一目的是看你是否会与错误的群体判断保持一致。

有多少人在阿希研究中屈从于大多数人的答案呢？多少人附和众人而不是给出他们认为正确的答案？75%。有3/4的人至少会有一次赞同多数人的错误答案。

（三）影响从众的因素

很多因素加大了从众的倾向性，其中包括处于一个集体主义而非个体主义的社会（Fukushima et al., 2009）、渴望被群体中的其他成员喜欢（但是对公正的重视超过对被喜欢的重视会减弱从众的倾向）、低自尊、社交羞怯（Wagstaff et al., 2009），以及对任务不熟悉等（Phalet & Schoenpflug, 2001; Wang et al., 2011）。影响从众的其他因素还有群体的规模和社会支持。当群体规模增长到五名成员时，即使面对错误的群体判断，从众的可能性也会迅速上升；当群体成员增长到八名时，从众可能性的增长就放慢了。也正是处于这一点时，从众的可能性达到了最高水平。然而只要有一个人与你意见相同，就足以使你坚持己见（Jetten & Hornsey, 2011; Mesoudi, 2009）。

六、攻击

有人会说，人类是地球上最具攻击性的物种之一。地球上几乎每一块陆地都充斥着各式各样的武装冲突。有谋杀，有殴打，通常发生在最亲密的伙伴之间。还有强奸。而且，我们还在橄榄球和冰球比赛中鼓励“可控的”进攻。心理学家关心我们为什么具有攻击性。

（一）生物学、化学和攻击

进化心理学家认为，“遗传密码”在某种程度上影响着攻击性（Buss, 2009; Confer et al., 2010）。无数生物结构和化学物质参与了攻击行为。面对某种刺激，许多非人类生物会本能地表现出攻击反应（Archer, 2009），这种行为是自动化的。例如，雄性知更鸟会对另一只知更鸟的红色胸脯做出攻击反应。下丘脑似乎参与了这一本能反应模式。对下丘脑的电刺激引发了许多低等动物典型的攻击行为，其中包括猴子。然而，人脑更为复杂，其他脑结构显然中和了可能的攻击本能。

化学物质也参与攻击行为，尤其以雄激素的形式出现。雄激素似乎影响着支配和控制他人的欲望。男性的雄激素水平高于女性，他们也（通常）比女性的攻击性更强，尤其是面对陌生男性时（Crofoot & Wrangham, 2010; Pradhan et al., 2010）。具有攻击性的男孩和青少年比低攻击性的同龄人雄激素水平要高（Popma et al., 2007）。詹姆斯·戴伯斯（James Dabbs）及其同事（1996）发现，在兄弟会成员中，那些蛮横粗暴的成员比“行为良好”的成员平均雄激素水平要高。雄激素水平还会随情境而变化：男性在“获胜”时的雄激素水平通常较高——不管是体育竞赛（如橄榄球）还是下棋比赛（Carré et al., 2009; Carré & Putnam, 2010）。

（二）攻击的心理因素

男性比女性更具攻击性的另一个原因是女性更爱强调自己作为受害者的角色——把自己放在受害者的位置（Proverbio et al., 2010; Yamasue et al., 2008）。同理心有助于助人行为，而非攻击行为。

心理动力理论的创始人弗洛伊德认为，攻击是人们在日常生活中对挫败的一种自然和本能反应。孩子（以及成人）都会将攻击的冲动发泄到他人身上，连父母也是如此。即使是再细心的父母也无法立刻满足孩子们的所有需求。不过，孩子也害怕惩罚或失去疼爱，因此他们会抑制住大部分攻击冲动，并将其存储于无意识中。

认知心理学家强调，我们的行为受观念、对情境的解读及个人选择的影响。那些相信攻击有时是必要且有道理的人——如在战争时期——通常会表现出攻击性。而那些认为战争和侵略不公平或反对一切情况下的攻击的人，一般不会表现出攻击性（Hurka, 2010; Maxwell et al., 2009）。

人们还要决定——有时是刹那间的决定——是否基于对他人意图的解读进行反击。但很多具有攻击性的个体都误解了他人的意图。例如，他们认为别人要对自己加以伤害，而事实并非如此（Dodge, 2006; Ellis et al., 2009）。当我们对“侮辱”尤其敏感或被激起怒火时，通常会对一个挑衅做出攻击性回应（Ellis et al., 2009）。当别人撞到你时你做何反应？如果你将其看作对自尊的有意侮辱，你也许会以攻击回应。

从行为主义角度来看，学习是通过强化进行的。攻击行为受到了强化的有机体在类似于强化的情境下更可能表现出攻击性。强壮而敏捷的有机体更可能受到攻击行为的强化。

非人类中的强化作用通常是生理性的，如食物、交配或逃避猎捕。这类强化物也对人类起作用，但人类还对其他强化物做出反应，如社会支持。当老师和同学们旗帜鲜明地反对攻击行为时，儿童通常也不会有攻击行为（Henry, 2008; Simon et al., 2009）。从社会认知角度来看，攻击技巧主要通过观察他人的攻击行为而获得。然而，像其他认知理论家一样，社会认知理论家也相信意识与选择在人类的攻击行为中扮演着重要角色。社会认知理论家认为，我们一般不会表现出攻击性，除非我们相信攻击在当时的情境下是合理的，而且是会被强化的。

情境因素也影响攻击。米尔格拉姆的研究告诉我们，大部分“正常”人在受到身边其他人攻击行为的影响时，也会表现出攻击性。在下面的群体行为部分，我们将看到，当人们处于群体之中时可能表现得更具攻击性。

七、群体行为

人总要归属于一些群体。群体帮助我们满足情感、关注和归属感的需要，使我们能够去做一些单凭自己无法做到的事情。但是群体也会给我们施加压力，让我们去做一些自己平时不会去做的事情。本节讨论的是人们作为群体成员和作为个体时行为方式的差异。让我们从社会助长开始。

（一）社会助长

当你被分派一项群体任务时，较之于自己单干，你工作会更努力还是更松懈？为什么？群体对个体行为的其中一个影响就是社会助长。个体的绩效因群体其他成员从事相似的活动而增长，

社会助长：

个体的绩效因群体其他成员从事相似的活动而增长的过程。

评价顾忌：

担心他人正在对我们的行为进行评价。

责任扩散：

在一个群体内，一个决定或行为的责任被扩散或分担。

社会决策图式：

基于成员的内在立场来预测群体决策最终结果的准则。

这一过程叫**社会助长**（social facilitation）。研究表明，他人在场提升了我们的唤起水平或动机（Ito et al., 2011; Thomas et al., 2002）。在较高唤起水平上，我们执行简单任务的水平得到了提升。但是，执行复杂任务的水平可能会被削弱。由于这个原因，在大量听众面前，一次经过精心排练的演说会成为经典，而一次事先没有准备的演说则可能砸锅。

社会助长受到唤起和**评价顾忌**（evaluation apprehension）——担心别人正在评价我们——的影响（Rosenberg, 2009; Thomas et al., 2002）。在演说时，我们如果被听众弄得心烦意乱或者过多注意他们的外在反应，就会“头脑短路”。如果我们相信自己开始慌乱了，评价顾忌就会暴涨。结果我们的表现就会更加慌乱。

他人在场也会削弱表现——不是我们在群体面前的表现，而是当我们在群体之中匿名存在时的表现（Osborn et al., 2012）。例如，当工人们相信他们不会被关注或者无须负责时，他们可能会表现出“混日子”或者*社会惰化*，社会惰化是指处于群体之中时，因为其他人的努力而自己不再努力的现象。在这种群体条件下不会有评价顾忌，而是会发生**责任扩散**（diffusion of responsibility）。每个人都觉得没有什么义务去帮忙，因为有其他人在，尤其是在其他人更有能力做这项工作时（Abele & Diehl, 2008; Maiden & Perry, 2010）。如果一个明显有能力的成员不做任何贡献却在他人努力的成果中“浑水摸鱼”，那么其他群体成员也会降低努力的程度。

（二）群体决策

组织利用诸如委员会或陪审团等群体做决策，是因为相信群体决策比个体决策更精确（Van Swol, 2008）。社会心理学家找到了一些“准则”，或者说**社会决策图式**（social decision schemes），它们支配着多数群体决策（Stasser, 1999）。这里有一些例子：

1. *多数获胜图式*。在这个常见图式中，群体做出的决策就是多数人最初支持的决策。当没有单一客观正确的决策时，这个图式常常成为决策指导。一个例子是，在所有汽车模型的流行度还没有经过公众意见检验时，关于开发哪一个模型的决策常常采取这种方式。
2. *真理获胜图式*。在这个图式中，由于提供了更多的信息，讨论了更多的意见，群体认识到有一种途径是客观正确的。例如，一个决定是否使用 SAT 分数作为标准录取学生进入大学的群体将从如下信息中获益，即这些分数是否准确预测了大学的成就。
3. *2/3 多数图式*。当陪审团中 2/3 的人在最初就偏向定罪时，陪审团倾向于定被告的罪。
4. *首变准则*。在这个图式中，群体倾向于选择任意成员表示出来的、反映意见首次转变的那个决定。如果陪审团陷入僵局，其成员可能最终会追随第一个转换立场的陪审员。

（三）极化现象和风险转移

我们可能认为群体决策比个体决策更保守。毕竟，难道不会有妥协，不会有“消除差别”吗？我们也会期望有一些成熟的个体成员能够平衡那些鲁莽的意见。

然而，群体并不总是像我们所期望的那样运作。我们来看一下*极化*的影响。作为一名个体，你可能建议公司冒险投资 50 万美元去开发或上市一种新产品。其他的公司主管单个投票的话，可能也会去冒同样金额的风险。但是，如果你们被召集起来做出一项群体决策，你们很可能要么做出高于这一金额的建议，要么根本不建议这么做（Kamalanabhan et al., 2000）。这种群体效应被称为极化现象，或者说采取极端态度。不过，如果你不得不在决策方向上赌一把的话，还是赌那个更高额的决策比较好——在风险转移上下注。为什么呢？

一个可能性是群体的某个成员揭示了其他成员没有意识到的信息。这一信息可能清晰地指向了某个方向。疑虑被消除后，群体会果断地进入合适的方向。还有一种可能性，即在群体背景中产生社会助长作用，从而产生更大的动机，进而推动更极端的决策。

群体思维：
群体成员决策时受凝聚力和激情领导的影响而罔顾客观事实的过程。

不过，为什么群体比个体肯冒更大的风险？一个答案是责任扩散（A. S. Brown, 2007; Kamalanabhan et al., 2000）。如果冒险失败，责备不会只落到你一个人身上。

（四）群体思维

群体思维（groupthink）是尔文·贾尼斯（Irving Janis, 1982）创造的一个概念，是指群体决策有时会产生的一个问题。在群体思维中，群体成员往往受凝聚力和强有力领导的影响更大，而不是事实情境（Esser & Lindoerfer, 2006; Packer, 2009）。当感受到外部威胁时，群体对问题的解决可能会退化到群体思维（Underhill, 2008）。群体思维往往由一个强有力的领导所激起。威胁提高了群体凝聚力，也是压力的源泉。在压力之下，群体成员不会仔细考虑所有的选择，而是经常做出有问题的决策。

群体思维往往与如下历史事件的失败有关，比如攻打伊拉克、入侵古巴猪湾、水门事件（尼克松政府团队相信他们可以掩盖窃听行径），以及美国国家航空航天局（NASA）发射挑战者号的决策（尽管工程师对寒冷天气所造成的危险提出了警告）（Brownstein, 2003; Esser & Lindoerfer, 2006）。

贾尼斯和其他研究人员（Brownstein, 2003; Packer, 2009）列举了一些对群体决策失误起推波助澜作用的群体思维特质：

1. 无懈可击的感觉。在水门事件中，决策群体可能认为他们的决策不会导致批评或触犯法律，因为他们就在美国总统身边，掌握着权力。
2. 群体坚信掌握着真理。这些群体显然相信它们所做事情的正确性。在攻打伊拉克的决策中，布什政府认为有足够的理由攻打伊拉克，因为他们认为自己掌握伊拉克拥有大规模杀伤性武器（WMDs）的证据。
3. 拒绝相信与群体决策相反的信息。布什政府成员选择无视怀疑伊拉克是否真正拥有 WMDs 的报道。
4. 群体成员从众的压力。全体一致的努力压倒了对真实性的要求，而且权威能够战胜专业意见。据报道，入侵古巴猪湾彻底失败后，肯尼迪总统说了这么一句话：“我们怎么会这么愚蠢？”
5. 对外群体成员的刻板印象。在入侵古巴猪湾和攻打伊拉克事件中，赞成攻打的群体决策成员对外群体持有刻板印象，认为他们脱离现实。

* 人多力量大？不一定。

在达利（Darley）和拉坦内（Latané, 1968）的经典实验中，他们让男性被试在小房间里完成毫无意义的任务。然后，在他们工作时，会听到隔壁有个癫痫发作人的（逼真的）录音。当每个人认为其他四个人有空帮忙时，只有 31% 的人试图去帮助发病者。不过，当他们认为没有人有空帮忙时，85% 的人试图帮忙。

就像群体行为的其他方面一样，责任扩散似乎抑制了群体中的助人行为。当我们处在一个群体中时，我们常想让乔治（George，或 Georgette）去做，当乔治不在旁边时，我们才更愿意自己去做。

去个体化：

群体成员可能放弃自身价值观而选择群体规范和态度的过程。

利他主义：

无私地关心他人的利益。

旁观者效应：

因为有其他可以实施帮助的人在场而倾向于不去帮助遇到紧急情况的人。

如果群体领导人鼓励其成员对所做选择保持怀疑，让他们尽管询问探究性问题或反对他人意见，那么群体思维就能够避免。

（五）暴民行为与去个体化

你是否曾作为一个群体成员做过一件你自己绝对不会做的事情？是什么事情？是什么驱使你这么做？你感觉又如何呢？法国人古斯塔夫・勒庞（Gustave Le Bon, 1895—1960）谴责暴民和大众是非理性的，类似于“多首怪兽”。诸如种族骚乱和实施私刑的暴徒行为有时似乎是针对他们自身心理的一次手术。暴民是“把身体里的怪兽”放出来了吗？

当人们作为个体行动时，对结果的恐惧和自我评价会阻止他们从事反社会行为。但是在暴民中，他们可能体验到**去个体化**（deindividuation），在这种情况下，群体成员愿意追随一个特定情境下的行为标准，即使这意味着放弃自身的价值观（Lan & Zuo, 2009; Postmes & Spears, 1998）。许多因素可能导致去个体化，其中包括匿名、责任扩散、噪声和拥堵造成的唤起，以及关注形成的群体规范而非自身的价值观（S. E. Taylor et al., 2006）。在这种环境下，群体成员的行为比个体更具攻击性。

（六）利他主义和旁观者效应

利他主义（altruism）是指无私地关心他人的利益，与某些英雄行为相联系。人们在战争中牺牲自己以保证孩子们和同志们的生存。那么你可能会问：对 28 岁的凯蒂・吉诺维斯（Kitty Genovese）的谋杀怎么会发生？它发生在 40 多年前的纽约，这次谋杀并非未被听到，在谋杀犯跟踪她半个多小时并且三次刺伤她的过程中，凯蒂一直在呼救（Manning et al., 2007）。38 名邻居听到了动静。有两次袭击曾被他们的声音和卧室灯光打断，然后又继续。然而，没有人对受害者实施救援。甚至没有人报警。

为什么？有些目击者直言不讳地说他们不想被卷进去。有个人说他很累。还有人说：“我不知道。”作为一个民族，我们宁愿袖手旁观也不愿去帮助深陷麻烦的人，我们是一群无情的人吗？也许没人帮助凯蒂是因为一种**旁观者效应**（bystander effect），也就是说，他们认为事情是发生在纽约市内，有那么多人都在场，所以其他人可以提供帮助。

真 当一名妇女遭到刺杀时，近 40 人坐视不管，这是真的。

我们什么时候会对他人伸出援手？

助人行为中包含很多因素：

1. 当旁观者心情好时，他们帮忙的可能性更大（Schnall et al., 2010）。或许是因为好心情传达了一种个人的力量感，告诉我们能够处理这一情况。
2. 有同情心的人更可能帮助有需要的人（Decety & Batson, 2009）。女性比男性同情心强，因此提供帮助的可能性更大。
3. 除非他们认为是紧急情况，否则旁观者可能不会帮忙（Cocking et al., 2009）。
4. 旁观者必须承担行动的责任（Piliavin, 2009）。单个人或许更可能力图去帮助凯蒂・吉诺维斯。责任扩散可能抑制了大众中的助人行为。

5. 旁观者必须了解要干什么（Baron et al., 2009）。不确定能够掌控情况的旁观者可能会置身事外，因为他们害怕出丑或伤到自己。
6. 旁观者更可能去帮助他们认识的人（Hopkins & Powers, 2009）。进化心理学家认为，利他主义是自私的，因为帮助亲人或我们亲近的人也是在帮助我们自己（Bruene & Ribbert, 2002）。它使与我们类似的遗传密码得以长存。这种观点指出，无论如何，我们都更可能对自己的亲人而非陌生人做出利他行为。
7. 旁观者更可能去帮助与他们自身相似的人。对需要帮助之人的认同会促进助人行为（Cialdini et al., 1997）。

关于亲社会行为的备注

不过我们别用消极的语调来结束本章以及本书。相反，让我们想一下消防队员、警察和那些去救援“9·11”自杀式恐怖袭击受害者的普通人。袭击发生之后，数千人通过摆渡从曼哈顿撤退到新泽西。新泽西居民在渡口附近的街上来回穿梭，询问他们能否为撤退者提供交通工具或任何形式的帮助。

而且，那些从曼哈顿逃离的人很乐意分享他们的出租车，即使是对陌生人。如果你了解纽约，你就知道这样做很不一般——但这就是在特殊时期普通人的所作所为。

附录 统计

内容概要

一、心理学家如何运用统计解决问题？
二、使用描述统计进行计算
三、正态曲线的解释及应用
四、相关系数的解释及应用
五、推论统计背后的逻辑

一、心理学中的统计

想象一下，一些来自外太空的访客到达了纽约市的麦迪逊广场花园外面。他们的目标是在这个黑暗的令人冻得麻木的冬天夜晚，尽可能多地了解地球。他们被花园的灯光、喊叫声和温暖吸引过来。花园里的聚光照明灯将他们的注意力吸引到铺有木质地板的竞技场，在那里，纽约大苹果队正在轻松地主场迎战加利福尼亚威震队。

我们的访客使用他们先进的设备对球员进行测量，并将一些有趣的数据发回他们自己的星球：数据显示 100% 的地球人是男性，而且地球人的身高范围为 6 英尺 1 英寸～ 7 英尺 2 英寸。

这些测量被称为**统计**（statistics）。统计是一种有关获取和组织数字信息或测量的科学。我们想象中的地球访客发回自己星球的有关人类性别和身高范围的数据，是准确的但具有误导性。尽管他们精确测量了篮球运动员，但他们关于地球人总体的小样本是歪曲的。

总体（population）是人、其他动物，抑或是从中抽取样本的总量。例如，地球上的所有人可以被定义为总体。所有的女性或美国所有的女性也可以被视为总体。**样本**（sample）是从总体中抽取的一组研究对象。对我们地球人而言，幸运的是，大约一半的地球人是女性。外星人测量到的身高全距 6 英尺 1 英寸～7 英尺 2 英寸，不仅是受限的，而且过高——相当高。人类身高变化范围大于 1.1 英寸，而且我们的**平均**（average）身高也不在 6 英尺 1 英寸～7 英尺 2 英寸之间，而是比这个范围要低几英寸。

心理学家，像我们想象的访客一样，高度关注对人类和动物特征及特质的测量——不仅包括身高等身体特征，还包括智力、攻击性和抑郁等心理特质。通过对个体集中趋势（平均数）和变

统计：

以某种方式集中起来的数字事实，可以提供有关测量或分数的有用信息（statistics，来自拉丁文 status，意思是“身份”或“地位”）。

总体：

从中选取样本的完整群体。

样本：

总体的一部分。

平均数：

一组测量数据的集中趋势，可以用分布的均值、中位数或众数来表示。

「你认为自己学校的人可以在多大程度上代表美国民众以及北美乃至世界？」

真？假？

你怎么看待下列陈述？它们是坊间传闻、常识还是无稽之谈？圈出字母“T”代表真，“F”代表假，并在阅读本章的过程中找出准确答案。

- T F 可以说专业篮球运动员是非常态的。
- T F 得 10 分并不总是一件好事。
- T F 你不应想当然地认为可以穿过一条平均深度为四英尺的河流。
- T F 把人们的收入相加再除以人数是计算平均收入很糟糕的一种方法。
- T F 心理学家通过你的偏离值来表示你的智商。
- T F 智商分数 130 分比 SAT 分数 500 分更令人印象深刻。

这个篮球运动员可以代表地球人类吗？从哪些方面可以？他又在哪些方面不同呢？

真 从某种意义上来说，篮球运动员确实是非常态的，因为他们比普通人更高、更强壮，也更敏捷。

异的测量，心理学家可以说某一个体的智力处于平均或平均水平之上，或者另一个体的焦虑水平低于 60% 的人。但是，与外星人不同，心理学家努力抽取可以准确代表整体的样本。专业篮球运动员不能代表整个人类物种。

在本附录中，我们可以纵览心理学家在研究中用以测量并得出结论所使用的一些统计方法。我们首先介绍描述统计，由此了解我们可以对身高和其他人类特质得出什么结果。然后会讨论正态曲线，从而了解为什么篮球运动员偏离常态——至少在身高方面。我们还将解释相关系数，并提供给你一些称不上令人震惊的消息：作为一个群体，学习的学生比不学习的学生得分更高。最后，我们会介绍推论统计，它告诉我们其实篮球运动员的身高在统计上显著高于一般人。

描述统计：

统计的分支，涉及分数分布的描述性信息。

二、描述统计

某人得了“10”分，乍一听可能很棒。然而，除非你知道这个数据在量度上如何分布以及 10 出现的频率才算是描述性的。幸运的是，对 10 而言，通常指个体在 1～10 的标尺上是 10，而且 10 是标尺上最高的分数。如果这还不够，个体可能会被告知，10 并不常见，实属非同寻常的统计事件。

真 得 10 分并不总是一件好事。因为量度是变化的，比如从 0 到 100，这样 10 分就处于最低分数段，50 是这个量度的中位数。

从 1 到 10 的量度构想可能不是那么科学，但这确实揭示了一些描述统计的方法。**描述统计**（descriptive statistics）是提供得分分布信息的统计分支。我们可以使用描述统计来澄清我们对身高、测验分数、智力，甚至是饮酒后攻击性增加或降低的数据分布的理解。例如，描述统计可以帮助

如果平均分是 11 分的话，10 分恐怕不是个好分数。

我们确定集中趋势（平均）的量数与数据的波动或变异的大小。如果平均分是11分，那么得10分就没什么吸引力了。与数据分布范围在9～11中的10相比，数据分布范围在1～10中的10更显要。

现在让我们了解一下描述统计的内容：频次分布、集中趋势的量数（各类平均数）和离散趋势的量数。

频次分布：
一组有序的数据，表明数据出现的频次（有多频繁次）。

频次直方图：
表示频次分布的一种图示，用长方形（长条）来表示频次值。

频次多边图：
表示频次分布的一种图，将表示频次值的点连接起来，从而形成多边的几何图形。

（一）频次分布

频次分布（frequency distribution），就是将得分或原始数据的项目按从低到高的顺序排列，并显示得分出现的频次。表A-1显示了加利福尼亚威震队和纽约大苹果队最近一场比赛的球员名单。球员是按照球衣上的号码顺序排列的。

使用其他组距也是可以的，例如3英寸，就像表A-3里的一样。在决定组距的大小时，研究者努力将数据分为组距足够小的组，以确保它们看起来是有意义的。但是研究者会努力保留足够多的类别（组），以确保重要的差异不会被掩盖。

表A-3掩盖了没有球员的身高为6英尺4英寸这一事实。如果研究者相信这一信息是至关重要的，他就会采用1英寸作为组距（见表A-2）。

图A-1用两种图来表示表A-3中的信息：**频次直方图**（frequency histogram）和**频次多边图**（frequency polygon）。

表A-1 加利福尼亚威震队和纽约大苹果队的球员名单

最近纽约大苹果队主场迎战加利福尼亚威震队的篮球比赛的球员名单给出了球员的身高，综合看来，他们的身高范围在6英尺1英寸～7英尺2英寸之间。球队球员的身高可以代表所有男性群体吗？你怎么看？

加利福尼亚威震队	纽约大苹果队
2 Callahan 6′7″	3 Roosevelt 6′1″
5 Daly 6′11″	12 Chaffee 6′5″
6 Chico 6′2″	13 Baldwin 6′9″
12 Capistrano 6′3″	25 Delmar 6′6″
21 Brentwood 6′5″	27 Merrick 6′8″
25 Van Nuys 6′3″	28 Hewlett 6′6″
31 Clemente 6′9″	33 Hollis 6′9″
32 Whittier 6′8″	42 Bedford 6′5″
41 Fernando 7′2″	43 Coram 6′2″
43 Watts 6′9″	45 Hampton 6′10″
53 Huntington 6′6″	53 Ardsley 6′10″

表A-2 篮球运动员的频次分布（威震队和大苹果队），组距为1英寸

区间	组内的球员数量
6′1″～6′1.9″	1
6′2″～6′2.9″	2
6′3″～6′3.9″	2
6′4″～6′4.9″	0
6′5″～6′5.9″	3
6′6″～6′6.9″	3
6′7″～6′7.9″	1
6′8″～6′8.9″	2
6′9″～6′9.9″	4
6′10″～6′10.9″	2
6′11″～6′11.9″	1
7′0″～7′0.9″	0
7′1″～7′1.9″	0
7′2″～7′2.9″	1

表A-3 篮球运动员的身高频次分布，组距为3英寸

区间	组内的球员数量
6'1"～6'3.9"	5
6'4"～6'6.9"	6
6'7"～6'9.9"	7
6'10"～7'0.9"	3
7'1"～7'3.9"	1

均值：

平均数的一种，是通过将所有的数据相加，然后除以数据的数量计算而来的。

中位数：

频次分布中的中心数据；有一半的数据低于这一数据。

一些学生在解读图示时会存在困难，但是图示的目的是帮助我们一眼获取频次分布的关键信息。值得注意的一点是，在这两种图示中，区间通常是沿水平线分布的。这条水平线也被称为 *x* 轴。每个组内的实例（分数、人或事件）数值沿垂直线分布，这条线也被称为 *y* 轴。在直方图中，每个组内得分的数值由长条——长方形——来表示，这样图示看起来就像一系列的台阶。在频次多边图中，每个组内得分的数值被绘制为点，然后将这些点连起来形成一个多边的几何图形（多边形）。需要注意的是，在频次多边图的两端添加了空白的间距，这样就可以将 *x* 轴变为一个封闭的几何图形。

真 平均深度为四英尺的河流很多地方可能会没过你的头。因此，就像马丁・弗里德曼（Martin Friedman）的俏皮话一样，集中趋势量数有时会误导人。

真 把人们的收入相加再除以人数是计算平均收入很糟糕的一种方法。少数极端高的收入、IQ 得分或者身高会将群体的平均数向上歪曲。

（二）集中趋势量数

永远不要因为一条河的平均深度为四英尺，就随意穿过这条河。

——马丁・弗里德曼

集中趋势量数是表示频次分布的中心或均衡点的“平均数”。常用来表示集中趋势的量数有三种：均值、中位数和众数。三类集中趋势量数都通过一个典型值或代表值来反映频次分布中的数据。

均值（mean）是大多数人所认为的“平均数”。我们通过将所有的数据相加，然后用总和除以数据的数量来获得分布的均值。在篮球运动员的例子中，最好可以首先将其身高换算为统一单位，例如英寸（将 6 英尺 1 英寸转变为 73 英寸，以此类推）。如果我们将所有以英寸表示的身高相加，然后除以球员数（22），我们将得到身高的均值为 78.73 英寸。如果将其换算回英尺和英寸，我们得到的是 6 英尺 6.73 英寸。

图A-1　表A-3中数据的两种图示

左图被称为频次直方图，或条形图。右图被称为频次多边图。

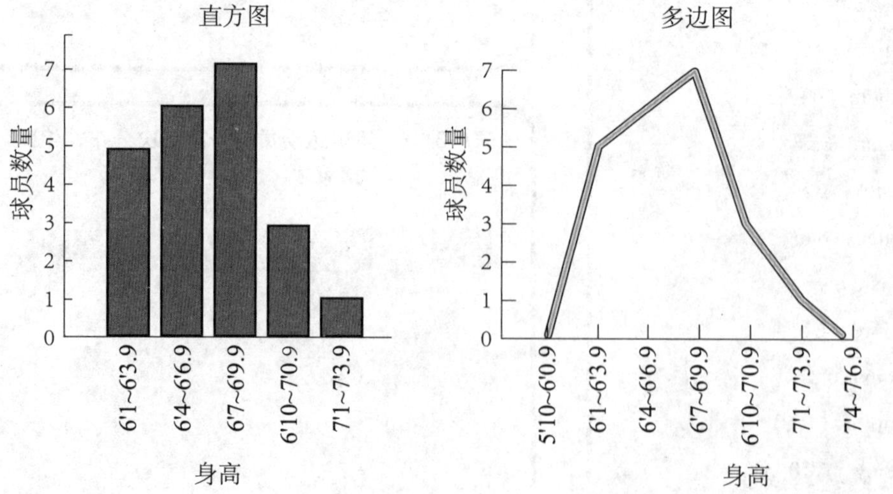

中位数（median）是位于分布中间的数字。有 50% 的数据小于中位数。在样本量为偶数的分布中，例如表 A-2 中 22 名篮球运动员的身高分布，我们计算中间两个数据的均值获得的就是中位数。当我们按顺序排列（从低到高）22 个数据时，第 11 个数据是 6 英尺 6 英寸，而第 12 个数据是 6 英尺 7 英寸。因此，该分布的中位数是（6 英尺 6 英寸 + 6 英尺 7 英寸）/2，即 6 英尺 6.5 英寸。

当我们分析篮球运动员的身高时，我们发现均值和中位数是类似的。均值和中位数都是用以表达数据集中趋势的有效指标。但是，假设我们要计算郊区某个街区 30 个家庭的平均储蓄。让我们假设 30 个家庭中 29 个家庭的储蓄在 8 000～12 000 美元之间，总和为 294 000 美元。但是第 30 个家庭的储蓄为 1 400 000 美元！那么，这个街区每个家庭的储蓄均值就会达到 56 467 美元。均值很容易被一个或两个极端值严重扭曲。如果 1 名学生的智力分数为 145，而其他 19 个学生的智力分数在 93～112 之间，那么这组样本为 20 的学生智力均值也一样会受到扭曲。同样，如果你所教的一个班级中有几个篮球运动员，那么学生的平均身高就会出现过高偏差。

图A-2　双峰分布

这个假想的分布代表学生的一次测验分数。左面的众数代表不学习的学生测验分数的集中趋势。右面的众数代表认真学习的学生测验分数的集中趋势。

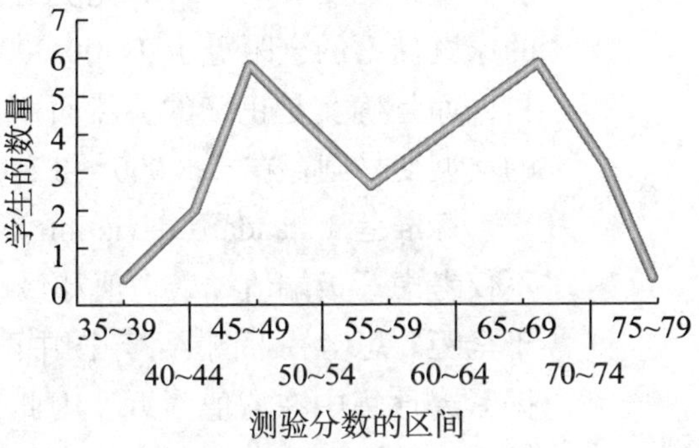

当分布中存在几个极端值时，中位数是表示集中趋势更好的统计指标。我们假设的街区储蓄中位数在 8 000～12 000 美元之间。因此，中位数是表示储蓄集中趋势更好的指标。美国家庭收入的研究通常报告收入的中位数而非均值，就是为了避免一些亿万富翁的收入被当作一般收入处理而歪曲研究结果。与此同时，有人可能会指出，选择中位数作为平均数会隐藏或掩盖极端值，而极端值和其他数据一样都是“真实的”。所以，使用中位数和脚注——相当大的脚注，可能是最好的方法。

众数（mode）是分布中出现最频繁的数据或量数。表 A-1 数据的众数是 6 英尺 9 英寸，因为两队球员中拥有这个身高的人数最多。在表 A-3 的数据中，中位数所在的组距是 6 英尺 6.5 英寸～6 英尺 9.5 英寸。在这一特定的分布中，众数大于均值和中位数。

在一些情况下，与均值和中位数相比，众数是描述集中趋势更恰当的指标。图 A-2 是一个**双峰**（bimodal）分布——存在两个众数的分布。这是一个假想的班级测验分数的分布。左面的众数是不学习的学生最常见的区间（45～49 分），而右面的众数是认真学习的学生最常见的区间（65～69 分）（别吃惊，我相信绝对公平的教授会很高兴看到分数呈曲线，这样，75～79 分的区间是 A+，而 65～69 分这个区间至少是 B）。测验分数的均值和中位数可能位于 55～59 分这一区间内，然而，如果将这个区间作为集中趋势量数，则会隐藏而不是揭示测验分数分布的重要信息。这可能表示测验难度过高，而不是很多学生不认真学习。与之类似，一个分布的众数可能会比其他的集中趋势量数大一些，我们就可以按照这个规则找到众数，并且报告其中的一个量数。但是这种方式还是会掩盖数据的特定分布。总之，最好可以将数据的双峰分布画出来。

（三）变异量数

我们假设的班级测验分数的范围为 35～39 分这一组至 75～79 分这一组。也就是说，分数分布在低分组到高分组之间。现在，如果所有的学生测验分数都在 55～59 分之间，或都在 65～69 分之间，数据的变异就没有那么大了。也即，数据会一个紧挨一个，而且变异减小。

一个分布的变异量数可以帮助我们了解数据的范围——数据到平均数的典型距离。两个常用的变异量数是*全距*和*标准差*。

数据分布的**全距**（range）被定义为最大值和最小值的差。用数据分布的最大值

众数：

分布中出现次数最多的数字或数据。

双峰：

存在两个众数。

全距：

一种变异量数，被定义为分布中的最大值减去最小值。

减去最小值即得到全距。表 A-2 中身高的全距等于 7 英尺 2 英寸减去 6 英尺 1 英寸，也即 1 英尺 1 英寸。当我们要去一个气候不同的地方时，了解气温的全距是非常有用的，以便我们预测天气，恰当着装。教师必须对班级内学生能力或技能的全距有所了解，以便有效教学。对人类身高的全距的了解，可以用于设计门、床及汽车的高度。正因如此，门的典型高度为 6 英尺 8 英寸，而我们看到的加利福尼亚威震队和纽约大苹果队的一些球员将不得不弯腰通过。

全距是变异的一种不完美的量数，因为其容易受到极端值的影响。我们调查的那个郊区街区的家庭储蓄的全距等于 1 400 000 美元减去 8 000 美元，即 1 392 000 美元。这是一个相当大的数目，而且确实是正确的。然而，它几乎没有告诉我们任何关于家庭储蓄典型变异的信息，而实际的典型变异则存在于 8 000～12 000 美元这一更狭窄的范围内。

标准差（standard deviation）是一个可以更好地描述数据如何围绕均值分布的统计量。标准差不仅考虑了极端值（最大值和最小值），而且将分布中所有数据都考虑在内，因此，标准差往往优于全距。思考一下图 A-3。图中两个分布数据的数量、均值和全距都相同。然而，右边分布中的数据紧凑地集中在均值附近。因此，右边分布的标准差更小。也就是说，典型的数据距离均值的离散程度比较小。

标准差通常缩写为 S.D.，它是通过下面这个公式来计算的：

$$\text{S.D.}=\sqrt{\frac{\sum d^2}{N}}$$

式中，d 等于每个数据与分布的均值的离差，而 N 等于分布中数据的数量。

让我们计算一下表 A-4 中第一列智力测验分数的均值和标准差。为计算均值，我们将所有的数据相加，得到 1 500，然后除以数据的数量（15）得出均值 100。我们把分布中的每个数据减去 100，得到离差（d）。智力测验分数为 85 分的学生的 d 值等于 100 减去 85，即 15，以此类推。然后我们将每个 d 值加以平方并将所有的平方相加。S.D. 等于平方和（1 426）除以数据的数量（15）之后的平方根，也就是 9.75。

真 心理学家或许会用你的偏离值来表示你的智商。

作为附加练习，我们可以看到左边（在图 A-3 中）测验分数的 S.D. 比右面的数据的 S.D. 更大。首先，我们

图A-3 学生测验分数的假想分布

两个分布数据的数量、均值和全距都相同，但是左面分布的标准差（一种变异量数）更大，因为分布中的数据离均值更远。

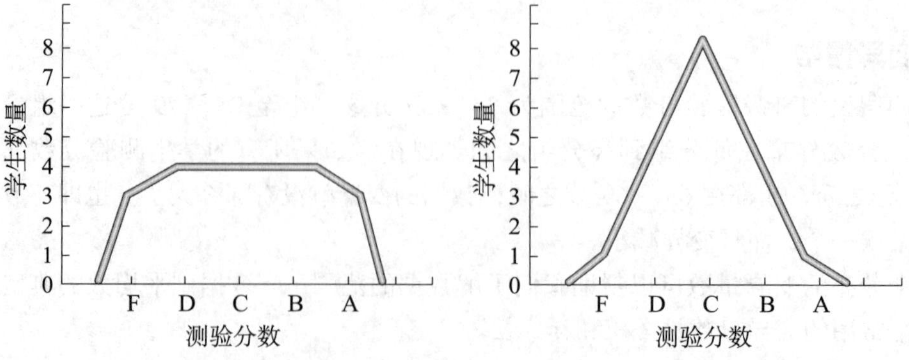

标准差：

通过以下公式获得的分布变异量数：

$$\text{S.D.}=\sqrt{\frac{\sum d^2}{N}}$$

表A-4　智力测验的假想数据

智力测验分数	d（离差）	d^2（离差的平方）
85	15	225
87	13	169
89	11	121
90	10	100
93	7	49
97	3	9
97	3	9
100	0	0
101	−1	1
104	−4	16
105	−5	25
110	−10	100
112	−12	144
113	−13	169
117	−17	289

分数之和 =1 500　离差平方和 =1 426

均值 = 分数之和 / 分数的数量 =1 500/15=100

标准差（S.D.）$=\sqrt{\frac{\sum d^2}{N}}=\sqrt{\frac{1\,426}{15}}=\sqrt{95.07}=9.75$

表A-5　图A-3测验分数分布的标准差计算

左边的分布			右边的分布		
分数	d	d^2	分数	d	d^2
A（4）	2	4	A（4）	2	4
A（4）	2	4	B（3）	1	1
A（4）	2	4	B（3）	1	1
B（3）	1	1	B（3）	1	1
B（3）	1	1	B（3）	1	1
B（3）	1	1	C（2）	0	0
B（3）	1	1	C（2）	0	0
C（2）	0	0	C（2）	0	0
C（2）	0	0	C（2）	0	0
C（2）	0	0	C（2）	0	0
C（2）	0	0	C（2）	0	0
D（1）	−1	1	C（2）	0	0
D（1）	−1	1	C（2）	0	0
D（1）	−1	1	D（1）	−1	1
D（1）	−1	1	D（1）	−1	1
F（0）	−2	4	D（1）	−1	1
F（0）	−2	4	D（1）	−1	1
F（0）	−2	4	F（0）	−2	4

左边的分布：分数之和 = 36；均值 = 36/18 = 2；离差平方和 = 32；S.D. = $\sqrt{32/18}$ = 1.33

右边的分布：分数之和 = 36；均值 = 36/18 = 2；离差平方和 = 16；S. D. = $\sqrt{16/18}$ = 0.94

根据 4 分制给每个分数等级分配一个数字，使 A=4，B=3，C=2，D=1，并使 F=0。表 A-5 是计算出来的两个分布的 S.D.。左边分布的 S.D. 较大，表示这个分布中的数据更加离散，也可以说距离均值更远。

三、正态曲线

包含身高和智力在内的很多人类的特质和特征，都是按照一种被称为正态分布的模式分布的。在**正态分布**（normal distribution）中，均值、中位数和众数都落在同一个数据点上。均值附近的数据分布最密集，然后向两边迅速减少（如图 A-4 所示），再之后缓慢地减少。

图 A-4 所示的曲线呈钟形。这种类型的分布也被称为**正态曲线**（normal curve）或钟形曲线。这条曲线假设，变量分布的不同得分由随机变异决定。一般认为，身

正态分布：

一种反映随机波动的对称性分布，大约 68% 的数据落在均值的 1 个标准差内。

正态曲线：

正态分布的图示，状如钟形。

图A-4　钟形或正态曲线

正态曲线中，大约 2/3 的个案（68%）落在距离均值 1 个标准差内。均值、中位数和众数是同一个数。智力测验和 SAT 即是按照分数接近正态曲线的分布来编制的。

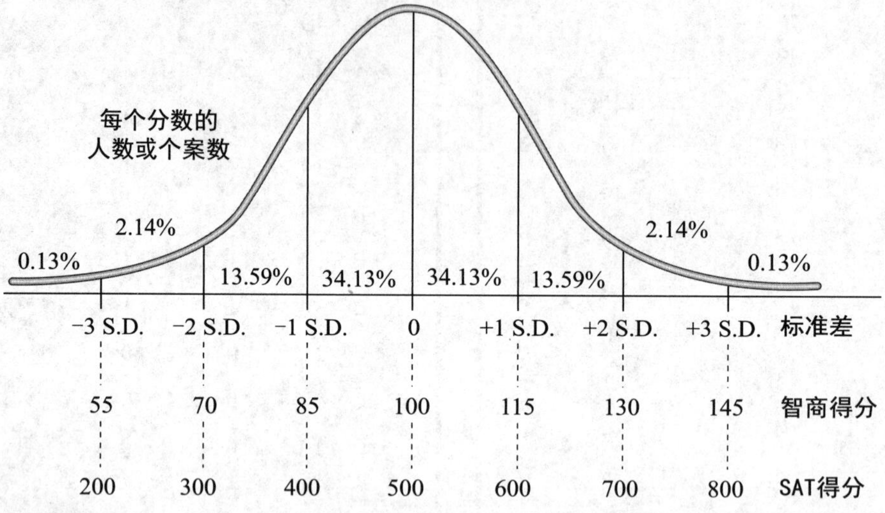

高在很大程度上是由遗传物质的随机组合决定的。对男性和女性总体随机抽样获取样本的身高分布都接近正态分布，其中男性分布的均值高于女性分布的均值几英寸。

测验开发者通常假设人类智力也是随机或正态分布的。鉴于此，他们开发了智力测验，如此一来，智商分数就可以尽可能按“正态”分布。实际上，智商分数还受到环境因素和染色体异常的影响，因此，最后得到的曲线并不是完全正态的。大多数智力测验的均值被定义为 100 分。韦克斯勒量表的标准差被设定为 15 分，如图 A-4 所示。15 分的标准差导致 50% 的韦克斯勒分数落在 90～110 分之间，这被称为“广泛平均数”区间。大约 68% 的分数（2/3）落在 85～115 分之间（即均值的 1 个标准差之内），而且超过 95% 的分数落在 70～130 分之间——均值的 2 个标准差之内。更高（及更低）的智商分数偏离均值更大。

SAT 的均值被设定为 500 分，而标准差则为 100 分。因此，600 分的得分就等于或超过 84%～85% 的考生分数。受各种变量的交互作用，SAT 分数的分布也不是完全正态的。另外，实际的均值和标准差每年都在发生变化。比如 SAT 的测验二，每次测验的均值和标准差都不同。正态曲线是一种理想的曲线。

智商分数 130 分处在均值的 2 个标准差之外，高于 97% 的人的智商分数。500 分为 SAT 分数的均值，等于或高于 50% 的人的 SAT 分数。

四、相关系数

智力和学业成绩存在什么关系呢？吸烟与肺癌呢？大学生的内向人格特质与约会次数呢？我们不能通过实验来探究这些变量之间的关系是不是因果关系，因为我们不能操纵自变量。也就是说，我们不能随机分配智商的高低。我们也不能（在伦理上）随机分配一些人抽烟，一些人不抽烟。个体必须允许自己做出选择，如此一来，相同的因素就可能导致一些人吸烟——或在吸烟实验之后继续吸烟——也导致肺癌（即使我们打算分配一组人进入不吸烟的实验条件，我们还能持续监控他们以确保他们不会偷偷地吸一口吗？）。同样，我们也不能决定谁内向、谁外向。当然，我们确实可以鼓励个体表现得内向或外向，但是行为和人格特质不是一回事。我们不能通过实验来回答以上任何一个问题，但是，相关系数可以用来揭示智力和学业成绩、吸烟和癌症或者人格和约会之间的关系。相关研究发现吸烟和癌症存在相关，但是相关并不能揭示因果关系。然而，以动物为被试的研究显然表明吸烟会导致人类的癌症。

相关系数：

-1.00 ~ +1.00 间的数字，表明两个变量间关系的方向（正或负）及程度（从无到完全）。

真 智商分数 130 分比 SAT 分数 500 分更令人印象深刻。130 分处在智商分数均值的 2 个标准差之外，而 500 分为 SAT 分数的均值。

相关系数（correlation coefficient）是描述两个变量关系的一个统计指标。相关系数可以在 -1.00～+1.00 间变化。相关系数为 +1.00 称为完全正相关，它可以用来描述华氏温度和摄氏温度这两种温度测量单位间的关系。相关系数为 -1.00 被称为完全负相关，而相关系数为 0 表明两个变量间不存在关系。

如图 A-5 和图 A-6 所示，心理学研究中的大多数相关系数并非完全相关。图 A-5 左图揭示了学习时间和平均绩点之间的正相关关系。因为变量之间存在正相关，但不是完全相关，所以相关系数在 0.00～+1.00 之间，二者的相关系数约为 +0.60 或 +0.70。然而，即使我们知道一个人每周的学习时间，我们也不能绝对推断他的平均绩点（而我们也不能基于一个人的平均绩点来精确预测他每周的学习时间）。尽管如此，如果个体想获得高平均绩点，多花些时间学习是可取的。

图 A-5 右图揭示了每年不良行为数量和平均绩点的负相关。但是因果关系并不清晰。不良行为会干扰学习和学业成绩吗？低学业成绩会降低学生为获取学业进步所进行的努力吗？与“制度”

图A-5 | 正相关与负相关

当变量间存在正相关时，就像智力和学业成绩之间存在的相关那样，一个变量增加，另一个变量也随之增加。总体来说，学生学习时间越多，他们的成绩就会越好，正如左图所示（每个点代表学生每周的学习时间和他的平均绩点）。而成绩和青少年不良行为之间存在负相关。随着每年不良行为数量的增加，个体的平均绩点就会降低。相关研究可以暗示存在因果关系，但不能证明因果关系。

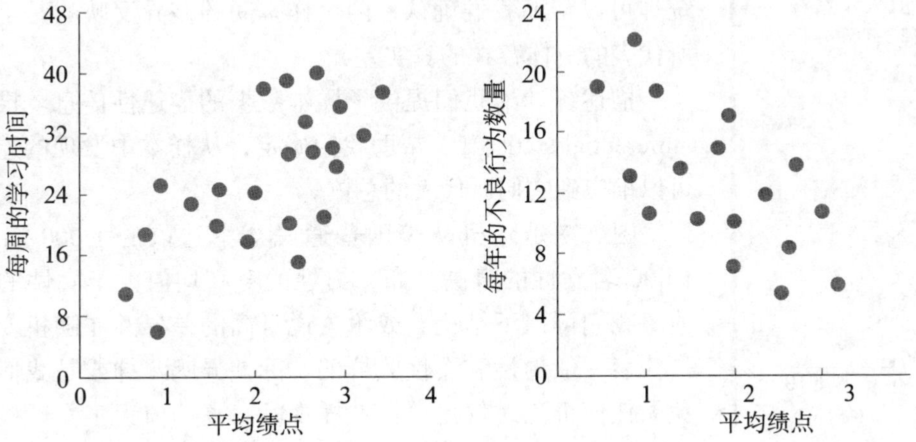

学习时间和学业成绩之间存在正相关　　青少年不良行为和学业成绩之间存在负相关

图A-6 相关和因果

相关关系可能暗示存在因果关系，但不能证明因果关系。在A部分，变量X和变量Y存在相关。这是不是意味着变量X导致变量Y抑或是变量Y导致变量X？未必。其他因素可以同时影响变量X和Y。回想一下B部分学业成绩（变量X）和学习时间（变量Y）的例子。两个变量间存在正相关。这意味着学习有助于获得好成绩吗？也许是。那么是否意味着好成绩会激励学生好好学习？同样，也只是可能而已。但是，还可能有第三个变量——例如文化观念对教育的重视程度、是否享受学习的快乐，甚至父母望子成龙的压力大小等——这些都和学习投入时间及学业成绩有关。

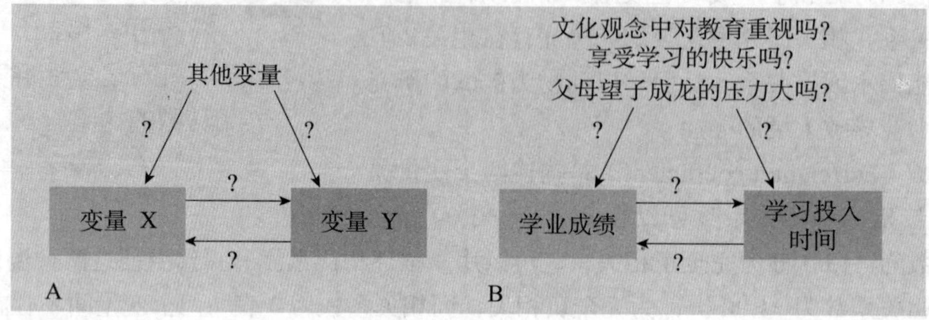

的距离感会对不良行为和低平均绩点产生影响吗？从图A-5中找不到这些问题的答案，但是不良行为和平均绩点的负相关确实表明，这个问题很值得研究。对一个学生而言，如果他想在学业上有所作为，远离不良行为是非常必要的。

推论统计：
关于从样本中得出的结论在多大程度上可以推广到其总体的一个统计分支。

五、推论统计

美国启智方案已显著提高了儿童的智力功能，他们的成绩和智商分数就是证明。在这类研究中，参与启智方案的儿童智商分数均值为99，而背景类似，但没有参与启智方案的儿童智商分数均值为93。这6分的差异是显著的，还是只代表了分数的随机变异？推论统计可以帮助我们确认，两个样本间的差异反映的是不是它们所代表的总体存在的真实差异。

描述统计给我们提供了样本数据的描述性信息。**推论统计**（inferential statistics）帮助我们确定，从样本中发现的差异是否可以推广到它们所代表的总体。

图A-7 男性和女性随机样本的身高分布

我们注意到男性的身高均值大于女性。群体的身高均值差异在统计上显著吗？研究者使用一种推论统计的工具回答这一问题。

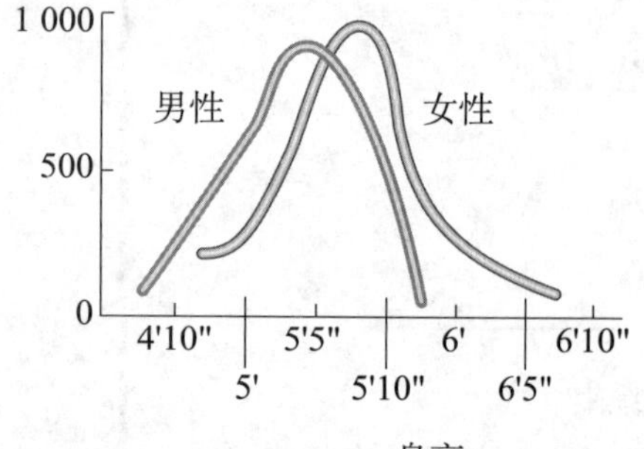

图A-7是随机从美国普通民众中选取的1 000名男性和1 000名女性的身高分布。男性的身高均值大于女性的身高均值。我们可以下结论，或推论说身高的差异并非随机变异，而是代表一般男性和女性人群的实际差异吗？抑或是我们必须避免做任何推论，仅得出男性样本的身高均值大于女性样本的身高均值这一结论？

如果我们不能由研究样本推论总体，我们的研究结果就会大大受限。我们只能讨论得到研究的具体个体。了解我们不参与的任何研究是没有意义的，因为这些研究不适用于我们。幸运的是，实际情况并非如此。推论统计使我们能够将样本研究的发现扩展到样本所来自的总体。

（一）统计显著性差异

我们想了解男性和女性样本身高的差异只是随机变异还是反映了男性和女性身高的实际差异。不过，研究者不倾向于探讨组间的“真实差异”或“实际差异”。实际上，他们使用的是统计显著性差异。与之类似，研究者想了解参与启智方案的儿童与背景相似却没有参与启智方案的儿童的智商分数差异是随机变异还是统计显著性差异。

统计显著性差异是指，不能归因于随机变异的差异。心理学家通常在差异归因于随机变异的可能性（p）小于 0.05（即 $p < 0.05$）时，才会接受存在统计显著性差异。当差异归因于随机变异的可能性小于 0.01（即 $p < 0.01$）时，他们就可以更有信心地将这种差异称为统计显著性差异。

心理学家使用包含样本均值（例如，均值为 93 的智商分数和均值为 99 的智商分数）和标准差的公式来计算均值差异是否具备统计显著性。正如图 A-8 所示，两组均值分开越远，他们就越可能存在统计显著性。换句话说，相对于男性身高均值大于女性 1.25 英寸，男性身高均值大于女性 5 英寸更有可能存在统计显著性。*原则 1：在其他条件相同的情况下，均值的差异越大，差异存在统计显著性的可能性就越大。*这很符合常识。毕竟，如果你得知去年邻居的车每加仑汽油比你的车多行驶 0.1 英里，你可能会将这种差异归为随机变异；但是，如果差异再大些，比如每加仑多行驶 14 英里，你可能会假设这一差异反映了驾驶习惯或汽车性能的实际差异。

正如图 A-9 所示，组的标准差（一种变异量数）越小，组均值的差异就更可能存在统计显著性。想象一个极端的例子，每个组内不存在变异。具体来说，一个随机选取的数量为 1 000 的女性样本中，每位女性的身高恰好都为 5 英尺 5 英寸。同样，一个随机选取的数量为 1 000 的男性样本中，每位男性的身高恰好值都为 5 英尺 10 英寸。在这种情况下，男性和女性的身高不会有任何重叠，而且看起来差异具有统计显著性。想象另一个极端的例子——一个变异大得异常的例子：女性的身高变化范围从 2 英尺到 14 英尺，而男性的身高变化范围从 2 英尺 1 英寸到 14 英尺 3 英寸。在这种情况下，我们更可能假设两组的均值差异 5 英寸是随机变异。*原则 2：在其他条件相同的情况下，分数分布的变异越小，组间均值差异存在统计显著性的可能性就越大。*

因此，除非我们知道男性和女性的平均身高及每组内身高的变异，否则我们就不能下结论说男性比女性高。我们必须知道两组身高分布的集中趋势（均值）和变异，以便推断身高均值是否存在统计显著性差异。

图A-8　增大或减小身高的组均值差异

在其他条件相同的情况下，组均值差异越大，差异存在统计显著性的可能性就越大。右边分布中组均值差异更大，因此，差异存在统计显著性的可能性就越大。

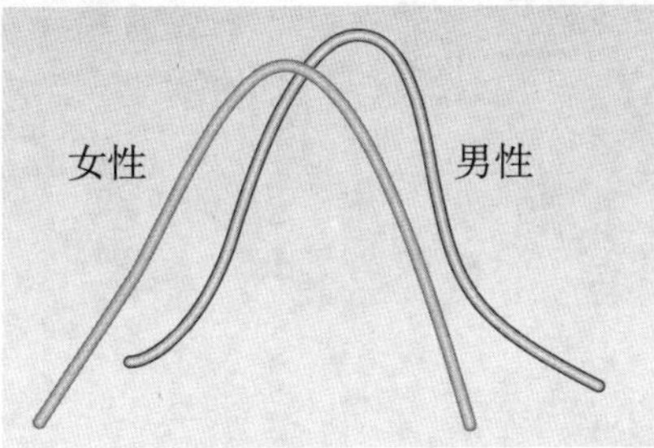

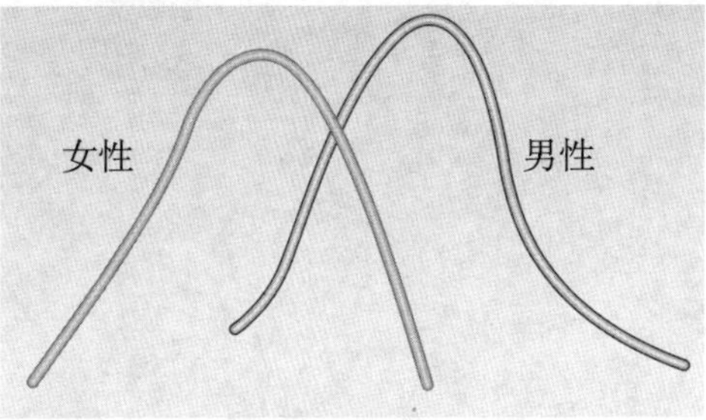

图A-9 增大或减小分数分布的变异

在其他条件相同的情况下，组内分数的变异越小，组间均值差异存在统计显著性的可能性就越大。右边的分布表明两组变异的差异较大，因此，组均值差异存在统计显著性的可能性就较小。

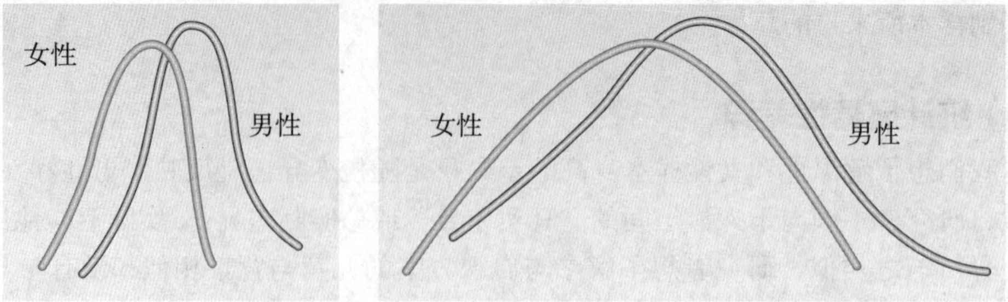

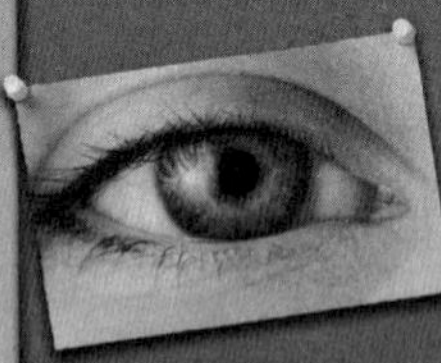

吸烟是产生所有统计的首要原因之一。

——丽莎·明尼里

我们“目测”数据并做出假设。我们所依据的是我的一位教授所称的“哇哦”效应。正如前面提到的那样，实际上，心理学家和其他研究者使用数学方法，也就是通过组均值和标准差运算来判定组间差异是否具有统计显著性。靠眼睛看原始数据往往不能得出清晰的结果，甚至都不是好的猜测。

（二）样本和总体

推论统计是心理学家运用样本数据来确定样本结果是否可以推论到总体的一种数学方法。因此，我们必须相当确定，所涉及的样本确实可以代表它们所来自的总体。取样技术非常关键，随机取样是最好的方法，而且只有在目标总体中所有个体被抽取的概率是一样时，取样才是随机的。

统计表明贪吃之人，鲜有长命。

——萧伯纳

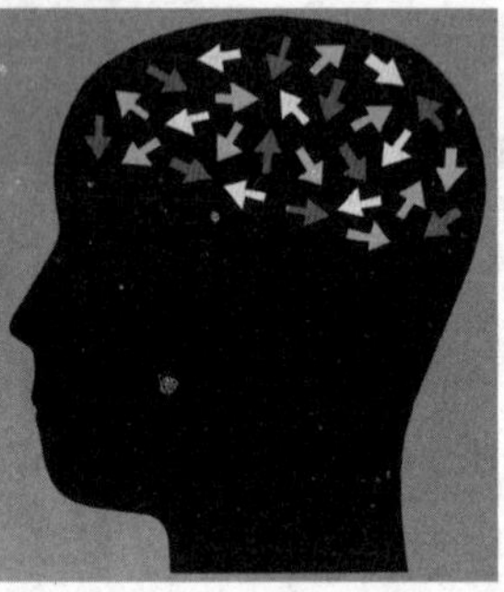

如果抽取的样本不能代表目标总体，那么纵然统计方法再完善也起不了太大作用。我们可以使用很多完善的统计技术来分析纽约大苹果队和加利福尼亚威震队队员的身高，但是没有一种方法可以告诉我们一般人群的身高，或女性的身高（或那些不能传球、投篮或打防守的人的身高）。

参考文献

A

Abele, S., & Diehl, M. (2008). Finding teammates who are not prone to sucker and free-rider effects: The Protestant work ethic as a moderator of motivation losses in group performance. *Group Processes and Intergroup Relations, 11*(1), 39–54.

Aboa-Éboulé, C., Brisson, C., Maunsell, E., Mâsse, B., Bourbonnais, R., Vézina, M., ... Dagenais, G. R. (2007). Job strain and risk of acute recurrent coronary heart disease events. *Journal of the American Medical Association, 298,* 1652–1660.

Ackard, D. M., Fulkerson, J. A., & Neumark-Sztainer, D. (2007). Prevalence and utility of *DSM-IV* eating disorder diagnostic criteria among youth. *International Journal of Eating Disorders, 40*(5), 409–417.

Adams, A. L., Doucette, T. A., James, R., & Ryan, C. L. (2009). Persistent changes in learning and memory in rats following neonatal treatment with domoic acid. *Physiology and Behavior, 96*(4–5), 505–512.

Agras, W. S., Walsh, T., Fairburn, C. G., Wilson, G. T., & Kraemer, H. C. (2000). A multicenter comparison of cognitive-behavioral therapy and interpersonal psychotherapy for bulimia nervosa. *Archives of General Psychiatry, 57*(5), 459–466.

Agrawal, A., Silberg, J. L., Lynskey, M. T., Maes, H. H., & Eaves, L. J. (2010). Mechanisms underlying the lifetime co-occurrence of tobacco and cannabis use in adolescent and young adult twins. *Drug and Alcohol Dependence, 108* (1–2), 49–55.

Ahs, F., Pissiota, A., Michelgård, A., Frans, O., Furmark, T., Appel, L., & Fredrikson, M. (2009). Disentangling the web of fear: Amygdala reactivity and functional connectivity in spider and snake phobia. *Psychiatry Research, 172*(2), 103–108.

Ainsworth, M. D. S., Blehar, M. C., Waters, E., & Wall, S. (1978). *Patterns of attachment: A psychological study of the strange situation.* Hillsdale, NJ: Erlbaum.

Ainsworth, M. D. S., & Bowlby, J. (1991). An ethological approach to personality development. *American Psychologist, 46,* 333–341.

Alarcón, R. D., Becker, A. E., Lewis-Fernández, R., Like, R. C., Desai, P., Foulks, E., ... Primm, A. (2009). Issues for *DSM-V*: The role of culture in psychiatric diagnosis. *Journal of Nervous and Mental Disease, 197*(8), 559–660.

Alberts, A., Elkind, D., & Ginsberg, S. (2007). The personal fable and risk-taking in early adolescence. *Journal of Youth and Adolescence, 36*(1), 71–76.

Alexander, G. M., Wilcox, T., & Woods, R. (2009). Sex differences in infants' visual interest in toys. *Archives of Sexual Behavior, 38*(3), 427–433.

Allen, J. P., & Antonishak, J. (2008). Adolescent peer influences: Beyond the dark side. In M. J. Prinstein & K. A. Dodge (Eds.), *Understanding peer influence in children and adolescents* (pp. 141–160). New York: Guilford.

Allport, G. W., & Odbert, H. S. (1936). Traitnames: A psycho-lexical study. *Psychological Monographs, 47,* 211.

Amanatullah, E. T., & Morris, M. W. (2010). Negotiating gender roles: Gender differences in assertive negotiating are mediated by women's fear of backlash and attenuated when negotiating on behalf of others. *Journal of Personality and Social Psychology, 98*(2), 256–267.

Ambrosius, U., Lietzenmaier, S., Wehrle, R., Wichniak, A., Kalus, S., Winkelman, J., ... E. Friess. (2008). Heritability of sleep electroencephalogram. *Biological Psychiatry, 64*(4), 344–348.

American Cancer Society. (2010). Retrieved from http://www.cancer.org/

American Lung Association. (2010). Smoking. Retrieved from http://www.lungusa.org/stop-smoking/about-smoking/health-effects/smoking.html

American Psychiatric Association. (2000). *Diagnostic and statistical manual of mental disorders, DSM–IV–TR* (4th ed., text revision). Washington, DC: Author.

American Psychological Association. (2002). Ethical principles of psychologists and code of conduct. *American Psychologist, 57*(12), 1060–1073.

American Psychological Association. (2008). Award for distinguished scientific contributions: Michael S. Gazzaniga. *American Psychologist, 63*(8), 636–638.

American Psychological Association, Center for Workforce Studies. (2009). *Doctoral psychology workforce fast facts. Health service provider subfields.* Retrieved from http://research.apa.org/fastfacts-09.pdf

American Psychological Assoication. (2012). Stress in America 2009: Executive summary. Retrieved from www.apa.org/news/press/releases/stress/2011/final-2011.pdf

The anatomy of anxiety. (2002). *Time, 159,* 50.

Anchin, J. C., & Pincus, A. L. (2010). Evidence-based interpersonal psychotherapy with personality disorders: Theory, components, and strategies. In J. J. Magnavita (Ed.), *Evidence-based treatment of personality dysfunction: Principles, methods, and processes* (pp. 113–166). Washington, DC: American Psychological Association.

Andersen, A. E., & Ryan, G. L. (2009). Eating disorders in the obstetric and gynecologic patient population. *Obstetrics and Gynecology, 114*(6), 1353–1367.

Anderson, C. A., Sakamoto, A., Gentile, D. A., Ihori, N., & Shibuya, A. (2008). Longitudinal effects of violent video games on aggression in Japan and the United States. *Pediatrics, 122*(5), e1067–e1072.

Anderson, C. A., Shibuya, A., Ihori, N., Swing, E. L., Bushman, B. J., Sakamoto, A., ... Bartlett, C. P. (2010). Violent video game effects on aggression, empathy, and prosocial behavior in Eastern and Western countries: A meta-analytic review. *Psychological Bulletin, 136*(2), 151–173.

Anderson, O. (1995). The buzz on exercise. *Men's Health, 10,* 88–89.

Andreano, J. M., & Cahill, L. (2009). Sex influences on the neurobiology of learning and memory. *Learning and Memory, 16,* 248–266.

Ansburg, P.I. (2000). Individual differences in problem solving via insight. *Current Psychology, 19,* 143.

Antoni, M. H., & Lutgendorf, S. (2007). Psychosocial factors and disease progression in cancer. *Current Directions in Psychological Science, 16*(1), 42–46.

Apovian, C. M. (2010). The causes, prevalence, and treatment of obesity revisited in 2009: What have we learned so far? *American Journal of Clinical Nutrition, 91*(1), 277S–279S.

Archer, J. (2009). The nature of human aggression. *International Journal of Law and Psychiatry, 32*(4), 202–208.

Archer, R. P., Buffington-Vollum, J. K., Stredny, R. V., & Handel, R. W. (2006). A survey of psychological test use patterns among forensic psychologists. *Journal of Personality Assessment, 87*(1), 84–94.

Arden, G. (2003, February 21). Test for color vision;-and save sight. *Optician,* p. 2.

Arendt, J. (2009). Managing jet lag: Some of the problems and possible new solutions. *Sleep Medicine Reviews, 13*(4), 249–256.

Arias, E., Rostron, B. L., & Tejada-Vera, B. (2010). United States life tables, 2005. *National Vital Statistics Report, 58*(10). National Center for Health Statistics. Retrieved from http://198.246.98.21/nchs/data/nvsr/nvsr58/nvsr58_10.pdf

Arnett, J. J. (1999). Adolescent storm and stress, reconsidered. *American Psychologist, 54*(5), 317–326.

Arnett, J. J. (2000). Emerging adulthood. *American Psychologist, 55*(5), 469–480.

Arnett, J. J. (2012). New horizons in research on emerging and young adulthood. *National Symposium on Family Issues, 2*(5), 231–244.

Arthritis Foundation. (2000, April 6). Pain in America: Highlights from a Gallup survey. Retrieved from http://www.arthritis.org/answers/sop_factsheet.asp

Artigas, F. (2008). Serotonin receptors: Role in depression. *Actas Españolas de Psiquiatría, 36*(Suppl. 1), 28–30.

Asch, S. E. (1952). *Social psychology.* Englewood Cliffs, NJ: Prentice Hall.

Ashtari, M., Cervellione, K., Cottone, J. Ardekani, B. A., Serge Sevy, S., & Kumra, S. (2009). Diffusion abnormalities in adolescents and young adults with a history of heavy cannabis use. *Journal of Psychiatric Research, 43*(3), 189–204.

Atkins, M. S., McKay, M. M., Frazier, S. L., Jakobsons, L. J., Arvanitis, P., Cunningham, T., … Lambrecht, L. (2002). Suspensions and detention in an urban, low-income school: Punishment or reward? *Journal of Abnormal Child Psychology, 30*(4), 361–371.

Atkinson, R. C., & Shiffrin, R. M. (1968). Human memory: A proposed system and its control processes. In K. Spence (Ed.), *The psychology of learning and motivation* (Vol. 2). New York: Academic Press.

Auyeung, B., Baron-Cohen, S., Ashwin, E., Knickmeyer, R., Taylor, K., Hackett, G., & Hines, M. (2009). Fetal testosterone predicts sexually differentiated behavior in girls and in boys. *Psychological Science, 20*(2), 144–148.

B

Back, S. E., Brady, K. T., Waldrop, A. E., Yeatts, S. D., McRae, A. L., & Spratt, E. (2008). Early life trauma and sensitivity to current life stressors in individuals with and without cocaine dependence. *American Journal of Drug and Alcohol Abuse, 34*(4), 389–396.

Baddeley, A. (1982). *Your memory: A user's guide.* New York: Macmillan.

Bae, S., Holloway, S. D., Li, J., & Bempechat, J. (2008). Mexican-American students' perceptions of teachers' expectations: Do perceptions differ depending on student achievement levels? *Urban Review, 40*(2), 210–225.

Bagchi, D., & Preuss, H. G. (2007). *Obesity: Epidemiology, pathophysiology, and prevention.* Boca Raton, FL: CRC Press.

Bahrick, H. P., Bahrick, P. O., & Wittlinger, R. P. (1975). Fifty years of memory for names and faces. *Journal of Experimental Psychology: General, 104,* 54–75.

Bahrick, H. P., Hall, L. K., & Da Costa, L. A. (2008). Fifty years of memory of college grades: Accuracy and distortions. *Emotion, 8*(1), 13–22.

Baker, L. A., DeFries, J. C., & Fulker, D. W. (1983). Longitudinal stability of cognitive ability in the Colorado adoption project. *Child Development, 54,* 290–297.

Bakst, S., Rabinowitz, J., & Bromet, E. (2009). Is premorbid functioning a risk factor for suicide attempts in first-admission psychosis? *Schizophrenia Research, 116*(2), 210–216.

Baltes, P. B., & Staudinger, U. M. (2000). Wisdom: A metaheuristic (pragmatic) to orchestrate mind and virtue toward excellence. *American Psychologist, 55,* 122–136.

Banaji, M. R., & Heiphetz, L. (2008). Attitudes. In S. T. Fiske, D. T. Gilbert, & G. Lindzey (Eds.), *Handbook of social psychology* (5th ed., Vol. 1., pp. 353–393). Hoboken, NJ: Wiley.

Bandelow, B., Wedekind, D., Pauls, J., Broocks, A., Hajak, G., & Ruther, E. (2000). Salivary cortisol in panic attacks. *American Journal of Psychiatry, 157,* 454–456.

Bandura, A. (1986). *Social foundations of thought and action: Associal-cognitive theory.* Englewood Cliffs, NJ: Prentice Hall.

Bandura, A. (1999). Social cognitive theory: An agentic perspective. *Asian Journal of Social Psychology, 2*(1), 21–41.

Bandura, A. (2008). An agentic perspective on positive psychology. In S. J. Lopez (Ed.), *Positive psychology: Discovering human strengths* (pp. 167–214). Santa Barbara, CA: ABC-CLIO.

Bandura, A., Blanchard, E. B., & Ritter, B. (1969). The relative efficacy of desensitization and modeling approaches for inducing behavioral, affective, and cognitive changes. *Journal of Personality and Social Psychology, 13,* 173–199.

Bandura, A., & Locke, E. A. (2003). Negative self-efficacy and goal effects revisited. *Journal of Applied Psychology, 88*(1), 87–99.

Bandura, A., Ross, S. A., & Ross, D. (1963). Imitation of film-mediated aggressive models. *Journal of Abnormal and Social Psychology, 66,* 3–11.

Bandura, A., Taylor, C. B., Williams, S. L., Medford, I. N., & Barchas, J. D. (1985). Catecholamine secretion as a function of perceived coping self-efficacy. *Journal of Consulting and Clinical Psychology, 53,* 406–414.

Barber, J. G. (2001). Relative misery and youth suicide. *Australian and New Zealand Journal of Psychiatry, 35*(1), 49–57.

Barbey, A. K., & Barsalou, L. W. (2009). Reasoning and problem solving: Models. *Encyclopedia of Neuroscience, 8,* 35–43.

Barbor, C. (2001). The science of meditation. *Psychology Today, 34,* 54.

Bard, P. (1934). The neurohumoral basis of emotional reactions. In C. A. Murchison (Ed.), *Handbook of general experimental psychology.* Worcester, MA: Clark University Press.

Barelli, C., Heistermann, M., Boesch, C., & Reichard, U. H. (2008). Mating patterns and sexual swellings in pair-living and multiple groups of wild white-handed gibbons, *Hylobates lar. Animal Behaviour, 75*(3), 991–1001.

Baron, R. A., Branscombe, N. R., & Byrne, D. R. (2009). *Social psychology* (12th ed.). Boston: Allyn & Bacon.

Bartone, P. T., Roland, R. R., Picano, J. J., & Williams, T. J. (2008). Psychological hardiness predicts success in U.S. Army special forces candidates. *International Journal of Selection and Assessment, 16*(1), 78–81.

Bartoshuk, L. M. (2000). Psychophysical advances aid the study of genetic variation in taste. *Appetite, 34*(1), 105.

Basic Behavioral Science Task Force of the National Advisory Mental Health Council. (1996c). Basic behavioral science research for mental health: Sociocultural and environmental practices. *American Psychologist, 51,* 722–731.

Bassok, M., & Novick, L. R. (2012). Problem solving. In K. J. Holyoak & R. G. Morrison (Eds.), *The Oxford handbook of thinking and reasoning* (pp. 413–432). New York: Oxford University Press.

Bates, E. (2001) Plasticity, localization and language development. In S. T. Parker, J. Langer, & C. Milbrath (Eds.), *Biology and knowledge revisited* (pp. 205–254). London: Routledge.

Batson, C. D., Qian, Z., & Lichter, D. T. (2006). Interracial and intraracial patterns of mate selection among America's diverse Black populations. *Journal of Marriage and the Family, 68,* 658–672.

Baucom, D. H., Epstein, N. B., LaTaillade, J. J., & Kirby, J. S. (2002). Cognitive-behavioral couple therapy. In A. S. Gurman (Ed.), *Handbook of couple therapy* (pp. 31–72). New York: Guilford Press.

Baumeister, R. F. (1996). *Evil: Inside human cruelty and violence.* New York: W. H. Freeman /Times Books/ Henry Holt & Co.

Baumrind, D. (1989). Rearing competent children. In W. Damon (Ed.), *Child development today and tomorrow.* San Francisco: Jossey-Bass.

Baumrind, D. (2005). Taking a stand in a morally pluralistic society: Constructive obedience and responsible dissent in moral/character education. In L. Nucci (Ed.), *Conflict, contradiction, and contrarian elements in moral development and education* (pp. 21–50). Mahwah, NJ: Erlbaum.

Bear, R. E., Fitzgerald, P., Rosenfeld, J. V., & Bittar, R. G. (2010). Neurosurgery for obsessive–compulsive disorder: Contemporary approaches. *Journal of Clinical Neuroscience, 17*(1), 1–5.

Beck, A. T., Butler, A. C., Brown, G. K., Dahlsgaard, K. K., Newman, C. F., & Beck, J. S. (2001). Dysfunctional beliefs discriminate personality disorders. *Behaviour Research and Therapy, 39*(10), 1213–1225.

Beesdo, K., Pine, D. S., Lieb, R., & Wittchen, H.-U. (2010). Incidence and risk patterns of anxiety and depressive disorders and categorization of generalized anxiety disorder. *Archives of General Psychiatry, 67*(1), 47–57.

Behar, E., Dobrow DiMarco, I., Hekler, E. B., Mohlman, J., & Staples, A. M. (2009). Current theoretical models of generalized anxiety disorder (GAD): Conceptual review and treatment implications. *Journal of Anxiety Disorders, 23*(8), 1011–1023.

Belsky, J. (2006). Determinants and consequences of infant–parent attachment. In L. Baker & C. S. Tamis-LeMonda (Eds.), *Child psychology: A handbook of contemporary issues* (2nd ed.) (pp. 53–57). New York: Psychology Press.

Belsky, J., & Pluess, M. (2009). Beyond diathesis stress: Differential susceptibility to environmental influences. *Psychological Bulletin, 135*(6), 885–908.

Belsky, J., Weinraub, M., Owen, M., & Kelly, J. (2001, April). Quantity of child care and problem behavior. In J. Belsky (Chair), *Early childcare and children's development prior to school entry.* Symposium conducted at the 2001 biennial meetings of the Society for Research in Child Development, Minneapolis, MN.

Bem, D. J. (2011). Feeling the future: Experimental evidence for anomalous retroactive influences on cognition and affect. *Journal of Personality and Social Psychology, 100*(3), 407–425.

Bender, H. L., Allen, J. P., Boykin McElhaney, K. J., Antonishak, C. M., Moore, H., O'Beirne K., & Davis, S. M. (2007). Use of harsh physical discipline and developmental outcomes in adolescence. *Development and Psychopathology, 19*(1) 227–242.

Benke, K., & Fallin, M. (2010). Methods: Genetic epidemiology. *Psychiatric Clinics of North America, 33*(1), 15–34.

Benson, H. (1975). *The relaxation response.* New York: Morrow.

Ben-Zur, H. (2002). Associations of Type A behavior with the emotional traits of anger and curiosity. *Anxiety, Stress and Coping: An International Journal, 15*(1), 95–104.

Berk, M. S., Henriques, G. R., Warman, D. M., Brown, G. K., & Beck, A. T. (2004). A cognitive therapy intervention for suicide attempters: An overview. *Cognitive and Behavioral Practice. 11*(3), 265–277.

Berkowitz, L. (2004). Two views of evil: Evil is not only banal. *PsycCRITIQUES.*

Bermudez, P., Lerch, J. P., Evans, A. C., & Zatorre, R. J. (2009). Neuroanatomical correlates of musicianship as revealed by cortical thickness and voxel-based morphometry. *Cerebral Cortex, 19*(7), 1583–1596.

Bernardin, H. J., Cooke, D. K., & Villanova, P. (2000). Conscientiousness and agreeableness as predictors of rating leniency. *Journal of Applied Psychology, 85*(2) 232–236.

Bernstein, D. M., & Loftus, E. F. (2009). How to tell if a particular memory is true or false. *Perspectives on Psychological Science, 4*(4), 370–374.

Berscheid, E. (2009). Love in the fourth dimension. *Annual Review of Psychology, 61,* 1–25.

Berten, H., & Rossem, R. V. (2009). Doing worse but knowing better: An exploration of the relationship between HIV/AIDS knowledge and sexual behavior among adolescents in Flemish secondary schools. *Journal of Adolescence, 32*(5), 1303–1319.

Bexton, W. H., Heron, W., & Scott, T. H. (1954). Effects of decreased variation in the sensory environment. *Canadian Journal of Psychology, 8,* 70–76.

Bidell, M. P., Turner, J. A., & Casas, J. M. (2002). First impressions count: Ethnic/racial and lesbian/gay/bisexual content of professional psychology application materials. *Professional Psychology: Research and Practice, 33*(1), 97–103.

Bienvenu, O. J., et al. (2005). Anxiety and depressive disorders and the five-factor model of personality: A higher- and lower-order personality trait investigation in a community sample. *Depression & Anxiety, 20*(2), 92–97.

Bierman, K. L., Domitrovich, C. E., Nix, R. L., Gest, S. D., & Welsh, J. A. (2008). flynn Promoting academic and social-emotional school readiness: The Head Start REDI program. *Child Development, 79*(6), 1802–1817.

Binder, E. B., & Nemeroff, C. B. (2009). The CRF system, stress, depression, and anxiety—Insights from human genetic studies. *Molecular Psychiatry, 15*(6), 574–588.

Bishop, D. V. M. (2009). Genes, cognition, and communication. *Annals of the New York Academy of Sciences, 1156,* 1–18.

Bizer, G. Y., et al. (2004). The impact of personality on cognitive, behavioral, and affective political processes: The effects of need to evaluate. *Journal of Personality, 72*(5), 995–1027.

Bjorklund, D. F. (2000). *Children's thinking* (3rd ed.). Pacific Grove, CA: Brooks/Cole.

Blake, P., Fry, R., & Pesjack, M. (1984). *Self-assessment and behavior change manual.* New York: Random House.

Blass, T. (2009). From New Haven to Santa Clara: A historical perspective on the Milgram obedience experiments. *American Psychologist, 64*(1), 37–45.

Blechert, J., Wilhelm, F. H., Meuret, A. E., Wilhelm, E. M., & Roth, W. T. (2010). Respiratory, autonomic, and experiential responses to repeated inhalations of 20% CO_2 enriched air in panic disorder, social phobia, and healthy controls. *Biological Psychology, 84*(1), 104–111.

Block, N. (2009). The mind as the software of the brain. In S. Schneider (Ed.), *Science fiction and philosophy: From time travel to superintelligence* (pp. 170–185). Hoboken, NJ: Wiley.

Blum, K., Chen, A. L. C., Chen, T. J. H., Bowirrat, A., Downs, B. W., Waite, R. L., ... Comings, D. E. (2009). Genes and happiness. *Gene Therapy and Molecular Biology, 13,* 91–129.

Bogen, J. E. (1969). The other side of the brain II: An appositional mind. *Bulletin of the Los Angeles Neurological Society, 34,* 135–162.

Bogen, J. E. (2000). Split-brain basics: Relevance for the concept of one's other mind. *Journal of the American Academy of Psychoanalysis, 28*(2), 341–369.

Bohner, G., & Dickel, N. (2011). Attitudes and attitude change. *Annual Review of Psychology, 62,* 391–417.

Bolinskey, K. P., & Gottesman, I. I. (2010). Premorbid personality indicators of schizophrenia-related psychosis in a hypothetically psychosis-prone college sample. *Scandinavian Journal of Psychology, 51*(1), 68–74.

Bonds-Raacke, J.M., Fryer, L.S., Nicks, S.D., and Durr, R.T. (2001). Hindsight bias demonstrated in the prediction of a sporting event. *The Journal of Social Psychology, 141,* 349.

Bonn-Miller, M. O., Zvolensky, M. J., & Bernstein, A. (2007). Marijuana use motives: Concurrent relations to frequency of past 30-day use and anxiety sensitivity among young adult marijuana smokers. *Addictive Behaviors, 32*(1), 49–62.

Boom, J., Wouters, H., & Keller, M. (2007). A cross cultural validation of stage development. A Rasch re-analysis of longitudinal socio-moral reasoning data. *Cognitive Development*, 22(2), 213–229.

Bouchard, C. (2010). Defining the genetic architecture of the predisposition to obesity: A challenging but not insurmountable task. *American Journal of Clinical Nutrition, 91*(1), 5–6.

Bouton, M. E. (2010). The multiple forms of "context" in associative learning theory. In B. Mesquita, L. F. Barrett, & E. R. Smith (Eds.), *The mind in context* (pp. 233–258). New York: Guilford Press.

Bower, B. (1997). Forbidden flavors: Scientists consider how disgusting tastes can linger surreptitiously in memory. *Science News, 151,* 198–199.

Bower, B. (1991). Oedipus Wrecked: Freud's Theory of Frustrated Incest Goes on the Defensive. *Science News, 140,* 248–250.

Bowlby, J. (1988). *A secure base.* New York: Basic Books.

Boyatzis, R. E. (1974). The effect of alcohol consumption on the aggressive behavior of men. *Quarterly Journal for the Study of Alcohol, 35,* 959–972.

Braarud, H. C., & Stormark, K. M. (2008). EJ814142—Prosodic modification and vocal adjustments in mothers' speech during face-to-face interaction with their two- to four-month-old infants: A double video study. *Social Development, 17*(4), 1074–1084.

Brackett, M. A., Rivers, S. E., & Salovey, P. (2011). Emotional intelligence: Implication for personal, social, academic, and workplace success. *Social and Personality Psychology, 5*(1), 88–103.

Bradley, R. H., et al. (1989). Home environment and cognitive development in the first 3 years of life. *Developmental Psychology, 25,* 217–235.

Bradley, R. H. (2006). The home environment. In N. F. Watt, C. Ayoub, R. H.

Bradley, J. E. Puma, & W. A. Lebeouf (Eds.), *The crisis in youth mental health: Critical issues and effective programs: Vol. 4. Early intervention programs and policies: Child psychology and mental health* (pp. 89–120). Westport, CT: Praeger/Greenwood.

Brand, J. (2000). Cited in McFarling, U. L. (2000, August 27). Sniffing out genes' role in our senses of taste and smell. *The Los Angeles Times online.*

Brand, J. S., & van der Schouw, Y. T. (2010). Testosterone, SHBG and cardiovascular health in postmenopausal women. *International Journal of Impotence Research, 22,* 91–104.

Braun, B. G. (1988). *Treatment of multiple personality disorder.* Washington, DC: American Psychiatric Press.

Bravender, T., Bryant-Waugh, R., Herzog, D., Katzman, D., Kriepe, R. D., Lask, B., ... Zucker, N. (2010). Classification of eating disturbance in children and adolescents: Proposed changes for the *DSM-V. European Eating Disorders Review, 18*(2), 79–89.

Brewer, M.B. (1999). The psychology of prejudice: Ingroup love or outgroup hate? *Journal of Social Issues, 55,* 429.

Brewer, M. B., & Chen, Y-R. (2007). Where (who) are collectives in collectivism? Toward conceptual clarification of individualism and collectivism. *Psychological Review, 114*(1), 133–151.

Briñol, P., Petty, R., & Barden, J. (2007). Happiness versus sadness as a determinant of thought confidence in persuasion: A self-validation analysis. *Journal of Personality and Social Psychology, 93*(5), 711–727.

Brody, J. E. (2000, April 25). Memories of things that never were. *The New York Times,* p. F8.

Brook, J. S., Zheng, L., Whiteman, M., & Brook, D. W. (2001). Aggression in toddlers: Associations with parenting and marital relations. *Journal of Genetic Psychology, 162*(2), 228–241.

Brown, A. S. (2007). Identifying risks using a new assessment tool: The missing piece of the jigsaw in medical device risk assessment. *Clinical Risk, 13,* 56–59.

Brown, A. S., & Derkits, E. J. (2010). Prenatal infection and schizophrenia: A review of epidemiologic and translational studies. *American Journal of Psychiatry, 167,* 261–280.

Brown, G. R. (2009). Evolutionary perspectives on sexual coercion in human beings and other primates: The future of the rape debate. *Journal of Evolutionary Psychology, 7*(4), 347–350.

Brown, R. J., Schrag, A., Krishnamoorthy, E., & Trimble, M. R. (2007). Are patients with somatization disorder highly suggestible? *Acta Psychiatrica Scandinavica, 117*(3), 232–235.

Brown, R., & McNeill, D. (1966). The tip-of-the-tongue phenomenon. *Journal of Verbal Learning and Verbal Behavior, 5,* 325–337.

Brown, W. H., Pfeiffer, K. A., McIver, K. L., Dowda, M., Addy, C. L., & Pate, R. R. (2009). Social and environmental factors associated with preschoolers' nonsedentary physical activity. *Child Development, 80*(1), 45–58.

Brownlee, S. (1997). The senses: They delight, heal, define the boundaries of our world. And they are helping unlock the brain's secrets. *U.S. News & World Report, 122,* 50–57.

Brownstein, A. L. (2003). Biased predecision processing. *Psychological Bulletin, 129*(4), 545–568.

Bruce, T. J., & Sanderson, W. C. (2004). Evidence-based psychosocial practices: The past, present, and future. In C. Stout & R. Hayes (Eds.), *Evidence-based practice: Methods, models and tolls for mental health professionals* (pp. 220–243). New York: Wiley.

Bruene, M., & Ribbert, H. (2002). Grundsaetzliches zur Konzeption einer evolutionaeren Psychiatrie. *Schweizer Archiv für Neurologie und Psychiatrie, 153*(1), 4–11.

Brun, C. C., Lepore, N., Luders, E., Chou, Y.-Y., Madsen, S. K., Toga, A. W., & Thompson, P. M. (2009). Sex differences in brain structure in auditory and cingulate regions. *NeuroReport: For Rapid Communication of Neuroscience Research, 20*(10), 930.

Bryant, J., & Davies, J. (2006). Selective exposure processes. In J. Bryant & P. Vorderer (Eds.), *Psychology of entertainment* (pp. 19–34). London: Routledge.

Bryant, R. (2006). Acute stress disorder. *Psychiatry, 5*(7), 238–239.

Buchanan, T. W., Driscoll, D., Mowrer, S. M., Sollers, J. J., Thayer, J. F., Kirschbaum, C., & Tranel, D. (2010). Medial prefrontal cortex damage affects physiological and psychological stress responses differently in men and women. *Psychoneuroendocrinology, 35*(1), 56–66.

Buckley, P. F., Buchanan, R. W., Tamminga, C. A., & Schulz, S. C. (2000). Schizophrenia research. *Schizophrenia Bulletin, 26*(2), 411–419.

Budney, A. J., Vandrey, R. G., Hughes, J. R., Moore, B. A., & Bahrenburg, B. (2007). Oral delta-9-tetrahydrocannabinol suppresses cannabis withdrawal symptoms. *Drug and Alcohol Dependence, 86*(1), 22–29.

Bull, N. J., Hunter, M., & Finlay, D. C. (2003). Cue gradient and cue density interact in the detection and recognition of objects defined by motion, contrast, or texture. *Perception, 32*(1), 29–39.

Bullough, V.L. (1998). Alfred Kinsey and the Kinsey Report: Historical overview and lasting contributions. *The Journal of Sex Research, 35,* 127–131.

Burger, J. M. (2009). Replicating Milgram: Would people still obey today? *American Psychologist, 64*(1), 1–11.

Burghardt, G. M. (2009). Darwin's legacy to comparative psychology and ethology. *American Psychologist, 64*(2), 102–110.

Bushman, B. J., & Anderson, C. A. (2007). Measuring the strength of the effect of violent media on aggression. *American Psychologist, 62*(3), 253–254.

Buss, D. M. (2009a). The great struggles of life: Darwin and the emergence of evolutionary psychology. *American Psychologist, 64*(2), 140–148.

Buss, D. M. (2009b). How can evolutionary psychology successfully explain personality and individual differences? *Perspectives on Psychological Science, 4*(4), 359–366.

Buss, D. M., & Schmitt, D. P. (2011). Evolutionary psychology and feminism. *Sex Roles, 64*(9–10), 768–787.

Butler, A. C., Chapman, J. E., Forman, E. M., & Beck, A. T. (2006). The empirical status of cognitive-behavioral therapy: A review of meta-analyses. *Clinical Psychology Review, 26*(1), 17–31.

C

Cailhol, S., & Mormede, P. (2002). Conditioned taste aversion and alcohol drinking: Strain and gender differences. *Journal of Studies on Alcohol, 63,* 91–99.

Calcagni, E., & Elenkov, I. (2006). Stress system activity, innate and T helper cytokines, and susceptibility to immune-related diseases. *Annals of the New York Academy of Sciences, 1069,* 62–76.

Callahan, J. J. (2007). Sandwich anyone? *Gerontologist, 47*(4), 569–571.

Campbell, R. A., Machlus, K. R., & Wolberg, A. S. (2010). Smoking out the cause of thrombosis. *Arteriosclerosis, Thrombosis, and Vascular Biology, 30*(7), 75–79.

Campos, J. J. (2000). Cited in Azar, B. (2000). What's in a face? *Monitor on Psychology, 31*(1), 44–45.

Campos, J. J., Hiatt, S., Ramsey, D., Henderson, C., & Svejda, M. (1978). The emergence of fear on the visual cliff. In M. Lewis & L. Rosenblum (Eds.), *The origins of affect.* New York: Plenum Press.

Cannon, W. B. (1927). The James–Lange theory of emotions: A critical examination and an alternative theory. *American Journal of Psychology, 39,* 106–124.

Cannon, W. B. (1932). *The wisdom of the body.* New York: Norton.

Cannon, W. B., & Washburn, A. (1912). An explanation of hunger. *American Journal of Physiology, 29,* 441–454.

Cantalupo, C., & Hopkins, W. D. (2001). Asymmetric Broca's area in great apes: A region of the ape brain is uncannily similar to one linked with speech in humans. *Nature, 414*(6863), 505.

Carey, B. (2009, November 27). Psychosurgery for mental ills offers both hope and risk. *The New York Times,* p. A1.

Carmichael, L. L., Hogan, H. P., & Walter, A. A. (1932). An experimental study of the effect of language on the reproduction of visually perceived form. *Journal of Experimental Psychology, 15,* 73–86.

Carpenter, S. (2001, March). Everyday fantasia: The world of synesthesia. *Monitor on Psychology, 32*. Retrieved May 22, 2003, http://www.apa.org/monitor.mar01/synesthesia.html
Carré, J. M., & Putnam, S. K. (2010). Watching a previous victory produces an increase in testosterone among elite hockey players. *Psychoneuroendocrinology, 35*(3), 475–479.
Carré, J. M., Putnam, S. K., & McCormick, C. M. (2009). Testosterone responses to competition predict future aggressive behaviour at a cost to reward in men. *Psychoneuroendocrinology, 34*(4), 561–570.
Carver, C. S., & Harmon-Jones, E. (2009). Anger is an approach-related affect: Evidence and implications. *Psychological Bulletin, 135*(2), 183–204.
Carver, L. J., & Cluver, A. (2009). Stress effects on the brain system underlying explicit memory. In J. A. Quas & R. Fivush (Eds.), *Emotion and memory in development: Biological, cognitive, and social considerations* (pp. 278–311). New York: Oxford University Press.
Castelli, L., Zogmaister, C., & Tomelleri, S. (2009). The transmission of racial attitudes within the family. *Developmental Psychology, 45*(2), 586–591.
Castor, D., Pilowsky, D. J., Hadden, B., Fuller, C., Ompad, D. C., de Leon, C. L., ... Hoover, D. R. (2010). Sexual risk reduction among non-injection drug users: Report of a randomized controlled trial. *AIDS Care, 22*(1), 62–70.
Cattell, R. B. (1949). *The culture-free intelligence test.* Champaign, IL: Institute for Personality and Ability Testing.
Catts, V. S., & Catts, S. V. (2009). Psychotomimetic effects of PCP, LSD, and Ecstasy: Pharmacological models of schizophrenia? In P. S. Sachdev & M. S. Keshavan (Eds.), *Secondary schizophrenia* (pp. 141–168). Cambridge, England: Cambridge University Press.
Cavallaro, F. I., Cacace, I., Del Testa, M., Andre, P., Carli, G., De Pascalis, V., ... Santarcangelo, E. L. (2010). Hypnotizability-related EEG alpha and theta activities during visual and somesthetic imageries. *Neuroscience Letters, 470*(1), 13–18.
Ceci, S. J., Kulkofsky, S., Klemfuss, J. Z., Sweeney, C. D., & Bruck, M. (2007). Unwarranted assumptions about children's testimonial accuracy. *Annual Review of Clinical Psychology, 3*, 311–328.
Cellar, D. F., Nelson, Z. C., & Yorke, C. M. (2000). The five-factor model and driving behavior: Personality and involvements in vehicular accidents. *Psychological Reports, 86*(2) 454–456.
Cellard, C., Lefèbvre, A.-A., Maziade, M., Roy, M.-A., & Tremblay, S. (2010). An examination of the relative contribution of saturation and selective attention to memory deficits in patients with recent-onset schizophrenia and their unaffected parents. *Journal of Abnormal Psychology, 119*(1), 60–70.
Centers for Disease Control and Prevention. (2009). FastStats: Suicide and self-inflicted injury. Retrieved from http://www.cdc.gov/nchs/fastats/suicide.htm
Cervantes, J. M., & Parham, T. A. (2005). Toward a meaningful spirituality for people of color: Lessons for the counseling practitioner. *Cultural Diversity & Ethnic Minority Psychology, 11*(1), 69–81.
Chadwick, P. D. J., & Lowe, C. F. (1990). Measurement and modification of delusional beliefs. *Journal of Consulting and Clinical Psychology, 58*, 225–232.
Chafee, M. V., & Goldman-Rakic, P. S. (2000). Inactivation of parietal and prefrontal cortex reveals interdependence of neural activity during memory-guided saccades. *Journal of Neurophysiology, 83*(3), 1550–1566.
Champagne, F. A., Curley, J. P., Swaney, W. T., Hasen, N. S., & Keverne, E. B. (2009). Epigenetic mechanisms mediating the long-term effects of maternal care on development. *Behavioral Neuroscience, 123*(3), 469–480.
Chance, W. T., Xiao, C., Dayal, R., & Sheriff, S. (2007). Alteration of NPY and Y1 receptor in dorsomedial and ventromedial areas of hypothalamus in anorectic tumor-bearing rats. *Peptides, 28*(2), 295–301.
Chard, K. M., Schumm, J. A., Owens, G. P., & Cottingham, S. M. (2010). A comparison of OEF and OIF veterans and Vietnam veterans receiving cognitive processing therapy. *Journal of Traumatic Stress, 23*(1), 25–32.
Chen, J., & Rizzo, J. (2010). Racial and ethnic disparities in use of psychotherapy: Evidence from U.S. national survey data. *Psychiatric Services, 61*, 364–372.
Cherniak, C. (2009). Brain wiring optimization and non-genomic nativism. In M. Piatelli-Palmarini, P. Salaburu, & J. Uriagereka (Eds.), *Of minds and language: A dialogue with Noam Chomsky in the Basque country* (pp. 108–122). New York: Oxford University Press.
Cheung, C-K., & Leung, K-K. (2008). Ways by which comparable income affects life satisfaction in Hong Kong. *Social Indicators Research, 87*(1), 169–187.
Chida, Y., & Steptoe, A. (2009). The association of anger and hostility with future coronary heart disease: A meta-analytic review of prospective evidence. *Journal of the American College of Cardiology, 53*(11), 936–946.
Chiu, C., & Chao, M. M. (2009). Society, culture, and the person. In R. S. Wyer, C. Chiu, & Y. Hong (Eds.), *Understanding culture: Theory, research, and application* (pp. 457–468). Boca Raton, FL: CRC Press.
Christ, S. E., Van Essen, D. C., Watson, J. M., Brubaker, L. E., & McDermott, K. B. (2009). The contributions of prefrontal cortex and executive control to deception: Evidence from activation likelihood estimate meta-analyses. *Cerebral Cortex, 19*(7), 1557–1566.
Cialdini, R. B., Brown, S. L., Lewis, B. P., Luce, C., & Neuberg, S. L. (1997). Reinterpreting the empathy-altruism relationship: When one into one equals oneness. *Journal of Personality and Social Psychology, 73*(3), 481–494.
Cifani, C., Polidori, C., Melotto, S., Ciccocioppo, R., & Massi, M. (2009). A preclinical model of binge eating elicited by yo-yo dieting and stressful exposure to food: Effect of sibutramine, fluoxetine, topiramate, and midazolam. *Psychopharmacology, 204*(1), 113–225.
Cirelli, C. (2009). The genetic and molecular regulation of sleep: From fruit flies to humans. *Nature Reviews Neuroscience, 10*, 548–560.
Clancy, S. A. (2008). How do people come to believe they were abducted by aliens? In E. Goode & D. A. Vail (Eds.), *Extreme deviance* (pp. 54–63). Thousand Oaks, CA: Pine Forge Press.
Clancy, S. A., McNally, R. J., Schacter, D. L., Lenzenweger, M. F., & Pitman, R. (2002). Memory distortion in people reporting abduction by aliens. *Journal of Abnormal Psychology, 111*(3), 455–461.
Clark, A., & Misyak, J. B. (2009). Language, innateness, and universals. In *Language universals* (pp. 253–261). *Oxford Scholarship* Online Monographs.
Clark, D. A., & Beck, A. T. (2011). Cognitive therapy for the anxiety disorders. New York: Guilford.
Clark, E. V., & Nikitina, T. V. (2009). One vs. more than one: Antecedents to plural marking in early language acquisition. *Linguistics, 47*(1), 103–140.
Clark, S. (2009). Sleep deprivation: Implications for obstetric practice in the United States. *American Journal of Obstetrics and Gynecology, 201*(2), 136. e1–136.e4.
Clark, S. E., & Loftus, E. F. (1996). Space alien memories and scientific scrutiny. *PsycCRITIQUES, 41*(3), 294.
Clark, T. T. (2010). Reviewing the connection between paradigms and theories to understand adolescent drug use. *Journal of Child and Adolescent Substance Abuse, 19*(1), 16–32.
Cocking, C., Drury, J., & Reicher, S. (2009). The psychology of crowd behaviour in emergency evacuations. *Irish Journal of Psychology, 30*(1–2), 59–73.
Cohen, A., Young, R., Velazquez, M., Groysman, M., Noorbehesht, K., Ben-Shahar, O., Ettenberg, A. (2009). Anxiolytic effects of nicotine in a rodent test of approach–avoidance conflict. *Psychopharmacology, 204*(3), 541–549.
Cohen, S., Doyle, W. J., Turner, R., Alper, C. M., & Skoner, D. P. (2003). Sociability and susceptibility to the common cold. *Psychological Science, 14*(5), 389–395.
Cohen, S., Janicki-Deverts, D., Doyle, W. J., Miller, G. E., Frank, E., Rabin, B. S., & Turner, R. B. (2012). Chronic stress, glucocorticoid receptor resistance, inflammation, and disease risk. *Proceedings of the National Academy of Sciences, 109*(16), 5995–5999.
Collaer, M. L., & Hill, E. M. (2006). Large sex difference in adolescents on a timed

line judgment task: Attentional contributors and task relationship to mathematics. *Perception, 35*(4), 561–572.

Collins, R. L., Taylor, S. L., Elliott, M. N., Ringel, J. S., Kanouse, D. E., & Beckman, R. (2010). Off-premise alcohol sales policies, drinking, and sexual risk among people living with HIV. *American Journal of Public Health, 100*(10), 1890–1892.

Collins, W. A., & Laursen, B. (2006). Parent–adolescent relationships. In P. Noller & J. A. Feeney (Eds.), *Close relationships: Functions, forms and processes* (pp. 111–125). Hove, England: Psychology Press/Taylor & Francis.

Comas-Diaz, L. (2008). Latino psychospirituality. In K. J. Schneider (Ed.), *Existential-integrative psychotherapy: Guideposts to the core of practice* (pp. 100–109). New York: Routledge/Taylor & Francis Group.

Comaty, J. E., Stasio, M., & Advokat, C. (2001). Analysis of outcome variables of a token economy system in a state psychiatric hospital: A program evaluation. *Research in Developmental Disabilities, 22*(3), 233–253.

Confer, J. C., Easton, J. A., Fleischman, D. S., Goetz, C. D., Lewis, D. M. G., Perilloux, C., & Buss, D. M. (2010). Evolutionary psychology: Controversies, questions, prospects, and limitations. *American Psychologist, 65*(2), 110–126.

Consortium of Social Science Associations. (2003). McQuery testifies to Homeland Security Science Subcommittee. *Washington Update, 22*(10), 1–7.

Cooke, B. (2008). The right to be human and human rights: Maslow, McCarthyism and the death of humanist theories of management. *Management and Organizational History, 3*(1), 27–47.

Cooper, M., Galbraith, M., & Drinkwater, J. (2001). Assumptions and beliefs in adolescents with anorexia nervosa and their mothers. *Eating Disorders: Journal of Treatment and Prevention, 9*(3), 217–223.

Corballis, M. C. (2009). The evolution and genetics of cerebral asymmetry. *Philosophical Transactions of the Royal Society, 364*(1519), 867–879.

Cornoldi, C. (2006). The contribution of cognitive psychology to the study of human intelligence. *European Journal of Cognitive Psychology, 18*(1), 1–17.

Coskun, O., Sener, K., Kilic, S., Erdem, H., Yaman, H., Besirbellioglu, A. B., & Eyigun, C. P. (2010). Stress-related Epstein-Barr virus reactivation. *Clinical and Experimental Medicine, 10*(1), 15–20.

Costigan, C. L., Cauce, A. M., & Etchison, K. (2007). Changes in African American mother–daughter relationships during adolescence: Conflict, autonomy, and warmth. In B. J. R. Leadbeater & N. Way (Eds.), *Urban girls revisited: Building strengths* (pp. 177–201). New York: New York University Press.

Cotton, S. M., & Richdale, A. L. (2010). Sleep patterns and behaviour in typically developing children and children with autism, Down syndrome, Prader-Willi syndrome and intellectual disability. *Research in Autism Spectrum Disorders, 4*(3), 490–500.

Cowen, P. J. (2002). Cortisol, serotonin and depression: All stressed out? *British Journal of Psychiatry, 180*(2), 99–100.

Cox, W. M., & Alm, R. (2005, February 28). Scientists are made, not born. *The New York Times* online.

Craig, J.C., & Rollman, G.B. (1999, Annual). Somesthesis. *Annual Review of Psychology,* p. 305.

Craik, F. I. M., & Bialystok, E. (2006). Cognition through the lifespan: Mechanisms of change. *Trends in Cognitive Sciences, 10*(3), 131–138.

Craik, F. I. M., & Lockhart, R. S. (2008). Levels of processing and Zinchenko's approach to memory research. *Journal of Russian and East European Psychology, 46*(6), 52–60.

Crighton, D. A., & Towl, G. J. (Eds.). (2010). *Forensic psychology*. Hoboken, NJ: Wiley.

Crisp, R. J., & Nicel, J. K. (2004). Disconfirming intergroup evaluations: Asymmetric effects for ingroups and out-groups. *Journal of Social Psychology, 144*(3), 247–271.

Crittenden, P. M., & Dallos, R. (2009). All in the family: Integrating attachment and family systems theories. *Clinical Child Psychology and Psychiatry, 14*(3), 389–409.

Crofoot, M. C., & Wrangham, R. W. (2010). Intergroup aggression in primates and humans: The case for a unified theory. In P. M. Kappeler & J. B. Silk (Eds.), *Mind the gap: Tracing the origins of human universals* (pp. 171–195). New York: Springer.

Cuijpers, P., van Straten, A., Warmerdam, L., & Andersson, G. (2009). Psychotherapy versus the combination of psychotherapy and pharmacotherapy in the treatment of depression: Asmeta-analysis. *Depression and Anxiety, 26*(3), 279–288.

Cummins, R. A., & Nistico, H. (2002). Maintaining life satisfaction: The role of positive cognitive bias. *Journal of Happiness Studies, 3*(1), 37–69.

Cunningham, G. B. (2008). Importance of friendship potential in reducing the negative effects of dissimilarity. *Journal of Social Psychology, 148*(5), 595–608.

Cunningham, M. G., Connor, C. M., Carlezon, W. A., & Meloni, E. (2009). Amygdalar GABAergic-rich neural grafts attenuate anxiety-like behavior in rats. *Behavioural Brain Research, 205*(1), 146–153.

Curry, K. (1993, October 22). Male menopause: Is it myth, or a reality of aging? *Knight Ridder/Tribune News Service.*

Curtis, A. (2001). Reward and punishment: In this regular feature examiners and teachers will explore baffling or taken for granted concepts and topics to give you clarity and insight into their meaning and their significance. *Psychology Review, 8,* 8–9.

Cutler, B. L., & Kovera, M. B. (2010). *Evaluating eyewitness identification.* New York: Oxford University Press.

D

Dabbs, J. M., Jr., Hargrove, M. F., & Heusel, C. (1996). Testosterone differences among college fraternities: Well-behaved vs. rambunctious. *Personality and Individual Differences, 20*(2), 157–161.

Dagyte, G., Den Boer, J. A., & Trentani, A. (2010). The cholinergic system and depression. *Behavioural Brain Research, 221*(2), 574–582.

Dai, S. R., Racette, N. M., Laird, J., Kagan, N, & Snidman, D. (2003). Association of a genetic marker at the corticotropin-releasing hormone locus with behavioral inhibition. *Biological Psychiatry, 54*(12), 1376–1381.

Damasio, A. R. (2000). A neural basis for sociopathy. *Archives of General Psychiatry online, 57*(2).

Dana, R. H. (2002). Mental health services for African Americans: A cultural/racial perspective. *Cultural Diversity and Ethnic Minority Psychology, 8*(1), 3–18.

Danhauer, J. L. (2009). Survey of college students on iPod use and hearing health. *Journal of the American Academy of Audiology, 20*(1), 5–27.

Darley, J. M., & Latané, B. (1968). Bystander intervention in emergencies: Diffusion of responsibility. *Journal of Personality and Social Psychology, 8,* 377–383.

Darwin, C. A. (1872). *The expression of the emotions in man and animals.* London: J. Murray.

Daud, M. K. M., Mohd Noor, R., Abd Rahman, N., Suhaimi Sidek, D., & Mohamad, A. (2010). The effect of mild hearing loss on academic performance in primary school children. *International Journal of Pediatric Otorhinolaryngology, 74*(1), 67–70.

David, D., Lynn, S. J., & Ellis, A. (Eds.). (2010). *Rational and irrational beliefs: Research, theory, and clinical practice.* New York: Oxford University Press.

David, E. J. R., Okazaki, S., & Saw, A. (2009). Bicultural self-efficacy among college students: Initial scale development and mental health correlates. *Journal of Counseling Psychology, 56*(2), 211–226.

Davidoff, J., Fonteneau, E., & Goldstein, J. (2008). Cultural differences in perception: Observations from a remote culture. *Journal of Cognition and Culture, 8*(3–4), 189–209.

Davies, M. F. (2008). Irrational beliefs and unconditional self-acceptance. III: The relative importance of different types of irrational belief. *Journal of Rational-Emotive and Cognitive-Behavior Therapy, 26*(2), 102–118.

Davis, J. I., Senghas, A., & Ochsner, K. N. (2009). How does facial feedback mod-

ulate emotional experience? *Journal of Research in Personality, 43*(5), 822–829.
Dawood, K., Bailey, J. M., & Martin, N. G. (2009). Genetic and environmental influences on sexual orientation. In Y.-K. Kim (Ed.), *Handbook of behavior genetics* (pp. 269–279). New York: Springer.
Dawson, T. L. (2002). New tools, new insights: Kohlberg's moral judgement stages revisited. *International Journal of Behavioral Development, 26*(2), 154–166.
de Hoog, N., Stroebe, W., & de Wit, J. B. F. (2007). The impact of vulnerability to and severity of a health risk on processing and acceptance of fear-arousing communications: A meta-analysis. *Review of General Psychology, 11*(3), 258–285.
De Houwer, J., Thomas, S., & Baeyens, F. (2001). Associative learning of likes and dislikes: A review of 25 years of research on human evaluative conditioning. *Psychological Bulletin, 127*(6), 853–869.
De Michele, P. E., Gansneder, B., & Solomon, G. B. (1998). Success and failure attributions of wrestlers: Further evidence of the self-serving bias. *Journal of Sport Behavior, 21*(3), 242–255.
De Rooij, S. R., Painter, R. C., Swaab, D. F., & Roseboom, T. J. (2009). Sexual orientation and gender identity after prenatal exposure to the Dutch famine. *Archives of Sexual Behavior, 38*(3), 411–416.
DeCasper, A. J., & Prescott, P. A. (1984). Human newborns' perception of male voices. *Developmental Psychobiology, 17,* 481–491.
Decety, J., & Batson, C. D. (2009). Empathy and morality: Integrating social and neuroscience approaches. In J. Verplaetse et al. (Eds.). *The moral brain.* (pp. 109-127). New York: Springer.
Deecher, D., Andree, T. H., Sloan, D., & Schechter, L. E. (2008). From menarche to menopause: Exploring the underlying biology of depression in women experiencing hormonal changes. *Psychoneuroendocrinology, 33*(1), 3–17.
Deep, A. L., Lilenfeld, L. R., Plotnicov, K. H., Pollice, C., & Kaye, W. H. (1999). Sexual abuse in eating disorder subtypes and control women: The role of comorbid substance dependence in bulimia nervosa. *International Journal of Eating Disorders, 25*(1), 1–10.
Del Giudice, M. J. (2010). What might this be? Rediscovering the Rorschach as a tool for personnel selection in organizations. *Journal of Personality Assessment, 92*(1), 78–89.
Delgado, J. M. R. (1969). *Physical control of the mind.* New York: Harper & Row.
DeMarree, K. G., Petty, R. E., & Briñol, P. (2007). Self and attitude strength parallels: Focus on accessibility. *Social and Personality Psychology Compass, 1*(1), 441–468.
Demeyer, M., De Graef, P., Wagemans, J., & Verfaillie, K. (2009). Transsaccadic identification of highly similar artificial shapes. *Journal of Vision, 9*(4), 1–14.
Demir, M., & Weitekamp, L. A. (2007). I am so happy 'cause today I found my friend: Friendship and personality as predictors of happiness. *Journal of Happiness Studies, 8*(2), 181–211.
Dennis, J., Markey, M., Johnston, K., Vander Wal, J., & Artinian, N. (2008). The role of stress and social support in predicting depression among a hypertensive African American sample. *Heart and Lung: Journal of Acute Critical Care, 37*(2), 105–112.
DeRubeis, R. J., & Crits-Christoph, P. (1998). Empirically supported individual and group psychological treatments for adult mental disorders. *Journal of Consulting and Clinical Psychology, 66,* 37–52.
DeSteno, D., Petty, R. E., Rucker, D. D., Wegener, D. T., & Braverman, J. (2004). Discrete emotions and persuasion: The role of emotion induced expectancies. *Journal of Personality & Social Psychology, 86*(1), 43–56.
Devilly, G. J. (2002). Eye movement desensitization and reprocessing: A chronology of its development and scientific standing. *Scientific Review of Mental Health Practice, 1*(2), 113–138.
Dhabhar, F. S. (2009). A hassle a day may keep the pathogens away: The fight-or-flight stress response and the augmentation of immune function. *Integrative and Comparative Biology, 49* (3), 215-236.
Dick, D. M., Prescott, C., & McGue, M. (2009). The genetics of substance use and substance use disorders. In Y.-K. Kim (Ed.), *Handbook of behavior genetics* (pp. 433–453). New York: Springer.
Dickerson, B. C., & Eichenbaum, H. (2009). The episodic memory system: Neurocircuitry and disorders. *Neuropsychopharmacology Reviews, 35,* 86–104.
Dickerson, F. D., Tenhula, W. N., & Green-Paden, L. (2005). The token economy for schizophrenia: Review of the literature and recommendations for future research. *Schizophrenia Research, 75*(2–3), 405–416.
Dienes, Z., Brown, E., Hutton, S., Kirsch, I., Mazzoni, G., & Wright, D. B. (2009). Hypnotic suggestibility, cognitive inhibition, and dissociation. *Consciousness and Cognition, 18*(4), 837–847.
Difede, J. (2005). In Lake, M. (2005, May 2). Virtual reality heals 9/11 wounds. *CNN.* Retrieved from http://www.cnn.com/2005/TECH/04/29/spark.virtual/index.html
DiGiuseppe, R. A. (2009). Rational-emotive behavior therapy. In N. Kazantzis, M. A. Reinecke, F. M. Dattilio, & A. Freeman (Eds.), *Cognitive and behavioral theories in clinical practice* (pp. 115–147). New York: Guilford Press.
Dodge, K. A. (2006). Translational science in action: Hostile attributional style and the development of aggressive behavior problems. *Development and Psychopathology, 18*(3), 791–814.
Dollard, J., Doob, L. W., Miller, N. E., Mowrer, O. H., & Sears, R. R. (1939). *Frustration and aggression.* New Haven, CT: Yale University Press.
Donovan, C.A., & Smolkin, L.B. (2002). Children's genre knowledge: An examination of K-5 student's performance on multiple tasks providing differing levels of scaffolding. *Reading Research Quarterly, 37,* 428–466.
Dotson, V. M., Kitner-Triolo, M. H., Evans, M. K., & Zonderman, A. B. (2009). Effects of race and socioeconomic status on the relative influence of education and literacy on cognitive functioning. *Journal of the International Neuropsychological Society, 15, 580–589.*
Downey, J. I. (2009). What women want: Psychodynamics of women's sexuality in 2008. *Journal of the American Academy of Psychoanalysis and Dynamic Psychiatry, 37*(2), 253–268.
Driessen, E., Cuijpers, P., de Maat, S. C., Abbass, A. A., de Jonghe, F., & Dekker, J. J (2010). The efficacy of short-term psychodynamic psychotherapy for depression: A meta-analysis. *Clinical Psychology Review, 30*(1), 25–36.
Drury, L. J. (2003). Community care for people who are homeless and mentally ill. *Journal of Health Care for the Poor and Underserved, 14*(2), 194–207.
Dube, S. R., Asman, K., Malarcher, A., & Carabollo, R. (2009). Cigarette smoking among adults and trends in smoking cessation—United States, 2008. *Morbidity and Mortality Weekly Report, 58*(44), 1227–1232.
Dubiela, F. P., Menezes De Oliveira, M. G., Di Monteiro Moreira, K., Nobrega, J. N., Tufik, S., & Hipólide, D. C. (2010). Inverse benzodiazepine agonist β-CCM does not reverse learning deficit induced by sleep deprivation. *Neuroscience Letters, 469*(1), 169–173.
Dubow, E. F., Boxer, P., Huesmann, L. R., Shikaki, K., Landau, S., Dvir Gvirsman, S., & Ginges, J. (2010). Exposure to conflict and violence across contexts: Relations to adjustment among Palestinian children. *Journal of Clinical Child and Adolescent Psychology, 39*(1), 103–116.
Duckworth, A. L., & Seligman, M. E. P. (2005). Self-discipline outdoes IQ in predicting academic performance of adolescents. *Psychological Science, 16*(12), 939–944.
Dufresne, A., Dugas, M.-A., Samson, Y., Barré, P., Turcot, L., & Marc, I. (2009). Do children undergoing cancer procedures under pharmacological sedation still report pain and anxiety? A preliminary study. *Pain Medicine, 11*(2), 215–223.
Duke, N. N., Pettingell, S. L., McMorris, B. J., & Borowsky, I. W. (2010). Adolescent violence perpetration: Associations with multiple types of adverse childhood experiences. *Pediatrics, 125*(4), e778–e786.
Dunkley, D. M., Sanislowc, C. A., Griloc, C. M., & McGlashan, T. H. (2009). Self-criticism versus neuroticism inspredicting depression and psychosocial impairment for 4 years in a clinical sample. *Comprehensive Psychiatry, 50*(4), 335–346.

Dunn, J. R. (2008). Effects of housing circumstances on health, quality of life and healthcare use for people with severe mental illness: A review. *Health and Social Care in the Community, 16*(1), 1–15.
Durlez, B. (2011). Adolescent ethnic prejudice: Understanding the effects of parental extrinsic versus intrinsic goal promotion. *The Journal of Social Psychology, 151*(4), 441–454.
Dweck, C. S. (2006). *Mindset: The new psychology of success.* New York: Random House.
Dweck, C. S. (2009). Self-theories and lessons for giftedness: A reflective conversation. In T. Balchin, B. Hymer, & D. J. Matthews (Eds.), *The Routledge international companion to gifted education* (pp. 308–316). New York: Routledge/Taylor & Francis.
Dweck, C. S., & Master, A. (2008). Self-theories motivate self-regulated learning. In D. H. Schunk & B. J. Zimmerman (Eds.), *Motivation and self-regulated learning: Theory, research, and applications* (pp. 31–51). Mahwah, NJ: Erlbaum.
Dwivedi, Y. (2010). Brain-derived neurotrophic factor and suicide pathogenesis. *Annals of Medicine, 42*(2), 87–96.
Dworzynski, K., Happe, F., Bolton, P., & Ronald, A. (2009). Relationship between symptom domains in autism spectrum disorders: A population based twin study. *Journal of Autism and Developmental Disorders, 39*(8), 1197–1210.

E

Eagle, M. (2000). Repression, part I of II. *Psychoanalytic Review, 87*(1), 1–38.
Ebbinghaus, H. (1913). *Memory: A contribution to experimental psychology* (H. A. Roger & C. E. Bussenius, Trans.). New York: Columbia University Press. (Original work published 1885.)
Ebeling, M. (2008). Neuronal periodicity detection as a basis for the perception of consonance: A mathematical model of tonal fusion. *Journal of the Acoustical Society of America, 124*(4), 2320–2329.
Eberhart, N. K., & Hammen, C. L. (2010). Interpersonal style, stress, and depression: An examination of transactional and diathesis–stress models. *Journal of Social and Clinical Psychology, 29*(1), 23–38.
Ebstein, R., Israel, S., Chew, S., Zhong, S., & Knafo, A. (2010). Genetics of human social behavior. *Neuron, 65*(6), 831–844.
Egawa, T., Mishima, K., Egashira, N., Fukuzawa, M., Abe, K., Yae, T., ... Fujiwara, M. (2002). Impairment of spatial memory in kaolin-induced hydrocephalic rats is associated with changes in the hippocampal cholinergic and noradrenergic contents. *Behavioural Brain Research, 129*(1–2), 31–39.
Egerton, A., Allison, C., Brett, R. R., & Pratt, J. A. (2006). Cannabinoids and prefrontal cortical function: Insights from preclinical studies. *Neuroscience and Biobehavioral Reviews, 30*(5), 680–695.
Eichenbaum, H., & Fortin, N. (2003). Episodic memory and the hippocampus: It's about time. *Current Directions in Psychological Science, 12*(2), 53–57.
Eisend, M. (2007). Understanding two-sided persuasion: An empirical assessment of theoretical approaches. *Psychology and Marketing, 24*(7), 615–640.
Ekman, P. (1980). *The face of man.* New York: Garland Press.
Ekman, P. (1993). Facial expression and emotion. *American Psychologist, 48,* 384–392.
Ekman, P. (2003). Cited in Foreman, J. (2003, August 5). A conversation with Paul Ekman: The 43 facial muscles that reveal even the most fleeting emotions. *The New York Times online.*
Ekman, P., Friesen, W. V., O'Sullivan, M., Chan, A., Diacoyanni-Tarlatzis, I., Heider, K., … Tzavaras, A. (1987). Universals and cultural differences in the judgments of facial expressions of emotion. *Journal of Personality and Social Psychology, 53,* 712–717.
Elkind, D. (1967). Egocentrism in adolescence. *Child Development, 38,* 1025–1034.
Elkind, D. (1985). Egocentrism redux. *Developmental Review, 5,* 218–226.
Elkind, D., & Bowen, R. (1979). Imaginary audience behavior in children and adolescents. *Developmental Psychology, 15*(1), 38–44.
Elkins, D. N. (2009). Why humanistic psychology lost its power and influence in American psychology. *Journal of Humanistic Psychology, 49*(3), 267–291.
Ellickson, P. L., Tucker, J. S., Klein, D. J., & McGuigan, K. A. (2001). Prospective risk factors for alcohol misuse in late adolescence. *Journal of Studies on Alcohol, 62*(6), 773–782.
Elliot, A. J., Kayser, D. N., Greitemeyer, T., Lichtenfeld, S., Gramzow, R. H., Maier, M. A., & Liu, H. (2010). Red, rank, and romance in women viewing men. *Journal of Experimental Psychology: General, 139*(3), 399–417.
Elliot, A. J., Maier, M. A., Moller, A. C., Friedman, R., & Meinhardt, J. (2007). Color and psychological functioning: The effect of red on performance attainment. *Journal of Experimental Psychology: General, 136,* 154–168.
Elliot, A. J., & Mapes, R. R. (2005). Approach–avoidance motivation and self-concept evaluation. In A. Teaser, J. V. Wood, & D. A. Stapel (Eds.), *On building, defending, and regulating the self: A psychological perspective* (pp. 171–196). New York: Psychology Press.
Elliot, A. J., & Niesta, D. (2008). Romantic red: Red enhances men's attraction to women. *Journal of Personality and Social Psychology, 95*(5), 1150–1164.
Ellis, A. (2005). *How to stubbornly refuse to make yourself miserable about anything—yes, anything.* New York: Kensington.
Ellis, M. A., Weiss, B., & Lochman, J. E. (2009). Executive functions in children: Associations with aggressive behavior and appraisal processing. *Journal of Abnormal Child Psychology, 37*(7), 945–956.
Else-Quest, N. M., & Grabe, S. (2012). The political is personal: Measurement and application of nation-level indicators of gender equity in psychological research. *Psychology of Women Quarterly.* doi: 10.1177/0361684312441592
Else-Quest, N. M., Hyde, J. S., & Linn, M. C. (2010). Cross-national patterns of gender differences in mathematics: A meta-analysis. *Psychological Bulletin, 136*(1), 103–127.
Emmons, R. A., & King, L. A. (1988). Conflict among personal strivings: Immediate and long-term implications for psychological and physical well-being. *Journal of Personality and Social Psychology, 54*(6), 1040–1048.
Engelhard, I. M., van den Hout, M. A., Janssen, W. C., & van der Beek, J. (2010). Eye movements reduce vividness and emotionality of "flashforwards." *Behaviour Research and Therapy, 48*(5), 442–447.
Epp, J., Keith, J. R., Spanswick, S. C., Stone, J. C., Prusky, G. T., & Sutherland, R. J. (2008). Retrograde amnesia for visual memories after hippocampal damage in rats. *Learning and Memory, 15,* 214–221.
Erikson, E. H. (1963). *Childhood and society.* New York: Norton.
Eriksson, C. J. P. (2008). Role of alcohol and sex hormones on human aggressive behavior. In D. W. Pfaff, C. Kordon, P. Chanson, & Y. Christen (Eds.), *Hormones and social behavior* (pp. 177–185). Berlin: Springer-Verlag.
Erixon, E., Högstorp, H., Wadin, K., & Rask-Andersen, H. (2009). Variational anatomy of the human cochlea: Implications for cochlear implantation. *Otology and Neurotology, 30*(1), 14–22.
Eron, L. D. (1982). Parent–child interaction, television violence, and aggression of children. *American Psychologist, 37,* 197–211.
Eron, L. D. (1993). Cited in DeAngelis, T. (1993). It's baaack: TV violence, concern for kid viewers. *APA Monitor, 24*(8), 16.
Escorial, S., Rebollo, I., Garcia, L. F., Colom, R., Abad, F. J., & Juan-Espinosa, M. (2003). Abilities that explain the intelligence decline: Evidence from the WAIS-III. *Psicothema, 15*(1), 19–22.
Esser, J. K., & Lindoerfer, J. S. (2006). Groupthink and the space shuttle *Challenger* accident: Toward a quantitative case analysis. *Journal of Behavioral Decision Making, 2*(3), 167–177.
Etaugh, C. A., & Bridges, J. S. (2006). Midlife transitions. In J. Worell & C. D. Goodheart (Eds.), *Handbook of girls'*

and women's psychological health: Gender and well-being across the lifespan (pp. 359–367). Oxford series in clinical psychology. New York: Oxford University Press.

Eysenck, H. J., & Eysenck, M. W. (1985). *Personality and individual differences.* New York: Plenum Press.

F

Fairburn, C.G., & Harrison, P.J. (2003). Eating disorders. *The Lancet, 361,* 407.

Fanti, K. A., Vanman, E., Henrich, C. C., & Avraamides, M. N. (2009). Desensitization to media violence over a short period of time. *Aggressive Behavior, 35*(2), 179–187.

Fantz, R. L. (1961). The origin of form perception. *Scientific American, 204*(5), 66–72.

Farber, B. A., Brink, D. C., & Raskin, P. M. (1996). *The psychotherapy of Carl Rogers: Cases and commentary*. New York: Guilford Press.

Farmer, A., Elkin, A., & McGuffin, P. (2007). The genetics of bipolar affective disorder. *Current Opinion in Psychiatry, 20*(1), 8–12.

Farrer, L. A., Kranzler, H. R., Yu, Y., Weiss, R. D., Brady, K. T., Anton, R., ... Gelernter, J. (2009). Association of variants in MANEA with cocaine-related behaviors. *Archives of General Psychiatry, 66*(3), 267–274.

Farzan, F., Barr, M. S., Levinson, A. J., Chen, R., Wong, W., Fitzgerald, P. B., & Daskalakis, Z. J. (2010). Evidence for gamma inhibition deficits in the dorsolateral prefrontal cortex of patients with schizophrenia. *Brain, 133*(5), 1505–1514.

Fasmer, O., Akiskal, H., Hugdahl, K., & Oedegaard, K. (2008). Non-right-handedness is associated with migraine and soft polarity in patients with mood disorders. *Journal of Affective Disorders, 108*(3), 217–224.

Fatemi, S. H., & Folsom, T. D. (2009). The neurodevelopmental hypothesis of schizophrenia, revisited. *Schizophrenia Bulletin, 35*(3), 528–548.

Feeney, B. C. (2004). A secure base: Responsive support of goal strivings and exploration in adult intimate relationships. *Journal of Personality & Social Psychology, 87*(5), 631–648.

Fehr, B. (2008). Friendship formation. In S. Sprecher, A. Wenzel, & J. H. Harvey (Eds.), *Handbook of relationship initiation* (pp. 29–54). New York: CRC Press.

Feinstein, J. S., Adolphs, R., Damasio, A., & Tranel, D. (2010). The human amygdala and the induction and experience of fear. *Current Biology*, *22*(1), 34–38.

Felsted, J. A., Ren, X., Chouinard-Decorte, F., & Small, D. M. (2010). Genetically determined differences in brain response to a primary food reward. *Journal of Neuroscience, 30*(7), 2428–2432.

Fenton, B. W. (2010). Measuring quality of life in chronic pelvic pain syndrome. *Expert Review of Obstetrics and Gynecology, 5*(1), 115–124.

Ferrario, M. M., Veronesi, G., Chambless, L. E., Sega, R., Fornari, C., Bonzini, M., & Cesana, G. (2011). The contribution of major risk factors and job strain to occupational class differences in coronary heart disease. *Occupational and Environmental Medicine, 68,* 717–722.

Festinger, L., & Carlsmith, J. M. (1959). Cognitive consequences of forced compliance. *Journal of Abnormal and Social Psychology, 58,* 203–210.

Festinger, L., Riecken, H. W., Jr., & Schachter, S. (1956). *When prophecy fails.* Minneapolis: University of Minnesota Press.

Fetissov, S. O., & Meguid, M. M. (2010). Serotonin delivery into the ventromedial nucleus of the hypothalamus affects differently feeding pattern and body weight in obese and lean Zucker rats. *Appetite, 54*(2), 346–353.

Fields, R. D. (2005, February). Making memories stick. *Scientific American*, 75–81.

Fifer, W. P., & Moon, C. (2003). Prenatal development. In A. Slater & G. Bremner (Eds.), *An introduction to developmental psychology* (pp. 95–114). Malden, MA: Blackwell Publishers.

Finkelstein, E. A., Brown, D. S., Wrage, L. A., Allaire, B. T., & Hoerger, T. J. (2010). Individual and aggregate years-of-life-lost associated with overweight and obesity. *Obesity, 18*(2), 333–339.

Fisher, B. S., Daigle, L. E., & Cullen, F. T. (2008). Rape against women. *Journal of Contemporary Criminal Justice, 24*(2), 163–177.

Fisher, C. B. (2009). *Decoding the ethics code: A practical guide for psychologists* (2nd ed.). Thousand Oaks, CA: Sage.

Fisher, T. D., Moore, Z. T., & Pittenger, M. (2012). Sex on the brain? An examination of frequency of sexual cognitions as a function of gender, erotophilia, and social desirability. *Journal of Sex Research, 49*(1), 69–77.

Flavell, J. H. (2000). Development of children's knowledge about the mental world. *International Journal of Behavioral Development, 24*(1), 15–23.

Flavell, J. H., Miller, P. H., & Miller, S. A. (2002). *Cognitive development* (4th ed.). Upper Saddle River, NJ: Prentice Hall.

Flegal, K. M., Carroll, M. D., Ogden, C. L., & Curtin, L. R. (2010). Prevalence and trends in obesity among U.S. adults, 1999–2008. *Journal of the American Medical Association, 303*(3), 235–241.

Flett, G. L., Besser, A., Hewitt, P. L., & Davis, R. A. (2007). Perfectionism, silencing the self, and depression. *Personality and Individual Differences, 43*(5), 1211–1222.

Fligor, B. J., & Cox, L. C. (2004). Output levels of commercially available portable compact disc players and the potential risk to hearing. *Ear and Hearing, 25,* 513–527.

Flouri, E., & Buchanan, A. (2003). The role of father involvement and mother involvement in adolescents' psychological well-being. *British Journal of Social Work, 33*(3), 399–406.

Folkman, S. (Ed.). (2011). *The Oxford handbook of stress, health and coping.* New York: Oxford University Press.

Folkman, S., & Moskowitz, T. (2000a). Positive affect and the other side of coping. *American Psychologist, 55*(6), 647–654.

Folkman, S., & Moskowitz, J. T. (2000b). The context matters. *Personality and Social Psychology Bulletin, 26*(2), 150–151.

Fontaine, R. G., Tanha, M., Yang, C., Dodge, K. A., Bates, J. E., & Pettit, G. S. (2010). Does response evaluation and decision (RED) mediate the relation between hostile attributional style and antisocial behavior in adolescence? *Journal of Abnormal Child Psychology, 38*(5), 615–626.

Foote, B., Smolin, Y., Kaplan, M., Legatt, M. E., & Lipschitz, D. (2006). Prevalence of dissociative disorders in psychiatric outpatients. *American Journal of Psychiatry, 163*(4), 623–629.

Forcehimes, A. A., & Tonigan, J. S. (2008). Self-efficacy as a factor in abstinence from alcohol/other drug abuse: A meta-analysis. *Alcoholism Treatment Quarterly, 26*(4), 480–489.

Forrest, D. V. (2008). Alien abduction: A medical hypothesis. *Journal of the American Academy of Psychoanalysis and Dynamic Psychiatry, 36*(3), 431–442.

Förster, J. (2009). Cognitive consequences of novelty and familiarity: How mere exposure influences level of construal. *Journal of Experimental Social Psychology, 45*(2), 444–447.

Fortin, S., Godbout, L., & Braun, C. M. J. (2002). Strategic sequence planning and prospective memory impairments in frontally lesioned head trauma patients performing activities of daily living. *Brain & Cognition, 48*(2–3), 361–365.

Franco, K., Mancilla, J. M., Alvarez, G., Vazquez, R., Lopez, X., & Diaz, F. (2009). The role of perfectionism in eating behaviors among women with eating disorder. *Appetite, 52*(3), 832.

Franklin, T. R., Harper, D., Kampman, K., Kildea-McCrea, S., Jens, W., Lynch, K. G., ... Childress, A. R. (2009). The GABA B agonist baclofen reduces cigarette consumption in a preliminary double-blind placebo-controlled smoking reduction study. *Drug and Alcohol Dependence, 103*(1–2), 30–36.

Frasure-Smith, N., & Lespérance, F. (2008). Depression and anxiety as predictors of 2-year cardiac events in patients with stable coronary artery disease. *Archives of General Psychiatry, 65*(1), 62–71.

Freeman, D., Pugh, K, Vorontsova, N., Antley, A., & Slater, M. (2010). Testing the continuum of delusional beliefs: An experimental study using virtual reality.

Journal of Abnormal Psychology, 119(1), 83–92.
Freeman, M. S., Spence, M. J., & Oliphant, C. M. (1993, June). *Newborns prefer their mothers' low-pass filtered voices over other female filtered voices.* Paper presented at the annual convention of the American Psychological Society, Chicago, IL.
Freitas, A. L., Clark, S. L., Kim, J. Y., & Levy, S. R. (2009). Action-construal levels and perceived conflict among ongoing goals: Implications for positive affect. *Journal of Research in Personality, 43*(5), 938–941.
Freud, S. (1964). A religious experience. In *Standard edition of the complete psychological works of Sigmund Freud* (Vol. 21). London: Hogarth Press. (Original work published 1927.)
Freud, S. (1998). The baby and the bathwater: Some thoughts on Freud as a postmodernist. *Families in Society: The Journal of Contemporary Human Services, 79,* 455–464.
Freund, M. (2009). On the notion of concept: II. *Artificial Intelligence, 173*(1), 167–179.
Friedrich, C. K., Schild, U., & Roder, B. (2009). Electrophysiological indices of word fragment priming allow characterizing neural stages of speech recognition. *Biological Psychology, 80*(1), 105–113.
Frisby, B. N., Dillow, M. R., Gaughan, S., & Nordlund, J. (2010). Flirtatious communication: An experimental examination of social-sexual communication motivated by evolutionary forces. *Sex Roles, 64*(9–10), 682–694.
Frisch, R. (1997). Cited in Angier, N. (1997). Chemical tied to fat control could help trigger puberty. *The New York Times*, pp. C1, C3.
Fritsch, G., & Hitzig, E. (1960). On the electrical excitability of the cerebrum. In G. von Bonin (Ed.), *Some papers on the cerebral cortex*. Springfield, IL: Thomas. (Original work published 1870.)
Froeliger, B., Gilbert, D. G., & McClernon, F. J. (2009). Effects of nicotine on novelty detection and memory recognition performance: Double-blind, placebo-controlled studies of smokers and nonsmokers. *Psychopharmacology, 205*(4), 625–633.
Fuentes, R., Petersson, P., Siesser, W. B., Caron, M. G., & Nicolelis, M. A. L. (2009). Spinal cord stimulation restores locomotion in animal models of Parkinson's disease. *Science, 323*(5921), 1578–1582.
Fukushima, M., Sharp, S., & Kobayashi, E. (2009). Born to bond, collectivism, and conformity: A comparative study of Japanese and American college students. *Deviant Behavior, 30*(5), 434–466.
Furnham, A., Petrides, K. V., Sisterson, G., & Baluch, B. (2003). Repressive coping style and positive self-presentation. *British Journal of Health Psychology, 8*(2), 223–249.

G

Galdo-Alvarez, S., Lindín, M., & Díaz, F. (2009). Age-related prefrontal over-recruitment in semantic memory retrieval: Evidence from successful face naming and the tip-of-the-tongue state. *Biological Psychology, 82*(1), 89–96.
Gallese, V., Fadiga, L., Fogassi, L., & Rizzolatti, G. (1996). Action recognition in the premotor cortex. *Brain, 119*(2), 593–609.
Gans, D., & Silverstein, M. (2006). Norms of filial responsibility for aging parents across time and generations. *Journal of Marriage and Family, 68*(4), 961–976.
Gao, Y., Raine, A., Venables, P. H., Dawson, M. E., & Mednick, S. A. (2010a). Association of poor childhood fear conditioning and adult crime. *American Journal of Psychiatry, 167,* 56–60.
Gao, Y., Raine, A., Venables, P. H., Dawson, M. E., & Mednick, S. A. (2010b). Reduced electrodermal fear conditioning from ages 3 to 8 years is associated with aggressive behavior at age 8 years. *Journal of Child Psychology and Psychiatry, 51*(5), 550–558.
Garb, H. N., Wood, J. M., Lilienfeld, S. O., & Nezworski, M. T. (2005). Roots of the Rorschach controversy. *Clinical Psychology Review, 25*(1), 97–118.
Garcia, J., & Koelling, R. A. (1966). Relation of cue to consequences in avoidance learning. *Psychonomic Science 4,* 123–124.
Garcia-Falgueras, A., & Swaab, D. F. (2010). Sex hormones and the brain: An essential alliance for sexual identity and sexual orientation. In S. Loche, M. Cappa, L. Ghizzoni, M. Maghnie, & M. O. Savage (Eds.), *Pediatric neuroendocrinology* (Vol. 17, pp. 22–35). Basel, Switzerland: Karger.
Gardini Gardenghi, G., Boni, E., Todisco, P., Manara, F., Borghesi, A., & Tantucci, C. (2009). Respiratory function in patients with stable anorexia nervosa. *Chest, 136*(5), 1356–1363.
Gardner, H. (1983/1993). *Frames of mind.* New York: Basic Books.
Gardner, H. (2001, April 5). Multiple intelligence. *The New York Times*, p. A20.
Gardner, H. (2009). Birth and the spreading of a "meme." In J.-Q. Chen, S. Moran, & H. Gardner (Eds.), *Multiple intelligences around the world* (pp. 3–16). Hoboken, NJ: Wiley.
Garrett, R. K. (2009). Politically motivated reinforcement seeking: Reframing the selective exposure debate. *Journal of Communication, 59*(4), 676–699.
Garza, Y., & Watts, R. E. (2010). Filial therapy and Hispanic values: Common ground for culturally sensitive helping. *Journal of Counseling and Development, 88*(1), 108–113.
Gatchel, R. J., Haggard, R., Thomas, C., & Howard, K. J. (2012). Biopsychosocial approaches to understanding chronic pain. *Handbook of pain and palliative care*, 1–16. doi: 10.1007/978-1-4419-1651-8_1
Gatchel, R. J., & Kishino, N. D. (2010). Managing pain. In J. C. Thomas & M. Hersen (Eds.), *Handbook of clinical psychology competencies* (pp. 1181–1192). New York: Springer.
Gay, P. (1999). Psychoanalyst: Sigmund Freud. *Time, 153,* 66.
Gegenfurtner, K. R., & Kiper, D. C. (2003). Color vision. *Annual Review of Neuroscience, 26,* 181–206.
Geher, G., Bauman, K.P., Hubbard, S.E.K., & Legare, J.R. (2002). Self and other obedience estimates: Biases and moderators. *The Journal of Social Psychology, 142,* 677–689.
Gerdes, A. B. M., Uhl, G., & Alpers, G. W. (2009). Spiders are special: Fear and disgust evoked by pictures of arthropods. *Evolution and Human Behavior, 30*(1), 66–73.
Gershoff, E. T. (2002). Corporal punishment by parents and associated child behaviors and experiences: A meta-analytic and theoretical review. *Psychological Bulletin, 128*(4), 539–579.
Getzels, J. W., & Jackson, P. W. (1962). *Creativity and intelligence.* New York: Wiley.
Gigerenzer, G. (2010). Personal reflections on theory and psychology. *Theory & Psychology, 20*(6), 733–743.
Gigerenzer, G., Hoffrage, U., & Goldstein, D. G. (2008). Postscript: Fast and frugal heuristics. *Psychological Review, 115*(1), 238–239.
Gilbert, P. (2009). Biopsychosocial approaches and evolutionary theory as aids to integration in clinical psychology and psychotherapy. *Clinical Psychology and Psychotherapy.* doi:10.1002/cpp.5640020302
Gilbert, S. J., Bird, G., Brindley, R., Frith, C. D., & Burgess, P. W. (2008). Atypical recruitment of medial prefrontal cortex in autism spectrum disorders: An fMRI study of two executive function tasks. *Neuropsychologia, 46*(9), 2281–2291.
Gilovich, T., & Eibach, R. (2001). The fundamental attribution error where it really counts. *Psychological Inquiry, 12*(1), 23–26.
Giuliano, P. (2007). Living arrangements in Western Europe: Does cultural origin matter? *Journal of the European Economic Association, 5*(5), 927–952.
Glantz L. A., et al. (2010). Pro-apoptotic Par-4 and dopamine D2 receptor in temporal cortex in schizophrenia, bipolar disorder and major depression. *Schizophr Research 118*(1-3): 292–299.
Glaser, R., Pearson, G. R., Bonneau, R. H., Esterling, B. A., Atkinson, C., & Kiecolt-Glaser, J. K. (1993). Stress and the memory T-cell response to the Epstein-Barr virus. *Health Psychology, 12,* 435–442.
Glass, D. C., Krakoff, L. R., Contrada, R., Hiltn, W. F., Kehoe, K., Mannucci, E. G., ... Elting, E. (2007). Effects of harassment and competition upon cardiovascular and plasma catechol-

amine responses in Type A and Type B individuals. *Psychophysiology, 17*(5), 453–463.
Glasser, C. L., Robnett, B., & Feliciano, C. (2009). Internet daters' body type preferences: Race–ethnic and gender differences. *Sex Roles, 61*(1–2), 14–33.
Glynn, R. J. (2010). The USPSTF recommendation statement on coronary heart disease risk assessment. *Annals of Internal Medicine, 152,* 403–404.
Goez, H., & Zelnik, N. (2008). Handedness in patients with developmental coordination disorder. *Journal of Child Neurology, 23*(2), 151–154.
Goldman-Rakic, P. S. (1995). Cited in Goleman, D. (1995, May 2). Biologists find site of working memory. *The New York Times,* pp. C1, C9.
Goldston, D. B., & Compton, J. S. (2010). Adolescent suicidal and nonsuicidal self-harm behaviors and risk. In E. J. Marsh & R. A. Barkley (Eds.), *Assessment of childhood disorders* (pp. 305–346). New York: Guilford Press.
Goleman, D. J. (1995). *Emotional intelligence.* New York: Bantam Books.
Golombok, S., Rust, J., Zervoulis, K., Croudace, T., Golding, J., & Hines, M. (2008). Developmental trajectories of sex-typed behavior in boys and girls: A longitudinal general population study of children aged 2.5–8 years. *Child Development, 79*(5), 1583–1593.
González, H. M., Vega, W. A., Williams, D. R., Tarraf, W., West, B. T., & Neighbors, H. W. (2010). Depression care in the United States: Too little for too few. *Archives of General Psychiatry, 67,* 37–46.
González, Y. S., Moreno, D. S., & Schneider, B. H. (2004). Friendship expectations of early adolescents in Cuba and Canada. *Journal of Cross-Cultural Psychology, 35*(4), 436–445.
Goodenough, F. (1926). *Measurement of intelligence by drawings.* Yonkers, NY: World Book.
Gotlib, I. H., & Joormann, J. (2010). Cognition and depression: Current status and future directions. *Annual Review of Clinical Psychology, 6,* 285–312.
Gottesman, I. I. (1991). *Schizophrenia genesis.* New York: Freeman.
Gottfredson, G. D. (2009). John Holland (1919–2008). *American Psychologist, 64*(6), 561.
Gould, S. J. (2002). *The structure of evolutionary theory.* Cambridge, MA: Belknap Press /Harvard University Press.
Grace, D. M., David, B. J., & Ryan, M. K. (2008). Investigating preschoolers' categorical thinking about gender through imitation, attention, and the use of self-categories. *Child Development, 79*(6), 1928–1941.
Greenberg, J. (1985) Family size tied to SAT, IQ scores. *Science News.* Science Service, Inc.
Greenberger, E., Chen, C., Tally, S. R., & Dong, Q. (2000). Family, peer, and individual correlates of depressive symptomology among U.S. and Chinese adolescents. *Journal of Consulting and Clinical Psychology, 68,* 209–219.
Greenhalgh, J., Dickson, R., & Dundar, Y. (2010). Biofeedback for hypertension: A systematic review. *Journal of Hypertension, 28*(4), 644–652.
Greenwood, P. M., Sundararajan, R., Lin, M.-K., Kumar, R., Fryxell, K. J., & Parasuraman, R. (2009). Both a nicotinic single nucleotide polymorphism (SNP) and a noradrenergic SNP modulate working memory performance when attention is manipulated. *Journal of Cognitive Neuroscience, 21*(11), 2139–2153.
Gregory, V. L., Jr. (2010). Cognitive-behavioral therapy for schizophrenia: Applications to social work practice. *Social Work in Mental Health, 8*(2), 140–159.
Greidanus, E., & Everall, R. D. (2010). Helper therapy in an online suicide prevention community. *British Journal of Guidance and Counselling, 38*(2), 191–204.
Griffin, C. (2001). Imagining new narratives of youth: Youth research, the "new Europe" and global youth culture. *Childhood: Global Journal of Child Research, 8*(2), 147–166.
Griffin, K.W., Botvin, G. J., Nichols, T. R., & Scheier, L. M. (2004). Low perceived chances for success in life and binge drinking among inner-city minority youth. *Journal of Adolescent Health, 34*(6), 501–507.
Grillon, M.-L., Krebs, M.-O., Gourevitch, R., Giersch, A., & Huron, C. (2010). Episodic memory and impairment of an early encoding process in schizophrenia. *Neuropsychology, 24*(1), 101–108.
Gross, A. L., Gallo, J. J., & Eaton, W. W. (2010). Depression and cancer risk: 24 years of follow-up of the Baltimore Epidemiologic Catchment Area. *Cancer Causes and Control, 21*(2), 191–199.
Gross, R. (2002). The prison simulation experiment. *Psychology Review, 8,* 15–17.
Grundy, E., & Henretta, J. C. (2006). Between elderly parents and adult children: A new look at the intergenerational care provided by the "sandwich generation." *Ageing & Society, 26*(5), 707–722.
Grusec, J. E. (2006). The development of moral behavior and conscience from a socialization perspective. In M. Killen & J. G. Smetana (Eds.), *Handbook of moral development* (pp. 243–265). Mahwah, NJ: Erlbaum.
Gupta, V. B., Nwosa, N. M., Nadel, T. A., & Inamdar, S. (2001). Externalizing behaviors and television viewing in children of low-income minority parents. *Clinical Pediatrics, 40*(6), 337–341.
Guzzetti, B. J. (2010). Feminist perspectives on the new literacies. In E. A. Baker & D. J. Leu (Eds.), *The new literacies* (pp. 242–264). New York: Guilford Press.

H

Haenen, J. (2001). Outlining the teaching–learning process: Piotr Gal'perin's contribution. *Learning and Instruction, 11*(2), 157–170.
Hafemeister, L., Gaussier, P., Maillard, M., Boucenna, S., & Giovannangeli, C. (2010). Perception: Insights from the sensori-motor approach. *European Workshop of Visual Information Processing.* Retrieved from http://hal.archives-ouvertes.fr/hal-00520433/
Hall, J. A., Park, N., Song, H., & Cody, M. J. (2010). Strategic misrepresentation in online dating: The effects of gender, self-monitoring, and personality traits. *Journal of Social and Personal Relationships, 27*(1), 117–135.
Halpern, D. F. (2003). Sex differences in cognitive abilities. *Applied Cognitive Psychology, 17*(3), 375–376.
Halpern, D. F., Benbow, C. P., Geary, D. C., Gur, R. C., Shibley Hyde, J., & Gernsbacher, M. A. (2007). The science of sex differences in science and mathematics. *Psychological Science in the Public Interest, 8*(1), 1–51.
Halpern, D. F., & LaMay, M. L. (2000). The smarter sex: A critical review of sex differences in intelligence. *Educational Psychology Review, 12*(2), 229–246.
Halpern, R. (2005). [Review of the book *Examining adolescent leisure time across cultures: New directions for child and adolescent development, No. 99* by S. Verma and R. Larson, eds.]. *Journal of Adolescent Research, 20*(4), 524–525.
Hancock, J. (2007). Digital deception: When, where, and how people lie online. In K. McKenna, T. Postmes, U. Reips, & A. Joinson (Eds.), *Oxford handbook of Internet psychology* (pp. 287–301). Oxford, England: Oxford University Press.
Harlow, H. F. (1959). Love in infant monkeys. *Scientific American, 200,* 68–86.
Harlow, J. M. (1868). Recovery from the passage of an iron bar through the head. *Publication of the Massachusetts Medical Society, 2,* 327.
Harris, J. L., Bargh, J. A., & Brownell, K. D. (2009). Priming effects of television food advertising on eating behavior. *Health Psychology, 28*(4), 404–413.
Hasin, D. S., Goodwin, R. D., Stinson, F. S., & Grant, B. F. (2005). Epidemiology of major depressive disorder. *Archives of General Psychiatry, 62,* 1097–1106.
Haustein, K.-O., & Groneberg, D. (2009). Pharmacology and pharmakinetics of nicotine. In K.-O. Haustein & D. Groneberg (Eds.), *Tobacco or health?* (pp. 61–86). New York: Springer.
Haworth, C. M. A., Dale, P. S., & Plomin, R. (2009a). Sex differences and science: The etiology of science excellence. *Journal of Child Psychology and Psychiatry, 50*(9), 1113–1120.
Haworth, C. M. A., Wright, M. J., Martin, N. W., Martin, N. G., Boomsma, D. I.,

Bartels, M., ... Plomin, R. (2009b). A twin study of the genetics of high cognitive ability selected from 11,000 twin pairs in six studies from four countries. *Behavior Genetics, 39*(4), 359–370.
Health, United States (2002). http:/www .cdc.gov/ nchs (National Center for Health Statistics).
Heber, D. (2010). An integrative view of obesity. *American Journal of Clinical Nutrition, 91*(1), 280S–283S.
Heidenreich, T., & Michalak, J. (2003). Mindfulness as a treatment principle in behavior therapy. *Verhaltenstherapie, 13*(4), 264–274.
Heimpel, S. A., Wood, J. V., Marshall, M. A., & Brown, J. D. (2002). Do people with low self-esteem really want to feel better? Self-esteem differences in motivation to repair negative moods. *Journal of Personality & Social Psychology, 82*(1), 128–147.
Helms, J. E. (2006). Fairness is not validity or cultural bias in racial-group assessment: A quantitative perspective. *American Psychologist, 61*(8), 845–859.
Henderson, A. S. (2009). Alzheimer's disease in its epidemiological context. *Acta Neurologica Scandinavica, 88*(S149), 1–3.
Henderson, T. L., Roberto, K. A., & Kamo, Y. (2010). Older adults' responses to Hurricane Katrina. *Journal of Applied Gerontology, 29*(1), 48–69.
Heng, M. A. (2000). Scrutinizing common sense: The role of practical intelligence in intellectual giftedness. *Gifted Child Quarterly, 44*(3), 171–182.
Henley, C. L., Nunez, A. A., & Clemens, L. G. (2010). Exogenous androgen during development alters adult partner preference and mating behavior in gonadally intact male rats. *Hormones and Behavior, 57*(4–5), 488–495.
Henry, D. B. (2008). Changing classroom social settings through attention to norms. In M. Shinn & H. Yoshikawa (Eds.), *Toward positive youth development* (pp. 40–57). New York: Oxford University Press.
Henry, J. D., MacLeod, M. S., Phillips, L. H., & Crawford, J. R. (2004). A meta-analytic review of prospective memory and aging. *Psychology and Aging, 19*(1), 27–39.
Herbenick, D., Reece, M., Sanders, S. A., Schick, V., Dodge, B., & Fortenberry, J. D. (2010a). Sexual behavior in the United States: Results from a national probability sample of males and females ages 14 to 94. *Journal of Sexual Medicine, 7*(Suppl. 5), 255–265.
Herbenick, D., Reece, M., Schick, V., Sanders, S. A., Dodge, B., & Fortenberry, J. D. (2010b). Sexual behaviors, relationships, and perceived health among adult women in the United States: Results from a national probability sample. *Journal of Sexual Medicine,* 7(Suppl. 5), 277–290.
Herbenick, D., Reece, M., Schick, V., Sanders, S. A., Dodge, B., & Fortenberry, J. D. (2010c). An event-level analysis of the sexual characteristics and composition among adults ages 18 to 59: Results from a national probability sample in the United States. *Journal of Sexual Medicine, 7*(Suppl. 5), 346–361.
Hergenhahn, B. R. (2009). *An introduction to the history of psychology* (6th ed.). Belmont, CA: Cengage.
Heron, M., & Tejada-Vera, B. (2009). Deaths: Leading causes. *National Vital Statistics Reports, 58*(8). Retrieved from http://www.cdc.gov/nchs/data/nvsr/nvsr58/nvsr58_08.pdf
Higgs, S., & Woodward, M. (2009). Television watching during lunch increases afternoon snack intake of young women. *Appetite, 52*(1), 39–43.
Hill, S. Y., et al. (2007). Cerebellar volume in offspring from multiplex alcohol dependence families. *Biological Psychiatry, 61*(1), 41–47.
Hingson, R., Zha, W., & Weitzman, E. R. (2002). *A call to action: Changing the culture of drinking at U.S. colleges.* Washington, DC: National Institutes of Health: National Institute of Alcohol Abuse and Alcoholism.
Hirst, W., Phelps, E. A., Buckner, R. L., Budson, A. E., Gabrieli, J. D. E., Johnson, M. K., ... Vaidya, C. J. (2009). Long-term memory for the terrorist attack of September 11: Flashbulb memories, event memories, and the factors that influence their retention. *Journal of Experimental Psychology: General, 138*(2), 161–176.
Ho, M. Y., Cheung, F. M., & Cheung, S. F. (2010). The role of meaning in life and optimism in promoting well-being. *Personality and Individual Differences, 48*(5), 658–663.
Hobson, J. A. (2003). *Dreaming: An introduction to the science of sleep.* New York: Oxford University Press.
Hobson, J. A. (2009). REM sleep and dreaming. *Nature Reviews Neuroscience, 10,* 803–813.
Hoff, E. (2005). *Language development* (3rd ed.). Belmont, CA: Wadsworth.
Hoffman, H. G. (2004). Virtual reality therapy. *Scientific American, 291*(2), 58–65.
Hoge, C. W., et al. (2004). Combat duty in Iraq and Afghanistan, mental health problems, and barriers to care. *New England Journal of Medicine, 351*(1), 13–22.
Hojnoski, R. L., Morrison, R., Brown, M., & Matthews, W. J. (2006). Projective test use among school psychologists. *Journal of Psychoeducational Assessment, 24*(2), 145–159.
Hollingshead, A. B., & Redlich, F. C. (1958). *Social class and mental illness.* New York: Wiley.
Hollon, S. D., & Shelton, R. C. (2001). Treatment guidelines for major depressive disorder. *Behavior Therapy, 32*(2), 235–258.
Holmes, T. H., & Rahe, R. H. (1967). The social readjustment rating scale. *Journal of Psychosomatic Research, 11,* 213–218.
Honorton, C. (1985). Meta-analysis of psi Ganzfeld research. *Journal of Parapsychology, 49,* 51–91.
Honts, C. R., & Handler, M. (2011, January). *Interrogations, false confessions and the polygraph: Issues and concerns from psychological science.* Invited address at the Annual Meeting, American Association of Police Polygraphists, Boston, MA.
Hoover, R. N. (2000). Cancer—Nature, nurture, or both? *New England Journal of Medicine online, 343*(2).
Hopkins, R. A., & Powers, T. L. (2009). Development and test of new dimensions of altruistic buying behavior. *Journal of Consumer Marketing, 26*(3), 185–199.
Horan, W. P., Wynn, J. K., Kring, A. M., Simons, R. F., & Green, M. F. (2010). Electrophysiological correlates of emotional responding in schizophrenia. *Journal of Abnormal Psychology, 119*(1), 18–30.
Horn, J. M. (1983). The Texas adoption project. *Child Development, 54,* 268–275.
Hornstein, E. P., Verweij, J., & Schnapf, J. L. (2004). Electrical coupling between red and green cones in primate retina. *Nature Neuroscience, 7*(7), 745–750.
Howard, G., Lau, M. Y., Maxwell, S. E., Venter, A., Lundy, R., & Sweeny, R. M. (2009). Do research literatures give correct answers? *Review of General Psychology, 13*(2), 116–121.
Howard, K. J., Ellis, H. B., & Khaleel, M. A. (2010). Psychological factors that may influence outcome after joint replacement surgery. *Current Orthopaedic Practice, 21*(2), 144–148.
Hrabosky, J. I., Cash, T. F., Veale, D., Neziroglu, F., Soll, E. A., Garner, D. M., ... Phillips, K. A. (2009). Multidimensional body image comparisons among patients with eating disorders, body dysmorphic disorder, and clinical controls: A multisite study. *Body Image, 6*(3), 155–163.
Hu, X., Yang, Y., Liu, L., Liu, X., & Tong, Y. (2010). Early psychological intervention following a natural disaster. *Social Behavior and Personality, 38*(1), 71–74.
Hubel, D. H., & Wiesel, T. N. (1979). Brain mechanisms of vision. *Scientific American, 241,* 150–162.
Huesmann, L. R., Moise-Titus, J., Podolski, C., & Eron, L. D. (2003). Longitudinal relations between children's exposure to TV violence and their aggressive and violent behavior in young adulthood: 1977–1992. *Developmental Psychology, 39*(2), 201–221.
Hughes, T. F., Andel, R., Small, B. J., Borenstein, A. R., & Mortimer, J. A. (2008). The association between social resources and cognitive change in older adults. *Journals of Gerontology Series B: Psychological Sciences and Social Sciences, 63,* P241–P244.
Hunter, B.T. (2002). How food communicates with your taste buds: The chemistry of perception. *Consumers' Research Magazine, 85,* 26–28.

Hunter, D. J. (2005). Gene–environment interactions in human diseases. *Nature Reviews Genetics, 6,* 287–298.
Huntjens, R. J. C., Postma, A., Peters, M. L., Woertman, L., & van der Hart, O. (2003). Interidentity amnesia for neutral, episodic information in dissociative identity disorder. *Journal of Abnormal Psychology, 112*(2), 290–297.
Hurka, T. (2010). Morality and political violence. *Philosophical Review, 119*(1), 115–117.
Hustad, J. T. P., Barnett, N. P., Borsari, B., & Jackson, K. M. (2010). Web-based alcohol prevention for incoming college students: A randomized controlled trial. *Addictive Behaviors, 35*(3), 183–189.
Hwang, C. H., Guo, D., Harris, M. A., Howard, O., Mishina, Y., Gan, L., ... Wu, D. K. (2010). Role of bone morphogenetic proteins on cochlear hair cell formation. *Developmental Dynamics, 239*(2), 505–513.
Hyde, J. S., Lindberg, S. M., Linn, M. C., Ellis, A. B., & Williams, C. C. (2008). Gender similarities characterize math performance. *Science, 321,* 494–495.
Hyde, J. S., & Mertz, J. E. (2009). Gender, culture, and mathematics performance. *Proceedings of the National Academy of Sciences, 106*(22), 8801–8807.
Hyman, R. (2011). Cited in B. Carey. (2011, January 5). Journal's paper on ESP expected to prompt outrage. *The New York Times online.*

I

Iacono, W. G. (2008). Accuracy of polygraph techniques: Problems using confessions to determine ground truth. *Physiology and Behavior, 95*(1–2), 24–26.
Inaba, M., Maruyamab, T., Yoshimurab, Y., Hosoia, H., & Komatsu, Y. (2009). Facilitation of low-frequency stimulation-induced long-term potentiation by endogenous noradrenaline and serotonin in developing rat visual cortex. *Neuroscience Research, 64*(2), 191–198.
Inhelder, B., & Piaget, J. (1958). *The growth of logical thinking.* New York: Basic Books.
International Human Genome Sequencing Consortium. (2006). Finishing the euchromatic sequence of the human genome. *Nature, 431,* 931–945.
Isarida, T., & Isarida, T. K. (2006). Influences of environmental context on the recency effect in free recall. *Memory and Cognition, 34*(4), 787–794.
Isen, J., Raine, A., Baker, L., Dawson, M., Bezdjian, S., & Lozano, D. I. (2010). Sex-specific association between psychopathic traits and electrodermal reactivity in children. *Journal of Abnormal Psychology, 119*(1), 216–225.
Ismail, S. A., & Mowafi, H. A. (2009). Melatonin provides anxiolysis, enhances analgesia, decreases intraocular pressure, and promotes better operating conditions during cataract surgery under topical anesthesia. *Anesthesia and Analgesia, 108,* 1146–1151.
Ito, H., Yamauchi, H., Kaneko, H., Yoshikawa, T., Nomura, K., & Honjo, S. (2011). Prefrontal overactivation, autonomic arousal, and task performance under evaluative pressure. *Psychophysiology, 48*(11), 1563–1571.
Iverson, P., Kuhl, P. K., Akahane-Yamada, R., Diesch, E., Tohkura, Y., Kettermann, A., & Siebert, C. (2003). A perceptual interference account of acquisition difficulties for non-native phonemes. *Cognition, 87*(1), B47–B57.
Iwasaki, A., & Medzhitov, R. (2010). Regulation of adaptive immunity by the innate immune system. *Science, 327*(5963), 291–295.

J

Jackson, E. C. (2009). Nocturnal enuresis: Giving the child a "lift." *Journal of Pediatrics, 154*(5), 636–637.
Jackson, H., & Nuttall, R. L. (2001). Risk for preadolescent suicidal behavior: An ecological model. *Child and Adolescent Social Work Journal, 18*(3), 189–203.
Jackson, L. C., & Greene, B. (2000). *Psychotherapy with African American women: Innovations in psychodynamic perspectives and practice.* New York: Guilford Press.
Jackson, M. L. (2009). *The effects of sleep deprivation on simulated driving, neurocognitive functioning and brain activity in professional drivers.* Retrieved from http://researchbank. swinburne .edu.au/vital/access/manager/ Repository/swin:14257
James, W. (1890). *The principles of psychology.* New York: Henry Holt.
Jamison, K. R. (2000). Suicide and bipolar disorder. *Journal of Clinical Psychiatry, 61*(Suppl. 9), 47–51.
Jang, K. L., Livesley, W. J., Vernon, P. A., & Jackson, D. N. (2007). Heritability of personality disorder traits: A twin study. *Acta Psychiatrica Scandinavica, 94*(6), 438–444.
Janis, I. L. (1982). *Groupthink* (2nd ed.). Boston: Houghton Mifflin.
Janowitz, H. D., & Grossman, M. I. (1949). Effects of variations in nutritive density on intake of food in dogs and cats. *American Journal of Physiology, 158,* 184–193.
Jemal, A., Siegel, R., Ward, E., Hao, Y., Xu, J., & Thun, M. J. (2009). Cancer statistics, 2009. *CA: Cancer Journal for Clinicians, 59,* 225–249.
Jennings, M., Heitner, K., & Heravi, N. (2009). Identification of factors associated with academic success and persistence to graduation in online learning environments. *Proceedings of World Conference on Educational Multimedia, Hypermedia and Telecommunications 2009* (pp. 4216–4219). Chesapeake, VA: AACE.
Jensen, M. P., Barber, J., Romano, J. M., Hanley, M. A., Raichle, K. A., Molton, I. R., ... Patterson, D. R. (2009). Effects of self-hypnosis training and EMG biofeedback relaxation training on chronic pain in persons with spinal-cord injury. *International Journal of Clinical and Experimental Hypnosis, 57*(3), 239–268.
Jetten, J., & Hornsey, M. J. (2011). *Rebels in groups.* Hoboken, NJ: Wiley.
Johnson, S. B., Sudhinaraset, M., & Blum, R. W. (2010). Neuromaturation and adolescent risk taking: Why development is not determinism. *Journal of Adolescent Research, 25*(1), 4–23.
Johnson, W., Jung, R. E., Colom, R., & Haier, R. J. (2008). Cognitive abilities independent of IQ correlate with regional brain structure. *Intelligence, 36*(1), 18–28.
Johnson, W., & Krueger, R. F. (2006). How money buys happiness: Genetic and environmental processes linking finances and life satisfaction. *Journal of Personality and Social Psychology, 90*(4), 680–691.
Johnston, L. D., O'Malley, P. M., Bachman, J. G., & Schulenberg, J. E. (2010). *Monitoring the future national results on adolescent drug use: Overview of key findings, 2008* (NIH Publication No. 09-7401). Bethesda, MD: National Institute on Drug Abuse.

K

Kagan, J., & Saudino, K. J. (2001). Behavioral inhibition and related temperaments. In R. N. Emde & J. K. Hewitt (Eds.), *Infancy to early childhood: Genetic and environmental influences on developmental change* (pp. 111–122). New York: Oxford University Press.
Kahana, E., Kahana, B., Wykle, M., & Kulle, D. (2009). Marshalling social support: A care-getting model for persons living with cancer. *Journal of Family Social Work, 12*(2), 168–193.
Kalavana, T. V., Maes, S., & De Gucht, V. (2010). Interpersonal and self-regulation determinants of healthy and unhealthy eating behavior in adolescents. *Journal of Health Psychology, 15*(1), 44–52.
Kamalanabhan, T. J., Sunder, D. L., & Vasanthi, M. (2000). An evaluation of the Choice Dilemma Questionnaire as a measure of risk-taking propensity. *Social Behavior and Personality, 28*(2), 149–156.
Kamphaus, R. W., Petoskey, M. D., & Rowe, E. W. (2000). Current trends in psychological testing of children. *Professional Psychology: Research and Practice, 31*(2), 155–164.
Kandel, E. R. (2006). *In search of memory: The emergence of a new science of mind.* New York: Norton.
Kaplan, R. M., & Saccuzzo, D. P. (2008). *Psychological testing: Principles, applications, and issues.* Belmont, CA: Cengage.
Karolewicz, B., Maciag, D., O'Dwyer, G., Stockmeier, C. A., Feyissa, A. M., &

Rajkowska, G. (2009). Reduced level of glutamic acid decarboxylase-67 kDa in the prefrontal cortex in major depression. *International Journal of Neuropsychopharmacology. 13*(4), 411–420.

Karremans, J., Stroebe, W., & Claus, J. (2006). Beyond Vicary's fantasies: The impact of subliminal priming and brand choice. *Journal of Experimental Social Psychology, 42,* 792–798.

Katigbak, M. S., Church, A. T., Guanzon-Lapeña, M. A., Carlota, A. J., & del Pilar, G. H. (2002). Are indigenous personality dimensions culture specific? Philippine inventories and the five-factor model. *Journal of Personality and Social Psychology, 82*(1), 89–101.

Kawano, Y. (2010). Physio-pathological effects of alcohol on the cardiovascular system: Its role in hypertension and cardiovascular disease. *Hypertension Research, 33,* 181–191.

Kazdin, A. E. (2008). Evidence-based treatment and practice: New opportunities to bridge clinical research and practice, enhance the knowledge base, and improve patient care. *American Psychologist, 63*(3), 146–159.

Kazim, S. F., Aly, Z., Bangash, H. K., Harchandani, B. P., Bin Irfan, A., Javed, S. M., ... Moosa Khan, M. (2008). Attitudes toward suicide bombing in Pakistan. *Crisis: Journal of Crisis Intervention and Suicide Prevention, 29*(2), 81–85.

Kegeles, L. S., Abi-Dargham, A., Frankle, W. G., Gil, R., Cooper, T. B., Slifstein, M., ... Laruelle, M. (2010). Increased synaptic dopamine function in associative regions of the striatum in schizophrenia. *Archives of General Psychiatry, 67*(3), 231–239.

Keller, S. S., Roberts, N., & Hopkins, W. (2009). A comparative magnetic resonance imaging study of the anatomy, variability, and asymmetry of Broca's area in the human and chimpanzee brain. *Journal of Neuroscience, 29*(46), 14607–14616.

Kelly, J. F., Stout, R. L., Magill, M., Tonigan, J. S., & Pagano, M. E. (2010). Mechanisms of behavior change in Alcoholics Anonymous: Does AA lead to better alcohol use outcomes by reducing depression symptoms? *Addiction, 105*(4), 626–636.

Kemeny, M. E. (2009). Psychobiological responses to social threat: Evolution of a psychological model in psychoneuroimmunology. *Brain, Behavior, and Immunity, 23*(1), 1–9.

Kendler, K. S., et al. (2000a). Illicit psychoactive substance use, heavy use, abuse, and dependence in a U.S. population-based sample of male twins. *Archives of General Psychiatry, 57,* 261–269.

Kendler, K. S., Myers, J., Prescott, C. A., & Neale, M. C. (2001). The genetic epidemiology of irrational fears and phobias in men. *Archives of General Psychiatry, 58*(3), 257–265.

Kerlin, J. R., Shahin, A. J., & Miller, L. M. (2010). Attentional gain control of ongoing cortical speech representations in a "cocktail party." *Journal of Neuroscience, 30*(2), 620–628.

Kessler, R. C., Berglund, P., Demler, O., Jin, R., Koretz, D., Merikangas, K. R., ... Wang, P. S. (2003). The epidemiology of major depressive disorder: Results from the National Comorbidity Survey Replication (NCS-R). *Journal of the American Medical Association, 289*(23), 3095–3105.

Kessler, R. C., Berglund, P., Demler, O., Jin, R., Merikangas, K. R., & Walters, E. E. (2005a). Lifetime prevalence and age-of-onset distributions of DSM-IV disorders in the National Comorbidity Survey Replication. *Archives of General Psychiatry, 62*(6), 593–602.

Kessler, R. C., Berglund, P., Borges, G., Nock, M., & Wang, P. S. (2005b). Trends in suicide ideation, plans, gestures, and attempts in the United States, 1990–1992 to 2001–2003. *Journal of the American Medical Association, 293,* 2487–2495.

Keyes, C. L. M., & Goodman, S. H. (Eds.). (2006). *Women and depression: A handbook for the social, behavioral, and biomedical sciences.* New York: Cambridge University Press.

Kiecolt-Glaser, J. K., Marucha, P. T., Atkinson, C., & Glaser, R. (2001). Hypnosis as a modulator of cellular immune dysregulation during acute stress. *Journal of Consulting and Clinical Psychology, 69*(4), 674–682.

Kiecolt-Glaser, J. K. et al. (2002a). Psychoneuroimmunology and psychosomatic medicine: Back to the future. *Psychosomatic Medicine, 64*(1),15–28.

Kiecolt-Glaser, J. K., McGuire, L., Robles, T. F., & Glaser, R. (2002b). Emotions, morbidity, and mortality: New perspectives from psychoneuroimmunology. *Annual Review of Psychology, 53*(1), 83–107.

Kihlstrom, J. F. (2002). No need for repression. *Trends in Cognitive Sciences, 6*(12), 502.

Kikuchi, H., Fujii, T., Abe, N., Suzuki, M., Takagi, M., Mugikura, S., ... Mori, E. (2010). Memory repression: Brain mechanisms underlying dissociative amnesia. *Journal of Cognitive Neuroscience, 22*(3), 602–613.

Kilpatrick, D. G., Amstadter, A. B., Resnick, H. S., & Ruggiero, K. J. (2007). Rape-related PTSD: Issues and interventions. *Psychiatric Times, 24*(7). Retrieved from http://www.psychiatrictimes.com/ptsd/content/article/10168/53921?pageNumber=3

Kim, B. S. K., & Omizo, M. M. (2003). Asian cultural values, attitudes toward seeking professional psychological help, and willingness to see a counselor. *Counseling Psychologist, 31*(3), 343–361.

King, B. J. (2008). ME…ME…WASHOE: An appreciation. *Sign Language Studies, 8*(3), 315–323.

King, S. (2005). Virtual reality heals 9/11 wounds. Cited in M. Lake (2005). Retrieved from http://www.cnn.com/2005/TECH/04/29/spark.virtual/index.html

Kingsbury, S.J. (1997). What is solution-focused therapy? *Harvard Mental Health Letter, 13,* 8.

Kinsey, A. C., Pomeroy, W. B., & Martin, C. E. (1948). *Sexual behavior in the human male.* Philadelphia: Saunders.

Kinsey, A. C., Pomeroy, W. B., Martin, C. E., & Gebhard, P. H. (1953). *Sexual behavior in the human female.* Philadelphia: Saunders.

Kirke, D. M. (2009). Gender clustering in friendship networks. *Methodological Innovations Online, 4,* 23–36.

Kiviniemi, M. T., & Rothman, A. J. (2010). Specifying the determinants of people's health beliefs and health behavior. In J. M. Suls, K. W. Davidson, & R. M. Kaplan (Eds.), *Handbook of health psychology and behavioral medicine.* (pp. 64–83). New York: Guilford Press.

Kleinmuntz, B., & Szucko, J. J. (1984). Lie detection in ancient and modern times. *American Psychologist, 39,* 766–776.

Klüver, H., & Bucy, P. C. (1939). Preliminary analysis of functions of the temporal lobe in monkeys. *Archives of Neurology and Psychiatry, 42,* 979–1000.

Knapp, L.G., Kelly-Reid, J. E., & Ginder, S. A. (2011). *Enrollment in Postsecondary Institutions, Fall 2009; Graduation Rates, 2003 & 2006 Cohorts; and Financial Statistics, Fiscal Year 2009* (NCES 2011-230). U.S. Department of Education. Washington, DC: National Center for Education Statistics. Retrieved from http://nces.ed.gov/pubsearch

Knaus, L. K., & Knaus, J. W. (2012). Ethical issues in multiperson therapy. In S. J. Knapp et al. (Eds.). *APA handbook of ethics in psychology, Vol 2: Practice, teaching, and research. APA handbooks in psychology* (pp. 29–43). Washington, DC, US: American Psychological Association.

Knickmeyer, R., Wheelwright, S., Hackett, G., Taylor, K., Raggatt, P., & Baron-Cohen. S. (2005). Gender-typed play and amniotic testosterone. *Developmental Psychology, 41,* 517–528.

Knight, R. G., & Titov, N. (2009). Use of virtual reality tasks to assess prospective memory: Applicability and evidence. *Brain Impairment, 10*(1), 3–13.

Koenig, P., Smith, E. E, Troiani, V., Anderson, C., Moore, P., & Grossman, M. (2008). Medial temporal lobe involvement in an implicit memory task: Evidence of collaborating implicit and explicit memory systems from fMRI and Alzheimer's disease. *Cerebral Cortex, 18*(12), 2831–2843.

Koerber, A., Graumlich, S., Punwani, I. C., Berbaum, M. L., Burns, J. L., Levy, S. R., ... Flay, B. R. (2006). Covariates of tooth-brushing frequency in low-income African Americans from grades 5 to 8. *Pediatric Dentistry, 28*(6), 524–530.

Kohlberg, L. (1969). *Stages in the development of moral thought and action.* New York: Holt, Rinehart and Winston.
Kohlberg, L. (1981). *The philosophy of moral development.* San Francisco: Harper & Row.
Kohn, N., & Smith, S. M. (2009). Partly versus completely out of your mind: Effects of incubation and distraction on resolving fixation. *Journal of Creative Behavior, 43*(2), 102–118.
Kolb, B., Halliwell, C., & Gibb, R. (2009). Factors influencing neocortical development in the normal and injured brain. In M. S. Blumberg, J. H. Freeman, & S. R. Robinson (Eds.), *Oxford Handbook of Developmental Behavioral Neuroscience* (pp. 375–387). New York: Oxford University Press.
Kong, L. L., Allen, J. B., & Glisky, E. L. (2008). Interidentity memory transfer in dissociative identity disorder. *Journal of Abnormal Psychology, 117*(3), 686–692.
Koss, M. P., Figueredo, A. J., & Prince, R. J. (2002). Cognitive mediation of rape's mental, physical and social health impact: Tests of four models in cross-sectional data. *Journal of Consulting and Clinical Psychology, 70*(4), 926–941.
Koster, E. H. W., Fox, E., & MacLeod, C. (2009). Introduction to the special section on cognitive bias modification in emotional disorders. *Journal of Abnormal Psychology, 118*(1), 1–4.
Kotagal, S. (2009). Parasomnias in childhood. *Sleep Medicine Reviews, 13*(2), 157–168.
Kownacki, R. J., & Shadish, W. R. (1999). Does Alcoholics Anonymous work? The results from a meta-analysis of controlled experiments. *Substance Use and Misuse, 34,* 1897–1916.
Krähenbühl, S., Blades, M., & Eiser, C. (2009). The effect of repeated questioning on children's accuracy and consistency in eyewitness testimony. *Legal and Criminological Psychology, 14*(2), 263–278.
Kramer, M. D., Krueger, R. F., & Hicks, B. M. (2008). The role of internalizing and externalizing liability factors in accounting for gender differences in the prevalence of common psychopathological syndromes. *Psychological Medicine, 38,* 51–61.
Kramer, P. D. (2003, June 22). Your Zoloft might prevent a heart attack. *The New York Times,* p. WK3.
Krueger, F., Spampinato, M. V., Pardini, M., Pajevic, S., Wood, J. N., Weiss, G. H., Landgraf, S., & Grafman, J. (2009). Integral calculus problem solving: An fMRI investigation. *Neuroreport, 19*(11), 1095–1099.
Kuczmarski, R. J., Ogden, C. L., Grummer, Strawn, L. M., Flegal, K. M., Guo, S. S., Wei, R., ... Johnson, C. L. (2000, December 4). CDC growth charts: United States. *Advance data from vital and health statistics* (No. 314). Hyattsville, MD: National Center for Health Statistics.
Kumari, V., Das, M., Taylor, P. J., Barkataki, I., Andrew, C., Sumich, A., ... Ffytchef, D. H. (2009). Neural and behavioural responses to threat in men with a history of serious violence and schizophrenia or antisocial personality disorder. *Schizophrenia Research, 110*(1), 47–58.
Kuntzman, G. (2007). Stop "iPod oblivion." Retrieved from http://www.brooklynpaper.com/stories/30/6/30_06ipods.html
Kuo, P.-H., Neale, M. C., Walsh, D., Patterson, D. G., Riley, B., Prescott, C. A., & Kendler, K. S. (2010). Genome-wide linkage scans for major depression in individuals with alcohol dependence. *Journal of Psychiatric Research, 44*(9), 616–619.
Kvavilashvili, L., Mirani, J., Schlagman, S., Foley, K., & Kornbrot, D. E. (2009). Consistency of flashbulb memories of September 11 over long delays: Implications for consolidation and wrong time slice hypotheses. *Journal of Memory and Language, 61*(4), 556–572.

L

Lam, M. P., Nurmi, H., Rouvinen, N., Kiianmaa, K., & Gianoulakis, C. (2009). Effects of acute ethanol on beta-endorphin release in the nucleus accumbens of selectively bred lines of alcohol-preferring AA and alcohol-avoiding ANA rats. *Psychopharmacology, 208*(1), 121–130.
Lan, Y.-J., & Zuo, B. (2009). An introduction to social identity model of deindividuation effects. *Advances in Psychological Science, 17*(2), 467–472.
Lander, K., & Pritchett, J. (2009). When to care: The economic rationale of slavery health care provision. *Social Science History, 33*(2), 155–182.
Lane, R. D., McRae, K., Reiman, E. M., Chen, K., Ahern, G. L., & Thayer, J. F. (2009). Neural correlates of heart rate variability during emotion. *NeuroImage, 44*(1), 213–222.
Laney, C., & Loftus, E. F. (2009). Eyewitness memory. In R. N. Kocsis (Ed.), *Applied criminal psychology: A guide to forensic behavioral sciences* (pp. 121–145). Springfield, IL: Thomas.
Lang, A. R., Goeckner, D. J., Adesso, V. J., & Marlatt, G. A. (1975). Effects of alcohol on aggression in male social drinkers. *Journal of Abnormal Psychology, 84,* 508–518.
Lang, E. V., Benotsch, E. G., Fick, L. J., Lutgendorf, S., Berbaum, M. L., Berbaum, K. S., Logan, H., & Spiegel, D. (2000). Adjunctive non-pharmacological analgesia for invasive medical procedures: A randomised trial. *Lancet, 355,* 1486–1490.
Lange, R. A., & Hillis, L. D. (2010). Sudden death in cocaine abusers. *European Heart Journal, 31*(3), 271–273.
Langer, S. (1997). Break the chain-control stress with optimal nutrition. *Better Nutrition, 59,* 24–28.
Langlois, J. H., Kalakanis, L., Rubenstein, A. J., Larson, A., Hallam, M., & Smoot, M. (2000). Maxims or myths of beauty? A meta-analytic and theoretical review. *Psychological Bulletin, 126*(3), 390–423.
Larsen, J. T., Berntson, G. G., Poehlmann, K. M., Ito, T. A., & Cacioppo, J. T. (2008). The psychophysiology of emotion. In M. Lewis, J. M. Haviland-Jones, & L. F. Barrett (Eds.), *Handbook of emotions* (pp. 180–195). New York: Guilford Press.
Lashley, K. S. (1950). In search of the engram. In *Symposium of the Society for Experimental Biology* (Vol. 4). New York: Cambridge University Press.
Lau, A. S., Litrownik, A. J., Newton, R. R., Black, M. M., & Everson, M. D. (2006). Factors affecting the link between physical discipline and child externalizing problems in Black and White families. *Journal of Community Psychology, 34*(1), 89–103.
Lawless, H. T., & Heymann, H. (2010). Measurement of sensory thresholds. In H. T. Lawless & H. Heymann (Eds.). *Sensory evaluation of food* (2nd ed.) (pp. 125–147). New York: Springer.
Lawson, T.J., & Reardon, M. (1997). A humorous demonstration of in vivo systematic desensitization: The case of eraser phobia. *Teaching of Psychology, 24,* 270–271.
Lazarus, R. S., DeLongis, A., Folkman, S., & Gruen, R. (1985). Stress and adaptational outcomes. *American Psychologist, 40,* 770–779.
Leach, K. P. (2008). Serotonin transporter and depression: From the emotional to the social brain. *Actas Espańnolas de Psiquiatrı́ia, 36*(Suppl. 1), 21–24.
LeDoux, J. E., & Phelps, E. A. (2008). Emotional networks in the brain. In M. Lewis, J. M. Haviland-Jones, & L. F. Barrett (Eds.), *Handbook of emotions* (pp. 159–179). New York: Guilford Press.
Lee, A., & Hankin, B. L. (2009). Insecure attachment, dysfunctional attitudes, and low self-esteem predicting prospective symptoms of depression and anxiety during adolescence. *Journal of Clinical Child and Adolescent Psychology, 38*(2), 219−231.
Lee, S. A. S., & Davis, B. L. (2010). Segmental distribution patterns of English infant- and adult-directed speech. *Journal of Child Language, 37,* 767–791.
Lee, S. J., Bellamy, J. L., & Guterman, N. B. (2009). Fathers, physical child abuse, and neglect. *Child Maltreatment, 14*(3), 227–231.
Lefcourt, H. M. (1997). Cited in Clay, R. A. (1997). Researchers harness the power of humor. *APA Monitor, 28*(9), 1, 18.
Lengen, C., Regard, M., Joller, H., Landis, T., & Lalive, P. (2008). Anomalous brain dominance and the immune system: Do left-handers have specific immunological patterns? *Brain and Cognition, 69*(1), 188–193.
Leonard, B. E. (2005). Mind over matter: Regulation of peripheral inflammation

by the CNS. *Human Psychopharmacology: Clinical & Experimental, 20*(1), 71–72.
Leonard, B. E. (2008). Current antidepressant drugs. *Actas Españnolas de Psiquiatríia, 36*(Suppl. 1), 31–34.
Leonardo, E. D., & Hen, R. (2006). Genetics of affective and anxiety disorders. *Annual Review of Psychology, 57,* 117–137.
Leppel, K. (2002). Similarities and differences in the college persistence of men and women. *Review of Higher Education: Journal of the Association for the Study of Higher Education, 25*(4), 433–450.
Leung, P., Curtis, R. L., Jr., & Mapp, S. C. (2010). Incidences of sexual contacts of children: Impacts of family characteristics and family structure from a national sample. *Children and Youth Services Review, 32*(5), 650–656.
Levine, E. S., & Schmelkin, L.-P. (2006). The move to prescribe: Aschange in paradigm? *Professional Psychology: Research and Practice, 37*(2), 205–209.
Levinson, D. J. (1996). *The seasons of a woman's life.* New York: Knopf.
Levinson, D. J., Darrow, C. N., Klein, E. B., Levinson, M. H., & McKee, B. (1978). *The seasons of a man's life.* New York: Knopf.
Levy, R. A., & Ablon, J. S. (Eds.). (2009). *Handbook of evidence-based psychodynamic psychotherapy: Bridging the gap between science and practice.* New York: Humana Press.
Li, M., & Chapman, G. B. (2009). "100% of anything looks good": The appeal of one hundred percent. *Psychonomic Bulletin and Review, 16,* 156–162.
Li, S. X., Wing, Y. K., Lam, S. P., Zhang, J., Yu, M. W. M., Ho, C. K. W., ... Mok, V. (2009). Validation of a new REM sleep behavior disorder questionnaire (RBDQ-HK). *Sleep Medicine, 11*(1), 43–48.
Liebman, B., & Schardt, D. (2002). Tangled memories: Alzheimer's disease: The story so far. *Nutrition Action Healthletter, 29,* 1–8.
Lincoln, T. M., Ziegler, M., Mehl, S., & Rief, W. (2010). The jumping to conclusions bias in delusions: Specificity and changeability. *Journal of Abnormal Psychology, 119*(1), 40–49.
Lindgren, A. P., Mullins, P. M., Neighbors, C., & Blayney, J. A. (2010). Curiosity killed the cocktail? Curiosity, sensation seeking, and alcohol-related problems in college women. *Addictive Behaviors, 35*(5), 513–516.
Lippa, R. A. (2010). Sex differences in personality traits and gender-related occupational preferences across 53 nations: Testing evolutionary and social-environmental theories. *Archives of Sexual Behavior, 39*(3), 619–636.
Liu, A. (2009). Critical race theory, Asian Americans, and higher education: A review of research. *InterActions: UCLA Journal of Education and Information Studies*, 5(2). Retrieved from http://www.escholarship.org/uc/item/98h4n45j
Livesley, W. J., & Jang, K. L. (2008). The behavioral genetics of personality disorder. *Annual Review of Clinical Psychology, 4,* 247–274.
Lochman, J. E., Powell, N. P., Boxmeyer, C. L., & Jiminez-Camargo, L. (2011). Cognitive-behavioral therapy for externalizing disorders in children and adolescents. *Child and Adolescent Psychiatric Clinics of North America, 20*(2), 305–318.
Loftus, E. F., & Davis, D. (2006). Recovered memories. *Annual Review of Clinical Psychology, 2,* 469–498.
Loftus, E. F., & Palmer, J. C. (1974). Reconstruction of automobile destruction. *Journal of Verbal Learning and Verbal Behavior, 13,* 585–589.
Lohman, D. F., & Lakin, J. M. (2009). Consistencies in sex differences on the Cognitive Abilities Test across countries, grades, test forms, and cohorts. *British Journal of Educational Psychology, 79*(2), 389–407.
Loop, M. S., Shows, J. F., Mangel, S. C., & Kuyk, T. K. (2003). Colour thresholds in dichromats and normals. *Vision Research, 43*(9), 983–992.
Lopez, S. R., & Guarnaccia, P. J. J. (2000). Cultural psychopathology: Uncovering the social world of mental illness. *Annual Review of Psychology, 51,* 571–598.
Lorenz, K. Z. (1981). *The foundations of ethology.* New York: Springer-Verlag.
Louie, K., & Wilson, M. A. (2001). Temporally structured replay of awake hippocampal ensemble activity during rapid eye movement sleep. *Neuron, 29*(1), 145–156.
Loving, T. J., & Agnew, C. R. (2001). Socially desirable responding in close relationships: A dual-component approach and measure. *Journal of Social and Personal Relationships, 18*(4), 551–573.
Low, N. C. P., Cui, L., & Merikangas, K. R. (2008). Specificity of familial transmission of anxiety and comorbid disorders. *Journal of Psychiatric Research. 42*(7), 596-604.
Lu, L. (2001). Understanding happiness: A look into the Chinese folk psychology. *Journal of Happiness Studies, 2*(4), 407–432.
Lubinski, D., & Benbow, C. P. (2006). Study of mathematically precocious youth after 35 years: Uncovering antecedents for the development of math-science expertise. *Perspectives on Psychological Science, 1*(4), 316–345.
Luchins, A. S. (1957). Primacy-recency in impression formation. In C. I. Hovland (Ed.), *The order of presentation in persuasion* (pp. 33–61). New Haven, CT: Yale University Press.
Ludescher, B. et al. (2009) Correlation of fat distribution in whole body MRI with generally used anthropometric data. *Investigative Radiology, 44*(11), 712–719.
Ludwick-Rosenthal, R., & Neufeld, R. W. J. (1993). Preparation for undergoing an invasive medical procedure. *Journal of Consulting and Clinical Psychology, 61,* 156–164.
Lukaszewski, A. W., & Roney, J. R. (2009). Estimated hormones predict women's mate preferences for dominant personality traits. *Personality and Individual Differences, 47*(3), 191–196.
Luo, L., & Craik, F. I. M. (2009). Age differences in recollection: Specificity effects at retrieval. *Journal of Memory and Language, 60*(4), 421–436.
Lupien, S. J., McEwen, B. S., Gunnar, M. R., & Heim, C. (2009). Effects of stress throughout the lifespan on the brain, behaviour and cognition. *Nature Reviews Neuroscience, 10,* 434–445.
Lupton, D. (2002). Road rage: Driver's understandings and experiences. *Journal of Sociology, 38,* 275–291.
Luszczynska, A., Benight, C. C., Cieslak, R., Kissinger, P., Reilly, K. H., & Clark, R. A. (2009). Self-efficacy mediates effects of exposure, loss of resources, and life stress on posttraumatic distress among trauma survivors. *Applied Psychology: Health and Well-Being, 1*(1), 73–90.
Lykken, D. T. (2007). A more accurate estimate of heritability. *Twin Research and Human Genetics, 10*(1), 168–173.
Lykken, D. T., & Csikszentmihalyi, M. (2001). Happiness—Stuck with what you've got? *Psychologist, 14*(9), 470–472.
Lynn, B. M., McCord, J. L., & Halliwell, J. R. (2007). Effects of menstrual cycle and sex on progesterone hemodynamics. *American Journal of Physiology: Regulatory, Integrative, and Comparative Physiology, 292,* R1260–R1270.
Lynn, S. J., Kirsch, I., & Hallquist, M. N. (2008a). Social cognitive theories of hypnosis. In M. R. Nash & A. J. Barnier (Eds.), *The Oxford handbook of hypnosis: Theory, research, and practice* (pp. 111–139). New York: Oxford University Press.
Lynn, S. J., Matthews, A., & Barnes, S. (2008b). Hypnosis and memory: From Bernheim to the present. In K. D. Markham, W. M. P. Klein, & J. A. Suhr (Eds.), *Handbook of imagination and mental stimulation* (pp. 103–118). Danvers, MA: CRC Press.

M

MacGeorge, E.L. (2003, February). Gender differences in attributions and emotions in helping contexts. *Sex Roles: A Journal of Research,* 175–182.
Machery, E. (2009). Three fundamental kinds of concept: Prototypes, exemplars, theories. In E. Machery (Ed.), *Doing Without Concepts* (pp. 76–121). Oxford Scholarship Online Monographs.
Machery, O., & Carlyon, R. P. (2010). Temporal pitch percepts elicited by dual-channel stimulation of a cochlear implant. *Journal of the Acoustical Society of America, 127*(1), 339–349.
MacNeill, I. (2003). Stressed: Warning signs that you could be hitting the danger zone. *BC Business, 31,* 60–63.

Maddi, S. R. (2008). The courage and strategies of hardiness as helpful in growing despite major, disruptive stresses. *American Psychologist, 63*(6), 563–564.
Maddi, S. R., Harvey, R. H., Khoshaba, D. M., Fazel, M., & Resurreccion, N. (2009). The personality construct of hardiness, IV. *Journal of Humanistic Psychology, 49*(3), 292–305.
Magno, C. (2010). Looking at Filipino pre-service teachers' values for education through epistemological beliefs about learning and Asian values. *Asia-Pacific Education Researcher, 19*(1), 61–78.
Maiden, B., & Perry, B. (2010). Dealing with free riders in assessed group work: Results from a study at a UK university. *Assessment and Evaluation in Higher Education.* doi:10.1080/02602930903429302
Maier, N. R. F., & Schneirla, T. C. (1935). *Principles of animal psychology.* New York: McGraw-Hill.
Mair, C., Martincova, M., & Shepperd, M. (2009). A literature review of expert problem solving using analogy. *EASE—Evaluation and Assessment in Software Engineering.* Retrieved from http://www.bcs.org/upload/pdf/ewic_ea09_s5paper1.pdf
Malgady, R. G., Rogler, L. H., & Costantino, G. (1990). Hero/heroine modeling for Puerto Rican adolescents. *Journal of Consulting and Clinical Psychology, 58,* 469–474.
Maltby, J., & Day, L. (2001). The relationship between exercise motives and psychological well-being. *The Journal of Psychology, 135,* 651–660.
Mamelak, M. (2009). Narcolepsy and depression and the neurobiology of gammahydroxybutyrate. *Progress in Neurobiology, 89*(2), 193–219.
Maniglio, R. (2009). The impact of child sexual abuse on health: Assystematic review of reviews. *Clinical Psychology Review, 29*(7), 647–657.
Manning, R., Levine, M., & Collins, A. (2007). The Kitty Genovese murder and the social psychology of helping: The parable of the 38 witnesses. *American Psychologist, 62*(6), 555–562.
Mantovani, A., & Sica, A. (2010). Macrophages, innate immunity and cancer: Balance, tolerance, and diversity. *Current Opinion in Immunology, 22*(2), 231–237.
Manuck, S. B., Craft, S., & Gold, K. J. (2007). Coronary-prone behavior pattern and cardiovascular response. *Psychophysiology, 15*(5), 403–411.
Marcus, D., Hughes, K., & Arnau, R. (2008). Health anxiety, rumination, and negative affect: A meditational analysis. *Journal of Psychosomatic Research, 64*(5), 495–501.
Marian, V., & Neisser, U. (2000). Language-dependent recall of autobiographical memories. *Journal of Experimental Psychology: General, 129*(3), 361–368.
Markham, B. (2006). Older women and security. In J. Worell & C. D. Goodheart (Eds.), *Handbook of girls' and women's psychological health: Gender and well-being across the lifespan* (pp. 388–396). Oxford series in clinical psychology. New York: Oxford University Press.
Markus, H. & Kitayama, S. (1991). Culture and the self. *Psychological Review, 98*(2), 224–253.
Marlatt, G. A. (2010). Update on harm-reduction policy and intervention research. *Annual Review of Clinical Psychology, 6,* 591–606.
Marsh, R. L., Hicks, J. L., & Cook, G. I. (2005). On the relationship between effort toward an ongoing task and cue detection in event-based prospective memory. *Journal of Experimental Psychology: Learning, Memory, and Cognition, 31*(1):68–75.
Martin, C. L., & Ruble, D. (2004). Children's search for gender cues: Cognitive perspectives on gender development. *Current Directions in Psychological Science, 13*(2), 67–70.
Martin, R. A., & Lefcourt, H. M. (1983). Sense of humor as a moderator of the relation between stressors and moods. *Journal of Personality and Social Psychology, 45,* 1313–1324.
Martin, S. (2002). Easing migraine pain. *Monitor on Psychology, 33*(4), 71.
Martinez, E., Tatum, K. L., Glass, M., Bernath, A., Ferris, D., Reynolds, P., & Schnoll, R. A. (2010). Correlates of smoking cessation self-efficacy in a community sample of smokers. *Addictive Behaviors, 35*(2), 175–178.
Martinez, G., Copen, C. E., & Abma, J. C. (2011). Teenagers in the United States: Sexual activity, contraceptive use, and childbearing, 2006–2010. *National Survey of Family Growth. National Center for Health Statistics. Vital Health Statistics, 23*(31).
Marziali, E., McDonald, L., & Donahue, P. (2008). The role of coping humor in the physical and mental health of older adults. *Aging and Mental Health, 12*(6), 713–718.
Maslow, A. H. (1970). *Motivation and personality* (2nd ed.). New York: Harper & Row.
Mason, V., Andrews, H., & Upton, D. (2010). The psychological impact of exposure to floods. *Psychology, Health and Medicine, 15*(1), 61–73.
Masters, W. H., & Johnson, V. E. (1966). *Human sexual response.* Boston: Little, Brown.
Mathews, J. R., & Barch, D. M. (2010). Emotion responsivity, social cognition, and functional outcome in schizophrenia. *Journal of Abnormal Psychology, 119*(1), 50–59.
Matsuda, Y.-T., Ueno, K., Waggoner, R. A., Erickson, D., Shimura, Y., Tanaka, K., … Mazuka, R. (2011). Processing of infant-directed speech by adults. *NeuroImage, 54*(1), 611–621.
Matsumoto, D., Keltner, D., Shiota, M. N., O'Sullivan, M., & Frank, M. (2008). Facial expressions of emotion. In M. Lewis, J. M. Haviland-Jones, & L. F. Barrett (Eds.), *Handbook of emotions* (pp. 211–234). New York: Guilford Press.
Maxwell, J. P., Visek, A. J., & Moores, E. (2009). Anger and perceived legitimacy of aggression in male Hong Kong Chinese athletes: Effects of type of sport and level of competition. *Psychology of Sport and Exercise, 10*(2), 289–296.
May, D. E., & Kratochvil, C. J. (2010). Attention-deficit hyperactivity disorder: Recent advances in paediatric pharmacotherapy. *Drugs, 70*(1), 15–40.
May, R. (2005). How do we know what works? *Journal of College Student Psychotherapy, 19*(3), 69–73.
Mayer, J. D., Salovey, P., & Caruso, D. R. (2008). Emotional intelligence: New ability or eclectic traits? *American Psychologist, 63*(6), 503–517.
Mayers, A. G., Grabau, E. A. S., Campbell, C., & Baldwin, D. S. (2009). Subjective sleep, depression, and anxiety. *Human Psychopharmacology, 24*(6), 495–501.
Mazure, C. M., Bruce, M. L., Maciejewski, P. K., & Jacobs, S. C. (2000). Adverse life events and cognitive personality characteristics in the prediction of major depression and antidepressant response. *American Journal of Psychiatry, 157,* 896–903.
Mbwana, J., Berl, M. M., Ritz, E. K., Rosenberger, L., Mayo, J., Weinstein, S., ... Gaillard, W. D. (2008). Limitations to plasticity of language network reorganization in localization-related epilepsy. *Brain, 132*(2), 347–356.
McCardle, P., Colombo, J., & Freud, L. (2009). Measuring language in infancy. In J. Colombo, P. McCardle, & L. Freud (Eds.), *Infant pathways to language: Methods, models, and research disorders* (pp. 1–12). New York: Psychology Press.
McCartney, K., Owen, M. T., Booth, C. L., Clarke-Stewart, K. A., & Vandell, D. L. (2004). Testing a maternal attachment model of behavior problems in early childhood. *Journal of Child Psychology and Psychiatry, 45*(4), 765–778.
McCauley, J. L., Ruggiero, K. L., Resnick, H. S., & Kilpatrick, D. G. (2010). Incapacitated, forcible, and drug/alcohol-facilitated rape in relation to binge drinking, marijuana use, and illicit drug use: A national survey. *Journal of Traumatic Stress, 23*(1), 132–140.
McClelland, D. C. (1958). Methods of measuring human motivation. In J. W. Atkinson (Ed.), *Motives in fantasy, action, and society.* Princeton, NJ: Van Nostrand.
McClelland, D. C. (1965). Achievement and entrepreneurship. *Journal of Personality and Social Psychology, 1,* 389–392.
McCormick, B., Blum, N., Hansel, R., Franklin, J. A., St. John, D., Pfohl, B., … Black, D. W. (2007). Relationship of sex to symptom severity, psychiatric comorbidity, and health care utilization in 163 subjects with borderline personality dis-

order. *Comprehensive Psychiatry, 48*(5), 406–412.
McCormick, M.J. (2001). Self-efficacy and leadership effectiveness: Applying social cognitive theory to leadership. *Journal of Leadership Studies, 8,* 22–33.
McCrae, R. R., & Costa, P. T., Jr. (1997). Personality trait structure as a human universal. *American Psychologist, 52*(5), 509–516.
McCrae, R. R., Costa, P. T., Ostendorf, F., Angleitner, A., Hrebícková, M., Avia, M. D., ... Smith, P. B. (2000). Nature over nurture: Temperament, personality, and life span development. *Journal of Personality and Social Psychology, 78*(1), 173–186.
McDevitt-Murphy, M. E., Williams, J. L., Bracken, K. L., Fields, J. A., Monahan, C. J., & Murphy, J. G. (2010). PTSD symptoms, hazardous drinking, and health functioning among U.S. OEF and OIF veterans presenting to primary care. *Journal of Traumatic Stress, 23*(1), 108–111.
McDonald, M. G. (2008). The nature of epiphanic experience. *Journal of Humanistic Psychology, 48*(1), 89–115.
McDougall, W. (1904). The sensations excited by a single momentary stimulation of the eye. *British Journal of Psychology, 1,* 78–113.
McDougall, W. (1908). *An introduction to social psychology.* London: Methuen.
McGovern, C.M. (1993). Asylum: The complex and controversial story of mental institutions in the U.S.A. *Journal of Social History, 26,* 668–669.
McGue, M., Bouchard, T. J., Jr., Iacono, W. G., & Lykken, D. T. (1993). Behavioral genetics of cognitive ability: A life-span perspective. In R. Plomin & G. E. McClearn (Eds.), *Nature, nurture & psychology* (pp. 59–76). Washington, DC: American Psychological Association.
McKenzie, C. R. M., Lee, S. M., & Chen, K. K. (2002). When negative evidence increases confidence: Changes in belief after hearing two sides of a dispute. *Journal of Behavioral Decision Making, 15*(1), 1–18.
McLachlan, N., & Wilson, S. (2010). The central role of recognition in auditory perception: A neurobiological model. *Psychological Review, 117*(1), 175–196.
McLaughlin, K. A., Conron, K. J., Koenen, K. C., & Gilman, S. E. (2010). Childhood adversity, adult stressful life events, and risk of past-year psychiatric disorder: A test of the stress sensitization hypothesis in a population-based sample of adults. *Psychological Medicine, 40,* 1647–1658.
McMurran, M., Blair, M., & Egan, V. (2002). An investigation of the correlations between aggression, impulsiveness, social problem-solving, and alcohol use. *Aggressive Behavior, 28,* 439–445.
Mechner, F. (2009). Analyzing variable behavioural contingencies. *Behavioural Processes, 81*(2), 316–321.
Medland, S. E., Duffy, D. L., Wright, M. J., Geffen, G. M., Hay, D. A., Levy, F., ... Boomsma, D. I. (2008). Genetic influences on handedness: Data from 25,732 Australian and Dutch twin families. *Neuropsychologia, 47*(2), 330–337.
Mehta, P. H., & Gosling, S. D. (2008). Bridging human and animal research: A comparative approach to studies of personality and health. *Brain, Behavior, and Immunity, 22*(5), 651–661.
Meijer, J., & Elshout, J. J. (2001). The predictive and discriminant validity of the zone of proximal development. *British Journal of Educational Psychology, 71*(1), 93–113.
Meijer, W. M., Faber, A., van den Ban, E., & Tobi, H. (2009). Current issues around the pharmacotherapy of ADHD in children and adults. *Pharmacy World and Science, 31*(5), 509–516.
Meltzoff, A. N., & Brooks, R. (2009). Social cognition and language: The role of gaze following in early word learning. In J. Colombo, P. McCardle, & L. Freund (Eds.), *Infant pathways to language: Methods, models, and research disorders.* (pp. 169–194). New York: Psychology Press.
Meltzoff, A. N., & Gopnik, A. (1997). *Words, thoughts, and theories.* Cambridge, MA: MIT Press.
Meltzoff, A. N., & Prinz, W. (2002). *The imitative mind: Development, evolution, and brain bases.* Cambridge, England: Cambridge University Press.
Melzack, R., & Katz, J. (2006). Pain in the 21st century: The neuromatrix and beyond. In G. Young, A. W. Kane, & K, Nicholson (Eds.), *Psychological knowledge in court* (pp. 129–148). New York: Springer.
Mendelsohn, F., & Warren, M. (2010). Anorexia, bulimia, and the female athlete triad: Evaluation and management. *Endocrinology and Metabolism Clinics of North America, 39*(1), 155–167.
Merari, A., Diamant, I., Bibi, A., Broshi, Y., & Zakin, G. (2010). Personality characteristics of "self martyrs"/"suicide bombers" and organizers of suicide attacks. *Terrorism and Political Violence, 22*(1), 87–101.
Mercado, E. (2008). Neural and cognitive plasticity: From maps to minds. *Psychological Bulletin, 134*(1), 109–137.
Mesoudi, A. (2009). How cultural evolutionary theory can inform social psychology and vice versa. *Psychological Review, 116*(4), 929–952.
Metcalfe, J. (1986). Premonitions of insight predict impending error. *Journal of Experimental Psychology: Learning, Memory, and Cognition, 12,* 623–634.
Metz, R. (2005, March 10). Think of a number… Come on, think! *The New York Times online.*
Metzger, K. L., et al. (2007). Effects of nicotine vary across two auditory evoked potentials in the mouse. *Biological Psychiatry, 61*(1), 23–30.
Meyer-Lindenberg, A., Poline, J.-B., Kohn, P. D., Holt, J. L., Egan, M. F., Weinberger, D. R., & Berman, K. F. (2001). Evidence for abnormal cortical functional connectivity during working memory in schizophrenia. *American Journal of Psychiatry, 158,* 1809–1817.
Meyersburg, C. A., Bogdan, R., Gallo, D. A., & McNally, R. J. (2009). False memory propensity in people reporting recovered memories of past lives. *Journal of Abnormal Psychology, 118*(2), 399–404.
Milgram, S. (1963). Behavioral study of obedience. *Journal of Abnormal and Social Psychology, 67,* 371–378.
Milgram, S. (1974). *Obedience to authority.* New York: Harper & Row.
Miller, A. L., Rathus, J. H., DuBose, A. P., Dexter-Mazza, E. T., & Goldklang, A. R. (2007). Dialectical behavior therapy for adolescents. In L. A. Dimeff & K. Koerner (Eds.), *Dialectical behavior therapy in clinical practice* (pp. 245–297). New York: Guilford Press.
Miller, G. A. (1956). The magical number seven, plus or minus two: Some limits on our capacity for processing information. *Psychological Review, 63,* 81–97.
Miller, M. A., Weafer, J., & Fillmore, M. T. (2009). Gender differences in alcohol impairment of simulated driving performance and driving-related skills. *Alcohol and Alcoholism, 44*(6), 586–593.
Miller, N. E. (1944). Experimental studies of conflict. In J. McVicker Hunt (Ed.), *Personality and the behavior disorders* (Vol. 1, pp. 431–465). Oxford, England: Ronald Press.
Miller, N. E. (1969). Learning of visceral and glandular responses. *Science, 163,* 434–445.
Miller, N. E. (1995). Clinical-experimental interactions in the development of neuroscience. *American Psychologist, 50,* 901–911.
Milne, R. D., Syngeniotis, A., Jackson, G., & Corballis, M. C. (2002). Mixed lateralization of phonological assembly in developmental dyslexia. *Neurocase, 8*(3), 205–209.
Milner, B. R. (1966). Amnesia following operation on temporal lobes. In C. W. M. Whitty & O. L. Zangwill. London: Butterworths, pp. 109–133.
Milstead, M., Lapsley, D., & Hale, C. (1993, March). *A new look at imaginary audience and personal fable.* Paper presented at the meeting of the Society for Research in Child Development, New Orleans, LA.
The mind and the immune system-part I. (2002). *Harvard Mental Health Letter, 18,* NA.
Mineka, S., & Oehlberg, K. (2008). The relevance of recent developments in classical conditioning to understanding the etiology and maintenance of anxiety disorders. *Acta Psychologica, 127*(3), 567–580.
Miniño A. M. (2010). *Mortality among teenagers aged 12–19 years: United States, 1999–2006* (NCHS Data Brief No. 37). Hyattsville, MD: National Center for Health Statistics.
MIT researchers ID gene involved in memory retrieval. (2002, June 21). *Genomics & Genetics Weekly,* p. 4.

Miyake, Y., Okamoto, Y., Onoda, K., Shirao, N., Okamoto, Y., Otagaki, Y., & Yamawaki, S. (2010). Neural processing of negative word stimuli concerning body image in patients with eating disorders: An fMRI study. *NeuroImage, 50*(3), 1333–1339.

Mohr, D. C., Ho, J., Duffecy, J., Baron, K. G., Lehman, K. A., Jin, L., & and Reifler, D. (2010). Perceived barriers to psychological treatments and their relationship to depression. *Journal of Clinical Psychology, 66*(4), 394–409.

Molfese, V. J., DiLalla, L. F., & Bunce, D. (1997). Prediction of the intelligence test scores of 3- to 8-year-old children by home environment, socioeconomic status, and biomedical risks. *Merrill-Palmer Quarterly, 43*(2), 219–234.

Montero, I., & De Dios, M. J. (2006). Vygotsky was right. An experimental approach to the relationship between private speech and task performance. *Estudios de Psicología, 27*(2), 175−189.

Montoya, R. M., Horton, R. S., & Kirchner, J. (2008). Is actual similarity necessary for attraction? A meta-analysis of actual and perceived similarity. *Journal of Social and Personal Relationships, 25*(6), 889–922.

Moore, C. C., Romney, A. K., & Hsia, T. (2002). Cultural, gender, and individual differences in perceptual and semantic structures of basic colors in Chinese and English. *Journal of Cognition and Culture, 2*(1), 1–28.

Moos, R. H., & Moos, B. S. (2006). Participation in treatment and Alcoholics Anonymous: A 16-year follow-up of initially untreated individuals. *Journal of Clinical Psychology, 62*(6), 735–750.

Morewedge, C. K., & Norton, M. I. (2009). When dreaming is believing: The (motivated) interpretation of dreams. *Journal of Personality and Social Psychology, 96*(2), 249–264.

Moruzzi, G., & Magoun, H. W. (1949). Brain stem reticular formation and activation of the EEG. *Electroencephalography and Clinical Neurophysiology, 1*, 455–473.

Most, S. B., Sorber, A. V., & Cunningham, J. G. (2007). Auditory Stroop reveals implicit gender association in adults and children. *Journal of Experimental Social Psychology, 43*(2), 287–294.

Moyà-Solà, S., Köhler, M., Alba, D. M., Casanovas-Vilar, I., & Galindo, J. (2004). Pierolapithecus catalaunicus, a new middle Miocene great ape from Spain. *Science, 19*, 1339–1344.

Muraleedharan, K., & Jones, T. H. (2010). Testosterone replacement may be beneficial in hypogonadal men with cardiovascular disease. *Endocrine Abstracts, 21*, 176.

Murata, A., & Fuson, K. (2006). Teaching as assisting individual constructive paths within an interdependent class learning zone: Japanese first graders learning to add using 10. *Journal for Research in Mathematics Education, 37*(5), 421–456.

Murray, L., Creswell, C., & Cooper, P. J. (2009). The development of anxiety disorders in childhood: An integrative review. *Psychological Medicine, 39*, 1413–1423.

Myers, L. B., & Brewin, C. R. (1994). Recall of early experience and the repressive coping style. *Journal of Abnormal Psychology, 103*, 288–292.

Mystkowski, J. L., & Mineka, S. (2007). Behavior therapy for specific fears and phobias: Context specificity of fear extinction. In T. A. Treat, R. R. Bootzin, & T. B. Baker (Eds.), *Psychological clinical science: Papers in honor of Richard M. McFall* (pp. 197–222). London: Routledge.

N

Nader, K., Schafe, G. E., & Le Doux, J. E. (2000). Fear memories require protein synthesis in the amygdala for reconsolidation after retrieval. *Nature, 406*, 722–726.

Nampiaparampil, D. E. (2008). Prevalence of chronic pain after traumatic brain injury: A systematic review. *Journal of the American Medical Association, 300*(6), 711–719.

Naragon-Gainey, K. (2010). Meta-analysis of the relations of anxiety sensitivity to the depressive and anxiety disorders. *Psychological Bulletin, 136*(1), 128–150.

Narayan, V. M., Narr, K. L., Kumari, V., Woods, R. P., Thompson, P. M., Toga, A. W., & Sharma, T. (2007). Regional cortical thinning in subjects with violent antisocial personality disorder or schizophrenia. *American Journal of Psychiatry, 164*, 1418–1427.

National Center for Health Statistics. (2010). *Health, United States, 2009: With special feature on medical technology.* Hyattsville, MD: Author. Retrieved from http://www.cdc.gov/nchs/data/hus/hus09.pdf#032

National Center for Injury Prevention and Control. (2005, June 19). Suicide: Fact sheet. Retrieved from http://www.cdc.gov/ncipc /factsheets /suifacts .htm

National Eating Disorders Association. (2010). Retrieved from http://www.nationaleatingdisorders.org/information-resources/general-information.php

National Institute on Alcohol Abuse and Alcoholism (NIAAA). (2005). Cage questionnaire. Retrieved from http://pubs.niaaa .nih.gov/publications/inscage.htm

National Sleep Foundation. (2001, November 19). Events of 9-11 took their toll on Americans' sleep, particularly for women, according to new National Sleep Foundation poll. Retrieved from http://www.sleepfoundation.org/whatsnew/crisis_poll.html

National Sleep Foundation. (2009). Sleep apnea and sleep. Retrieved from http://www.sleepfoundation.org/article/sleep-related-problems/obstructive-sleep-apnea-and-sleep

Neisser, U. (1997). Cited in Sleek, S. (1997). Can "emotional intelligence" be taught in today's schools? *APA Monitor, 28*(6), 25.

Neisser, U., Boodoo, G., Bouchard, Jr., T. J., Boykin, A. W., Brody, N., Ceci, S. J., ... Urbina, S. (1996). Intelligence: Knowns and unknowns. *American Psychologist, 51*, 77–101.

Nestoriuc, Y., Rief, W., & Martin, A. (2008). Meta-analysis of biofeedback for tension-type headache: Efficacy, specificity, and treatment moderators. *Journal of Consulting and Clinical Psychology, 76*(3), 379–396.

Neve, K. A. (2009). *The dopamine receptors* (2nd ed.). New York: Springer.

Newman, S. D., Greco, J. A., & Lee, D. (2009). An fMRI study of the Tower of London: A look at problem structure differences. *Brain Research, 1286*, 123–132.

Nicholson, A. (2008). Socio-economic status over the life-course and depressive symptoms in men and women in Eastern Europe. *Journal of Affective Disorders, 105*(1-3), 125–136.

Nickell, J. (2001). Exorcism! Driving out the nonsense. *Skeptical Inquirer, 25*, 20.

Nilsson, H., Juslin, P., & Olsson, H. (2008). Exemplars in the mist: The cognitive substrate of the representativeness heuristic. *Scandinavian Journal of Psychology, 49*(3), 201–212.

Nir, Y., & Tononi, G. (2010). Dreaming and the brain: From phenomenology to neurophysiology. *Trends in Cognitive Sciences, 14*(2), 88–100.

Nisbett, R. E. (2009). *Intelligence and how to get it: Why schools and cultures count.* New York: Norton.

Nock, M. K., & Kazdin, A. E. (2002). Examination of affective, cognitive, and behavioral factors and suicide-related outcomes in children and young adolescents. *Journal of Community Psychology, 31*(1), 48–58.

Nokes, T. J., & VanLehn, K. (2008). Bridging principles and examples through analogy and explanation. In *Proceedings of the eighth International Conference for the Learning Sciences* (Vol. 3, pp. 100–102). Utrecht, Netherlands: International Conference on Learning Sciences.

Nolan, J. M., Schultz, P. W., Cialdini, R. B., Goldstein, N. J., & Griskevicius, V. (2008). Normative social influence is underdetected. *Personality and Social Psychology Bulletin, 34*(7), 913–923.

Nolen-Hoeksema, S., Wisco, B. E., & Lyubomirsky, S. (2008). Rethinking rumination. *Perspectives on Psychological Science, 3*(5), 400–424.

Nonaka, A. M. (2004). The forgotten endangered languages: Lessons on the importance of remembering from Thailand's Ban Khor Sign Language. *Language in Society. 33*(5), 737–767.

Norton, A., & D'Ambrosio, B. S. (2008). ZPC and ZPD: Zones of teaching and learning. *Journal for Research in Mathematics Education, 39*(3), 220−246.

Novick, L. R., & Coté, N. (1992). The nature of expertise in anagram solution. In *Proceedings of the 14th annual conference of the Cognitive Science Society*. Hillsdale, NJ: Erlbaum.
Nyberg, L., et al. (2000). Large scale neurocognitive networks underlying episodic memory. *Journal of Cognitive Neuroscience, 12*(1), 163–173.

O

O'Driscoll, M. P., & Brough, P. (2010). Work organization and health. In S. Leka & J. Houdmont (Eds.), *Occupational health psychology* (pp. 57–87). Hoboken, NJ: Wiley.
Oertelt-Prigione, S., & Regitz-Zagrosek, V. (2009). Gender aspects in cardiovascular pharmacology. *Journal of Cardiovascular Translational Research, 2*(3), 258–266.
Ohayon, M., & Schatzberg, A. (2010). Social phobia and depression: Prevalence and comorbidity. *Journal of Psychosomatic Research, 68*(3), 235–243.
Ohayon, M. M., Guilleminault, C., & Priest, R. G. (1999). Night terrors, sleepwalking, and confusional arousals in the general population: Their frequency and relationship to other sleep and mental disorders. *Journal of Clinical Psychiatry, 60*(4), 268–276.
Öhman, A., & Mineka, S. (2001). Fears, phobias, and preparedness: Toward an evolved module of fear and fear learning. *Psychological Review, 108*(3), 483–522.
Öhman, A., & Mineka, S. (2003). The malicious serpent: Snakes as a prototypical stimulus for an evolved module of fear. *Current Directions in Psychological Science, 12*(1), 5–9.
Olatunji, B. O., & Wolitzky-Taylor, K. B. (2009). Anxiety sensitivity and the anxiety disorders: A meta-analytic review and synthesis. *Psychological Bulletin, 135*(6), 974–999.
Old, S. R., & Naveh-Benjamin, M. (2008). Memory for people and their actions: Further evidence for an age-related associative deficit. *Psychology and Aging, 23*(2), 467–472.
Olds, J. (1969). The central nervous system and the reinforcement of behavior. *American Psychologist, 24,* 114–132.
Olds, J., & Milner, P. (1954). Positive reinforcement produced by electrical stimulation of the septal area and other regions of the rat brain. *Journal of Comparative and Physiological Psychology, 47,* 419–427.
Oliver, B. R., & Plomin, R. (2007). Twins' Early Development Study (TEDS): A multivariate, longitudinal genetic investigation of language, cognition and behavior problems from childhood through adolescence. *Twin Research and Human Genetics, 10*(1), 96–105.
Olson, M. J. (2003). Counselor understanding of Native American spiritual loss. *Counseling and Values, 47*(2), 109–117.
Orsi, J. M., Margellos-Anast, H., & Whitman, S. (2010). Black–White health disparities in the United States and Chicago: A 15-year progress analysis. *American Journal of Public Health, 100*(2), 349–356.
Osborn, K. A., Irwin, B. C., Skogsberg, N. J., & Feitz, D. L. (2012). The Kohler Effect: Motivation gains and losses in real sports groups. *Sport, Exercise, and Performance Psychology*. doi: 10.1037/a0026887

P

Packard, M. G. (2009). Exhumed from thought: Basal ganglia and response learning in the plus-maze. *Behavioural Brain Research, 199*(1), 24–31.
Packer, D. J. (2009). Avoiding groupthink. *Psychological Science, 20*(5), 546–548.
Pang, J.-J., Gao, F., Lem, J., Bramblett, D. E., Paul, D. L., & Wu, S. M. (2010). Direct rod input to cone BCs and direct cone input to rod BCs challenge the traditional view of mammalian BC circuitry. *Proceedings of the National Academy of Sciences, 107*(1), 395–400.
Pani, P. P., Maremmanib, I., Trogua, E., Gessae, G. L., Ruizf, P., & Akiskalg, H. S. (2010). Delineating the psychic structure of substance abuse and addictions: Should anxiety, mood and impulse-control dysregulation be included? *Journal of Affective Disorders, 122*(3), 185–197.
Papadopoulos, F. C., Ekbom, A., Brandt, L., & Ekselius, L. (2009). Excess mortality, causes of death and prognostic factors in anorexia nervosa. *British Journal of Psychiatry, 194,* 10–17.
Park, B., & Judd, C. M. (2005). Rethinking the link between categorization and prejudice within the social cognition perspective. *Personality and Social Psychology Review, 9*(2), 108–130.
Parr, L. A., Winslow, J. T., Hopkins, W. D., & de Waal, F. B. M. (2000). Recognizing facial cues: Individual discrimination by chimpanzees (*Pan troglodytes*) and rhesus monkeys *(Macaca mulatta)*. *Journal of Comparative Psychology, 114*(1), 47–60.
Patterson, G. R., Dishion, T. J., & Yoerger, K. (2000). Adolescent growth in new forms of problem behavior: Macro- and micro-peer dynamics. *Prev Sci, 1*(1), 3-13.
Paulussen-Hoogeboom, M. C., Stams, G. J. J. M., Hermanns, J. M. A., & Peetsma, T. T. D. (2007). Child negative emotionality and parenting from infancy to preschool: A meta-analytic review. *Developmental Psychology, 43*(2), 438–453.
Pavlov, I. (1927). *Conditioned reflexes*. London: Oxford University Press.
Penfield, W. (1969). Consciousness, memory, and man's conditioned reflexes. In K. H. Pribram (Ed.), *On the biology of learning*. New York: Harcourt Brace Jovanovich.
Perna, F. M., Antoni, M. H., Baum, A., Gordon, P., & Schneiderman, N. (2003). Cognitive behavioral stress management effects on injury and illness among competitive athletes: A randomized clinical trial. *Annals of Behavioral Medicine, 25*(1), 66–73.
Perrett, D. I., May, K. A., & Yoshikawa, S. (1994). Facial shape and judgments of female attractiveness, *Nature, 368,* 239–242.
Peterson, C., & Seligman, M. E. P. (2004). *Character strengths and virtues: A handbook and classification*. Washington, DC: American Psychological Association.
Peterson, D. (2006). *Jane Goodall: The woman who redefined man*. Boston: Houghton Mifflin.
Peterson, L. R., & Peterson, M. J. (1959). Short-term retention of individual verbal items. *Journal of Experimental Psychology, 58,* 193–198.
Petrill, S. A., Hart, S. A., Harlaar, N., Logan, J., Justice, L. M., Schatschneider, C., ... Cutting, L. (2010). Genetic and environmental influences on the growth of early reading skills. *Journal of Child Psychology and Psychiatry, 51*(6), 660–667.
Petry, N. M., Martin, B., Cooney, J. L., & Kranzler, H. R. (2000). Give them prizes and they will come: Contingency management for treatment of alcohol dependence. *Journal of Consulting and Clinical Psychology, 68,* 250–257.
Petty, R. E., Briñol, P., & Priester, J. R. (2009a). Mass media attitude change: Implications of the elaboration likelihood model of persuasion. In J. Bryant & M. B. Oliver (Eds.), *Media effects: Advances in theory and research* (pp. 125–164). Oxford, England: Taylor & Francis.
Petty, R. E., Fazio, R. H., & Briñol, P. (Eds.). (2009b). *Attitudes: Insights from the new implicit measures.* New York: Psychology Press.
Phalet, K., & Schoenpflug, U. (2001). Intergenerational transmission of collectivism and achievement values in two acculturation contexts: The case of Turkish families in Germany and Turkish and Moroccan families in the Netherlands. *Journal of Cross-Cultural Psychology, 32*(2), 186–201.
Phinney, J. S. (2006). Acculturation is not an independent variable: Approaches to studying acculturation as a complex process. In M. H. Bornstein & L. R. Cote (Eds.), *Acculturation and parent–child relationships: Measurement and development* (pp. 79–96). London: Routledge.
Phinney, J. S., & Baledelomar, O. A. (2011). Identity development in multiple cultural contexts. In L. A. Jensen (Ed.), *Bridging cultural and developmental approaches to psychology* (pp. 161–187). New York: Oxford University Press.
Phinney, J. S., & Ong, A. D. (2007). Ethnic identity in immigrant families. In J. E. Lansford, K. Deater-Deckard, & M. H. Bornstein (Eds.), *Immigrant families in*

contemporary society. Duke series in child development and public policy (pp. 51–68). New York: Guilford Press.
Phoenix, C. H. (2009). Organizing action of prenatally administered testosterone propionate on the tissues mediating mating behavior in the female guinea pig. *Hormones and Behavior, 55*(5), 566.
Piaget, J. (1963). *The origins of intelligence in children.* New York: Norton.
Piaget, J., & Smith, L. (Trans). (2000). Commentary on Vygotsky's criticisms of language and thought of the child and judgment and reasoning in the child. *New Ideas in Psychology, 18* (2–3), 241–259.
Piccinni, A., Del Debbioa, A., Meddaa, P., Bianchia, C., Roncagliaa, I., Veltria, A., ... Dell'Osso, L. (2009). Plasma brain-derived neurotrophic factor in treatment-resistant depressed patients receiving electroconvulsive therapy. *European Neuropsychopharmacology, 19*(5), 349–355.
Pickens, C. L., & Holland, P. C. (2004). Conditioning and cognition. *Neuroscience & Biobehavioral Reviews, 28*(7), 651–661.
Pietrzak, R. H., Johnson, D. C., Goldstein, M. B., Malley, J. C., Rivers, A. J., Morgan, C, A., & Southwick, S. M. (2010). Psychosocial buffers of traumatic stress, depressive symptoms, and psychosocial difficulties in veterans of Operations Enduring Freedom and Iraqi Freedom: The role of resilience, unit support, and postdeployment social support. *Journal of Affective Disorders, 120*(1), 188–192.
Piffer, R. C., Garcia, P. C., & Pereira, O. C. M. (2009). Adult partner preference and sexual behavior of male rats exposed prenatally to betamethasone. *Physiology and Behavior, 98*(1–2), 163–167.
Pihl, R. O., Peterson, J. B., & Finn, P. (1990). Inherited predisposition to alcoholism. *Journal of Abnormal Psychology, 99,* 291–301.
Piliavin, J. A. (2009). Altruism and helping: The evolution of a field. *Social Psychology Quarterly, 72*(3), 209–225.
Pinker, S. (1994a, June 19). Building a better brain. *The New York Times Book Review,* pp. 13–14.
Pinker, S. (2007). *The stuff of thought: Language as a window into human nature.* New York: Penguin Books.
Pinker, S. (2011). *Words and rules.* New York: HarperCollins Publishers.
Piolino, P., Desgranges, B., & Eustache, F. (2009). Episodic autobiographical memories over the course of time: Cognitive, neuropsychological and neuroimaging findings. *Neuropsychologia, 47*(11), 2314–2329.
Plaisier, I., et al. (2008). Work and family roles and the association with depressive and anxiety disorders: Differences between men and women. *Journal of Affective Disorders, 105*(1-3), 63–72.
Plomin, R. (2000). Behavioural genetics in the 21st century. *International Journal of Behavioral Development, 24*(1), 30–34.
Plomin, R., & Asbury, K. (2005). Nature and nurture: Genetic and environmental influences on behavior. *The Annals of the American Academy of Political and Social Science, 600*(1), 86–98.
Plomin, R., DeFries, J. C., McClearn, G. E., & McGuffin, P. (2008). *Behavioral genetics.* New York: Worth Publishers.
Plomin, R., & Haworth, C. M. A. (2009). Genetics of high cognitive abilities. *Behavior Genetics, 39*(4), 347–349.
Plomin, R., & Schalkwyk, L. C. (2007). Microarrays. *Developmental Science, 10*(1), 19–23.
Plomin, R., & Spinath, F. M. (2004). Intelligence: Genetics, genes, and genomics. *Journal of Personality and Social Psychology, 86*(1), 112–129.
Pluess, M., Conrad, A., & Wilhelm, F. H. (2009). Muscle tension in generalized anxiety disorder: A critical review of the literature. *Journal of Anxiety Disorders, 23*(1), 1–11.
Polanczyk, G., Moffitt, T. E., Arseneault, L., Cannon, M., Ambler, A., Keefe, R. S. E., ... Caspi, A. (2010). Etiological and clinical features of childhood psychotic symptoms. *Archives of General Psychiatry, 67*(4), 328–338.
Polina, E. R., Contini, V., Hutz, M. H., & Bau, C. H. D. (2009). Thesserotonin 2A receptor gene in alcohol dependence and tobacco smoking. *Drug and Alcohol Dependence, 101*(1–2), 128–131.
Pollatos, O., Schandry, R., Auer, D. P., & Kaufmann, C. (2007). Brain structures mediating cardiovascular arousal and interoceptive awareness. *Brain Research, 1141,* 178–187.
Popma, A., Vermeiren, R., Geluk, C. A. M. L., Rinne, T., van den Brink, W., Knol, D. L., ... Doreleijers, T. A. H. (2007). Cortisol moderates the relationship between testosterone and aggression in delinquent male adolescents. *Biological Psychiatry, 61*(3), 405–411.
Porsolt, R. D., Moser, P. C., & Castagne, V. (2010). Behavioral indices in antipsychotic drug discovery. *Journal of Pharmacology and Experimental Therapeutics, 333*(3), 632–638.
Porter, R. (1997). Bethlem/Bedlam: Methods of madness? *History Today, 47,* 41–46.
Porter, S., & ten Brinke, L. (2008). Reading between the lies: Identifying concealed and falsified emotions in universal facial expressions. *Psychological Science, 19*(5), 508–514.
Posada, G., Jacobs, A., Richmond, M. K., Carbonell, O. A., Alzate, G., Bustamante, M. R., & Quiceno, J. (2002). Maternal caregiving and infant security in two cultures. *Developmental Psychology, 38*(1), 67–78.
Postmes, T., & Spears, R. (1998). Deindividuation and antinormative behavior: A meta-analysis. *Psychological Bulletin, 123*(3), 238–259.
Potter, W. J. (2008). Adolescents and television violence. In P. E. Jamieson & D. Romer (Eds.), *The changing portrayal of adolescents in the media since 1950* (pp. 221–249). New York: Oxford University Press.
Power, T. G., Stewart, C. D., Hughes, S. O., & Arbona, C. (2005). Predicting patterns of adolescent alcohol use: A longitudinal study. *Journal of Studies on Alcohol, 66*(1), 74–81.
Pradhan, D. S., Newman, A., Wacker, D. W., Wingfield, J. C., Schlinger, B. A., & Soma, K. K. (2010). Aggressive interactions rapidly increase androgen synthesis in the brain during the non-breeding season. *Hormones and Behavior, 57*(4-5), 381-389.
Prato-Previde, E., Fallani, G., & Valsecchi, P. (2006). Gender differences in owners interacting with pet dogs: An observational study. *Ethology, 112*(1), 64–73.
Pressman, S. D., & Cohen, S. (2005). Does positive affect influence health? *Psychological Bulletin, 131*(6), 925–971.
Preti, A., & Vellante, M. (2007). Creativity and psychopathology: Higher rates of psychosis proneness and nonright-handedness among creative artists compared to same age and gender peers. *Journal of Nervous and Mental Disease, 195*(10), 837–845.
Principe, C. P., & Langlois, J. H. (2011). Faces differing in attractiveness elicit corresponding affective responses. *Cognition & Emotion, 25*(1), 140–148.
Prochaska, J. O., & Norcross, J. C. (2010). *Systems of psychotherapy* (7th ed.). Belmont, CA: Wadsworth.
Proverbio, A. M., Riva, F., & Zani, A. (2010). When neurons do not mirror the agent's intentions: Sex differences in neural coding of goal-directed actions. *Neuropsychologia, 48*(5), 1454–1463.
Psychodynamic perspective. (1999). *Psychology Review, 6,* 32.
Pulley, B. (1998, June 16). Those seductive snake eyes: Tales of growing up gambling. *The New York Times,* pp. A1, A28.
Pusey, A., Murray, C., Wallauer, W., Wilson, M., Wroblewski, E., & Goodall, J. (2008). Severe aggression among female *Pan troglodytes schweinfurthii* at Gombe National Park, Tanzania. *International Journal of Primatology, 29*(4), 949–973.

Q

Qi, Z., & Gold, P. E. (2009). Intrahippocampal infusions of anisomycin produce amnesia: Contribution of increased release of norepinephrine, dopamine, and acetylcholine. *Learning and Memory, 16,* 308–314.

R

Rachman, S. (2000). Joseph Wolpe (1915–1997): Obituary. *American Psychologist, 55*(4), 431–432.
Radcliffe, R. A., Erwin, V. G., Bludeau, P., Deng, X.-S., Fay, T., Floyd, K. L., &

Deitrich, R. A. (2009). A major QTL for acute alcohol sensitivity in the alcohol tolerant and non-tolerant rat lines. *Genes, Brain, and Behavior, 8*(6), 611–625.

Raine, A. (2008). From genes to brain to antisocial behavior. *Current Directions in Psychological Science, 17*(5), 323–328.

Rainville, P., et al. (2002). Hypnosis modulates activity in brain structures involved in the regulation of consciousness. *Journal of Cognitive Neuroscience, 14*(6), 887–901.

Ramagopalan, S. V., Dyment, D. A., Handunnetthi, L., Rice, G. P., & Ebers, G. C. (2010). A genome-wide scan of male sexual orientation. *Journal of Human Genetics, 55,* 131–132.

Ramel, W., Goldin, P. R., Carmona, P. E., & McQuaid, J. R. (2004). The effects of mindfulness meditation on cognitive processes and affect in patients with past depression. *Cognitive Therapy & Research, 28*(4), 433–455.

Randolph, M. E., Torres, H., Gore-Felton, C., Lloyd, B., & McGarvey, E. L. (2009). Alcohol use and sexual risk behavior among college students. *American Journal of Drug and Alcohol Abuse, 35*(2), 80–84.

Rathus, J. H., & Sanderson, W. C. (1999). *Marital distress: Cognitive behavioral interventions for couples.* Northvale, NJ: Jason Aronson.

Rathus, S.A. (2009-2010). *HDEV.* Mason, OH: 4LTR Press/Cengage Learning.

Rathus, S. A., Nevid, J. S., & Fichner-Rathus, L. (2011). *Human sexuality in a world of diversity* (8th ed.). Boston: Allyn & Bacon.

Rawley, J. B., & Constantinidis, C. (2008). Neural correlates of learning and working memory in the primary posterior parietal cortex. *Neurobiology of Learning and Memory, 91*(2), 129–138.

Rayner, L., Kershaw, K., Hanna, D., & Chaplin, R. (2009). The patient perspective of the consent process and side effects of electroconvulsive therapy. *Journal of Mental Health, 18*(5), 379–388.

Redrobe, J. P., & Bourin, M. (2009). The effect of lithium administration in animal models of depression. *Fundamental and Clinical Pharmacology, 13*(3), 293–299.

Reece, M., Herbenick, D., Schick, V., Sanders, S. A., Dodge, B., & Fortenberry, J. D. (2010). Sexual behaviors, relationships, and perceived health among adult men in the United States: Results from a national probability sample. *Journal of Sexual Medicine, 7*(Suppl. 5), 291–304.

Reeder, G. D. (2001). On perceiving multiple causes and inferring multiple internal attributes. *Psychological Inquiry, 12*(1), 34–36.

Reeder, G. D. (2009). Mindreading: Judgments about intentionality and motives in dispositional inference. *Psychological Inquiry, 20*(1), 1–18.

Rees, T., Ingledew, D. K., & Hardy, L. (2005). Attribution in sports psychology: Seeking congruence between theory, research and practice. *Psychology of Sport and Exercise, 6*(2), 189–204.

Reeve, C.L. (2002). Race and intelligence: Separating science from myth. (Book Review). *Personnel Psychology, 55,* 778–781.

Reeve, J. (2002). Discussing prejudice with your child. *The Brown University Child and Adolescent Behavior Letter, 18,* S1.

Regier, T. (2005). The emergence of words: Attentional learning in form and meaning. *Cognitive Science: A Multidisciplinary Journal, 29*(6), 819–865.

Reid, L. W. (2008). Disaggregating the effects of racial and economic equality on early twentieth-century execution rates. *Sociological Spectrum, 28*(2), 160–174.

Reinecke, M. A., DuBois, D. L., & Schultz, T. M. (2001). Social problem solving, mood, and suicidality among inpatient adolescents. *Cognitive Therapy and Research, 25*(6), 743–756.

Reis, H. T., Maniaci, M. R., Caprariello, P. A., Eastwick, P. W., Finkel, E. J. (2011). Familiarity does indeed promote attraction in live interaction. *Journal of Personality and Social Psychology, 101*(3), 557–570.

Reis, O., & Youniss, J. (2004). Patterns in identity change and development in relationships with mothers and friends. *Journal of Adolescent Research, 19*(1), 31–44.

The relation of child care to cognitive and language development. (2000). *Child Development, 71,* 960.

Rescorla, R. A. (1967). Inhibition of delay in Pavlovian fear conditioning. *Journal of Comparative and Physiological Psychology, 64*(1), 114–120.

Rescorla, R. A. (1988). Pavlovian conditioning: It's not what you think it is. *American Psychologist, 43,* 151–160.

Rescorla, R. A. (1999). Partial reinforcement reduces the associative change produced by nonreinforcement. *Journal of Experimental Psychology: Animal Behavior Processes, 25*(4), 403–414.

Rhee, S. H., & Waldman, I. D. (2002). Genetic and environmental influences on antisocial behavior: A meta-analysis of twin and adoption studies. *Psychological Bulletin, 128*(3), 490–529.

Ricca, V., Castellini, G., Sauro, C. L., Ravaldi, C., Lapi, F., Mannucci, E., ... Faravelli, C. (2009). Correlations between binge eating and emotional eating in a sample of overweight subjects. *Appetite, 53*(3), 418–421.

Ricciardelli, L.A., & McCabe, M.P. (2001, February). Self-esteem and negative affect as moderators of sociocultural influences on body dissatisfaction, strategies to decrease weight, and strategies to increase muscles among adolescent boys and girls. *Sex Roles: A Journal of Research,* 189.

Ringach, D. L., & Jentsch, J. D. (2009). We must face the threats. *Journal of Neuroscience, 29*(37), 11417–11418.

Riniolo, T.C., Koledin, M., Drakulic, G.M., & Payne, R.A. (2003). An archival study of eyewitness memory of the Titanic's final plunge. *The Journal of General Psychology, 130,* 89–95.

Risch, N., Herrell, R., Lehner, T., Liang, K.-Y., Eaves, L., Hoh, J., ... Merikangas, J. R. (2009). Interaction between the serotonin transporter gene (*5-HTTLPR*), stressful life events, and risk of depression. *Journal of the American Medical Association, 301*(23), 2462–2471.

Robbins, J. (2000, July 4). Virtual reality finds a real place as a medical aid. *The New York Times online.*

Roberson, D., Davidoff, J., & Shapiro, L. (2002). Squaring the circle: The cultural relativity of good shape. *Journal of Cognition and Culture, 2*(1), 29–51.

Roberts, J., Lennings, C. J., & Heard, R. (2009). Nightmares, life stress, and anxiety. *Dreaming, 19*(1), 17–29.

Robins, R. W., Gosling, S. D., & Craik, K. H. (1999). An empirical analysis of trends in psychology. *American Psychologist, 54*(2), 117–128.

Robinson, E. (2011). *Disintegration: The splintering of black America.* New York: Simon & Schuster.

Rodin, G., Lo, C., Mikulincer, M., Donner, A., Gagliese, L., & Zimmermann, C. (2009). Pathways to distress: The multiple determinants of depression, hopelessness, and the desire for hastened death in metastatic cancer patients. *Social Science and Medicine, 68*(3), 562–569.

Rodriguez, C. J., Burg, M. M., Meng, J., Pickering, T. G., Jin, Z., Sacco, R. L.,... Di Tullio, M. R. (2008). Effect of social support on nocturnal blood pressure dipping. *Psychosomatic Medicine, 70,* 7–12.

Roediger, H. L., & McCabe, D. P. (2007). Evaluating experimental research. In R. J. Sternberg, H. L. Roediger, & D. F. Halpern (Eds.), *Critical thinking in psychology* (pp. 15–36). New York: Cambridge University Press.

Roelofs, K., Hoogduin K. A., Keijsers G. P., Näring G. W., Moene F. C., Sandijck P. (2002). Hypnotic susceptibility in patients with conversion disorder. *Journal of Abnormal Psychology, 111*(2), 390–395.

Roepke, S., Schröder-Abé, M., Schütz, A., Jacob, G., Dams, A., Vater, A., ... Lammers, C.-H. (2011). Dialectic behavioural therapy has an impact on self-concept clarity and facets of self-esteem in women with borderline personality disorder. *Clinical Psychology and Psychotherapy, 18*(2), 148–158.

Rogers, C. R. (1951). *Client-centered therapy.* Boston: Houghton Mifflin.

Rogers, D. (2009). The other philosophy club: America's first academic women philosophers. *Hypatia, 24*(2), 164–185.

Roid, G. H., & Tippin, S. M. (2009). Assessment of intellectual strengths and weaknesses with the Stanford–Binet Intelligence Scales—5th edition. In J. A. Naglieri & S. Goldstein (Eds.), *Practitioner's guide to assessing intelligence and achievement* (pp. 127–152). Hoboken, NJ: Wiley.

Rolls, E. T. (2009). Functional neuroimaging of *umami* taste: What makes *umami* pleasant? *American Journal of Clinical Nutrition, 90*(3), 804S–813S.

Romero, E., Luengo, M. A., & Sobral, J. (2001). Personality and antisocial behaviour: Study of temperamental dimensions. *Personality and Individual Differences, 31*(3), 329–348.

Rosekind, M. R., Gregory, K. B., Mallis, M. M., Brandt, S. L., Seal, B., & Lerner, D. (2010). The cost of poor sleep: Workplace productivity loss and associated costs. *Journal of Occupational and Environmental Medicine, 52*(1), 91–98.

Rosenberg, M. J. (2009). The conditions and consequences of evaluation apprehension. In R. Rosenthal & R. L. Rosnow (Eds.), *Artifacts in behavioral research* (pp. 211–263). New York: Oxford University Press.

Ross, C. A. (2006). Dissociative identity disorder. *Current Psychosis and Therapeutics Reports, 4*(3), 112–116.

Ross, S.E., Niebling, B.C., & Heckert, T.M. (1999). Sources of stress among college students. *College Student Journal, 33,* 312.

Roth, G. (2000). The evolution and ontogeny of consciousness. *Neural correlates of consciousness: Empirical and conceptual questions.* Cambridge, MA: MIT Press.

Roth, T. L., Lubin, F. D., Sodhi, M., & Kleinman, J. E. (2009). Epigenetic mechanisms in schizophrenia. *Biochimica et Biophysica Acta, 1790*(9), 869–877.

Rothbaum, F., Rosen, K., Ujiie, T., & Uchida, N. (2002). Family systems theory, attachment theory, and culture. *Family Process, 41,* 328–350.

Rotter, J. B. (1990). Internal versus external control of reinforcement. *American Psychologist, 45,* 489–493.

Rouder, J. N., & Morey, R. D. (2009). The nature of psychological thresholds. *Psychological Review, 116*(3), 655–660.

Rubia, K. (2009). The neurobiology of meditation and its clinical effectiveness in psychiatric disorders. *Biological Psychology, 82*(1), 1–11.

Rude, S. S., Hertel, P. T., Jarrold, W., Covich, J., & Hedlund, S. (1999). Depression-related impairments in prospective memory. *Cognition & Emotion, 13*(3), 267–276.

Rudy, D., & Grusec, J. E. (2006). Authoritarian parenting in individualist and collectivist groups: Associations with maternal emotion and cognition and children's self-esteem. *Journal of Family Psychology, 20*(1), 68–78.

Ruiter, R. A. C., Abraham, C., & Kok, G. (2001). Scary warnings and rational precautions: A review of the psychology of fear appeals. *Psychology and Health, 16*(6), 613–630.

Rushton, J. P., Skuy, M., & Fridjhon, P. (2003). Performance on Raven's Advanced Progressive Matrices by African, East Indian, and White engineering students in South Africa. *Intelligence, 31*(2), 123–137.

S

Safford, S., Alloy, L., Abramson, L., & Crossfield, A. (2007). Negative cognitive style as a predictor of negative life events in depression-prone individuals: A test of the stress-generation hypothesis. *Journal of Affective Disorders, 99*(1), 147–154.

Saffran, J. R. (2009). Acquiring grammatical patterns: Constraints on learning. In J. Colombo, P. McCardle, & L. Freud (Eds.), *Infant pathways to language: Methods, models, and research disorders* (pp. 31–47). New York: Psychology Press.

Salmon, P., et al. (2004). Mindfulness meditation in clinical practice. *Cognitive & Behavioral Practice, 11*(4), 434–446.

Salovey, P., Detweiler-Bedell, B. T., Detweiler-Bedell, J. B., & Mayer, J. D. (2008). Emotional intelligence. In M. Lewis, A. M. Haviland-Jones, & L. F. Barrett (Eds.), *Handbook of emotions* (3rd ed.) (pp. 533–545). New York: Guilford Press.

Salovey, P., Rothman, A. J., Detweiler, J. B., & Steward, W. T. (2000). Emotional states and physical health. *American Psychologist, 55,* 110–121.

Salthouse, T. A. (2001). Structural models of the relations between age and measures of cognitive functioning. *Intelligence, 29*(2), 93–115.

Sanchez, D. T., Shih, M., & Garcia, J. A. (2009). Juggling multiple racial identities: Malleable racial identification and psychological well-being. *Cultural Diversity and Ethnic Minority Psychology, 15*(3), 243–254.

Sanders, G. S. (1984). Effects of context cues on eyewitness identification responses. *Journal of Applied Social Psychology, 14,* 386–397.

Sanna, L. J., & Meier, S. (2000). Looking for clouds in a silver lining: Self-esteem, mental simulations, and temporal confidence changes. *Journal of Research in Personality, 34*(2), 236–251.

Santarius, T., Shipley, J., Brewer, D., Stratton, M. R., & Cooper, C. S. (2010). Epigenetics and genetics: A census of amplified and overexpressed human cancer genes. *Nature Reviews Cancer, 10*(1), 59–64.

Sarbin, T. R., & Coe, W. C. (1972). *Hypnosis.* New York: Holt, Rinehart and Winston.

Sava, S., & Yurgelun-Todd, D. A. (2008). Functional magnetic resonance in psychiatry. *Topics in Magnetic Resonance Imaging, 19*(2), 71–79.

Savin-Williams, R. C., & Cohen, K. M. (2007). Development of same-sex attracted youth. In I. H. Meyer & M. E. Northridge (Eds.), *The health of sexual minorities: Public health perspectives on lesbian, gay, bisexual, and transgender populations* (pp. 27–47). New York: Springer Science + Business Media.

Sawa, A., & Snyder, S. H. (2002). Schizophrenia: Diverse approaches to a complex disease. *Science,* pp. 692–695.

Sayette, M. A., Reichle, E. D., & Schooler, J. W. (2009). Lost in the sauce: The effects of alcohol on mind wandering? *Psychological Science, 20*(6), 747–752.

Scarr, S., & Weinberg, R. A. (1983). The Minnesota adoption studies: Genetic differences and malleability. *Child Development, 54,* 260–267.

Schacter, D. L. (1992). Understanding implicit memory: A cognitive neuroscience approach. *American Psychologist, 47*(4), 559–569.

Schacter, D. L., Cooper, L. A., & Treadwell, J. (1993). Preserved priming of novel objects across size transformation in amnesic patients. *Psychological Science, 4*(5), 331–335.

Schacter, D. L., Gallo, D. A., & Kensinger, E. A. (2007). The cognitive neuroscience of implicit and false memories: Perspectives on processing specificity. In H. L. Roediger & J. S. Nairne (Eds.), *The foundations of remembering: Essays in honor of Henry L. Roediger III* (pp. 355–379). New York: Psychology Press.

Schachter, S., & Singer, J. E. (1962). Cognitive, social, and physiological determinants of emotional state. *Psychological Review, 69,* 379–399.

Schmidt, N. B., Keough, M. E., Mitchell, M. A., Reynolds, E. K., MacPherson, L., Zvolensky, M. J., & Lejuez, C. W. (2010). Anxiety sensitivity: Prospective prediction of anxiety among early adolescents. *Journal of Anxiety Disorders, 24*(5), 503–508.

Schmitt, D. P. (2003). Universal sex differences in the desire for sexual variety: Tests from 52 nations, 6 continents, and 13 islands. *Journal of Personality and Social Psychology, 85*(1), 85–104.

Schmitt, D. P. (2008). An evolutionary perspective on mate choice and relationship initiation. In S. Sprecher, A. Wenzel, & J. H. Harvey (Eds.), *Handbook of relationship initiation* (pp. 55–74). New York: CRC Press.

Schmitt, D. P., Jonason, P. K., Byerley, G. J., Flores, S. D., Illbeck, B. E., O'Leary, K. N.; & Qudrat, A. (2012). A reexamination of sex differences in sexuality: New studies reveal old truths. *Current Directions in Psychological Science, 21*(2), 135–139.

Schnall, S., Roper, J., & Fessler, D. M. T. (2010). Elevation leads to altruistic behavior. *Psychological Science, 21*(3), 315–320.

Schneider-Garces, N. J., Gordon, B. A., Brumback-Peltz, C. R., Shin, E., Lee, Y., Sutton, B. P., ... Fabiani, M. (2010). Span, CRUNCH, and beyond: Working memory capacity and the aging brain. *Journal of Cognitive Neuroscience, 22*(4), 655–669.

Schneiderman, N., Ironson, G., & Siegel, S. D. (2005). Stress and health: Psychological, behavioral, and biological determinants. *Annual Review of Clinical Psychology, 1*(1), 607–628.

Schubert, S., & Lee, C. W. (2009). Adult PTSD and its treatment with EMDR: A review of controversies, evidence, and theoretical knowledge. *Journal of EMDR Practice and Research, 3*(3), 117–132.

Schulte, M. T., Ramo, D., & Brown, S. A. (2009). Gender differences in factors influencing alcohol use and drinking progression among adolescents. *Clinical Psychology Review, 29*(6), 535–547.

Schwartz, B. L. (2008). Working memory load differentially affects tip-of-the-tongue states and feeling-of-knowing judgments. *Memory and Cognition, 36*(1), 9–19.

Schwartz, N. (2007) Evaluating surveys and questionnaires. In R. J. Sternberg, H. L. Roediger, & D. F. Halpern (Eds.), *Critical thinking in psychology* (pp. 54–74). New York: Cambridge University Press.

Schwartz, R. M., & Gottman, J. M. (1976). Toward a task analysis of assertive behavior. *Journal of Consulting and Clinical Psychology, 44,* 910–920.

Schwartz, S. J., Unger, J. B., Zamboanga, B. L., & Szapocznik, J. (2010). Rethinking the concept of acculturation: Implications for theory and research. *American Psychologist, 65*(4), 237–251.

Scott, J. (1994, May 9). Multiple personality cases perplex legal system. *The New York Times*, pp. A1, B10, B11.

Sebe, N., Lew, M. S., Sun Y., Cohen, I., Gevers, T., & Huang, T. S. (2007). Authentic facial expression analysis. *Image and Vision Computing, 25*(12), 1856–1863.

Second thoughts. (1989). *The Economist, 313,* 69.

Segerdahl, P., Fields, W., & Savage-Rumbaugh, S. (2006). *Kanzi's primal language: The cultural initiation of primates into language.* New York: Palgrave Macmillan.

Sekizuka, H., Kida, K., Akashi, Y. J., Yoneyama, K., Osada, N., Omiya, K., & Miyake, F. (2010). Relationship between sleep apnea syndrome and sleep blood pressure in patients without hypertension. *Journal of Cardiology, 55*(1), 92–98.

Seligman, M. (1975). *Helplessness: On depression, development, and death.* New York: Freeman.

Seligman, M. E. P. (1996, August). *Predicting and preventing depression.* Master lecture presented at the meeting of the American Psychological Association, Toronto, Canada.

Selye, H. (1976). *The stress of life* (Rev. ed.). New York: McGraw-Hill.

Shah, C., Trivedi, R. S., Diwan, J., Dixit, R., & Anand, A. K. (2009). Common stressors and coping with stress by medical students. *Journal of Clinical and Diagnostic Research, 3,* 1621–1626.

Shapiro, F. (1989). Efficacy of the eye movement desensitization procedure in the treatment of traumatic memories. *Journal of Traumatic Stress, 2,* 199–223.

Shedler, J. (2010). The efficacy of psychodynamic psychotherapy. *American Psychologist, 65*(2), 98–109.

Sheeber, L. B., Davis, B., Leve, C., Hops, H., & Tildesley, E. (2007). Adolescents' relationships with their mothers and fathers: Associations with depressive disorder and subdiagnostic symptomatology. *Journal of Abnormal Psychology, 116*(1), 144–154.

Sheldon, K. M. (2009). Providing the scientific backbone for positive psychology: A multi-level conception of human thriving. *Psychological Topics, 18*(2), 267–284.

Sherman, D. K., Bunyan, D. P., Creswell, J. D., & Jaremka, L. M. (2009). Psychological vulnerability and stress: The effects of self-affirmation on sympathetic nervous system responses to naturalistic stressors. *Health Psychology, 28*(5), 554–562.

Sherrington, J. M., Hawton, K. E., Fagg, J., Andrews, B., & Smith, D. (2001). Outcome of women admitted to hospital for depressive illness: Factors in the prognosis of severe depression. *Psychological Medicine, 31*(1), 115–125.

Sherwood, C. C., Rilling, J. K., Holloway, R. L., & Hof, P. R. (2008). Evolution of the brain: In humans—Specializations in a comparative perspective. In M. D. Binder, N. Hirokawa, U. Windhorst, & M. C. Hirsch (Eds.), *Encyclopedia of neuroscience* (pp. 1–5). New York: Springer-Verlag.

Shi, W., & Jia, F.-X. (2011). A review on the psychology of suicide terrorism. *Advances in Psychological Science.* Retrieved from http://en.cnki.com.cn/Article_en/CJFDTOTAL-XLXD201109017.htm

Shirayamaa, Y., Obatab, T., Matsuzawaa, D., Nonakab, H., Kanazawab, Y., Yoshitomeb, E., ... Iyo, M. (2010). Specific metabolites in the medial prefrontal cortex are associated with the neurocognitive deficits in schizophrenia: A preliminary study. *NeuroImage, 49*(3), 2783–2790.

Shneidman, E. S. (2001). *Comprehending suicide.* Washington, DC: American Psychological Association.

Short, S. J., Lubach, G. R., Karasin, A. I., Olsen, C. W., Styner, M., Knickmeyer, R. C., ... Coe, C. L. (2010). Maternal influenza infection during pregnancy impacts postnatal brain development in the rhesus monkey. *Biological Psychiatry, 67*(10), 965–973.

Shrager, Y., Kirwan, C., & Squire, L. R. (2008). Activity in both hippocampus and perirhinal cortex predicts the memory strength of subsequently remembered information. *Neuron, 59*(4), 547–553.

Shreeve, J. (1995). What happened to Phineas? *Discover, 16,* 78–79.

Shuper, P. A., Neuman, M., Kanteres, F., Baliunas, D., Joharchi, N., & Rehm, J. (2010). Causal considerations on alcohol and HIV/AIDS—A systematic review. *Alcohol and Alcoholism, 45*(2), 159–166.

Shyrack, J., Steger, M. F., Krueger, R. F., & Kallie, C. S. (2010). The structure of virtue: An empirical investigation of the dimensionality of the virtues in action inventory of strengths. *Personality and Individual Differences, 48*(6), 714–719.

Siegel, J. M. (2009). Sleep viewed as a state of adaptive inactivity. *Nature Reviews Neuroscience, 10,* 747–753.

Siesta time; Power napping. (2002, June 1). *The Economist.*

Sileo, C.C. (1993). Multiple personalities: The experts are split. *Insight on the News, 43,* 18–22.

Silver, E. (1994). Cited in DeAngelis, T. (1994). Experts see little impact from insanity plea ruling. *APA Monitor, 25*(6), 28.

Silver, S. M., Rogers, S., Knipe, J, & Colelli, G. (2005). EMDR therapy following the 9/11 terrorist attacks: A community-based intervention project in New York City. *International Journal of Stress Management, 12*(1), 29–42.

Simeon, D., Knutelska, M., Yehuda, R., Putnam, F., Schmeidler, J., & Smith, L. M. (2007). Hypothalamic-pituitary-adrenal axis function in dissociative disorders, post-traumatic stress disorder, and healthy volunteers. *Biological Psychiatry, 61*(8), 966–973.

Simon, T. R., Ikeda, R. M., Smith, E. P., Reese, L. E., Rabiner, D. L., Miller, S., ... Allison, K. W. (2009). The ecological effects of universal and selective violence prevention programs for middle school students: A randomized trial. *Journal of Consulting and Clinical Psychology, 77*(3), 526–542.

Simons, A. D., Gordon, J. S., Monroe, S. M., & Thase, M. E. (1995). Toward an integration of psychologic, social, and biologic factors in depression. *Journal of Consulting and Clinical Psychology, 63,* 369–377.

Simonton, D. K. (2009). *Genius 101.* New York: Springer.

Singareddy, R. K., & Balon, R. (2002). Sleep in posttraumatic stress disorder. *Annals of Clinical Psychiatry, 14*(3), 183–190.

Singh, D., & Singh, D. (2011). Shape and significance of feminine beauty: An evolutionary perspective. *Sex Roles, 64*(9–10), 723–731.

Singh, L., Nestor, S., Parikh, C., & Yull, A. (2009). Influences of infant-directed speech on early word recognition. *Infancy, 14*(6), 654–666.

Sio, U. N., & Ormerod, T. C. (2009). Does incubation enhance problem solving? *Psychological Bulletin, 135*(1), 94–120.

Sixsmith, R., & Furnham, A. (2010). A content analysis of British food adver-

tisements aimed at children and adults. *Health Promotion International, 25*(1), 24–32.
Skinner, B. F. (1938). *The behavior of organisms: An experimental analysis.* New York: Appleton.
Skinner, B. F. (1948). *Walden Two.* New York: Macmillan.
Sleep and dreams. (2002). *Science Weekly, 19,* 1–12.
Slobin, D. I. (1983). *Crosslinguistic evidence for basic child grammar.* Paper presented at the biennial meeting of the Society for Research in Child Development, Detroit, MI.
Sloman, S. A., Harrison, M. C., & Malt, B. C. (2002). Recent exposure affects artifact naming. *Memory and Cognition, 30*(5), 687–695.
Small, E., Shah, H. P., Davenport, J. J., Geier, J. E., Yavarovich, K. R., Yamada, H., ... Bruijnzeel, A. W. (2010). Tobacco smoke exposure induces nicotine dependence in rats. *Psychopharmacology, 208*(1), 143–158.
Smetana, J. G., Daddis, C., & Chuang, S. S. (2003). "Clean your room!" A longitudinal investigation of adolescent–parent conflict and conflict resolution in middle-class African American families. *Journal of Adolescent Research, 18*(6), 631–650.
Smetana, J. G., Campione-Barr, N., & Metzger, A. (2006). Adolescent development in interpersonal and societal contexts. *Annual Review of Psychology, 57,* 255–284.
Smillie, L. D., Cooper, A. J., Proitsi, P., Powell, J. F., Pickering, A. D. (2009). Variation in DRD2 dopamine gene predicts extraverted personality. *Neuroscience Letters, 468*(3), 234–237.
Smith, J. F. (2001). Biological evidence for evolution. *Journal of the Idaho Academy of Science, 37,* 102–104.
Smith, K. L. (2009). Humor. In M. Snyder & R. Lindquist (Eds.), *Complementary and alternative therapies in nursing* (pp. 107–122). New York: Springer.
Smith, M. L., & Glass, G. V. (1977). Meta-analysis of psychotherapy outcome studies. *American Psychologist, 32,* 752–760.
Smith, N. A., & Trainor, L. J. (2008). Infant-directed speech is modulated by infant feedback. *Infancy, 13*(4), 410–420.
Smith, R. A., & Weber, A. L. (2005). Applying social psychology in everyday life. In F. W. Schneider, et al. (Eds.), *Applied social psychology: Understanding and addressing social and practical problems* (pp. 75–99). Thousand Oaks, CA: Sage Publications.
Snijders, T. A. B., Steglich, C. E. G., & Schweinberger, M. (2007). Modeling the coevolution of networks and behavior. In K. van Montfort, J. Oud, & A. Satorra (Eds.), *Longitudinal models in the behavioral and related sciences* (pp. 41–71). London: Routledge.
Snyder, C. R., Lopez, S. J., & Pedrotti, J. T. (2010). *Positive psychology* (2nd ed.). Newbury Park, CA: Sage Publications.
Snyder, D. J., & Bartoshuk, L. M. (2009). Epidemiological studies of taste function: Discussion and perspectives. *Annals of the New York Academy of Sciences, 1170,* 574–580.
Solomon, R. C. (2008). The philosophy of emotions. In M. Lewis, J. M. Haviland-Jones, & L. F. Barrett (Eds.), *Handbook of emotions* (pp. 3–16). New York: Guilford Press.
Sorensen, S. B., & Rutter, C. M. (1991). Transgenerational patterns of suicide attempt. *Journal of Consulting and Clinical Psychology, 59,* 861–866.
Souren, N. Y., Paulussen, A. D. C., Loos, R. J. F., Gielen, M., Beunen, G., Fagard, R., ... Zeegers, M. P. (2007). Anthropometry, carbohydrate and lipid metabolism in the East Flanders Prospective Twin Survey: Heritabilities. *Diabetologia, 50*(10), 2107–2116.
Soussignan, R. (2002). Duchenne smile, emotional experience, and autonomic reactivity: A test of the facial feedback hypotheses. *Emotion, 2*(1), 52–74.
Spelts, K., & Gaynor, J. (2010). Pain management strategies. In S. Bryant (Ed.), *Anesthesia for veterinary technicians* (pp. 345–356). Hoboken, NJ: Wiley.
Spencer, M. D., Moorhead, T. W. J., Gibson, R. J., McIntosh, A. M., Sussmann, J. E. D., Owens, D. G. C., ... Johnstone, E. C. (2008). Low birthweight and preterm birth in young people with special educational needs: A magnetic resonance imaging analysis. *BMC Medicine, 6*(1). doi:10.1186/1741-7015-6-1
Spencer, M. S., Chen, J., Gee, G. C., Fabian, C. G., & Takeuchi, D. T. (2010). Discrimination and mental health–related service use in a national study of Asian Americans. *American Journal of Public Health, 100*(12), 2410–2417.
Spencer, T. J., Montaldi, D., Gong, Q.-Y., Roberts, N., & Mayes, A. R. (2009). Object priming and recognition memory: Dissociable effects in left frontal cortex at encoding. *Neuropsychologia, 47*(13), 2942–2947.
Sperling, G. (1960). The information available in brief visual presentations. *Psychological Monographs, 74,* 1–29.
Spinhoven, P., Elzinga, B. M., Hovens, J., Roelofs, K., Zitman, F. G., van Oppen, P., & Penninx, B. (2010). The specificity of childhood adversities and negative life events across the life span to anxiety and depressive disorders. *Journal of Affective Disorders, 126*(1), 103–112.
Spittle, A. J., Boyd, R. N., Inder, T. E., & Doyle, L. W. (2009). Predicting motor development in very preterm infants at 12 months' corrected age. *Pediatrics, 123*(2), 512–517.
Sporer, S. L., & Goodman-Delahunty, J. (2009). Disparities in sentencing decisions. In M. E. Oswald, S. Bieneck, & J. Hupfeld-Heinemann (Eds.), *Social psychology of punishment of crime* (pp. 379–401). Hoboken, NJ: Wiley.
Sprecher, S., & Felmlee, D. (2008). Insider perspectives on attraction. In S. Sprecher, A. Wenzel, & J. H. Harvey (Eds.), *Handbook of relationship initiation* (pp. 297–314). New York: CRC Press.
Sprecher, S., Sullivan, Q., & Hatfield, E. (1994). Mate selection preferences. *Journal of Personality and Social Psychology, 66*(6), 1074–1080.
Sprecher, S., Wenzel, A., & Harvey, J. H. (Eds.). (2008). *Handbook of relationship initiation.* New York: CRC Press.
Squire, L. R. (2004). Memory systems of the brain: A brief history and current perspective. *Neurobiology of Learning and Memory, 82*(3), 171–177.
Squire, L. R. (2009). The legacy of patient H. M. for neuroscience. *Neuron, 61*(1), 6.
Squire, L. R., & Kandel, E. R. (2008). *Memory: From mind to molecules.* Greenwood Village, CO: Roberts.
Sroufe, L. A. (1998). Cited in S. Blakeslee (1998, August 4), Re-evaluating significance of baby's bond with mother, *New York Times,* pp. F1, F2.
Staff, J., Mortimer, J. T., & Uggen, C. (2004). Work and leisure in adolescence. In R. M. Lerner & L. Steinberg (Eds.), *Handbook of adolescent psychology* (2nd ed.) (pp. 429–450). Hoboken, NJ: Wiley.
Stanley, B., & Siever, L. J. (2010). The interpersonal dimension of borderline personality disorder: Toward a neuropeptide model. *American Journal of Psychiatry, 167,* 24–39.
Starratt, V. G., & Shackelford, T. K. (2010). The basic components of the human mind were solidified during the Pleistocene epoch. In F. J. Ayala & R. Arp (Eds.), *Contemporary debates in philosophy of biology* (pp. 243–252). Hoboken, NJ: Wiley.
Stasser, G. (1999). A primer of social decision scheme theory: Models of group influence, competitive model-testing, and prospective modeling. *Organizational Behavior and Human Decision Processes, 80*(1), 3–20.
Steele, H. (2005). Editorial. *Attachment & Human Development, 7*(4), 345.
Steenari, R., Vuontela, V., Paavonen, E. J., Carlson, S., Fjallberg, M., & Aronen, E. T. (2003). Working memory and sleep in 6 to 13-year old schoolchildren. *Journal of the American Academy of Child and Adolescent Psychiatry, 42,* 85–92.
Stein, A. D., Pierik, F. H., Verrips, G. H. W., Susser, E. S., & Lumey, L H. (2009). Maternal exposure to the Dutch famine before conception and during pregnancy. *Epidemiology, 20*(6), 909–915.
Stereotypes can affect memory when identifying criminal suspects. (2002, December 20). *Ascribe Higher Education News Service.*
Sternberg, R. J. (1988). Triangulating love. In R. J. Sternberg & M. J. Barnes (Eds.), *The psychology of love* (pp. 119–138). New Haven, CT: Yale University Press.
Sternberg, R. J. (2000). In search of the zipperump-a-zoo. *Psychologist, 13*(5), 250–255.
Sternberg, R. J. (2006). Creating a vision of creativity: The first 25 years. *Psychol-*

ogy of Aesthetics, Creativity, and the Arts, 5(1), 2–12.
Sternberg, R. J. (2007). Intelligence and culture. In S. Kitayama & D. Cohen (Eds.), *Handbook of cultural psychology* (pp. 547–568). New York: Guilford Press.
Sternberg, R. J. (2009). The assessment of creativity. *Creativity Research Journal, 24*(1),3–12.
Sternberg, R. J., Gabora, L., & Bonney, C. R. (2012). Introduction to the special issue on college and university admissions. *Educational Psychologist, 47*(1), 1–4.
Sternberg, R. J., Grigorenko, E. L., & Kidd, K. K. (2005). Intelligence, race, and genetics. *American Psychologist, 60*(1), 46–59.
Stewart, A. J., & Ostrove, J. M. (1998). Women's personality in middle age: Gender, history, and midcourse corrections. *American Psychologist, 53*(11), 1185–1194.
Stocco, A., & Anderson, J. A. (2008). Endogenous control and task representation: An fMRI study in algebraic problem-solving. *Journal of Cognitive Neuroscience, 20*(7), 1300–1314.
Stocker, S. (1994). Stop a headache in 5 minutes. *Prevention, 46,* 65–72.
Stone, J., & Fernandez, N. C. (2008). How behavior shapes attitudes: Cognitive dissonance processes. In W. D. Crano & R. Prislin (Eds.), *Attitudes and attitude change* (pp. 313–336). Boca Raton, FL: CRC Press.
Story, P. A., Hart, J. W., Stasson, M. F., & Mahoney, J. M. (2009). Using a two-factor theory of achievement motivation to examine performance-based outcomes on self-regulatory processes. *Personality and Individual Differences, 46*(4), 391–395.
Stuart, K., & Conduit, R. (2009). Auditory inhibition of rapid eye movements and dream recall from REM sleep. *Sleep, 32*(3), 399–408.
Stunkard, A. J., Harris, J. R., Pedersen, N. L., & McLearn, G. E. (1990). A separated twin study of the body mass index. *New England Journal of Medicine, 322,* 1483–1487.
Sue, S., Zane, N., Hall, G. C. N., & Berger, L. K. (2009). The case for cultural competency in psychotherapeutic interventions. *Annual Review of Psychology, 60,* 525–548.
Suinn, R. M. (2001). The terrible twos—anger and anxiety: Hazardous to your health. *American Psychologist, 56*(1), 27–36.
Suslow, T., Kugel, H., Reber, H., Bauer, J., Dannlowski, U., Kersting, A., … Egloff, B. (2010). Automatic brain response to facial emotion as a function of implicitly and explicitly measured extraversion. *Neuroscience, 167*(1), 111–123.
Susser, E., St. Clair, D., & He, L. (2009). Latent effects of prenatal malnutrition on adult health: The example of schizophrenia. *Annals of the New York Academy of Sciences, 1136,* 185–192.
Swami, V., Furnham, A., Haubner, T., Stieger, S., & Voracek, M. (2009). The truth is out there: The structure of beliefs about extraterrestrial life among Austrian and British respondents. *Journal of Social Psychology, 149*(1), 29–43.
Swan, G. E., Jack, L. M., Valdes, A. M., Ring, H. Z., Ton, C. C., Curry, S. J., & McAfee, T. (2007). Joint effect of domanimergic genes on likelihood of smoking following treatment with bupropion SR. *Health Psychology, 26*(3), 361–368.
Swartout, K. M., & White, J. W. (2010). The relationship between drug use and sexual aggression in men across time. *Journal of Interpersonal Violence, 25*(9), 1716–1735.
Szentirmai, E., Kapas, L., Sun, Y., Smith, R. G., & Krueger, J. M. (2010). Restricted feeding-induced sleep, activity, and body temperature changes in normal and preproghrelin-deficient mice. *American Journal of Physiology—Regulatory, Integrative, and Comparative Physiology, 298,* R467–R477.

T

Taber, C. S., Cann, D., & Kucsova, S. (2009). The motivated processing of political arguments. *Political Behavior, 31*(2), 137–155.
Tait, M., Nikolopoulos, T. P., De Raeve, L., Johnson, S., Datta, G., Karltorp, E., … Frijns, J. H. M. (2010). Bilateral versus unilateral cochlear implantation in young children. *International Journal of Pediatric Otorhinolaryngology, 74*(2), 206–211.
Takahaski, T., Wood, S. J., Yung, A. R., Soulsby, B., McGorry, P. D., Suzuki, M., … Kawasaki, Y. (2009). Progressive gray matter reduction of the superior temporal gyrus during transition to psychosis. *Archives of General Psychiatry, 66*(4), 366–376.
Takemura, K. (1994). Influence of Elaboration on the Framing of Decision. *The Journal of Psychology, 128,* 33–39.
Tamis-LeMonda, C. S., Cristofaro, T. N., Rodriguez, E. T., & Bornstein, M. H. (2006). Early language development: Social influences in the first years of life. In L. Balter & C. S. Tamis-LeMonda (Eds.), *Child psychology: A handbook of contemporary issues* (2nd ed.) (pp. 79–108). New York: Psychology Press.
Tanner, J. L., & Arnett, J. J. (2011). Presenting "emerging adulthood": What makes it developmentally distinctive? In J. J. Arnett, M. Kloep, L. B. Hendry, & J. L. Tanner. *Debating emerging adulthood: Stage or process?* (pp. 13–30). New York: Oxford University Press.
Taylor, A., Goehler, L., Galper, D., Innes, K., & Bourguignon, C. (2010). Top-down and bottom-up mechanisms in mind–body medicine. *EXPLORE: Journal of Science and Healing, 6*(1), 29–41.
Taylor, S., Thordarson, D. S., Maxfield, L., Fedoroff, I. C., Lovell, K., & Ogrodniczuk, J. (2003). Comparative efficacy, speed, and adverse effects of three PTSD treatments: Exposure therapy, EMDR, and relaxation training. *Journal of Consulting and Clinical Psychology, 71,* 330–338.
Taylor, S. E. (2006). Tend and befriend: Biobehavioral bases of affiliation under stress. *Current Directions in Psychological Science, 15*(6), 273–277.
Taylor, S. E., Klein, L. C., Lewis, B. P., Gruenewald, T. L., Gurung, R. A. R., & Updegraff J. A. (2000). Biobehavioral responses to stress in females: Tend-and-befriend, not fight-or-flight. *Psychological Review, 107*(3), 411–429.
Teachout, T. (2000, April 2). For more artists, a fine old age. *The New York Times online.*
Tenenbaum, H. R., Hill, D. B., Joseph, N., & Roche, E. (2010). "It's a boy because he's painting a picture": Age differences in children's conventional and unconventional gender schemas. *British Journal of Psychology, 101*(1), 137–154.
Terrace, H. S., & Metcalfe, J. A. (2005). *The missing link in cognition: Origins of self-reflective consciousness.* New York: Oxford University Press.
Tetlock, P. E., & McGraw, A. P. (2005). Theoretically framing relational framing. *Journal of Consumer Psychology, 15*(1), 35–37.
Thomas, A. K., & Loftus, E. F. (2002). Creating bizarre false memories through imagination. *Memory and Cognition, 30*(3), 423–431.
Thomas, K. R. (2008). An exploratory study of factors that relate to academic success among high-achieving African American males. *Dissertation Abstracts International, 69* (12). (UMI No. 3340955)
Thomas, S. L., Skitka, L. J., Christen, S., & Jurgena, M. (2002). Social facilitation and impression formation. *Basic and Applied Social Psychology, 24*(1), 67–70.
Thompson, B. R., & Thornton, H. J. (2002). The transition from extrinsic to intrinsic motivation in the college classroom: A first year experience. *Education, 122,* 785–782.
Thompson, L. E., Barnett, J. R., & Pearce, J. R. (2009). Scared straight? Fear-appeal anti-smoking campaigns, risk, self-efficacy and addiction. *Health, Risk, and Society, 11,* 181–196.
Thompson, P. M., et al. (2001). Mapping adolescent brain change reveals dynamic wave of accelerated gray matter loss in very early-onset schizophrenia. *Proceedings of the National Academy of Sciences USA. 98*(20):11650–11665.
Thompson, S. C. (2009). The role of personal control in adaptive functioning. In I. C. R. Snyder & S. J. Lopez (Eds.), *Oxford handbook of positive psychology* (pp. 271–278). New York: Oxford University Press.
Thurstone, L. L. (1938). Primary mental abilities. *Psychometric Monographs, 1.*
Tigner, R. B., & Tigner, S. S. (2000). Triarchic theories of intelligence: Aristotle

and Sternberg. *History of Psychology, 3*(2), 168–176.

Tohidian, I. (2009). Examining linguistic relativity hypothesis as one of the main views on the relationship between language and thought. *Journal of Psycholinguistic Research, 38*(1), 65–74.

Tolman, E. C., & Honzik, C. H. (1930). Introduction and removal of reward, and maze performance in rats. *University of California Publications in Psychology, 4,* 257–275.

Toma, C. L., Hancock, J. T., & Ellison, N. B. (2008). Separating fact from fiction: An examination of deceptive self-presentation in online dating profiles. *Personality and Social Psychology Bulletin, 34*(8), 1023–1036.

Tong, H. (2001). Loneliness, depression, anxiety, and the locus of control. *Chinese Journal of Clinical Psychology, 9*(3), 196–197.

Tønnesen, P. (2009). Smoking cessation: How compelling is the evidence? A review. *Health Policy, 91,* S15–S25.

Tost, H., Alam, T., & Meyer-Lindenberg, A. (2009). Dopamine and psychosis: Theory, pathomechanisms and intermediate phenotypes. *Neuroscience and Biobehavioral Reviews, 34*(5), 689–700.

Townsend, E., Hawton, K., Altman, D. G., Arensman, E., Gunnell, D., Hazell, P., ... Van Heeringen, K. (2001). The efficacy of problem-solving treatments after deliberate self-harm: Meta-analysis of randomized controlled trials with respect to depression, hopelessness and improvement in problems. *Psychological Medicine, 31*(6), 979–988.

Travis, S. G., Sparks, F. T., Arnold, T., Lehmann, H., Sutherland, R. J., & Whishaw, I. Q. (2010). Hippocampal damage produces retrograde but not anterograde amnesia for a cued location in a spontaneous exploratory task in rats. *Hippocampus, 20*(9), 1095–1104.

Triandis, H. C. (2001). Individualism–collectivism and personality. *Journal of Personality, 69*(6), 907–924.

Triandis, H. C. (2005). Issues in individualism and collectivism research. In R. M. Sorrentino, et al. (Eds.). *Cultural and social behavior: The Ontario Symposium, 10.* (pp. 207–225). Mahwah, NJ: Erlbaum.

Triandis, H. C. (2006). Cultural aspects of globalization. *Journal of International Management, 12*(2), 208–217.

Triandis, H. C., & Suh, E. M. (2002). Cultural influences on personality. *Annual Review of Psychology, 53*(1), 133–160.

Truchot, D., Maure, G., & Patte, S. (2003). Do attributions change over time when the actor's behavior is hedonically relevant to the perceiver? *The Journal of Social Psychology, 143,* 202–208.

Trull, T. J., Stepp, S. D., & Durrett, C. A. (2003). Research on borderline personality disorder: An update. *Current Opinion in Psychiatry, 16*(1), 77–82.

Tsang, Y. C. (1938). Hunger motivation in gastrectomized rats. *Journal of Comparative Psychology, 26,* 1–17.

Tulving, E. (1985). How many memory systems are there? *American Psychologist, 40,* 385–398.

Turner, E. A., Chandler, M., & Heffer, R. W. (2009). Influence of parenting styles, achievement motivation, and self-efficacy on academic performance in college students. *Journal of College Student Development, 50*(3), 337–346.

Tversky, A., & Kahneman, D. (1982). Judgment under uncertainty. In D. Kahneman, P. Slovic, & A. Tversky (Eds.), *Judgment under uncertainty: Heuristics and biases* (pp. 3–22). New York: Cambridge University Press.

Tversky, A., & Kahneman, D. (2003). Emotional versus intuitive reasoning: The conjunction fallacy in probability judgment. In E. Shafir (Ed.), *Amos Tversky: Preference, belief, and similarity: Selected writings* (pp. 221–256). Cambridge, MA: MIT Press.

Twenge, J. M. (2009). Change over time in obedience: The jury's still out, but it might be decreasing. *American Psychologist, 64*(1), 28–31.

Tyagi, H., Brummond, L. M., & Fineberg, N. A. (2010). Treatment for obsessive compulsive disorder. *Current Psychiatry Reviews, 6*(1), 46–55.

U

U.S. Bureau of the Census. (2008). *Statistical abstract of the United States* (128th ed.). Washington, DC: U.S. Government Printing Office.

U.S. Bureau of the Census. (2011). Families and living arrangements. Retrieved from http://www.census.gov/population/www/socdemo/hh-fam.html

Uhlhaas, P. J., Roux, F., Rodriguez, E., Rotarska-Jagiela, A., & Singer, W. (2010). Neural synchrony and the development of cortical networks. *Trends in Cognitive Sciences, 14*(2), 72–80.

Umek, L. M., Podlesek, A., & Fekonja, U. (2005). Assessing the home literacy environment: Relationships to child language comprehension and expression. *European Journal of Psychological Assessment, 21*(4), 271–281.

Underhill, J. B. (2008). The politics of crisis management: Public leadership under pressure and lessons on leadership by terror: Finding Shaka Zulu in the attic. *Political Psychology, 29*(1), 139–143.

Uzakov, S., Frey, J. U., & Korz, V. (2005). Reinforcement of rat hippocampus LTP by holeboard training. *Learning and Memory, 12,* 165–171.

V

van de Wetering, S., Bernstein, D. M., & Loftus, E. F. (2002). Public education against false memories: A modest proposal. *International Journal of Cognitive Technology, 7*(2), 4–7.

Van der Kolk, B. A., Spinazzola, J., Blaustein, M. E., Hopper, J. W., Hopper, E. K., Korn, D. L., & Simpson, W. B. (2007). A randomized clinical trial of eye movement desensitization and reprocessing (EMDR), fluoxetine, and pill placebo in the treatment of posttraumatic stress disorder. *Journal of Clinical Psychiatry, 68,* 1–10.

van Straaten, I., Engels, R. C. M. E., Finkenauer, C., & Holland, R. W. (2009). Meeting your match: How attractiveness similarity affects approach behavior in mixed-sex dyads. *Personality and Social Psychology Bulletin, 35*(6), 685–697.

Van Swol, L. M. (2008). Performance and process in collective and individual memory: The role of social decision schemes and memory bias in collective memory. *Memory, 16*(3), 274–287.

Vanhaudenhuyse, A., Boly, M., Balteau, E., Schnakers, C., Moonen, G., Luxen, A., ... Faymonville, M. E. (2009). Pain and non-pain processing during hypnosis: A thulium-YAG event-related fMRI study. *NeuroImage, 47,* 1047–1054.

Veenstra-Vanderweele, J., & Cook, E. H. (2003). Genetics of childhood disorders: XLVI. Autism, part 5: Genetics of autism. *Journal of the American Academy of Child and Adolescent Psychiatry, 42*(1), 116–118.

Velmans, M. (1999). When perception becomes conscious. *British Journal of Psychology, 90,* 543.

Verhagen, A. P., Damen, L., Berger, M. Y., Passchier, J., & Koes, B. W. (2009). Behavioral treatments of chronic tension-type headache in adults: Are they beneficial? *CNS Neuroscience and Therapeutics, 15*(2), 183–205.

Vernon, D., Egner, T., Cooper, N., Compton, T., Neilands, C., Sheri, A., & Gruzelier, J. (2003). The effect of training distinct neurofeedback protocols on aspects of cognitive performance. *International Journal of Psychophysiology, 47*(1), 75–85.

Veselka, L., Schermer, J. A., Petrides, K. V., & Vernon, P. A. (2009). Evidence for a heritable general factor of personality in two studies. *Twin Research and Human Genetics, 12*(3), 254–260.

Viets, V. L., Baca, C., Verney, S. P., Venner, K., Parker T., & Wallerstein, N. (2009). Reducing health disparities through a culturally centered mentorship program for minority faculty: The Southwest Addictions Research Group (SARG) experience. *Academic Medicine, 84*(8), 1118–1126.

Villa, K. K., & Abeles, N. (2000). Broad spectrum intervention and the remediation of prospective memory declines in the able elderly. *Aging & Mental Health, 4*(1), 21–29.

Viulli, W. F. (2008). On Joseph Banks Rhine. *Monitor on Psychology, 39*(6), 4.

Vodosek, M. (2009). The relationship between relational models and individualism and collectivism: Evidence from culturally diverse work groups. *International Journal of Psychology, 44*(2), 120–128.

von Békésy, G. (1957, August). The ear. *Scientific American*, pp. 66–78.
Voorspoels, W., Vanpaemel, W., & Storms, G. (2008). Exemplars and prototypes in natural language concepts: A typicality-based evaluation. *Psychonomic Bulletin and Review, 15*(3), 630–637.
Voss, J. L. (2009). Long-term associative memory capacity in man. *Psychonomic Bulletin and Review, 16*, 1076–1081.
Vygotsky, L. (1978). *Mind in society: The development of higher psychological processes.* Cambridge, MA: Harvard University Press.

W

Wacker, J., Chavanon, M.-L., & Stemmler, G. (2009). Resting EEG signatures of agentic extraversion: New results and meta-analytic integration. *Journal of Research in Personality, 44*(2), 167–179.
Wade, N. (1998, January 6). Was Freud wrong? Are dreams the brain's start-up test? *The New York Times online.*
Wagar, B. M., & Thagard, P. (2004). Spiking Phineas Gage: A neurocomputational theory of cognitive-affective integration in decision making. *Psychological Review, 111*(1), 67–79.
Wagstaff, G. S., Wheatcroft, J., Cole, J., Brunas-Wagstaff, J., Blackmore, V., & Pilkington, A. (2009). Some cognitive and neuropsychological aspects of social inhibition and facilitation. *European Journal of Cognitive Psychology, 20*(4), 828–846.
Wais, P. E., Wixted, J. T., Hopkins, R., & Squire, L. R. (2006). The hippocampus supports both the recollection and the familiarity components of recognition memory. *Neuron, 49*(3), 459–466.
Waite, L. J., Luo, Y., & Lewin, A. C. (2009). Marital happiness and marital stability: Consequences for psychological well-being. *Social Science Research, 38*(1), 201–212.
Waitt, C., Gerald, M. S., Little, A. C., & Krasielburd, E. (2006). Selective attention toward female secondary sexual characteristics. *American Journal of Primatology, 68*, 738–744.
Wallace, D. M., & Hinsz, V. B. (2009). Group members as actors and observers in attributions of responsibility for group performance. *Small Group Research, 40*(1), 52–71.
Walle, A. H. (2004). Native Americans and alcoholism therapy: The example of Handsome Lake as a tool of recovery. *Journal of Ethnicity in Substance Abuse, 3*(2), 55–79.
Walther, E., Nagengast, B., & Trasselli, C. (2005). Evaluative conditioning in social psychology: Facts and speculations. *Cognition & Emotion, 19*(2), 175–196.
Wanchoo, S. J., Lee, M. J., Swann, A. C., & Dafny, N. (2010). Bilateral six-hydroxydopamine administration to PFC prevents the expression of behavioral sensitization to methylphenidate. *Brain Research, 1312*(2), 89–100.
Wang, A-C., Hsieh, H.-H., Tsai, C.-Y., & Cheng, B.-S. (2011). Does value congruence lead to voice? Cooerative voice and cooperative silence under team and differentiated transformational leadership. *Management and Organization Review.* doi: 10.1111/j.1740-8784.2011.00255.x
Wang, L., LaBar, K. S., Smoski, M., Rosenthal, M. Z., Dolcos, F., Lynch, T. R., ... McCarthy, G. (2008). Prefrontal mechanisms for executive control over emotional distraction are altered in major depression. *Psychiatry Research: Neuroimaging, 163*(2), 143–155.
Wang, Q. (2008). Emotion knowledge and autobiographical memory across the preschool years: A cross-cultural longitudinal investigation. *Cognition, 108*(1), 117–135.
Wang, X., Gao, L., Shinfuku, N., Zhang, H. B., Zhao, C. Z., & Shen, Y. C. (2000). Longitudinal study of earthquake-related PTSD in a randomly selected community sample in North China. *American Journal of Psychiatry, 157*, 1260–1266.
Wang, Y., Anderson, J. A., Chan, C., Kinsner, W., Latombe, J.-C., Patel, D., ... Zhang, D. (2009). A doctrine of cognitive informics. *Fundamenta Informaticae, 90*(3), 203–228.
Wang, Y., & Chiew, V. (2010). On the cognitive process of human problem solving. *Cognitive Systems Research, 11*(1), 81–92.
Wann, D. L., Rogers, K., Dooley, K., & Foley, M. (2011a). Applying the team identification–social psychological health model to older sports fans. *The International Journal of Aging and Human Development, 72*(4), 303-315.
Wann, D. L., Waddill, P. J., Polk, J., & Weaver, S. (2011b). The team identification–social psychological health model: Sports fans gaining connections to others via sport team identification. *Group Dynamics: Theory, Research, and Practice, 15*(1), 75-89.
Ward, C. P., McCoy, J. G., McKenna, J. T., Connolly, N. P., McCarley, R. W., & Strecker, R. E. (2009). Spatial learning and memory deficits following exposure to 24 h of sleep fragmentation or intermittent hypoxia in a rat model of obstructive sleep apnea. *Brain Research, 1294*, 128–137.
Warman, D. M., & Beck, A. T. (2003). Cognitive behavioral therapy for schizophrenia: An overview of treatment. *Cognitive & Behavioral Practice, 10*(3), 248–254.
Warman, D. M., & Cohen, R. (2000). Stability of aggressive behaviors and children's peer relationships. *Aggressive Behavior, 26*(4), 277–290.
Warman, D. M., Grant, P., Sullivan, K., Caroff, S., & Beck, A. T. (2005). Individual and group cognitive-behavioral therapy for psychotic disorders: A pilot investigation. *Journal of Psychiatric Practice, 11*(1), 27–34.
Washburn, D. A., Gulledge, J. P., James, F., & Rumbaugh, D. M. (2007). A species difference in visuospatial working memory: Does language link "what" with "where"? *International Journal of Comparative Psychology, 20*, 55–64.
Waters, M. (2000). Psychologists spotlight growing concern of higher suicide rates among adolescents. *Monitor on Psychology, 31*(6), 41.
Watson, H. J., Raykos, B. C., Street, H., Fursland, A., & Nathan, P. R. (2011). Mediators between perfectionism and eating disorder psychopathology: Shape and weight overvaluation and conditional goal-setting. *International Journal of Eating Disorders, 44*(2), 142–149.
Watson, J. B. (1913). Psychology as the behaviorist views it. *Psychological Review, 20*, 158–177.
Watson, J. B. (1924). *Behaviorism.* New York: Norton.
Webster, J. D. (2003). An exploratory analysis of a self-assessed wisdom scale. *Journal of Adult Development, 10*(1), 13–22.
Weems, C. F., Taylor, L. K., Cannon, M. F., Marino, R. C., Romano, D. M., Scott, B. G., ... Triplett, V. (2010). Post traumatic stress, context, and the lingering effects of the Hurricane Katrina disaster among ethnic minority youth. *Journal of Abnormal Child Psychology, 38*(1), 49–56.
Weiner, B. (2006). *Social motivation, justice, and the moral emotions: An attributional approach.* Mahwah, NJ: Erlbaum.
Weiner, B. (2010). The development of an attribution-based theory of motivation: A history of ideas. *Educational Psychologist, 45*(1), 28–36.
Weiner, I. B. (2006). The Rorschach inkblot method. In R. P. Archer (Ed.), *Forensic uses of clinical instruments* (pp. 181–208). London: Routledge.
Weinmann, M., Bader, J., Endrass, J., & Hell, D. (2001). Sind Kompetenz- und Kontrollueberzeugungen depressionsabhaengig? Eine Verlaufsuntersuchung. *Zeitschrift fuer Klinische Psychologie und Psychotherapie, 30*(3), 153–158.
Weiss, A., et al. (2005). Cross-sectional age differences in personality among Medicare patients aged 65 to 100. *Psychology and Aging, 20*(1), 182–185.
Werner, L. A., & Bernstein, I. L. (2001). Development of the auditory, gustatory, olfactory, and somatosensory systems. In E. B. Goldstein (Ed.), *Blackwell handbook of perception, Handbook of experimental psychology series* (pp. 669–708). Boston: Blackwell.
Wessel, J., Moratorio, G., Rao, F., Mahata, M., Zhang, L., Greene, W., ... O'Connor, D, T. (2007). C-reactive protein, an "intermediate phenotype" for inflammation: Human twin studies reveal heritability, association with blood pressure and the metabolic syndrome, and the influence of common polymorphism at catecholaminergic/β-adrenergic pathway loci. *Journal of Hypertension, 25*(2), 329–343.
Westen, D. I., Stirman, S. W., & DeRubeis, R. J. (2006). Are research patients and

clinical trials representative of clinical practice? In J. C. Norcross, L. E. Beutler, & R. F. Levant (Eds.), *Evidence-based practices in mental health: Debate and dialogue on the fundamental questions* (pp. 161–189). Washington, DC: American Psychological Association.

Wetzler, S. E., & Sweeney, J. A. (1986). Childhood amnesia. In D. C. Rubin (Ed.), *Autobiographical memory* (pp. 191–201). New York: Cambridge University Press.

Wheeler, M. A., & McMillan, C. T. (2001). Focal retrograde amnesia and the episodic–semantic distinction. *Cognitive, Affective and Behavioral Neuroscience, 1*(1), 22–36.

Wheeler, M. E., & Treisman, A. M. (2002). Binding in short-term visual memory. *Journal of Experimental Psychology: General, 131*(1), 48–64.

White, M. A., Masheb, R. M., & Grilo, C. M. (2009). Regimented and lifestyle restraint in binge eating disorder. *International Journal of Eating Disorders, 42*(4), 326–331.

Whorf, B. (1956). *Language, thought, and reality.* New York: Wiley.

Widiger, T. A., & Simonsen, E. (2005). Alternative dimensional models of personality disorder: Finding a common ground. *Journal of Personality Disorders, 19*(2), 110–130.

Wiebe, R. E., & McCabe, S. B. (2002). Relationship perfectionism, dysphoria, and hostile interpersonal behaviors. *Journal of Social and Clinical Psychology, 21*(1), 67–91.

Wienke, C., & Hill, G. J. (2009). Does the "marriage benefit" extend to partners in gay and lesbian relationships? *Journal of Family Issues, 30*(2), 259–289.

Wilhelm, K., Wedgwood, L., Parker, G., Geerligs, L., Hadzi-Pavlovic, D. (2010). Predicting mental health and well-being in adulthood. *Journal of Nervous and Mental Disease, 198*(2), 85–90.

Willcutt, E., & McQueen, M. (2010). Genetic and environmental vulnerability to bipolar spectrum disorders. In D. J. Miklowitz & D. Cicchetti (Eds.), *Understanding bipolar disorder: A developmental psychopathology perspective* (pp. 225–258). New York: Guilford Press.

Williams, J. E., Paton, C. C., Siegler, I. C., Eigenbrodt, M. L., Nieto, F. J., & Tyroler, H. A. (2000). Anger proneness predicts coronary heart disease risk: Prospective analysis from the Atherosclerosis Risk In Communities (ARIC) study. *Circulation, 101*(17), 2034–2039.

Willmott, C., Ponsford, J., Hocking, C., & Schönberger, M. (2009). Factors contributing to attentional impairments after traumatic brain injury. *Neuropsychology, 23*(4), 424–432.

Wilner, P., Bergman, J., & Sanger, D. (2009). Behavioural pharmacology of impulse control. *Behavioural Pharmacology, 20*(5–6), 558–560.

Wilson, C. R. E., Baxter, M. G., Easton, A., & Gaffan, D. (2008). Addition of fornix transection to frontal-temporal disconnection increases the impairment in object-in-place memory in macaque monkeys. *European Journal of Neuroscience, 27*(7), 1814–1822.

Wilson, G. T., Wilfley, D. E., Agras, W. S., & Bryson, S. W. (2010). Psychological treatments of binge eating disorder. *Archives of General Psychiatry, 67*(1), 94–101.

Wilson, I. B., Carter, A. E., & Berg, K. M. (2009). Improving the self-report of HIV antiretroviral medication adherence: Is the glass half full or half empty? *Current HIV/AIDS Reports, 6*(4), 177–186.

Wilson, R. S. (1983). The Louisville twin study: Developmental synchronies in behavior. *Child Development, 54,* 298–316.

Winegard, B. (2010). The evolutionary significance of Red Sox nation: Sport fandom as a byproduct of coalitional psychology. *Evolutionary Psychology, 8*(3), 432–446.

Wisco, B. E., & Nolen-Hoeksema, S. (2009). The interaction of mood and rumination in depression: Effect on mood maintenance and mood-congruent autobiographical memory. *Journal of Rational-Emotive and Cognitive-Behavior Therapy, 27*(3), 144–159.

Wood, R. I., & Stanton, S. J. (2011). Testosterone and sport: Current perspectives. *Hormones and Behavior*, doi: 10.1016/j.yhbeh.2011.09.010

Wooten, P. (1996). Humor: An antidote for stress. *Holistic Nursing Practice, 10,* 49–56.

Wright, D. B., & Loftus, E. F. (2008). Eyewitness memory. In G. Cohen & M. A. Conway (Eds.), *Memory in the real world* (3rd ed.) (pp. 91–105). New York: Psychology Press.

Wu, A. H., Yu, M. C., Tseng, C.-C., Stanczyk, F. Z., & Pike, M. C. (2009). Dietary patterns and breast cancer risk in Asian American women. *American Journal of Clinical Nutrition, 89,* 1145–1154.

Wu, J., Kramer, G. L., Kram, M., Steciuk, M., Crawford, I. L., & Petty, F. (1999). Serotonin and learned helplessness: A regional study of 5-HT1A, 5-HT2A receptors and the serotonin transport site in rat brain. *Journal of Psychiatric Research, 33*(1), 17–22.

Wykes, T., Steel, C., Everitt, B., & Tarrier, N. (2008). Cognitive behavior therapy for schizophrenia: Effect sizes, clinical models, and methodological rigor. *Schizophrenia Bulletin, 34*(3), 523–537.

X

Xie, Y., & Goyette, K. (2003). Social mobility and the educational choices of Asian Americans. *Social Science Research, 32*(3), 467–498.

Y

Yamada, Y., Mizuno, M., Sugiura, M., Tanaka, S., Mizuno, Y., Yanagiya, T., & Hirosawa, M. (2008). Bus drivers' mental conditions and their relation to bus passengers' accidents with a focus on the psychological stress concept. *Journal of Human Ergology, 37,* 1–11.

Yamamoto, S., Tomoe, M., Toyama, K., Kawai, M., & Uneyama, H. (2009). Can dietary supplementation of monosodium glutamate improve the health of the elderly? *American Journal of Clinical Nutrition, 90*(3), 844S–849S.

Yamasue, H., Abe, O., Suga, M., Yamada, H., Rogers, M. A., Aoki, S., … Kasai, K. (2008). Sex-linked neuroanatomical basis of human altruistic cooperativeness. *Cerebral Cortex, 18*(10), 2331–2340.

Yang, L., Li, J., Yiping, Z., Wendong, Z., Fuqiang, D., Ren, Z., & Maycock, B. (2009). Reported reasons for initiating drug use among drug-dependent adolescents and youths in Yunnan, China. *American Journal of Drug and Alcohol Abuse, 35*(6), 445–453.

Yartz, A. R., Zvolensky, M. J., Bernstein, A., Bonn-Miller, M. O., & Lejuez, C. W. (2008). Panic-relevant predictability preferences: A laboratory test. *Journal of Abnormal Psychology, 117*(1), 242–246.

Yazzie, A. (2010). Visual-spatial thinking and academic achievement: A concurrent and predictive validity study. *Dissertation Abstracts International: Section A, Humanities and Social Sciences, 70*(8-A), 2897.

Yeh, C., & Chang, T. (2004). Understanding the multidimensionality and heterogeneity of the Asian-American experience. *PsycCRITIQUES, 49*(5), 583–586.

Yehuda, R. (2002). Post-traumatic stress disorder. *New England Journal of Medicine, 346*(2), 108–114.

Yin, L., Smith, R. G., Sterling, P., & Brainard, D. H. (2009). Physiology and morphology of color-opponent ganglion cells in a retina expressing a dual gradient of S and M opsins. *Journal of Neuroscience, 29*(9), 2706–2724.

Yokota, F., & Thompson, K. M. (2000). Violence in G-rated animated films. *Journal of the American Medical Association, 283,* 2716–2720.

Yurgelun-Todd, D. A. (2007). Emotional and cognitive changes during adolescence. *Current Opinion in Neurobiology, 17*(2), 251–257.

Z

Zagrosek, A., et al. (2010). Effect of binge drinking on the heart as assessed by cardiac MRI. *Journal of the American Medical Association, 304*(12),1328–1330.

Zaitsoff, S. L., & Grilo, C. M. (2010). Eating disorder psychopathology as a marker of psychosocial distress and suicide risk in female and male adolescent

psychiatric patients. *Comprehensive Psychiatry, 51*(2), 142–150.
Zanarini, M. C., Frankenburg, F. R., Reich, D. B., & Fitzmaurice, G. (2010). Time to attainment of recovery from borderline personality disorder and stability of recovery: A 10-year prospective follow-up study. *American Journal of Psychiatry, 167,* 663–667.
Zapf, P. A., Zottoli, T. M., & Pirelli, G. (2009). Insanity in the courtroom: Issues of criminal responsibility and competency to stand trial. In J. D. Lieberman & D. A. Krauss, *Psychological expertise in court* (pp. 79–102). Farnham, Surrey, England: Ashgate.
Zayas, L., Gulbas, L. E., Fedoravicius, N., & Cabassa, L. J. (2010). Patterns of distress, precipitating events, and reflections on suicide attempts by young Latinas. *Social Science and Medicine, 70*(11), 1773–1779.
Zimbardo, P. G. (2004). A situationist perspective on the psychology of evil: Understanding how good people are transformed into perpetrators. In A. G. Miller (Ed.), *The social psychology of good and evil* (pp. 21–50). New York: Guilford Press.
Zimbardo, P. G., LaBerge, S., & Butler, L. D. (1993). Psychophysiological consequences of unexplained arousal. *Journal of Abnormal Psychology, 102,* 466–473.
Zimmer, C. (2002, December–2003, January). Searching for your inner chimp. *Natural History, 112.*
Zohar, J., & Westenberg, H. G. M. (2007). Anxiety disorders: A review of tricyclic antidepressants and selective serotonin reuptake inhibitors. *Acta Psychiatrica Scandinavica, 101*(S403), 39–49.
Zosuls, K. M., Ruble, D. N., Tamis-Lemonda, C. S., Shrout, P. E., Bornstein, M. H., & Greulich, F. K. (2009). The acquisition of gender labels in infancy: Implications for gender-typed play. *Developmental Psychology, 45*(3), 688–701.
Zucker, A. N., Ostrove, J. M., & Stewart, A. J. (2002). College- educated women's personality development in adulthood: Perceptions and age differences. *Psychology and Aging, 17*(2), 236–244.

译 后 记

心理学家发现，人有三种核心需要：生存需要、关系需要和成长需要。这三种需要分先后顺序，在前一种需要基本满足以后，人们开始看重下一种需要。梁漱溟先生也讲过，人生要处理好三大关系：与物的关系、与人的关系和与自己的关系。处理这三大关系也是要按照先后次序来的。

2018 年中国的国内生产总值已经突破了 90 万亿人民币，并且，自 2010 年以来，一直位居世界第二。从改革开放四十年来取得的成就而言，中国社会整体上不再以生存需要为主要关切对象，关系需要已经成为当前国民关注的焦点。这一点可以从离婚的数字上反映出来：2010 年，中国有 267.8 万对夫妻登记离婚，但是到 2017 年，登记离婚的数字达到 437.4 万对。一方面是中国经济取得举世瞩目的成就，另一方面是中国离婚率也在持续增长。两条走向的线条，看似“矛盾”，其实揭示了心理发展的规律。这正是今天社会最为显著的特征：一方面是物质条件的不断改善，另一方面是关系质量要求的不断提升。这一切表明，人们越来越开始追求关系质量。从我个人心理咨询的经验来看，困扰人们最多的就是“人际关系”，所以，关系质量的好坏直接与内心的幸福感挂钩。基于以上的数据和经验，我们不难推测出这样一个结论：心理需要或内心品质的需要已经成为影响人们幸福感的突出因素。我们的社会从整体上已经步入一个全新的时代：心时代。

在这样一个大的社会背景下，人们学习掌控内心的知识和方法的渴望与日俱增。心理学在国内迅猛发展，正是应和了时代的需求。21 世纪，心理学还将得到持续强劲的发展。

过去，人们经常提科学素养、人文素养，在 21 世纪，仅仅强调这两种素养已经不足以助力人的全面发展。我认为，需要引入第三种素养：健康素养（包括生理健康素养和心理健康素养）。人的全面发展，需要科学素养、人文素养和健康素养的有机结合。

心理健康素养是健康素养不可或缺的一部分。健康的一半是心理健康，疾病的一半是心理疾病。如何提高心理健康素养已经成了当下人们普遍关注的热门议题。

摆在你面前的是斯宾塞 · A. 拉瑟斯教授出版的《心理学》第 3 版。距离第 1 版的出版已经相距 8 年。在这 8 年中，心理学领域又取得了许多新的进展，比如脑科学、进化心理学等领域，都取得了很大的进展。

本书在第 1 版科学性、系统性、可读性的基础上，又整合了最新的心理学研究成果，内容更加翔实和生动。

第 1 版的翻译参与者比较多，耗时近两年。我原以为修订比较容易，单靠一个人就可以了。事实上，由于工作的关系，翻译刚刚开了个头，就中断了。随着时间的推移，内心的这块石头似乎越来越重。

正当我为这本书的翻译忧虑的时候，我忽然想到了北京外国语大学的周倩博士，她曾经是我的一位学生，英语专业八级，她可以帮我。于是，我就联系周倩博士，请她帮我翻译。她很爽快地答应了。果然，她的效率很高。当她把翻译好的稿件发给我之后，我又仔细校对了一遍，心中这块石头才算落地了。

今后再做翻译工作，我一定会慎之又慎。翻译工作的各种滋味，没有做过的人，无法理解。作为译者，力求保持文本的原意，让读者“读得通，看得懂”，我们就很满足了。

翻译过程中，尽管我们追求细心、严谨，仍然会有疏漏之处，敬请读者批评指正！

宋振韶

2019 年 2 月

PSYCH, Student Edition, 3rd Edition
Spencer A. Rathus

Cengage Learning Asia Pte. Ltd.
151 Lorong Chuan, #02-08 New Tech Park, Singapore 556741

北京市版权局著作权合同登记号　图字：01-2014-7570

图书在版编目（CIP）数据

心理学：第3版 /（美）斯宾塞·A. 拉瑟斯（Spencer A. Rathus）著；宋振韶，周倩译. —北京：中国人民大学出版社，2019.5
（心理学译丛）
书名原文：PSYCH, 3rd Edition
ISBN 978-7-300-26722-7

Ⅰ.①心… Ⅱ.①斯… ②宋… ③周… Ⅲ.①心理学–教材 Ⅳ.①B84

中国版本图书馆CIP数据核字（2019）第025511号

心理学译丛
心理学（第3版）
[美] 斯宾塞·A. 拉瑟斯 著
宋振韶 周 倩 译
宋振韶 审校
Xinlixue

出版发行	中国人民大学出版社		
社 址	北京中关村大街31号	**邮政编码**	100080
电 话	010-62511242（总编室）		010-62511770（质管部）
	010-82501766（邮购部）		010-62514148（门市部）
	010-62515195（发行公司）		010-62515275（盗版举报）
网 址	http:www.crup.com.cn		
	http:www.ttrnet.com（人大教研网）		
经 销	新华书店		
印 刷	涿州市星河印刷有限公司		
规 格	215mm×275mm 16开本	**版 次**	2019年5月第1版
印 张	24 插页5	**印 次**	2019年5月第1次印刷
字 数	628 000	**定 价**	79.00元

推荐阅读书目

ISBN	书名	作者	单价（元）
	心理学译丛		
978-7-300-18162-2	心理学改变思维	［美］斯科特·O. 利林菲尔德等	98.80
978-7-300-09188-4	日常生活心理学	［美］里克·M. 加德纳	75.00
978-7-300-12644-9	行动中的心理学（第8版）	［美］卡伦·霍夫曼	89.00
978-7-300-09563-9	现代心理学史（第2版）	［美］C. 詹姆斯·古德温	88.00
978-7-300-13001-9	心理学研究方法（第9版）	［美］尼尔·J. 萨尔金德	68.00
978-7-300-22490-9	行为科学统计精要（第8版）	［美］弗雷德里克·J. 格雷维特等	58.00
978-7-300-22245-5	心理统计学（第5版）	［美］亚瑟·阿伦等	89.00
978-7-300-13306-5	现代心理测量学（第3版）	［英］约翰·罗斯特等	28.00
978-7-300-12745-3	人类发展（第8版）	［美］詹姆斯·W. 范德赞登等	88.00
978-7-300-13307-2	伯克毕生发展心理学:从0岁到青少年(第4版)	［美］劳拉·E. 伯克	79.80
978-7-300-20556-4	阿内特青少年心理学（第5版）	［美］杰弗瑞·简森·阿内特	69.90
978-7-300-18303-9	伯克毕生发展心理学:从青少年到老年(第4版)	［美］劳拉·E. 伯克	45.00
978-7-300-21583-9	伍尔福克教育心理学	［美］安妮塔·伍尔福克	89.90
978-7-300-17256-9	教育心理学精要	［美］简妮·爱丽丝·奥姆罗德	65.00
978-7-300-18664-1	学习心理学（第6版）	［美］简妮·爱丽丝·奥姆罗德	59.90
978-7-300-23658-2	异常心理学（第6版）	［美］马克·杜兰德等	139.90
978-7-300-18593-4	婴幼儿心理健康手册	［美］小查尔斯·H. 泽纳	79.00
978-7-300-19858-3	心理咨询导论（第6版）	［美］塞缪尔·格莱丁	69.90
978-7-300-25883-6	人格心理学入门	［美］马修·H. 奥尔森等	98.00
978-7-300-14062-9	社会与人格心理学研究方法手册	［美］哈里·T. 赖斯等	65.00
978-7-300-12478-0	女性心理学（第6版）	［美］马格丽特·W. 马特林	58.00
978-7-300-18010-6	消费心理学：无所不在的时尚（第2版）	［美］迈克尔·R. 所罗门等	68.00
978-7-300-12617-3	社区心理学：联结个体和社区（第2版）	［美］詹姆士·H. 道尔顿等	58.00
978-7-300-16328-4	跨文化心理学（第4版）	［美］埃里克·B. 希雷	42.00
978-7-300-14110-7	职场人际关系心理学（第12版）	［美］莎伦·伦德·奥尼尔等	39.00
978-7-300-15678-1	社会交际心理学：人际行为研究	［澳］约瑟夫·P. 福加斯	39.00
978-7-300-10470-6	自我导向行为（第9版）	［美］戴维·L. 华生等	48.00
978-7-300-14533-4	没有疆界	［美］肯·威尔伯	35.00
978-7-300-07160-0	万物简史	［美］肯·威尔伯	32.00
978-7-300-09927-9	性、生态、灵性	［美］肯·威尔伯	88.00

西方心理学大师经典译丛

978-7-300-17807-3	自卑与超越	［奥］阿尔弗雷德·阿德勒	48.00
978-7-300-17774-8	我们时代的神经症人格	［美］卡伦·霍妮	45.00
978-7-300-17806-6	动机与人格（第3版）	［美］亚伯拉罕·马斯洛	58.00
978-7-300-17739-7	人的自我寻求	［美］罗洛·梅	48.00
978-7-300-20299-0	教育心理学简编	［美］爱德华·桑代克	45.00
978-7-300-20342-3	心理物理学纲要	［德］古斯塔夫·费希纳	39.90
978-7-300-18539-2	精神病学的人际关系理论	［美］哈里·沙利文	45.00
978-7-300-20275-4	社会学习理论	［美］阿尔伯特·班杜拉	48.00
978-7-300-20339-3	追求意义的意志	［奥］维克多·弗兰克尔	39.90
978-7-300-17738-0	当事人中心治疗：实践、运用和理论	［美］卡尔·罗杰斯等	78.00
978-7-300-24518-8	理解人性	［奥］阿尔弗雷德·阿德勒	39.00
978-7-300-24517-1	寻找灵魂的现代人	［瑞士］卡尔·荣格	48.00
978-7-300-23941-5	动力心理学	［美］罗伯特·伍德沃斯	45.00
978-7-300-23940-8	挫折与攻击	［美］约翰·多拉德等	45.00
978-7-300-26138-6	性学三论与爱情心理学	［奥］西格蒙德·弗洛伊德	38.00
978-7-300-26033-4	人类的遗产："文明社会"的演化与未来	［美］利昂·费斯汀格	55.00
978-7-300-26034-1	实现自我：神经症与人的成长	［美］卡伦·霍妮	65.00
978-7-300-25215-5	超越自由与尊严	［美］B. F. 斯金纳	48.00

当代西方社会心理学名著译丛

978-7-300-13011-8	语境中的社会建构	［美］肯尼斯·J. 格根	45.00
978-7-300-13012-5	社会表征	［法］塞尔日·莫斯科维奇	59.00
978-7-300-12765-1	社会支配论	［美］吉姆·斯达纽斯等	65.00
978-7-300-13004-0	自我归类论	［澳］约翰·特纳等	45.00
978-7-300-13005-7	精英话语与种族歧视	［荷］范·戴克	49.00
978-7-300-13006-4	社会心理学的解释水平	［比利时］威廉·杜瓦斯	35.00
978-7-300-13007-1	文化社会心理学	［美］赵志裕等	69.00
978-7-300-13008-8	欲望的演化（修订版）	［美］戴维·M. 巴斯	59.00
978-7-300-13009-5	社会认同过程	［澳］迈克尔·A. 豪格等	59.00
978-7-300-13010-1	论辩与思考（新版）	［英］迈克尔·毕利希等	65.00

* * * *

CENGAGE Learning™

Supplements Request Form（教辅材料申请表）

Lecturer's Details(教师信息)			
Name： (姓名)		Title： (职务)	
Department： (系科)		School/University： (学院/大学)	
Official E-mail： (学校邮箱)		Lecturer's Address / Post Code： (教师通信地址/邮编)	
Tel： (电话)			
Mobile： (手机)			

Adoption Details(教材信息)　原版□　　翻译版□　　影印版 □			
Title：(英文书名) Edition：(版次) Author：(作者)			
Local Publisher： (中国出版社)			
Enrolment： (学生人数)		Semester： (学期起止时间)	
Contact Person & Phone/E-Mail/Subject： (系科/学院教学负责人电话/邮件/研究方向) (我公司要求在此处标明系科/学院教学负责人电话/传真及电话和传真号码并在此加盖公章。) 教材购买由　我□　我作为委员会的一部分□　其他人□[姓名：　　　]决定。			

Please fax or post the complete form to(请将此表格传真至)：

CENGAGE LEARNING BEIJING
ATTN ：Higher Education Division
TEL：(86) 10-82862096/ 95 / 97
FAX ：(86) 10 82862089
ADD：北京市海淀区科学院南路 2 号
融科资讯中心 C 座南楼 12 层 1201 室　100080

Note：Thomson Learning has changed its name to CENGAGE Learning

VERIFICATION FORM/CENGAGE LEARNING